FÍSICA Y QUÍMICA

4
ESO

INCLUYE LÁMINA TABLA PERIÓDICA

edebé On+
ecosistema educativo inteligente

¿CÓMO SON LAS UNIDADES?

INICIO

Entrada de unidad
Índice de contenidos y propuestas para **estimular el interés**

Vídeos para despertar la curiosidad de los alumnos.

DESARROLLO

Apartados de la unidad
Desarrollo de los **contenidos** con texto expositivo, **infografías** y **actividades** para practicar

Ejemplos resueltos
Situaciones para **contextualizar** el aprendizaje

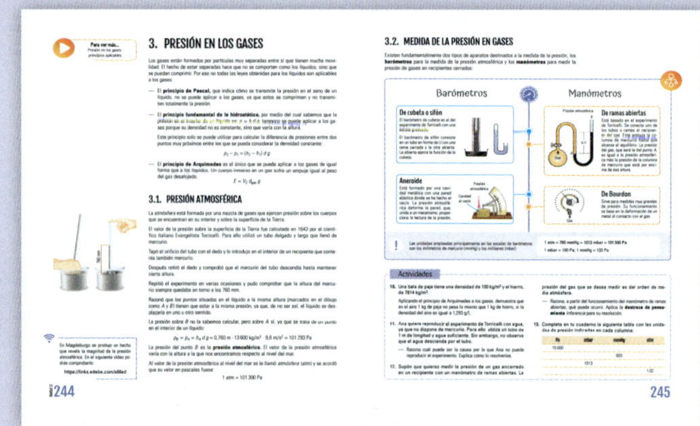

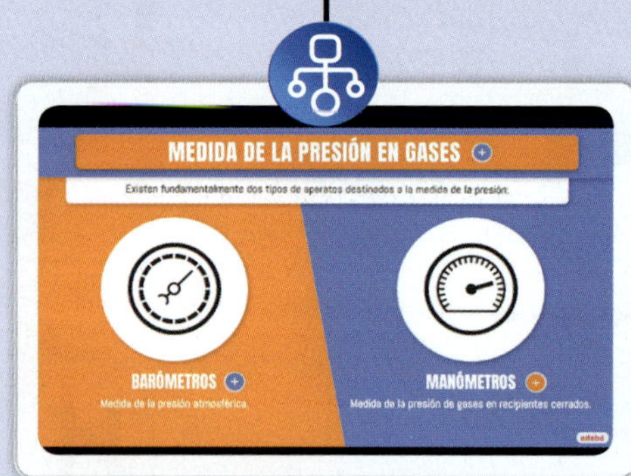

Infografías interactivas que presentan los contenidos de forma visual.

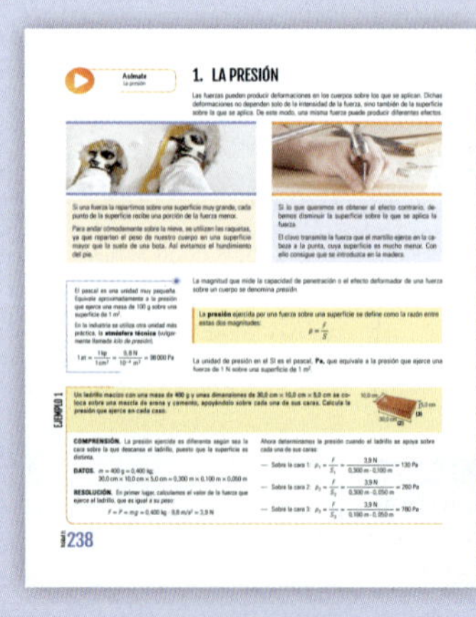

Vídeos de contenido para facilitar la comprensión.

CIERRE

Experimenta
Pequeños **experimentos** y **prácticas de laboratorio** sencillas

Ciencia a tu alcance
Propuesta de **prácticas de laboratorio** o de **PBL**

Síntesis/ Actividades finales
Esquema de la unidad/ Actividades organizadas por apartados y por nivel en **Prepara, Entrena y Aplica**

Pon a prueba tus competencias
Actividades **contextualizadas** para valorar la **adquisición de competencias**

Actividades interactivas que permiten practicar los contenidos de la unidad.

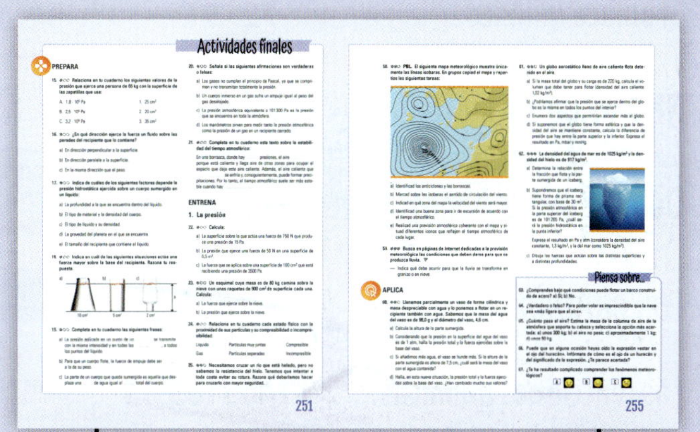

Escape unit. Juegos interactivos para repasar la unidad.

Actividades interactivas para evaluar la unidad.

Infografías o **vídeos** que reproducen pequeños experimentos.

Y además en edebé On
- Libro digital interactivo
- Biblioteca de recursos
- Vídeos, infografías y juegos educativos

STEM

ÍNDICE

CIENCIA A TU ALCANCE	ACTIVIDADES FINALES		PON A PRUEBA TUS COMPETENCIAS
¿De qué depende la densidad de una sustancia?	Prepara (14 a 20) Entrena (21 a 55)	Aplica (56 a 64)	La investigación científico-tecnológica tiene un carácter interdisciplinar. Un grupo de I+D+i de una universidad se dedica al desarrollo de nuevos materiales.

CIENCIA A TU ALCANCE	ACTIVIDADES FINALES		PON A PRUEBA TUS COMPETENCIAS
Ciencia a nivel atómico.	Prepara (8 a 13) Entrena (14 a 39)	Aplica (40 a 45)	Es domingo por la mañana. Lola ojea la sección de ciencia del periódico cuando descubre la siguiente noticia: *El LHC descubre el pentacuark.*
Identificación de elementos por sus propiedades.	Prepara (10 a 19) Entrena (20 a 52)	Aplica (53 a 58)	Algunos elementos químicos son esenciales para el ser humano y debemos ingerir la dosis adecuada de ellos a partir de la dieta.
Deducción del tipo de enlace de una sustancia por sus propiedades.	Prepara (7 a 14) Entrena (15 a 50)	Aplica (51 a 57)	¿Qué tipo de enlace contienen las sustancias que nos rodean?
Desarrollamos un fármaco antiácido.	Prepara (16 a 24) Entrena (25 a 69)	Aplica (70 a 78)	Vivimos rodeados de fórmulas químicas. Vamos a hacer un recorrido por diversos lugares cotidianos que cuentan con la presencia de multitud de sustancias inorgánicas.
Comparación de propiedades entre los compuestos orgánicos e inorgánicos.	Prepara (13 a 20) Entrena (21 a 65)	Aplica (66 a 74)	Vivimos rodeados de compuestos de carbono. Vamos a identificar algunas sustancias orgánicas cotidianas, sus propiedades y sus aplicaciones.

CIENCIA A TU ALCANCE	ACTIVIDADES FINALES		PON A PRUEBA TUS COMPETENCIAS
Volumetría ácido-base.	Prepara (18 a 26) Entrena (27 a 68)	Aplica (69 a 76)	Las reacciones químicas desempeñan un papel muy importante en nuestras vidas: para obtener energía, fabricar nuevas sustancias o para el funcionamiento de nuestro organismo.

Evaluación de competencias de química (166-167)

CIENCIA A TU ALCANCE	ACTIVIDADES FINALES		PON A PRUEBA TUS COMPETENCIAS
Deslizamiento de una bola por un plano inclinado.	Prepara (11 a 14) Entrena (15 a 42)	Aplica (43 a 49)	El movimiento está presente en nuestro día a día. Analicemos nuestro día a día en términos de movimientos.
Investigamos la tecnología de los coches de última generación.	Prepara (12 a 16) Entrena (17 a 52)	Aplica (53 a 59)	En nuestro día a día, podemos identificar numerosos movimientos rectilíneos y circulares.
Factores de los que depende la fuerza de rozamiento.	Prepara (19 a 23) Entrena (24 a 61)	Aplica (62 a 67)	Somos conscientes de la presencia de fuerzas en la naturaleza. Analizamos situaciones cotidianas en términos de fuerzas.
Magnitudes de las que depende la presión en el interior de un líquido.	Prepara (15 a 21) Entrena (22 a 59)	Aplica (60 a 67)	Hoy toca excursión. Tu amigo Jaime te ha invitado a acompañarlo porque sus padres lo llevan a la montaña a practicar senderismo.

CIENCIA A TU ALCANCE	ACTIVIDADES FINALES		PON A PRUEBA TUS COMPETENCIAS
Trabajo y transformaciones energéticas.	Prepara (18 a 22) Entrena (23 a 65)	Aplica (66 a 75)	Hoy el grupo de 4.º de ESO ha realizado una visita a un edificio en construcción.
Cálculo del calor específico del aluminio y del hierro.	Prepara (13 a 18) Entrena (19 a 61)	Aplica (62 a 68)	Tu amiga Clara te ha invitado a pasar un fin de semana en su pueblo. El sábado nada más levantaros, visitáis una herrería.
Reflexión, refracción y polarización.	Prepara (22 a 28) Entrena (29 a 79)	Aplica (80 a 87)	Los alumnos de 4.º de ESO han asistido al estreno de una ópera, por lo que esperan poder comprobar algunos de los fenómenos de las ondas (luz y sonido) que han trabajado.

Evaluación de competencias de física (322-323)

Pon a punto la química

La química es la ciencia que estudia la composición, la estructura y las propiedades de la materia, así como las transformaciones que esta experimenta.

1. Observa con atención estas imágenes:

a)

b)

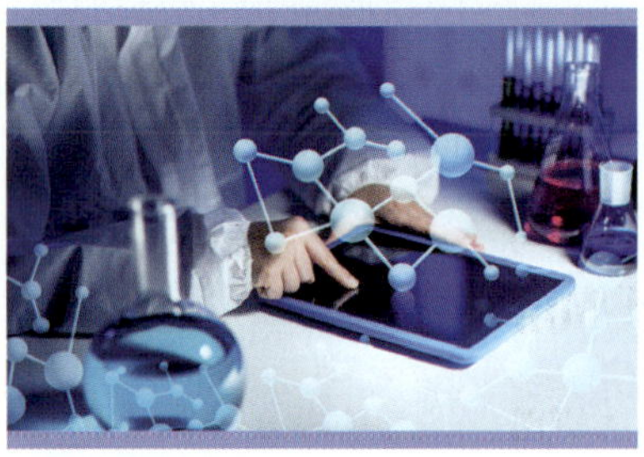

c)

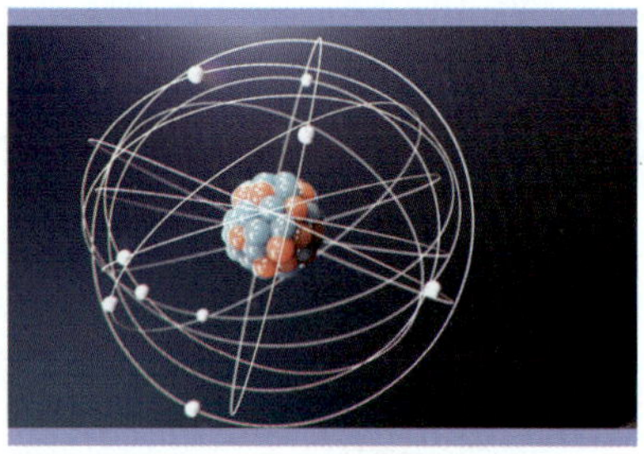

d)

e)

f)

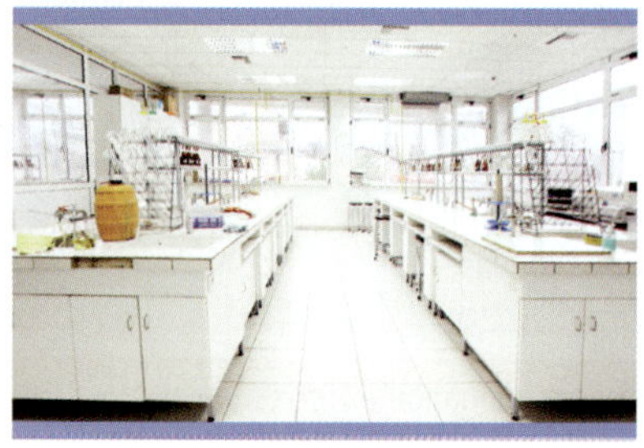

A continuación, selecciona para cada una de las imágenes, entre las siguientes etiquetas, todas las que tengan relación con su contenido:

- Experimentación
- Modelo cinético-molecular
- Compuestos químicos
- Electrones
- Reacción química
- Ley
- Sostenibilidad
- Elementos químicos
- Velocidad de reacción
- Hipótesis
- Masa molecular
- Enlace químico
- Tabla periódica
- Materia
- Estado físico
- Número atómico
- Nuevos materiales
- Corteza atómica
- Investigación científica
- Laboratorio
- Sociedad

Por último, compara tu respuesta con la de tu compañero o compañera de clase más próximo. ¿Habéis coincidido o habéis contestado de distinta forma? Razonad cada uno vuestra respuesta e intentad llegar a una respuesta común.

2. Partiendo de las etiquetas de la actividad anterior, aplicad en clase la **técnica de aprendizaje cooperativo** *El juego de las palabras* para desarrollar las ideas que tenéis sobre la química.

Un equipo de cuatro miembros que tenga cinco etiquetas debe completar una tabla similar a esta:

EL JUEGO DE LAS PALABRAS SOBRE QUÍMICA

Etiqueta	Frases
Experimentación	
Modelo cinético-molecular	
Compuestos químicos	
Electrones	
Reacción química	

¿Qué ideas se han repetido? ¿Qué ideas han surgido sobre la química que tú no tenías? ¿Has aprendido términos nuevos empleados en química?

3. El Día de la Química es una celebración establecida para impulsar la divulgación de esta disciplina y sensibilizar a la sociedad sobre su importante aportación a la mejora de la calidad de vida de las personas, contribuyendo así a su desarrollo. El Día de la Química se celebra el 15 de noviembre.

Imaginad que tenéis que organizar el programa del Día de la Química en vuestro centro educativo. ¿Cómo lo haríais? ¿Qué temática o temáticas elegiríais? Organizaos en grupos y seguid estos pasos:

a) Cada equipo debe seleccionar una de las siguientes temáticas:

La química y la industria

La química y la tecnología

La química y el medioambiente

La química y la alimentación

La química y la salud

La química y el transporte

b) Informaos sobre el tema que os ha correspondido. Para ello, buscad noticias novedosas en periódicos, revistas, Internet, etc. Puede ser de utilidad que consultéis este enlace:

https://links.edebe.com/ps8b9

c) Cread un logo y un eslogan que represente vuestra temática.

d) Recopilad imágenes, fotografías, gráficas, tablas, etc. relacionadas con el tema y guardadlas.

e) Poned en común la información recopilada en cada grupo y seleccionadla.

f) Elaborad un póster que contenga la siguiente información:

— Título de la temática

— Logo

— Eslogan

— Imágenes representativas

— Datos de interés

— Otros datos que consideréis importantes

Para ello, podéis emplear recortes de revistas y periódicos, elaborar gráficas propias, hacer dibujos, etc.

¡Sed muy creativos!

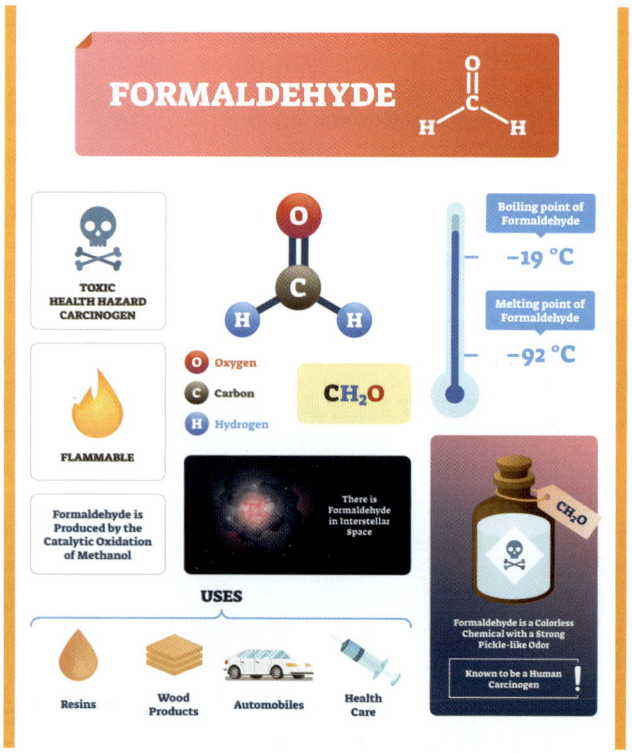

g) Una vez que cada grupo haya confeccionado su póster, lo colgará en la pared de la clase.

h) Cuando todos los pósteres estén colgados, comenzará la sesión del Día de la Química: cada grupo presentará su póster y, al finalizar la exposición, los demás grupos le plantearán preguntas sobre su temática.

i) ¿Qué habéis aprendido sobre las aplicaciones de la química en esta actividad? Completad la siguiente tabla en vuestro cuaderno:

APLICACIONES DE LA QUÍMICA

Industria	Medioambiente	Tecnología	Salud	Alimentación	Transporte

j) ¿Existen más sectores o campos de aplicación de la química, aparte de los que habéis trabajado? Anotad, entre todos, ejemplos concretos.

1

Bloque 1. La actividad científica

La investigación científica

Contenidos

- El método científico
- Magnitudes físicas y su medida
- Carácter aproximado de las medidas
- Expresión de resultados experimentales
- Comunicación de los resultados de la investigación

Y además...

- **Ciencia a tu alcance**
  ¿De qué depende la densidad de una sustancia?

¡Te sorprenderá!

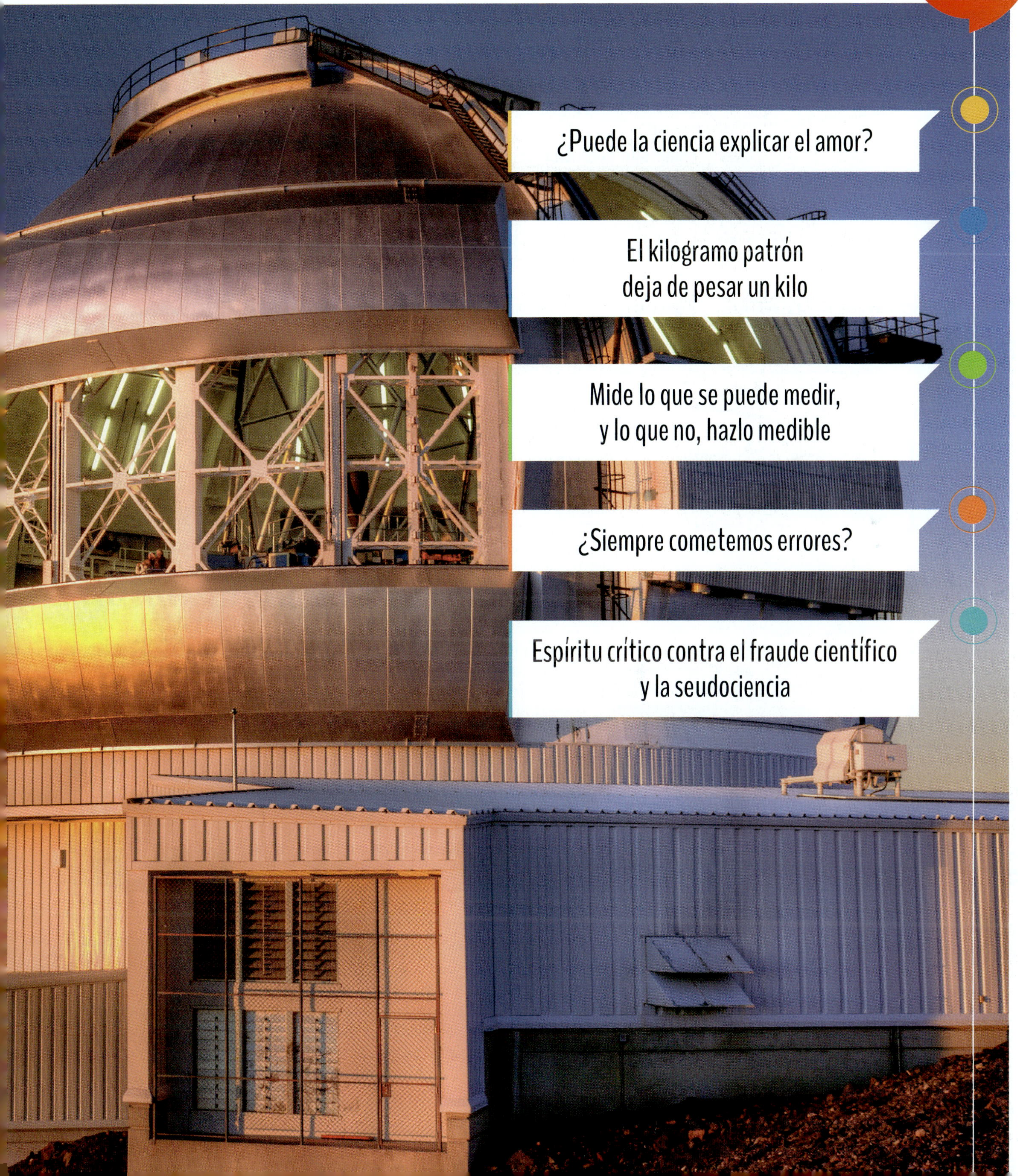

¿Puede la ciencia explicar el amor?

El kilogramo patrón deja de pesar un kilo

Mide lo que se puede medir, y lo que no, hazlo medible

¿Siempre cometemos errores?

Espíritu crítico contra el fraude científico y la seudociencia

Las conclusiones de una investigación científica se pueden articular en:

— **Ley.** Hipótesis confirmada, expresada normalmente en lenguaje matemático.

— **Teoría.** Conjunto de leyes que se enmarcan dentro de un sistema de conocimiento.

1. EL MÉTODO CIENTÍFICO

La investigación científica es fundamental en nuestra sociedad. Gracias a ella, somos capaces de desarrollar nuevos productos y procesos que dan respuestas a nuestros problemas y mejoran nuestra calidad de vida.

Ya desde la Antigüedad, hemos intentado ofrecer una explicación a los fenómenos que ocurren a nuestro alrededor. Actualmente, el conocimiento científico ha evolucionado mucho, pero no cabe duda de que aún nos falta mucho por descubrir.

La sistemática de trabajo empleada para llegar a estos descubrimientos se denomina **método científico** y constituye la base de la **ciencia:**

El **método científico** abarca el conjunto de pasos que siguen los científicos y científicas cuando investigan un hecho o un fenómeno de la naturaleza.

Etapas del método científico

1. Planteamiento del problema — Observación — ¿De qué depende el crecimiento de una planta?

2. Formulación de hipótesis — Preguntas — Formulamos una **hipótesis** que explique este fenómeno: «El crecimiento de una planta depende de la humedad de la tierra».

3. Comprobación de hipótesis

- Planificación de un experimento — Planificamos un experimento con el que poder comprobar si nuestra hipótesis es cierta o no:
  - — **Objetivo:** comprobar que el crecimiento de una planta depende de la humedad de la tierra.
  - — **Material:** tres semillas iguales, un saco de tierra y tres macetas.
  - — **Procedimiento:** plantamos una planta en cada maceta echando la misma cantidad de tierra. No regaremos la primera, regaremos una vez por semana la segunda y todos los días la tercera. Anotamos la cantidad de agua que echamos cada vez y observamos la evolución de las plantas a lo largo de un mes.

- Experimentación — Ejecutamos el procedimiento anterior.

- Obtención de datos — Anotamos la altura de la planta una vez al día a la misma hora.
- Análisis de datos — Elaboramos una tabla con los datos y representamos gráficamente la altura de la planta (en mm) en función del volumen de agua recibido (en mL). Analizamos los datos y confirmamos si nuestra **hipótesis** es **cierta.** Si no lo es, emitimos una **nueva hipótesis.**

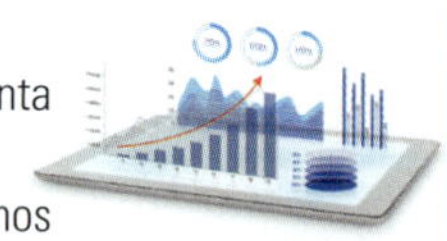

4. Extracción de conclusiones — Tras confirmar la hipótesis, llegamos a la **conclusión** de que el crecimiento de una planta sí que depende de la humedad de la tierra.

5. Divulgación de resultados — Informe científico — Redactamos un **informe,** estructurado según las etapas del método científico, en el que reflejamos los resultados de la investigación. Después, divulgamos los resultados de nuestra investigación.

Actividades

1. En grupos, observad a vuestro alrededor y aplicad el método científico a un fenómeno que llame vuestra atención. No olvidéis ninguna etapa. ¿A qué conclusiones habéis llegado? ¿Qué medios emplearías para comunicar tus conclusiones?

— En grupos, aplicad la **destreza** *Compara y contrasta* para determinar si las conclusiones a las que habéis llegado en esta actividad podrían enunciarse en forma de hipótesis, ley o teoría. Podéis buscar información en Internet.

2. MAGNITUDES FÍSICAS Y SU MEDIDA

La materia que nos rodea se caracteriza por una serie de propiedades. Algunas son medibles cuantitativamente y otras no.

Una **magnitud física** es toda propiedad de los cuerpos que se puede medir.

En nuestra vida diaria, en general, y en la experimentación científica, en particular, es necesario medir determinadas magnitudes físicas.

Instrumento de medida

Aparato que se utiliza para determinar el valor de una magnitud.

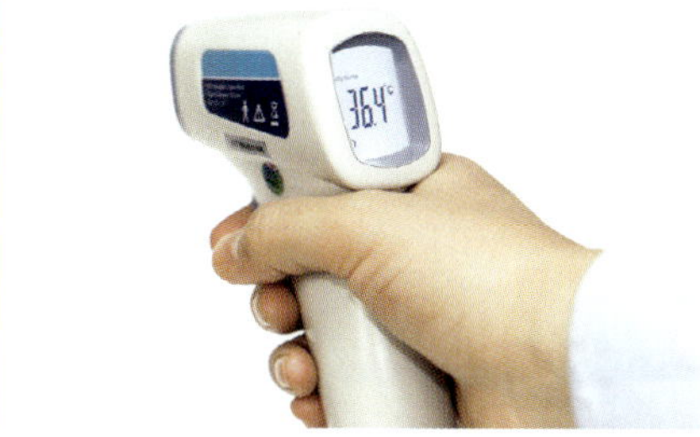

2.1. EL SISTEMA INTERNACIONAL DE UNIDADES

En 1960 se estableció el **Sistema Internacional de Unidades (SI),** que unifica todas las medidas de las magnitudes y han adoptado la mayoría de los países.

El SI consta de **siete magnitudes fundamentales o básicas,** que se pueden medir directamente; a partir de estas, se obtienen las **magnitudes derivadas.**

MAGNITUDES FUNDAMENTALES

Magnitud	Unidad	Símbolo
Longitud	metro	m
Masa	kilogramo	kg
Tiempo	segundo	s
Intensidad de corriente	amperio	A
Temperatura	kelvin	K
Intensidad luminosa	candela	cd
Cantidad de sustancia	mol	mol

MAGNITUDES DERIVADAS

Magnitud	Unidad	Símbolo
Superficie	metro cuadrado	m^2
Volumen	metro cúbico	m^3
Velocidad	metro por segundo	m/s
Aceleración	metro por segundo al cuadrado	m/s^2
Densidad	kilogramo por metro cúbico	kg/m^3
Fuerza	newton	N
Presión	pascal	Pa
Energía	julio	J

La última revisión importante del SI fue adoptada en 2018. En ella se decidió basar el SI en los valores numéricos fijos (expresados en unidades del SI) de un conjunto de siete constantes físicas, a partir de las cuales se deducirían las definiciones de las siete unidades básicas del SI.

Sin embargo, las definiciones de magnitudes básicas y magnitudes derivadas, aunque ya no son esenciales en el SI, siguen siendo aceptadas por su conveniencia y su uso generalizado.

Asómate
El Sistema Internacional de Unidades

Unidades básicas del SI (BIPM, CC BY-ND 4.0).

ECUACIÓN DE DIMENSIONES

La dimensión de una magnitud física se especifica con su símbolo entre corchetes y expresa su relación con las magnitudes fundamentales. Por ejemplo, la velocidad tiene dimensiones de longitud (L) dividido entre tiempo (T):

$$[v] = \frac{L}{T} = L \cdot T^{-1}$$

La relación que existe entre una magnitud derivada y las magnitudes fundamentales recibe el nombre de **ecuación de dimensiones.**

Si queremos comprobar que una expresión matemática es correcta desde el punto de vista dimensional, debemos comprobar que es **homogénea,** es decir, tiene las mismas dimensiones en ambos miembros.

Esto es así porque solo tiene sentido sumar y restar cantidades que posean las mismas dimensiones, es decir, no se puede sumar una longitud y un tiempo.

Comprobar si una expresión es homogénea dimensionalmente resulta una herramienta muy útil para detectar errores en los cálculos.

Las dimensiones de las magnitudes fundamentales son: [longitud] = L, [masa] = M, [tiempo] = T, [intensidad de corriente] = I, [temperatura] = Θ, [intensidad luminosa] = J y [cantidad de sustancia] = N.

EJEMPLO 1

Comprueba la homogeneidad de la siguiente expresión:

$$v = v_0 + a \cdot t$$

COMPRENSIÓN. Para comprobar la homogeneidad, sustituiremos en la expresión todas las magnitudes físicas por las dimensiones indicadas por su ecuación de dimensiones.

DATOS. $v = v_0 + a \cdot t$

RESOLUCIÓN. En primer lugar, escribimos las ecuaciones de dimensiones de cada magnitud:

$$[v] = L \cdot T^{-1} \qquad [a] = L \cdot T^{-2} \qquad [t] = T$$

Luego sustituimos en la expresión que deseamos comprobar:

$$v = v_0 + a \cdot t \rightarrow [v] = \frac{L}{T}; \quad [v_0 + a \cdot t] = \frac{L}{T} + \frac{L}{T^{\cancel{2}}} \cdot \cancel{T} = \frac{L}{T}$$

Como las unidades en ambos miembros son las mismas, la ecuación es homogénea. Por tanto, la ecuación también es correcta dimensionalmente.

NOTACIÓN CIENTÍFICA

Para medidas muy grandes o muy pequeñas, siempre utilizaremos la **notación científica.**

Expresamos cada número mediante una parte entera con una sola cifra no nula y tantos decimales como se desee, acompañado de una potencia de 10 de exponente entero.

Por ejemplo:

$$234\,000 \text{ m} = 2{,}34 \cdot 10^5 \text{ m}$$

$$0{,}035 \text{ kg} = 3{,}5 \cdot 10^{-2} \text{ kg}$$

¿Lo vemos?
Múltiplos y submúltiplos de las unidades del SI

MÚLTIPLOS DE LAS UNIDADES DEL SI

Prefijo	Símbolo	Potencia
yotta	Y	10^{24}
zetta	Z	10^{21}
exa	E	10^{18}
peta	P	10^{15}
tera	T	10^{12}
giga	G	10^{9}
mega	M	10^{6}
kilo	k	10^{3}
hecto	h	10^{2}
deca	da	10^{1}

SUBMÚLTIPLOS DE LAS UNIDADES DEL SI

Prefijo	Símbolo	Potencia
deci	d	10^{-1}
centi	c	10^{-2}
mili	m	10^{-3}
micro	μ	10^{-6}
nano	n	10^{-9}
pico	p	10^{-12}
femto	f	10^{-15}
atto	a	10^{-18}
zepto	z	10^{-21}
yocto	y	10^{-24}

2.2. MAGNITUDES ESCALARES Y VECTORIALES

Las magnitudes pueden clasificarse en **escalares** y **vectoriales.**

Una **magnitud** es **escalar** si queda perfectamente determinada mediante un número y su correspondiente unidad.

Por ejemplo: la masa, el volumen y la temperatura son magnitudes escalares.

Una **magnitud** es **vectorial** si, para su completa determinación, además del valor numérico y de sus unidades (módulo), debemos especificar su dirección y su sentido.

Las magnitudes vectoriales se definen por medio de **vectores,** que se caracterizan por estos tres elementos:

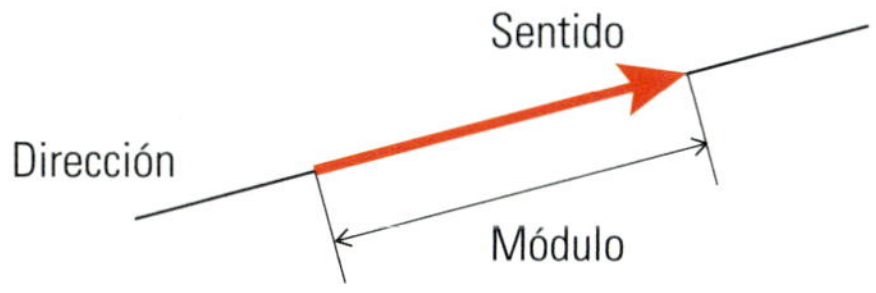

Por ejemplo: la velocidad ($\vec{v}$), la fuerza ($\vec{F}$), el peso ($\vec{P}$), etc.

EJEMPLO 2

Clasifica las siguientes magnitudes como escalares o vectoriales:

a)

b)

a) La masa es una magnitud escalar, puesto que para determinarla solo necesitamos un valor numérico y su unidad. Por ejemplo, $m = 215$ g.

b) La fuerza es una magnitud vectorial, ya que, además de su valor y de su unidad, debemos especificar su dirección y su sentido para definirla. Por ejemplo, para definir la fuerza no es suficiente decir 25 N; también es necesario aclarar que está aplicada en dirección horizontal y sentido hacia la izquierda o hacia la derecha.

Actividades

2. Expresa las siguientes medidas en unidades del SI. Para ello, aplica factores de conversión y utiliza la notación científica: a) 235 km; b) 0,067 ms; c) 23,5 g/L; d) 35,7 km/h.

3. Escribe la expresión matemática de las siguientes magnitudes derivadas y comprueba su homogeneidad: a) volumen; b) velocidad; c) densidad; d) aceleración.

4. Clasifica las magnitudes como escalares o vectoriales: a) volumen; b) velocidad; c) densidad; d) aceleración.

— Define los elementos que caracterizan a cada una.

3. CARÁCTER APROXIMADO DE LAS MEDIDAS

El siguiente enlace te ayudará a comprender los tipos de errores experimentales cometidos en una medida:

https://links.edebe.com/k58msh

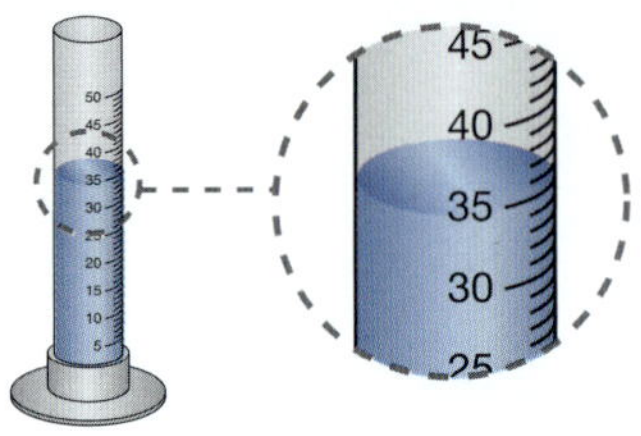

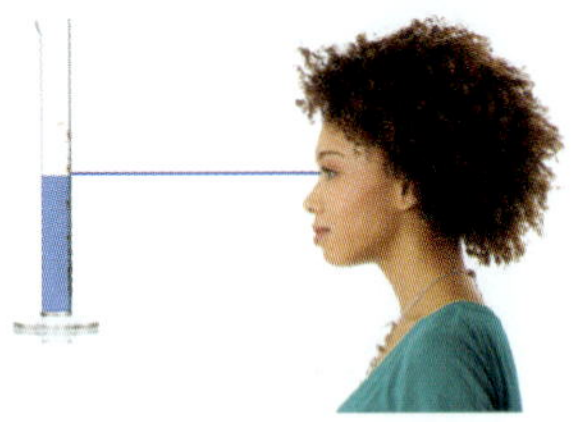

Al medir cualquier magnitud, siempre se comete un error. Este error puede estar producido por la persona que toma la medida, el aparato de medida o las condiciones externas.

ERROR ABSOLUTO Y ERROR RELATIVO

Distinguimos dos tipos de errores: el **error absoluto** y el **error relativo.**

El **error absoluto (E_a)** de una medida es la diferencia, en valor absoluto, entre el valor aproximado obtenido en la medición y el valor considerado exacto de la medida:

$$E_a = |\text{Valor aproximado} - \text{Valor exacto}|$$

El **error relativo (E_r)** de una medida es el cociente entre el error absoluto y el valor exacto de la medida:

$$E_r = \frac{E_a}{\text{Valor exacto}}$$

El error absoluto se expresa en las mismas unidades que la magnitud medida. El error relativo no tiene dimensiones y determina el error que se comete por cada unidad de la magnitud medida, y puede expresarse también en porcentaje.

EJEMPLO 3

En una balanza del laboratorio pesamos 251,50 g de un reactivo y la balanza muestra un resultado de 251,48 g. Calcula el error absoluto y el error relativo que hemos cometido en esta medición.

COMPRENSIÓN. Debemos calcular el error absoluto y el error relativo aplicando sus fórmulas.

DATOS. Valor exacto = 251,50 g; valor aproximado = 251,48 g

RESOLUCIÓN

— Hallamos el error absoluto:

$$E_a = |\text{Valor aproximado} - \text{Valor exacto}|$$

$$E_a = |251{,}48 - 251{,}50\text{ g}| = 0{,}02\text{ g}$$

— Calculamos el error relativo:

$$E_r = \frac{E_a}{\text{Valor exacto}} = \frac{0{,}02\text{ g}}{251{,}50\text{ g}} = 8 \cdot 10^{-5}$$

Expresamos en porcentaje el error relativo: 0,008 %.

COMPROBACIÓN. Verificamos que los resultados son correctos y que hemos obtenido las unidades deseadas. De lo contrario, revisamos los cálculos.

EXACTITUD Y PRECISIÓN

Preciso y no exacto

Preciso y exacto

No preciso y no exacto

No preciso y exacto

Una medida es tanto más exacta cuanto menor es su error relativo.

La **exactitud** de una medida es el grado de cercanía entre el valor obtenido y su valor exacto.

Sin embargo, no debemos confundir los términos *exactitud* y *precisión:*

La **precisión** es el grado de aproximación o cercanía entre una serie de medidas de la misma magnitud obtenidas de igual manera.

Actividades

5. Considerando como exacto el valor promedio de las siguientes medidas, calcula el error absoluto y el error relativo: 7,8 s, 8,1 s y 7,7 s.

6. La longitud real de un hilo es de 1,22 mm. Razona si las siguientes parejas de medidas son exactas, precisas o ambas cosas a la vez: a) 1,32 mm; 1,31 mm; b) 1,23 mm; 1,22 mm.

4. EXPRESIÓN DE RESULTADOS EXPERIMENTALES

En este apartado aprenderemos a expresar el resultado de una medida.

En este *applet* puedes introducir un número y comprobar la cantidad de cifras significativas que tiene:

https://links.edebe.com/smvn7f

4.1. CIFRAS SIGNIFICATIVAS

El error de una medida determina el número de **cifras significativas.**

Las **cifras significativas** son los dígitos que se conocen con precisión, más un último dígito, que debe estimarse.

Por ejemplo: las cifras significativas de una longitud de 52,413 m son cinco. De estas, el 5, el 2, el 4 y el 1 se conocen con certeza. El 3 es dudoso.

En la siguiente tabla se exponen los criterios para identificar las cifras significativas:

Criterios para identificar cifras significativas	Ejemplo
Todas las cifras diferentes de cero son significativas.	345 tiene tres cifras significativas.
Los ceros situados entre dos cifras significativas son significativos.	2047 tiene cuatro cifras significativas.
Los ceros al final de un número no decimal pueden ser o no cifras significativas.	3400 tiene de dos a cuatro cifras significativas.
Los ceros situados a la izquierda no son significativos.	0,02 tiene una cifra significativa.
Los ceros a la derecha de la coma y detrás de una cifra distinta de cero son cifras significativas.	4,0 tiene dos cifras significativas.
Criterios para operar con cifras significativas	**Ejemplo**
El resultado de una suma o una resta se debe expresar con la misma cantidad de decimales que el término que tenga menos.	$1,23 + 0,234 = 1,46$; no 1,464
El resultado de un producto o un cociente no debe tener más cifras significativas que el número que menos tiene.	$2,356 \cdot 1,5 = 3,5$; no 3,534

Fíjate en que, para cumplir el criterio de cifras significativas en los resultados de muchas operaciones, debemos emplear el **redondeo.**

Redondear consiste en despreciar cifras situadas a la derecha de la última cifra que tomamos como significativa teniendo en cuenta que, si la cifra siguiente es superior a 5, sumaremos una unidad a la cifra significativa.

Una manera de identificar las cifras significativas con facilidad es emplear la **notación científica.** Siempre son significativas todas las cifras que aparecen antes de la potencia de 10.

EJEMPLO 4

Indica cuántas cifras significativas tienen los siguientes números u operaciones: a) $1,230 \cdot 10^5$; b) 67,02; c) 0,034; d) $2 \cdot 1,45$.

a) $1,230 \cdot 10^5$ tiene cuatro cifras significativas.

b) $67,02 = 6,702 \cdot 10^1$. Tiene cuatro cifras significativas.

c) $0,034 = 3,4 \cdot 10^{-2}$. Tiene dos cifras significativas.

d) $2 \cdot 1,45 = 3$. Tiene una única cifra significativa.

Actividades

7. Efectúa las siguientes operaciones y da los resultados con la cantidad de cifras significativas adecuada:

a) $7,8 + 1,266$ b) $456,78 : 2,34$ c) $2,3 \cdot 10^2 \cdot 3,4 \cdot 10^3$

8. Redondea estos números a las centésimas:

a) 345,6789
b) 0,01254
c) 12,345
d) 7,138

Resolución

La **resolución** de un aparato de medida es la menor cantidad que es capaz de medir.

Por ejemplo, la resolución de esta regla es de 1 mm = 0,001 m.

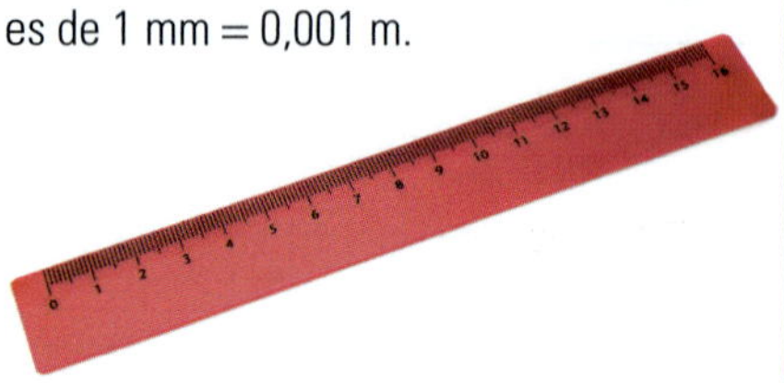

4.2. EXPRESIÓN DEL RESULTADO DE UNA MEDIDA

Una medida queda totalmente determinada mediante el valor numérico obtenido, **con todas sus cifras significativas** y, además, el **error absoluto** correspondiente a dicha medida.

A la hora de dar el resultado de una medida experimental, tomaremos como error absoluto la **resolución** del aparato.

EJEMPLO 5

Si obtenemos un valor de 445,7 g en una balanza cuya resolución es de 0,1 g, expresaremos la medida de este modo:

(445,7 ± 0,1) g

4.3. EXPRESIÓN DEL RESULTADO DE UN CONJUNTO DE MEDIDAS

AJUSTAR LAS CIFRAS SIGNIFICATIVAS

La precisión del resultado de la medida no puede ser mayor que la del error. Por lo tanto, hay que ajustar el número de cifras significativas de la medida al de las cifras significativas de la incertidumbre.

Sin embargo, lo más habitual es no conocer el valor verdadero de la magnitud que se pretende medir.

La solución es llevar a cabo una serie de medidas repetidas y tomar como valor verdadero la media aritmética de las medidas efectuadas:

$$\text{Valor medio}\,(\bar{x}) = \frac{\text{Medida 1} + \text{Medida 2} + \ldots + \text{Medida } n}{n} = \frac{x_1 + \ldots + x_n}{n}$$

En cuanto a la incertidumbre de la medida, tomamos como error absoluto la desviación absoluta media del conjunto de medidas experimentales o la resolución del aparato de medida, la que sea mayor:

$$E_a = \text{Desviación absoluta media} = \frac{|x_1 - \bar{x}| + |x_2 - \bar{x}| + \ldots + |x_n - \bar{x}|}{n}$$

De forma análoga al caso de una única medida, expresamos el resultado como el valor medio obtenido, con las cifras significativas que correspondan, y el error absoluto del conjunto de medidas:

$$x = \bar{x} \pm E_a$$

EJEMPLO 6

Para determinar la estatura de uno de vuestros compañeros, se realiza una serie de cinco medidas con un tallímetro cuya resolución es de 0,1 cm: 173,4 cm; 172,8 cm; 172,9 cm; 173,1 cm; 172,5 cm. ¿Cuál es su estatura?

COMPRENSIÓN. Para determinar la estatura, debemos calcular el valor medio de las cinco medidas y la desviación absoluta media.

DATOS. $n = 5$; $x_1 = 173{,}4$ cm; $x_2 = 172{,}8$ cm; $x_3 = 172{,}9$ cm; $x_4 = 173{,}1$ cm; $x_5 = 172{,}5$ cm; resolución = 0,1 cm

RESOLUCIÓN. Calculamos el valor medio y la desviación absoluta media:

Medida (cm)	Desviación absoluta (cm)
173,4	|173,4 – 172,9| = 0,5
172,8	|172,8 – 172,9| = 0,1
172,9	|172,9 – 172,9| = 0,0
173,1	|173,1 – 172,9| = 0,2
172,5	|172,5 – 172,9| = 0,4
Media = 172,9 cm	**Desv. abs. media = 0,2 cm**

$$\bar{x} = \frac{173{,}4 + 172{,}8 + 172{,}9 + 173{,}1 + 172{,}5}{5} = 172{,}9 \text{ cm}$$

$$\text{Desv. abs. media} = \frac{0{,}5 + 0{,}1 + 0{,}0 + 0{,}2 + 0{,}4}{5} = 0{,}2 \text{ cm}$$

Por lo tanto, la estatura se expresará de la forma (172,9 ± 0,2) cm.

COMPROBACIÓN. Verificamos que el resultado obtenido es coherente con los datos y que el número de cifras significativas es correcto. De lo contrario, revisamos los cálculos.

4.4. ANÁLISIS DE LOS DATOS EXPERIMENTALES

Una vez que tenemos los datos experimentales de un experimento, debemos analizarlos para comprobar nuestra hipótesis y poder extraer conclusiones.

Una manera de visualizar la tendencia que siguen los datos con facilidad es elaborar **tablas** y, a partir de estas, **gráficas.** A continuación, mostramos algunas de las relaciones entre variables que podemos obtener al representar los datos experimentales:

Echa un vistazo a...
Tipos de proporcionalidad

Proporcionalidad directa

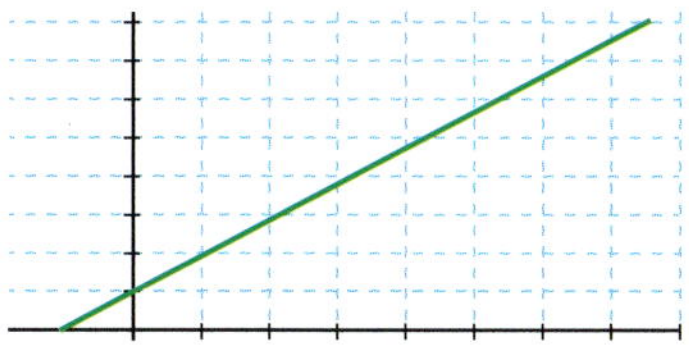

El cociente entre las parejas de valores es una constante: la pendiente de la recta.

$$y = ax + b$$

Proporcionalidad inversa

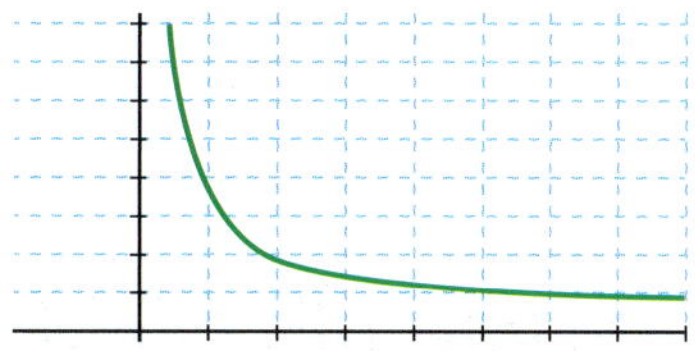

El producto de las parejas de valores es una constante. La gráfica es una hipérbola.

$$y = \frac{a}{x}$$

Proporcionalidad cuadrática

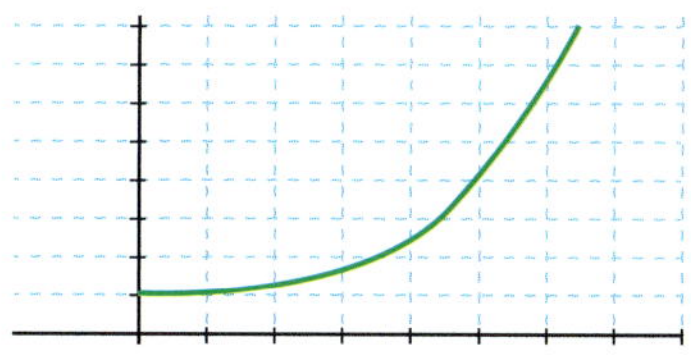

Una de las variables varía con el cuadrado del valor de la otra. La gráfica es una parábola.

$$y = ax^2 + bx + c$$

EJEMPLO 7

Representa gráficamente los siguientes resultados obtenidos por una científica en un experimento y señala la relación que existe entre ambas magnitudes:

v (m/s)	150	75	50	30
t (s)	2	4	6	10

COMPRENSIÓN. Identificamos la relación entre las magnitudes a partir de la representación gráfica de los datos de la tabla.

DATOS. Valores de la tabla del enunciado.

RESOLUCIÓN. En primer lugar, representamos la velocidad (v) en función del tiempo (t) y obtenemos la gráfica correspondiente.

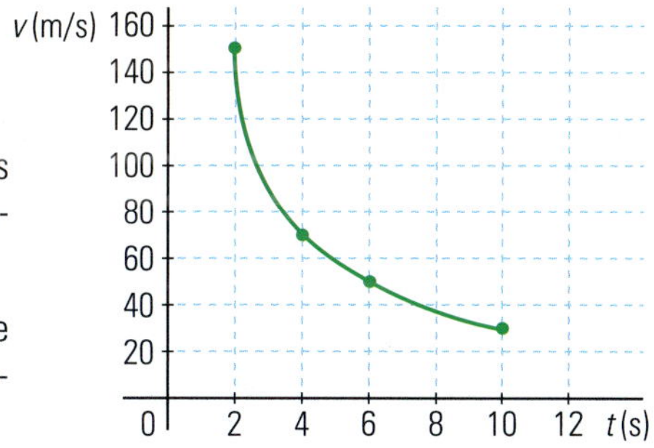

Al analizar la gráfica, nos damos cuenta de que ambas magnitudes son inversamente proporcionales.

Actividades

9. Expresa el resultado de la medida de la masa de un balón si se han efectuado seis mediciones con una báscula cuya resolución es de 1 g y los valores obtenidos han sido: 603 g, 612 g, 592 g, 598 g, 590 g y 600 g. Selecciona la respuesta correcta.

a) (598 ± 1) g b) (599 ± 6) g c) (600 ± 3) g d) (590 ± 5) g

10. Con la ayuda de una hoja de cálculo, representa gráficamente los datos de la tabla. Elige el tipo de gráfico de dispersión e introduce los valores de los ejes X e Y. Observa la forma de la gráfica. ¿Qué relación existe entre variables?

v (m/s)	150	75	50	30
t (s)	2	4	6	10

CATALOGANDO EL CIELO

Entre 1886 y 1916 el observatorio astronómico de la Universidad de Harvard realizó la ingente tarea de identificar y numerar todas las estrellas visibles del firmamento. Para ello, contrató a un grupo de mujeres.

Su trabajo era anotar el tamaño, el brillo y el espectro de las estrellas que observaban, pero algunas llegaron a convertirse en experimentadas astrónomas:

— Williamina Fleming descubrió la nebulosa Cabeza de Caballo y las enanas blancas.

— Cecilia Payne-Gaposchkin postuló que las estrellas estaban formadas de hidrógeno, hecho que se comprobó más tarde.

— Henrietta Swan Leavitt consiguió establecer un método para medir la distancia entre la Tierra y los asteroides.

5. COMUNICACIÓN DE LOS RESULTADOS DE LA INVESTIGACIÓN

I+D+i

Investigación, desarrollo e innovación.

La última etapa del método científico es la comunicación de los resultados de la investigación. Esta fase es clave ya que, gracias a ella, los investigadores y las investigadoras difunden sus descubrimientos al resto de la comunidad científica, y con ello, al mundo exterior.

¿Qué es esto?
El informe científico

5.1. EL INFORME CIENTÍFICO

Lo primero que deben hacer los científicos para poder comunicar los resultados de sus investigaciones es redactar un **informe científico.**

Partes del informe

Título → Resumen → Introducción → Materiales y métodos → Resultados → Discusión → Conclusiones → Referencias consultadas

El informe científico

Características del informe

— Es el resultado de una investigación con rigor científico.

— Su estructura se basa en el método científico.

— Debe estar redactado de forma clara, precisa y concisa.

— Es original y actual.

— Los resultados tienen que ser reproducibles.

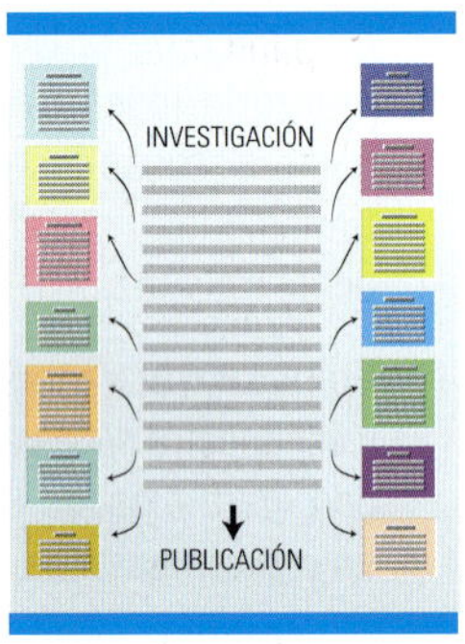

Vías para la difusión de los resultados

— Publicación en revistas especializadas.

— Exposición en conferencias y congresos científicos.

— Asistencia a ferias tecnológicas.

— Organización de jornadas para el público general.

— Publicación en notas de prensa.

En este enlace podrás ver con detalle el contenido que tienes que escribir en cada parte del informe:
https://links.edebe.com/mzgn

Actividades

11. Accede a este enlace y consulta uno de los artículos científicos disponibles:

https://links.edebe.com/zynr

a) ¿De qué área es el artículo que has elegido?

b) ¿Responde a la estructura que hemos estudiado?

c) ¿Qué novedad plantea?

12. Proyecto de investigación (PBL). En grupos de tres o cuatro miembros, investigad qué relación existe entre la masa de un vehículo y su consumo de combustible. ¡Recordad que debéis seguir las etapas del método científico! Os puede resultar de utilidad seguir estos pasos:

a) Entrad en las páginas web de diversos fabricantes de automóviles y consultad la masa y el consumo de diversos modelos. Anotadlos.

b) Completad la siguiente tabla en vuestro cuaderno:

Masa (kg)	Consumo (L/100 km)

c) Elaborad una gráfica con los datos anteriores, representando la masa en el eje *X* y el consumo en el eje *Y*.

d) ¿Qué relación existe entre la masa y el consumo de un vehículo? Redactad un informe y exponed los resultados de vuestra investigación en clase.

5.2. INTERPRETACIÓN DE LA INFORMACIÓN CIENTÍFICA

Actualmente tenemos acceso a multitud de información gracias a Internet y a los medios de comunicación: noticias, artículos, entradas en blogs, etc. Sin embargo, no todo lo que se publica tiene rigor científico.

Asómate
Interpretación de la información científica

EJEMPLO 8

Lee los siguientes titulares de noticias publicados recientemente en diversos medios:

Acupuntura: un efectivo tratamiento para combatir las molestas alergias

Hay más nacimientos en las noches con luna llena

Terapias naturales que curan el cáncer

¿Crees que se trata de artículos científicios? ¿Por qué?

En este apartado aprenderemos a analizar con espíritu crítico el rigor científico de una publicación.

La característica esencial de una **publicación con rigor científico** es que responde a las **etapas del método científico.**

Ahora bien:

¿Qué nos sugiere falta de rigor científico en una publicación?

— Titulares sensacionalistas.
— Muestras no representativas o demasiado pequeñas.
— Resultados mal interpretados.
— Resultados parciales e irreproducibles.
— Lenguaje especulativo.
— Conflicto de intereses.
— Fuentes no fiables.

ODS

Los ODS solo se pueden conseguir con asociaciones mundiales sólidas y cooperación.

Ningún país puede superar la pandemia de la COVID-19 por sí solo. La solidaridad mundial es un imperativo moral y redunda en el interés de todos.

La mayoría de los países en desarrollo no poseen los recursos suficientes para financiar una respuesta a la COVID-19 y unas medidas de recuperación adecuadas.

La Organización Mundial de la Salud (OMS) ha liderado el esfuerzo mundial para hacer frente a la COVID-19 y ha establecido las medidas de salud pública que deberían adoptar los países para prepararse y responder a la pandemia.

La labor de la OMS es rastrear y comprender la propagación del virus, garantizar que los pacientes reciben los cuidados que necesitan y que los trabajadores en primera línea obtienen los suministros y la información esenciales, así como acelerar el desarrollo de una vacuna y de tratamientos para aquellos que lo necesitan.

Actividades

13. Formad pequeños grupos para llevar a cabo esta actividad. Acceded a estas dos noticias para evaluar el rigor científico de cada una:

https://links.edebe.com/rqv5a

https://links.edebe.com/pikh

a) Leed las dos noticias con atención.

b) Buscad información sobre cada uno de los temas.

c) Identificad qué características de cada noticia os hacen pensar que tiene o no rigor científico.

d) Elaborad un guion de los argumentos que refuerzan qué noticia es rigurosa científicamente y cuál no.

e) Elegid un portavoz y exponed vuestros argumentos ante el resto de grupos.

f) Debatid qué razones os llevan a clasificar una noticia como no científica.

g) Redactad en un documento las conclusiones a las que habéis llegado.

Ciencia a tu alcance

En práctica: ¿De qué depende la densidad de una sustancia?

La densidad es una magnitud derivada cuya expresión matemática es la siguiente:

$$d = \frac{m}{V}$$

Donde:

d es la densidad.

m es la masa.

V es el volumen.

Pero ¿de qué depende la densidad de una sustancia? En el laboratorio y en grupos, intentaremos dar respuesta a esta cuestión aplicando el método científico.

1 Planteamiento del problema

Observamos las sustancias que nos rodean y nos preguntamos de qué depende la densidad de una sustancia.

2 Formulación de la hipótesis

Entre todos los miembros del grupo, redactamos una hipótesis, por ejemplo:

«La densidad de una sustancia depende de la temperatura».

3 Comprobación de la hipótesis

Para poder comprobar la hipótesis, debemos **planificar el experimento** que vamos a llevar a cabo:

Objetivo

— Determinar si la densidad de una sustancia depende o no de la temperatura.

— Analizar qué tendencia sigue la densidad de un sólido y de un líquido al aumentar o disminuir la temperatura.

Material

— Una pieza cúbica de metal.

— Agua destilada.

— Probeta de 250 mL.

— Vaso de precipitados.

— Balanza.

— Calibre o cinta métrica.

— Termómetro.

— Crisol.

— Estufa.

— Mechero de Bunsen.

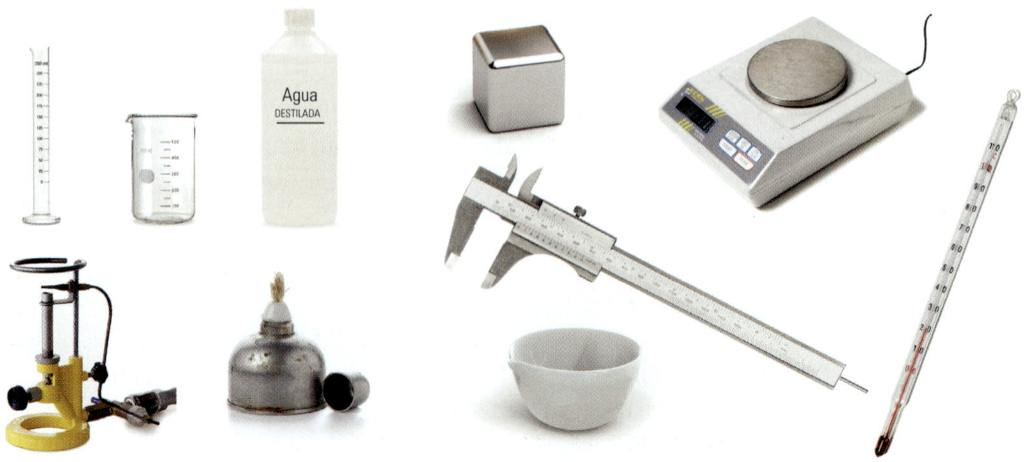

Experimentación

Seguid estos pasos:

Determinación de la densidad del sólido

— Medid la temperatura ambiente del laboratorio con el termómetro y anotadla en el cuaderno.

— Pesad en la balanza la pieza cúbica de metal y anotad el valor en el cuaderno. Tened en cuenta las cifras significativas que debéis utilizar en función de la resolución de la balanza.

— Medid con el calibre o la cinta métrica la longitud del lado de la pieza.

— Depositad la muestra en un crisol y colocadla en la estufa hasta que alcance aproximadamente 50 °C.

— Extraed la muestra de la estufa utilizando guantes. Pesadla de nuevo en la balanza y anotad el valor.

— Volved a medir el lado de la muestra y anotad el resultado.

Determinación de la densidad del líquido

— Medid la temperatura ambiente del laboratorio con el termómetro y anotadla en el cuaderno.

— Pesad en la balanza la probeta de 250 mL vacía y anotad su valor.

— Llenad la probeta con agua destilada, enrasando hasta 100 mL.

— Pesad en la balanza la probeta con agua y anotad el valor que marca la balanza.

— Llenad el vaso de precipitados de agua destilada e introducid la probeta con agua y el termómetro.

— Calentad el conjunto con un mechero de Bunsen hasta que el termómetro marque 50 °C.

— Extraed la probeta del vaso de precipitados utilizando guantes, secadla y pesadla de nuevo en la balanza, una vez que esté seca por fuera.

— Anotad el volumen que marca ahora el agua destilada en la graduación de la probeta.

Obtención de datos

Completad las siguientes tablas en el cuaderno:

Metal	m_{metal} (g)	Medida del lado (mm)	$V_{metal} = l^3$ (mm³)	d_{metal} (g/mm³)	d_{metal} (kg/m³)
$T_{ambiente}$					
$T = 50$ °C					

Agua	$m_{probeta}$ (g)	$m_{probeta+agua}$ (g)	m_{agua} (g)	V_{agua} (mL)	d_{agua} (g/mL)	d_{agua} (kg/m³)
$T_{ambiente}$						
$T = 50$ °C						

Análisis de datos

Teniendo en cuenta los resultados obtenidos, responded a estas preguntas en vuestro cuaderno:

a) ¿Varía la densidad de una sustancia al cambiar la temperatura?

b) ¿Cómo varía la densidad de un sólido con la temperatura? ¿Y la de un líquido?

c) ¿Vuestra **hipótesis** es **cierta?** En caso **negativo,** formulad una **nueva hipótesis** y repetid el proceso.

4 Extracción de conclusiones

Después de analizar los datos del experimento, elaborad una lista con las conclusiones a las que habéis llegado.

5 Comunicación de resultados

Redactad un **informe** de la práctica por grupo en formato digital. Para redactar el informe tened en cuenta lo estudiado en la unidad. Por último, exponed en clase vuestro informe empleando una herramienta TIC y responded a las preguntas que os planteen.

Sigue investigando

¿Varía la densidad de los gases con la temperatura? ¿De qué modo? Redactad una hipótesis y diseñad un experimento para comprobarlo. Buscad información en Internet y elaborad una presentación digital para comunicar los resultados.

Síntesis

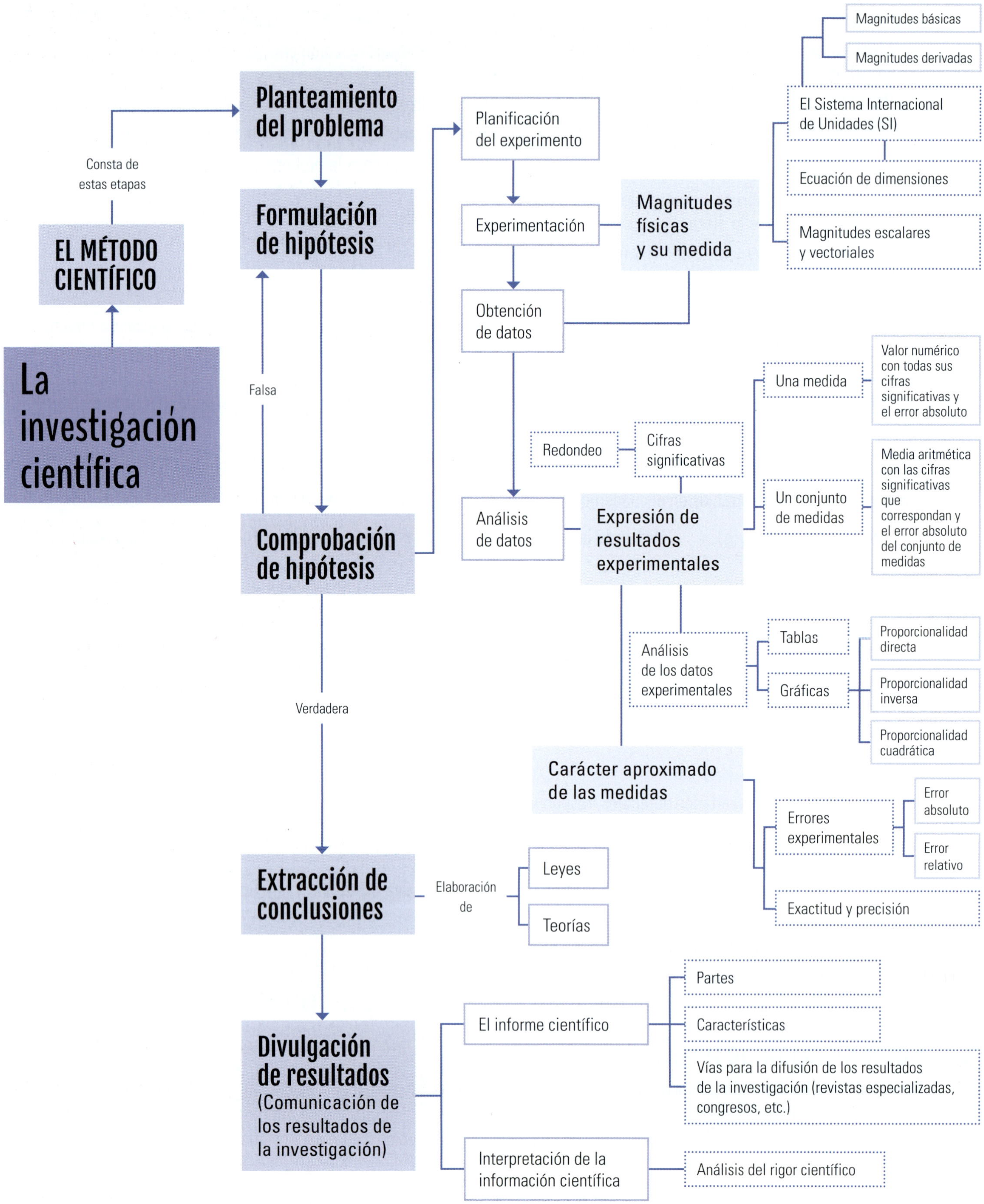
La investigación científica
EL MÉTODO CIENTÍFICO
Consta de estas etapas
Planteamiento del problema
Formulación de hipótesis
Falsa
Comprobación de hipótesis
Verdadera
Extracción de conclusiones
Elaboración de
Leyes
Teorías
Divulgación de resultados (Comunicación de los resultados de la investigación)
El informe científico
Partes
Características
Vías para la difusión de los resultados de la investigación (revistas especializadas, congresos, etc.)
Interpretación de la información científica
Análisis del rigor científico
Planificación del experimento
Experimentación
Obtención de datos
Análisis de datos
Magnitudes físicas y su medida
El Sistema Internacional de Unidades (SI)
Magnitudes básicas
Magnitudes derivadas
Ecuación de dimensiones
Magnitudes escalares y vectoriales
Redondeo
Cifras significativas
Expresión de resultados experimentales
Una medida
Valor numérico con todas sus cifras significativas y el error absoluto
Un conjunto de medidas
Media aritmética con las cifras significativas que correspondan y el error absoluto del conjunto de medidas
Análisis de los datos experimentales
Tablas
Gráficas
Proporcionalidad directa
Proporcionalidad inversa
Proporcionalidad cuadrática
Carácter aproximado de las medidas
Errores experimentales
Error absoluto
Error relativo
Exactitud y precisión

PREPARA

14. ●○○ **Relaciona en tu cuaderno cada una de las siguientes acciones con la etapa del método científico correspondiente:**

a) Diseño de un experimento para conocer el porcentaje de azúcar en la remolacha.

b) Redacción de un artículo científico sobre los resultados de la investigación de la resistencia de diversos tipos de acero.

c) Un estudiante emite una hipótesis que intenta dar explicación a la formación de los rayos durante una tormenta.

d) El equipo completo de un departamento de I+D+i se reúne para extraer conclusiones del trabajo de investigación que están llevando a cabo.

e) Una niña se pregunta por qué se mueven las nubes.

f) Una investigadora analiza las gráficas generadas a partir de los datos de un experimento.

15. ●○○ **Completa en tu cuaderno las siguientes oraciones:**

a) Una magnitud física es toda .... de los cuerpos que se puede ....

b) Las magnitudes .... son aquellas que se pueden .... directamente; a partir de estas, se obtienen las magnitudes ....

c) Una magnitud es .... si queda perfectamente determinada por un número y su correspondiente ....

d) Una magnitud es .... si, para su completa determinación, además del valor numérico y sus ...., debemos especificar su .... y su ....

16. ●○○ **Completa en tu cuaderno las siguientes equivalencias en notación científica:**

a) 3000 ms = ... s

b) 2,5 MW = ... W

c) 0,0003 km = ... m

d) $2 \cdot 10^5$ nm = ... m

e) $6{,}5 \cdot 10^4$ µm = ... m

f) 8 hm = ... m

17. ●○○ **Señala si las siguientes afirmaciones son verdaderas o falsas y corrige las falsas:**

a) El error absoluto se calcula como la resta entre el valor aproximado y el valor exacto.

b) El error relativo se puede expresar en porcentaje.

c) El error absoluto no tiene dimensiones.

d) Una medida es exacta si su valor se aproxima mucho al valor real.

18. ●○○ **Indica en tu cuaderno el número de cifras significativas que tienen estas medidas:**

a) 0,035 m → ....

b) 37,8 °C → ....

c) 305,670 N → ....

d) $1{,}234 \cdot 10^{-2}$ mg → ....

e) 36 700 cm^2 → ....

f) $34{,}0 \cdot 10^3$ Pa → ....

19. ●○○ **Se toman cinco medidas del tiempo necesario para que un depósito se vacíe y se obtienen los siguientes resultados: 8,3 min; 8,4 min; 7,9 min; 8,2 min; 8,3 min. Indica qué valor tomarías como resultado: a) 8,2 min; b) 8,0 min; c) 8,1 min; d) 8,3 min.**

— ¿Dirías que esas medidas son precisas? ¿Las considerarías exactas?

20. ●○○ **Ordena los siguientes apartados que debe contener un informe científico: resumen, conclusiones, materiales y métodos, título, referencias bibliográficas, introducción, discusión y resultados.**

— ¿Qué hay que tener en cuenta a la hora de redactarlo?

ENTRENA

1. El método científico

21. ●○○ **Define qué es el método científico y enumera sus etapas.**

22. ●○○ **Selecciona la respuesta correcta: La diferencia entre una ley y una teoría es...**

a) ...que la teoría está confirmada y la ley no.

b) ...que la teoría es un conjunto de leyes.

c) ...que la teoría se expresa en lenguaje matemático y la ley no.

23. ●●○ **Una alumna de 4.º de ESO formula la siguiente hipótesis: «Una disolución de sal en agua tarda más tiempo en congelarse que el agua». Diseña un experimento que permita corroborar o rechazar la hipótesis planteada.**

— Según el método científico, ¿qué hace un investigador si la experimentación demuestra que su hipótesis es falsa?

24. ●●○ **Razona si cada una de las siguientes afirmaciones es una hipótesis, una ley o una teoría:**

a) La presión de un gas es inversamente proporcional al volumen del recipiente que lo contiene.

b) La temperatura ambiente depende de la inclinación de los rayos solares.

c) La selección natural explica la evolución biológica de las distintas especies del planeta.

d) El color de un objeto expuesto al sol influye en la variación de su temperatura.

e) La deriva continental describe cómo la dinámica interna del planeta altera las placas de la litosfera.

f) La temperatura de una determinada cantidad de un gas es proporcional al producto de su presión y volumen.

25. ●●● **Observa los siguientes hitos científicos:**

— Teoría de la selección natural.

— Descubrimiento del radio.

— Descubrimiento de la penicilina.

— Llegada del hombre a la Luna.

— Descubrimiento del bosón de Higgs.

Distribuid la clase en cinco grupos. Cada uno profundizará en uno de los descubrimientos.

a) Informaos del año en el que se produjo y de los científicos y científicas que lo hicieron posible; después, describidlo brevemente.

b) Valorad la importancia de la colaboración entre los científicos y la repercusión social, económica y política del descubrimiento.

c) Elaborad una tabla en la que se reflejen las estrategias empleadas por los investigadores: preguntas, registro de datos, formulación de hipótesis, etc.

2. Magnitudes físicas y su medida

26. ●○○ **Indica, justificando tus respuestas, cuáles de las siguientes son magnitudes físicas: a) energía térmica; b) color; c) belleza; d) presión de un líquido.**

27. ●○○ **Clasifica las siguientes magnitudes como fundamentales o derivadas y escribe su unidad de medida en el SI: a) temperatura; b) superficie; c) fuerza; d) longitud; e) masa; f) presión.**

28. ●○○ **Las siguientes magnitudes corresponden a valores muy grandes o muy pequeños. Exprésalos en notación científica.**

a) 2 500 000 000 m

b) 17 345 000 000 s

c) 3 589 000 000 000 kW

d) 0,000 000 023 C

e) 0,000 359 721 A

29. ●●○ **Aplica factores de conversión para transformar las unidades de las siguientes medidas al SI: a) 236 cg; b) 3,4 · 10³ g/dm³; c) 2,5 semanas; d) 98 mm/min.**

— Señala la magnitud que se ha medido en cada caso.

COMPRENSIÓN. Identificamos la magnitud y su unidad en el SI antes de proceder a transformarla.

DATOS. a) 236 cg; b) 3,4 · 10³ g/dm³; c) 2,5 semanas; d) 98 mm/min

RESOLUCIÓN

a) Se trata de masa. Su unidad en el SI es el kg:

$$236\ \cancel{\text{cg}} \cdot \frac{1\ \text{kg}}{10^5\ \cancel{\text{cg}}} = 2{,}36 \cdot 10^{-3}\ \text{kg}$$

b) Se trata de densidad. Su unidad en el SI es el kg/m³:

$$3{,}4 \cdot 10^3 \frac{\cancel{\text{g}}}{\cancel{\text{dm}^3}} \cdot \frac{1\ \text{kg}}{1000\ \cancel{\text{g}}} \cdot \frac{1000\ \cancel{\text{dm}^3}}{1\ \text{m}^3} = 3{,}4 \cdot 10^{-3}\ \frac{\text{kg}}{\text{m}^3}$$

c) Se trata de tiempo. Su unidad en el SI es el s:

$$2{,}5\ \cancel{\text{sem.}} \cdot \frac{7\ \cancel{\text{d}}}{1\ \cancel{\text{sem.}}} \cdot \frac{24\ \cancel{\text{h}}}{1\ \cancel{\text{d}}} \cdot \frac{3600\ \text{s}}{1\ \cancel{\text{h}}} = 1{,}5 \cdot 10^6\ \text{s}$$

d) Se trata de velocidad. Su unidad en el SI es el m/s:

$$98 \frac{\cancel{\text{mm}}}{\cancel{\text{min}}} \cdot \frac{1\ \cancel{\text{min}}}{60\ \text{s}} \cdot \frac{1\ \text{m}}{1000\ \cancel{\text{mm}}} = 1{,}6 \cdot 10^{-3}\ \frac{\text{m}}{\text{s}}$$

COMPROBACIÓN. Verificamos que los resultados son correctos y que hemos obtenido las unidades deseadas.

30. ●●○ **Las siguientes magnitudes están expresadas en unidades del SI, pero, a veces, es conveniente transformarlas en otras más manejables:**

a) Un coche de carreras se desplaza en el circuito a 89 m/s. Convertir a km/h.

b) La tierra tarda 86 400 s en dar una vuelta completa sobre sí misma. Convertir a días.

c) La densidad del aire a 20 °C es de 1,2 kg/m³. Convertir a g/L.

31. ●●○ **Pedro y Paulina discuten sobre el valor de una densidad que han obtenido en un experimento realizado en clase. Paulina ha obtenido 2,5 g/mL, pero a Pedro le da 250 g/L. Buscando información, descubren que la densidad real es de 2500 kg/m³. Utiliza factores de conversión para comprobar quién ha obtenido el resultado correcto.**

32. ●●○ **Comprueba la homogeneidad de la siguiente expresión aplicando la ecuación de dimensiones:**

$$x = x_0 + v_0 \cdot t + \frac{1}{2} \cdot a \cdot t^2$$

33. ●●○ **La expresión matemática de la ley de gravitación universal de Newton es:**

$$F = \text{G} \cdot \frac{m_1 \cdot m_2}{d^2}$$

Analízala dimensionalmente para deducir en qué unidades debería darse la constante de la gravitación universal G en el SI.

34. ●●○ Explica la diferencia entre una magnitud escalar y una magnitud vectorial e indica, justificando tus respuestas, si las siguientes magnitudes son escalares o vectoriales: a) temperatura; b) peso; c) fuerza; d) tiempo.

35. ●●● Accede a los siguientes *applets* y aprende a sumar y restar vectores. ¿Qué conclusión obtienes?

https://links.edebe.com/5bn

https://links.edebe.com/hwh6n

3. Carácter aproximado de las medidas

36. ●○○ Indica tres causas que justifiquen que las medidas que tomamos experimentalmente tienen carácter aproximado.

37. ●●○ El cronómetro del espectador de una carrera marcó un tiempo de 8,26 s para un atleta en una prueba. Si sabemos que la marca real del atleta fue de 8,42 s, calcula: a) el error absoluto; b) el error relativo.

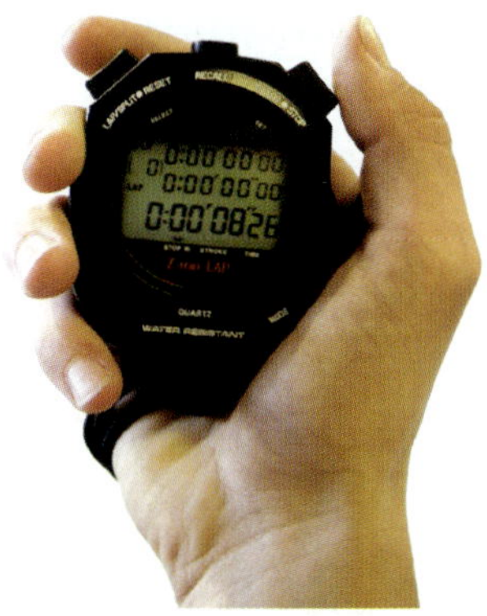

38. ●●○ María ha realizado un experimento para medir la aceleración de la gravedad y ha obtenido como resultado 9,63 m/s^2. En su libro de Física y Química se da un valor para la gravedad de 9,81 m/s^2. Indica si la medida es exacta y calcula el error relativo en porcentaje.

39. ●●○ Si sabemos que un determinado aparato de medida es muy preciso, ¿significa que es exacto? Razona tu respuesta.

40. ●●● La siguiente tabla muestra los distintos resultados obtenidos para la medida de la longitud de una tubería por cuatro personas diferentes:

Medida	1	2	3	4
l (m)	35,67	34,98	36,01	34,79

a) Tomando como valor exacto el valor promedio, halla el error absoluto y el error relativo de cada medida.

b) ¿Podríamos decir que las medidas son exactas? ¿Y precisas? Justifica tus respuestas.

4. Expresión de resultados experimentales

41. ●○○ Algunas constantes fisicoquímicas tienen valores muy grandes o muy pequeños, por lo que se suelen expresar en notación científica. Redondea las siguientes a tres cifras significativas:

a) Constante dieléctrica en el vacío: $8{,}854 \cdot 10^{-12}$ C

b) Constante de Planck: $6{,}626\,07 \cdot 10^{-34}$ J · s

c) Número de Avogadro: $6{,}022\,140\,857 \cdot 10^{23}$ mol^{-1}

d) Constante de Coulomb: $8{,}9874 \cdot 10^{9}$ N · m^2/C^2

42. ●○○ ¿Cómo se expresa el resultado de una medida? Explica los factores que debemos tener presentes y pon un ejemplo.

43. ●○○ Señala si las siguientes expresiones matemáticas expresan una relación de proporcionalidad directa, inversa o cuadrática:

a) $y = 2{,}3\,x - 6$

b) $y = 2\,x^2 - 3\,x + 7$

c) $y = \dfrac{3}{x}$

44. ●●○ Efectúa las siguientes operaciones expresando los resultados en notación científica y teniendo en cuenta el criterio de cifras significativas:

a) $0{,}135 + 0{,}12$

b) $35\,000 - 456$

c) $2{,}3 \cdot 3456$

d) $0{,}12 : 0{,}2$

— ¿Has tenido que redondear algún resultado? ¿A qué cifra?

45. ●●○ Para determinar la densidad de un material se ha procedido de la siguiente manera:

1. Se ha medido con una balanza la masa de una muestra con forma cúbica y se ha obtenido un valor de 123,4 g.
2. Se ha medido con un calibre el lado del cubo que forma la muestra y se ha determinado un valor de 32,2 mm.

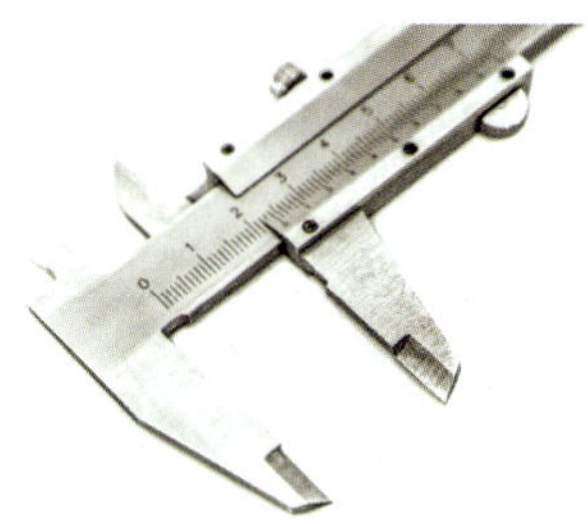

a) Calcula el valor de la densidad expresándolo en unidades del SI y redondeándolo a las cifras significativas adecuadas.

b) Si la resolución de la balanza era de 0,1 g y la del calibre de 0,1 mm, expresa las medidas de la masa y del volumen que se han obtenido sujetas al error correspondiente.

46. ●●○ En una báscula de cocina se realizan cinco medidas de la masa de un paquete pequeño de macarrones y se obtienen los siguientes datos: 249 g, 251 g, 253 g, 248 g y 250 g. ¿Cuál es el resultado de esta medida y la incertidumbre asociada?

47. ●●○ Unos alumnos realizan un experimento en el que, gracias a un tubo de recogida de gases, miden la cantidad de dióxido de carbono que desprende una pastilla efervescente al disolverse en agua. Repiten el experimento tres veces y reflejan la masa del comprimido y el volumen de gas recogido en esta tabla:

***m* (g)**	2,76	2,54	2,65
***V* (mL)**	610	598	605

a) Calcula el volumen de gas por cada gramo de pastilla en los tres casos. Exprésalo con el número correcto de cifras significativas.

b) Determina el valor exacto del volumen de gas por gramo de pastilla y su incertidumbre.

48. ●●● Un parámetro que aparece en las etiquetas del agua embotellada es el residuo seco, que se mide en mg/L. Este parámetro es importante para saber si el agua tiene gran cantidad de sales disueltas (alta mineralización) o poca cantidad (baja mineralización).

Un grupo de alumnos quiere comprobar si el agua de una determinada marca tiene mineralización débil. Para ello, realizan 10 veces el protocolo para medir el residuo seco y obtienen los siguientes valores en mg/L: 325, 340, 353, 317, 380, 365, 330, 354, 332 y 342.

a) Utiliza una hoja de cálculo para calcular la media aritmética, la desviación absoluta y la media de la desviación absoluta.

b) Con los valores obtenidos, ¿cómo expresarías el valor del residuo seco?

49. ●●● Un científico estudia la relación entre dos magnitudes. En su experimento ha obtenido estos resultados:

A	3,0	8,0	11	17
B	0	2	3	5

a) Representa gráficamente, utilizando un programa de hoja de cálculo, la magnitud *A* en función de *B*.

b) ¿Qué forma tiene la gráfica? Define la relación que hay entre las dos magnitudes.

c) Selecciona las opciones «Agregar línea de tendencia» y «Presentar ecuación en el gráfico».

d) ¿Qué ecuación relaciona ambas magnitudes? ¿Coincide esta fórmula con el tipo de proporcionalidad que habías indicado?

5. Comunicación de los resultados de la investigación

50. ●○○ Razona por qué motivos es tan importante la etapa de comunicación de resultados dentro del trabajo de los científicos. Pon ejemplos concretos que apoyen tu explicación.

51. ●○○ Enumera las características que ha de tener un informe científico. ¿Por qué es necesario que los informes científicos sean rigurosos y veraces?

52. ●○○ Explica cómo los científicos pueden difundir los resultados de sus investigaciones.

53. ●●○ En grupos de tres o cuatro miembros, investigad sobre las reservas de petróleo en el mundo.

a) Informaos sobre la cantidad de reservas en toneladas equivalentes o barriles.

b) Buscad mapas que reflejen la distribución de las reservas por países.

c) ¿Cuánto tiempo se prevé que durarán estas reservas? ¿Qué medidas deberían tomar los países a nivel global?

d) Organizad toda la información en un informe y exponedla usando esta herramienta:

https://links.edebe.com/zxyb67

54. ●●○ Completa en tu cuaderno la siguiente tabla con las propiedades que caracterizan a la ciencia y a la seudociencia:

Ciencia	Seudociencia
	Subjetividad
Resultados reproducibles	
Fuentes contrastadas	
	Sensacionalista

55. ●●● Los proyectos de investigación científica son fundamentales para el progreso de la sociedad.

a) ¿Sabrías nombrar algún organismo oficial en tu comunidad autónoma donde se lleven a cabo estos proyectos?

b) Elige un centro de investigación y busca cuáles son sus objetivos y su ámbito de investigación. ¿De qué forma divulga sus investigaciones?

APLICA

56. ●●○ Para conocer el tiempo que tarda un coche en acelerar de 0 a 100 km/h, un grupo de ingenieros e ingenieras realizan 10 mediciones con dos cronómetros diferentes (cinco con cada uno) y obtienen los siguientes datos:

Cronómetro A: 7,5 s; 7,3 s; 7,4 s; 7,6 s; 7,5 s

Cronómetro B: 7,3 s; 8,1 s; 8,0 s; 7,6 s; 7,0 s

a) ¿Qué valor tomarías como medida exacta en el cronómetro A? ¿Y en el B?

b) Expresa el resultado del conjunto de medidas del cronómetro A y del B.

c) Si el valor exacto es de 7,5 s, ¿cuál de los dos cronómetros es más exacto? ¿Y cuál es más preciso?

57. ●●● Ana y Enrique han observado que, si abren una bebida gaseosa cuando está caliente, el gas sale más deprisa que si está muy fría. Para explicar esta observación, plantean la siguiente hipótesis: «A una presión fija, a medida que aumenta la temperatura, la solubilidad de los gases disminuye».

a) ¿Qué pasos deberían seguir para aplicar el método científico?

b) Diseña un experimento que permita comprobar su hipótesis.

c) Ana y Enrique realizan una serie de medidas y obtienen los siguientes resultados:

T (°C)	0	10	20	30
Solubilidad (mg/L)	14,58	11,27	9,08	7,53

Representa los datos en unos ejes de coordenadas. ¿Qué tipo de gráfica es? ¿Podemos decir que la hipótesis es cierta?

d) Explica por qué el gas de un refresco se pierde más rápidamente si el refresco está caliente que si está frío.

58. ●●● En grupos, aplicad el método científico para analizar cómo varía la presión de una sustancia gaseosa al cambiar su temperatura a volumen constante. Para ello, utilizad el siguiente simulador:

https://links.edebe.com/ywudDd

a) Introducid una pequeña cantidad de gas con la bomba.

b) Fijad el volumen. Anotad el valor de la presión y de la temperatura.

c) Variad la temperatura calentando o enfriando el recipiente y anotad en una tabla los pares de valores *p*-*T*.

d) Elaborad la gráfica *p*-*T* con la ayuda de una hoja de cálculo. ¿Qué tipo de gráfica es? ¿Se ajusta a las leyes de los gases?

e) Redactad un informe científico que recoja los resultados de vuestra investigación.

f) Exponed el informe en clase con la ayuda de una herramienta TIC.

59. ●●● Aplicad en clase la **técnica de aprendizaje cooperativo** *Lectura compartida* para analizar el contenido y el rigor científico de la siguiente noticia:

Una misteriosa explosión en una playa desemboca en una lección de física y química

Tras una labor detectivesca, los científicos hallan que un cable sin corriente causó el suceso que hirió a una bañista en Estados Unidos.

a) Formad dos grupos y leed con atención la noticia completa en este enlace:

https://links.edebe.com/3et

b) ¿Qué hipótesis emitiríais vosotros sobre este curioso suceso?

c) ¿De qué forma llegaron los investigadores a una conclusión?

d) ¿Aplicaron correctamente el método científico? Razonad vuestra respuesta.

e) ¿Tiene esta noticia rigor científico? Antes de responder, buscad la información que necesitéis sobre este tema en fuentes contrastadas.

Piensa sobre...

60. ¿Puede la ciencia explicar el amor?

A B C

61. El kilogramo patrón ya no pesa un kilo. ¿Cómo es esto posible y qué tiene que ver con la nueva definición de las unidades del SI?

62. La frase «Mide lo que se puede medir, y lo que no, hazlo medible» se atribuye a Galileo. Con lo que conoces sobre el método científico, ¿podrías explicar su relación con él? a) Sí; b) No.

63. ¿Verdadero o falso? El error está presente en cualquier proceso de medida.

64. El espíritu crítico es nuestra defensa frente a la falta de rigor científico de una publicación. ¿Estás de acuerdo con esta afirmación?

Pon a prueba tus competencias

La investigación científico-tecnológica tiene un carácter interdisciplinar. Esto quiere decir que, por un lado, se lleva a cabo en todas las áreas de la ciencia, pero, a veces, en un trabajo de investigación determinado es necesario que intervengan profesionales de distintas ramas (matemáticos, físicos, biólogos, químicos, etc.).

Por este motivo, en cualquier tarea de investigación, es muy importante el trabajo en equipo.

65. Un grupo de I+D+i de una universidad se dedica al desarrollo de nuevos materiales. Una de las líneas de investigación que tienen abiertas ahora mismo consiste en el desarrollo de materiales con alta conductividad eléctrica para poder ser incorporados a dispositivos electrónicos.

— Uno de los miembros del grupo está investigando si la temperatura influye en la conductividad eléctrica del material. Ayúdale en su trabajo completando en tu cuaderno la siguiente tabla en la que se describen las fases de su proyecto de investigación:

Etapa del método científico	
Planteamiento del problema	¿Afecta la temperatura a la conductividad eléctrica de un material?
Formulación de la hipótesis	
Planificación de un experimento	
Experimentación	
Obtención de datos	
Análisis de datos	
Extracción de conclusiones	
Comunicación de resultados	

66. En el laboratorio del grupo tienen colgado en la pared un póster científico. En él se distingue la siguiente gráfica:

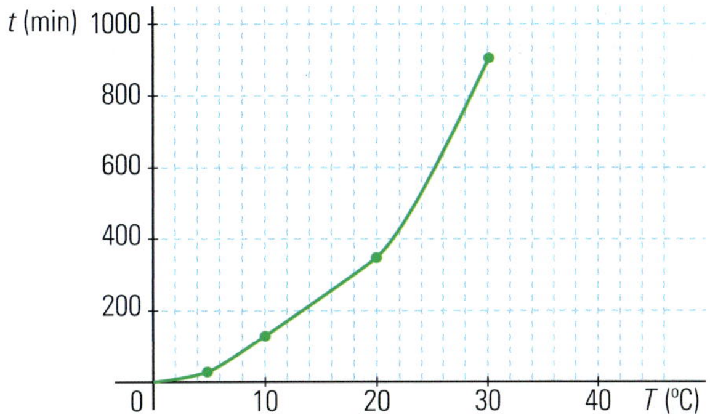

a) ¿Qué describe esta gráfica?

b) Clasifica cada una de las magnitudes que intervienen como fundamental o derivada, y como escalar o vectorial.

c) ¿Están expresadas las magnitudes en unidades del SI? En caso negativo, indica las unidades en las que deberían expresarse.

d) Describe el tipo de proporcionalidad que refleja la gráfica y propón un experimento a partir del cual podrían obtenerse estos resultados.

e) Suponiendo que la resolución del termómetro fuese de 0,1 °C, expresa el resultado de la medida a los 10 min en forma de intervalo. Ten en cuenta el error absoluto.

67. En un artículo científico que tienen sobre la mesa en el laboratorio aparece esta fórmula:

$$\varepsilon = \frac{l - l_0}{l_0}$$

Donde ε representa el alargamiento del material; l, la longitud final y l_0, la longitud inicial.

a) Deduce, aplicando la ecuación de dimensiones, las unidades con las que se expresa el alargamiento.

b) Al medir la longitud inicial de una muestra, uno de los investigadores obtuvo los siguientes resultados: $2{,}34 \cdot 10^{-2}$ m; $2{,}35 \cdot 10^{-2}$ m; $2{,}34 \cdot 10^{-2}$ m; $2{,}32 \cdot 10^{-2}$ m; $2{,}37 \cdot 10^{-2}$ m. ¿Cuántas cifras significativas tiene cada medida?

c) Halla el error absoluto y el error relativo de cada una de las medidas.

d) ¿Por qué podemos decir que las medidas anteriores son precisas? ¿Podríamos decir que son exactas? Razona tu respuesta.

68. Argumenta qué aspectos deben tener en cuenta los componentes del grupo a la hora de buscar información y comunicar los resultados de su investigación.

69. ¿Cuál es la edad de nuestro planeta? Investiga las diferentes hipótesis que han emitido los científicos a lo largo de la historia y justifica si se trata o no de hipótesis contrastadas.

— Redacta un informe y exponlo en clase ante tus compañeros y compañeras.

Bloque 2. La materia

2 La estructura de la materia

Contenidos

- El átomo
- Los modelos atómicos
- Identificación de un átomo

Y además...

Ciencia a tu alcance
Ciencia a nivel atómico

¿Lo sabías?

¿Todos los átomos son iguales?

¿Se pueden ver los átomos?
¿Y sus componentes?

¿Cuál es la partícula más pequeña?

Los átomos están vacíos
en su mayor parte.

1. EL ÁTOMO

En la antigua Grecia surgieron diferentes teorías para explicar la estructura íntima de la materia:

— En el siglo V a. C., **Demócrito** postuló que la materia estaba formada por partículas muy pequeñas e indivisibles a las que llamó **átomos.**

— En el siglo IV a. C., **Aristóteles** negó la idea de átomo y formuló la **teoría de los cuatro elementos:** la materia estaba formada por la combinación de tierra, agua, aire y fuego. Esta teoría fue aceptada durante muchos siglos.

1.1. TEORÍA ATÓMICA DE DALTON

A principios del siglo XIX, el químico inglés **J. Dalton** retomó la idea de los átomos. En 1808 enunció su célebre **teoría atómica,** con los siguientes postulados:

Conoce más sobre...
Los postulados principales de Dalton

Los postulados de Dalton
1. La materia está formada por pequeñas partículas, separadas e indivisibles, llamadas **átomos.**
2. Los átomos de un mismo **elemento** tienen las mismas masa y propiedades.
3. Los átomos de diferentes elementos tienen distintas masa y propiedades.
4. Los átomos de elementos distintos pueden unirse en cantidades fijas para originar **compuestos** *(átomos compuestos),* siendo los átomos de un determinado compuesto también iguales en masa y en propiedades.
5. En las **reacciones químicas,** los átomos se intercambian de una a otra sustancia, pero ningún átomo de un elemento desaparece ni se transforma en un átomo de otro elemento.

EJEMPLO 1

Observa cómo Dalton clasificaba los compuestos:

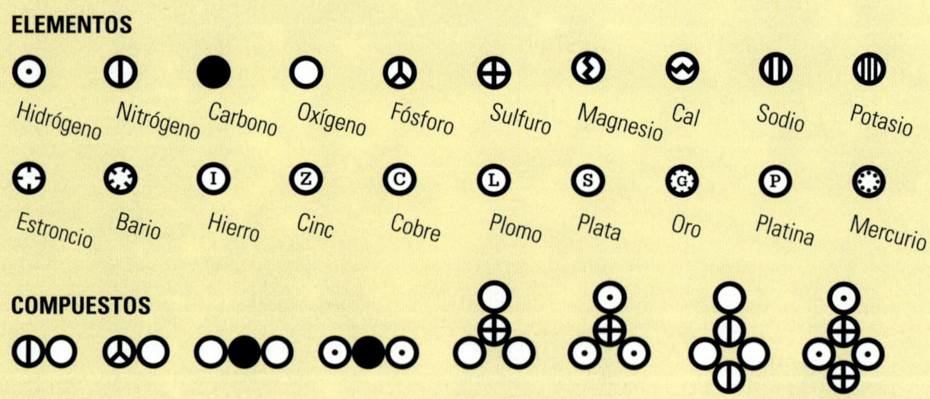

Los denominaba *binarios, ternarios, cuaternarios,* etc., en función del número de átomos que tenía el compuesto.

En la actualidad, utilizamos letras para representar los diferentes elementos. Por ejemplo, el hidrógeno se representa por H o el cloro por Cl.

Esta notación fue introducida por el químico sueco **Berzelius** en 1819.

Actividades

1. Identifica la molécula de metano (CH_4) en los compuestos de la tabla de clasificación de Dalton y explica su composición y el tipo de compuesto que es según la teoría atómica de Dalton.

1.2. LAS PARTÍCULAS SUBATÓMICAS

Nuevos descubrimientos científicos indicaban que el átomo era divisible y estaba constituido por diversas partículas más pequeñas, las llamadas **partículas subatómicas.**

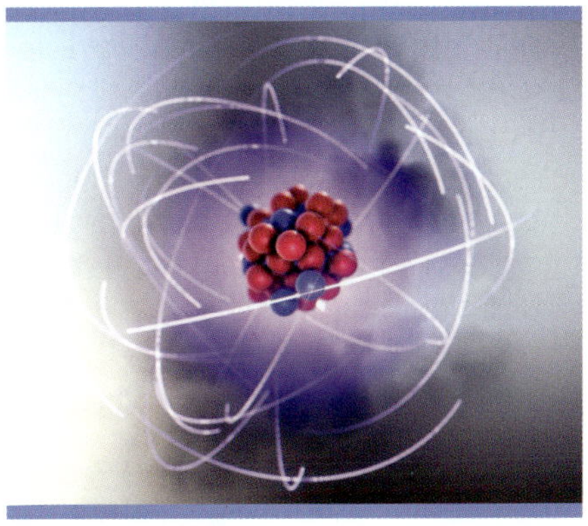

Prueba con...
¡Partículas subatómicas!

EL ELECTRÓN

Los experimentos realizados sobre la conducción de la electricidad a través de gases dieron como resultado el descubrimiento de una nueva partícula.

En 1897 el físico británico **J. J. Thomson** comprobó que, al disminuir la presión en el interior de un tubo de descarga y a partir de un cierto voltaje, se producían unos rayos, que denominó **rayos catódicos.** Estos rayos eran capaces de atravesar el ánodo, por lo que dedujo que tenían muy poca masa, y poseían carga negativa, ya que se desviaban hacia la placa positiva de un campo eléctrico externo.

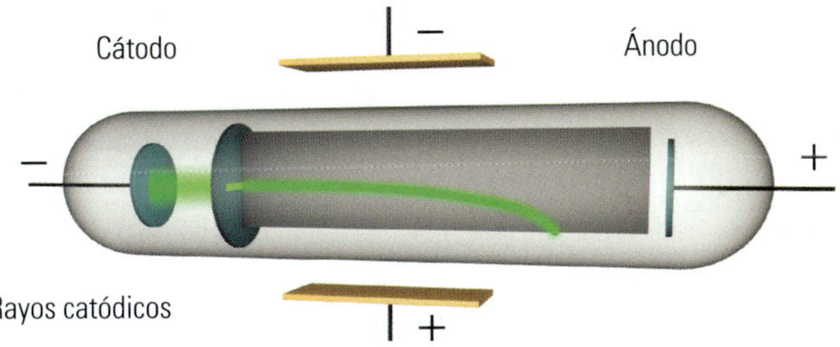

Al repetir la experiencia con gases distintos, observó que en todos se producían dichos rayos. Por tanto, Thomson dedujo que estas partículas estaban presentes en todos los átomos.

> Los **electrones** son partículas de **carga negativa** y de muy poca masa.

EL PROTÓN

En 1886 el físico alemán **E. Goldstein** observó que, cuando se perforaba el cátodo del tubo de descarga, aparecían unos rayos que atravesaban el cátodo en sentido contrario a los rayos catódicos: los **rayos canales.**

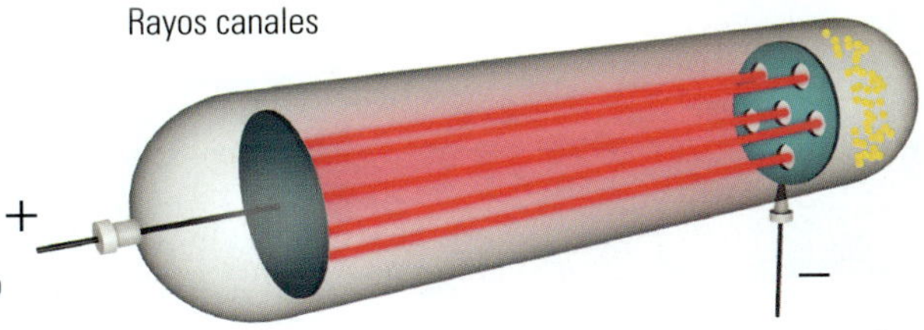

El estudio de los rayos canales determinó que estaban formados por partículas de carga positiva y de masa distinta según el gas encerrado en el tubo. Por tanto, las partículas debían salir del propio gas y no del electrodo positivo. Como solo se observaban con un cátodo perforado, Goldstein dedujo que estas partículas debían tener una masa considerable.

Al experimentar con hidrógeno, se consiguió aislar la partícula elemental positiva o protón.

> Los **protones** son partículas de **carga positiva** y de masa 1837 veces mayor que la de los electrones.

Maria Göppert-Mayer (1906-1972) fue una destacada física estadounidense de origen alemán. Estudió la estructura del núcleo atómico y postuló la idea de que estaba formado por un conjunto de capas en las que neutrones y protones tienden a emparejarse. Estos descubrimientos fueron reconocidos con el Premio Nobel de Física en 1963.

EL NEUTRÓN

Con otros experimentos se comprobó que la suma de las masas de protones y electrones de un átomo no coincidían con su masa total. En 1932 el físico británico **J. Chadwick** descubrió otra partícula subatómica a la que llamó *neutrón.*

Los **neutrones** son partículas de masa semejante a la de los protones y **sin carga** eléctrica.

Las características de las **tres partículas subatómicas fundamentales** se resumen en esta tabla:

Partícula	Símbolo	Carga eléctrica (C)	Masa (kg)
Electrón	e	$-1{,}602 \cdot 10^{-19}$	$9{,}109 \cdot 10^{-31}$
Protón	p^+	$+1{,}602 \cdot 10^{-19}$	$1{,}673 \cdot 10^{-27}$
Neutrón	n^0	0	$1{,}675 \cdot 10^{-27}$

OTRAS PARTÍCULAS SUBATÓMICAS

Actualmente sabemos que los protones y los neutrones no son partículas elementales, sino que a su vez están formados por otras partículas más sencillas aún. Mediante la colisión de protones a altas velocidades, se detectó la presencia de energías que corresponderían a partículas subatómicas, como los cuarks o el bosón de Higgs.

— **Cuarks:** forman parte de la materia. Por ejemplo, los protones y los neutrones están formados por diferentes tipos de cuarks.

— **Bosones:** transmiten fuerzas. Un descubrimiento reciente es el **bosón de Higgs,** un tipo de partícula subatómica que según el modelo estándar de física de partículas intenta explicar la razón de la existencia de masa en las partículas elementales.

STANDARD MODEL OF ELEMENTARY PARTICLES

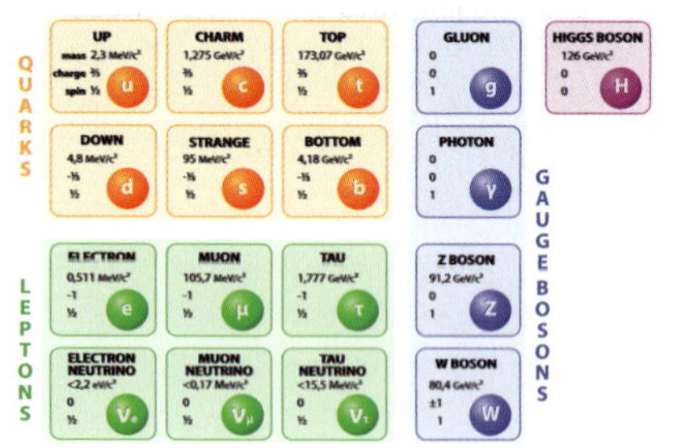

En este vídeo puedes reproducir el experimento de Thomson:

https://links.edebe.com/66xmj4

Actividades

2. Indica el sentido en el que se desplazan los rayos catódicos (del ánodo al cátodo, o al revés).

   — ¿Es el mismo sentido en el que se mueven los rayos canales?

3. Investiga en la siguiente web qué otras partículas subatómicas componen el átomo, además de las estudiadas en este apartado:

   https://links.edebe.com/ybhuhv

   — Elabora una lista en tu cuaderno.

2. LOS MODELOS ATÓMICOS

Los diversos avances en el conocimiento de la estructura atómica han dado lugar a sucesivos **modelos atómicos.**

Un **modelo atómico** es una representación del átomo que trata de explicar sus propiedades y su comportamiento.

Modelo atómico de Thomson

La mayor parte de la masa del átomo corresponde a la carga positiva, que ocupa gran parte del volumen del átomo.

El átomo es una esfera maciza de materia cargada positivamente.

Los electrones se distribuyen uniformemente en el interior del átomo.

Si la carga positiva compensa a las negativas, el resultado es un átomo eléctricamente neutro.

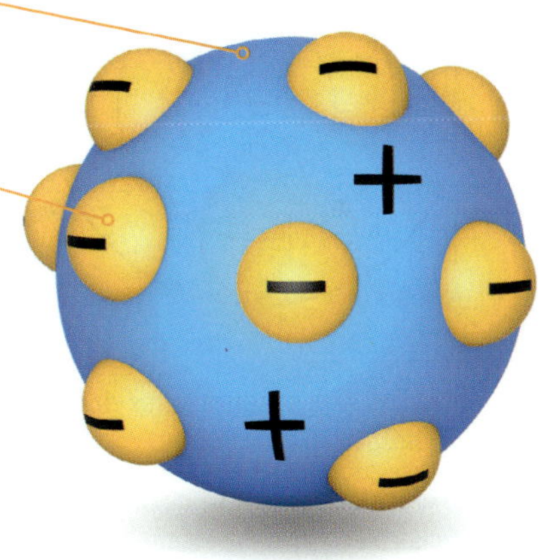

El átomo puede perder electrones y quedar cargado positivamente.

Los electrones liberados forman los rayos catódicos y son responsables de la conducción de la electricidad.

En 1904 **Joseph John Thomson** (1856-1940) propuso un modelo muy elemental para describir el átomo.

Este modelo tuvo gran éxito ya que explicaba diversos fenómenos, como los rayos catódicos, los rayos canales y la electrización de la materia.

Modelo atómico de Rutherford

En 1911, **Ernest Rutherford** (1871-1937) y sus colaboradores Geiger y Marsden observaron que algunas de las partículas emitidas por una sustancia radiactiva experimentaban una desviación al atravesar una fina lámina de oro.

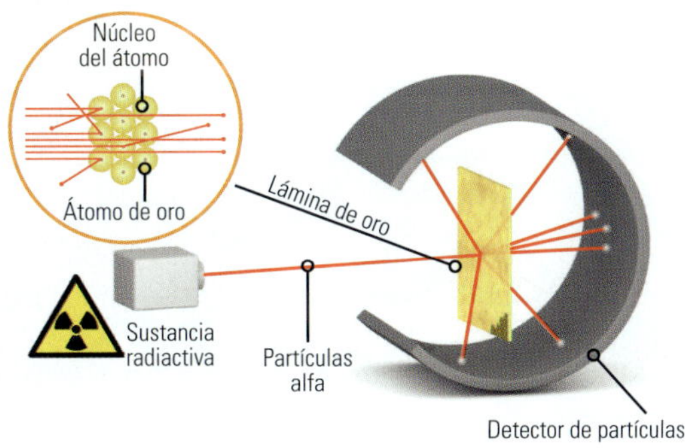

La mayoría de las partículas que atravesaron la lámina de oro experimentaron poca o ninguna desviación.

Cuando una partícula pasaba cerca del núcleo en el experimento, se veía sometida a una fuerza de repulsión y experimentaba una gran desviación.

Hoy sabemos que estas partículas, denominadas *partículas alfa,* están formadas por dos protones y dos neutrones.

Los átomos no son macizos, sino que están vacíos en su mayor parte.

En la corteza los electrones, en igual número que las unidades de carga positiva, giran en órbitas circulares alrededor del núcleo.

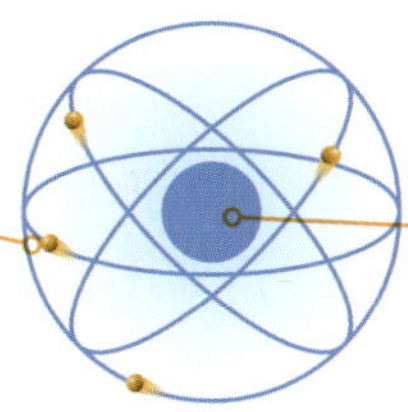

La mayor parte de la masa del átomo y toda su carga positiva se encuentran reunidas en una zona central minúscula llamada *núcleo.*

Modelo atómico de Bohr

Niels Bohr (1885-1962) partió del modelo de Rutherford y le incorporó los principios de la mecánica cuántica desarrollada por Max Planck y el efecto fotoeléctrico descubierto por Albert Einstein años antes.

Tomando como base el átomo de hidrógeno, Bohr propuso en 1913 un modelo con tres postulados fundamentales:

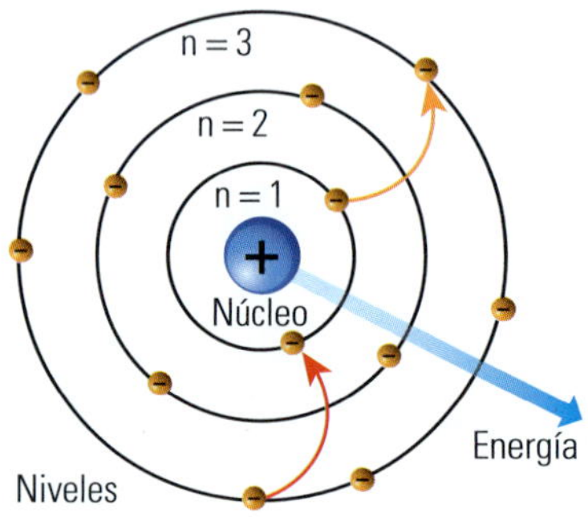

1. Los electrones giran en torno al núcleo en órbitas circulares de radios definidos, o niveles energéticos. Se trata de órbitas estacionarias en las que no se emite ni absorbe energía.

2. En **cada órbita** solo puede haber un **número dado de electrones,** con una energía determinada en cada caso.

3. Para que un electrón **cambie** de una **órbita** permitida a otra, es necesario que **emita** o **absorba** una cantidad determinada de **energía.**

El átomo está cuantizado, es decir, los electrones solo pueden girar en unas determinadas órbitas según su nivel energético.

La energía que absorbe o emite un electrón al pasar de un nivel a otro se denomina *quantum.* Así se explicaba por qué los electrones pueden tener órbitas estables alrededor del núcleo.

El modelo de Bohr explicaba la existencia de los **espectros atómicos.** Se trata de radiaciones electromagnéticas en forma de luz visible o radiación infrarroja o ultravioleta emitidas o absorbidas por los átomos.

Cada átomo tiene un espectro de emisión y de absorción característico.

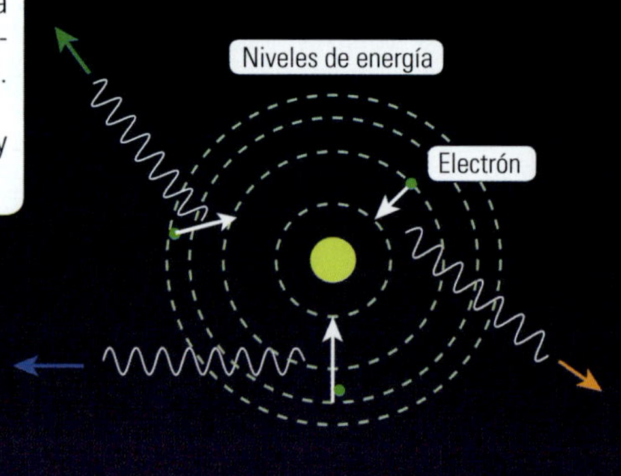

Actividades

4. **Indica a qué modelo atómico hace referencia cada una de las siguientes características:**

a) Existencia de niveles de energía para los electrones.

b) El átomo tiene núcleo.

c) Los electrones están repartidos uniformemente en el átomo.

Modelo atómico actual

Diferentes avances científicos introdujeron modificaciones en el modelo de Bohr:

1915 **Arnold Sommerfeld** modificó el modelo introduciendo **órbitas elípticas.**

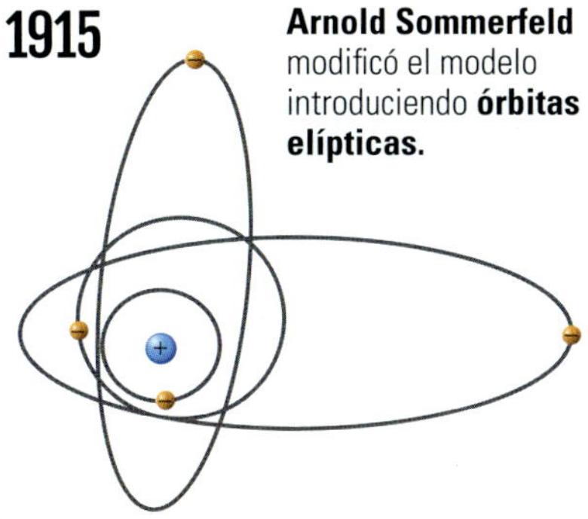

1932 El **descubrimiento del neutrón** completa el modelo atómico.

Núcleo: parte central del átomo. En él se encuentran los **protones** y los **neutrones.**

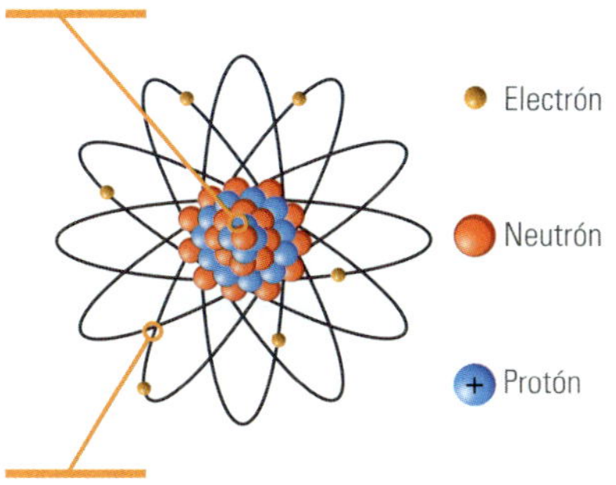

Corteza: parte exterior del átomo. Contiene los **electrones,** que giran en órbitas elípticas alrededor del núcleo.

Se abandona el concepto de *órbita estacionaria* debido a que no se puede determinar con precisión la posición exacta de un electrón en un determinado instante.

Los electrones no describen órbitas definidas, sino que se encuentran distribuidos ocupando orbitales.

Los **orbitales** son **regiones** del espacio, en torno al núcleo, donde es muy grande la **probabilidad** de **encontrar** un **electrón** con una determinada energía.

Los orbitales están agrupados en niveles energéticos que se numeran del 1 al 7 por orden creciente de la energía que posee el electrón. Así, el nivel 1 es el menos energético y el 7, el más energético.

El modelo actual mecanico-cuántico considera el electrón una partícula pero también una onda al mismo tiempo. La mecánica cuántica describe complejas ecuaciones de onda que permiten indicar la forma que tendrían los orbitales atómicos.

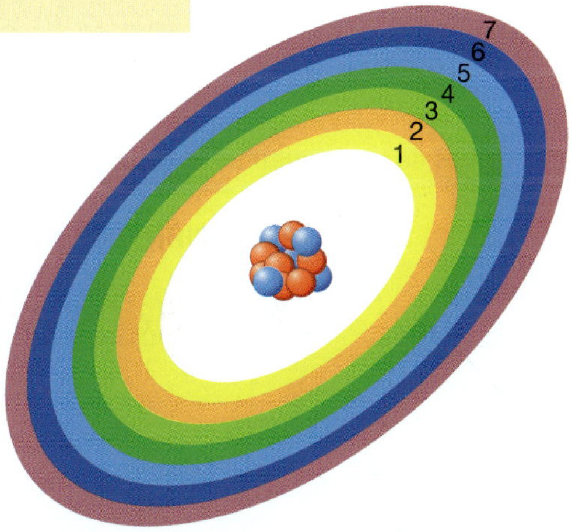

Conoce más sobre...
Los modelos atómicos

Actividades

5. Explica la diferencia entre el concepto de *órbita* y el de *orbital.*
   — ¿Se puede localizar exactamente la posición de un electrón dentro de un orbital?

3. IDENTIFICACIÓN DE UN ÁTOMO

Las características de un átomo están determinadas por el número de protones, neutrones y electrones que contiene.

3.1. EL NÚMERO ATÓMICO Y EL NÚMERO MÁSICO

Lo que distingue los átomos de un elemento químico de los átomos de otro elemento diferente es el número de protones que contienen en su núcleo. Este parámetro se denomina **número atómico.**

> El **número atómico (*Z*)** es el número de protones que tiene un átomo en su núcleo y es característico de cada elemento.

Si un átomo es eléctricamente neutro, su número de protones coincide con su número de electrones.

La mayor parte de la masa de un átomo se concentra en su núcleo, puesto que la masa de los electrones es insignificante en comparación con la de protones y neutrones. Además, como los electrones apenas tienen masa, la masa de un átomo se corresponde básicamente con la suma de la masa de los protones y los neutrones del núcleo. Por ello, definimos el **número másico.**

> El **número másico (*A*)** indica la suma del número de protones y de neutrones que tiene el núcleo de un átomo.

Si llamamos ***N*** al **número de neutrones,** la relación de este con el número atómico y el número másico es la siguiente:

$$A = Z + N$$

Unidad de masa atómica (u)

Se define como la doceava parte de la masa de un átomo de carbono-12 (^{12}C). Equivale aproximadamente a la masa de un protón.

¿Lo vemos?
Los números atómico y másico

Número másico — A
Símbolo — X
Número atómico — Z

$$^{A}_{Z}X$$

Representación del número atómico y del número másico de un átomo.

EJEMPLO 2

Determina el número de protones, neutrones y electrones de los siguientes átomos: $^{18}_{8}O$, $^{23}_{11}Na$ y $^{59}_{27}Co$.

COMPRENSIÓN

- Identificamos sus números atómico (*Z*) y másico (*A*).
- El número atómico indica el número de protones de cada átomo.
- Como los átomos son neutros, el número de electrones coincidirá con el de protones.
- Hallamos el número de neutrones, en cada caso, mediante esta expresión: $N = A - Z$.

RESOLUCIÓN. Completamos una tabla:

Átomo	*Z*	*A*	N.º p+	N.º e−	N.º nº
$^{18}_{8}O$	8	18	8	8	10
$^{23}_{11}Na$	11	23	11	11	12
$^{59}_{27}Co$	27	59	27	27	32

Actividades

6. El número atómico del litio (Li) es 3 y su número másico, 7.

a) Representa en tu cuaderno el átomo de litio.

b) ¿Cuántos protones, neutrones y electrones tiene un átomo de litio?

3.2. LA CONFIGURACIÓN ELECTRÓNICA

Como hemos visto, según el modelo actual del átomo, los electrones se encuentran en **orbitales.** El número y la cantidad de orbitales, así como la energía que poseen, no pueden tomar valores cualquiera:

- Los orbitales se agrupan en **subniveles** y **niveles energéticos.**
- En cada nivel hay un número determinado de subniveles, que se denominan **s, p, d** y **f.** A su vez, en cada subnivel existe un número determinado de orbitales.
- Los orbitales s se presentan siempre uno por nivel, los p tres por nivel, los d cinco y los f siete. No todos los niveles tiene todos los tipos de orbitales.
- Cada orbital, sea del tipo que sea, puede albergar como máximo dos electrones.

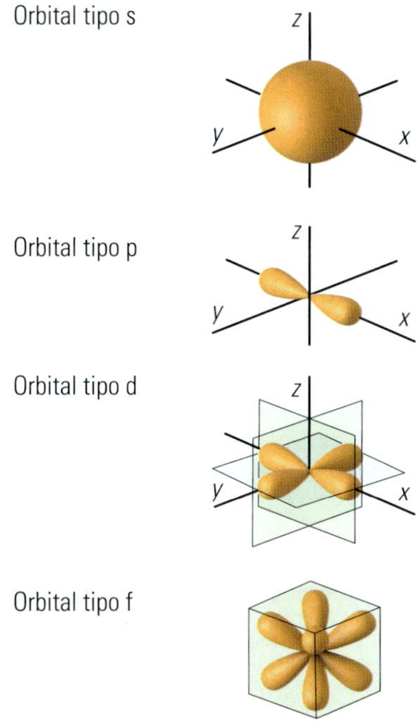

Niveles de energía	1	2		3			4				...
Tipo de orbital	s	s	p	s	p	d	s	p	d	f	...
Número de orbitales	1	1	3	1	3	5	1	3	5	7	...
Denominación de los subniveles	1s	2s	2p	3s	3p	3d	4s	4p	4d	4f	...
Número máximo de electrones por subnivel	2	2	6	2	6	10	2	6	10	14	...
Número máximo de electrones por nivel	2	8		18			32				...

La **configuración electrónica** de un átomo es la distribución de los electrones en los orbitales de los distintos subniveles y niveles de energía. Para tal efecto, debemos seguir los siguientes criterios:

- El número de electrones de un átomo neutro es igual al de protones del núcleo, que viene dado por el **número atómico** del elemento.
- Los electrones se colocan en los átomos siguiendo el orden de energía ascendente que viene dado por el **diagrama de Moeller,** que podemos ver en el margen.

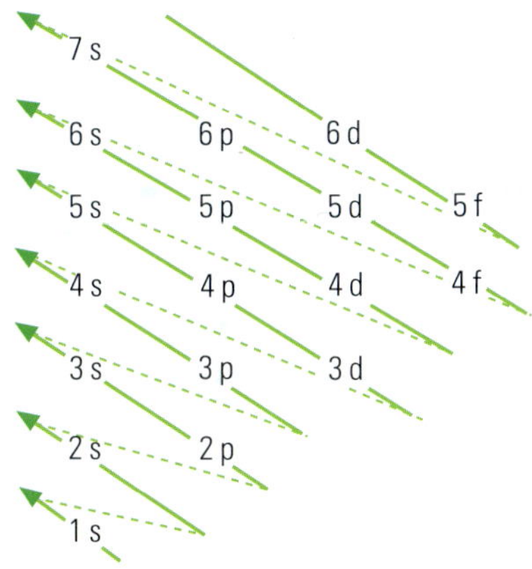

Diagrama de Moeller.

EJEMPLO 3

Escribe la configuración electrónica del flúor y representa un átomo de este elemento según el modelo actual: $^{19}_{9}F$

COMPRENSIÓN. Como $Z = 9$, debemos colocar nueve electrones. Seguimos el orden de llenado indicado por el diagrama de Moeller y completamos orbitales hasta alcanzar el número de nueve electrones. Indicamos, mediante un superíndice, el número de electrones de cada orbital.

RESOLUCIÓN

- La configuración electrónica del flúor es la siguiente:

$$F\,(Z = 9)\text{: } 1\,s^2\,2\,s^2\,2\,p^5$$

- Representamos un átomo de flúor según el modelo actual:

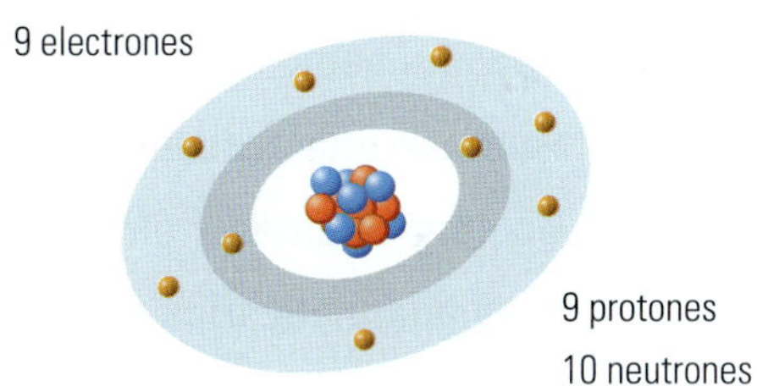

Actividades

7. Escribe la configuración electrónica del calcio, el hierro, la plata y el yodo: Ca ($Z = 20$), Fe ($Z = 26$), Ag ($Z = 47$) y I ($Z = 53$).

Ciencia a tu alcance

PBL: *Ciencia a nivel atómico*

¿Es posible manipular la materia a escala de los átomos? Los científicos y las científicas que trabajan en nanotecnología así lo hacen, y crean materiales con propiedades únicas: los *nanomateriales.*

La nanotecnología tiene infinidad de aplicaciones en campos como la física, la química, la ingeniería, la medicina, la biología, etc.

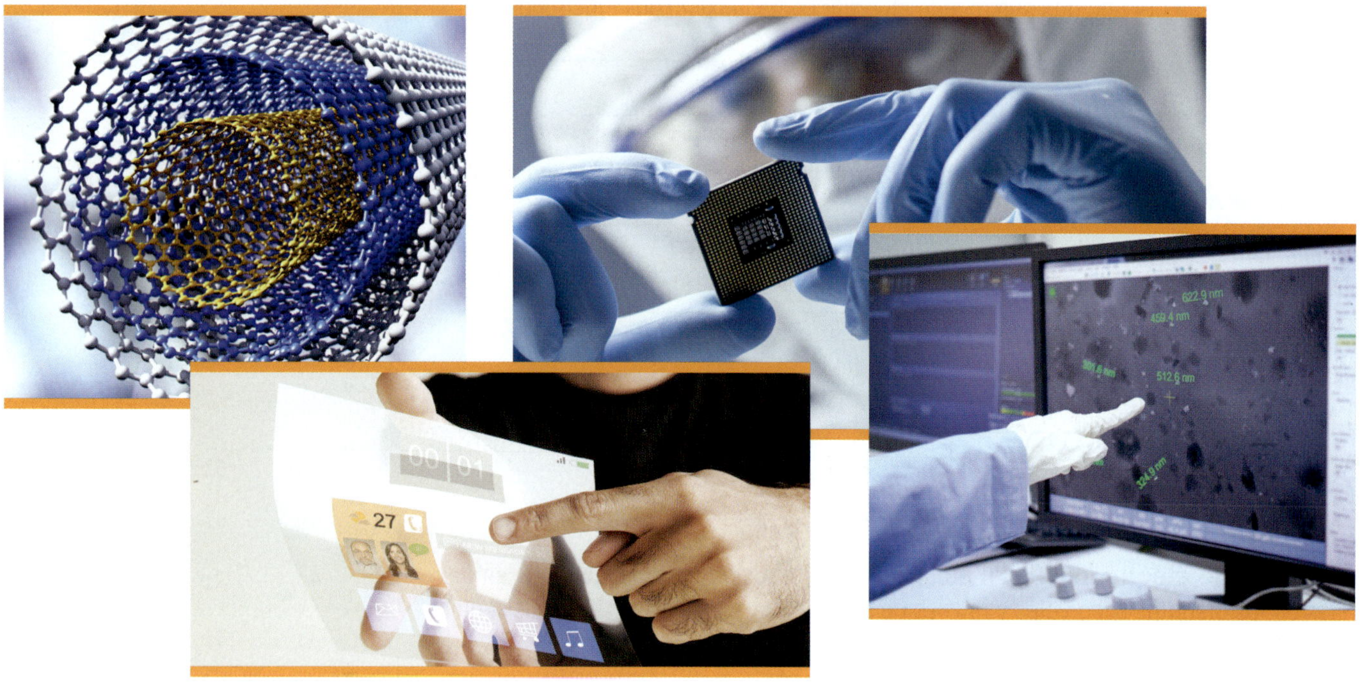

En esta sección os proponemos formar parte de un grupo de investigación de nanotecnología. ¿Tenéis curiosidad por conocer vuestro día a día? En grupos de cuatro o cinco componentes, seguid estos pasos:

— Cada grupo participará en un proyecto distinto. Asignad un número a cada grupo y sortead los siguientes proyectos aparecidos en la prensa recientemente:

1. Recubrimientos nanotecnológicos que protegen automóviles, telas y paneles solares.
2. Fabrican un transistor con una molécula y un puñado de átomos.
3. Un nanocalentador ofrece aplicaciones contra el cáncer.
4. La lámpara eléctrica de incandescencia más delgada del mundo.
5. Hacia un nuevo y eficiente diodo de una sola molécula.
6. Catalizador nanométrico para purificar el aire de salas donde se ha fumado.

¿Cuál os ha correspondido?

— Informaos sobre vuestro grupo de investigación y sobre vuestro proyecto entrando en el enlace correspondiente. Leed con atención la noticia completa:

- https://links.edebe.com/ee
- https://links.edebe.com/re9pu
- https://links.edebe.com/j3v
- https://links.edebe.com/enrm
- https://links.edebe.com/v62zh
- https://links.edebe.com/39m7

Tomad nota de todos los datos relevantes en el cuaderno.

— Ahora debéis investigar sobre el proyecto y organizar la información. Podéis introducir el nombre del grupo de investigación o del proyecto en un buscador de Internet y comprobar si tiene página web en la que recabar más información. Repartíos el trabajo entre todos los componentes del grupo y completad la siguiente tabla:

Información sobre el proyecto de investigación
Descripción del proyecto (Definid el objetivo, las tareas, etc.)
Grupo o grupos de investigación (País, universidad, centro o empresa, localidad, etc.)
Producto o técnica que se está desarrollando
Experimentos realizados
Logros conseguidos
Aplicaciones (Clasificadlas por campo: medicina, tecnología, industria, etc.)
Retos futuros
Otros datos de interés

— Imaginad que tenéis que presentar vuestro proyecto en un congreso científico. Para ello, elaborad una presentación en formato digital (PowerPoint, Prezi, etc.) con los siguientes apartados:

Título del proyecto	Objetivos	Tareas realizadas	Resultados obtenidos	Conclusiones

Añadid figuras, imágenes, vídeos, etc., que puedan facilitar la comprensión de vuestro proyecto a los asistentes al congreso.

— Por último, cada grupo expondrá en clase su presentación como lo haría en el congreso. Debe haber un turno de preguntas en el que el resto de los investigadores e investigadoras de otros grupos puedan plantearos las preguntas que les hayan surgido.

Síntesis

La estructura de la materia

- **El átomo**
  - Teoría atómica de Dalton
    - El átomo es indivisible
  - Las partículas subatómicas
    - Electrones
    - Protones
    - Neutrones
    - Otras: cuarks y bosones
- **Los modelos atómicos**
  - Thomson
  - Rutherford
  - Bohr
  - Modelo actual

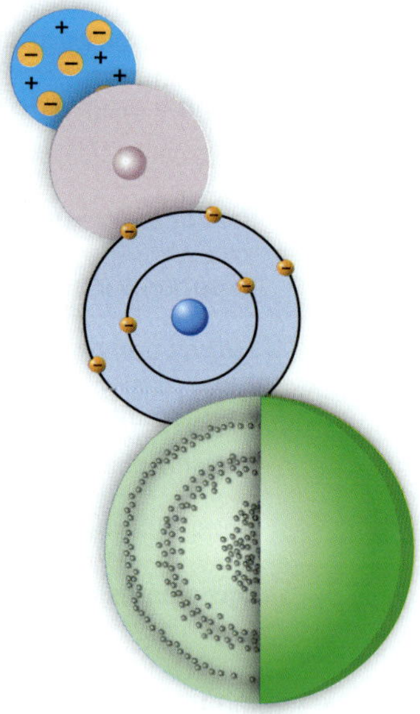

- **Identificación de un átomo**
  - Número atómico (Z) y número másico (A)
  - Configuración electrónica
    - Diagrama de Moeller

PREPARA

8. ●○○ ¿Qué teorías había en la antigua Grecia para explicar la estructura interna de la materia?

— Explica brevemente cada una.

9. ●○○ ¿Qué partículas subatómicas componen el átomo? Completa en tu cuaderno la siguiente tabla:

Partícula subatómica	Características

10. ●○○ De acuerdo con la teoría de Dalton, indica si las siguientes afirmaciones son verdaderas o falsas:

a) Los átomos son partículas indivisibles.

b) Los átomos de cobre son distintos a los átomos de plata.

c) Los átomos de un mismo elemento tienen las mismas propiedades, pero no tienen por qué tener la misma masa.

d) Los átomos de los compuestos tienen las mismas propiedades que los átomos de los elementos de los que provienen.

11. ●○○ Razona por qué la teoría de Dalton no ofrece una explicación completa a la estructura microscópica de la materia.

— ¿En qué acertó Dalton y en qué se equivocó?

12. ●○○ Copia en tu cuaderno y completa las siguientes oraciones:

a) Un átomo se caracteriza y diferencia de otro por el número de .... que alberga en su ....

b) Un ion es un átomo que ha ganado o ha perdido .... de su ....

c) Si dos átomos poseen el mismo número de .... pero difieren en el número de .... que hay en su núcleo, dichos átomos se denominan ....

d) En la tabla periódica, los elementos están ordenados según su .... creciente.

13. ●○○ **Indica el número de protones y electrones de los siguientes átomos e iones:**

Átomo/ion	Z	A	N.º p+	N.º e−	N.º nº
${}^{24}_{12}Mg$					
${}^{24}_{12}Mg^{2+}$					
${}^{235}_{92}U$					

COMPRENSIÓN. Identificamos los números atómicos y másicos de distintos elementos y cuantificamos las partículas subatómicas que los forman.

DATOS. ${}^{24}_{12}Mg$; ${}^{24}_{12}Mg^{2+}$; ${}^{235}_{92}U$

RESOLUCIÓN. La nomenclatura para identificar los átomos consiste en escribir:

$${}^{A}_{Z}X$$

Donde Z es el número atómico (número de protones), A es el número másico (suma de protones y neutrones) y X es el símbolo químico del elemento. Además, si el elemento ha ganado o ha perdido electrones y, por tanto, ha adquirido carga eléctrica, esta se indica como superíndice a la derecha.

Así, en la primera fila se trata del magnesio, con 12 protones, $24 - 12 = 12$ neutrones, y 12 electrones, ya que no posee carga eléctrica.

En la segunda fila tenemos el ion magnesio, con los mismos protones (12), pero esta vez cuenta con 13 neutrones y con dos electrones menos, es decir, 10 e^-, ya que se trata de un ion.

En la tercera se trata del uranio, con sus 92 protones; $235 - 92 =$ $= 143$ neutrones y 92 electrones.

Átomo/ion	Z	A	N.º p+	N.º e−	N.º nº
${}^{24}_{12}Mg$	12	24	12	12	12
${}^{24}_{12}Mg^{2+}$	12	25	12	10	13
${}^{235}_{92}U$	92	235	92	143	92

ENTRENA

1. El átomo

14. ●○○ ¿Qué es un átomo? ¿Qué parámetro diferencia un átomo de un elemento de otro de un elemento distinto?

15. ●○○ Interpreta el siguiente esquema según la teoría de Dalton:

16. ●○○ Completa las siguientes actividades interactivas sobre las partículas elementales:

https://links.edebe.com/abmta

— ¿Has fallado alguna pregunta? En caso afirmativo, explica por qué.

17. ●●○ Completa en tu cuaderno la siguiente tabla sobre las tres partículas subatómicas fundamentales:

	Electrón	Protón	Neutrón
Científico autor del descubrimiento			
Año del descubrimiento			
Tipo de experimento			
Conclusiones del experimento			

18. ●●● Visionad el siguiente vídeo sobre el bosón de Higgs:

https://links.edebe.com/zefn3

Después, debatid entre todos las respuestas a estas preguntas:

a) ¿Tienen masa los bosones? ¿Y los cuarks?

b) Según estos científicos, ¿por qué las partículas tienen masa?

c) ¿Qué función crees que tiene el acelerador de partículas LHC en la reciente demostración de la existencia del bosón de Higgs?

d) ¿Qué os parece que los científicos sean capaces de predecir la existencia de una partícula subatómica antes de encontrarla experimentalmente?

e) Por último, leed la siguiente noticia y completad vuestras respuestas a las preguntas anteriores:

https://links.edebe.com/qzi

19. ●●● La masa de un isótopo se calcula sumando la masa de todas las partículas que lo constituyen. Sin embargo, cuando se calcula la masa de un átomo, no se suele tener en cuenta la masa de los electrones.

a) Con los datos de la tabla del final del primer apartado, calcula la masa del isótopo $^{16}_{8}O$ neutro, sin y con la contribución de los electrones en la masa.

b) Calcula el porcentaje de error relativo en la medida.

20. ●●● El tubo de rayos catódicos tuvo una contribución clave en el descubrimiento del electrón. Está formado por un tubo de vidrio en el cual se conectan un cátodo (polo negativo) y un ánodo (polo positivo) a una diferencia de potencial. Solo cuando el voltaje es elevado y se ha hecho el vacío (o cerca de él), se observa la aparición de los rayos provenientes del cátodo (de ahí su nombre).

a) ¿Qué hizo pensar a Thomson que esos rayos eran electrones?

b) ¿Por qué no funciona si la tensión es baja o la presión dentro del tubo es demasiado alta?

c) El tubo de rayos canales, con el que se descubrió el protón, es similar al de rayos catódicos, pero con el cátodo perforado. ¿Qué importancia tiene este hecho en el experimento?

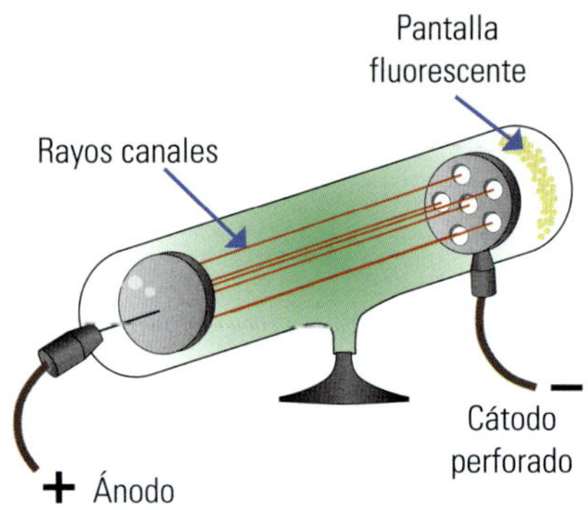

Tubo de rayos catódicos perforado.

2. Los modelos atómicos

21. ●○○ Razona si las siguientes afirmaciones son verdaderas o falsas. Corrige en tu cuaderno las falsas.

a) En el modelo de Thomson, los protones están distribuidos por todo el átomo.

b) En un orbital atómico, existe la certeza de encontrar un electrón.

c) Según el modelo de Bohr, la energía de un electrón es mayor cuanto más cerca está del núcleo.

d) El experimento de Rutherford confirmó que el núcleo de los átomos ocupa un volumen grande en comparación con el que ocupa la corteza.

22. ●○○ Describe de forma cronológica los diferentes modelos atómicos, desde Dalton hasta el modelo actual.

23. ●○○ Señala a qué modelo atómico corresponde cada una de las siguientes representaciones:

a)

b)

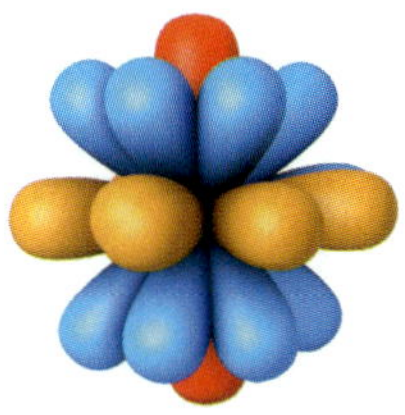

c)

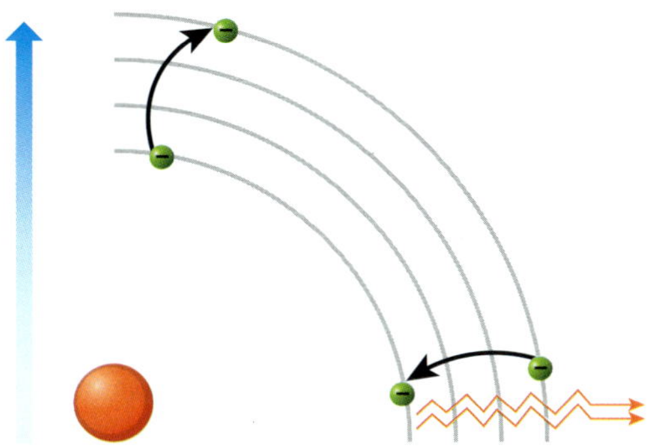

— Explica brevemente cada modelo.

24. ●○○ Cita los cinco modelos atómicos que hemos visto en esta unidad y ordénalos de forma cronológica.

— Relaciona en tu cuaderno los modelos atómicos con los siguientes fenómenos que se explican de cada uno:

- Los espectros atómicos (emisión de luz cuando calentamos los átomos).
- La diferencia entre elementos y compuestos.
- La valencia (estado de oxidación) de los elementos.
- La formación de iones.
- El efecto fotoeléctrico.
- La geometría de las moléculas.
- La existencia de isótopos.
- La existencia del núcleo atómico.

25. ●●○ Completa el siguiente test interactivo sobre los modelos atómicos:

https://links.edebe.com/gaan

— ¿Qué puntuación has obtenido?

26. ●●○ Teniendo en cuenta el experimento de Rutherford de la lámina de oro, indica si son verdaderas o falsas las siguientes afirmaciones. Escribe correctamente en tu cuaderno las que sean falsas.

a) Las partículas alfa son electrones que se desplazan a mucha velocidad y con gran energía cinética.

b) Para la emisión de partículas alfa, se utilizó un material radiactivo introducido en un bloque de plomo con un orificio para que saliesen dichas partículas.

c) La mayoría de las partículas alfa atravesaban la lámina de oro sin desviarse o experimentando una leve desviación.

d) Las partículas alfa que chocaban contra electrones rebotaban en la lámina de oro.

e) La desviación de una partícula alfa se explica por la repulsión que se produce entre cargas del mismo signo.

27. ●●○ Explica las semejanzas y las diferencias que presentan los conceptos de *órbita* del modelo atómico de Bohr y de *orbital* del modelo atómico actual.

28. ●●● Aplica la **destreza** *Metáfora y analogía* para identificar las similitudes entre el modelo atómico de Rutherford y la estructura del sistema solar.

— Después, desarrollad una puesta en común en clase.

29. ●●● En grupos, investigad sobre Niels Bohr, premio nobel de Física en 1922.

a) Redactad un breve informe en el que plasméis su biografía y sus principales descubrimientos.

b) Entre sus trabajos, encontraréis que lideró un proyecto alemán para construir la bomba atómica. ¿Os parece ético emplear los avances científicos con fines bélicos? Debatidlo entre todos los componentes del grupo.

30. ●●● El descubrimiento de las partículas nucleares abrió un mundo nuevo a los científicos y científicas de principios del siglo XX, que se lanzaron a explorarlo y los llevó a realizar importantes descubrimientos sobre la radiactividad y la fusión y la fisión nucleares.

Entre ellos destacan dos mujeres que hicieron importantísimas contribuciones a la física nuclear: Marie Curie y Lise Meitner. La primera obtuvo dos premios Nobel por sus aportaciones, mientras que Lise Meitner no fue tomada en consideración por el Comité del Nobel, en beneficio de su compañero Otto Hahn.

— En grupos, investigad sobre sus aportaciones a la física nuclear y elaborad una infografía para la clase o el laboratorio.

3. Identificación de un átomo

31. ●○○ Un átomo de carbono (C) tiene seis protones y seis neutrones.

a) Determina su número atómico y su número másico.

b) Si el átomo es eléctricamente neutro, ¿cuántos electrones tendrá?

c) Representa este átomo de forma simbólica.

32. ●○○ Explica los criterios que debes seguir para determinar la configuración electrónica de un átomo.

33. ●●○ Indica en tu cuaderno si las siguientes afirmaciones son verdaderas o falsas. A continuación, corrige las que sean erróneas.

a) Todos los electrones que se encuentran en un nivel tienen la misma energía.

b) Los orbitales se agrupan en siete niveles de energía.

c) En cada nivel hay orbitales s, p, d y f.

d) Cada nivel electrónico admite dos electrones.

e) Un nivel electrónico no puede contener electrones hasta que todos los orbitales del nivel inferior estén llenos.

f) Los electrones que se encuentran en un nivel superior tienen más energía que los que se encuentran en un nivel inferior.

g) El número másico y el número atómico de un átomo pueden coincidir.

34. ●●○ Completa en tu cuaderno esta tabla:

Símbolo	Z	A	N.º p+	N.º e−	N.º nº
$^{\dots}_{\dots}B$	5				6
$^{56}_{26}Fe$					
$^{27}_{\dots}Al$			13		
$^{\dots}_{10}Ne$		20			

Observa que, en algunos casos, también debes completar el símbolo del átomo.

35. ●●○ **Escribe la configuración electrónica del bromo neutro (Br), sabiendo que su núcleo tiene 35 protones. ¿Cuál sería la configuración del ion bromuro (Br^-)?**

COMPRENSIÓN. Para determinar la configuración electrónica, debemos cuantificar y colocar los electrones del atómo siguiendo el diagrama de Moeller.

DATOS. El bromo tiene 35 protones y es un átomo neutro.

RESOLUCIÓN. Siguiendo el diagrama de Moeller, vamos colocando los 35 electrones (ya que el átomo es neutro, tiene igual número de electrones que de protones) en orden creciente según sus energías, y teniendo en cuenta la capacidad de los orbitales:

$$Br: 1s^2\ 2s^2\ 2p^6\ 3s^2\ 3p^6\ 4s^2\ 3d^{10}\ 4p^5$$

El ion Br^- ha ganado un electrón, de manera que lo situamos en el orbital 4p, que todavía no está lleno:

$$Br^-: 1s^2\ 2s^2\ 2p^6\ 3s^2\ 3p^6\ 4s^2\ 3d^{10}\ 4p^6$$

36. ●●○ Con la ayuda de la tabla periódica, copia y completa en tu cuaderno la siguiente tabla:

Átomo/ion	Z	A	N.º p+	N.º e−	N.º nº
$^{39}_{19}K$					
$^{39}_{19}K^+$					
$^{19}_{9}F$					
$^{19}_{9}F^-$					
$^{64}_{29}Cu^{2+}$					
$^{127}_{53}I^-$					

37. ●●● El siguiente esquema representa un átomo de estaño (Sn) según una simplificación del modelo atómico actual:

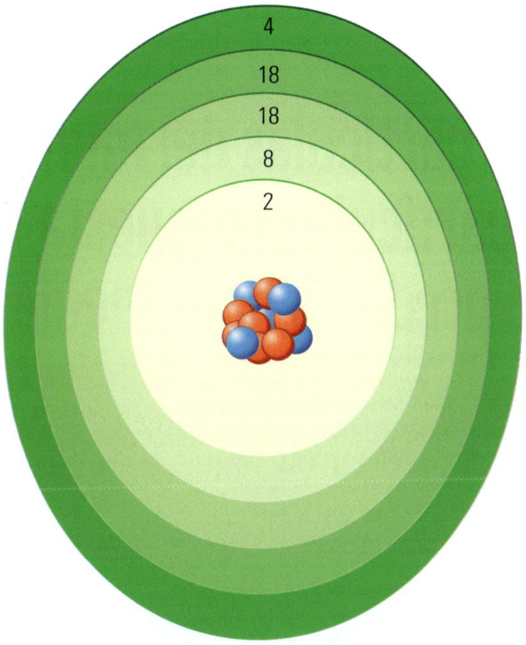

a) Escribe la configuración electrónica del estaño sabiendo que su número atómico es 50.

b) Copia el esquema anterior en tu cuaderno y sitúa los electrones de un átomo neutro de estaño.

38. ●●● Accede al siguiente enlace:

https://links.edebe.com/q5aw

— Observa cómo se representan los niveles, los subniveles y los orbitales de cada átomo y representa en tu cuaderno un átomo de hidrógeno, otro de carbono y un tercero de calcio.

— En el caso del calcio, ¿están completos todos los orbitales del segundo nivel? Razona tu respuesta.

39. ●●● En las siguientes configuraciones electrónicas hay varios errores. Identifícalos y corrígelos.

a) Ca ($Z = 20$): $1s^2\ 2s^3\ 2p^6\ 3s^2\ 3p^6\ 4s^1$

b) Cl ($Z = 17$): $1s^2\ 2s^2\ 2p^6\ 3s^2\ 3p^6$

c) Ar ($Z = 18$): $1s^2\ 2s^2\ 3s^2\ 3p^6\ 4s^2\ 4p^6$

APLICA

40. ●●○ El cloro es un elemento químico relativamente común en la naturaleza. Suele encontrarse en forma de anión Cl^- y presenta dos isótopos estables: el ^{35}Cl y el ^{37}Cl.

— Busca y anota el número atómico del cloro.

— Escribe la configuración electrónica del cloro y de su ion más habitual.

— Indica el número de protones, electrones y neutrones de los dos isótopos del enunciado.

— Compara y explica la configuración electrónica de estos dos isótopos del cloro.

41. ●●● El oro y el mercurio son dos metales de características muy distintas, a pesar de que solo difieren en un protón en sus núcleos.

a) Busca y explica alguna de sus propiedades físicas más diferenciadoras.

b) Localízalos en la tabla periódica y deduce, a partir de su número atómico y su masa atómica, cuántas partículas (p^+, n^0 y e^-) forman un átomo neutro de cada metal.

c) Escribe la configuración electrónica de cada uno.

42. ●●● Los elementos que están en la misma columna de la tabla periódica tienen propiedades similares. Localiza el hidrógeno en la tabla periódica e indica en qué grupo y período se encuentra. Escribe su configuración electrónica.

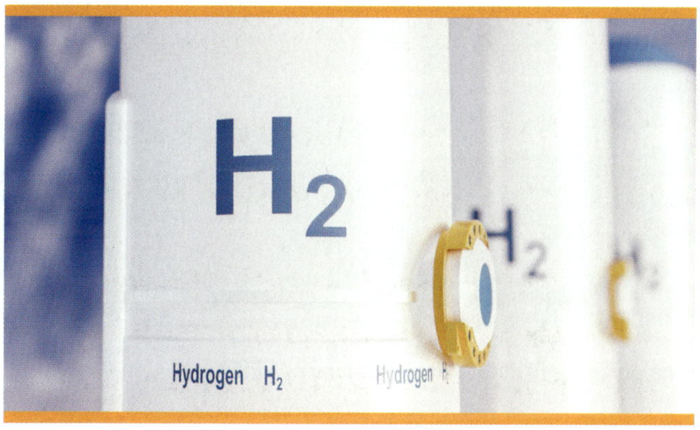

— Escribe la configuración electrónica de estos otros elementos que pertenecen al mismo grupo que el hidrógeno: litio, sodio, potasio, rubidio y cesio.

— Intenta deducir si hay alguna coincidencia o regularidad en todos estos elementos que pueda explicar su comportamiento similar.

Piensa sobre...

43. ¿Piensas que los estudios de Rutherford sobre la estructura atómica entrañaban algún riesgo para la salud de los científicos?

44. ¿Comprendes la dualidad onda-partícula que propone el modelo atómico actual?

45. ¿Te ha resultado complicado comprender y escribir la distribución de los electrones en la corteza del átomo (configuración electrónica)?

A B C

Pon a prueba tus competencias

Es domingo por la mañana. Lola ojea la sección de ciencia del periódico cuando descubre en ella la siguiente noticia:

El LHC descubre el pentacuark

Científicos en el mayor acelerador de partículas del mundo anuncian el hallazgo de una exótica partícula compuesta por cinco cuarks cuya existencia fue predicha hace medio siglo

Una posible estructura del pentacuark / CERN.

Los científicos del mayor acelerador de partículas del mundo, el LHC de Ginebra, han descubierto una nueva partícula: el pentacuark.

El hallazgo, anunciado hoy por el laboratorio europeo de física de partículas CERN, lo ha hecho el equipo del experimento LHCb y confirma la existencia de una nueva forma de organizar la materia a nivel subatómico. El pentacuark recibe su nombre porque está compuesto por cinco partículas fundamentales.

Toda la materia que conocemos se organiza a nivel subatómico de diferentes maneras. Los protones y los neutrones, por ejemplo, están formados por tres cuarks. Otro tipo de ensamblaje lo componen los mesones, formados por pares de cuarks hechos de materia y antimateria. Más allá de estas dos categorías, se sabía que la materia podía componer otras variantes más exóticas que, sin embargo, nunca habían sido observadas.

El pentacuark ha sido descubierto observando los productos de colisiones entre bariones y estudiando las partículas resultantes. El experimento LHCb ha permitido ahora encontrar una nueva variante formada por cuatro cuarks de materia convencional y un anticuark, hecho de antimateria.

«Vimos un pico en las gráficas muy parecido al que se veía cuando el bosón de Higgs fue descubierto», explica Guy Wilkinson, portavoz del experimento, uno de los cuatro grandes del CERN.

Curiosamente los datos aparecieron en la primera ronda de experimentos en el CERN, que terminó hace dos años. No fue hasta hace tres o cuatro meses cuando los científicos se toparon con esos datos. Hasta hace muy poco se estuvo comprobando que lo que veían no podía deberse a otra cosa sino a la existencia de una nueva partícula, explica Wilkinson. Ahora, el nivel de confianza está alrededor de nueve sigma, muy por encima de los cinco que se necesitan en física para reclamar un descubrimiento, resalta.

El primero en proponer la existencia de mesones y bariones hace más de medio siglo fue Murray Gell-Mann en 1964, lo que le valió el Nobel de Física en 1969. Su modelo también predecía la existencia de partículas compuestas más exóticas, como la recién descubierta. Esta nueva partícula «nos puede permitir entender de qué está compuesta la materia ordinaria, los protones y neutrones de los que estamos hechos», dice Wilkinson. Probablemente, añade, no haya solo un tipo de pentacuark sino varios, y ahora toca buscarlos durante la presente ronda de experimentos en el LHC.

El País, 15-7-2015 (adaptación).

46. Lee detenidamente la noticia y responde a las siguientes cuestiones:

a) ¿Qué es el pentacuark?

b) Describe el experimento que se ha desarrollado para descubrir el pentacuark.

c) ¿Qué avances supone este nuevo descubrimiento?

47. Fíjate en la figura de la página anterior:

a) ¿Qué crees que representa cada esfera?

b) Busca en Internet por qué se le otorgó a Murray Gell-Mann el Premio Nobel de Física en 1969.

48. Como en el caso del bosón de Higgs, los científicos ya habían predicho la existencia de esta partícula hace medio siglo. ¿Qué modelos se han propuesto a lo largo de la historia para interpretar la estructura interna de la materia?

— Elabora en tu cuaderno un **mapa mental** sobre los modelos atómicos. Para ello, ordena los distintos modelos cronológicamente mediante flechas y representa gráficamente cada modelo. Además, añade las predicciones, los experimentos y las evidencias en los que se basa su evolución.

49. Los científicos descubren nuevos elementos, que no se encuentran de forma natural en la naturaleza, fusionando núcleos de otros elementos hasta conseguir los nuevos, que se desintegran inmediatamente. Estos experimentos se llevan a cabo en aceleradores de partículas.

De este modo, en 1996 se creó el copernicio (Cn), de número atómico 112 y número másico 285. Se bombardeó un núcleo de cinc-70 contra un blanco de plomo-208 en un acelerador de iones pesados.

a) Representa de forma simbólica un átomo de copernicio.

b) Determina su número de protones, neutrones y electrones.

c) Escribe en tu cuaderno su configuración electrónica.

d) Elabora un esquema del átomo de copernicio según el modelo atómico actual.

3

Bloque 2. La materia

La tabla periódica

Contenidos

- Los elementos
- La clasificación de los elementos
- Las propiedades periódicas

Y además...

Ciencia a tu alcance

Identificación de elementos por sus propiedades

¡Te sorprenderá!

Algunos elementos solo existen durante algunos experimentos.

¿Los elementos más sencillos son los más abundantes?

¿Se copiaron los científicos que crearon la tabla periódica?

Un elemento puede ser más pequeño que otro aunque tenga más electrones y protones.

¿Por qué los elementos de la tabla periódica se ordenan en filas y columnas de distintos colores?

1. LOS ELEMENTOS

Los elementos químicos que conocemos actualmente se han ido descubriendo de forma progresiva a lo largo de la historia.

Metales como el oro, la plata, el cobre, el hierro, el plomo, el estaño y el mercurio eran ya conocidos y utilizados en la Antigüedad. El primer elemento químico descubierto científicamente fue el fósforo, obtenido por el alquimista alemán **Hennig Brandt** en 1669.

EJEMPLO 1

El fósforo es un elemento esencial para los seres vivos. Se encuentra en la naturaleza combinado en fosfatos inorgánicos en minerales como la apatita.

¿Cómo se incorpora el fósforo a los seres vivos? ¿Cómo vuelve a formar parte de la materia inorgánica? Observa el ciclo del fósforo:

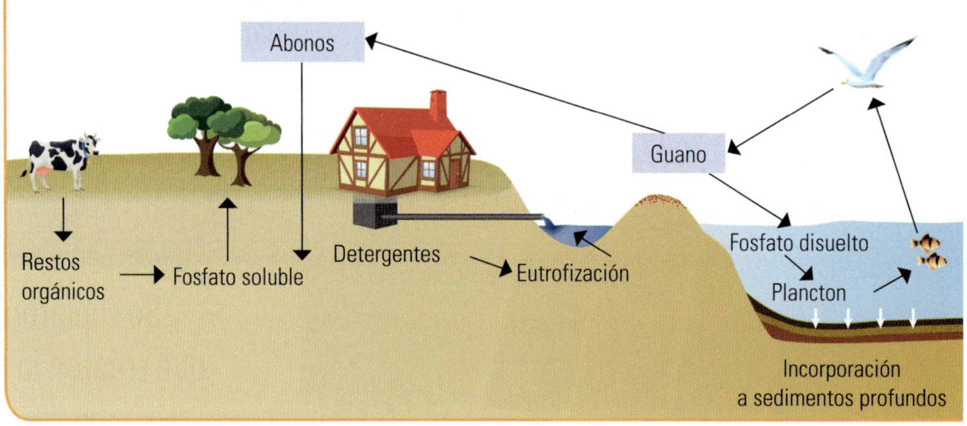

Conoce más sobre...
El fósforo

Fíjate en la abundancia en masa de los elementos en la corteza terrestre:

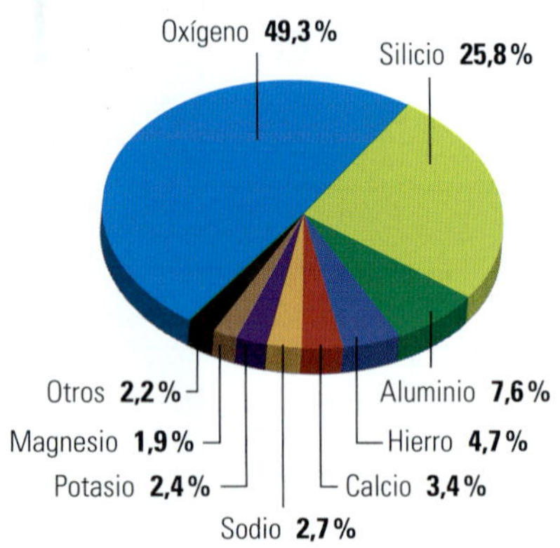

Robert Boyle, en el siglo XVII, estableció la siguiente definición de elemento químico:

> Un **elemento químico** es aquella sustancia que no puede ser descompuesta en otras sustancias más simples por métodos químicos.

Hoy sabemos que el signo de identidad de un elemento químico es un **número atómico (*Z*),** y que cada elemento tiene unas propiedades características que lo diferencian de otro.

A mediados del siglo XIX se conocían unos 60 elementos. Actualmente se conocen **118 elementos,** de los cuales **92** son **naturales.** Los **26** restantes se han producido de forma **artificial** mediante reacciones nucleares y no están presentes en la naturaleza.

Actividades

1. Infórmate sobre el descubrimiento del wolframio, W. ¿De qué forma contribuyeron los hermanos D'Elhuyar?
2. Busca en Internet cómo descubrió Hennig Brandt el fósforo.
   — ¿Por qué crees que quiso mantener su descubrimiento en secreto?

2. LA CLASIFICACIÓN DE LOS ELEMENTOS

Según se iban descubriendo nuevos elementos y se comparaban con los ya existentes, era fácil identificar que algunos tenían propiedades similares entre sí. Sin embargo, otros eran muy diferentes.

EJEMPLO 2

Observa los siguientes elementos químicos. Se trata de oro, plata, oxígeno y nitrógeno. ¿Cuáles tienen propiedades parecidas?

— A simple vista podemos ver que la plata y el oro son sólidos a temperatura ambiente y tienen brillo metálico y aspecto de duros.

— Sin embargo, el oxígeno y el nitrógeno son gaseosos a temperatura ambiente, son incoloros y para almacenarlos en estado líquido hay que disminuir mucho la temperatura o aumentar la presión.

Para ver más...
Primeras clasificaciones de los elementos

La primera clasificación de los elementos fue hecha por **Lavoisier** (1743-1794) y los dividió en **metales** y **no metales:**

Elementos metálicos	Elementos no metálicos
— Tienen brillo metálico.	— No tienen brillo metálico.
— Son sólidos a temperatura ambiente (excepto el mercurio).	— Pueden ser sólidos, líquidos o gaseosos a temperatura ambiente.
— Son buenos conductores del calor y de la electricidad.	— Son malos conductores del calor y de la electricidad.
— Son duros.	— Son frágiles.

El mercurio es el único elemento metálico líquido a temperatura ambiente.

Actividades

3. Indica cuáles de los siguientes elementos son metales y cuáles no:

Elemento	Propiedades
A	Líquido rojo a temperatura ambiente. No conduce la electricidad.
B	Sustancia grisácea con una temperatura de fusión de 1535 °C. Es conductor térmico.
C	Sólido opaco a temperatura ambiente. Es de color amarillo.
D	Sustancia amarilla que tiene un brillo característico. Funde a una temperatura de 1064 °C.

2.1. LA TABLA PERIÓDICA ACTUAL

Antes de la tabla periódica actual, hubo diversos intentos de clasificación de los elementos. Como durante el siglo XIX aumentó espectacularmente el número de elementos conocidos, los científicos buscaron la forma de ordenarlos según sus propiedades.

Cronología de la tabla periódica

1814
Berzelius

Clasifica los elementos según su electronegatividad.

1815
Proust

Propone el ordenamiento a partir del hidrógeno.

1820
Döbereiner

Reconoce la relación entre las propiedades de los elementos y sus masas atómicas.

Ordena los elementos en grupos de tres o **tríadas,** de manera que la masa del elemento central es casi igual a la media de los otros dos.

1864
Newlands

Clasifica los elementos en orden creciente respecto a sus masas atómicas.

Un elemento dado presenta unas propiedades análogas al octavo elemento siguiendo la tabla. Esta clasificación recibe el nombre de **ley de las octavas,** por su analogía con la escala musical.

1869
Mendeléiev

1870
Meyer

Casi simultáneamente, pero de forma independiente, ambos presentan su célebre tabla periódica. Los elementos se agrupan en **familias** según sus propiedades químicas y se clasifican por **orden creciente de masa atómica.**

Para que algunos elementos queden agrupados en la familia que les corresponde, es necesario invertir el orden en algunos casos y dejar huecos en otros.

1914
Moseley

Encuentra una manera experimental de determinar el número atómico.

Coloca los elementos en **orden creciente de número atómico** y observa que todos quedan en el lugar adecuado según sus propiedades.

ACTUALIDAD

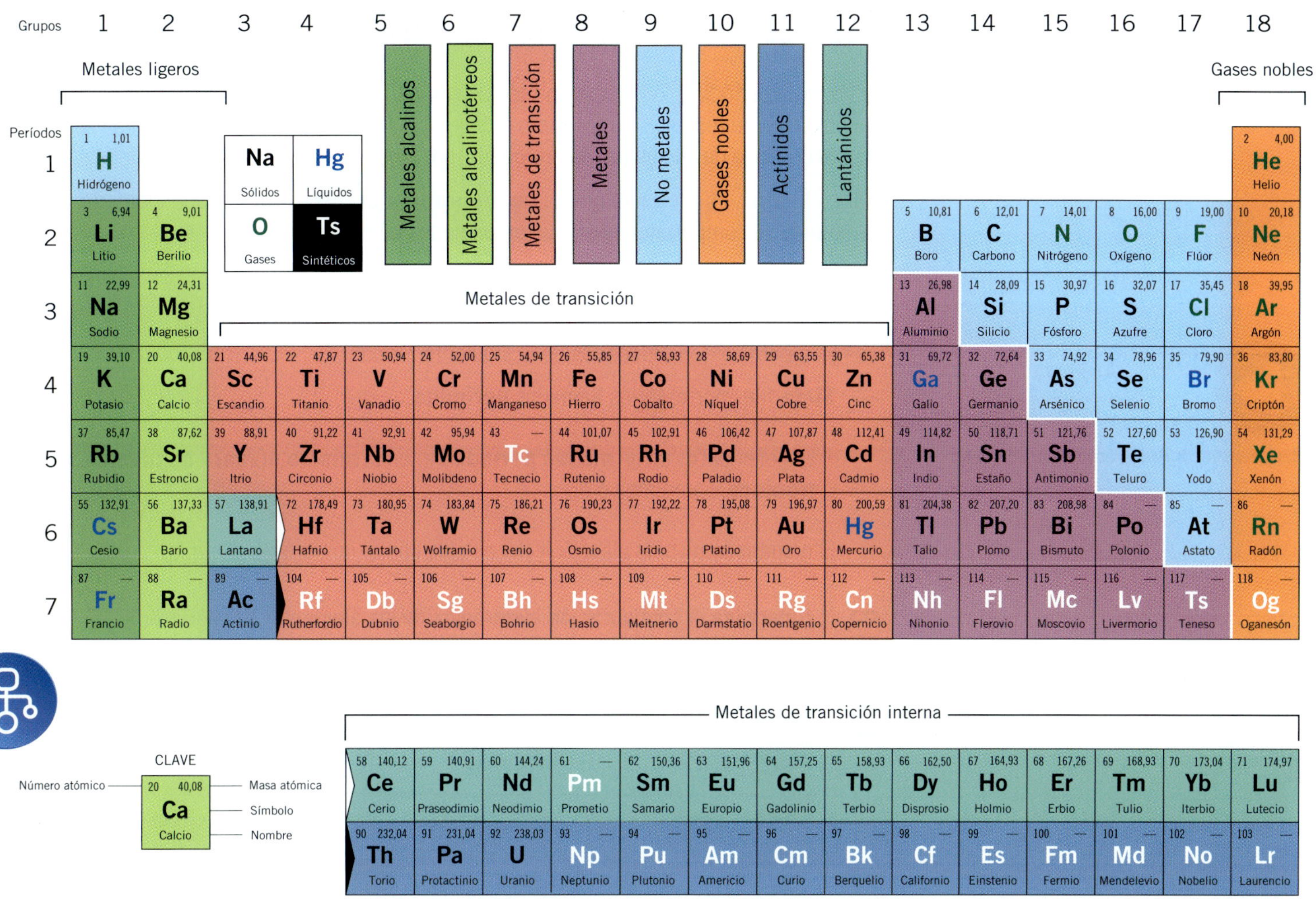

Todos los elementos químicos conocidos hasta la actualidad se clasifican en la tabla periódica o sistema periódico.

En la **tabla periódica** los elementos se disponen en **orden creciente** a su número atómico **(*Z*).**

La tabla periódica permite establecer relaciones entre los diferentes elementos, así como aportar información muy valiosa sobre sus propiedades y su comportamiento químico.

En el siguiente apartado, analizaremos la estructura de la tabla periódica actual.

Actividades

4. Busca en Internet los elementos que formaban parte de las tríadas de Döbereiner. Observa la tabla periódica actual y fíjate en cómo encajan en ella. ¿Qué deduces?

5. Localiza en la tabla periódica los siguientes elementos y escribe en tu cuaderno su símbolo y su número atómico:

Sodio Hierro Azufre Plata Oro Aluminio Cesio

— Disponlos en orden creciente respecto a su número atómico.

ODS

De los 118 elementos de la tabla periódica actual, seis han sido descubiertos por mujeres:

— El polonio (Po) y el radio (Ra) por Marie **Curie.**

— El astato (At) por Berta **Karlik.**

— El proactinio (Pa) por Lisa **Meitner.**

— El francio (Fr) por Marguerite **Perey.**

— El renio (Re) por Ida **Noddack.**

Conoce las dificultades a las que se enfrentaron consultando este enlace:

https://links.edebe.com/FtEsbC

2.2. ESTRUCTURA DE LA TABLA PERIÓDICA ACTUAL

En la tabla periódica, los elementos se colocan de izquierda a derecha y de arriba abajo en orden creciente respecto a su número atómico (*Z*). Es decir, la posición que ocupa cada elemento depende de su número de protones y, por tanto, también de su número de electrones.

Por esta razón, es precisamente la **configuración electrónica** de cada elemento la que determina su comportamiento y sus propiedades químicas.

GRUPOS Y PERÍODOS

Asómate
La tabla periódica
y la configuración electrónica

Los elementos están ordenados de la siguiente forma:

— **Siete** filas horizontales llamadas **períodos.**

> Los elementos de un **mismo período** tienen el **mismo número de niveles electrónicos,** completos o no.

El número de niveles electrónicos coincide con el número del período.

EJEMPLO 3

Determina la configuración electrónica de los elementos del período 3:

11 22,99 **Na** Sodio	Na ($Z = 11$)	$1s^2\ 2s^2\ 2p^6\ \mathbf{3s^1}$	15 30,97 **P** Fósforo	P ($Z = 15$)	$1s^2\ 2s^2\ 2p^6\ \mathbf{3s^2}\ \mathbf{3p^3}$
12 24,31 **Mg** Magnesio	Mg ($Z = 12$)	$1s^2\ 2s^2\ 2p^6\ \mathbf{3s^2}$	16 32,07 **S** Azufre	S ($Z = 16$)	$1s^2\ 2s^2\ 2p^6\ \mathbf{3s^2}\ \mathbf{3p^4}$
13 26,98 **Al** Aluminio	Al ($Z = 13$)	$1s^2\ 2s^2\ 2p^6\ \mathbf{3s^2}\ \mathbf{3p^1}$	17 35,45 **Cl** Cloro	Cl ($Z = 17$)	$1s^2\ 2s^2\ 2p^6\ \mathbf{3s^2}\ \mathbf{3p^5}$
14 28,09 **Si** Silicio	Si ($Z = 14$)	$1s^2\ 2s^2\ 2p^6\ \mathbf{3s^2}\ \mathbf{3p^2}$	18 39,95 **Ar** Argón	Ar ($Z = 18$)	$1s^2\ 2s^2\ 2p^6\ \mathbf{3s^2}\ \mathbf{3p^6}$

Los elementos del período 3 presentan tres niveles electrónicos. Sus electrones más externos se encuentran en el nivel 3.

— **Dieciocho** columnas verticales denominadas **grupos.**

> Los elementos de un **mismo grupo** tienen la **misma estructura electrónica** en su **nivel más externo** y, por tanto, sus propiedades químicas son semejantes.

EJEMPLO 4

Determina la configuración electrónica de los elementos del grupo 15:

7 14,01 **N** Nitrógeno	N ($Z = 7$)	$1s^2\ \mathbf{2s^2}\ \mathbf{2p^3}$
15 30,97 **P** Fósforo	P ($Z = 15$)	$1s^2\ 2s^2\ 2p^6\ \mathbf{3s^2}\ \mathbf{3p^3}$
33 74,92 **As** Arsénico	As ($Z = 33$)	$1s^2\ 2s^2\ 2p^6\ 3s^2\ 3p^6\ \mathbf{4s^2}\ 3d^{10}\ \mathbf{4p^3}$
51 121,76 **Sb** Antimonio	Sb ($Z = 51$)	$1s^2\ 2s^2\ 2p^6\ 3s^2\ 3p^6\ 4s^2\ 3d^{10}\ 4p^6\ \mathbf{5s^2}\ 4d^{10}\ \mathbf{5p^3}$
83 208,98 **Bi** Bismuto	Bi ($Z = 83$)	$1s^2\ 2s^2\ 2p^6\ 3s^2\ 3p^6\ 4s^2\ 3d^{10}\ 4p^6\ 5s^2\ 4d^{10}\ 5p^6\ \mathbf{6s^2}\ 4f^{14}\ 5d^{10}\ \mathbf{6p^3}$

Los elementos del grupo 15 contienen cinco electrones en su nivel más externo.

Los nombres de los elementos químicos suelen proceder del griego, del latín o del inglés. Sin embargo, en algunos casos provienen del nombre de su descubridor o de un científico importante, o bien de la ciudad en la que se descubrieron.

Por ejemplo:

— Mendelevio (Md): en honor al químico ruso Mendeléiev, precursor de la actual tabla periódica.

— Galio (Ga): de *Gallia,* Francia.

FAMILIAS DE ELEMENTOS

Algunos grupos de elementos químicos reciben un nombre característico: son los **elementos representativos** y los **metales de transición.**

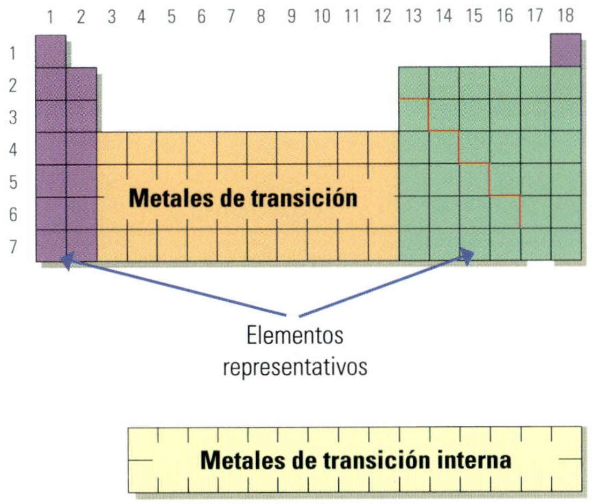

Los elementos representativos de las columnas 1 y 2 y el helio tienen un orbital de valencia tipo s.

Los elementos representativos de las columnas 13 a 18 tienen orbitales de valencia tipo p.

Los metales de transición tienen orbitales de valencia tipo d.

Los metales de transición interna tienen orbitales de valencia tipo f.

EJEMPLO 5

Escribe la configuración electrónica de los gases nobles y observa el número de electrones que tienen en su nivel más externo.

Los gases nobles son los elementos del grupo 18.

Gas noble	*Z*	Configuración electrónica
He	2	$\mathbf{1s^2}$
Ne	10	$1s^2\ \mathbf{2s^2\ 2p^6}$
Ar	18	$1s^2\ 2s^2\ 2p^6\ \mathbf{3s^2\ 3p^6}$
Kr	36	$1s^2\ 2s^2\ 2p^6\ 3s^2\ 3p^6\ \mathbf{4s^2}\ 3d^{10}\ \mathbf{4p^6}$
Xe	54	$1s^2\ 2s^2\ 2p^6\ 3s^2\ 3p^6\ 4s^2\ 3d^{10}\ 4p^6\ \mathbf{5s^2}\ 4d^{10}\ \mathbf{5p^6}$
Rn	86	$1s^2\ 2s^2\ 2p^6\ 3s^2\ 3p^6\ 4s^2\ 3d^{10}\ 4p^6\ 5s^2\ 4d^{10}\ 5p^6\ \mathbf{6s^2}\ 4f^{14}\ 5d^{10}\ \mathbf{6p^6}$
Og	118	$1s^2\ 2s^2\ 2p^6\ 3s^2\ 3p^6\ 4s^2\ 3d^{10}\ 4p^6\ 5s^2\ 4d^{10}\ 5p^6\ 6s^2\ 4f^{14}\ 5d^{10}\ 6p^6\ \mathbf{7s^2}\ 5f^{14}\ 6d^{10}\ \mathbf{7p^6}$

La particularidad de los gases nobles es que tienen su nivel más externo completo, lo que les confiere gran estabilidad. Esta configuración electrónica se denomina **configuración electrónica del gas noble.** Los átomos de los elementos ganan, pierden o comparten electrones para lograr esta configuración.

Actividades

6. Escribe en tu cuaderno la configuración electrónica del oxígeno, del magnesio y del bromo, y señala el período y el grupo al que pertenece cada uno. Razona en qué criterio o criterios basas tu respuesta.

7. Responde a las siguientes cuestiones:

a) ¿Cuántos electrones tienen en su nivel más externo los elementos del grupo 17? ¿Y los alcalinotérreos?

b) Pon el ejemplo de dos elementos que puedas predecir que tienen propiedades semejantes.

ORBITAL DE VALENCIA

El orbital de valencia de un elemento consiste en el orbital de mayor nivel energético en el que el elemento presenta un electrón. El número de electrones en el orbital de valencia permite conocer el grupo al que pertenece el elemento, salvo en los metales de transición. En ellos, el grupo viene determinado por el número de electrones que hay en el orbital d.

Nombres especiales de algunos grupos	
Grupo 1	Alcalinos
Grupo 2	Alcalinotérreos
Grupo 13	Térreos o boroideos
Grupo 14	Carbonoideos
Grupo 15	Nitrogenoideos
Grupo 16	Calcógenos o anfígenos
Grupo 17	Halógenos
Grupo 18	Gases nobles

Para saber más...
Familias de elementos

Accede a la siguiente tabla periódica interactiva y haz clic en cada elemento:

https://links.edebe.com/cb9v5h

Observa que la configuración electrónica está expresada según la del gas noble más cercano. Así se evitan configuraciones extensas.

Por ejemplo:

Ba ($Z = 56$): $1s^2\ 2s^2\ 2p^6\ 3s^2\ 3p^6\ 4s^2\ 4p^6\ 3d^{10}\ 4p^6\ 5s^2\ 4d^{10}\ 5p^6\ 6s^2$

↓

Ba: $[Xe]\ 6s^2$

3. LAS PROPIEDADES PERIÓDICAS

Algunas propiedades de los elementos varían regularmente a lo largo de los grupos y de los períodos de la tabla periódica. Estas propiedades reciben el nombre de **propiedades periódicas.**

A continuación analizamos algunas de ellas.

3.1. CARÁCTER METÁLICO

¿Lo vemos?
El carácter metálico

El carácter metálico de los elementos está relacionado con su tendencia a ganar o perder electrones y, por tanto, a formar iones negativos o positivos.

Así, podemos clasificar los elementos de la siguiente forma:

> El **carácter metálico** aumenta al desplazarnos hacia la izquierda en un período y descender en un grupo.

Metales: los elementos situados más a la izquierda, que tienen, en general, mayor tendencia a perder los electrones de su nivel más externo.

No metales: los elementos situados más a la derecha, que tienen mayor tendencia a capturar electrones e incorporarlos a su nivel más externo.

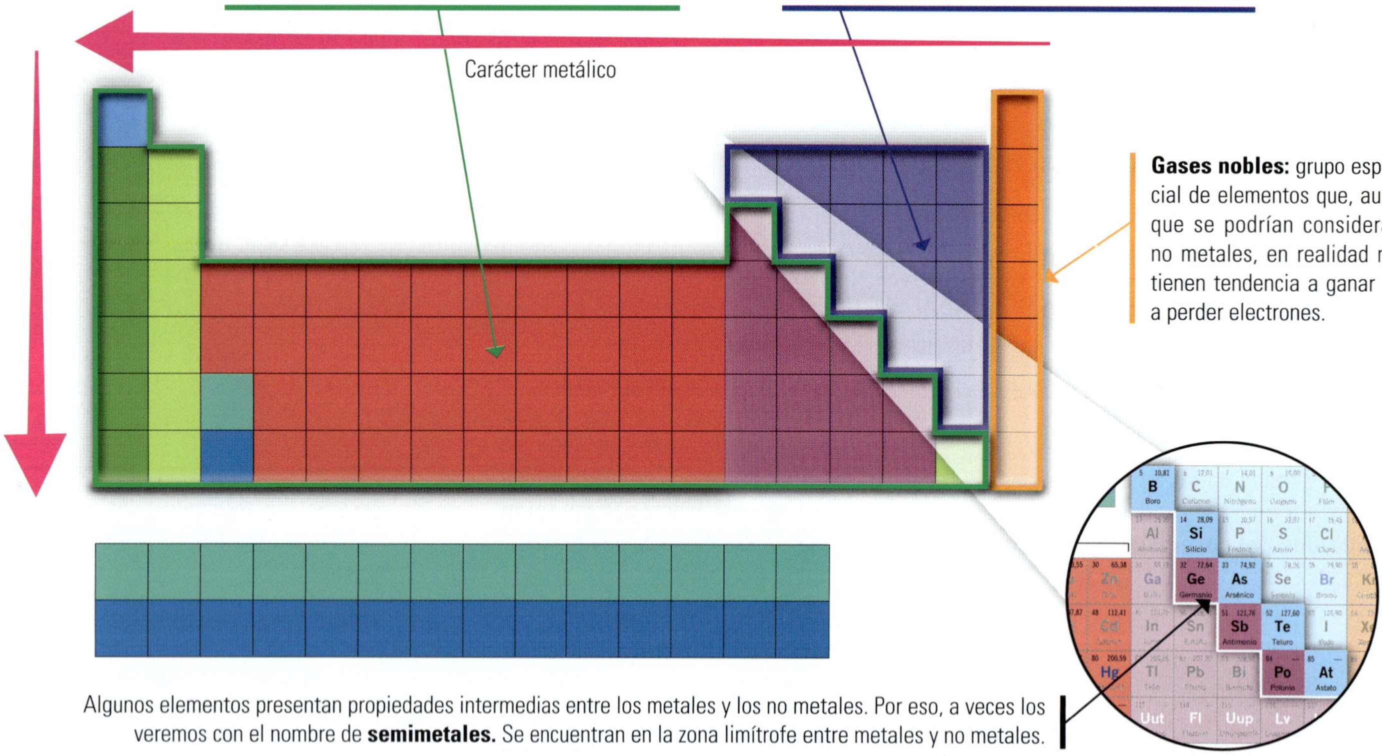

Gases nobles: grupo especial de elementos que, aunque se podrían considerar no metales, en realidad no tienen tendencia a ganar ni a perder electrones.

Algunos elementos presentan propiedades intermedias entre los metales y los no metales. Por eso, a veces los veremos con el nombre de **semimetales.** Se encuentran en la zona limítrofe entre metales y no metales.

Actividades

8. Indica cuáles de los siguientes elementos son metales y cuáles son no metales: bario, azufre, titanio, aluminio, fósforo, cloro, hierro y litio.

— ¿Cuáles tendrán tendencia a captar electrones? Escribe la configuración electrónica de cada uno y razona tu respuesta.

3.2. RADIO ATÓMICO

Para conocer el tamaño de los átomos de un elemento nos fijamos en la distancia que hay entre los núcleos de dos átomos enlazados. Se denomina *radio atómico* a la mitad de esta distancia internuclear.

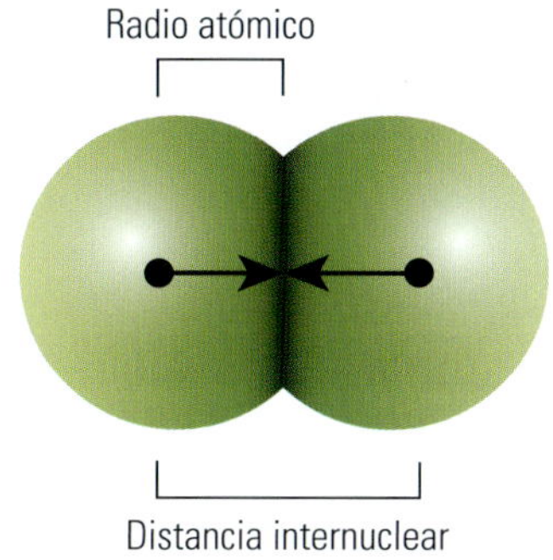

El **radio atómico** aumenta al desplazarnos hacia la izquierda en un período y descender en un grupo.

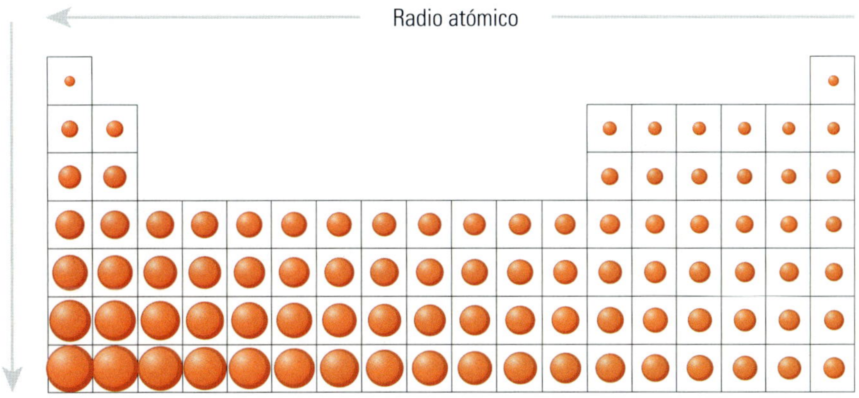

En un período, al aumentar el número atómico, disminuye el radio. Esto se debe a que se incrementa la carga positiva del núcleo, manteniéndose constante el número de niveles electrónicos. De este modo, crece la fuerza atractiva sobre estos niveles y disminuye el tamaño del átomo.

En un grupo, al descender y crecer el número atómico, aumenta el radio. Esto se debe a que se incrementa el número de niveles electrónicos, aumentando, por tanto, el radio atómico.

Echa un vistazo a...
El radio atómico y la tabla periódica

EJEMPLO 6

Consulta la tabla periódica y ordena los siguientes elementos en orden creciente respecto a su radio atómico:

Carbono **Silicio** **Potasio** **Calcio**

— El carbono (C) y el silicio (Si) se encuentran en el mismo grupo. Como el radio atómico aumenta al descender en un grupo, el silicio tendrá mayor radio atómico que el carbono.

— El potasio (K) y el calcio (Ca) se encuentran en el mismo período. Como el radio atómico aumenta hacia la izquierda en un período, el potasio tendrá mayor radio atómico que el calcio.

— El potasio y el calcio están más hacia abajo y hacia la izquierda de la tabla periódica que el carbono y el silicio. Por tanto, el radio de sus átomos será mayor.

De esta forma, podemos ordenar ya los cuatro elementos según su radio atómico:

$$K > Ca > Si > C$$

Entra en este enlace y selecciona *Radios/Radio atómico* en el menú:

https://links.edebe.com/ydxz

En la pestaña «mapa», si haces clic sobre un elemento, obtendrás el valor de su radio atómico.

¿En qué unidad están expresados estos valores? Investiga su equivalencia en metros.

Actividades

9. Ordena los siguientes elementos de mayor a menor radio atómico:

Aluminio   Azufre   Estroncio   Bario

Selecciona cada elemento de la tabla periódica y consulta su historia, estructura, propiedades, usos, etc.

https://links.edebe.com/ihxm3

Ciencia a tu alcance

En práctica: Identificación de elementos por sus propiedades

En general, los elementos químicos se pueden clasificar en metales y no metales. Pero ¿sabríais identificar un elemento por sus propiedades? Os proponemos un reto: clasificar tres elementos desconocidos en metales y no metales.

Organizaos por grupos. El profesor o profesora facilitará a cada grupo tres muestras sin decir de qué elemento están fabricadas. Vosotros debéis investigar si están compuestas por un metal o un no metal.

1 Planteamiento del problema

Nos preguntamos qué propiedades diferencian los elementos metálicos de los no metálicos.

2 Formulación de hipótesis

Entre todos los miembros del grupo redactamos una hipótesis. Por ejemplo:

«Si la muestra tiene brillo metálico y conduce la electricidad, es un metal».

3 Comprobación de la hipótesis

Para poder comprobar la hipótesis, debemos **planificar el experimento** que vamos a realizar:

Objetivos

— Clasificar cada elemento como metal o no metal.

Material

— Una pieza de cobre.
— Una pieza de aluminio.
— Una pieza de carbono.
— Pinzas.
— Cable conductor.
— Dos tornillos o clavos metálicos.
— Pinzas para pelar cables.
— Una pila de petaca.
— Portalámparas y lámpara de 3,5 V.

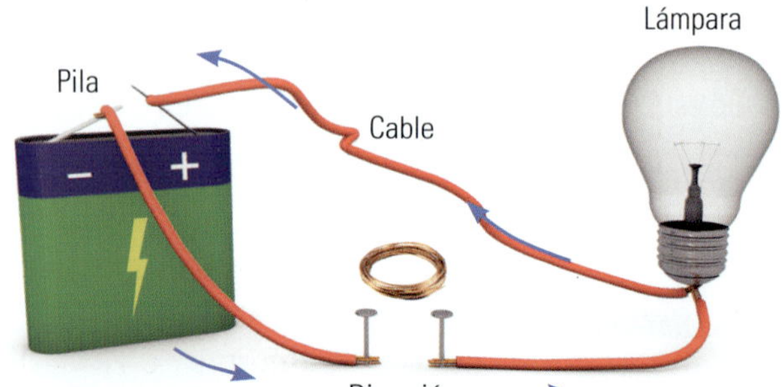

Experimentación

Seguid estos pasos:

— Coged con las pinzas una de las muestras y observad con detenimiento su aspecto, en especial, su brillo. Describidlo en el cuaderno.

— Construid el montaje de la figura anterior.

— Colocad la muestra y comprobad si se enciende la bombilla o no. Anotad el resultado en el cuaderno.

— Repetid los pasos anteriores con las otras dos muestras.

Obtención de datos

Completad la siguiente tabla en el cuaderno:

Muestra	Color	¿Brilla?	¿Conduce la electricidad?
A			
B			
C			

Análisis de datos

A partir de la tabla anterior, clasificad cada muestra como metal o no metal.

Muestra A: ....

Muestra B: ....

Muestra C: ....

— Si por las propiedades analizadas sabéis de qué elemento químico se trata, añadidlo también con su símbolo.

El profesor o profesora os dirá ahora la composición de cada una de las muestras. ¿Concuerda con los resultados que habéis obtenido? ¿Habíais adivinado de qué elemento estaba compuesta cada muestra?

En caso afirmativo, vuestra **hipótesis es cierta:** «Si la muestra tiene brillo metálico y conduce la electricidad, es un metal».

En caso negativo, formulad una nueva hipótesis y repetid el proceso.

4 Extracción de conclusiones

Después de analizar los datos del experimento, ¿a qué conclusiones habéis llegado?

5 Comunicación de resultados

Por último, redactad un **informe** de la práctica por grupo. El informe tiene que responder a las distintas etapas del método científico y debe ser redactado con rigor y exactitud.

Sigue investigando

¿Cómo comprobarías la ductilidad y maleabilidad de un elemento? ¿Y su dureza? Diseña un experimento para cada caso y descríbelos en tu cuaderno.

— Puedes buscar información en Internet.

Síntesis

La tabla periódica

- **Los elementos**
  - Se definen como: Aquellas sustancias que no pueden ser descompuestas en otras sustancias más simples por métodos químicos.
    - Se caracterizan por su: Número atómico (Z)
- **La clasificación de los elementos**
  - La tabla periódica actual
    - 7 períodos
      - En cada período: Mismo número de niveles, completos o no
    - 18 grupos
      - En cada grupo: Misma configuración electrónica externa
    - Los elementos están clasificados en orden creciente respecto a su: Número atómico (Z)
- **Las propiedades periódicas**
  - Carácter metálico
    - Metales
    - No metales
    - Gases nobles
  - Radio atómico

PREPARA

10. ●○○ **Elige y escribe en tu cuaderno la opción correcta.**

a) Un elemento químico es aquella sustancia que se puede descomponer en otras sustancias más simples por métodos químicos.

b) Un elemento químico es aquella sustancia que no puede ser descompuesta en otras sustancias más simples por métodos químicos.

11. ●○○ **¿Qué parámetro sirve para identificar un elemento químico? Razona tu respuesta.**

a) Número atómico

b) Número másico

c) Masa atómica

12. ●○○ **Copia la siguiente frase en tu cuaderno y complétala:**

Los elementos químicos se pueden clasificar en .... y .... Los no metales son malos .... de la .... y del ...., no tienen .... y son ....

13. ●○○ **En la siguiente imagen se observa una sustancia que presenta un brillo característico y que funde a 1064 °C:**

Indica de qué tipo de elemento se trata.

a) Un metal

b) Un no metal

14. ●○○ **¿Cuál es el criterio de ordenación de los elementos químicos que utilizaron Mendeléiev y Meyer para crear su tabla periódica?**

15. ●○○ **¿Cómo se clasifican los elementos químicos en la tabla periódica actual? Desarrolla tu respuesta añadiendo un par de ejemplos.**

a) En 18 períodos y 7 grupos.

b) En 7 períodos y 18 grupos.

16. ●○○ **Explica a partir de qué criterio están ordenados los elementos químicos en la tabla periódica actual.**

17. ●○○ **Indica en tu cuaderno si las siguientes afirmaciones son verdaderas o falsas. Corrige las falsas.**

a) Los elementos de un mismo período tienen el mismo número de niveles electrónicos completos.

b) Los elementos de un mismo grupo no tienen la misma configuración electrónica externa.

c) Los elementos de un mismo grupo tienen sus propiedades químicas semejantes.

18. ●○○ **Copia en tu cuaderno una tabla como la siguiente y complétala, escribiendo el nombre de las familias de los elementos de la tabla periódica y su configuración electrónica externa:**

Grupo	Familias

19. ●○○ **Copia en tu cuaderno las siguientes frases y complétalas:**

a) El carácter metálico .... al desplazarnos hacia la izquierda en un período y descender en un grupo.

b) El radio atómico .... al desplazarnos hacia la izquierda en un período y descender en un grupo.

ENTRENA

1. Los elementos

20. ●○○ **Razona si la siguiente afirmación es verdadera o falsa:**

«Un elemento químico es una sustancia que no puede separarse en otras sustancias más simples por métodos físicos».

21. ●●○ **La siguiente gráfica muestra la proporción, en porcentaje en masa, de elementos químicos en los seres vivos:**

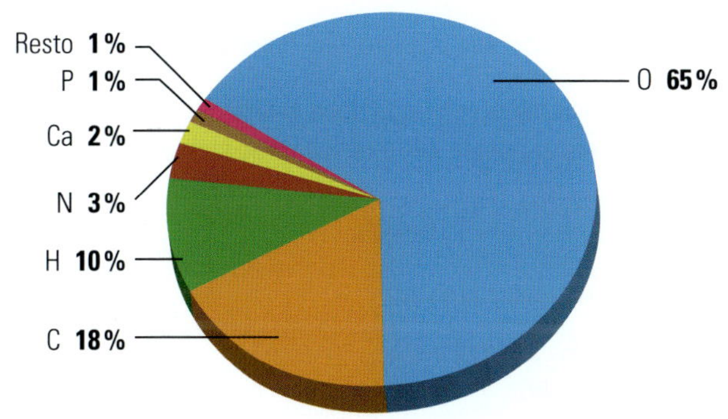

— Calcula la masa de oxígeno, de carbono y de hidrógeno que tiene una persona de 70 kg.

22. ●●○ ¿Qué es el número atómico de un elemento químico? ¿Cómo se simboliza? ¿Para qué sirve?

23. ●●○ ¿Qué elementos químicos son abundantes en estas imágenes? Razona tu respuesta.

a)

b)

24. ●●○ Busca en Internet y cita los elementos químicos que han sido descubiertos por científicos españoles.

25. ●●● Por grupos, entrad en la siguiente web:

https://links.edebe.com/zzhsz

a) Elaborad una cronología, en formato digital y a modo de línea de tiempo, que refleje el descubrimiento de los elementos químicos.

b) Si hacéis clic sobre un elemento, obtendréis información sobre él.

— Cada miembro del grupo debe seleccionar un elemento y completar la siguiente información en su cuaderno:

Elemento: ....
Efectos sobre la salud
Efectos sobre el medio ambiente

— Después, aplicad la **técnica de aprendizaje cooperativo** *El número* para hacer una exposición en clase.

26. ●●● El helio es el segundo elemento más abundante en el universo.

Sin embargo, es muy difícil encontrarlo en la superficie terrestre.

a) Lee la siguiente noticia:

https://links.edebe.com/wb8y5

b) ¿Cómo se obtiene el helio? ¿Cuáles son sus aplicaciones?

c) ¿Por qué creen los científicos que estamos subestimando la cantidad de helio presente en nuestro planeta?

2. La clasificación de los elementos

27. ●○○ Relaciona en tu cuaderno a cada científico con su contribución a la ordenación de los elementos.

Döbereiner   Lavoisier   Moseley

Mendeléiev   Newlands

a) Clasificó los elementos como metales y no metales.

b) Estableció la ley de las octavas.

c) Propuso que en la naturaleza había grupos de tres elementos denominados *tríadas*.

d) Dispuso los elementos en orden creciente a su número atómico.

e) Clasificó los elementos en orden creciente a su masa atómica.

28. ●○○ Consulta la tabla periódica e indica el período y el grupo al que pertenecen los siguientes elementos: Mg, Cu, Sn, F y He.

29. ●○○ Razona si estas afirmaciones son verdaderas o falsas.

a) En la tabla periódica actual hay 7 grupos y 18 períodos.

b) Los elementos de un mismo grupo tienen propiedades químicas semejantes.

c) Los elementos de un mismo período tienen la misma configuración electrónica.

d) Los alcalinos son metales de transición.

30. ●○○ **Predice, sin consultar la tabla periódica, si el berilio ($Z = 4$) y el magnesio ($Z = 12$) tienen o no propiedades semejantes.**

COMPRENSIÓN. Realizamos la configuración electrónica de ambos elementos para ver si tienen la misma configuración electrónica externa y pertenecen al mismo grupo.

DATOS. Be ($Z = 4$) y Mg ($Z = 12$)

RESOLUCIÓN

Configuraciones electrónicas:

— Be ($Z = 4$): $1s^2$ $\mathbf{2s^2}$

— Mg ($Z = 12$): $1s^2\,2s^2\,2p^6$ $\mathbf{3s^2}$

Como podemos observar, el berilio y el magnesio están situados en el mismo grupo, el 2.

Ambos elementos presentan la misma configuración electrónica externa, es decir, tienen el mismo número de electrones de valencia, dos. Por lo tanto, presentarán propiedades semejantes.

31. ●●○ **Con la ayuda de la tabla periódica, determina la configuración electrónica de los siguientes elementos:**

a) Todos los elementos del período 3.

b) Todos los elementos del grupo 2.

— ¿Por qué se caracterizan los elementos del apartado *a*? ¿Y los del apartado *b*?

32. ●●○ **El número atómico del helio es 2. Razona si la siguiente afirmación es verdadera o falsa:**

«El helio es un metal alcalinotérreo».

33. ●●○ **Sin consultar la tabla periódica, indica el período y el grupo al que pertenecen los siguientes elementos:**

C ($Z = 6$) Si ($Z = 14$) S ($Z = 16$) Cl ($Z = 17$)

— Después, consulta la tabla periódica y comprueba si has acertado.

34. ●●○ **Un átomo neutro tiene la siguiente configuración electrónica:**

$$1s^2\,2s^2p^5$$

a) Indica el grupo y el período de la tabla periódica del elemento químico.

b) ¿A qué familia pertenece?

COMPRENSIÓN. Determinamos el grupo, el período y la familia a los que pertenece el átomo.

DATOS. Configuración electrónica: $1s^2\,2s^2p^5$

RESOLUCIÓN

a) El período es el 2 porque los electrones de valencia están situados en el segundo nivel energético. El grupo es el 17, ya que el elemento tiene la misma configuración electrónica externa que los elementos de este grupo.

b) Pertenece a la familia de los halógenos.

35. ●●○ **Un elemento químico presenta la siguiente configuración electrónica:**

$$1s^2\,2s^2\,2p^6\,3s^1\,3p^1$$

— Indica, razonadamente, el grupo, el período y la familia a los que pertenece.

36. ●●○ **Un elemento tiene la siguiente configuración electrónica:**

$$1s^2\,2s^2\,2p^6\,3s^2\,3p^6$$

a) Indica, justificando tu respuesta, si se trata de un alcalinotérreo, un halógeno o un gas noble.

b) Razona si los átomos de este elemento perderán o ganarán electrones o, por el contrario, serán estables.

c) Consulta la tabla periódica e identifica el elemento del que se trata por su nombre y su símbolo.

37. ●●○ **Dado el siguiente elemento químico:**

$${}^{12}_{6}X$$

a) Determina su número atómico y el número de electrones.

b) Realiza su configuración electrónica.

c) Indica el grupo, el período y la familia.

d) Busca en la tabla periódica el nombre y el símbolo del elemento químico.

38. ●●○ **Para un átomo de número atómico $Z = 50$ y número másico $A = 126$:**

a) Indica el número de protones, neutrones y electrones que posee.

b) Escribe su configuración electrónica.

c) Indica el grupo y el período a los que pertenece el elemento correspondiente.

39. ●●● Cinco elementos que llamaremos A, B, C, D y E tienen, respectivamente, los números atómicos 2, 3, 11, 18 y 36.

a) Realiza sus configuraciones electrónicas.

b) ¿Qué elementos tienen propiedades químicas similares? Razona tu respuesta.

40. ●●● A continuación se muestran configuraciones electrónicas de átomos neutros.

$A = 1s^2\ 2s^2\ 2p^5$

$B = 1s^2\ 2s^2\ 2p^6\ 3s^2$

$C = 1s^2\ 2s^2$

$D = 1s^2\ 2s^2\ 2p^6\ 3s^2\ 3p^6\ 4s^2\ 3d^{10}\ 4p^5$

$E = 1s^2\ 2s^2\ 2p^6\ 3s^2\ 3p^6$

$F = 1s^2\ 2s^2\ 2p^3$

$G = 1s^2\ 2s^2\ 2p^6\ 3s^2\ 3p^3$

$H = 1s^2\ 2s^2\ 2p^6$

a) ¿Qué parejas pueden representar átomos con propiedades químicas semejantes?

b) ¿A qué familia pertenecen las parejas que has formado?

41. ●●○ Infórmate sobre los elementos que componen las *tierras raras* y ubícalos en la tabla periódica.

— ¿Por qué son importantes?

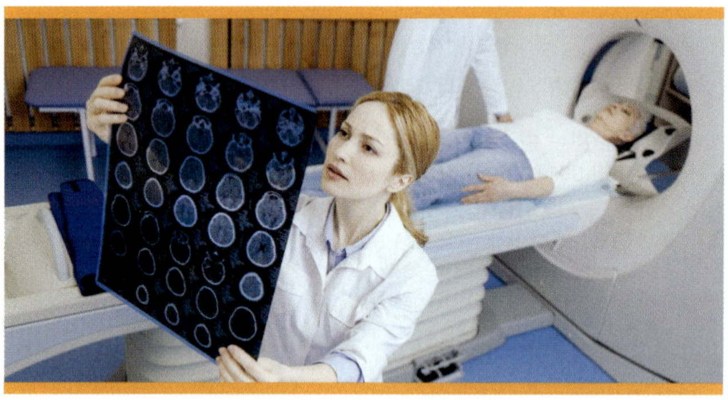

42. ●●○ ¿Sabes a qué grupo pertenecen los principales elementos de la tabla periódica? Compruébalo jugando a este juego:

https://links.edebe.com/hcchD

43. ●●● Por parejas, entrad en el siguiente enlace e intentad completar la llamada *tabla periódica muda:*

https://links.edebe.com/fmz7

— ¿Qué puntuación habéis obtenido? Podéis intentarlo otra vez haciendo clic en «Borrar».

44. ●●● Busca información sobre Dimitri Mendeléiev:

— Elabora un trabajo monográfico sobre la vida de Mendeléiev y sus logros.

3. Las propiedades periódicas

45. ●○○ Razona si la siguiente regla es verdadera:

«El tamaño de los átomos aumenta siempre con el número atómico».

46. ●○○ Completa en tu cuaderno esta tabla con los elementos del recuadro:

I	Ar	H	Po	Rb	U
As	Kr	W	Rn	Xe	B

Metales	No metales	Gases nobles

47. ●●○ Con la ayuda de la tabla periódica, ordena los siguientes elementos de menor a mayor carácter metálico:

Mercurio Flúor Plata Fósforo
Silicio Francio Cesio Helio

48. ●●○ Ordena los elementos de la actividad anterior de mayor a menor radio atómico.

49. ●●○ Realiza la configuración de los siguientes elementos químicos, buscando en la tabla periódica su número atómico:

Litio Sodio Potasio

— Justifica cuál tiene menor radio.

50. ●●● **En la siguiente gráfica se muestra cómo varía el radio atómico, *r* (en Å), de los elementos químicos respecto al número atómico (*Z*):**

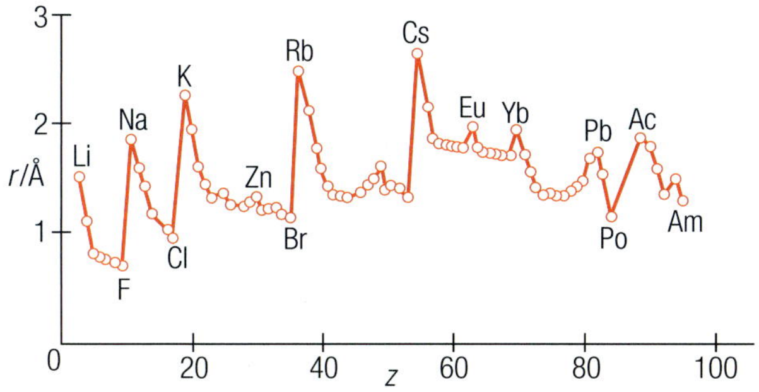

a) ¿Qué elemento posee mayor radio atómico? ¿A qué se debe?

b) ¿Qué elemento presenta menor radio atómico? ¿Por qué?

c) Entre el potasio y el cloro, ¿cuál tiene mayor radio?

51. ●●● **Observa la imagen:**

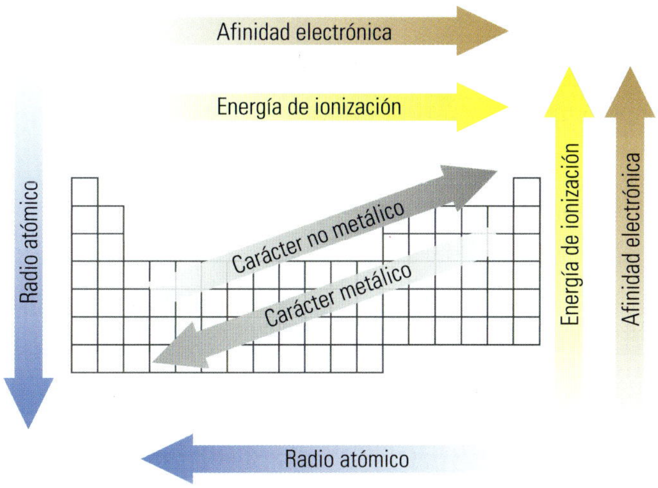

¿Qué propiedades periódicas conoces? Infórmate sobre ellas en este enlace y realiza las actividades interactivas propuestas:

https://links.edebe.com/54w6v

52. ●●● **Recientemente ha aparecido en la prensa la siguiente noticia:**

El laurencio suscita dudas con la tabla periódica

Leed en clase la noticia completa en este enlace:

https://links.edebe.com/rpbvf

— Después, organizad una discusión sobre esta controversia y responded a las preguntas.

a) ¿Qué implicaciones puede tener que el laurencio aparezca en distintas posiciones según la tabla periódica que utilicemos?

b) ¿Pensáis que se debe a un criterio unánime?

APLICA

53. ●●○ **Cinco elementos que llamaremos A, B, C, D y E tienen, respectivamente, los números atómicos 2, 11, 14, 17 y 25.**

a) Indica a qué grupo, período y familia de la tabla periódica pertenecen.

b) Clasifícalos en metales, no metales, semimetales o gases nobles.

c) ¿Qué elemento tiene menor radio atómico? ¿Cuál tiene mayor carácter metálico?

d) Escribe el nombre y el símbolo de cada elemento.

54. ●●● **Las configuraciones electrónicas externas de dos elementos, X e Y, en su estado fundamental son $4s^2$ y $2s^2\ 2p^4$, respectivamente. Indica, razonadamente:**

a) El período, el grupo y la familia a los que pertenecen.

b) El nombre y el símbolo de cada elemento.

c) ¿Qué elemento posee propiedades características de los metales?

d) ¿Qué elemento tiene mayor radio atómico?

55. ●●● **Las configuraciones electrónicas de tres átomos neutros, X, Y y Z, son:**

X: $1s^2\ 2s^2\ 2p^6\ 3s^2\ 3p^6\ 4s^2\ 3d^{10}\ 4p^6$

Y: $1s^2\ 2s^2\ 2p^6\ 3s^2\ 3p^4$

Z: $1s^2\ 2s^2\ 2p^6\ 3s^2\ 3p^6\ 4s^2\ 3d^{10}\ 4p^6\ 5s^1$

a) Deduce sus grupos, períodos y familias a partir de ellas.

b) ¿Cuál será la tendencia de cada uno de los átomos a captar o ceder electrones? ¿En qué cantidad?

c) Escribe el nombre y el símbolo de cada elemento.

Piensa sobre...

56. **¿Piensas que fue fácil para los científicos conseguir ordenar los elementos en la tabla periódica actual? a) Sí; b) No.**

57. **¿Crees que aumentará el número de elementos de la tabla periódica en el futuro?**

a) Sí, porque probablemente con los avances científico-tecnológicos se descubrirán nuevos elementos químicos, lo cual implicará modificar la tabla periódica.

b) No, porque la tabla periódica ya está completa y no puede existir ningún elemento más.

58. **¿Cómo valoras la utilidad de la tabla periódica?**

A  B  C 

Pon a prueba tus competencias

Algunos elementos químicos son esenciales para el ser humano y debemos ingerir la dosis adecuada de ellos a partir de la dieta. De no ser así, tendremos una deficiencia en ese elemento, con los efectos para el buen desarrollo del organismo que conlleva. Y si, por el contrario, excedemos esa dosis, pueden aparecer signos que indicarán toxicidad.

59. El sodio, el potasio, el magnesio, el calcio y el cloro son ejemplos de elementos indispensables para la vida.

a) Consulta la tabla periódica y completa la siguiente tabla en tu cuaderno:

Elemento	Símbolo	Número atómico (*Z*)	Configuración electrónica

b) A partir de la configuración electrónica anterior y sin consultar la tabla periódica, completa ahora esta tabla en tu cuaderno:

Elemento	Período	Grupo	Número de electrones en el último nivel

— Explica en qué basas tu respuesta.

60. De los elementos de la actividad anterior:

a) ¿Cuáles tienen propiedades y un comportamiento químico similares? ¿Por qué?

b) Indica en cada caso si se trata de metales, no metales o gases nobles.

c) ¿Sabrías decir el nombre del grupo al que pertenece cada uno?

61. Ordena los cinco elementos según los siguientes criterios:

a) De menor a mayor radio atómico.

b) En orden decreciente de carácter metálico.

62. Entra en la siguiente página y obtén la información requerida para responder a las siguientes cuestiones:

https://links.edebe.com/f33

a) Copia en tu cuaderno y completa estas tablas:

MACROELEMENTOS

Elemento	Función en los seres vivos	Fuente	Dosis mínima recomendada

MICROELEMENTOS

Elemento	Función en los seres vivos	Fuente	Dosis mínima recomendada

b) Los elementos necesarios para el funcionamiento del organismo se clasifican en macroelementos, microelementos y oligoelementos. ¿En qué se basa dicha clasificación?

63. De los elementos recogidos en las tablas anteriores, ¿cuál podemos consumir más diariamente? ¿Y cuál menos?

64. Clasifica los dos elementos de la actividad anterior en metales o no metales. ¿A qué grupo pertenece cada uno?

4 El enlace químico

Bloque 2. La materia

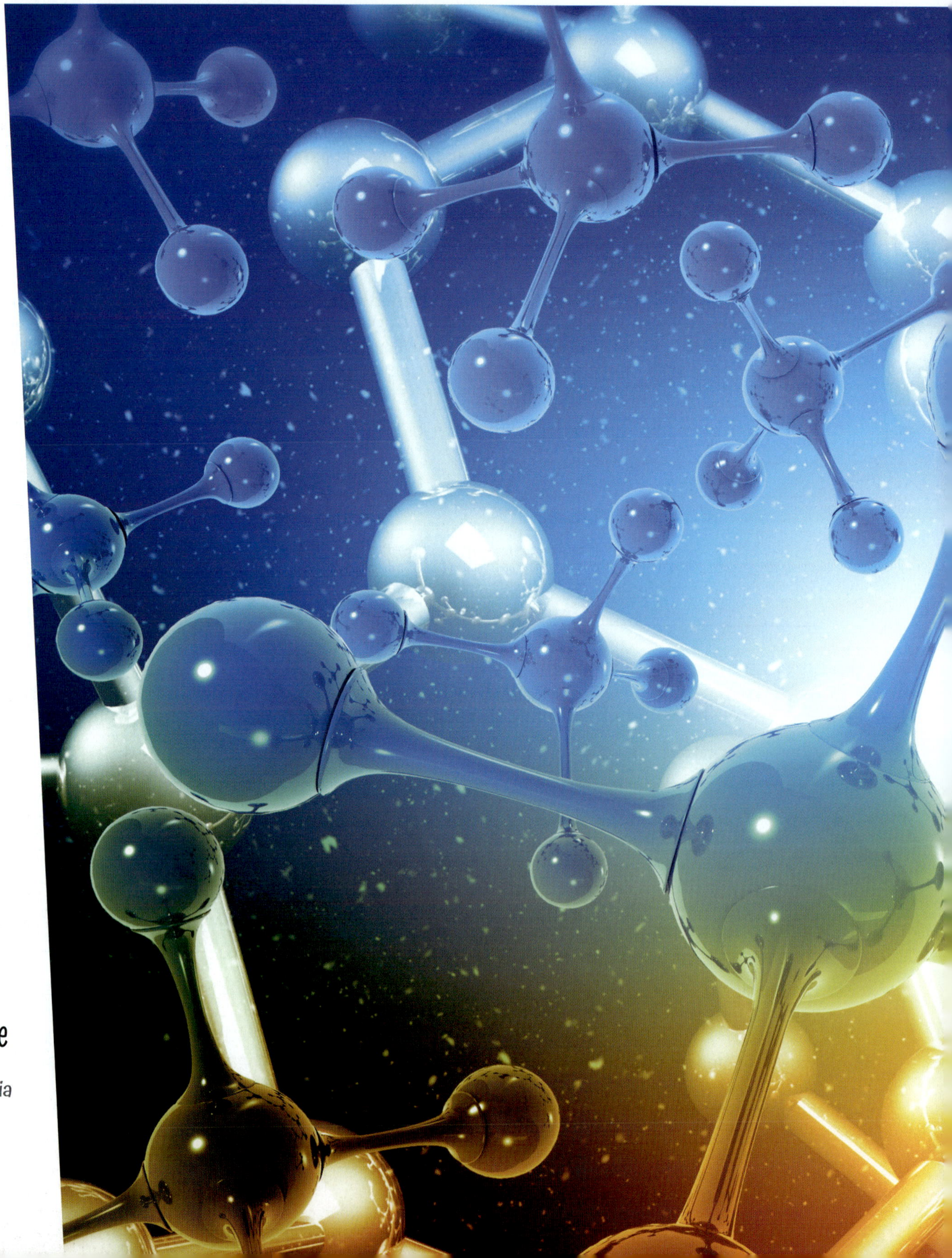

Contenidos

- Uniones entre átomos
- Enlace iónico
- Enlace covalente
- Enlace metálico
- Uniones intermoleculares

Y además...

Ciencia a tu alcance

Deducción del tipo de enlace de una sustancia por sus propiedades

¡Te sorprenderá!

Átomos, mejor unidos que separados.

Si la sal se disuelve en agua, ¿por qué no el diamante?

Dime cómo te juntas y te diré cómo eres.

El enlace de hidrógeno, fundamental para la vida.

1. UNIONES ENTRE ÁTOMOS

En la naturaleza los átomos de los distintos elementos tienden a unirse entre sí formando agrupaciones estables. El motivo de esta unión es que la agrupación resultante tiene mayor estabilidad energética que los átomos aislados.

El **enlace químico** es la **unión** que se establece entre los **átomos, moléculas o iones** de una sustancia para alcanzar la **máxima estabilidad.**

EJEMPLO 1

Observa cómo dos átomos de cloro (Cl) se unen para formar una molécula diatómica: Cl_2.

Al unirse adquieren un estado de menor energía que la que tenían los átomos por separado, lo que significa una mayor estabilidad.

La energía desprendida en este proceso es la misma que se necesita para romper el enlace formado y separar los dos átomos de cloro.

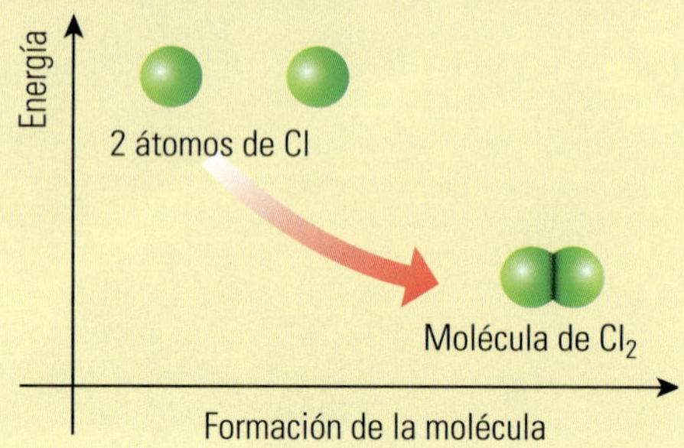

1.1. AGRUPACIONES ATÓMICAS

Agrupaciones entre átomos

Redes cristalinas

Estructuras continuas formadas por la unión de un número indeterminado de entidades elementales (átomos, iones o moléculas) que se disponen geométricamente ordenadas.

Por ejemplo, el diamante (C) o el cloruro de sodio (NaCl).

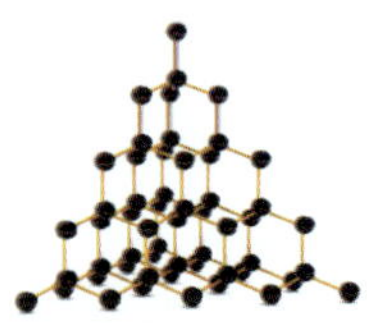

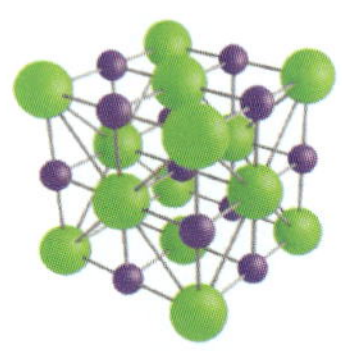

Moléculas

Estructuras discretas formadas por la unión de una cantidad determinada de átomos, que es la misma en todas las moléculas de una sustancia pura y coincide con su fórmula química.

Pueden darse en elementos (cloro, Cl_2) y en compuestos (agua, H_2O).

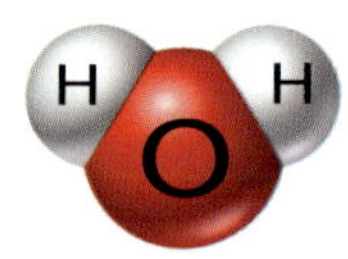

Actividades

1. Observa la gráfica y responde a las siguientes preguntas:
   a) ¿Qué representa?
   b) Una vez establecido el enlace, ¿a qué distancia están los núcleos de los átomos?

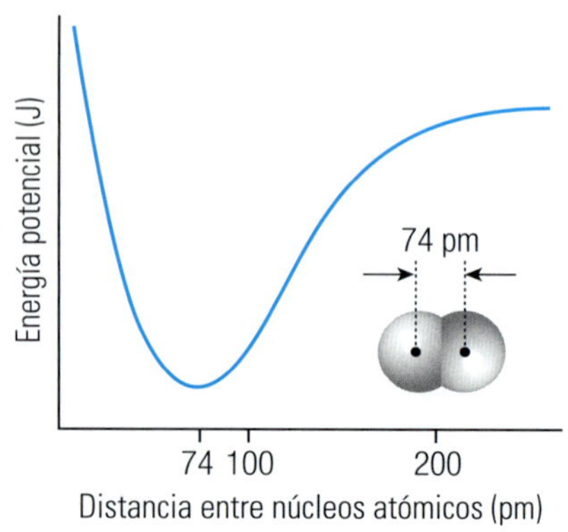

1.2. LA REGLA DEL OCTETO

Hemos visto que, en general, los átomos tienden a unirse. Sin embargo, existe un grupo de elementos que constituyen una excepción a este comportamiento: los gases nobles.

Como vimos en la unidad anterior, todos tienen completa la capa electrónica más externa (capa de valencia) con ocho electrones, excepto el helio, que lo hace con dos.

Asómate
Configuración electrónica de gas noble

EJEMPLO 2

¿Cuál es la distribución de electrones en el helio, el neón y el argón?

Sus configuraciones electrónicas son:

He ($Z = 2$): $\mathbf{1s^2}$

Ne ($Z = 10$): $1s^2$ $\mathbf{2s^2\ 2p^6}$

Ar ($Z = 18$): $1s^2\ 2s^2\ 2p^6$ $\mathbf{3s^2\ 3p^6}$

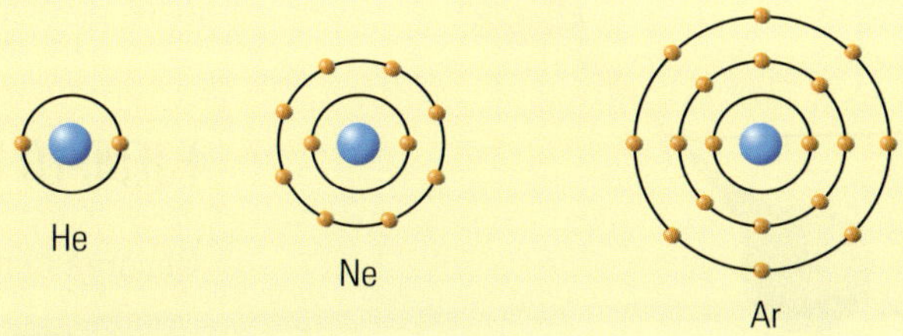

El helio tiene dos electrones en su capa más externa. El neón, el argón y el resto de los gases nobles tienen ocho.

Esta estructura, denominada **configuración electrónica de gas noble,** les confiere gran estabilidad. Por eso, los átomos de los elementos tienden a unirse para ganar estabilidad, formando los enlaces químicos y dando como resultado átomos o iones con una configuración externa como la de los gases nobles. Como todos los gases nobles, excepto el helio, tienen ocho electrones en su última capa, históricamente este comportamiento recibió el nombre de **regla del octeto.**

Globo inflado con helio.

> Los átomos de los elementos tienden a **ceder, aceptar** o **compartir electrones** para conseguir una configuración externa como la de los gases nobles.

Aunque se cumple en muchas sustancias, también existen excepciones a esta regla.

1.3. TIPOS DE ENLACE QUÍMICO

Existen diversos tipos de enlace químico. Según el tipo de enlace que presente una sustancia, sus propiedades físicas y químicas serán diferentes.

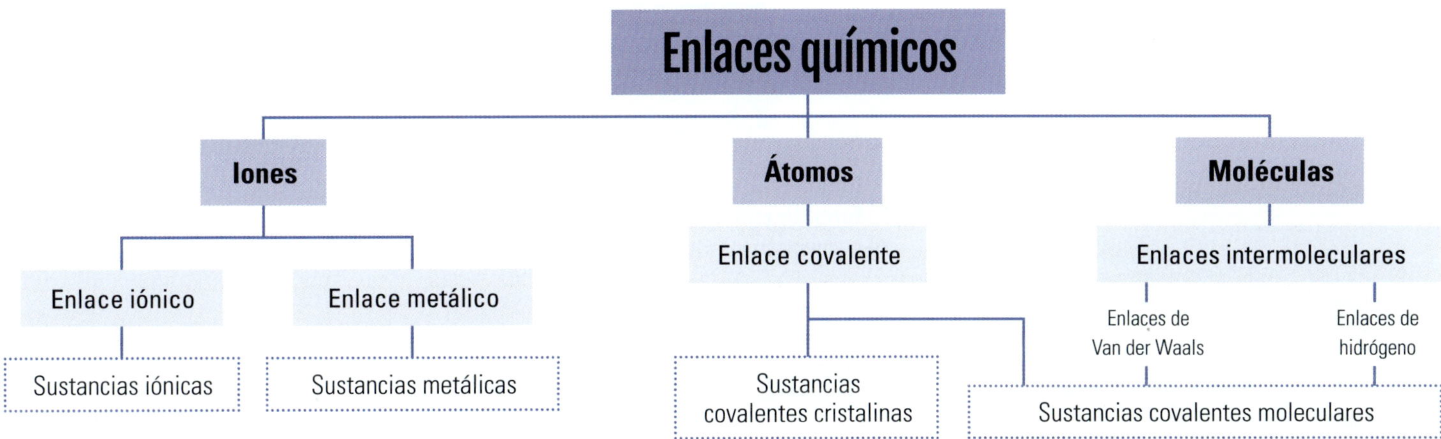

Actividades

2. Escribe en tu cuaderno la configuración electrónica del potasio. ¿Cuántos electrones cederá o aceptará para adquirir la configuración electrónica de gas noble?

¿Lo vemos?
El enlace iónico

2. ENLACE IÓNICO

El enlace iónico se produce cuando se combinan un elemento metálico y un elemento no metálico.

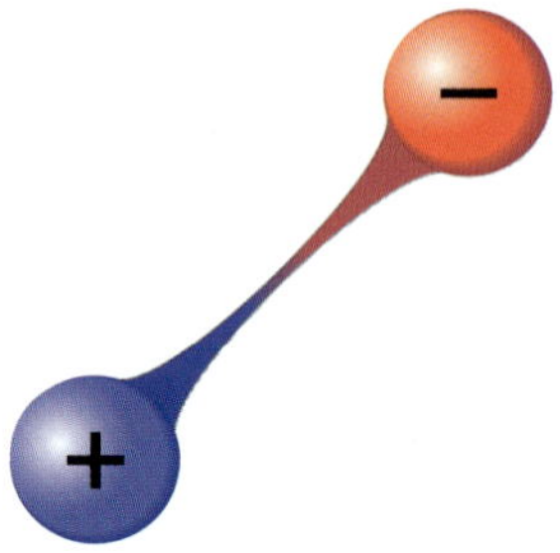

El **enlace iónico** es el resultado de las **fuerzas de atracción electrostáticas** entre iones de distinto signo.

EJEMPLO 3

Observa cómo se establece el enlace iónico entre el litio y el flúor.

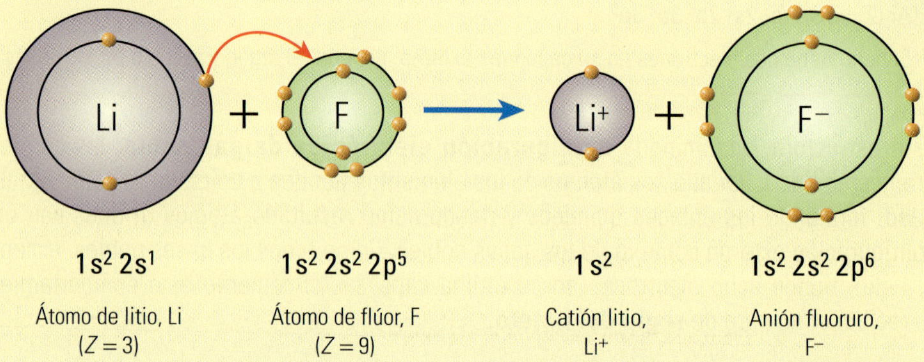

— El litio, al ser un elemento metálico, cede un electrón y da lugar al ion positivo o **catión** litio, Li^+.

— El flúor, al ser un elemento no metálico, acepta el electrón del litio y se transforma en el ion negativo o **anión** fluoruro, F^-.

— Ambos se unen de manera estable mediante un **enlace iónico** en una estructura tridimensional continua denominada **red cristalina iónica** o **cristal iónico.**

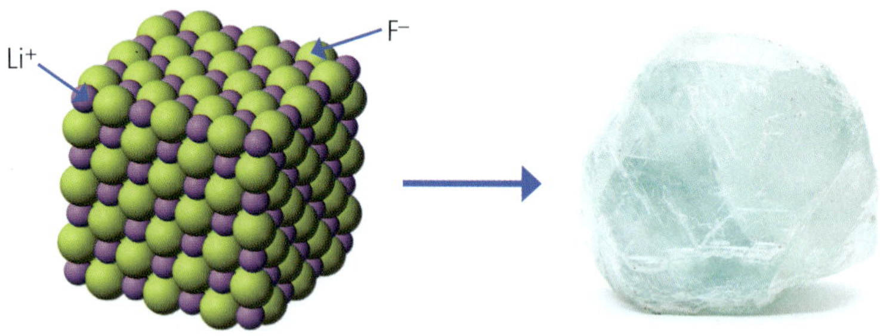

— La **fórmula empírica** del compuesto resultante es LiF, que indica la proporción en la que se encuentran los iones. En este caso, hay un ion litio por cada ion fluoruro.

Entra en este enlace y observa cómo se establece el enlace iónico en el cloruro de sodio, NaCl:

https://links.edebe.com/5yu7

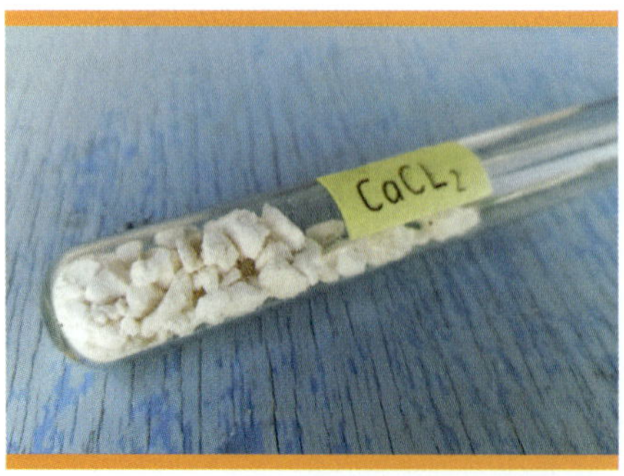

La fórmula de un compuesto iónico indica la proporción en la que se combinan los átomos, expresada con los números más sencillos.

2.1. ÍNDICE DE COORDINACIÓN

En los compuestos iónicos no se forman moléculas aisladas, sino que los iones se organizan en redes cristalinas.

Para que las fuerzas atractivas sean lo más intensas que se pueda, es necesario que cada ion se rodee de cierto número de iones de signo contrario tan próximos como sea posible. Este número se denomina **índice o número de coordinación.**

EJEMPLO 4

Observa la estructura cristalina de la sal común, NaCl. ¿Cuál es su índice de coordinación?

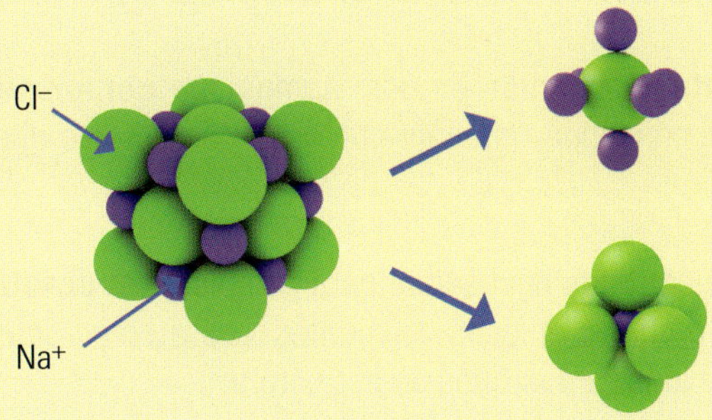

En la figura vemos que cada ion sodio se rodea de seis cloruros y, a su vez, cada cloruro, de seis iones sodio. Por tanto, el índice de coordinación es 6:6.

Obtención de sal en una salina.

2.2. PROPIEDADES DE LAS SUSTANCIAS IÓNICAS

Para ver más...
Propiedades de las sustancias iónicas

Entre las sustancias iónicas encontramos compuestos binarios, como LiF o MgF_2, pero también compuestos ternarios, como $KClO_3$ o Na_2SO_4.

Propiedades de las sustancias iónicas		Justificación
Estado físico a temperatura ambiente (20 °C)	Sólidas	Existen fuerzas intensas entre los iones de carga opuesta.
Dureza	Duras y frágiles	Para rayar un sólido iónico, hay que rayar muchos enlaces de gran fortaleza debido a la gran intensidad de las fuerzas electrostáticas de atracción. Al golpear el cristal, los iones se desplazan. Los iones del mismo signo se acercan y aparecen fuerzas repulsivas donde antes solo había fuerzas atractivas; en consecuencia, los enlaces se rompen.
Puntos de fusión y ebullición	Altos	Se necesita mucha energía para romper los enlaces.
Solubilidad	Solubles en disolventes polares, como el agua	Las moléculas polares presentan una parte que está cargada positivamente y otra que lo está negativamente. Al situarse alrededor de los iones (solvatación), ayudan a separarlos de la red iónica.
Conductividad eléctrica	Solo en disolución o fundidas	Los iones no pueden desplazarse, ya que ocupan posiciones fijas en la red. Sin embargo, en disolución y en estado fundido se disocian en cationes y aniones, que se desplazan libremente.

Actividades

3. Explica la formación del cristal iónico dicloruro de calcio, $CaCl_2$:

a) Escribe las configuraciones electrónicas del calcio y del cloro.

b) Representa de forma esquemática cómo se establece el enlace iónico.

c) Razona por qué su fórmula es $CaCl_2$.

d) ¿Qué propiedades tendrá?

3. ENLACE COVALENTE

Asómate
El enlace covalente

El enlace covalente se establece cuando se combinan dos elementos no metálicos.

El **enlace covalente** es la unión de dos átomos que **comparten** uno o más pares de **electrones** para conseguir una configuración más estable que, en muchos casos, es la de gas noble.

Observa la diferencia entre el enlace iónico y el enlace covalente en este vídeo:

https://links.edebe.com/unp

Según el número de electrones necesarios para completar el **octeto,** los átomos pueden formar uno, dos, tres o cuatro enlaces covalentes. Los átomos unidos mediante enlaces covalentes pueden dar lugar a dos tipos de estructura:

— **Moléculas:** estructuras discretas, como el agua, H_2O.

— **Redes cristalinas:** estructuras continuas tridimensionales, como el diamante, C.

3.1. ESTRUCTURAS DE LEWIS

Conoces a...
Las estructuras de Lewis

El químico inglés **G. N. Lewis** (1875-1956) propuso representar los enlaces covalentes usando las **estructuras de Lewis,** denominadas así en su honor.

Las estructuras de Lewis se representan de la siguiente forma:

— Se escriben los **símbolos** de los elementos enlazados por el enlace covalente.

— Los **pares de electrones** que se comparten se representan mediante pares de **puntos** o mediante **guiones.**

— Se dibujan también de la misma forma los **electrones no enlazantes** del nivel electrónico más externo.

Observa que los enlaces covalentes pueden ser simples, dobles o triples, según se compartan uno, dos o tres pares de electrones:

Enlace simple — $1s^2\,2s^2\,2p^5$

Enlace doble — $1s^2\,2s^2\,2p^4$

Enlace triple — $1s^2\,2s^2\,2p^3$

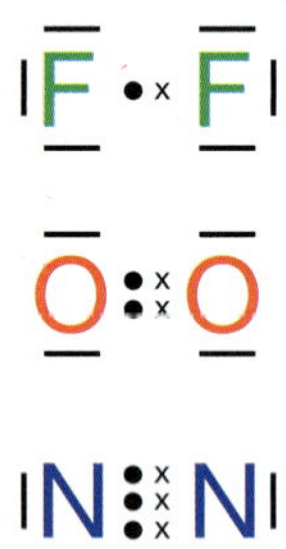

EJEMPLO 5

En la molécula de metano, el carbono y el hidrógeno se combinan formando cuatro enlaces covalentes. Observa cómo se establecen estos enlaces:

— Escribimos la estructura electrónica de ambos elementos y nos fijamos en los electrones del nivel más externo de cada uno:

C ($Z = 6$): $1s^2\,2s^2\,p^2$ $\rightarrow$ El C presenta cuatro electrones en el nivel más externo.

H ($Z = 1$): $1s^1$ $\rightarrow$ El H tiene un electrón en el nivel más externo.

— Si el átomo de carbono comparte sus cuatro electrones con cuatro átomos de hidrógeno, todos logran la configuración de gas noble correspondiente al período al que pertenecen.

De esta forma, el carbono completa su nivel más externo con ocho electrones y el hidrógeno, con dos. (El hidrógeno tiene un orbital s en su capa de valencia y acepta un máximo de dos electrones).

— Representamos la estructura de Lewis del metano:

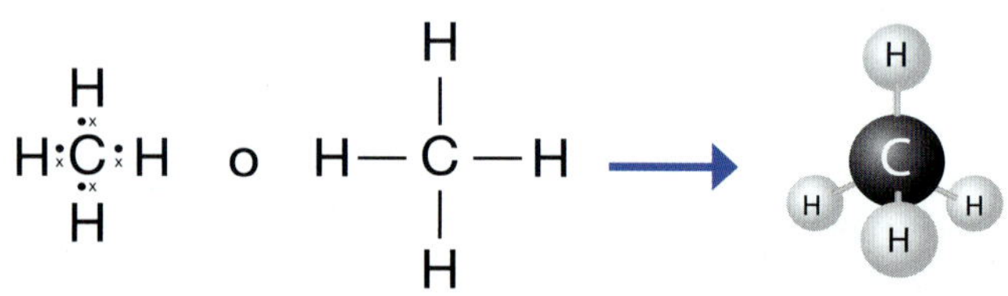

— En el enlace covalente, cada par de electrones compartido es atraído por los dos núcleos de los átomos. Así, los átomos quedan fuertemente enlazados, alcanzando un estado de menor energía y mayor estabilidad que cuando estaban aislados.

Las estructuras de Lewis también se emplean para representar el enlace iónico. En este ejemplo, se muestra la estructura de Lewis del cloruro de sodio (sal común):

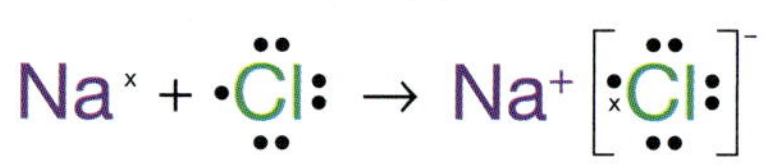

3.2. PROPIEDADES DE LAS SUSTANCIAS COVALENTES

Como hemos visto, las sustancias covalentes pueden ser de dos clases: **covalentes moleculares** o **covalentes cristalinas,** según formen moléculas o redes cristalinas, respectivamente. Sus propiedades son diferentes:

Propiedades de las sustancias covalentes moleculares		Justificación
Estado físico a temperatura ambiente (20 °C)	Sólidas, líquidas o gaseosas	Los enlaces covalentes que forman la molécula son fuertes, pero entre molécula y molécula los enlaces son débiles.
Dureza	Muy blandas	Como los enlaces entre moléculas son débiles, se rayan con facilidad.
Puntos de fusión y ebullición	Bajos	Las fuerzas que mantienen unidas las moléculas son muy débiles.
Solubilidad	La mayoría solubles en disolventes orgánicos e insolubles en agua	No poseen iones positivos y negativos que interaccionen con el agua.
Conductividad eléctrica	No conductoras	Carecen de electrones o iones libres que puedan desplazarse.
texto	Agua (H_2O), dióxido de carbono (CO_2), amoníaco (NH_3), etc.	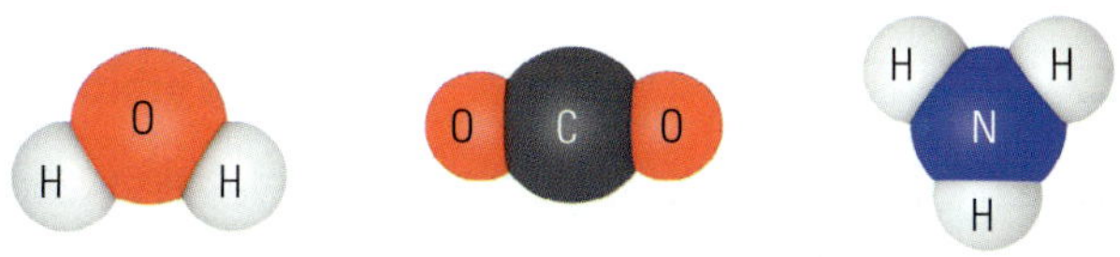

Propiedades de las sustancias covalentes cristalinas		Justificación
Estado físico a temperatura ambiente (20 °C)	Sólidas	Todos los enlaces presentes son covalentes, muy fuertes.
Dureza	Muy duras (excepto el grafito)	Dada la fortaleza de sus enlaces, ofrecen mucha resistencia a ser rayadas.
Puntos de fusión y ebullición	Muy altos	Se necesita gran cantidad de energía para romper los enlaces.
Solubilidad	Insolubles	Carecen de iones positivos y negativos que faciliten la solubilidad en el agua.
Conductividad eléctrica	No conductoras (excepto el grafito)	Carecen de electrones o iones libres.
texto	Grafito (C), diamante (C), sílice (SiO_2), etc.	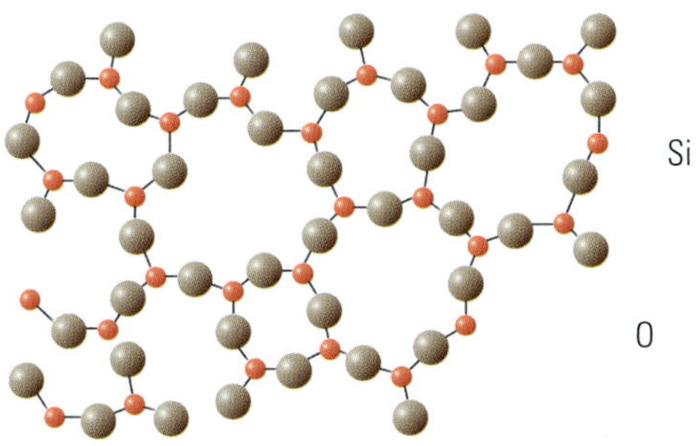

Actividades

4. Representa, mediante la estructura de Lewis, cómo se unen los átomos de flúor e hidrógeno para formar fluoruro de hidrógeno, HF. ¿Será una sustancia molecular o cristalina? ¿Qué propiedades tendrá esta sustancia?

¿Lo practicamos?
Las propiedades de las sustancias covalentes

4. ENLACE METÁLICO

ODS

Los metales también se reciclan. Algunos, incluso, de forma ilimitada. Hacerlo proporciona grandes beneficios medioambientales, económicos y sociales y contribuye a alcanzar las metas del ODS **Producción y consumo responsables.**

El enlace metálico se da en los elementos metálicos.

El **enlace metálico** une a los átomos de un mismo elemento metálico entre sí formando **redes cristalinas metálicas.**

El enlace metálico está presente en la mayoría de los elementos conocidos. Sus átomos se agrupan en estructuras compactas y densas.

EJEMPLO 6

Una de las aplicaciones del litio es la fabricación de baterías. Observa cómo se establece el enlace metálico presente en el litio:

1. Los átomos de los elementos metálicos como el litio tienen pocos electrones en su capa más externa y, por tanto, muchos orbitales vacíos. Li ($Z = 3$): $1s^2\ 2s^1$
2. Cuando los átomos se aproximan mucho (empaquetamiento compacto), forman una **red cristalina** en la que se solapan los orbitales de la capa electrónica externa, dando lugar a **orbitales compartidos.**
3. Solo unos pocos de estos orbitales contienen electrones, lo que permite la **deslocalización** en toda la red cristalina **de los electrones compartidos** y explica la conductividad eléctrica, la maleabilidad y la ductilidad de los metales.

Los metales, gracias a sus propiedades características, tienen numerosas aplicaciones en nuestra vida cotidiana.

Propiedades de las sustancias metálicas		Justificación
Estado físico a temperatura ambiente (20 °C)	Sólidas (excepto el Hg)	Existen fuerzas intensas entre los iones.
Dureza	Variable	Depende de la intensidad del enlace.
Puntos de fusión y ebullición	Muy variables, en general, altos	Las estructuras metálicas son muy estables.
Solubilidad	Solubles en otro metal fundido (formando aleaciones) o en mercurio (formando amalgamas) e insolubles en agua	Los átomos se acomodan fácilmente formando una nueva red cristalina, pero no interaccionan con las moléculas de agua.
Conductividad eléctrica	Muy buenos conductores en estado sólido	Los electrones tienen libertad para desplazarse.
Otras propiedades	Dúctiles y maleables (pueden transformarse en hilos y láminas)	Los enlaces no son rígidos y, cuando se deforma el metal, los electrones libres pueden recolocarse con facilidad.

Actividades

5. Otro modelo que se utiliza para explicar el enlace metálico es el modelo de la nube electrónica o del mar de electrones. Busca información en Internet sobre él y describe en qué consiste.

5. UNIONES INTERMOLECULARES

Hemos estudiado los enlaces covalentes que se dan en el interior de las moléculas. Sin embargo, en las sustancias covalentes moleculares existe también otro tipo de interacción que se establece entre sus propias moléculas.

Se establecen entre moléculas y son mucho más débiles que los enlaces covalentes que unen los átomos en el interior de estas.

Las **uniones intermoleculares** son las interacciones atractivas entre las moléculas de las sustancias covalentes moleculares.

Son fundamentales en muchas sustancias biológicas. Es el caso de los enlaces de hidrógeno presentes en las proteínas.

Las **temperaturas de fusión y de ebullición** de las sustancias covalentes moleculares dependen de la intensidad de estas interacciones: cuanto más intensas son las fuerzas de atracción, más altas son estas temperaturas.

Tipos

Enlaces de Van der Waals

Son débiles y de naturaleza electrostática. Su intensidad aumenta con el tamaño de la molécula.

Se dan, por ejemplo, entre las moléculas del cloruro de hidrógeno (HCl), del oxígeno (O_2) y del yodo (I_2).

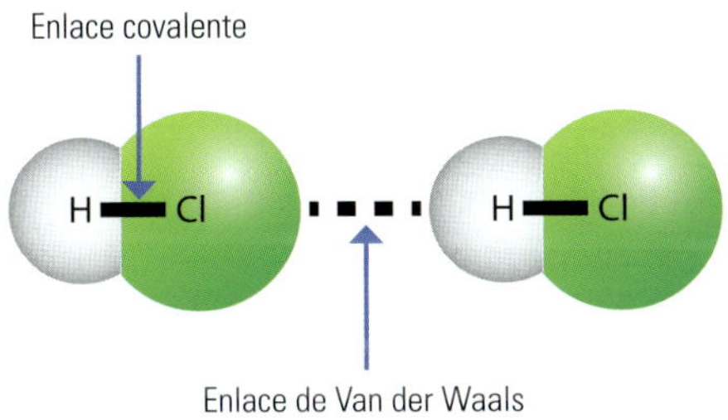

Enlaces de hidrógeno

Son más intensos que los enlaces de Van der Waals, lo que hace que las sustancias que lo presentan tengan puntos de fusión y de ebullición más elevados. Se dan entre el hidrógeno de una molécula y un átomo de pequeño tamaño y muy electronegativo de otra, como el flúor, el oxígeno o el nitrógeno.

En el caso del agua, se forma un enlace entre un átomo de hidrógeno y el átomo de oxígeno de otra molécula, de manera que cada molécula de agua puede estar unida con otras cuatro moléculas.

Estos enlaces, relativamente fuertes, hacen que el agua, en condiciones ordinarias, sea un líquido. Su punto de fusión es más alto de lo que le correspondería por su masa molecular.

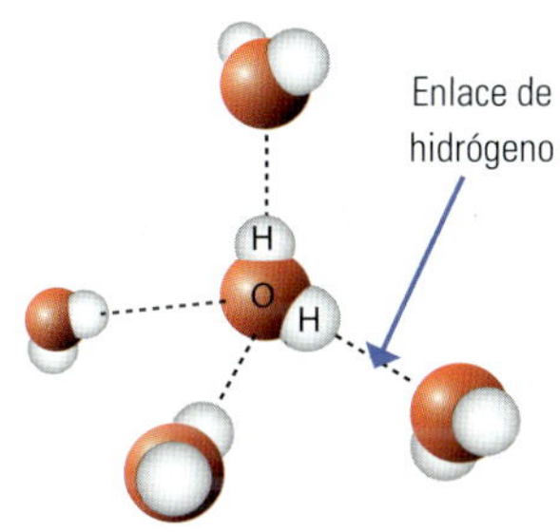

Actividades

6. **Por parejas, observad la siguiente gráfica de la temperatura de ebullición de distintos compuestos.**

¿Por qué el agua, el fluoruro de hidrógeno y el amoníaco no siguen la tendencia del resto de las sustancias?

— Proponed una explicación.

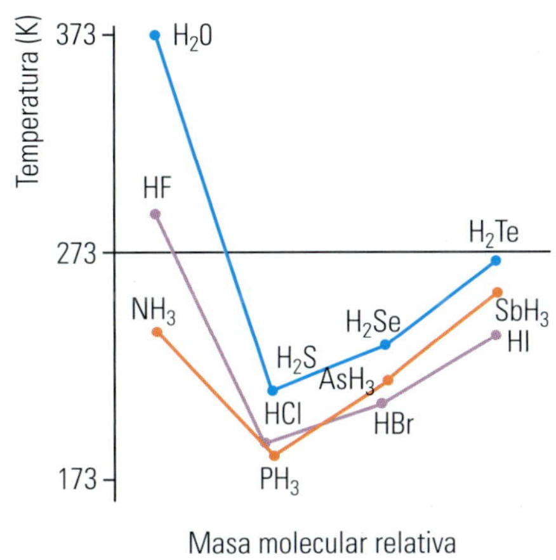

Echa un vistazo a...
Resumen de tipos de enlace

Ciencia a tu alcance

En práctica: Deducción del tipo de enlace de una sustancia por sus propiedades

En la unidad anterior identificamos la clase de elementos químicos que contenían ciertas muestras desconocidas por sus propiedades. De forma similar, en esta unidad vamos a deducir el tipo de enlace químico que poseen diversas sustancias desconocidas, analizando las propiedades de cada una.

Organizaos por grupos. El profesor o profesora facilitará a cada grupo tres muestras desconocidas y vosotros debéis identificar el tipo de enlace que presenta cada sustancia.

1 Planteamiento del problema

Nos preguntamos qué propiedades identifican a las sustancias iónicas, covalentes y metálicas.

2 Formulación de hipótesis

Entre todos los miembros del grupo redactamos una hipótesis. Por ejemplo:

«El estado físico a temperatura ambiente, la solubilidad en agua y la conductividad eléctrica nos permiten diferenciar las sustancias iónicas, covalentes y metálicas».

3 Comprobación de la hipótesis

Para poder comprobar la hipótesis, debemos **planificar el experimento** que vamos a realizar:

Objetivo

— Identificar si una sustancia es iónica, covalente o metálica a partir de sus propiedades.

Material

— Cloruro de sodio (sal común).
— Sacarosa.
— Limaduras de hierro.
— Vidrios de reloj.
— Tubos de ensayo.
— Vasos de precipitados.
— Varilla de vidrio.
— Pila de petaca.
— Pinzas de cocodrilo.
— Cable conductor de cobre.
— Portalámparas.
— Lámpara de 3,5 V.
— Interruptor.

Experimentación

Realizad estas tres experiencias:

Comprobación del estado físico

— Colocad una pequeña cantidad de cada muestra (sal, sacarosa y limaduras de hierro) en un vidrio de reloj y observad su aspecto.

Comprobación de la solubilidad en agua

— Llenad un tubo de ensayo hasta la mitad con agua destilada. Añadid una pequeña cantidad de una de las muestras y agitad la mezcla.

— Repetid la experiencia con las otras dos muestras en otros dos tubos.

Comprobación de la conductividad eléctrica

— Construid el montaje que aparece en la figura.

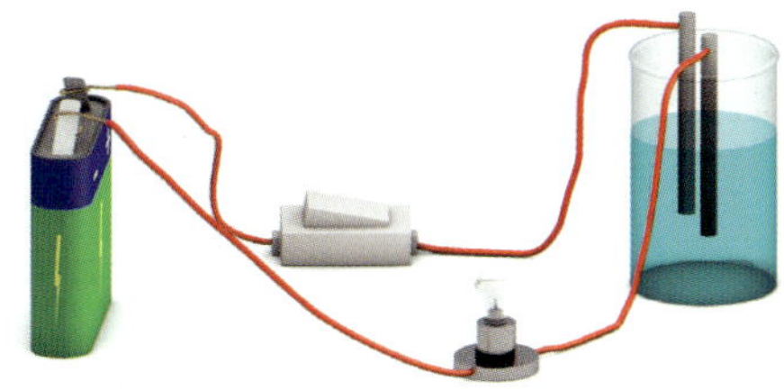

— Mezclad en los vasos de precipitados cada una de las muestras con agua, una en cada vaso.

— Introducid los extremos de los cables, sucesivamente, en cada una de las disoluciones.

— Accionad el interruptor y observad la lámpara: si brilla intensamente, es indicio de que el líquido conduce la corriente eléctrica.

— Comprobad ahora la conductividad eléctrica de las sustancias en estado sólido sin disolver, poniendo en contacto los extremos de los cables con la sustancia en el vidrio de reloj. ¿Se enciende la lámpara?

Obtención de datos

Completad la siguiente tabla en el cuaderno:

MUESTRA	ESTADO FÍSICO			SOLUBILIDAD EN AGUA	CONDUCTIVIDAD ELÉCTRICA
	Sólido	Líquido	Gaseoso	✗/✓	✗/✓

Análisis de datos

A partir de la tabla anterior, señalad el tipo de enlace presente en cada muestra (iónico, covalente o metálico):

Muestra A: .... Muestra B: .... Muestra C: ....

— En el caso de la sustancia covalente, ¿sabríais decir si es covalente molecular o cristalina? Razonad la respuesta.

....

El profesor o profesora os dirá ahora la composición de cada una de las muestras. ¿Concuerda con los resultados que habéis obtenido? En caso afirmativo, vuestra **hipótesis es cierta:** «El estado físico a temperatura ambiente, la solubilidad en agua y la conductividad eléctrica nos permiten diferenciar las sustancias iónicas, covalentes y metálicas». En caso negativo, formulad una nueva hipótesis y repetid el proceso.

4 Extracción de conclusiones

Después de analizar los datos, enumerad entre los miembros del grupo las conclusiones a las que habéis llegado.

5 Comunicación de resultados

Por último, redactad un **informe** de la práctica que responda a las distintas etapas del método científico.

Síntesis

El enlace químico

- **Uniones entre átomos**
  - Moléculas
  - Redes cristalinas
  - Regla del octeto — Tendencia a conseguir una configuración electrónica externa como la de los gases nobles
- **Enlace iónico: entre metal y no metal**
  - Redes cristalinas iónicas
  - Índice de coordinación — Número de iones de un signo que rodean un ion del signo contrario
- **Enlace covalente: entre no metales**
  - Sustancias covalentes moleculares
  - Sustancias covalentes cristalinas
  - Estructuras de Lewis — Para representar los enlaces
- **Enlace metálico: en metales**
  - Redes cristalinas metálicas
- **Uniones intermoleculares: entre moléculas**
  - Enlaces de Van der Waals
  - Enlaces de hidrógeno

	SUSTANCIAS IÓNICAS	SUSTANCIAS COVALENTES		SUSTANCIAS METÁLICAS
		Moleculares	Cristalinas	
Enlace presente	Iónicos	Covalentes y enlaces intermoleculares	Covalentes	Metálicos
Dureza	Duras y frágiles	Muy blandas	Muy duras (excepto el grafito)	Variable
Estado físico a temperatura ambiente (20 °C)	Sólidas	Sólidas, líquidas o gaseosas	Sólidas	Sólidas (excepto el Hg)
Puntos de fusión	Altos (> 600 °C)	Bajos (–272 - 400 °C)	Muy altos (1200 - 3600 °C)	Muy variables (–39 - 3400 °C)
Solubilidad	Solubles en agua	La mayoría son solubles en disolventes orgánicos e insolubles en agua	Insolubles	Solubles solo en otro metal fundido (formando aleaciones) o en mercurio (formando amalgamas)
Conductividad eléctrica	Solo en disolución acuosa o fundidas	No conductoras	No conductoras (excepto el grafito)	Muy buenas conductoras en estado sólido
Ejemplos	NaCl, CaO, $CaCO_3$	H_2O, I_2, S_8, NH_3, CH_4	C (diamante), SiC, SiO_2	Na, Fe, Ag, Al, Cu

PREPARA

7. ●○○ **Señala razonadamente si la siguiente afirmación es verdadera o falsa:**

«Todos los átomos tienden a unirse para conseguir una mayor estabilidad energética, siguiendo lo que se conoce como *regla del octeto*».

8. ●○○ **Relaciona en tu cuaderno cada agrupación de átomos con su nombre.**

A. 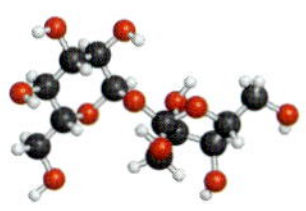

B. 

1. Red cristalina
2. Molécula

9. ●○○ **Completa en tu cuaderno la siguiente oración:**

La regla del .... establece que los átomos de los elementos tienden a ...., aceptar o .... electrones para conseguir una configuración externa como la de los ....

10. ●○○ **¿Qué tipo de enlace se produce cuando se combinan un elemento metálico y uno no metálico? Selecciona la respuesta correcta.**

a) Iónico
b) Covalente
c) Metálico
d) Intermolecular

11. ●○○ **Dos átomos que comparten uno o más pares de electrones para conseguir una configuración más estable quedan unidos mediante un enlace:**

a) Iónico
b) Covalente
c) Metálico
d) Intermolecular

12. ●○○ **Representa en tu cuaderno la molécula de agua mediante estructuras de Lewis e indica cómo son los enlaces covalentes existentes entre los átomos de la molécula.**

a) Simples
b) Dobles
c) Triples
d) Uno doble y otro simple

13. ●○○ **Relaciona en tu cuaderno cada tipo de sustancia con sus propiedades.**

A. Sustancias iónicas
B. Sustancias covalentes moleculares
C. Sustancias covalentes cristalinas
D. Sustancias metálicas

1. Son sólidas a temperatura ambiente y muy duras. No se disuelven en agua ni conducen la corriente eléctrica.
2. Son sólidas a temperatura ambiente. Cuando se disuelven en agua, conducen la corriente eléctrica.
3. Pueden ser sólidas, líquidas o gaseosas a temperatura ambiente. Son muy blandas y no conducen la corriente eléctrica.
4. Casi todas son sólidas a temperatura ambiente y muy conductoras de la corriente eléctrica.

14. ●○○ **Entre las siguientes sustancias, señala cuáles contienen uniones intermoleculares. Justifica tu respuesta.**

a) HCl
b) C (diamante)
c) H_2
d) SiO_2

ENTRENA

1. Uniones entre átomos

15. ●○○ **¿A qué agrupación corresponde la siguiente definición?**

«Estructura continua formada por la unión de un número indeterminado de entidades elementales que se disponen geométricamente ordenadas».

Señala en tu cuaderno la respuesta correcta.

a) Molécula
b) Estructura cristalina

16. ●○○ **Señala el tipo o tipos de enlace posibles entre las siguientes entidades:**

a) Dos iones.
b) Dos moléculas.
c) Dos átomos neutros.

17. ●●○ **Razona si las siguientes afirmaciones son verdaderas o falsas:**

a) Los átomos tienden a unirse para alcanzar un estado de más energía, lo que les confiere más estabilidad.
b) Los enlaces químicos pueden dar lugar a moléculas o redes cristalinas, dependiendo del tipo de átomos que se unan.
c) Una molécula es una entidad discreta formada por un número finito de átomos.
d) Una red cristalina consiste en una estructura plana sin límites definidos en el espacio.

18. ●●○ Dados dos elementos A y B cuyos números atómicos son 11 y 9, respectivamente, justifica de qué forma pueden cumplir la regla del octeto.

COMPRENSIÓN. De acuerdo con la regla del octeto, estos elementos cederán, aceptarán o compartirán electrones para conseguir la configuración electrónica del gas noble más cercano en la tabla periódica.

DATOS. A ($Z = 11$) y B ($Z = 9$)

RESOLUCIÓN. Escribimos las configuraciones electrónicas de A y B:

$$A\ (Z = 11)\text{: } 1s^2\ 2s^2\ 2p^6\ 3s^1$$

$$B\ (Z = 9)\text{: } 1s^2\ 2s^2\ 2p^5$$

Observamos que el gas noble más cercano a ambos en la tabla periódica es el neón:

$$Ne\ (Z = 10)\text{: } 1s^2\ 2s^2\ 2p^6$$

Por lo tanto, el elemento A tenderá a ceder un electrón, mientras que el elemento B tenderá a aceptar un electrón o a compartir un par de electrones con otro átomo.

19. ●●○ Explica en qué consiste la regla del octeto y señala cuántos electrones cederán, aceptarán o compartirán los siguientes átomos para cumplirla:

a) Be ($Z = 4$) b) F ($Z = 9$) c) Ca ($Z = 20$)

20. ●●● Observa la siguiente gráfica:

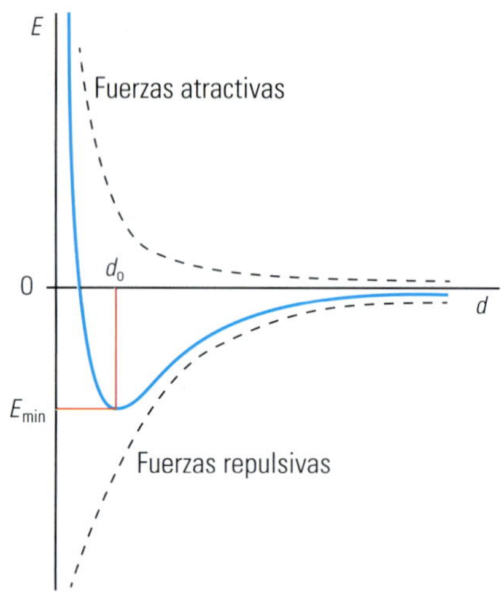

a) ¿Qué representa la gráfica?

b) Indica qué variables están representadas en los ejes de abscisas y de ordenadas.

c) Interpreta el significado del mínimo de la gráfica.

2. Enlace iónico

21. ●○○ ¿Cuáles de las siguientes sustancias son iónicas?

a) NaCl b) Fe c) H_2 d) MgI_2

22. ●○○ Observa la siguiente figura y explica lo que representa:

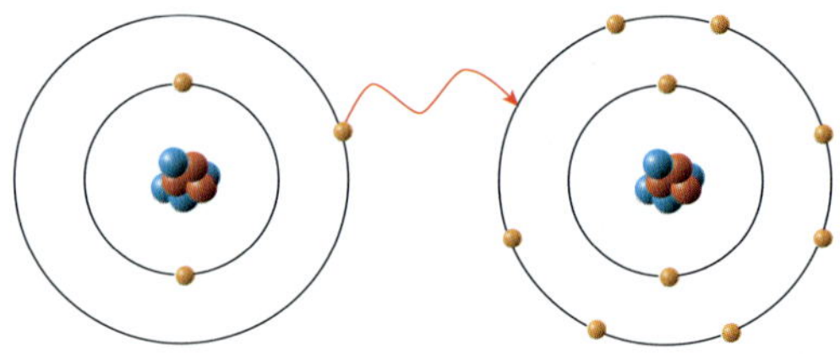

— Razona a qué tipo de ion da lugar cada átomo.

23. ●○○ Señala razonadamente si las siguientes afirmaciones son verdaderas o falsas:

a) Los cristales iónicos no conducen la electricidad.

b) Los compuestos iónicos pueden formar moléculas o cristales.

c) Los cristales iónicos son muy duros, pero se fracturan con mucha facilidad.

d) La solubilidad en agua de los compuestos iónicos es muy alta.

24. ●●○ Razona cuál es la fórmula del compuesto iónico que forma cada uno de los siguientes pares de elementos. Consulta en la tabla periódica los números atómicos de los elementos, si es necesario.

a) Na y Cl b) Mg y F c) Al y O

25. ●●○ El siguiente cristal iónico tiene por fórmula CsCl:

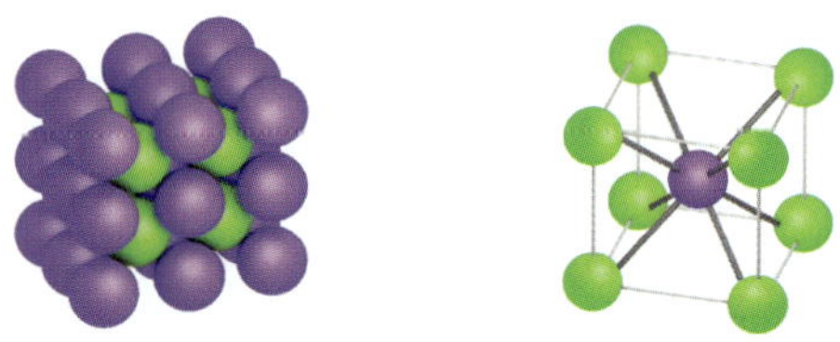

a) ¿Cómo debe interpretarse esta fórmula?

b) ¿Cuál es el índice de coordinación del CsCl?

c) Explica cómo se ha formado el enlace.

26. ●●○ Entra en el siguiente *applet* y observa la formación de diversos enlaces iónicos:

https://links.edebe.com/ipq

— Escribe en tu cuaderno la fórmula empírica a la que da lugar cada uno.

27. ●●○ Consulta la tabla periódica e indica qué tipo de enlace se dará entre el oxígeno y el potasio. Después, responde a estas cuestiones:

a) Justifica, mediante la regla del octeto, la formación del enlace.

b) Señala la fórmula química del compuesto resultante.

c) ¿A qué estructura dará lugar?

d) Predice cómo serán sus temperaturas de fusión y de ebullición.

28. ●●○ **Indica cuáles de las siguientes propiedades corresponden a una sustancia iónica y justifícalas en función de la interacción entre los iones:**

a) Sólida a temperatura ambiente.

b) Insoluble en agua.

c) Temperatura de fusión elevada.

d) Blanda.

29. ●●● **En este enlace podrás ver diferentes redes cristalinas iónicas:**

https://links.edebe.com/mw6

— Explica el proceso de formación de cada una, partiendo de la configuración electrónica de cada elemento.

— ¿Cuál es el índice de coordinación de cada una?

30. ●●● **Elige un compuesto iónico y busca sus propiedades y aplicaciones en Internet.**

— Redacta un breve informe en un procesador de textos.

3. Enlace covalente

31. ●○○ **Pon tres ejemplos de parejas de elementos que al unirse den lugar a un enlace covalente.**

32. ●○○ **Representa la molécula diatómica de cloro mediante la estructura de Lewis.**

— ¿Cumple la regla del octeto?

33. ●●○ **Representa las siguientes moléculas mediante estructuras de Lewis y di en cuáles no se cumple la regla del octeto:**

BeF_2 PCl_5 N_2 BCl_3

COMPRENSIÓN. No todos los átomos que establecen enlaces covalentes entre ellos formando moléculas cumplen la regla del octeto. Una vez que representamos las estructuras de Lewis, es fácil visualizar cuáles no la cumplen.

DATOS. BeF_2, PCl_5, N_2, BCl_3

RESOLUCIÓN. En primer lugar, escribimos la configuración electrónica de todos los elementos:

Be ($Z = 4$): $1s^2\ 2s^2$

F ($Z = 9$): $1s^2\ 2s^2\ 2p^5$

P ($Z = 15$): $1s^2\ 2s^2\ 2p^6\ 3s^2\ 3p^3$

Cl ($Z = 17$): $1s^2\ 2s^2\ 2p^6\ 3s^2\ 3p^5$

N ($Z = 7$): $1s^2\ 2s^2\ 2p^3$

B ($Z = 5$): $1s^2\ 2s^2\ 2p^1$

Y, a continuación, representamos las estructuras de Lewis con los electrones del nivel más externo de cada uno de los elementos:

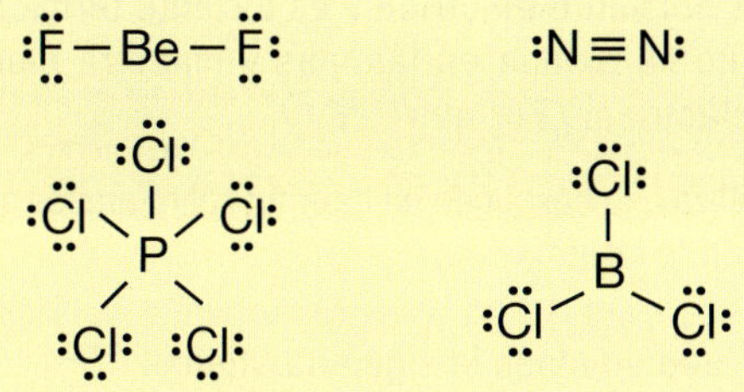

Observamos que no cumplen la regla del octeto: el berilio en BeF_2, el fósforo en PCl_5 y el boro en BCl_3.

COMPROBACIÓN. Podemos comprobar en la bibliografía científica que no cumplen la regla:

— Moléculas que presentan átomos de Be y de B que no completan sus octetos (octetos incompletos), siendo deficitarias en electrones, como el BeF_2 y el BCl_3.

— Moléculas que presentan átomos de P y de S que se rodean de más de ocho electrones (octetos expandidos), como el PCl_5.

34. ●●○ **Dadas las moléculas O_2, SiH_4 y CO_2:**

a) ¿Qué significado tienen los subíndices de sus fórmulas?

b) Representa las estructuras de Lewis.

c) Indica si alguna tiene enlaces múltiples.

35. ●●○ **El tetracloruro de carbono, CCl_4, es una sustancia covalente molecular utilizada como disolvente en la industria.**

a) Analiza su fórmula química y estudia si cada átomo cumple la regla del octeto.

b) Representa la molécula mediante la estructura de Lewis.

c) Predice las propiedades que tendrá y justifícalas en función de las interacciones entre sus átomos y moléculas.

36. ●●○ **El carburo de silicio, también denominado *carborundo,* es una sustancia covalente cristalina.**

a) Completa la siguiente tabla en tu cuaderno:

Propiedad	Sí / No
¿Es soluble en agua?	
¿Conduce la electricidad?	
¿Está en estado sólido a temperatura ambiente?	
¿Se trata de una sustancia dura?	

b) Una de las aplicaciones del carborundo es la fabricación de lijas para materiales como el vidrio o el mármol. ¿En qué propiedad se basa esta aplicación?

37. ●●● El diamante y el grafito son dos formas alotrópicas del carbono (C). El diamante es extremadamente duro, no conduce la corriente eléctrica y es aislante térmico. En cambio, el grafito se exfolia en láminas y muestra cierta conductividad eléctrica. ¿Por qué?

— Realiza una búsqueda en Internet sobre ambos materiales para hallar la razón.

38. ●●● Leed en clase la siguiente noticia:

https://links.edebe.com/se6q3

— Organizad un coloquio en clase sobre las potenciales aplicaciones del grafeno. ¿Por qué este material cambiará nuestro futuro?

4. Enlace metálico

39. ●○○ Indica si estas afirmaciones son verdaderas o falsas. Razona tus respuestas.

a) En el enlace metálico se comparten electrones entre los iones positivos que forman la red.

b) En la estructura interna de un metal hay cationes y aniones.

c) Todos los metales tienen temperaturas de fusión elevadas.

d) Los metales son excelentes conductores del calor y de la electricidad.

40. ●○○ Selecciona cuáles de las propiedades que se mencionan a continuación corresponden a los metales. Corrige las que no sean ciertas.

a) Son líquidos a temperatura ambiente.

b) Tienen altos puntos de fusión y de ebullición.

c) Son aislantes térmicos.

d) Su dureza es variable.

e) Son buenos conductores eléctricos.

f) Son dúctiles, pero no maleables.

41. ●●○ El aluminio (Al) es un metal con numerosas aplicaciones en el campo de los materiales, dada su baja densidad y su excelente resistencia a la corrosión.

— Explica la formación del enlace metálico presente en el aluminio. Apoya tu explicación con un esquema.

42. ●●○ Elige un metal, predice las propiedades que tendrá y justifícalas en función de su estructura.

— Después, comprueba que estás en lo cierto buscando sus propiedades en Internet.

43. ●●● Imagina que dispones de dos materiales sólidos y desconoces si son o no metales.

a) Diseña un experimento que te permita comprobarlo.

b) Explica las conclusiones que podrás extraer del experimento, una vez que tengas los resultados.

c) Pon en común tu experimento con el de un compañero o compañera. ¿Tienen el mismo fundamento?

5. Uniones intermoleculares

44. ●○○ Explica qué diferencia existe entre los enlaces covalentes intramoleculares y las uniones intermoleculares.

— Pon un ejemplo de cada tipo.

45. ●○○ Señala cuáles de los siguientes compuestos tienen uniones intermoleculares:

HCl SiO_2 HF NH_3

— Especifica si se trata de enlaces de Van der Waals o enlaces de hidrógeno.

46. ●●○ Investiga y describe mediante ejemplos la importancia de las uniones intermoleculares en las sustancias de interés biológico.

47. ●●○ ¿Qué sustancia tendrá mayor intensidad en sus enlaces de Van der Waals, el oxígeno (O_2) o el yodo (I_2)?

— Razona tu respuesta. ¿Tiene alguna consecuencia en el estado físico? Arguméntalo.

48. ●●○ Justifica por qué en condiciones ambientales el F_2 y el Cl_2 son gases, el Br_2 es un líquido y el I_2 es un sólido.

49. ●●● La siguiente gráfica representa las temperaturas de ebullición de los hidruros de los grupos 15 (rojo), 16 (azul) y 17 (violeta):

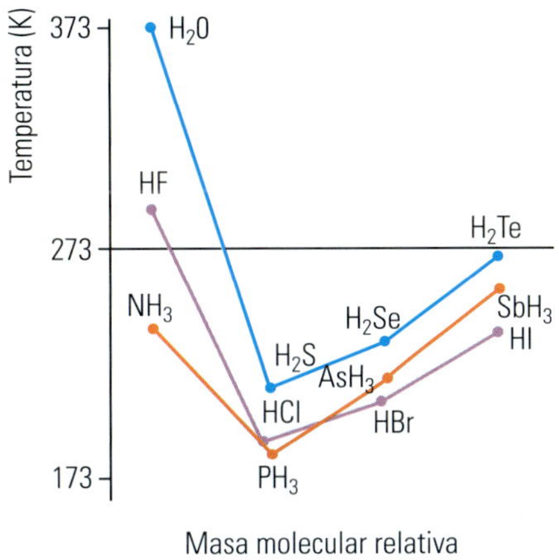

— ¿A qué se debe el aumento de la temperatura de ebullición observado del PH_3 al SbH_3, del H_2S al H_2Te y del HCl al HI?

50. ●●● Por grupos, leed la siguiente noticia sobre las «cabelleras de hielo»:

https://links.edebe.com/szs

Después, responded a las siguientes cuestiones:

a) Explicad el fundamento de este curioso fenómeno.

b) ¿Qué papel desempeñan las uniones intermoleculares?

APLICA

51. ●●○ El bromuro de potasio funde a 734 °C y hierve a 1435 °C. Su dureza es elevada, pero es frágil. Se disuelve en agua y no conduce la corriente eléctrica en estado sólido, pero sí en estado líquido. Argumenta qué tipo de enlace químico presentará este compuesto.

a) Covalente b) Iónico c) Metálico

52. ●●○ Dadas las moléculas O_2, H_2O, BH_3 y HF:

a) Representa las estructuras de Lewis.

b) Indica si alguna tiene enlaces múltiples.

c) ¿Hay alguna molécula que no cumpla la regla del octeto?

d) ¿Cuáles presentan enlaces de hidrógeno?

53. ●●● Dos elementos A y B tienen, respectivamente, las siguientes configuraciones electrónicas: $1s^2\ 2s^2\ 2p^6\ 3s^2$ y $1s^2\ 2s^2\ 2p^5$.

a) ¿Qué tipo de enlace se formará entre ambos elementos?

b) Deduce la fórmula del compuesto.

c) Razona si será soluble en agua.

d) ¿Conducirá la corriente eléctrica? En caso afirmativo, ¿en qué condiciones?

Piensa sobre...

54. Los átomos, mejor unidos que separados. ¿Estás de acuerdo con esta afirmación?

A B C

55. Con lo que conoces sobre los enlaces, ¿podrías explicar por qué la sal se disuelve en agua y el diamante no? a) Sí; b) No.

56. La expresión «Dime cómo te juntas y te diré cómo eres» en este contexto significa que:

a) La manera en la que reaccionan dos sustancias determina su composición.

b) Si conocemos el tipo de enlace de una sustancia, podemos deducir sus propiedades.

c) Los elementos químicos se pueden clasificar en amigables o solitarios según si forman enlaces con otros elementos o no.

57. El enlace de hidrógeno es fundamental para la vida porque es el responsable de las propiedades extraordinarias del agua. ¿De qué forma?

Pon a prueba tus competencias

¿Qué tipo de enlace contienen las sustancias que nos rodean? Vamos a ver algunos ejemplos.

58. La siguiente tabla muestra las propiedades de cuatro sustancias:

Sustancia	Estado físico a 20 °C	$T_{fusión}$ (°C)	$T_{ebullición}$ (°C)	Solubilidad en agua	Conductividad eléctrica	Escala de Mohs (dureza, de 1 a 10)
A	Sólido	1535	2750	Insoluble	Conductor	4
B	Sólido	801	1465	Soluble	Solo en disolución o fundido	2
C	Sólido	3555	4827	Insoluble	No conductor	10
D	Gaseoso	–78	–33	Soluble en algunos disolventes orgánicos	No conductor	—

— A partir de los datos anteriores, clasifica en tu cuaderno las sustancias A, B, C y D en iónicas, covalentes (moleculares o cristalinas) o metálicas:

Clasificación de las sustancias
Iónica
Covalente molecular
Covalente cristalina
Metálica

59. Las sustancias anteriores se corresponden con las siguientes fórmulas químicas:

C | Fe | NaCl | NH_3

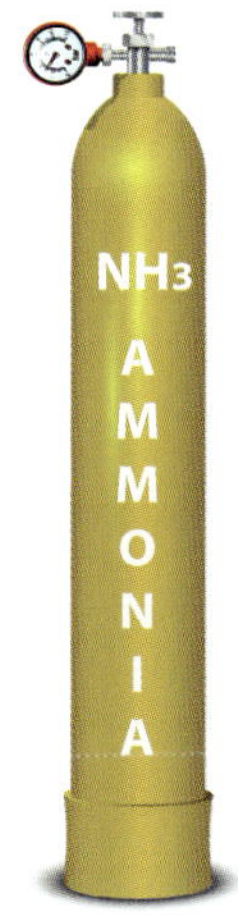

a) ¿Cuál es cuál? Razona en el cuaderno tu respuesta.

	Fórmula química	Justificación
A		
B		
C		
D		

b) ¿Qué sustancias están formadas por moléculas? ¿Y por redes cristalinas?

60. Responde a estas cuestiones sobre las sustancias anteriores:

a) Para el caso de la sustancia iónica, describe la formación del enlace.

b) Elabora el diagrama de Lewis de la sustancia covalente molecular.

c) Explica cómo se establece el enlace metálico en la sustancia metálica. ¿En qué teoría basas tu explicación?

61. Razona por qué algunas de las sustancias analizadas son capaces de conducir la corriente eléctrica.

62. Justifica por qué el agua disuelve el compuesto B.

63. La sustancia D presenta puntos de fusión y ebullición bajos. Explica a qué se debe.

64. Por último, indica si alguna de las sustancias covalentes cuenta con uniones intermoleculares. En caso afirmativo, describe el tipo de unión intermolecular que tiene y los efectos de este enlace en sus propiedades.

5 Nomenclatura inorgánica

Bloque 2. La materia

Contenidos

- La nomenclatura química
- Compuestos binarios
- Compuestos ternarios y cuaternarios

Y además...

Ciencia a tu alcance
Desarrollamos un fármaco antiácido

¿Lo sabías?

¿Un lenguaje universal para la química?

Un tipo de fórmula para cada ocasión

¿Por qué Marte es de color rojo?

¿Un ácido en nuestro estómago?

Asómate
La nomenclatura

1. LA NOMENCLATURA QUÍMICA

La *nomenclatura química* es un conjunto de normas, asumidas por la comunidad científica, que se deben aplicar para establecer fórmulas y nombres de las sustancias químicas con validez internacional.

Denominamos **nomenclatura química** al método para establecer fórmulas y nombres de las sustancias químicas.

Científicos como Morveau, Lavoisier, Berthollet, Fourcroy y, posteriormente, Berzelius crearon las bases de la nomenclatura química actual, que revisa y actualiza periódicamente la Unión Internacional de Química Pura y Aplicada (IUPAC) desde su creación en 1919.

La **IUPAC** es el organismo, reconocido internacionalmente, que se encarga de unificar los criterios de nomenclatura química.

Cloruro de aluminio, chlorure d'aluminium, aluminum chloride, aluminiumchlorid y *aluminiumklorid* son ejemplos del nombre de la sustancia $AlCl_3$ en español, francés, inglés, alemán y sueco, respectivamente.

Las fórmulas de las sustancias químicas constituyen un lenguaje propio de la química que trasciende las barreras lingüísticas y normaliza la comunicación internacional en el contexto químico.

1.1. FÓRMULAS QUÍMICAS

Para identificar una sustancia, se emplean las *fórmulas químicas.*

Una **fórmula química** es la expresión simbólica y numérica que aporta información sobre la composición y las propiedades de una sustancia.

Para establecer la fórmula de una sustancia, debemos conocer el orden de colocación de los símbolos de los elementos en la fórmula y el subíndice de cada uno, que informa de la cantidad en la que interviene y está relacionado con el estado de oxidación de los átomos.

SECUENCIA DE LOS SÍMBOLOS DE LOS ELEMENTOS

En las fórmulas de sustancias binarias, escribimos los símbolos de los elementos químicos ordenados de derecha a izquierda según el sentido de la flecha en la secuencia propuesta por la IUPAC:

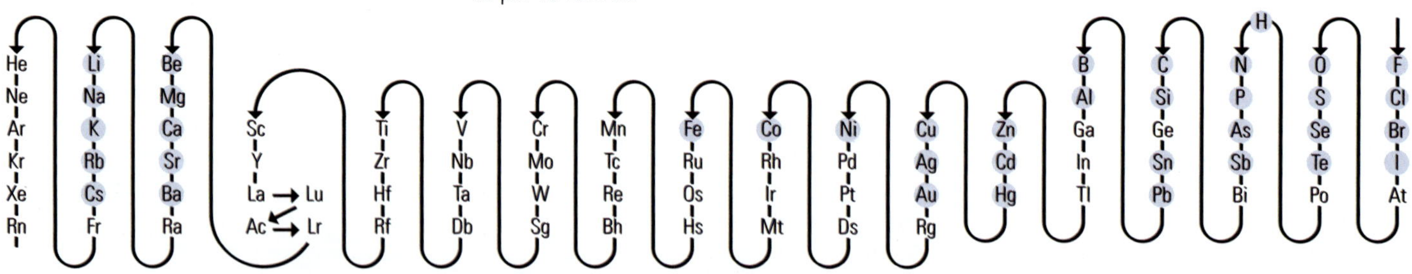

ESTADOS DE OXIDACIÓN

Cuando los átomos de los elementos se combinan y forman compuestos, se crean interacciones entre ellos que dan lugar al *estado de oxidación.*

El **estado de oxidación** de un elemento en un compuesto químico es la carga eléctrica que presentaría **un átomo** de ese elemento si los electrones de cada enlace se asignaran al átomo más electronegativo.

Los estados de oxidación más frecuentes de algunos elementos son:

Elemento	H	Li, Na, K, Rb, Cs	Be, Mg, Ca, Sr, Ba	Fe, Co, Ni	Cu	Ag	Au	Zn, Cd	Hg
Estado de oxidación	−1, +1	+1	+2	+2, +3	+1, +2	+1	+1, +3	+2	+1, +2

Elemento	B	Al	C	Si	Sn, Pb	N	P, As, Sb	O	S, Se, Te	F	Cl, Br, I
Estado de oxidación	+3	+3	+2, +4, −4	+4, −4	+2, +4	−3, +1, +2, +3, +4, +5	−3, +3, +5	−2, −1	−2, +2, +4, +6	−1	−1, +1, +3, +5, +7

— El elemento que se escribe a la derecha en una fórmula suele actuar con estado de oxidación negativo y el de la izquierda, con positivo (excepto las combinaciones binarias del oxígeno con Cl, Br o I y las del hidrógeno con N, P, As, Sb y C).

— Cuando el estado de oxidación se expresa en la fórmula o el nombre de una sustancia, se escribe con números romanos y recibe el nombre de **número de oxidación.** En la fórmula se escribe como superíndice y en el nombre, entre paréntesis.

— El estado de oxidación de un átomo en un elemento (cuando no forma parte de un compuesto) es cero.

— El oxígeno actúa con estado de oxidación −2 en la mayoría de los compuestos y con −1 cuando forma peróxidos.

— El hidrógeno actúa con estado de oxidación +1 en la mayoría de los compuestos y con −1 cuando forma hidruros de metales.

— La suma de los estados de oxidación de los átomos que forman un compuesto es cero.

IONES

— La **carga neta de un ion** se expresa en las fórmulas y los nombres con números arábigos seguidos del signo correspondiente (1+, 2−). Cuando forma parte de un nombre, se denomina **número de carga.**

— En un ion monoatómico, el estado de oxidación del átomo coincide numéricamente con la carga neta del ion.

— La suma de los estados de oxidación de los átomos que constituyen un ion es igual a la carga.

— La suma de las cargas de los iones que forman un compuesto iónico es cero.

$$(catión)_n(anión)_m$$

$$n \cdot (\text{carga catión}) + m \cdot (\text{carga anión}) = 0$$

SUBÍNDICES

Los subíndices en una fórmula indican la cantidad de entidades idénticas (átomos o iones) que intervienen en la sustancia (el 1 no se escribe), de modo que la suma de los estados de oxidación sea igual a cero o a la carga del ion (según el caso).

EJEMPLO 1

Verifica que los estados de oxidación de los átomos en Fe_2O_3 cumplen que su suma es cero, si sabemos que el estado de oxidación del hierro es +3.

Dos átomos de Fe con estado de oxidación +3 y tres átomos de O con estado de oxidación −2 verifican: $2 \cdot (+3) + 3 \cdot (-2) = 0$

EJEMPLO 2

Determina el estado de oxidación del carbono en el anión CO_3^{2-}.

El estado de oxidación del oxígeno es igual a −2 (como observamos en la tabla de estados de oxidación más frecuentes). Como la suma de los estados de oxidación debe ser igual a la carga del anión, el carbono actúa con estado de oxidación +4:

$$1 \cdot (\mathbf{+4}) + 3 \cdot (-2) = -2$$

EJEMPLO 3

Deduce la fórmula del compuesto formado por CO_3^{2-} y Al^{3+}.

El estado de oxidación del ion aluminio coincide con su carga neta. Como es positivo (+3), escribimos el aluminio a la izquierda de la fórmula.

El subíndice de cada ion es el resultado de dividir el m.c.m. de las cargas, que en este caso es 6, por su propia carga. Así, necesitamos tres aniones CO_3^{2-} (6 : 2 = 3) y dos cationes Al^{3+} (6 : 3 = 2): $\mathbf{Al_2(CO_3)_3}$.

Verificamos que la suma de las cargas de los iones es igual a cero:

$$2 \cdot (+3) + 3 \cdot (-2) = 0$$

Actividades

1. Comprueba que la fórmula NH_4^+ verifica la suma de los estados de oxidación.

2. Determina la fórmula del compuesto formado por el anión SO_4^{2-} y el catión Na^+.

1.2. TIPOS DE FÓRMULAS QUÍMICAS

Hay diferentes tipos de fórmulas químicas, que nos ofrecen información de la sustancia con distinto grado de concreción, desde solamente su composición hasta la conectividad de sus átomos o su disposición espacial.

Fórmulas químicas

Peróxido de hidrógeno

Fórmula estructural

Representa cómo están unidos los átomos de una sustancia y su disposición en el espacio, con diferente grado de detalle.

Semidesarrollada

HO — OH

Representa los enlaces más relevantes de la estructura.

Desarrollada

H — O — O — H

Representa todos los enlaces de la estructura.

Espacial

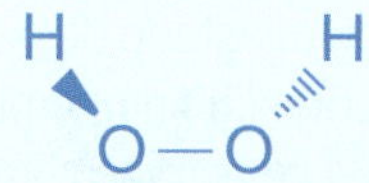

Representa todos los enlaces y su distribución espacial.

Fórmula empírica

HO

Representa mediante símbolos y subíndices la proporción en la que se encuentran los átomos o iones que forman la sustancia.

Fórmula molecular

H_2O_2

Representa mediante símbolos y subíndices la cantidad de átomos que forman una molécula.

Otros ejemplos

Fórmula empírica

Corresponde a sustancias con estructura cristalina.

Al_2O_3

Los compuestos iónicos forman redes cristalinas iónicas. La cantidad total de iones es indeterminada, pero la fórmula empírica nos indica que tenemos dos cationes Al^{3+} por cada tres aniones O^{2-}.

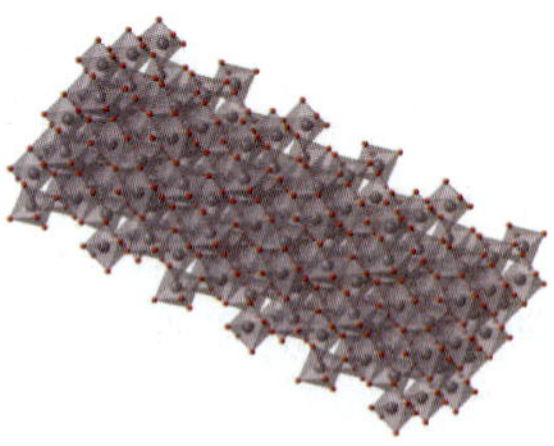

Fórmula molecular

Corresponde a sustancias covalentes moleculares.

N_2O_3

Cada molécula de la sustancia posee una cantidad determinada de átomos. La fórmula molecular nos indica que hay dos átomos de N unidos a tres átomos de O.

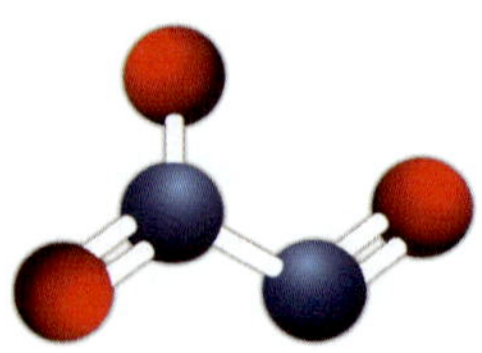

Fórmula estructural

Nos interesa conocerla para, por ejemplo, escribir el nombre de adición de ciertos compuestos.

H_2SO_4

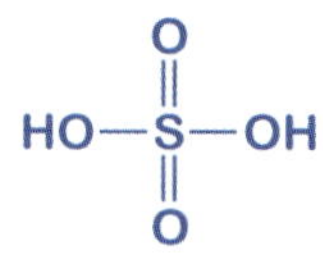

La fórmula estructural nos indica que en la molécula hay dos átomos de H, un átomo de S y cuatro átomos de O y cómo están enlazados entre sí.

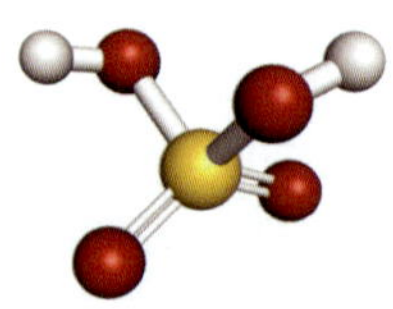

Actividades

3. Razona si las fórmulas que se dan a continuación corresponden a una fórmula molecular o a una fórmula empírica: $HgCl_2$, $HClO_4$, N_2O_4, PH_3 y $CaBr_2$.

2. COMPUESTOS BINARIOS

Para los compuestos binarios (óxidos, peróxidos, hidruros y sales binarias), empleamos el **nombre de composición estequiométrico** en cualquiera de sus modalidades: expresando **prefijos multiplicadores,** el **número de oxidación** o el **número de carga.**

NOMBRE DE COMPOSICIÓN ESTEQUIOMÉTRICO EMPLEANDO PREFIJOS MULTIPLICADORES

Elemento con estado de oxidación + Elemento con estado de oxidación −

$$+_n \quad -_m$$

Nombre de composición estequiométrico empleando prefijos multiplicadores				
Prefijo multiplicador (el prefijo *mono-* se suele omitir)	**óxido** (si a la derecha de la fórmula tenemos oxígeno con estado de oxidación −2) **peróxido** (si a la derecha de la fórmula tenemos oxígeno con estado de oxidación −1) Nombre del **elemento** escrito a la derecha de la fórmula (que generalmente actúa con estado de oxidación negativo) añadiendo el sufijo **-uro.**	**de**	**Prefijo multiplicador** (el prefijo *mono-* se omite)	Nombre del **elemento** escrito a la izquierda de la fórmula (que generalmente actúa con estado de oxidación positivo).

Prefijos multiplicadores

mono-, di-, tri-, tetra-, penta-, hexa-, hepta-, etc.

El prefijo *mono-* se suele omitir, excepto si diferencia distintos compuestos formados con los mismos elementos.

EJEMPLO 4

Nombra las sustancias empleando el nombre estequiométrico con prefijos multiplicadores: OCl_2, Ca_3P_2 y H_2Te.

Identificamos el elemento que se encuentra a la derecha de la fórmula y aplicamos el nombre de composición estequiométrico con prefijos multiplicadores:

OCl_2: dicloruro de oxígeno Ca_3P_2: difosfuro de tricalcio H_2Te: telururo de dihidrógeno

EJEMPLO 5

Formula las sustancias: disulfuro de dihidrógeno, tetrahidruro de silicio y hexafluoruro de azufre.

A partir del nombre, identificamos el elemento que se sitúa a la derecha de la fórmula y determinamos los subíndices a partir de los prefijos:

Disulfuro de dihidrógeno: H_2S_2 Tetrahidruro de silicio: SiH_4 Hexafluoruro de azufre: SF_6

COMBINACIONES BINARIAS CON OXÍGENO

— En la mayoría, el símbolo del oxígeno se escribe a la derecha. Se denominan **óxidos.**

— En combinación con flúor, cloro, bromo o yodo, el símbolo del oxígeno se escribe a la izquierda. Reciben el nombre de **fluoruros, cloruros, bromuros o yoduros de oxígeno.**

COMBINACIONES BINARIAS CON HIDRÓGENO

— Reciben el nombre genérico de **hidruros.**

— Los hidruros de halógenos (F, Cl, Br e I) y calcógenos (S, Se y Te) constituyen los **hidrácidos.** Su disolución acuosa se denomina comúnmente con la palabra **ácido** seguida del nombre del elemento con el sufijo **-hídrico.** Por ejemplo, **ácido fluorhídrico** es el nombre de la disolución acuosa del fluoruro de hidrógeno, HF(aq).

Actividades

4. Formula: monóxido de hierro, peróxido de bario, heptaóxido de dimanganeso y ácido bromhídrico.

5. Nombra empleando prefijos multiplicadores: $HgCl_2$, N_2O_5 y P_2H_4.

COMBINACIONES BINARIAS CON HIDRÓGENO

— Combinado con un metal, el estado de oxidación del hidrógeno es –1.

— Combinado con un elemento no metálico, el estado de oxidación del hidrógeno es +1, independientemente de su posición en la fórmula.

NOMBRE DE COMPOSICIÓN ESTEQUIOMÉTRICO EMPLEANDO NÚMERO DE OXIDACIÓN O NÚMERO DE CARGA

— El número de oxidación del elemento situado a la izquierda de la fórmula se coloca entre paréntesis a continuación del nombre del elemento, si tiene más de uno.

— Solo tiene sentido usar el número de carga cuando el compuesto está formado por iones. En este caso, empleamos el número de carga del catión monoatómico entre paréntesis a continuación del nombre del elemento, si puede formar más de un catión.

$+_n \quad -_m$

Nombre de composición estequiométrico empleando número de oxidación o número de carga

óxido (si a la derecha de la fórmula tenemos oxígeno con estado de oxidación –2) **peróxido** (si a la derecha de la fórmula tenemos oxígeno con estado de oxidación –1) Nombre del **elemento** escrito a la derecha de la fórmula (que generalmente actúa con estado de oxidación negativo) añadiendo el sufijo **-uro.**	**de**	Nombre del **elemento** escrito a la izquierda de la fórmula (que generalmente actúa con estado de oxidación positivo) seguido, sin espacio, de su **número de oxidación** entre paréntesis (si es el único posible se suele omitir). Nombre del **elemento** escrito a la izquierda de la fórmula (metal que forma un catión generalmente monoatómico) seguido, sin espacio, de su **número de carga** entre paréntesis (si es el único posible se suele omitir).

COMBINACIONES BINARIAS CON OXÍGENO

— En las combinaciones binarias del oxígeno, excepto con el flúor, el estado de oxidación más frecuente del oxígeno es –2, aunque se escriba a la izquierda.

— Cuando el oxígeno se combina con el flúor, este actúa con estado de oxidación –1 y el oxígeno con el estado de oxidación positivo correspondiente.

— El peróxido es un anión diatómico de fórmula O_2^{2-} en el que el oxígeno actúa con estado de oxidación –1.

Así, el peróxido de litio, Li_2O_2, está constituido por dos cationes litio, Li^+ y un anión peróxido. Su fórmula no se simplifica, pues desaparecería el grupo O_2^{2-}.

EJEMPLO 6

Nombra estos compuestos empleando el número de oxidación y, si es iónico, el número de carga: a) PCl_3; b) Ca_3As_2; c) N_2O_5.

a) PCl_3. No es iónico, pues está formado por dos no metales. El Cl actúa con estado de oxidación –1. El P actúa con +3: $1 \cdot (\mathbf{+3}) + 3 \cdot (-1) = 0$. Nombre: cloruro de fósforo(III).

b) Ca_3As_2. Es iónico, pues está formado por un metal y un no metal. El Ca actúa con estado de oxidación +2. Deducimos que el As actúa con –3: $3 \cdot (+2) + 2 \cdot (\mathbf{-3}) = 0$

Nombres: arsenuro de calcio(II), arsenuro de calcio(2+). Como el calcio solamente presenta un estado de oxidación, se admite arsenuro de calcio.

c) N_2O_5. No es iónico, pues está formado por dos no metales. El O actúa con estado de oxidación –2. El N actúa con +5: $2 \cdot (\mathbf{+5}) + 5 \cdot (-2) = 0$. Nombre: óxido de nitrógeno(V).

EJEMPLO 7

Formula: a) cloruro de dimercurio(2+); b) óxido de azufre(VI); c) peróxido de potasio.

Identificamos el elemento que va a la derecha, asignamos los estados de oxidación o las cargas y deducimos los subíndices para que la suma de los estados o de las cargas sea cero.

a) Sustancia iónica formada por el catión dimercurio(2+), Hg_2^{2+}, y el anión cloruro, Cl^-. El cloro se escribe a la derecha. Por tanto, la fórmula es Hg_2Cl_2.

b) El oxígeno se escribe a la derecha y actúa con estado de oxidación –2. El azufre actúa con estado de oxidación +6. Por tanto, la fórmula es SO_3.

c) Se trata de una sustancia iónica formada por el anión peróxido, O_2^{2-}, y el catión potasio, K^+. El oxígeno se escribe a la derecha. Por tanto, la fórmula es K_2O_2.

Actividades

6. Formula o nombra los siguientes compuestos binarios y clasifícalos como sales, óxidos o hidruros, y como compuestos iónicos o covalentes: cloruro de aluminio, hidruro de berilio, amoníaco, peróxido de calcio, trióxido de dinitrógeno, PbO, óxido de azufre(IV), $H_2Se(aq)$, CoS, O_5I_2, MgTe.

3. COMPUESTOS TERNARIOS Y CUATERNARIOS

En esta unidad ampliaremos nuestros conocimientos construyendo nombres y fórmulas de compuestos inorgánicos ternarios (formados por la combinación de tres elementos) y cuaternarios (de cuatro elementos), de acuerdo con las recomendaciones de la IUPAC.

Como veremos a continuación, los compuestos ternarios pueden ser **hidróxidos, oxoácidos** y **oxosales,** y los cuaternarios, las **sales ácidas.**

Para los compuestos ternarios y cuaternarios iónicos (hidróxidos, oxosales y sales ácidas), utilizamos el **nombre de composición estequiométrico** expresando **prefijos multiplicadores** o el **número de carga.**

En cambio, para los oxoácidos empleamos los **nombres de adición y de hidrógeno.**

3.1. HIDRÓXIDOS

Los **hidróxidos** son compuestos iónicos ternarios formados por el anión hidróxido, OH^-, y un catión, generalmente metálico.

El nombre y la fórmula se construyen siguiendo las mismas reglas que para los compuestos binarios iónicos.

Al ser el anión monovalente (carga 1–), la fórmula general de los hidróxidos es:

$$(\mathit{catión})\,(\mathrm{OH})_m$$

El NH_4^+ es un **catión poliatómico** muy común cuyo nombre más extendido es **amonio** (nombre vulgar aceptado por la IUPAC).

El hidróxido de amonio es un compuesto iónico de fórmula: NH_4OH.

Los **hidróxidos de los metales alcalinos** se comportan como **bases fuertes** en disolución acuosa debido a que se separan los iones constituyentes **(disociación iónica).**

El hidróxido de sodio, conocido coloquialmente como *sosa cáustica,* se emplea como desengrasante y es corrosivo debido a su fuerte carácter básico.

$$\mathrm{NaOH(s)} \xrightarrow{H_2O} \mathrm{Na^+(aq) + OH^-(aq)}$$

EJEMPLO 8

Formula: a) hidróxido de oro(III); b) hidróxido de dimercurio(2+).

Para cada compuesto, seguimos la fórmula general de los hidróxidos, asignamos los estados de oxidación o las cargas de los iones y deducimos los subíndices para que la suma de los estados de oxidación o de las cargas sea cero.

a) Sustancia formada por el catión Au^{3+} y el anión OH^-. Por tanto, la fórmula es $Au(OH)_3$.

Comprobación: $1 \cdot (+3) + 3 \cdot (-1) = 0$

b) Sustancia formada por el catión dimercurio(2+), Hg_2^{2+}, y el anión OH^-. Por tanto, la fórmula es $Hg_2(OH)_2$.

Comprobación: $1 \cdot (+2) + 2 \cdot (-1) = 0$

EJEMPLO 9

Nombra los compuestos: a) $Fe(OH)_3$; b) $Mg(OH)_2$.

a) $Fe(OH)_3$. Está formado por el ion Fe^{3+}, que actúa con estado de oxidación +3, y el ion OH^-.

Nombres: hidróxido de hierro(III), hidróxido de hierro(3+) y trihidróxido de hierro.

b) $Mg(OH)_2$. Está formado por el ion Mg^{2+}, que actúa con estado de oxidación +2, y el ion OH^-.

Nombres: hidróxido de magnesio(II), hidróxido de magnesio(2+), dihidróxido de magnesio o hidróxido de magnesio, que es el más habitual, ya que el magnesio solamente presenta un estado de oxidación.

Actividades

7. Nombra o formula los compuestos: hidróxido de aluminio, KOH, hidróxido de cinc, $Ni(OH)_2$ e hidróxido de estaño(IV).

8. En grupos de cuatro buscad información acerca de los usos del hidróxido de sodio y la peligrosidad de esta sustancia. Reunid la información en un mural realizado con una herramienta digital y presentadlo en clase.

H_2SO_4

Fórmula estructural semidesarrollada

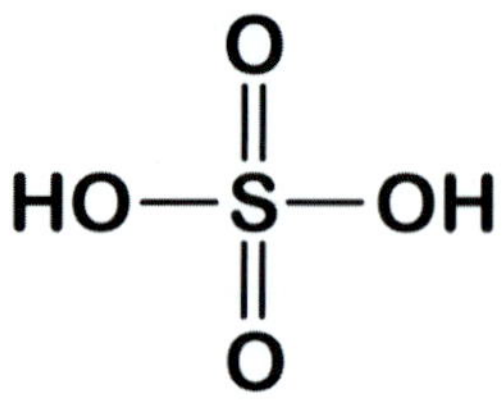

Fórmula estructural simplificada

$[SO_2(OH)_2]$

3.2. OXOÁCIDOS

Los **oxoácidos** son compuestos ternarios que se pueden nombrar empleando tres tipos de nombres: el nombre **vulgar** o **común,** aceptado por la IUPAC, que es un nombre no sistemático, y dos nombres sistemáticos, el **nombre de hidrógeno** y el **nombre de adición.**

Emplearemos preferiblemente el nombre vulgar, si lo tiene, o el nombre de hidrógeno.

Los **oxoácidos** que vamos a estudiar son sustancias **moleculares** cuya fórmula general se corresponde con:

H_nXO_m Donde X es un átomo de no metal o metal de transición.

NOMBRE DE ADICIÓN

El **nombre de adición** de un oxoácido se basa en la estructura de su molécula. Por ello, es imprescindible conocer su **fórmula estructural simplificada,** que se expresa entre corchetes y en la que aparece el **átomo central, X,** seguido de los **ligandos,** que son los átomos o grupos de átomos que se unen a él (en nuestro caso, O y OH).

En los oxoácidos que estudiaremos en esta unidad, todos los átomos de hidrógeno forman parte de ligandos OH.

$[XO_a(OH)_b]$	Nombre de los **ligandos** ordenados por **orden alfabético, sin tildes,** y precedidos por **prefijo multiplicador** si hay más de uno del mismo tipo en la molécula (el prefijo multiplicador no afecta a la ordenación alfabética) y, por último, el nombre del **elemento central,** todo **sin espacios.** prefijo**hidroxido**prefijo**oxido**elementocentral

NOMBRE DE HIDRÓGENO

El **nombre de hidrógeno** se utiliza cuando no conocemos la estructura de la molécula y, por tanto, no sabemos cuántos oxígenos e hidróxidos tiene.

Los átomos de hidrógeno de los oxoácidos confieren a la sustancia su carácter ácido, ya que se pueden separar de la molécula en forma de **hidrón, H^+,** y el correspondiente **anión** (que si contiene oxígeno se conoce como **oxoanión).**

HNO_3 se disocia en H^+ y $(NO_3)^-$
oxoácido hidrón oxoanión

H_nXO_m	Cantidad de **átomos de H,** con **prefijo multiplicador** y **sin tilde,** seguido del **nombre de adición,** entre paréntesis, **del resto de la molécula** con el **sufijo -ato,** todo **sin espacios.** prefijo**hidrogeno**(prefijo**oxido**elementocentral**-ato**)

EJEMPLO 10

Observa los nombres de adición y de hidrógeno de algunos oxoácidos.

a) Nombre de adición del $[SO_2(OH)_2]$: dihidroxidodioxidoazufre.

b) Nombre de adición del $[PO(OH)_3]$: trihidroxidooxidofósforo.

c) Nombre de hidrógeno del HNO_3: hidrogeno(trioxidonitrato).

d) Nombre de hidrógeno del H_2CO_3: dihidrogeno(trioxidocarbonato).

NOMBRE VULGAR O COMÚN ACEPTADO

A **algunos oxoácidos** se les asigna también un **nombre no sistemático,** conocido como **nombre vulgar o común,** que la IUPAC acepta y reconoce.

En la tabla dispones de una selección de estos oxoácidos y su nombre vulgar o común aceptado.

Observa las similitudes en las fórmulas y los nombres cuando el átomo central pertenece al mismo grupo: P, As y Sb (grupo 15); S, Se y Te (grupo 16), y Cl, Br e I (grupo 17).

Oxoácido	Nombre vulgar	Oxoácido	Nombre vulgar	Oxoácido	Nombre vulgar
$HClO$	ácido hipocloroso	$HBrO$	ácido hipobromoso	HIO	ácido hipoyodoso
$HClO_2$	ácido cloroso	$HBrO_2$	ácido bromoso	HIO_2	ácido yodoso
$HClO_3$	ácido clórico	$HBrO_3$	ácido brómico	HIO_3	ácido yódico
$HClO_4$	ácido perclórico	$HBrO_4$	ácido perbrómico	HIO_4	ácido peryódico
Oxoácido	**Nombre vulgar**	**Oxoácido**	**Nombre vulgar**	**Oxoácido**	**Nombre vulgar**
H_3BO_3	ácido bórico	H_3PO_4	ácido fosfórico	H_2SO_4	ácido sulfúrico
H_2CO_3	ácido carbónico	H_3PO_3	ácido fosforoso	H_2SO_3	ácido sulfuroso
H_4SiO_4	ácido silícico	H_3AsO_4	ácido arsénico	H_2SeO_4	ácido selénico
HNO_3	ácido nítrico	H_3AsO_3	ácido arsenoso	H_2SeO_3	ácido selenoso
HNO_2	ácido nitroso	H_3SbO_4	ácido antimónico	H_2TeO_4	ácido telúrico
		H_3SbO_3	ácido antimonoso	H_2TeO_3	ácido teluroso

3.3. OXOANIONES

Como hemos visto, los oxoaniones se generan cuando un oxoácido se disocia en iones: el hidrón, H^+, y un oxoanión (el resto de la molécula).

Si el oxoácido tiene más de un ligando OH en su molécula, su disociación podrá dar lugar a un oxoanión con H en su composición, que se conoce como **oxoanión ácido:**

H_2CO_3 (oxoácido) se disocia en H^+ (hidrón) y $(HCO_3)^-$ (oxoanión ácido).

$(HCO_3)^-$ (oxoanión ácido) se disocia en H^+ (hidrón) y $(CO_3)^{2-}$ (oxoanión).

También podemos encontrar otros aniones ácidos, los que provienen de H_2S, H_2Se y H_2Te.

Por ejemplo:

H_2S se disocia en H^+ y HS^-.

HS^- se disocia en H^+ y S^{2-}.

Sus nombres son:

HS^-: hidrogeno(sulfuro).

HSe^-: hidrogeno(selenuro).

HTe^-: hidrogeno(telururo).

NOMBRE SISTEMÁTICO DE OXOANIONES

Los oxoaniones se nombran, como los oxoácidos, con su nombre de adición, de hidrógeno y, en algunos casos concretos, con su nombre vulgar o común aceptado.

En la práctica, el **nombre sistemático del oxoanión** lo podemos basar en el nombre de hidrógeno del oxoácido, asignando el prefijo multiplicador correspondiente para el hidrógeno si se trata de un oxoanión ácido, y con el número de carga a continuación entre paréntesis, sin espacio.

Oxoácido	Oxoanión	Oxoanión
H_2CO_3	$(HCO_3)^-$	$(CO_3)^{2-}$
dihidrogeno(trioxidocarbonato)	hidrogeno(trioxidocarbonato)(1–)	(trioxidocarbonato)(2–)

NOMBRE VULGAR O COMÚN ACEPTADO

La IUPAC establece una corta relación de oxoaniones con nombre común aceptado.

Los que están relacionados con los oxoácidos estudiados en esta unidad se encuentran recogidos en la tabla:

Oxoanión	Nombre vulgar	Oxoanión	Nombre vulgar	Oxoanión	Nombre vulgar
$(OCl)^-$	hipoclorito	$(OBr)^-$	hipobromito	$(OI)^-$	hipoyodito
$(ClO_2)^-$	clorito	$(BrO_2)^-$	bromito	$(IO_2)^-$	yodito
$(ClO_3)^-$	clorato	$(BrO_3)^-$	bromato	$(IO_3)^-$	yodato
$(ClO_4)^-$	perclorato	$(BrO_4)^-$	perbromato	$(IO_4)^-$	peryodato
Oxoanión	**Nombre vulgar**	**Oxoanión**	**Nombre vulgar**	**Oxoanión**	**Nombre vulgar**
$(H_2BO_3)^-$	dihidrogenoborato	$(H_2PO_4)^-$	dihidrogenofosfato	$(HSO_4)^-$	hidrogenosulfato
$(HBO_3)^{2-}$	hidrogenoborato	$(HPO_4)^{2-}$	hidrogenofosfato	$(SO_4)^{2-}$	sulfato
$(BO_3)^{2-}$	borato	$(PO_4)^{3-}$	fosfato	$(HSO_3)^-$	hidrogenosulfito
$(HCO_3)^-$	hidrogenocarbonato	$(H_2PO_3)^-$	dihidrogenofosfito	$(SO_3)^{2-}$	sulfito
$(CO_3)^{2-}$	carbonato	$(HPO_3)^{2-}$	hidrogenofosfito	$(SeO_4)^{2-}$	selenato
$(SiO_4)^{4-}$	silicato	$(PO_3)^{3-}$	fosfito	$(SeO_3)^{2-}$	selenito
$(NO_3)^-$	nitrato			$(TeO_4)^{2-}$	telurato
$(NO_2)^-$	nitrito				

Actividades

9. Expresa la fórmula estructural simplificada de los siguientes oxoácidos y construye el nombre de adición correspondiente:

a) $HClO_2$ b) H_4SiO_4 c) $HBrO_4$ d) H_2SeO_3 e) H_2TeO_3

10. Escribe el nombre de hidrógeno de los siguientes oxoácidos:

a) $HClO_2$ b) H_4SiO_4 c) $HBrO_4$ d) H_2SeO_3 e) H_2TeO_3

11. Escribe la fórmula molecular de los oxoácidos:

a) hidrogeno(tetraoxidobromato)
b) dihidroxidodioxidoselenio
c) trihidroxidoboro
d) hidrogeno(oxidoyodato)

12. Disocia en iones los oxoácidos:

a) H_3PO_3 b) HIO_3 c) H_2SeO_4

13. Nombra los oxoaniones que se pueden formar a partir de los siguientes oxoácidos, empleando el nombre sistemático y el vulgar, si lo tiene:

a) H_3PO_3 b) HIO_3 c) H_2SeO_4

14. Escribe la fórmula de los oxoaniones:

a) hidrogeno(tetraoxidotelurato)(1−)
b) dihidrogeno(trioxidoarsenato)(1−)
c) hidrogenocarbonato
d) (tetraoxidosilicato)(4−)
e) peryodato
f) (dioxidonitrato)(1−)

Echa un vistazo a...
Compuestos ternarios y cuaternarios

3.4. OXOSALES

Las **oxosales** son compuestos ternarios iónicos formados por un oxoanión y un catión, frecuentemente un metal. Si el anión es un oxoanión ácido, da lugar a una **oxosal ácida,** que se trata de un compuesto cuaternario.

El hipoclorito de sodio en disolución acuosa se conoce coloquialmente como **lejía** y tiene muchos usos industriales y domésticos: blanqueante, antimicrobiano, desinfectante para aguas, etc.

FÓRMULA

La fórmula de estos compuestos se construye de la misma forma que has estudiado para los compuestos binarios iónicos:

$$(catión)_n\,(oxoanión)_m \qquad n \cdot (carga\ catión) + m \cdot (carga\ oxoanión) = 0$$

EJEMPLO 11

Formula los compuestos formados por: a) Fe^{2+} y $(CO_3)^{2-}$; b) Ni^{3+} y $(HSO_4)^-$.

Para cada compuesto, seguimos la fórmula general de las oxosales y deducimos los subíndices para que la suma de las cargas sea cero.

a) Se trata del compuesto $Fe(CO_3)$, habitualmente $FeCO_3$. Comprobación: $1 \cdot (+2) + 1 \cdot (-2) = 0$

b) Se trata del compuesto $Ni(HSO_4)_3$. Comprobación: $1 \cdot (+3) + 3 \cdot (-1) = 0$

NOMBRE DE COMPOSICIÓN ESTEQUIOMÉTRICO

Para nombrar las oxosales, utilizamos el **nombre de composición estequiométrico con prefijos multiplicadores o con el número de carga** (en compuestos iónicos es preferible frente al número de oxidación). En el primer caso, para el oxoanión se usarán habitualmente los prefijos alternativos (bis, tris, tetrakis, pentakis, etc.) para evitar ambigüedades.

Para nombrar oxosales, se suele emplear el nombre vulgar aceptado del oxoanión.

Nombre de composición estequiométrico empleando número de carga		
Nombre del oxoanión expresando su número de carga.	**de**	Nombre del catión expresando su número de carga.

Nombre de composición estequiométrico empleando prefijos multiplicadores		
Prefijo multiplicador seguido del nombre del oxoanión entre paréntesis (sin expresar el número de carga).	**de**	Prefijo multiplicador seguido del nombre del catión (sin expresar el número de carga).

EJEMPLO 12

Nombra los compuestos: a) $FeCO_3$; b) $Al_2(HPO_4)_3$.

a) $FeCO_3$. Está formado por el oxoanión $(CO_3)^{2-}$, carbonato o (trioxidocarbonato)(2–), y el catión Fe^{2+}, hierro(2+).

Nombres: carbonato de hierro(2+), (trioxidocarbonato)(2–) de hierro(2+), carbonato de monohierro o trioxidocarbonato de hierro.

b) $Al_2(HPO_4)_3$. Está formado por el oxoanión $(HPO_4)^{2-}$, hidrogenofosfato o hidrogeno(tetraoxidofosfato)(2–), y el catión Al^{3+}, aluminio(3+) o aluminio, por tratarse del único estado de oxidación.

Nombres: hidrogenofosfato de aluminio, hidrogeno(tetraoxidofosfato)(2–) de aluminio, tris[hidrogeno(tetraoxidofosfato)] de dialuminio o tris(hidrogenofosfato) de dialuminio.

Actividades

15. Formula o nombra las sales: $Zn(HSO_4)_2$, $Fe(HS)_2$, tetraoxidomanganato de dipotasio, $Cu(ClO_3)_2$, NH_4NO_3, bromito de cobre(1+), hidrogenosulfito de cobalto(3+), hidrogeno(sulfuro) de sodio y $AgHSO_3$.

Ciencia a tu alcance

PBL: Desarrollamos un fármaco antiácido

Imaginad que formáis parte de una empresa farmacéutica. Uno de los proyectos actuales de la empresa tiene como objetivo sacar al mercado un antiácido que alivie la acidez gástrica. Os proponemos un trabajo de investigación para dar con la fórmula perfecta del medicamento.

Organizaos en grupos de cuatro componentes y seguid estas indicaciones:

— En primer lugar, debéis informaros sobre la acidez de estómago. Consultad los siguientes enlaces y completad en vuestro cuaderno una tabla como la que aparece a continuación:

https://links.edebe.com/mhy6p

https://links.edebe.com/2ua

ACIDEZ GÁSTRICA

Definición	Síntomas	Causas

— Para aliviar la acidez de estómago, se emplean antiácidos.

a) ¿Qué son?

b) Describid su mecanismo de acción en el cuerpo.

c) Informaos sobre la diferencia entre antiácidos sistémicos y no sistémicos.

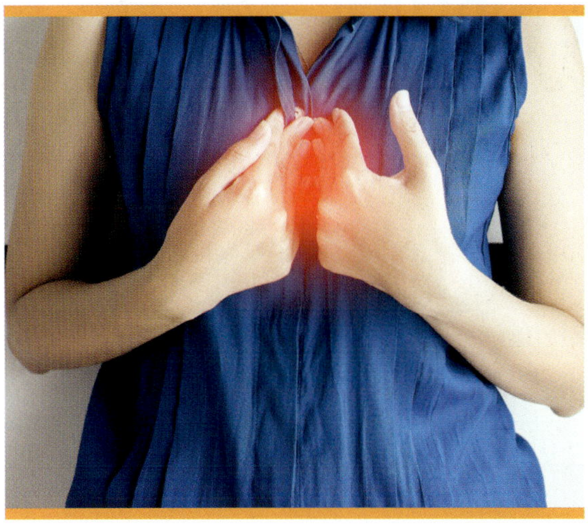

— Las siguientes fórmulas representan algunos de los principios activos de los antiácidos más comunes:

$NaHCO_3$	$CaCO_3$
$Al(OH)_3$	$Mg(OH)_2$

Cada componente del grupo debe encargarse de recabar la siguiente información sobre uno de los principios activos anteriores:

INFORMACIÓN SOBRE EL ANTIÁCIDO
Fórmula
Nombre
Reacción química de neutralización
Sistémico o no sistémico
Velocidad de acción

Os puede resultar de utilidad volver a visitar los enlaces que habéis consultado anteriormente y la siguiente web:

https://links.edebe.com/f2q7v2

— Por último, poned en común el trabajo que habéis realizado de forma individual y escoged, entre todos, cuál es la fórmula del antiácido que lanzaréis al mercado. Para ello, aplicad la **destreza** *Toma de decisiones.*

Completad cada uno la siguiente tabla en vuestro cuaderno:

OPCIONES

OPCIÓN CONSIDERADA: ______________________

PROS	CONTRAS
—	—
—	—
—	—

ELECCIÓN

¿Por qué?

Síntesis

Nomenclatura inorgánica

- **La nomenclatura química**
  - Criterios regulados por la IUPAC
  - Fórmulas químicas
    - Secuencia de los símbolos
    - Estados de oxidación
    - Subíndices
  - Tipos de fórmulas químicas
    - Empírica
    - Molecular
    - Estructural
- **Compuestos binarios**
  - Óxidos, peróxidos, hidruros y sales binarias
  - Nombre de composición estequiométrico empleando prefijos multiplicadores
  - Nombre de composición estequiométrico empleando número de oxidación o número de carga
- **Compuestos ternarios y cuaternarios**
  - Hidróxidos (*catión*)$(OH)_m$
    - Mismas reglas que para los compuestos binarios iónicos
  - Oxoácidos H_nXO_m
    - Nombre de adición $[XO_a(OH)_b]$
    - Nombre de hidrógeno
    - Nombre vulgar o común aceptado
  - Oxoaniones
    - Nombre sistemático
    - Nombre vulgar o común aceptado
  - Oxosales $(catión)_n(oxoanión)_m$
    - Nombre de composición estequiométrico empleando número de carga
    - Nombre de composición estequiométrico empleando prefijos multiplicadores

PREPARA

16. ●○○ **Razona si las siguientes afirmaciones son verdaderas o falsas:**

a) En la fórmula de los compuestos binarios, los símbolos de los elementos se escriben por orden alfabético.

b) El número de oxidación se escribe con un número arábigo precedido del signo + o –.

c) Las fórmulas químicas están formadas por símbolos de elementos y por subíndices.

d) El número de carga es equivalente al número de oxidación.

17. ●○○ **Completa en tu cuaderno la siguiente oración:**

La .... de los estados de .... de los átomos que constituyen un ion es igual a la ....

18. ●○○ **¿Cuál de estos tipos de fórmula es el que ofrece más información de la sustancia? Selecciona la respuesta correcta: a) empírica; b) molecular; c) estructural desarrollada; e) estructural espacial.**

19. ●○○ **Nombra el compuesto NaCl.**

— ¿Esta fórmula es empírica o molecular?

20. ●○○ **Relaciona en tu cuaderno cada una de las siguientes sustancias binarias con su tipo:**

A. NH_3	1. Óxido
B. Fe_2O_3	2. Peróxido
C. BaO_2	3. Hidruro
D. $PbCl_4$	4. Sal binaria

21. ●○○ **Razona si las siguientes afirmaciones son verdaderas o falsas:**

a) Los compuestos ternarios son los que están formados por tres átomos.

b) El anión hidróxido es un anión monovalente con carga 1–.

c) Un oxoanión es un anión que se ha unido a un átomo de oxígeno.

22. ●○○ **¿Cuál es el nombre común aceptado del $(HPO_4)^{2-}$? Selecciona la opción correcta y justifica tu decisión:**

a) Hidrogenofosfato.

b) Dihidrogenofosfato.

c) Hidrogeno(tetraoxidofosfato)(2–).

23. ●○○ **¿Cuándo se emplean los prefijos multiplicadores alternativos para nombrar una sustancia?**

a) Solo delante del hidrógeno.

b) Su uso es indistinto con los prefijos habituales.

c) Cuando es necesario evitar ambigüedades.

— Formula y nombra un ejemplo.

24. ●○○ **Señala razonadamente si la siguiente afirmación es verdadera o falsa:**

«En la nomenclatura química el nombre común o vulgar es un nombre cuyo uso no se recomienda».

ENTRENA

1. La nomenclatura química

25. ●○○ **Completa en tu cuaderno la siguiente oración:**

Una fórmula .... es la .... simbólica y .... que aporta información sobre la .... y las .... de una sustancia.

26. ●○○ **Señala razonadamente si la siguiente afirmación es verdadera o falsa:**

«En la fórmula de un compuesto binario, los elementos se escriben en orden de electronegatividad».

27. ●○○ **Determina el estado de oxidación del oxígeno en los compuestos OF_2 y OCl_2.**

28. ●○○ **Verifica, empleando la suma de los estados de oxidación, que los subíndices de la siguiente fórmula son correctos: Ag_2SO_4.**

29. ●○○ **Interpreta el significado de los subíndices de las fórmulas:**

a) $(Hg_2)_3(PO_4)_2$

b) $Fe_2(O_2)_3$

c) $SO_2(OH)_2$

30. ●○○ **Indica a qué tipo de fórmula química corresponde cada una de las siguientes características:**

a) Representa la disposición de los átomos en el espacio.

b) Indica la proporción de cada tipo de átomo en el compuesto.

c) Informa sobre el número de átomos que forman una molécula.

31. ●●○ **¿Es correcta la fórmula Cl_2O_5? Justifica tu respuesta.**

32. ●●○ Completa en tu cuaderno esta tabla:

Sustancia	Estado de oxidación del O
O_2	
O_3	
O^{2-}	
O_2^{2-}	
O_2^-	

— Busca sus nombres en Internet.

33. ●●○ Corrige la siguiente oración:

«Cuando el cobre actúa con estado de oxidación II, da lugar al catión de carga +2, cuyo nombre es catión cobre(2+)».

34. ●●○ Deduce el estado de oxidación del nitrógeno en los cationes NO_2^+ y NO^+.

35. ●●○ A partir de la ilustración, relaciona en tu cuaderno cada fórmula con su tipo.

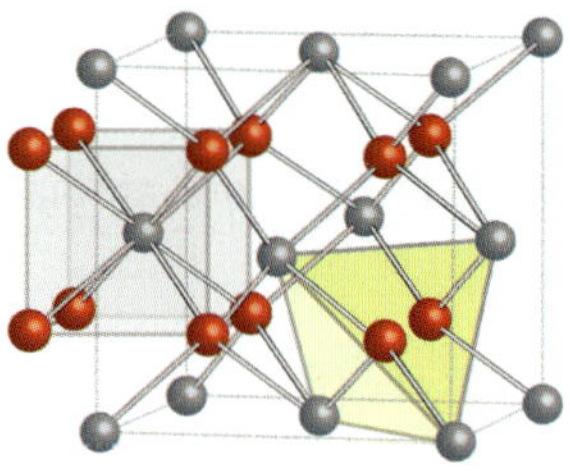

TiO_2

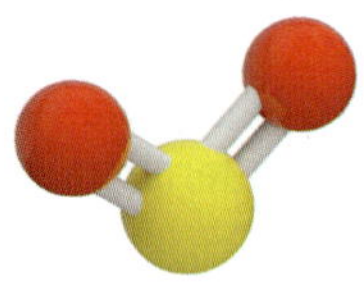

SO_2

A. TiO_2 1. Empírica

B. SO_2 2. Molecular

36. ●●○ Razona si existen compuestos en los que no es aplicable la fórmula molecular. ¿De qué tipo de compuestos se trata? Pon un ejemplo.

37. ●●○ ¿Pueden coincidir las fórmulas molecular y empírica de un compuesto? Razona tu respuesta y pon un ejemplo.

38. ●●● Busca en Internet la estructura espacial del compuesto Na_2O_2 y dibújala en tu cuaderno.

— ¿La fórmula Na_2O_2 es empírica o molecular?

— Escribe los distintos tipos de fórmula posibles para el Na_2O_2.

39. ●●● Escribe las fórmulas empírica, molecular, estructural desarrollada y estructural espacial del compuesto representado por este modelo molecular:

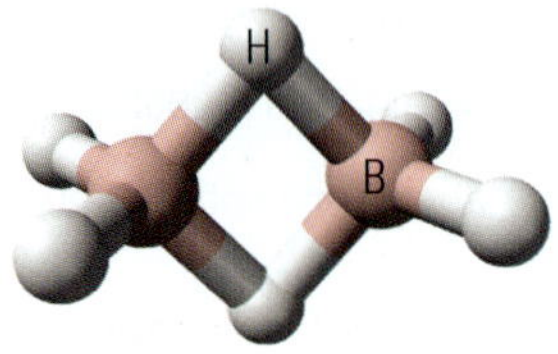

2. Compuestos binarios

40. ●○○ Elabora un esquema con los tipos de compuestos binarios que conoces y pon un ejemplo de cada uno.

41. ●○○ Relaciona en tu cuaderno cada una de las siguientes sustancias binarias con su tipo:

A. BN 1. Óxido

B. SnH_4 2. Peróxido

C. Li_2O_2 3. Hidruro

D. Ni_2O_3 4. Sal binaria

42. ●○○ Deduce el estado de oxidación de los átomos en el ion AlH_4^-.

43. ●○○ Identifica el error en cada uno de los siguientes casos:

a) $FeCl_3$: cloruro de hierro(+3)

b) $Na_2(O_2)$: dióxido(2−) de disodio

c) CaS_2: sulfuro de monocalcio

d) F_2O: óxido de flúor

e) NiO: óxido de níquel(II)

f) NH_3: hidruro de nitrógeno(III)

g) SO_3: trióxido de azufre(VI)

44. ●●○ Escribe la fórmula de los compuestos binarios formados por: a) H y Al; b) H y N; c) H y C.

— Nombra cada compuesto y deduce el estado de oxidación de cada elemento.

45. ●●○ Completa en tu cuaderno la siguiente tabla:

FÓRMULA	NOMBRE DE COMPOSICIÓN ESTEQUIOMÉTRICO EMPLEANDO...		
	N.º de oxidación	N.º de carga	Prefijos multiplic.
SiC			
		Bromuro de oro(3+)	
			Dióxido de berilio
	Hidruro de silicio(IV)		
		Arsenuro de cobre(2+)	
SO_2			
			Bromuro de dimercurio
	Cloruro de níquel(III)		

46. ●●○ Nombra el compuesto $Pb(O_2)_2$ empleando prefijos multiplicadores, número de carga y número de oxidación.

47. ●●○ Completa en tu cuaderno la siguiente tabla:

FÓRMULA	NOMBRE DE COMPOSICIÓN ESTEQUIOMÉTRICO EMPLEANDO...		
	N.º de oxidación	N.º de carga	Prefijos multiplic.
O_5I_2			
			Tetracloruro de carbono
		Yoduro de níquel(3+)	
	Selenuro de antimonio(III)		
Cs_2Se			
			Dióxido de silicio
		Disulfuro(2–) de paladio(2+)	
	Yoduro de antimonio(III)		

48. ●●○ **Si es posible, separa en iones los compuestos: a) $PbBr_2$; b) $SnSe_2$; c) PCl_5.**

COMPRENSIÓN. Los compuestos binarios iónicos son, en general, los formados por un metal y un no metal. Para determinar los iones que los forman, es necesario conocer su estado de oxidación.

RESOLUCIÓN

a) $PbBr_2$. Es un compuesto iónico. El Br actúa con estado de oxidación –1, pues se encuentra a la derecha de la fórmula. Deducimos que el Pb actúa con +2: $1 \cdot (\mathbf{+2}) + 2 \cdot (-1) = 0$

Por tanto, el $PbBr_2$ se puede separar en los iones Pb^{2+} y Br^-.

b) $SnSe_2$. Es un compuesto iónico. El Se actúa con estado de oxidación –2, pues se encuentra a la derecha de la fórmula. Deducimos que el Sn actúa con +4: $1 \cdot (\mathbf{+4}) + 2 \cdot (-2) = 0$

Por tanto, el $SnSe_2$ se puede separar en los iones Sn^{4+} y Se^{2-}.

c) PCl_5. No se puede separar en iones porque no es un compuesto iónico. Está formado por dos no metales.

49. ●●○ Si es posible, separa en iones los compuestos: a) $ZnCl_2$; b) CaO; c) N_2O_3; d) Na_2O_2; e) Al_2S_3; f) AsH_3.

50. ●●○ Practica la nomenclatura de compuestos binarios en la siguiente página web:

https://links.edebe.com/vAuam

51. ●●○ El óxido de aluminio se conoce de forma popular con el nombre de *alúmina:*

a) En grupos, informaos sobre sus propiedades y aplicaciones.

b) Investigad cómo se produce la alúmina en el ámbito industrial. ¿Qué nombre recibe el proceso?

c) Elaborad un mural digital sobre la alúmina. Debe contar con la siguiente información: fórmula, estructura, propiedades, métodos de obtención y aplicaciones.

d) Exponed los murales en el aula.

52. ●●● Investiga en Internet el concepto de *electronegatividad* y su valor para los no metales.

— Aplica el concepto de electronegatividad y su valor para explicar el diferente estado de oxidación del hidrógeno en CH_4 y SiH_4.

53. ●●● Deduce el estado de oxidación del hierro en el compuesto de fórmula Fe_3O_4.

— ¿Corresponde con los que has estudiado?

— Busca en Internet este compuesto y escribe una fórmula que corresponda con los estados de oxidación del Fe que conoces.

3. Compuestos ternarios y cuaternarios

54. ●○○ Los siguientes nombres pertenecen a un mismo compuesto. Identifica el error que se ha cometido al nombrarlo en cada caso.

a) Dihidróxido de magnesio(II)

b) Hidróxido de magnesio(+2)

c) Hidróxido de magnesio(2+)

d) Dihidróxido de monomagnesio

— ¿De qué compuesto se trata? Formúlalo.

— Nómbralo correctamente de todas las formas que conozcas.

55. ●○○ Los oxoácidos podemos nombrarlos empleando tres tipos de nombre. ¿Cuáles son y qué información comunica cada uno?

56. ●○○ Identifica el error en cada uno de los siguientes casos y escribe el nombre correctamente:

a) HNO_2: nitroso

b) [NO(OH)]: oxidohidroxidonitrógeno

c) HNO_2: hidrogeno(dioxidonitrógeno)

57. ●○○ De los nombres que se muestran, corrige aquellos que sean erróneos:

a) HCO_3^-: anión hidrogenocarbónico

b) NH_4OH: hidróxido de amonio

c) H_2SeO_3: dihidrogeno(trioxigenoselenio)

d) $Mg(ClO_3)_2$: di(trioxidoclorato) de magnesio

e) Cs_2HPO_4: hidrogenofosfato(1−) de dicesio

f) NaHS: hidrogenosulfito de sodio

58. ●○○ Elabora un esquema con los tipos de compuestos ternarios y cuaternarios que conoces y pon un ejemplo de cada uno.

59. ●○○ Relaciona en tu cuaderno cada una de las siguientes sustancias con su tipo:

A. HCO_3^- — 1. Hidróxido

B. Cs_2HPO_4 — 2. Oxoácido

C. NH_4OH — 3. Oxoanión

D. H_2SeO_3 — 4. Oxosal

E. $Mg(ClO_3)_2$ — 5. Sal ácida

60. ●●○ Completa en tu cuaderno la siguiente tabla:

Fórmula	N.º de oxidación	N.º de carga	Prefijos multiplic.
	Hidróxido de plata(I)		
		Hidróxido de litio(1+)	
$Cu(OH)_2$			
			Trihidróxido de oro

61. ●●○ Completa en tu cuaderno la siguiente tabla:

Fórmula	Nombre común	Nombre de adición	Nombre de hidrógeno
H_3AsO_3			
	Ácido sulfuroso		
		Hidroxido dioxidocloro	
			Hidrogeno (tetraoxido manganato)
			Dihidrogeno (tetraoxido telurato)
		Dihidroxido dioxidocromo	
	Ácido bórico		
$HBrO_4$			

62. ●●○ Escribe la fórmula correspondiente.

a) Tetraoxidosulfato(2−) de cadmio

b) Hidrogeno (trioxidoborato)(2−)

c) Yodato de plata

d) Perbromato de calcio

e) Bis(sulfato) de plomo

f) Trioxidonitrato(1−) de mercurio(2+)

g) (Tetraoxidocromato)(2−)

h) Tris[(dihidrogeno (tetraoxidofosfato)] de hierro

63. ●●○ Nombra los siguientes compuestos:

a) $FeSO_4$ d) NH_4BrO_4 g) LiH_2PO_4 j) H_2CrO_4

b) K_2MnO_4 e) $[MnO_2(OH)_2]$ h) $NaHCO_3$

c) $NaClO_3$ f) $Cd(NO_3)_2$ i) Cu_2SiO_4

64. ●●○ Formula los siguientes compuestos:

a) Ácido antimónico

b) Trioxidocarbonato(2−) de manganeso(2+)

c) Sulfato de níquel(III)

d) Perclorato de potasio

e) Dihidrogenoarsenato de oro(3+)

f) Hipoclorito de estroncio

g) Hidrogenofosfito de plomo(IV)

h) Bis(dioxidonitrato) de paladio

65. ●●○ Los ácidos y los compuestos iónicos se disocian en iones cuando están disueltos en agua (disociación iónica). Formula y nombra los iones que se obtienen a partir de: a) $Ca(OH)_2$; b) H_2TeO_4; c) $Zn_3(PO_4)_2$.

COMPRENSIÓN. En los hidróxidos se obtiene un catión metálico y el anión hidróxido, OH^-. En los oxoácidos se obtiene hidrón, H^+, y un oxoanión u oxoanión ácido. En las oxosales se obtiene un catión metálico y un oxoanión.

RESOLUCIÓN

a) $Ca(OH)_2$. Es un hidróxido. Como el estado de oxidación del calcio es +2, el compuesto se disocia en Ca^{2+}, catión calcio o calcio(2+), y OH^-, anión hidróxido.

Verificamos que la suma de las cargas de los iones es igual a cero: $1 \cdot (+2) + 2 \cdot (-1) = 0$

b) H_2TeO_4. Se trata de un oxoácido. Se disocia en H^+, hidrón, y $HTeO_4^-$, hidrogenotelurato o hidrogeno(tetraoxidotelurato)(1−).

Verificamos que la suma de las cargas de los iones es igual a cero: $1 \cdot (+1) + 1 \cdot (-1) = 0$

A su vez, el oxoanión ácido $HTeO_4^-$ se disocia en H^+, hidrón, y TeO_4^{2-}, telurato o tetraoxidotelurato(2−).

Verificamos que la suma de las cargas de los iones es igual a la carga del oxoanión ácido: $1 \cdot (+1) + 1 \cdot (-2) = -1$

c) $Zn_3(PO_4)_2$. Se trata de una oxosal. Como el cinc solamente presenta estado de oxidación +2, el compuesto se disocia en Zn^{2+}, catión cinc o cinc(2+), y PO_4^{3-}, fosfato o tetraoxidofosfato(3−).

Verificamos que la suma de las cargas de los iones es igual a cero: $3 \cdot (+2) + 2 \cdot (-3) = 0$

66. ●●○ Corrige los errores en estas disociaciones iónicas: a) H_2SO_4 se disocia en SO_4^{2-} y H_2^{2+}; b) $FeCO_3$ se disocia en Fe^+ y CO_3^-.

67. ●●○ Disocia en iones y nómbralos: Ag_2CrO_4, HIO_3, $Ba(MnO_4)_2$ y H_3PO_3.

68. ●●○ Nombra compuestos ternarios y cuaternarios en:

https://links.edebe.com/xaDv

69. ●●● El nitrato de amonio y el nitrato de potasio se emplean como fertilizantes para corregir deficiencias nutricionales en plantas.

a) Investiga:

— Su proceso de fabricación.

— Los riesgos medioambientales que conllevan.

— El contenido de sus fichas de seguridad.

— Efecto de las deficiencias nutricionales en las plantas.

— Otros fertilizantes alternativos.

b) Recoge toda la información en un mural mediante una infografía.

APLICA

70. ●●○ En las siguientes fórmulas, explica el significado de los subíndices, identifica los iones que componen la sustancia y nombra cada uno: $Hg_2(ClO_2)_2$, SrO_2, $Al_2(HPO_3)_3$, $Fe(OH)_3$, NH_4HS, K_2Se y BaH_2.

71. ●●○ Formula las siguientes sustancias:

a) Hidróxido de plomo(4+)

b) Hidroxidodioxidoborato(1−)

c) Hidrogenotrioxidofosfato de dilitio

d) Sulfuro de calcio

e) Disulfuro(2−)

f) Tetrafluoruro de xenón

g) Pentacloruro de fósforo

h) Bis(dióxido) de platino

i) Ácido hipoyodoso

j) Trioxidoselenato(2−) de hierro(2+)

k) Dihidrogeno (tetraoxidomanganeso)

72. ●●○ Nombra las siguientes sustancias:

a) $Zn(OH)_2$

b) $(HSO_3)^-$

c) NH_4^+

d) H_3SbO_3

e) Au_2SO_3

f) $FeBr_3$

g) K_2O_2

h) GeH_4

i) H_2Se

j) O_3Cl_2

73. ●●○ Practica la nomenclatura inorgánica en la siguiente página web:

https://links.edebe.com/EFGuAw

Piensa sobre...

74. ¿Te parece útil y necesario un lenguaje universal de la química? a) Sí; b) No.

75. Selecciona las opciones correctas.

a) La fórmula espacial es la que aporta más información.

b) La fórmula molecular se corresponde con una estructura cristalina.

c) El uso de un tipo de fórmula química u otro depende de la información que conocemos.

d) La fórmula semidesarrollada es una fórmula empírica.

76. Averigua por qué Marte es de color rojo. ¿Puedes relacionar este hecho con lo que has visto en la unidad?

77. Nuestro estómago libera ácido clorhídrico para digerir los alimentos. ¿Cuál es su fórmula?

a) $HClO_3$ b) $HClO$ c) $HClO_4$ d) $HCl(aq)$

78. ¿Te ha resultado complicado comprender cómo se formulan y nombran los compuestos ternarios y cuaternarios?

A B C

Pon a prueba tus competencias

Vivimos rodeados de fórmulas químicas. Vamos a hacer un recorrido por diversos lugares cotidianos que cuentan con la presencia de multitud de sustancias inorgánicas.

79. En casa podemos encontrar los siguientes productos:

A

B

C

a) Escribe en tu cuaderno la fórmula química y el nombre que representa a cada uno.

Sustancia	Fórmula química	Nombre
A		
B		
C		

b) Clasifica cada una de las sustancias anteriores en compuesto binario, ternario o cuaternario, e indica además la categoría a la que pertenece.

80. Si nos detenemos en la sección de bebidas de un supermercado y observamos la etiqueta de una bebida isotónica, veremos su composición química.

ALIMENTO COMPLEMENTARIO PARA DEPORTISTAS **330 mL**
Con sales minerales

Ingredientes: agua, azúcar, correctores de acidez: ácido cítrico y citrato sódico, aromas, sales minerales: cloruro sódico, fosfato potásico y fosfato cálcico, antioxidante ácido ascórbico y estabilizantes: E-414 y E-445.

INFORMACIÓN NUTRICIONAL POR:	100 mL	330 mL	(%*)
Valor energético:	111 kJ/26 kcal	366 kJ/86 kcal	(4 %)
Grasas	0 g	0 g	(0 %)
de las cuales saturadas:	0 g	0 g	(0 %)
Hidratos de carbono	6,3 g	21 g	(8 %)
de los cuales azúcares:	6,3 g	21 g	(23 %)
Proteínas:	0 g	0 g	(0 %)
Sal:	0,05 g	0,17 g	(3 %)
Minerales añadidos			
Cloruros:	24,0 mg		
Potasio:	2,2 mg		
Fósforo:	1,0 mg		
Calcio:	0,8 mg		

* Ingesta de referencia de un adulto medio (8400 kJ/2000 kcal).

a) Formula en tu cuaderno todos los compuestos inorgánicos de los ingredientes que puedas.

b) Añade al lado de la fórmula el nombre de cada uno, en castellano, según todos los tipos de nomenclatura que conozcas.

81. Las sustancias inorgánicas tienen numerosas aplicaciones en nuestra sociedad. Veamos las propiedades y los usos de un compuesto ternario importante: el ácido nítrico.

ÁCIDO NÍTRICO HNO_3

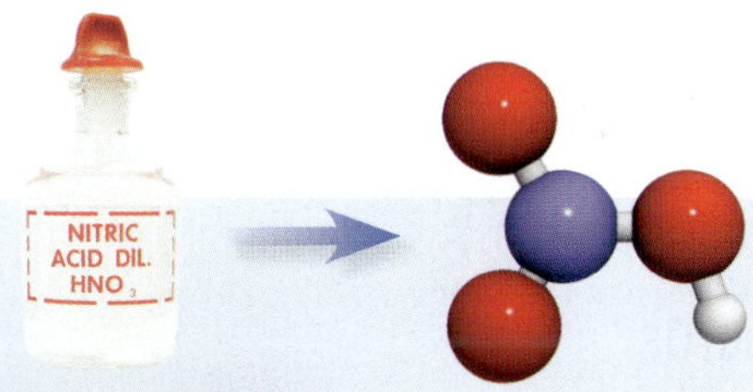

PROPIEDADES

Líquido incoloro, viscoso y corrosivo. Es un potente oxidante.

APLICACIONES

— Fabricación de explosivos.

— Fabricación de abonos.

— Pasivación de metales creando una película de óxido que aumenta su resistencia a agentes externos.

— Grabado artístico.

— Elaboración de placas de circuito impreso (PCB) en la industria electrónica.

a) Clasifica el ácido nítrico como hidróxido, oxoácido u oxosal.

b) ¿Qué propiedad del ácido nítrico hace que se utilice para fabricar explosivos?

c) Indica con qué estado de oxidación actúa el nitrógeno en el ácido nítrico.

d) ¿Qué precauciones habría que tomar en la manipulación y el transporte del ácido nítrico?

6

Bloque 2. La materia

Química del carbono

Contenidos

- El carbono en la naturaleza
- El átomo de carbono y sus enlaces
- Hidrocarburos
- Grupos funcionales
- Compuestos orgánicos de interés

Y además...

Ciencia a tu alcance

Comparación de propiedades entre los compuestos orgánicos e inorgánicos

¿Sabes que...?

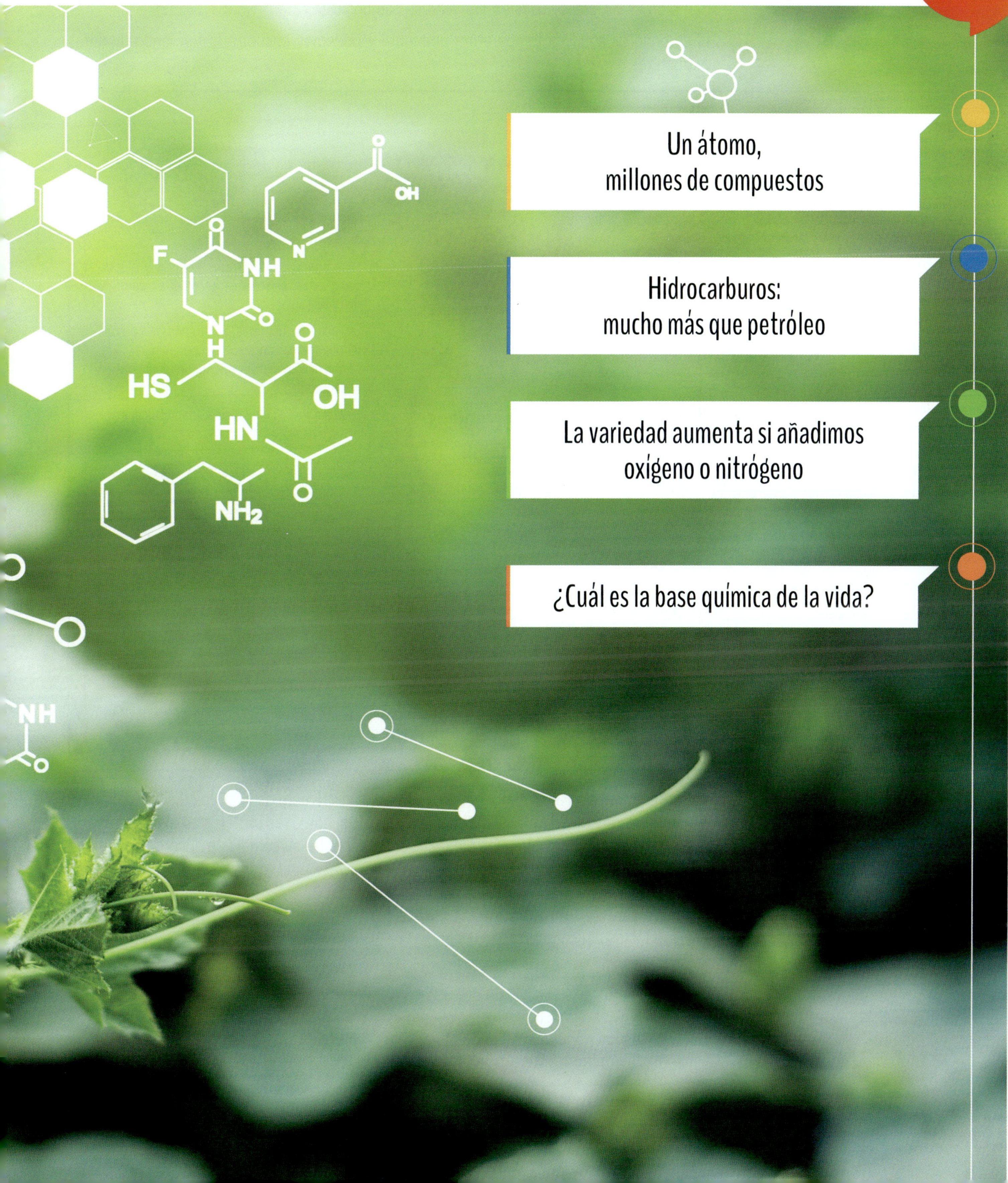

Un átomo,
millones de compuestos

Hidrocarburos:
mucho más que petróleo

La variedad aumenta si añadimos
oxígeno o nitrógeno

¿Cuál es la base química de la vida?

1. EL CARBONO EN LA NATURALEZA

El carbono (C) es un elemento no metálico situado en el grupo 14 de la tabla periódica. Su número atómico es 6 y el número másico del isótopo estable más abundante es 12.

Es un constituyente esencial de todos los seres vivos y el segundo elemento más abundante en estos, con el 18 % en masa de su composición.

El carbono es sólido a temperatura ambiente y podemos encontrarlo formando distintas estructuras estables:

Formas alotrópicas del carbono

Grafito

Sólido de color negro, tacto suave y conductor de la electricidad.

Estructura cristalina formada por láminas planas y paralelas entre sí de átomos de carbono unidos fuertemente por enlaces covalentes y distribuidos siguiendo un patrón hexagonal. Las láminas se unen mediante fuerzas débiles, por lo que el grafito es fácilmente exfoliable.

Aplicaciones: mina de lápices, fabricación de ladrillos, lubricante sólido, fabricación de piezas mecánicas, etc.

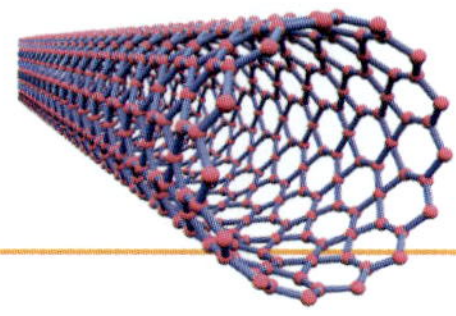

Nanotubos

Muy buenos conductores térmicos y eléctricos y muy resistentes, entre otras sorprendentes propiedades.

Estructuras tubulares de átomos de carbono unidos fuertemente entre sí por enlaces covalentes que se distribuyen siguiendo un patrón hexagonal.

Aplicaciones: biomedicina, electrónica, etc.

Diamante

Sólido transparente y muy duro que se forma en el interior de la Tierra bajo presiones y temperaturas muy elevadas. No conduce la electricidad.

Estructura cristalina tridimensional donde cada átomo de carbono se encuentra unido fuertemente por enlaces covalentes a otros cuatro distribuidos en una geometría tetraédrica.

Aplicaciones: joyería, corte y pulido industrial, etc.

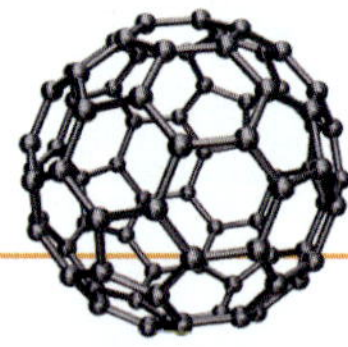

Fullerenos

Sólidos blandos y solubles en disolventes orgánicos. Se comportan como semiconductores.

Estructuras discretas esféricas formadas por átomos de carbono unidos fuertemente entre sí por enlaces covalentes y distribuidos en patrones pentagonales y hexagonales, como un balón de fútbol.

Aplicaciones: biomedicina, fabricación de celdas fotovoltaicas, etc.

Grafeno

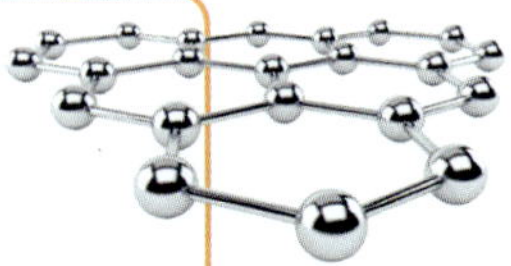

Es el material más fino que se ha sintetizado y el mejor conductor térmico. Conduce la electricidad mejor que el cobre y la plata.

Está constituido por una sola lámina de grafito.

Aplicaciones ilimitadas: electrónica, industria, energía, biomedicina, etc.

Además, el carbono es el elemento que forma mayor número de compuestos. Actualmente se conocen más de 50 millones, algunos **naturales,** como las proteínas o el caucho natural, y otros **sintéticos,** como los plásticos o el nailon. De su estudio se encarga la llamada *química orgánica* o *química del carbono.*

Alotropía

Es la propiedad de algunas sustancias de presentarse en estructuras diferentes.

La **química del carbono** estudia las propiedades, la estructura y la reactividad de los compuestos del carbono.

Actividades

1. Investiga por qué el científico Friedrich Wöhler se considera un pionero de la química orgánica.

2. EL ÁTOMO DE CARBONO Y SUS ENLACES

Ya sabemos que el carbono es el elemento que presenta mayor número de compuestos. ¿Qué le otorga este distintivo?

Asómate
El átomo de carbono

2.1. LA SINGULARIDAD DEL CARBONO

Analicemos la configuración electrónica del átomo de carbono:

$$C\ (Z = 6):\ 1\,s^2\ 2\,s^2\ 2\,p^2$$

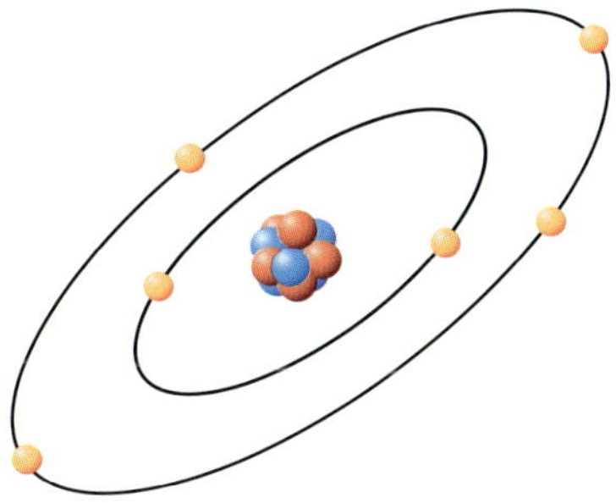

Cada átomo de carbono tiene cuatro electrones en su capa de valencia, por lo que al formar cuatro emparejamientos electrónicos adquiere una estructura electrónica externa de capa completa, como el neón, lo que le confiere mayor estabilidad.

Estos cuatro emparejamientos electrónicos se pueden establecer entre átomos de carbono u otros átomos (hidrógeno, oxígeno, nitrógeno, etc.), dando lugar a enlaces covalentes.

EJEMPLO 1

Fíjate en la estructura molecular del metano (CH_4):

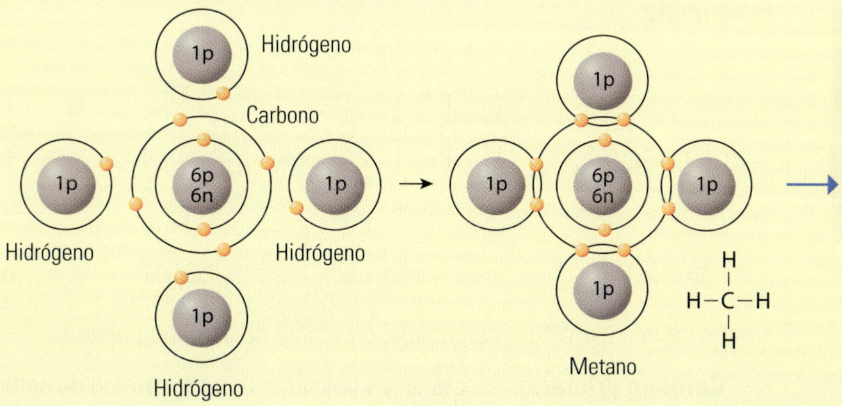

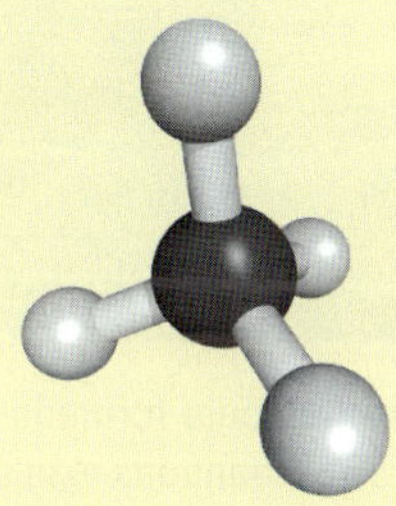

Cada átomo de carbono se une a cuatro átomos de hidrógeno, compartiendo en cada enlace un par de electrones. Los enlaces no están en el mismo plano, sino que cada uno se orienta hacia un vértice de un tetraedro regular para minimizar las repulsiones entre los pares electrónicos de los cuatro enlaces y maximizar el espacio disponible para cada átomo enlazado al carbono.

Actividades

2. **El tetracloruro de carbono es un compuesto orgánico cuya fórmula es CCl_4.**

a) Explica su estructura molecular con un esquema.

b) ¿Qué forma adoptará en el espacio?

Visiona este vídeo sobre las peculiaridades del carbono:

https://links.edebe.com/mijfrb

ENLACES SIMPLES, DOBLES Y TRIPLES

La estructura atómica del carbono permite que forme enlaces covalentes muy estables.

El átomo de carbono puede unirse a otros átomos de carbono o a átomos de otros elementos mediante **enlace covalente simple, doble o triple,** según compartan uno, dos o tres pares de electrones, respectivamente.

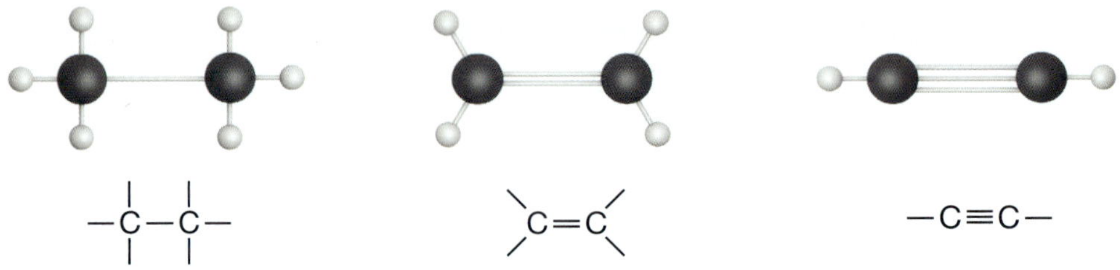

Enlace simple — Enlace doble — Enlace triple

ESTRUCTURAS CARBONADAS Y MACROMOLÉCULAS

El carbono presenta la particularidad de que sus átomos se unen entre sí mediante enlace covalente, dando lugar a una gran variedad de **estructuras carbonadas.**

Las estructuras carbonadas pueden estar constituidas por gran cantidad de átomos de carbono, incluso miles, dando lugar a **macromoléculas.**

En bioquímica las macromoléculas más importantes son los lípidos, las proteínas, los carbohidratos y los ácidos nucleicos.

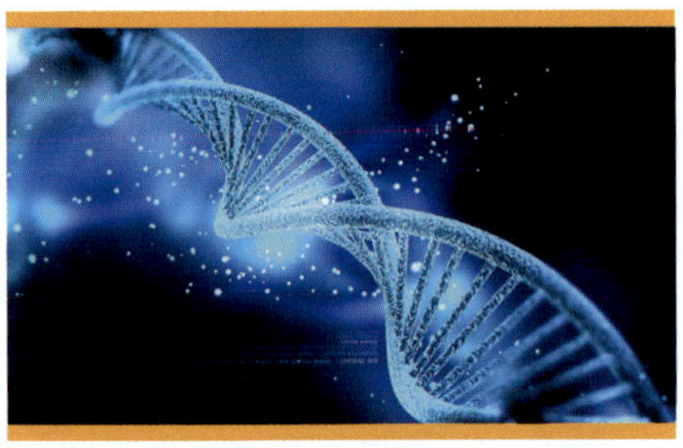

El ADN es una macromolécula formada por la unión de estructuras carbonadas más sencillas denominadas *nucleótidos.*

Las estructuras carbonadas pueden ser **abiertas** o **cerradas** y cualquiera puede ser o no **ramificada:**

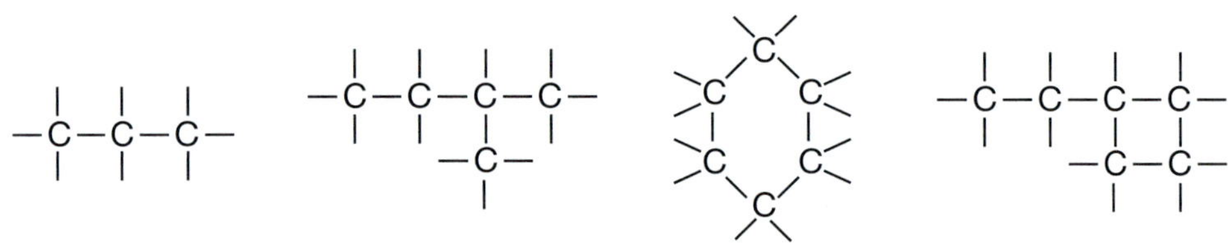

Abierta — Abierta ramificada — Cerrada — Cerrada ramificada

Dentro de una estructura carbonada, un átomo de carbono puede ser:

— **Carbono primario:** si está unido únicamente a otro átomo de carbono.

— **Carbono secundario:** si está unido a otros dos átomos de carbono.

— **Carbono terciario:** si está unido a tres átomos de carbono.

— **Carbono cuaternario:** si está unido a cuatro átomos de carbono.

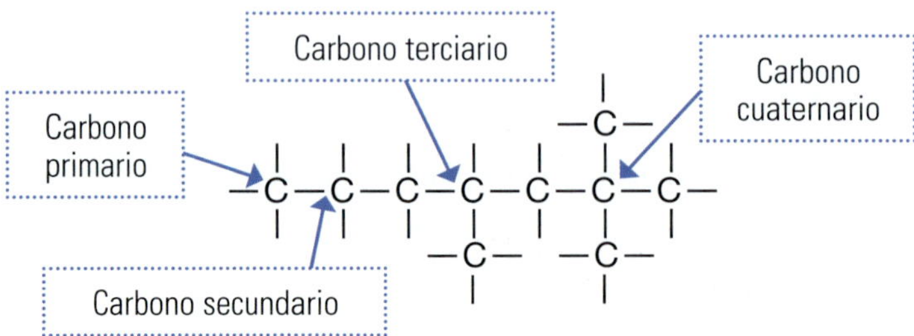

Echa un vistazo a...
La singularidad del carbono

2.2. LAS FÓRMULAS EN LA QUÍMICA DEL CARBONO

Los compuestos del carbono se pueden expresar mediante las mismas fórmulas que estudiamos para representar las sustancias inorgánicas.

Sin embargo, en el caso de los compuestos del carbono, la fórmula empírica carece de utilidad práctica debido a que todos estos compuestos son moleculares y la **fórmula molecular** resulta insuficiente debido a que **no distingue** compuestos con diferente estructura o distribución espacial; se trata de los llamados **isómeros.**

La **fórmula estructural** es la **más empleada** para representar un compuesto orgánico y es la que utilizamos como **referencia** para construir el **nombre sistemático** de una sustancia.

MODELO MOLECULAR

Representa los átomos como esferas o semiesferas unidas emulando la estructura espacial de la molécula para facilitar su comprensión.

Tipos de fórmulas químicas

Fórmula molecular

Representa mediante símbolos y subíndices la cantidad de átomos de cada tipo que forman una molécula.

C_4H_{10}

Fórmula empírica

Representa mediante símbolos y subíndices la proporción en la que se encuentran los átomos que forman la sustancia.

C_2H_5

Fórmula estructural

Representa cómo están unidos los átomos de una sustancia y su disposición en el espacio, con diferente grado de detalle según la fórmula estructural empleada:

Semidesarrollada

Representa los enlaces entre átomos de carbono.

Desarrollada

Representa todos los enlaces de la estructura.

Espacial

Representa todos los enlaces y su distribución espacial.

Existen dos compuestos isómeros con la misma fórmula molecular C_4H_{10}.

Semidesarrollada:

$CH_3-CH_2-CH_2-CH_3$

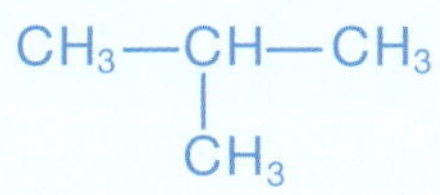

Desarrollada:

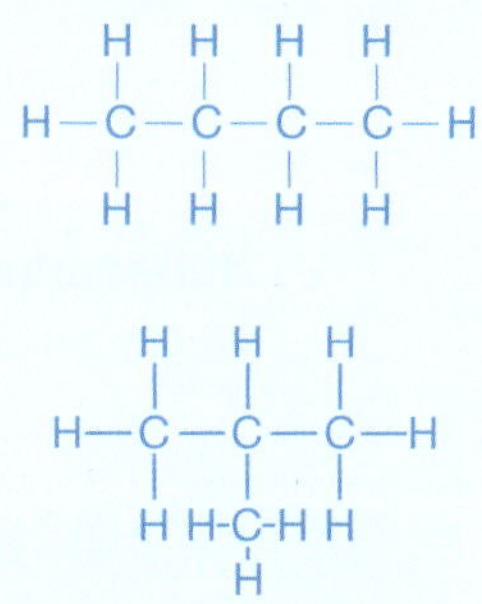

Espacial:

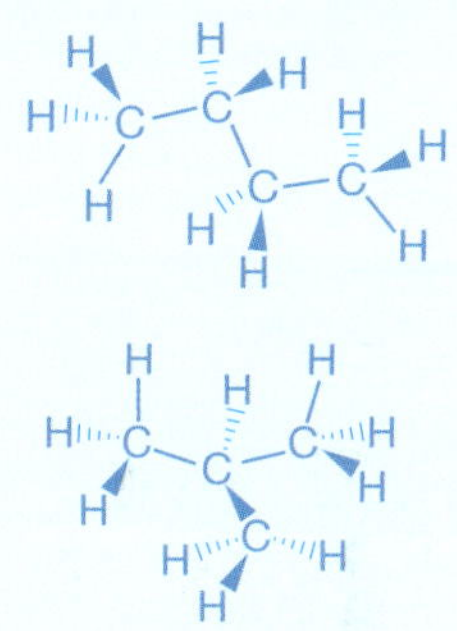

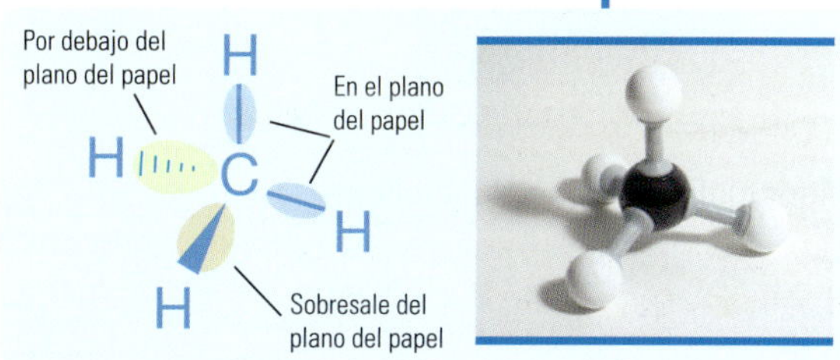

Actividades

3. **Observa la fórmula semidesarrollada de las siguientes sustancias orgánicas:**

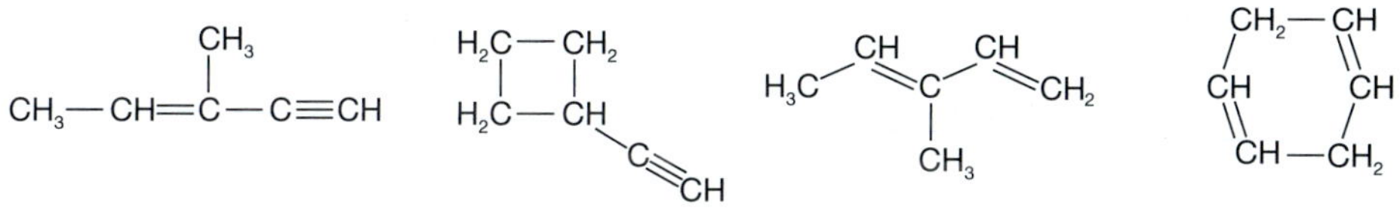

a) ¿Cuántos enlaces simples, dobles y triples hay en cada estructura?

b) Clasifica cada estructura carbonada como abierta, abierta ramificada, cerrada o cerrada ramificada.

c) Indica en cada átomo de carbono si es primario, secundario, terciario o cuaternario.

d) Escribe la fórmula molecular y la fórmula empírica de cada compuesto. ¿Hay compuestos isómeros?

Los hidrocarburos se obtienen principalmente del petróleo y constituyen una fuente de energía. Además, son la base para la fabricación de numerosos materiales, como los plásticos, las fibras textiles sintéticas o los cosméticos.

Fórmula esquemática

Es la representación simplificada de la fórmula espacial o de la fórmula semidesarrollada en forma de línea poligonal, en la que cada vértice representa un átomo de carbono y sus correspondientes átomos de hidrógeno, cuyos símbolos se omiten (en ocasiones se mantienen los de los extremos). El resto de los átomos se escriben expresamente.

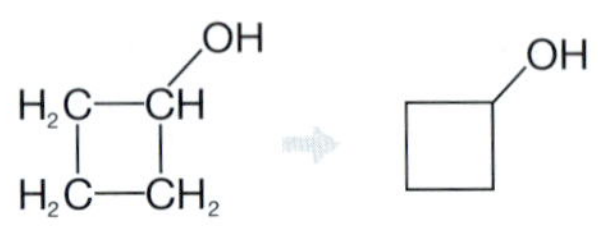

3. HIDROCARBUROS

Entre las sustancias orgánicas tienen una especial importancia los *hidrocarburos,* componentes fundamentales del petróleo y del gas natural.

> Los **hidrocarburos** son compuestos orgánicos formados solamente por átomos de **carbono** e **hidrógeno.**

Atendiendo a su estructura y a sus características, los hidrocarburos se clasifican en dos grandes grupos:

— **Hidrocarburos aromáticos.** Comprenden el benceno y sus derivados. Son compuestos con gran estabilidad química debido a la estructura del **benceno,** una cadena cerrada plana de seis átomos de carbono con tres enlaces dobles alternados.

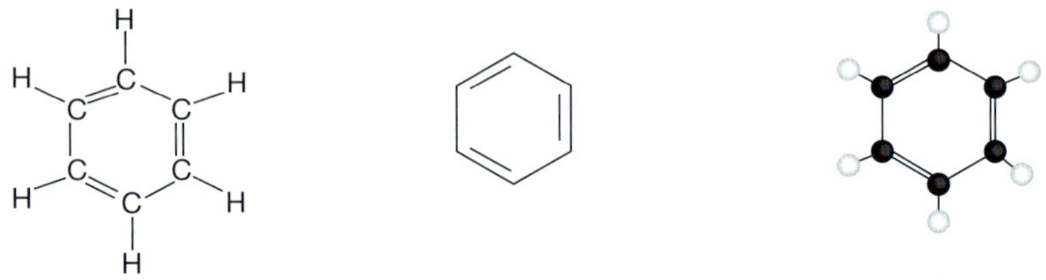

Fórmula desarrollada — Fórmula esquemática — Modelo molecular

— **Hidrocarburos alifáticos.** Son todos los no aromáticos, independientemente de que tengan enlaces múltiples o cadenas cerradas.

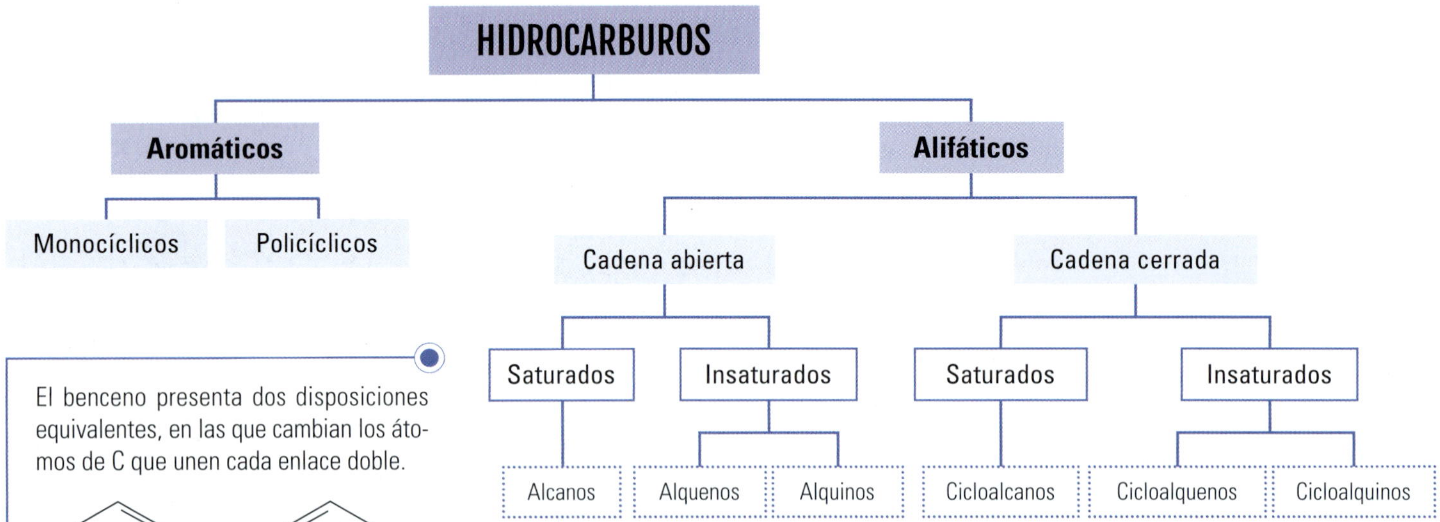

El benceno presenta dos disposiciones equivalentes, en las que cambian los átomos de C que unen cada enlace doble.

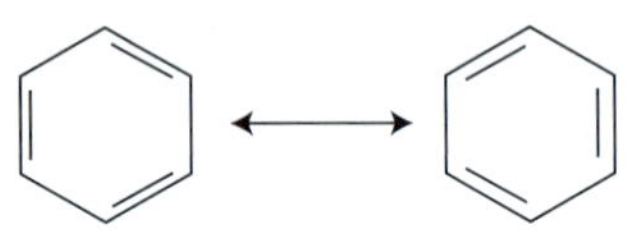

Se suele representar como:

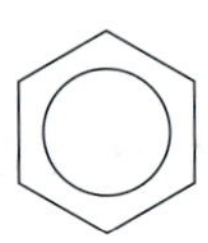

En un **hidrocarburo saturado** todos sus átomos de carbono están unidos a través de **enlaces simples.** Se denominan, en general, **alcanos.**

Un **hidrocarburo insaturado** presenta, al menos, un **enlace múltiple,** denominado **insaturación.** En general, si el enlace es doble, se denomina **alqueno,** y si es triple recibe el nombre de **alquino.**

Un **hidrocarburo cíclico** presenta en su estructura una **cadena carbonada cerrada.**

EJEMPLO 2

Clasifica los siguientes hidrocarburos como saturados o insaturados:

a) 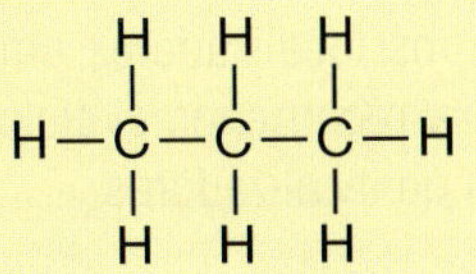

b) 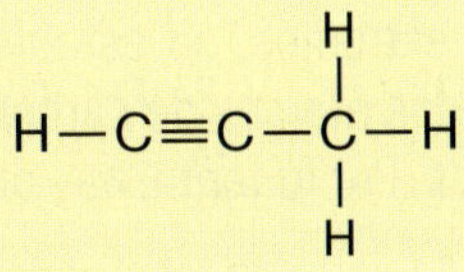

a) Es un hidrocarburo saturado, ya que todos sus átomos de carbono están enlazados mediante enlaces simples.

b) Es un hidrocarburo insaturado, puesto que presenta un enlace triple entre dos átomos de carbono.

3.1. NOMBRE DE LOS HIDROCARBUROS

Para construir el nombre de los hidrocarburos y, en general, de los compuestos de carbono, empleamos la **nomenclatura sustitutiva,** que se basa en la adición de **afijos** y **números** al nombre de un **hidrocarburo progenitor:**

— Los **afijos** informan de las características del hidrocarburo: si es cadena principal o ramificación, si es cadena abierta o cerrada y el tipo de enlace entre átomos de carbono.

— Los **números,** denominados **localizadores,** identifican cada átomo de carbono y sirven para ubicar las ramificaciones e insaturaciones.

Hidrocarburos insaturados no ramificados de cadena abierta

1. Se identifica el hidrocarburo progenitor.
2. Se establecen correlativamente los localizadores de los átomos de carbono (1, 2, 3, etc.), empezando por ambos extremos de la cadena. Por tanto, hay dos secuencias posibles de localizadores.
3. El localizador de cada insaturación (enlace múltiple) es el de su primer átomo de carbono en el sentido de la numeración. Si hay una única insaturación, de los dos localizadores posibles se escoge el menor.
4. Si hay varias insaturaciones, se forman los dos conjuntos posibles de sus localizadores ordenados de menor a mayor (sin diferenciar entre enlace doble o triple).

   A continuación, se comparan ambos conjuntos número a número; cuando se dé la primera diferencia, se escoge la serie del menor. Si hay dos series iguales, tiene prioridad la que asigna el menor localizador al enlace doble.
5. Se construye el nombre de la siguiente forma:
   — Nombre del hidrocarburo progenitor sin la terminación *ano.*

   — Afijos de las insaturaciones por orden alfabético *(eno, ino),* precedidas de su localizador separado por guiones.

   Si hay más de una insaturación del mismo tipo, se le añade un prefijo multiplicador (*di, tri,* etc.) precedido de todos sus localizadores separados por comas y sin espacios.

   — La terminación *ano* del hidrocarburo progenitor conserva la vocal *a* cuando el siguiente afijo comienza por consonante (*di, tri,* etc.).

   — Si hay dos tipos de insaturación, la vocal final *o* del primer afijo se omite cuando el siguiente comienza por vocal.

Hidrocarburo progenitor

Es un hidrocarburo saturado no ramificado de cadena abierta. Se nombra con un prefijo, según el número de átomos de carbono, y la terminación *-ano.*

Metano, CH_4

Etano, $CH_3—CH_3$

Propano, $CH_3—CH_2—CH_2—CH_3$

Butano, pentano, hexano, etc.

Cuando las insaturaciones solo pueden estar en una determinada posición de la molécula, los localizadores se omiten porque no son necesarios (hay una única posibilidad). Por ejemplo:

$CH_2{=}CH_2$: eteno

$CH{\equiv}CH$: etino

$CH_2{=}C{=}CH_2$: propadieno

Sin embargo:

1 2 3
$CH_3—CH{=}CH_2$: prop-1-eno
3 2 1

Hidrocarburo progenitor

Es un hidrocarburo saturado no ramificado de cadena cerrada. Se nombra añadiendo el prefijo *ciclo-* al nombre del hidrocarburo progenitor de cadena abierta: ciclopropano, ciclobutano, ciclopentano, ciclohexano, etc.

Hidrocarburos insaturados no ramificados de cadena cerrada

1. Se identifica el hidrocarburo progenitor.
2. Como no hay extremos, se establecen correlativamente los localizadores empezando por los dos átomos de carbono de una insaturación y recorriendo el ciclo en ambos sentidos. Por lo tanto, hay dos secuencias posibles de localizadores.
3. La elección de la serie de localizadores y la construcción del nombre siguen las mismas reglas que para los hidrocarburos insaturados no ramificados de cadena abierta.

EJEMPLO 3

Observa cómo se nombran los siguientes hidrocarburos insaturados no ramificados de cadena abierta:

a)
1 2 3 4 5 6
$CH_3-CH_2-CH_2-CH=CH-CH_3$
6 5 4 3 2 1

Progenitor: hexano.

Insaturaciones: un enlace doble.

Localizadores: se elige {2} frente a {4} por ser el menor.

Nombre: hex-2-eno.

b)
1 2 3 4 5 6
$CH_2=CH-CH_2-CH=C=CH_2$
6 5 4 3 2 1

Progenitor: hexano.

Insaturaciones: tres enlaces dobles.

Localizadores: se elige {1,2,5} frente a {1,4,5} porque 2 es menor que 4.

Nombre: hexa-1,2,5-trieno.

c)
1 2 3 4 5 6
$CH_3-CH=CH-CH_2-C\equiv CH$
6 5 4 3 2 1

Progenitor: hexano.

Insaturaciones: un enlace doble y uno triple.

Localizadores: se elige {1,4} frente a {2,5} porque 1 es menor que 2.

Nombre: hex-4-en-1-ino.

d)
1 2 3 4 5 6
$CH_2=CH-CH=CH-C\equiv CH$
6 5 4 3 2 1

Progenitor: hexano.

Insaturaciones: dos enlaces dobles y uno triple.

Localizadores: se elige el localizador 1 para el enlace doble en {1,3,5}.

Nombre: hexa-1,3-dien-5-ino.

EJEMPLO 4

Observa cómo se nombran los siguientes hidrocarburos insaturados no ramificados de cadena cerrada.

a)

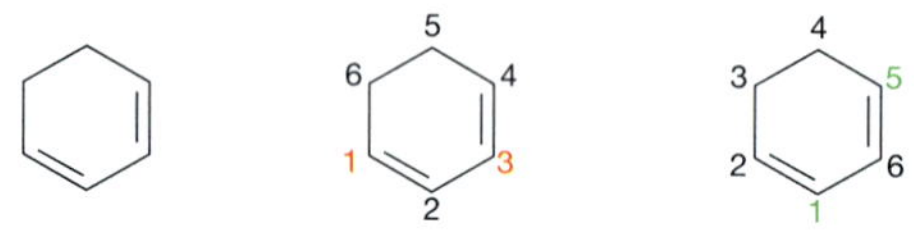

Progenitor: ciclohexano.

Insaturaciones: dos enlaces dobles.

Localizadores: se elige {1,3} frente a {1,5} porque 3 es menor que 5.

Nombre: ciclohexa-1,3-dieno.

b)

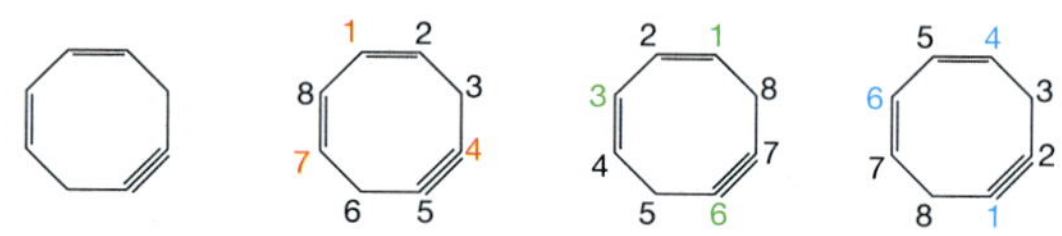

Progenitor: ciclooctano.

Insaturaciones: dos enlaces dobles y uno triple.

Localizadores: se elige {1,3,6} frente a {1,4,7} o {1,4,6} porque 3 es menor que 4.

Nombre: ciclohepta-1,3-dien-6-ino.

Actividades

4. Nombra los siguientes compuestos y determina la fórmula molecular de cada uno:

$CH_3-C\equiv C-CH=CH_2$

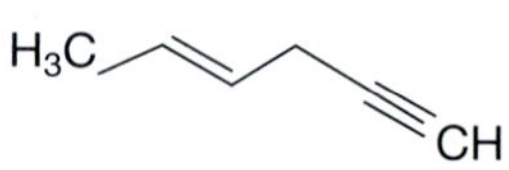

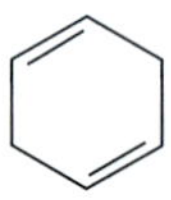

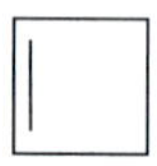

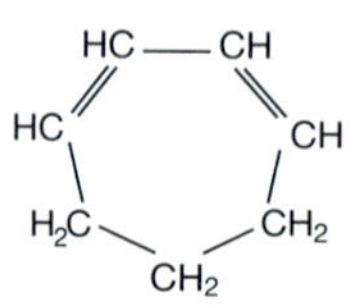

$CH_3-CH=CH-CH=CH-CH_3$

$CH_3-CH=C=CH-CH_2-CH=CH-CH_3$

5. Formula los siguientes compuestos:

a) Cicloocta-1,4-dieno
b) Pent-1-en-4-ino
c) Hepta-2,6-dien-4-ino
d) Octa-1,2,5,7-tetraeno
e) Hex-5-en-1-ino
f) Hex-4-en-2-ino
g) Butanotrieno
h) Penta-2,4-diino
i) Ciclohepta-1,3,5-trieno
j) But-2-eno

Ramificaciones en hidrocarburos

1. Las **ramificaciones** o **grupos sustituyentes** son cadenas más cortas unidas a la cadena principal del hidrocarburo.
2. Las más simples son saturadas no ramificadas y se nombran a partir de su propio hidrocarburo progenitor, sustituyendo el sufijo *ano* por *ilo*.
3. El localizador es necesario cuando la unión de la ramificación no se lleva a cabo por su extremo.

Algunos ejemplos son:

CH_3- metilo

CH_3-CH_2- etilo

$CH_3-CH_2-CH_2-$ propilo

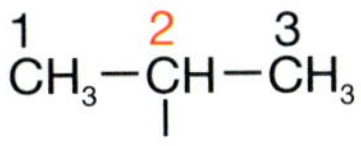
propan-2-ilo

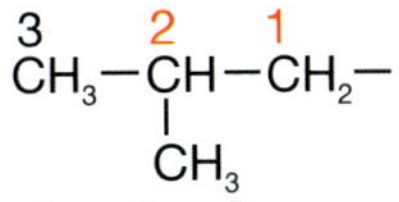
2-metilpropilo

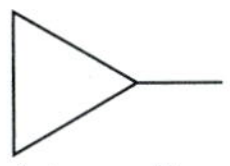
ciclopropilo

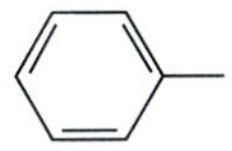
fenilo

Hidrocarburos ramificados

Los hidrocarburos ramificados más sencillos se nombran como sigue:

1. Se identifica la cadena principal, que es la de mayor número de átomos de carbono.
2. El nombre del compuesto se construye a partir del nombre de la cadena principal precedido del nombre de los grupos sustituyentes sin la última vocal *(metil, etil, ciclopropil,* etc.).

   Los grupos sustituyentes se incluyen por orden alfabético, con prefijo multiplicador si hay varios iguales y con sus localizadores en la cadena principal (como en el caso de las insaturaciones).

Conoces las...
Normas para nombrar hidrocarburos ramificados

EJEMPLO 5

Observa cómo se nombran los siguientes hidrocarburos ramificados:

a) 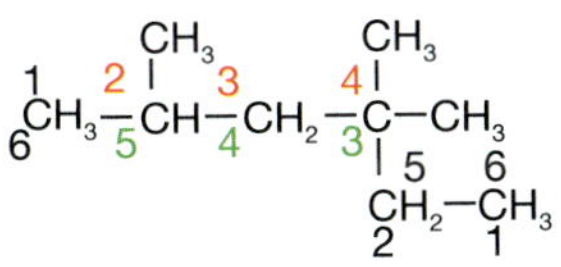

Cadena principal: seis átomos de carbono, hexano.

Ramificaciones: tres ramificaciones etilo.

Localizadores: se elige {2,4,4} frente a {3,3,5}.

Nombre: 2,4,4-trimetilhexano.

b) 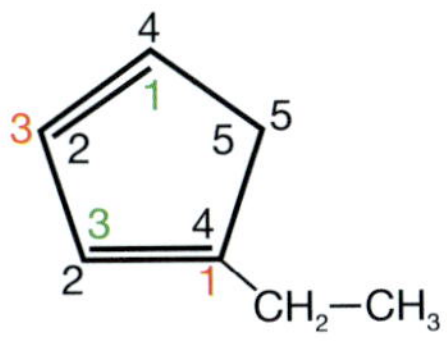

Cadena principal: cerrada de cinco carbonos, ciclopenta-1,3-dieno.

Ramificaciones: una ramificación etilo.

Localizadores: se elige {1,3} para los enlaces dobles y {1} para la ramificación.

Nombre: 1-etilciclopenta-1,3-dieno.

c) 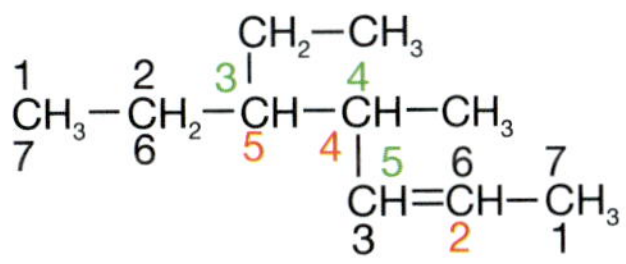

Cadena principal: siete átomos de carbono, hept-2-eno.

Ramificaciones: dos ramificaciones, etilo y metilo.

Localizadores: el {2} del enlace doble de la cadena principal supedita el resto.

Nombre: 5-etil-4-metilhept-2-eno.

d) 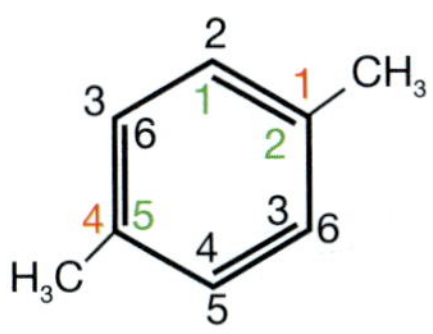

Cadena principal: benceno.

Ramificaciones: dos ramificaciones metilo.

Localizadores: se elige {1,4}.

Nombre: 1,4-dimetilbenceno.

Actividades

6. Nombra el siguiente compuesto:

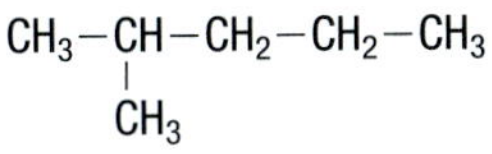

7. Formula los siguientes compuestos:

a) 2,4-dimetilhepta-1,5-dieno

b) 3-etil-4-metilhept-3-eno-1,5-diino

4. GRUPOS FUNCIONALES

¿Lo vemos?
Grupos funcionales

Además de los enlaces carbono-carbono y carbono-hidrógeno, los compuestos orgánicos pueden presentar enlaces entre el carbono y otros átomos, como oxígeno, nitrógeno o halógenos.

Un **grupo funcional** es un átomo o conjunto de átomos unidos de una manera determinada que confieren las **propiedades características** del compuesto orgánico al que pertenecen.

En un mismo compuesto puede haber varios grupos funcionales iguales o diferentes, lo que da lugar a gran diversidad de sustancias.

Los compuestos que tienen el mismo grupo funcional se agrupan en **familias.** Todos los compuestos de una familia tienen, por tanto, unas propiedades químicas características similares.

Cuando haya varios grupos funcionales diferentes en un compuesto, uno será el principal y los demás serán secundarios o grupos sustituyentes, de acuerdo con la jerarquía que se muestra en la tabla:

GRUPOS FUNCIONALES ORDENADOS DE MAYOR A MENOR JERARQUÍA

Jerarquía	Grupo funcional	Nombre	Familia de compuestos	Sufijo cuando sea el principal	Prefijo cuando sea secundario
1.º	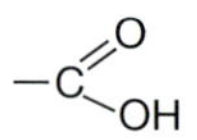	carboxilo	ácidos carboxílicos	*-oico*	—
2.º	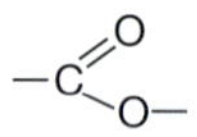	oxicarbonilo	ésteres	*-oato* de (ramificación)	*oxi-* *oxo-*
3.º	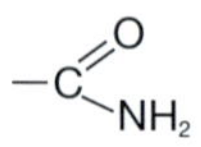	aminocarbonilo	amidas	*-amida*	*amino-* *oxo-*
4.º	—C≡N	ciano	nitrilos	*-nitrilo*	*ciano-*
5.º	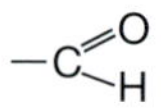	carbonilo primario	aldehídos	*-al*	*oxo-*
6.º	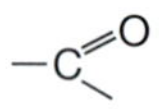	carbonilo secundario	cetonas	*-ona*	*oxo-*
7.º	—OH	hidroxilo	alcoholes	*-ol*	*hidroxi-*
8.º	$—NH_2$	amino	aminas	*-amina*	*amino-*
9.º	—O—	oxi	éteres	—	*oxi-*
10.º	—X (X es un halógeno)	halógeno	derivados halogenados	—	*fluoro-* *cloro-* *bromo-* *yodo-*

EJEMPLO 6

El grupo funcional —OH define a la familia de los *alcoholes*. El metanol y el etanol son ejemplos de alcoholes y, por tanto, presentan propiedades químicas similares:

$CH_3—OH$

$CH_3—CH_2—OH$

— Tanto el metanol como el etanol son líquidos incoloros muy volátiles. Al quemarse, el metanol produce una llama blanca; el etanol, una llama azul.

— Mientras que el metanol es tóxico, el etanol forma parte, en pequeñas cantidades, de las bebidas alcohólicas.

— El metanol se emplea como combustible, mezclado con gasolina, y para fabricar otras sustancias. El etanol se utiliza como disolvente, desinfectante y combustible.

Observa la fórmula tridimensional y la estructura del clorometano:

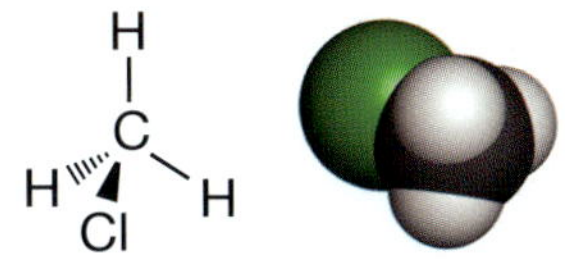

El clorometano se utiliza en la industria como disolvente, desengrasante y refrigerante.

EJEMPLO 7

Para cada compuesto, identifica los grupos funcionales, deduce cuál es el de mayor jerarquía y determina la familia a la que pertenece.

a) 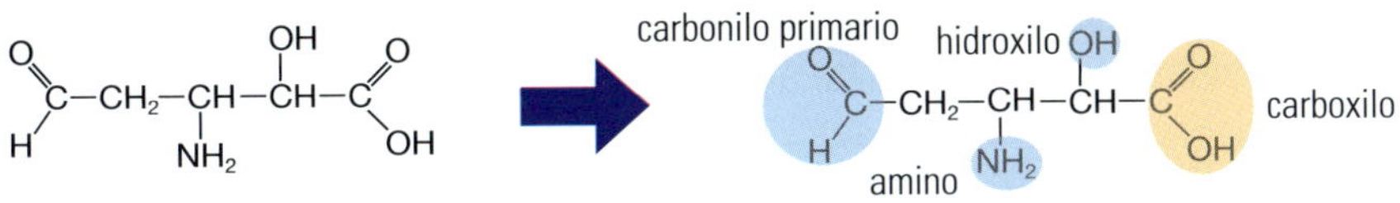

Grupo funcional de mayor jerarquía: carboxilo. Compuesto: ácido carboxílico.

b) 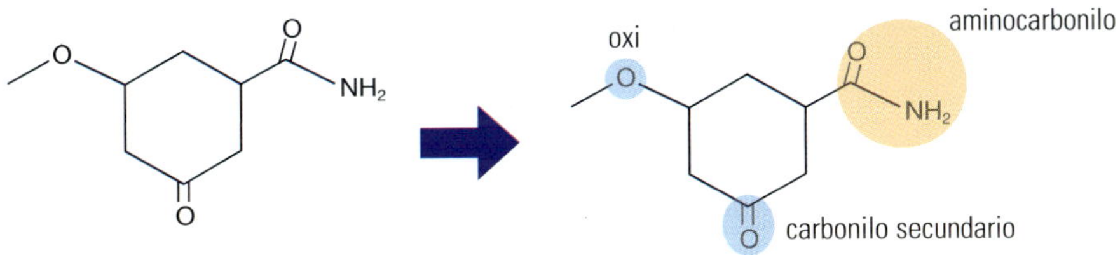

Grupo funcional de mayor jerarquía: aminocarbonilo. Compuesto: amida.

c) 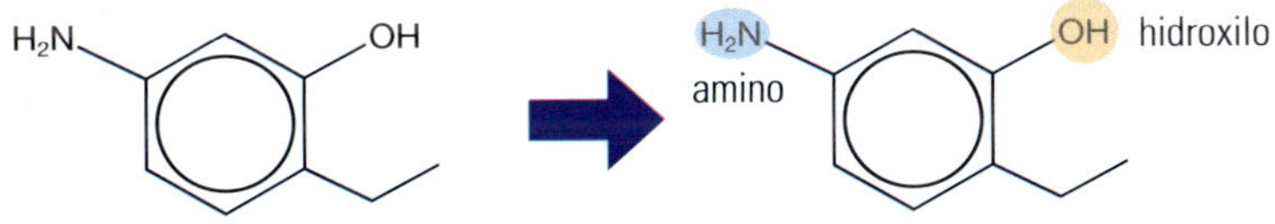

Grupo funcional de mayor jerarquía: hidroxilo. Compuesto: alcohol.

d) 

Grupo funcional de mayor jerarquía: carbonilo primario. Compuesto: aldehído.

Actividades

8. Identifica los grupos funcionales, nómbralos, deduce cuál es el de mayor jerarquía y determina la familia a la que pertenece.

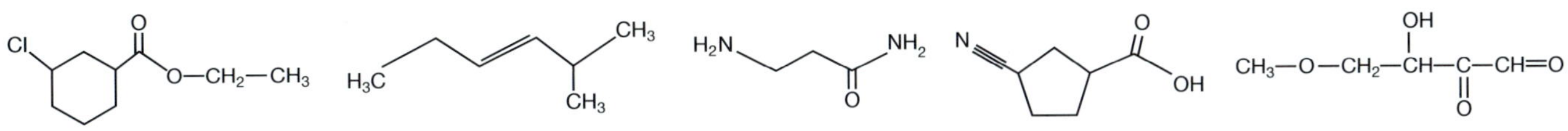

4.1. NOMBRE DE COMPUESTOS ORGÁNICOS CON GRUPOS FUNCIONALES

El nombre de estos compuestos se basa en el nombre de la **cadena principal,** que se corresponde con el grupo funcional de mayor jerarquía (grupo funcional principal) y, consecuentemente, con la **familia de compuestos** a la que pertenece.

Compuestos orgánicos con grupos funcionales

1. Se identifica la cadena principal, que es la de mayor número de átomos de carbono que contiene al grupo funcional de mayor jerarquía (excepto en el caso de los grupos oxi y halógeno, que siempre se consideran grupos sustituyentes).
2. Se establecen los localizadores asignando el menor al grupo funcional principal y el resto como corresponda.
3. El nombre de la cadena principal se forma sustituyendo la vocal *o* de la terminación *-ano, -eno* o *-ino* del hidrocarburo correspondiente por el sufijo característico del grupo funcional principal.

   Cuando el grupo funcional principal solamente puede ocupar un extremo de la cadena, como los grupos carboxilo, oxicarbonilo, aminocarbonilo, ciano o carbonilo primario, el localizador 1 se omite al construir el nombre.
4. El nombre del compuesto se forma con el nombre de los grupos sustituyentes y grupos funcionales secundarios, ordenados por orden alfabético y precedidos de sus localizadores, seguido del nombre de la cadena principal.

EJEMPLO 8

Observa cómo se nombran los siguientes compuestos con grupos funcionales:

a)

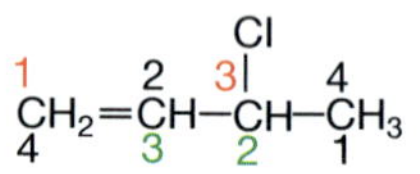

Como el cloro se considera grupo sustituyente, los localizadores están supeditados al enlace doble.

Nombre: 3-clorobut-1-eno.

b)

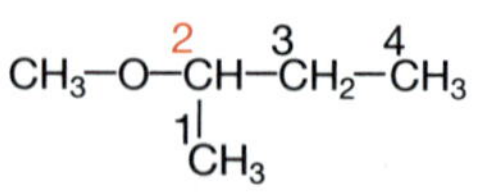

Como oxi se considera grupo sustituyente, se nombra como prefijo y su localizador es {2} frente a {4}.

Nombre: 2-metoxibutano.

c)

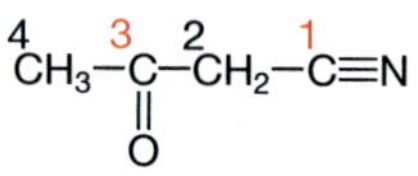

El grupo funcional principal es el ciano, al que corresponde el localizador {1}, que se omite.

Nombre: 3-oxobutanonitrilo.

d)

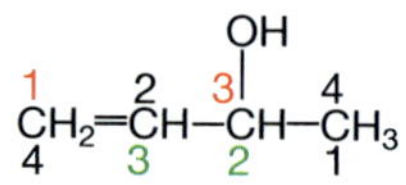

Como el hidroxilo es el grupo funcional principal, los localizadores están supeditados a él.

Nombre: but-3-en-2-ol.

e)

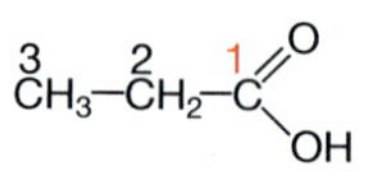

El grupo funcional principal es el carboxilo, al que corresponde el localizador {1}, que se omite.

Nombre: ácido propanoico.

f)

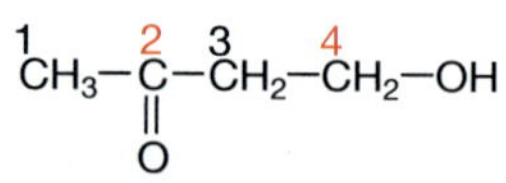

Como el carbonilo secundario es el grupo funcional principal, los localizadores están supeditados a él.

Nombre: 4-hidroxibutan-2-ona.

4.2. FAMILIAS DE COMPUESTOS ORGÁNICOS

Cuando los compuestos orgánicos contienen un único grupo funcional, podemos agruparlos por familias vinculadas a su composición.

En este esquema se muestran estas familias de compuestos y sus enlaces característicos:

¿Qué es esto?
Familias de compuestos orgánicos

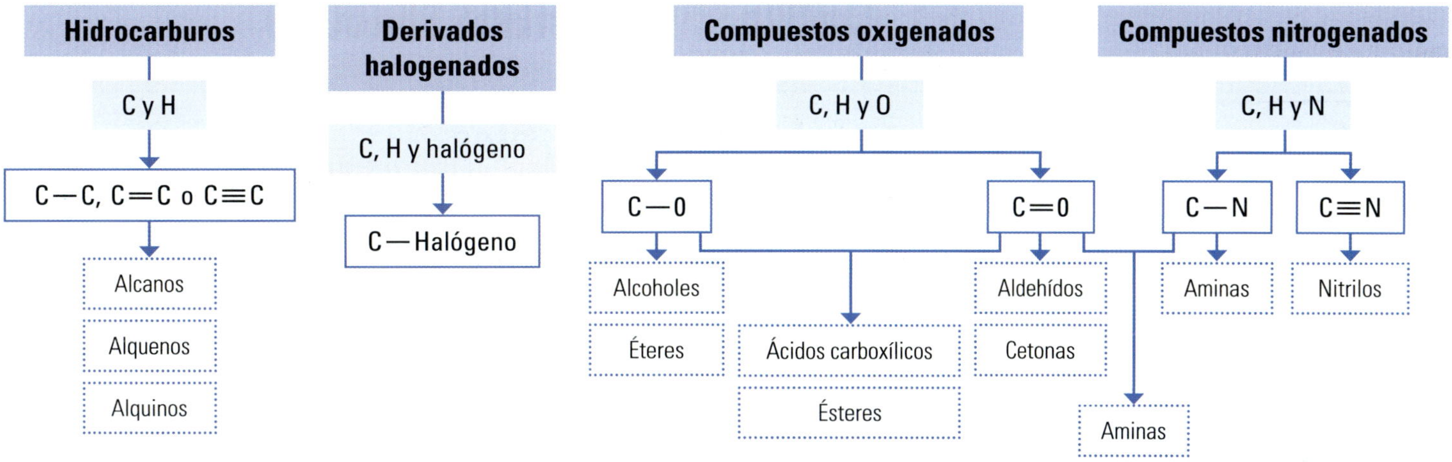

EJEMPLO 9

Los compuestos nitrogenados también pueden tener sustituyentes unidos al átomo de nitrógeno. En este caso, el localizador es N. Observa cómo se nombran.

a)

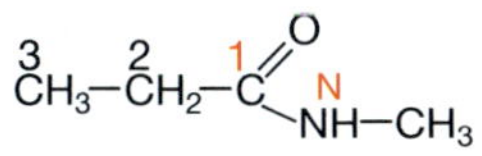

El grupo funcional principal es aminocarbonilo. Le corresponde el localizador 1, que se omite. La ramificación metilo está unida al nitrógeno con localizador N.

Nombre: N-metilpropanamida.

b)

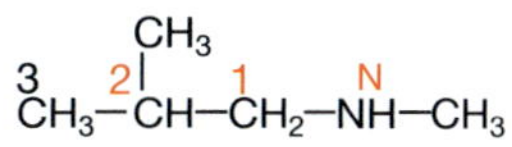

El grupo funcional principal es amino. Le corresponde el localizador 1, que se omite. Las ramificaciones metilo están unidas al nitrógeno {N} y al carbono {2}.

Nombre: N,2-dimetilpropanamina.

Actividades

9. Nombra los siguientes compuestos y determina la fórmula molecular de cada uno:

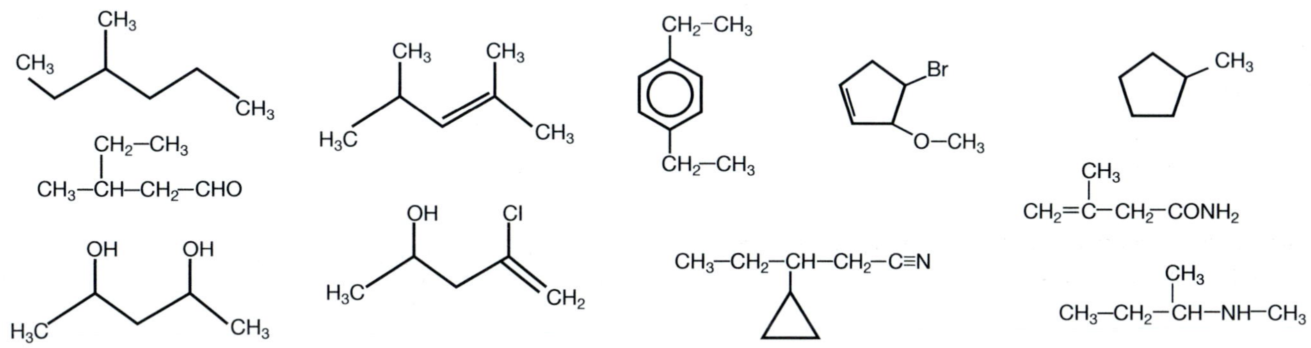

10. Formula los siguientes compuestos:

a) Ácido 3-metilpentanoico
b) 3,4-difluorociclobut-1-eno
c) 4-hidroxi-pent-3-enonitrilo
d) Ciclopentanona
e) N-etil-N-metilpentanamina
f) Ácido propanodioico
g) 4-etil-2-metilhexan-1-ol
h) Pent-1-en-4-ino
i) Metoxietano
j) 1,2,4-trimetilbenceno
k) Ciclohexano-1,3-diol
l) 4-metil-3-oxopentanal

5. COMPUESTOS ORGÁNICOS DE INTERÉS

Entre la gran cantidad de compuestos orgánicos que existen, describimos en este apartado algunos de los más importantes, dada la repercusión que tienen en nuestras vidas.

5.1. COMPUESTOS DE INTERÉS BIOLÓGICO

Macromoléculas naturales

Carbohidratos o glúcidos

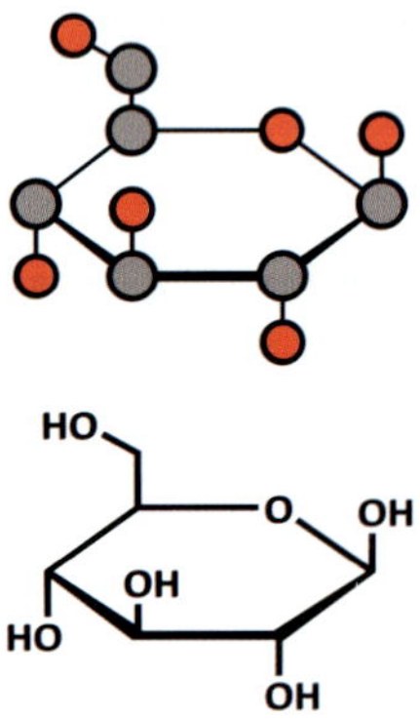

Glucosa

- Macromoléculas constituidas por átomos de **carbono, hidrógeno** y **oxígeno.**
- Aportan energía a las células y forman **estructuras resistentes.**
- Uno de los más simples es la glucosa, $C_6H_{12}O_6$. Se encuentra en la mayoría de las frutas y pertenece a la categoría de los **monosacáridos.**
- Cuando se unen dos monosacáridos, dan lugar a los **disacáridos,** como la sacarosa. Si se unen más de dos monosacáridos, se forman los **polisacáridos,** como la celulosa, que constituye la pared celular de las células vegetales.

Lípidos

- Biomoléculas compuestas por átomos de **carbono, hidrógeno** y **oxígeno.**
- Constituyen una **reserva de energía,** forman estructuras protectoras y regulan el metabolismo (temperatura, hormonas, etc.).

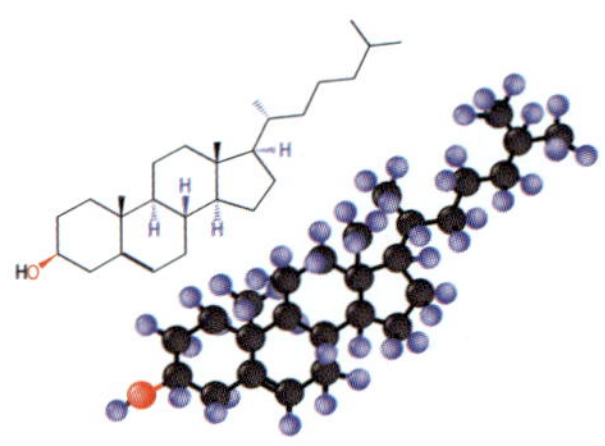
Colesterol

- Presentan el grupo funcional característico oxicarbonilo; se trata de **ésteres.**
- Entre las clases de lípidos, destacan las grasas procedentes de los animales y los aceites y las ceras producidos, normalmente, por las plantas.

Ácidos nucleicos

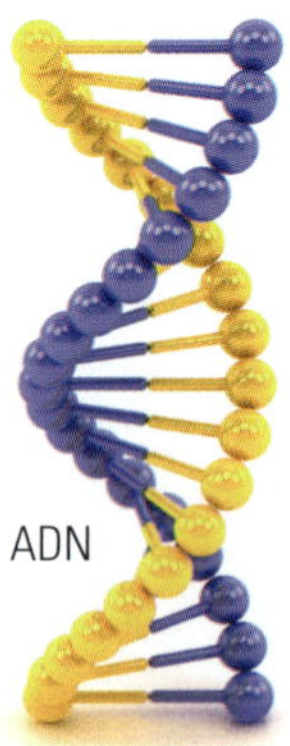
ADN

- Macromoléculas constituidas por átomos de **carbono, hidrógeno, oxígeno, nitrógeno** y **fósforo.** Las unidades que los forman son los nucleótidos.
- Almacenan la **información genética** y son responsables de la transmisión hereditaria.
- Hay dos tipos de ácidos nucleicos: ADN (ácido desoxirribonucleico) y ARN (ácido ribonucleico).

Proteínas

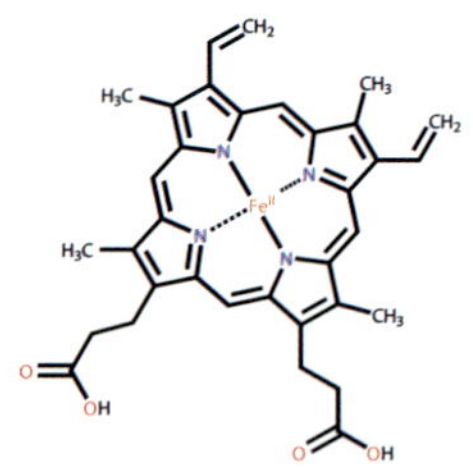
Hemoglobina

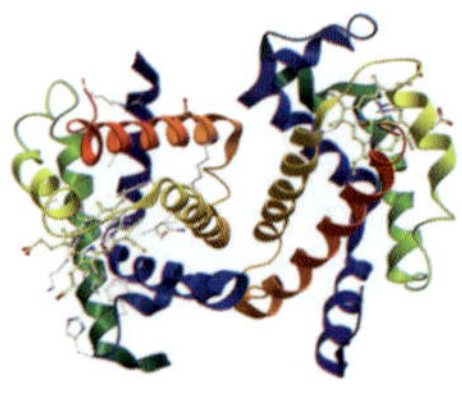

- Macromoléculas formadas por cadenas de **aminoácidos** (presentan grupo amino y carboxilo). Están compuestas por átomos de **carbono, hidrógeno, oxígeno, nitrógeno** y **azufre.**
- Se encargan de, prácticamente, todas las **funciones biológicas:** catálisis, regulación hormonal, defensa, transporte, etc.
- Todas las proteínas del cuerpo humano están formadas por la unión de aminoácidos, de los que existen hasta 20 distintos.

Actividades

11. Infórmate sobre la insulina. Indica si se trata de un glúcido, un lípido, una proteína o un ácido nucleico y explica la función que cumple dentro del organismo.

5.2. COMPUESTOS DE INTERÉS INDUSTRIAL

Uno de los productos más fabricados por la industria, dadas sus innumerables aplicaciones, es el conocido en conjunto como *plásticos.* Estos están formados por grandes moléculas, denominadas *polímeros.*

> Los **polímeros** son macromoléculas constituidas por la unión sucesiva de moléculas más pequeñas llamadas **monómeros.**

Los polímeros pueden ser **naturales,** como el almidón, la celulosa o el caucho natural, o **sintéticos,** como el polieteno (PE) o el policloroeteno (más conocido como policloruro de vinilo o PVC).

La reacción mediante la cual se obtiene un polímero a partir de sus monómeros se denomina **polimerización.**

EJEMPLO 10

Observa la ecuación química que representa la reacción de polimerización (formación) del PVC:

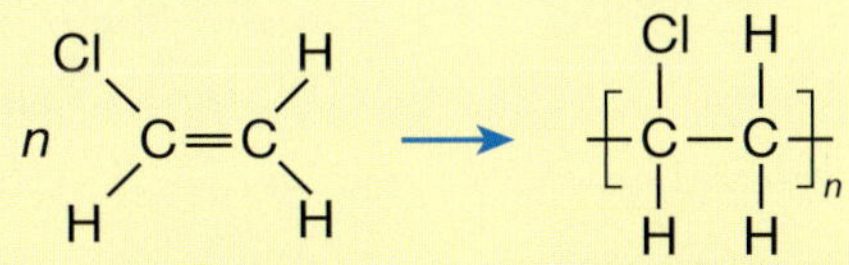

Cloroeteno (monómero) → Policloroeteno (polímero)

LOS POLÍMEROS Y EL MEDIOAMBIENTE

Los plásticos, dada su gran versatilidad, presentan muchas ventajas. Sin embargo, debemos ser conscientes del **impacto ambiental:**

— Por un lado, se genera gran nivel de **contaminación** durante su producción en la **industria química.**

— Por otro, el **uso desmesurado** que se hace actualmente de estos compuestos genera gran cantidad de **residuos.**

Los residuos plásticos tienen un tiempo de descomposición de cientos de años. Por eso debemos reducir la generación de estos residuos y fomentar el uso de **plásticos biodegradables,** que se destruyen por la acción de los microorganismos.

Observa el proceso de reciclado de plásticos:

Actividades

12. Organizad un debate en clase sobre cómo podemos disminuir el impacto ambiental de los plásticos. Pensad tanto en medidas individuales como colectivas.

Conoce más sobre...
Compuestos de interés industrial

ODS

Cada año entre 5 y 13 millones de toneladas de plástico acaban en los océanos. Se estima que actualmente existen más de 150 millones de toneladas de este material en las aguas marinas, lo que genera un importante daño medioambiental, económico y para la salud.

Para hacer frente a este problema, resulta esencial reducir la generación de residuos plásticos y fomentar la reutilización y el reciclaje. También es indispensable estimular nuevos modelos de negocio, producción y consumo inteligentes y circulares que cubran toda la cadena de valor.

Cada tipo de polímero cuenta con un código de identificación plástico (PIC):

Ciencia a tu alcance

En práctica: Comparación de propiedades entre los compuestos orgánicos e inorgánicos

¿Cómo podemos diferenciar una sustancia orgánica de una sustancia inorgánica sin conocer su composición? ¡Investiguémoslo! En grupos, aplicaremos el método científico para resolver esta cuestión.

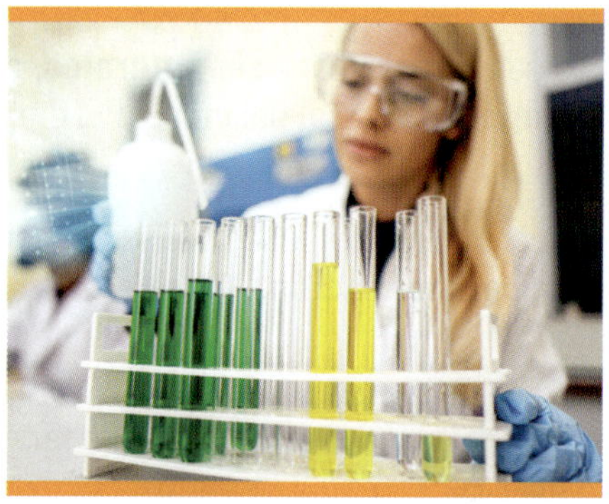

1 Planteamiento del problema

Nos preguntamos qué diferencia a una sustancia orgánica de una sustancia inorgánica.

2 Formulación de hipótesis

Entre todos los miembros del grupo, redactamos una hipótesis:

«Las propiedades físicas y químicas de las sustancias orgánicas son diferentes a las de las sustancias inorgánicas».

3 Comprobación de la hipótesis

Para poder comprobar la hipótesis, debemos **planificar el experimento** que vamos a realizar:

Objetivos

— Identificar sustancias orgánicas e inorgánicas por sus propiedades.

Material

— Cuatro tubos de ensayo y gradilla.

— Agua destilada.

— Sacarosa, sal común, vinagre y bicarbonato de sodio (hidrogenocarbonato de sodio).

— Espátula y cuentagotas.

— Cuatro vasos de precipitados.

— Conductivímetro.

— Tres cápsulas de porcelana.

— Mechero de Bunsen.

— Pinzas.

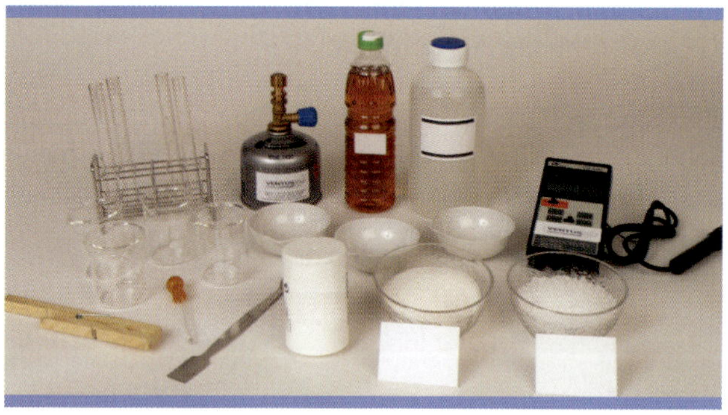

Experimentación

Llevad a cabo estas tres experiencias:

Comprobación de la solubilidad en agua

— Coged los tubos de ensayo y llenad cada uno hasta la mitad con agua destilada.

— Con la espátula, agregad al primer tubo una pequeña cantidad de sacarosa.

— Haced lo mismo con la sal común en el segundo tubo.

— En el tercer tubo, añadid unas gotas de vinagre con la ayuda del cuentagotas.

— Por último, en el cuarto tubo poned una pequeña cantidad de hidrogenocarbonato de sodio.

— Numerad los tubos y agitadlos para intentar mezclar cada sustancia con el agua. ¿Qué ocurre?

Comprobación de la conductividad eléctrica

— Preparad en los vasos de precipitados cuatro disoluciones acuosas: una con cada una de las muestras.

— Medid la conductividad eléctrica de cada disolución con el conductivímetro. ¿Qué valores habéis obtenido? ¿En qué unidades están expresados?

Comprobación de la temperatura de fusión

— Con la espátula, agregad en la primera cápsula de porcelona una pequeña cantidad de sacarosa, en la segunda una pequeña cantidad de sal común y en la tercera, de hidrogenocarbonato de sodio.

— Coged cada cápsula con las pinzas y calentadlas con el mechero de Bunsen. Observad si se derriten o no y el tiempo que tardan.

Obtención de datos

Describid el estado físico y las propiedades organolépticas de las cuatro sustancias (color, olor y textura):

1. ....

2. ....

3. ....

4. ....

Completad la siguiente tabla en vuestro cuaderno:

Muestra	Solubilidad en agua ✗/✓	Conductividad eléctrica ✗/✓	Temperatura de fusión (alta o baja)
1			
2			
3			
4			

Análisis de datos

Informaos sobre las propiedades generales de los compuestos orgánicos e inorgánicos y, según la tabla anterior, clasificad cada una de las sustancias como orgánica o inorgánica:

Muestra 1: .... **Muestra 2:** .... **Muestra 3:** .... **Muestra 4:** ....

Comprobad si vuestra **hipótesis es cierta.** En caso negativo, formulad una nueva hipótesis y repetid el proceso.

4 Extracción de conclusiones

¿A qué conclusiones habéis llegado? ¿Qué propiedades diferencian una sustancia orgánica de una inorgánica?

5 Comunicación de resultados

Por último, redactad un **informe** de la práctica que responda a las distintas etapas del método científico y exponedlo en clase. Para ello, podéis elaborar una presentación en formato digital.

Sigue investigando

Buscad en Internet las fórmulas de cada una de las sustancias anteriores. ¿Por qué tipo de átomos están formadas? ¿Concuerdan con los resultados obtenidos en la práctica anterior? Nombrad correctamente cada una.

Síntesis

Química del carbono

- **El carbono en la naturaleza**
  - Constituyente esencial de los seres vivos
  - Formas alotrópicas
    - Grafito
    - Diamante
    - Fullerenos
    - Nanotubos
    - Grafeno
- **El átomo de carbono y sus enlaces**
  - Puede formar hasta cuatro enlaces covalentes con otros átomos, que pueden ser
    - Simples
    - Dobles
    - Triples
  - Da lugar a cadenas carbonadas y macromoléculas
  - Las fórmulas empleadas para representar los compuestos del carbono son
    - Fórmula molecular
    - Fórmula semidesarrollada
    - Fórmula desarrollada
    - Fórmula espacial
- **Hidrocarburos**
  - Alifáticos
    - De cadena abierta
      - Saturados
        - Alcanos
      - Insaturados
        - Alquenos
        - Alquinos
    - De cadena cerrada
      - Saturados
        - Cicloalcanos
      - Insaturados
        - Cicloalquenos
        - Cicloalquinos
  - Aromáticos
    - Monocíclicos
    - Policíclicos
- **Grupos funcionales**

Nombre	Familia de compuestos
1.º Carboxilo	Ácidos carboxílicos
2.º Oxicarbonilo	Ésteres
3.º Aminocarbonilo	Amidas
4.º Ciano	Nitrilos
5.º Carbonilo primario	Aldehídos
6.º Carbonilo secundario	Cetonas
7.º Hidroxilo	Alcoholes
8.º Amino	Aminas
9.º Oxi	Éteres
10.º Halógeno	Derivados halogenados

- **Compuestos orgánicos de interés**
  - Biológico
    - Glúcidos
    - Lípidos
    - Proteínas
    - Ácidos nucleicos
  - Industrial
    - Polímeros
      - Obtención
      - Aplicaciones
      - Implicaciones medioambientales

PREPARA

13. ●○○ **El diamante es muy duro y el grafito es blando. ¿Puedes indicar la causa de esta diferencia?**

a) Las impurezas presentes en el grafito.

b) Que los enlaces en el grafito no son covalentes.

c) Su diferente estructura cristalina.

14. ●○○ **Razona si las siguientes afirmaciones son verdaderas o falsas:**

a) Los cuatro emparejamientos electrónicos de un átomo de carbono se distribuyen en las direcciones de los vértices de un tetraedro.

b) Los enlaces de un átomo de carbono se pueden distribuir formando una recta.

c) Cada emparejamiento electrónico da lugar a un enlace covalente.

15. ●○○ **Deduce las fórmulas molecular, empírica, desarrollada y esquemática del compuesto:**

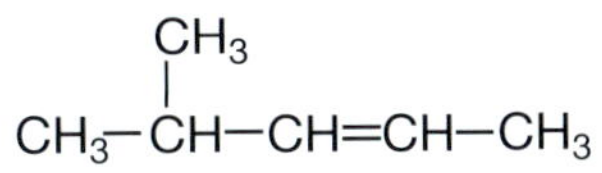

— Identifica cada átomo de carbono como primario, secundario, terciario o cuaternario.

16. ●○○ **¿Verdadero o falso? Razona tu respuesta.**

a) Un hidrocarburo solo puede contener átomos de carbono e hidrógeno.

b) Un alcano es un hidrocarburo de cadena abierta insaturado.

c) Los alquinos son hidrocarburos alifáticos cíclicos.

d) Un hidrocarburo saturado contiene al menos un enlace doble o uno triple.

17. ●○○ **Completa en tu cuaderno la siguiente oración:**

Un grupo .... es un átomo o .... de átomos .... de una manera determinada que confieren las .... características del .... orgánico al que pertenecen.

18. ●○○ **Observa el siguiente compuesto:**

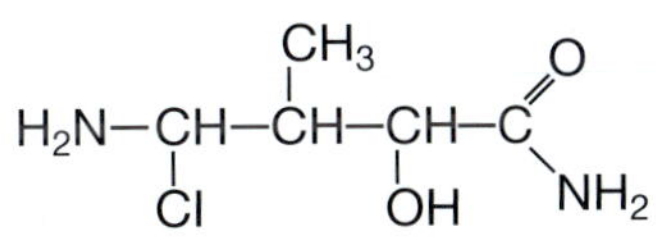

— Señala los grupos funcionales presentes, sus nombres, cuál es el de mayor jerarquía y la familia a la que pertenece el compuesto.

19. ●○○ **Relaciona cada uno de los siguientes términos con la macromolécula a la que corresponde (glúcidos, lípidos, proteínas o ácidos nucleicos):**

a) Aminoácidos

b) Nucleótidos

c) ARN

d) Hemoglobina

e) Polisacáridos

f) Aceites vegetales

g) Glucosa

h) Colesterol

20. ●○○ **Completa en tu cuaderno la siguiente oración:**

Los .... son macromoléculas constituidas por la .... sucesiva de moléculas más pequeñas llamadas ....

ENTRENA

1. El carbono en la naturaleza

21. ●○○ **Enumera las formas alotrópicas del carbono que conoces.**

— Describe la estructura y las propiedades de cada una.

22. ●●○ **Busca en Internet la abundancia de carbono en la corteza terrestre.**

— Exprésala como tanto por ciento en masa.

23. ●●○ **¿Cuál es la diferencia entre isótopos y formas alotrópicas?**

24. ●●○ **Cita ejemplos de compuestos naturales y sintéticos procedentes del carbono.**

25. ●●○ **Observa el ciclo del carbono en la naturaleza:**

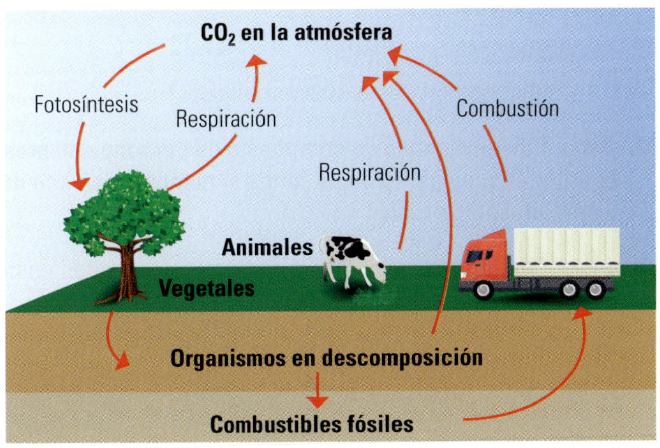

a) ¿De dónde procede el carbono que utilizan los vegetales para formar su materia viva?

b) ¿Cómo pasa el carbono de los vegetales a los animales?

c) Describe las distintas formas por las que el dióxido de carbono vuelve a la atmósfera.

26. ●●● **Visionad en clase el siguiente documental sobre el carbono:**

http://links.edebe.com/ta9

Después, responded a estas preguntas:

a) ¿Qué es la fibra de carbono? ¿Cuáles son sus propiedades?

b) ¿Qué es el aerogel? ¿Cuáles son sus propiedades?

c) Citad algunas de las aplicaciones del carbono y sus derivados.

d) ¿Qué problemas provoca el uso del carbón?

2. El átomo de carbono y sus enlaces

27. ●○○ **Razona los motivos por los que los compuestos de carbono son tan numerosos.**

28. ●○○ **Justifica si las siguientes afirmaciones son verdaderas o falsas. Corrige las falsas.**

a) El carbono puede formar un máximo de cuatro enlaces covalentes.

b) Se denomina *carbono terciario* a aquel que está unido a tres átomos de carbono.

c) La fórmula molecular de un compuesto orgánico representa la proporción en la que se unen sus elementos.

d) Si queremos representar en el espacio todos los enlaces de una molécula orgánica, empleamos su fórmula desarrollada.

29. ●○○ **Elabora un esquema de los tipos de fórmulas que conoces y la información que aporta cada una.**

30. ●○○ **Dibuja en tu cuaderno la fórmula espacial del CH_4.**

31. ●●○ **Los cuatro emparejamientos electrónicos que puede formar el átomo de carbono pueden dar lugar a diferentes enlaces covalentes.**

— ¿De qué enlaces se trata?

— ¿Cuáles son sus diferencias y similitudes?

32. ●●○ **Pon un ejemplo de compuesto de carbono que presente enlaces simples, otro que tenga al menos un enlace doble y otro, un enlace triple.**

33. ●●○ **Cataloga las siguientes cadenas carbonadas como lineales, ramificadas o cerradas:**

a) 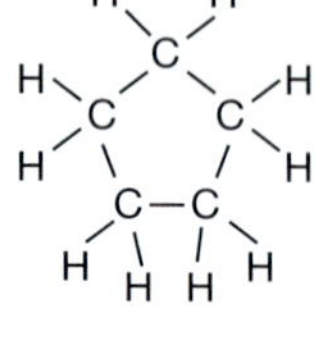

b) 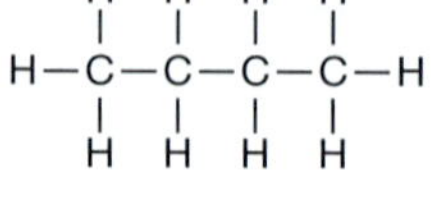

c) 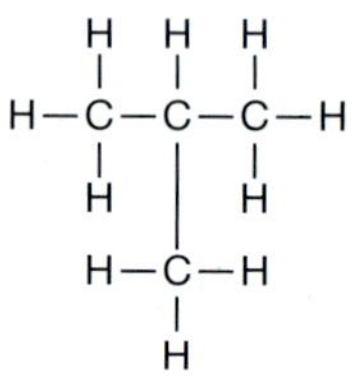

— Escribe las fórmulas semidesarrollada y esquemática de cada compuesto.

34. ●●○ **Dibuja en tu cuaderno un modelo molecular del compuesto $CHCl_3$.**

— Construye en tu casa el modelo molecular con los materiales que tengas a tu disposición.

35. ●●○ **Observa el siguiente compuesto orgánico:**

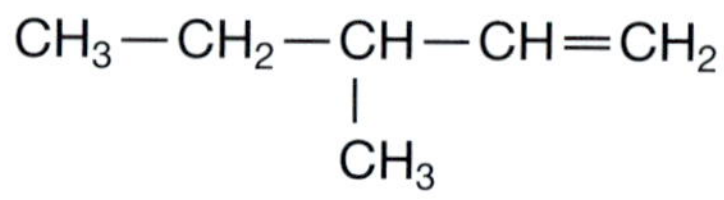

a) Escribe su fórmula molecular.

b) Representa su fórmula desarrollada.

c) Clasifica los tipos de enlace que presenta.

36. ●●○ **Observa el modelo molecular de la figura:**

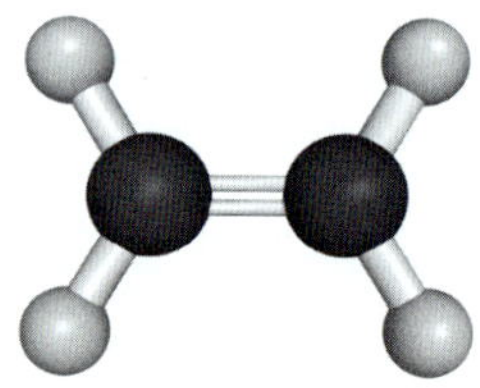

a) Describe los enlaces que presenta.

b) Sabiendo que las esferas negras representan átomos de carbono y las grises son de hidrógeno, representa su fórmula espacial y la semidesarrollada.

37. ●●● **En parejas, analizad la siguiente figura:**

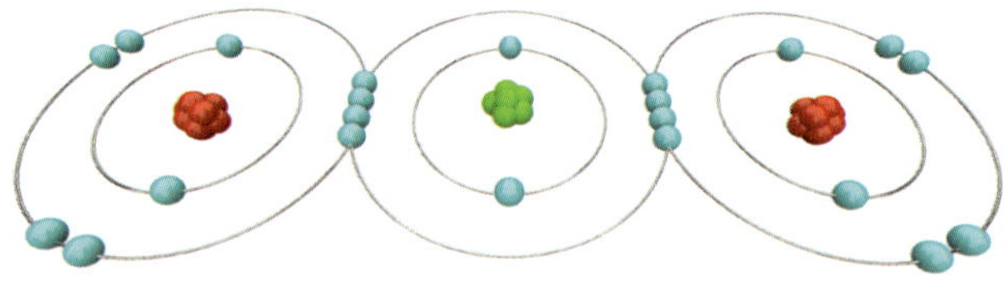

a) Interpretad la información que contiene.

b) ¿Sabríais decir qué molécula representa?

c) Poned en común vuestra respuesta en clase y comprobad si todos habéis llegado a la misma conclusión.

3. Hidrocarburos

38. ●○○ **Indica la diferencia entre compuestos orgánicos alifáticos y aromáticos.**

39. ●○○ **Formula los hidrocarburos: a) propano; b) ciclopenteno; c) benceno; d) ciclobutano; e) eteno.**

40. ●○○ Determina las fórmulas molecular, empírica, semidesarrollada y desarrollada del compuesto:

a) ¿Se trata de un compuesto aromático?

b) Deduce su nombre sustitutivo.

41. ●●○ Clasifica los siguientes hidrocarburos de cadena abierta en alcanos, alquenos o alquinos e indica si son saturados o insaturados:

a) $CH_3-CH=CH-CH_3$

b) $CH\equiv CH$

c) $CH_3-CH_2-CH_3$

d) 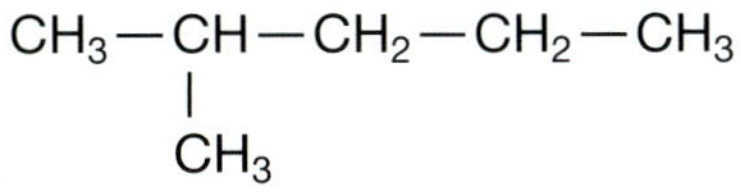

— Nombra cada compuesto.

42. ●●○ Formula estos hidrocarburos:

a) But-1-ino

b) Cicloheptano

c) Ciclobuteno

d) Ciclopenta-1,3-dieno

43. ●●○ Nombra los grupos sustituyentes.

a) 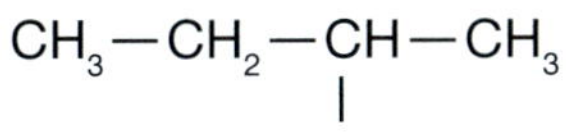

b) $CH_3-CH_2-CH_2-CH_2$

c) 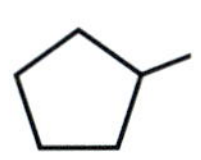

44. ●●○ Determina la fórmula esquemática, la fórmula semidesarrollada y el nombre del compuesto:

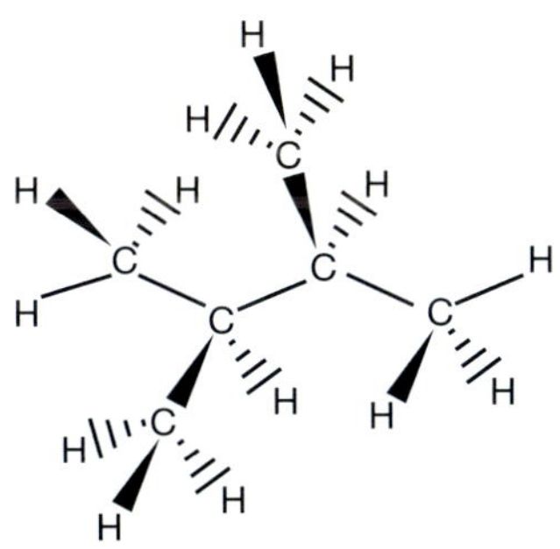

45. ●●○ Formula el compuesto: 3-ciclobutil-4-etilhexa-1,4-dieno.

COMPRENSIÓN. Para formular el compuesto, debemos identificar la cadena principal y los grupos sustituyentes (ramificaciones), formularlos y, a partir de los localizadores, componer la estructura.

RESOLUCIÓN

Cadena principal: hexa-1,4-dieno.

$$\underset{1}{CH_2}=\underset{2}{CH}-\underset{3}{CH_2}-\underset{4}{CH}=\underset{5}{CH}-\underset{6}{CH_3}$$

Ramificaciones:

— Ciclobutilo (localizador {3}): 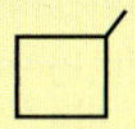

— Etilo (localizador {4}): CH_3-CH_2-

Fórmula: 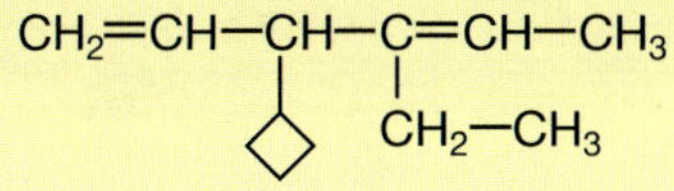

46. ●●○ Formula los compuestos:

a) 4-metilpent-2-eno

b) 4,5-dimetilhex-2-ino

c) 3,4-dimetilpent-2-eno

d) 3-etilciclopent-1-eno

e) 3-etil-6-metilciclohex-1-eno

f) 4-(propan-2-ilo)hept-5-en-1-ino

47. ●●○ Relaciona en tu cuaderno la fórmula de cada uno de los siguientes compuestos aromáticos con su nombre:

a) 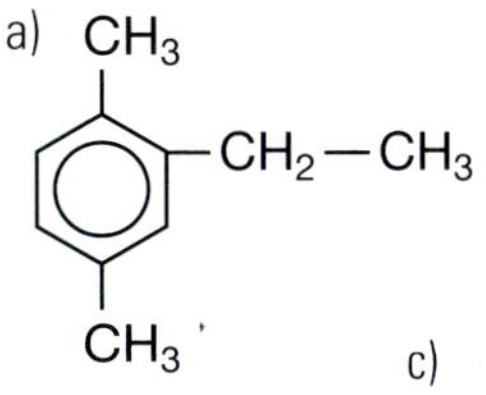

b) 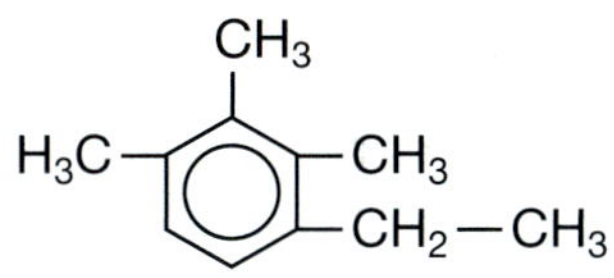

c) 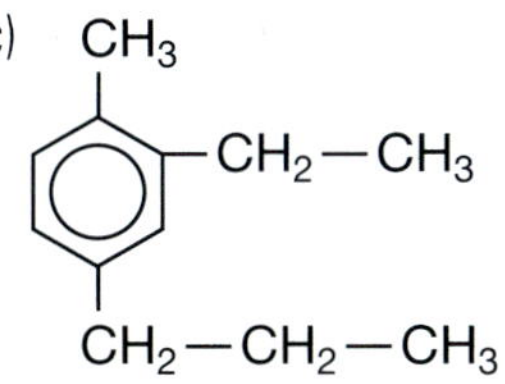

1. 1-etil-2,3,4-trimetilbenceno.
2. 2-etil-1,4-dimetilbenceno.
3. 2-etil-1-metil-4-propilbenceno.

48. ●●○ Formula y nombra al menos cinco compuestos cuya fórmula molecular sea C_8H_{14}.

49. ●●● Nombra los hidrocarburos:

a) 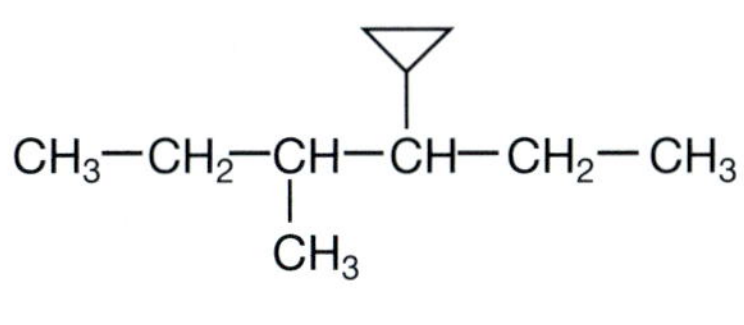

b) 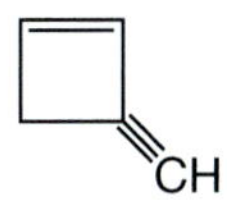

c) 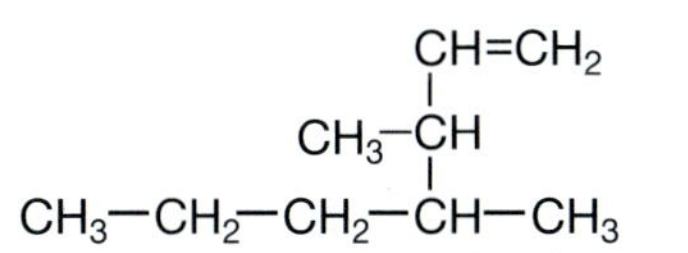

d) 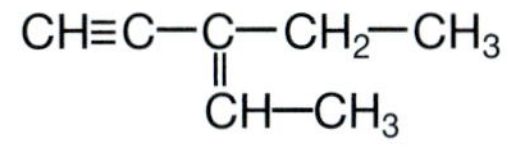

50. ●●● Las bolas de naftalina empleadas para ahuyentar las polillas contienen naftaleno.

a) Busca la fórmula química de este compuesto y su estructura.

b) ¿Es alifático o aromático?

4. Grupos funcionales

51. ●○○ Identifica el grupo funcional de los siguientes compuestos y deduce la familia a la que pertenecen:

a) $CH_3-CH=CH-NH_2$

b) 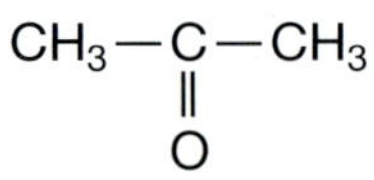

c) 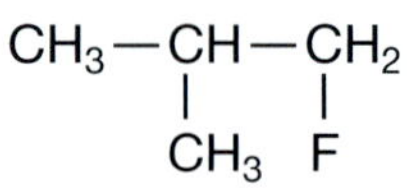

52. ●○○ Formula los siguientes compuestos:

a) Propan-1-ol
b) Etanamina
c) Pentanal
d) Clorociclobutano
e) Ácido butanoico
f) Ciclohexanona

53. ●●○ Completa esta tabla en tu cuaderno y ordena los grupos funcionales por orden creciente de jerarquía:

Familia	Grupo funcional
Éteres	
	—OH
Aldehídos	
	—NH—
Ácidos carboxílicos	
	—O—
Nitrilos	

54. ●●○ Nombra estos compuestos:

a) $CH_3-CH_2-CH_2-O-CH_2-CH_2-CH_3$

b) $(Br)_3CH$

c) $CH_3-CO-NH_2$

d) $CH_3-CH_2-C\equiv N$

55. ●●○ Determina las fórmulas molecular, empírica, semidesarrollada y desarrollada del compuesto:

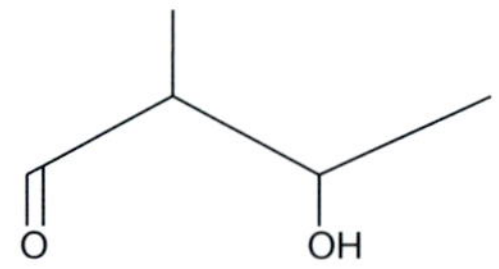

— Señala la cadena principal y nombra el compuesto.

56. ●●○ Formula el compuesto: 5-amino-2-etil-5-oxopent-3-enoico.

COMPRENSIÓN. Para formular el compuesto, debemos identificar la cadena principal y los grupos sustituyentes (ramificaciones y grupos funcionales secundarios), formularlos y, a partir de los localizadores, componer la estructura.

RESOLUCIÓN

Cadena principal: pent-3-enoico (el grupo funcional principal es un carboxilo).

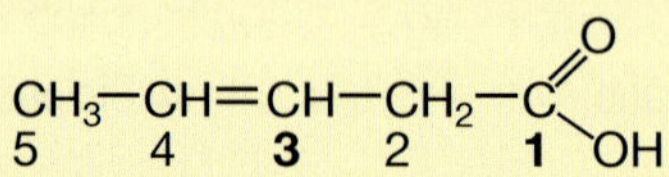

Grupos sustituyentes:

— Amino (localizador {5}): $-NH_2$

— Etilo (localizador {2}): CH_3-CH_2-

— Carbonilo secundario (localizador {5}): $=O$

Fórmula: 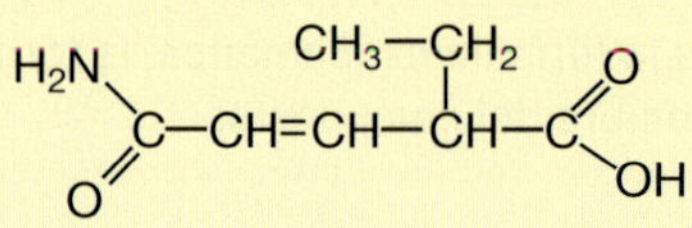

57. ●●○ Formula los siguientes compuestos:

a) Etoxipropano

b) 3-oxohexanal

c) 5-cloro-3-bromo-4-hidroxiheptanonitrilo

d) N-metilpropanamina

e) 4-aminobutanamida

f) Ciclopent-3-en-1-ol

g) 5-amino-2-cloro-5-oxopent-3-enoico

58. ●●● Hay algunos compuestos de carbono que conservan su nombre tradicional y la IUPAC lo asume como nombre preferido, PIN *(Preferred IUPAC Name).* Investiga este nombre para los siguientes compuestos y escribe su fórmula:

a) Etino
b) Propanona
c) Ácido metanoico
d) Ácido etanoico
e) Metilbenceno
f) Ácido etanodioico

59. ●●● Investiga el nombre PIN para los siguientes compuestos:

a) 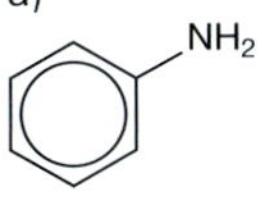

b) 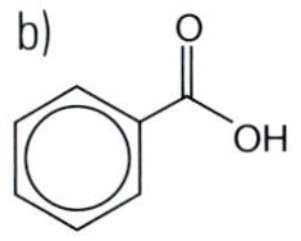

c) 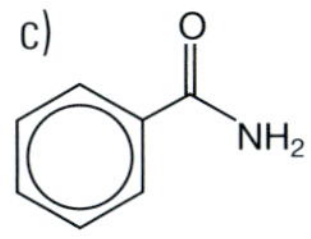

d) 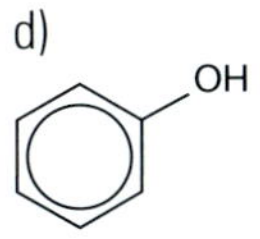

5. Compuestos orgánicos de interés

60. ●○○ Relaciona en tu cuaderno cada uno de los grupos funcionales con los compuestos en los que está presente.

A. Amino
B. Oxicarbonilo
C. Carboxilo
D. Hidroxilo

1. Glúcidos
2. Lípidos
3. Proteínas

61. ●○○ Pon ejemplos de productos de plástico e indica si están compuestos de polímeros naturales o sintéticos.

62. ●●○ Infórmate sobre los siguientes alimentos e indica si son ricos en glúcidos, lípidos o proteínas:

a) Huevos
b) Margarina
c) Aceite de oliva
d) Pasta alimenticia
e) Marisco
f) Pan

63. ●●○ Completa las siguientes cuestiones sobre los polímeros:

a) ¿Cómo se llama la unidad básica que los componen?
b) Explica en qué consiste una reacción de polimerización.
c) ¿Qué repercusiones tiene su utilización sobre el medioambiente?
d) Enumera los procesos que intervienen en el reciclado del plástico.

64. ●●○ El empleo de plásticos ha aumentado notablemente en las últimas décadas, lo que ha generado un gran impacto ambiental en nuestro entorno.

— Cita tres impactos negativos del consumo de plásticos y una posible solución para cada uno.

65. ●●● La baquelita fue el primer polímero sintetizado de forma artificial.

a) Busca la siguiente información en Internet: creador, proceso de síntesis, propiedades y aplicaciones.
b) Elabora una infografía mediante una herramienta digital.

APLICA

66. ●●○ Busca información acerca de los hidrocarburos que están presentes en nuestra vida cotidiana e investiga las consecuencias medioambientales de su empleo.

— Presenta el resultado de la actividad en una infografía realizada con una herramienta digital.

67. ●●● Nombra estos compuestos sabiendo que en ellos el benceno se considera un grupo sustituyente:

a) 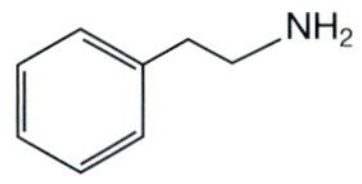

b) 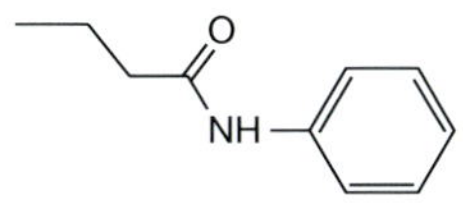

68. ●●● La lisina es un aminoácido esencial cuya fórmula esquemática se representa a continuación. Determina las fórmulas semidesarrollada, molecular y empírica.

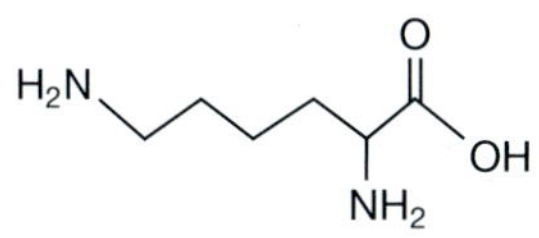

— Construye su nombre sustitutivo.

69. ●●● Formula los compuestos que se nombran a continuación, relaciónalos con compuestos de interés biológico y busca su nombre común.

a) Ácido 2-amino-3-(4-hidroxifenil)propanoico.
b) Ácido octadeca-9,12,15-trienoico.

Piensa sobre...

70. ¿Verdadero o falso? A partir del átomo de carbono, es posible formar millones de compuestos.

71. ¿Qué caracteriza a los hidrocarburos? Elige la respuesta correcta.

a) Solo pueden obtenerse a partir del petróleo.
b) Son compuestos orgánicos formados únicamente por carbono e hidrógeno.
c) Son una mezcla de agua y carbono.

72. Con lo que conoces sobre los compuestos orgánicos, ¿podrías decir con qué elementos puede combinarse el carbono?

73. Los compuestos del carbono son la base química de la vida. ¿Estás de acuerdo con esta afirmación? a) Sí; b) No.

74. ¿Te ha resultado complicado comprender los tipos de compuestos orgánicos y cómo se nombran?

A   B   C

Pon a prueba tus competencias

Vivimos rodeados de compuestos de carbono. Vamos a identificar algunas sustancias orgánicas cotidianas, así como sus propiedades y sus aplicaciones.

75. Resulta curioso que tanto el diamante como el grafito tengan la misma fórmula química: C. Mientras que el primero se utiliza sobre todo en joyería y solo unos pocos lo tienen a su alcance, el grafito nos acompaña día a día en las minas de los lápices.

a) Describe las estructuras del diamante y del grafito. Apoya tu descripción con un esquema que refleje la unión entre átomos en cada uno.

b) Elabora una tabla comparativa que distinga las propiedades de ambas formas alotrópicas del carbono.

c) Escribe la configuración electrónica del carbono y explica por qué puede formar un número tan elevado de compuestos.

76. El polipropeno o polipropileno (PP) es un polímero que se obtiene mediante la polimerización del propeno (o propileno). Se emplea en una gran variedad de productos, como juguetes, vasos de plástico, fundas, piezas, etc.

a) ¿Cuál es entonces su monómero? Represéntalo mediante sus fórmulas semidesarrollada, desarrollada y molecular.

b) Di qué tipo de hidrocarburo es según la clasificación que hemos estudiado en la unidad e indica además si es saturado o insaturado.

c) ¿Qué indica este símbolo?

77. Los perfumes contienen muchos aldehídos que les aportan frescura y perdurabilidad.

a) Representa en tu cuaderno el grupo funcional de esta familia de compuestos.

b) ¿Son compuestos halogenados, oxigenados o nitrogenados?

c) Pon el ejemplo de uno y escribe su fórmula semidesarrollada y su nombre.

78. La acetona, empleada como disolvente, tiene por fórmula CH_3COCH_3.

a) Representa su fórmula desarrollada e identifica el grupo funcional que presenta.

b) Escribe su nombre según la IUPAC.

79. ¿Conoces la diferencia entre las grasas saturadas e insaturadas?

— Infórmate sobre este tema y describe las repercusiones que tiene cada una sobre la salud.

80. Algunas moléculas orgánicas se utilizan como fármacos. Es el caso del ácido acetilsalicílico (aspirina) o del paracetamol. Busca información sobre estas moléculas, escribe en tu cuaderno sus fórmulas e indica sus grupos funcionales.

7

Bloque 3. Los cambios químicos

Las reacciones químicas

Contenidos

Y además...

Ciencia a tu alcance

Volumetría ácido-base

¿Te has fijado?

¿Qué ocurriría en unos autos de choque para moléculas?

¿Por qué el bicarbonato alivia la acidez de estómago?

¡El fuego es una reacción química!

Todo va más rápido con un catalizador

Una industria menos contaminante es posible

Asómate
Las reacciones químicas

1. ¿QUÉ SON LAS REACCIONES QUÍMICAS?

Sabemos que en la naturaleza existen dos tipos de cambios:

— **Cambios físicos.** Se modifica el aspecto de las sustancias que intervienen, pero no cambia su composición química.

— **Cambios químicos.** Unas sustancias se transforman en otras diferentes, con naturaleza y propiedades distintas.

EJEMPLO 1

Clasifica los siguientes cambios como físicos o químicos:

Disolución de azúcar en agua

Oxidación de los metales

— La disolución de azúcar en agua es un cambio físico, ya que la mezcla resultante tiene la misma composición. No se forma ninguna sustancia nueva.

— La oxidación de los metales es un cambio químico, puesto que cambia su composición química al formarse una capa de óxido rojiza sobre el metal.

Los cambios químicos se describen por medio de *reacciones químicas:*

Una **reacción química** es un proceso mediante el cual una o varias sustancias iniciales, los **reactivos,** se transforman en otras distintas denominadas **productos.**

1.1. MECANISMO DE UNA REACCIÓN QUÍMICA

Entra en el siguiente enlace y profundiza en el concepto de **energía de activación** (E_a):

https://links.edebe.com/wegp

En toda reacción química las entidades moleculares de los reactivos (átomos, moléculas o iones) chocan entre sí y sus átomos se reorganizan. Los enlaces entre los átomos de los reactivos se destruyen y se forman nuevos enlaces, que dan lugar a los productos.

Sin embargo, no todos los choques conducen a la obtención de productos. Para que un **choque** sea **eficaz** y se formen los productos, debe reunir dos requisitos:

— **Energía suficiente** para que se rompan los enlaces entre átomos de reactivos. La energía mínima necesaria para que se produzca la reacción se llama **energía de activación (E_a).**

— **Orientación adecuada** para que, al romperse los enlaces, los átomos libres se puedan unir de la manera que requiere la formación de los productos.

Esta explicación del mecanismo de una reacción se denomina **teoría de las colisiones.**

EJEMPLO 2

Observa los choques que pueden darse entre las moléculas de bromo e hidrógeno:

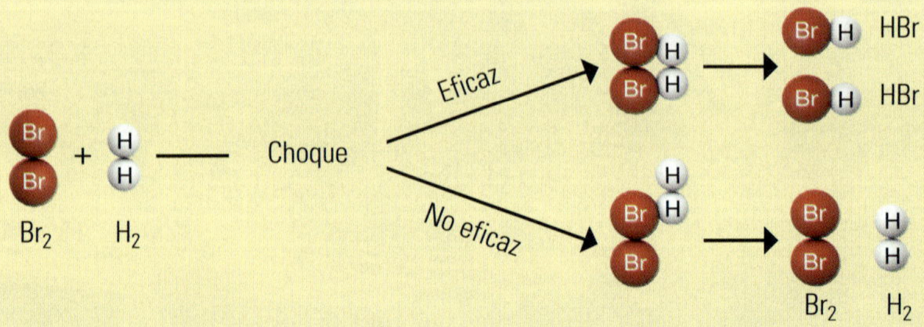

— Si los choques son eficaces, darán lugar a la formación de los productos; en este caso, bromuro de hidrógeno.

— Si los choques no son eficaces, no se formarán los productos.

1.2. ECUACIONES QUÍMICAS Y SU AJUSTE

Para describir las reacciones químicas y sus características (sustancias que intervienen, estado físico, energía intercambiada, etc.), se emplean *ecuaciones químicas:*

Una **ecuación química** es la representación escrita y abreviada de una reacción química.

Para indicar el estado físico de las sustancias que intervienen en una reacción, se utilizan las siguientes abreviaturas entre paréntesis:

g: gases

l: líquidos

s: sólidos

aq o ac: disoluciones acuosas

EJEMPLO 3

Observa la ecuación química que representa la reacción entre el carbonato de calcio en estado sólido y el ácido clorhídrico en disolución:

$$CaCO_3(s) + 2\,HCl(aq) \rightarrow CaCl_2(aq) + H_2O(l) + CO_2(g)\uparrow$$

Como productos se forman cloruro de calcio en disolución y agua en estado líquido, y se desprende dióxido de carbono gaseoso.

Una ecuación química ofrece tanto información cualitativa como cuantitativa de la reacción que representa. Para poder interpretarla cuantitativamente, debe estar *ajustada:*

Ajustar una ecuación química consiste en asignar a la fórmula química de cada sustancia (reactivo o producto) un coeficiente para que haya el mismo número de átomos de cada elemento en ambos miembros.

EJEMPLO 4

Ajusta la siguiente ecuación química, correspondiente a la combustión del propano: $C_3H_8(g) + O_2(g) \rightarrow CO_2(g) + H_2O(g)$

COMPRENSIÓN. Identificamos los distintos tipos de átomos que intervienen: C, H y O.

RESOLUCIÓN. Contamos el número de átomos que hay de cada elemento en ambos miembros de la ecuación. Siempre que podamos empezaremos por los átomos que no aparecen en sustancias elementales, dejando estos últimos para el final. En este caso, comenzaremos por el C, seguiremos por el H y dejaremos el O para el final.

— C: hay tres átomos a la izquierda y uno a la derecha. Escribimos un 3 delante del CO_2. Así, hay tres átomos de C en cada miembro:

$$C_3H_8(g) + O_2(g) \rightarrow 3\,CO_2(g) + H_2O(g)$$

— H: hay ocho átomos a la izquierda y dos a la derecha. Escribimos un 4 delante del H_2O. Así, hay ocho átomos de H en cada miembro:

$$C_3H_8(g) + O_2(g) \rightarrow 3\,CO_2(g) + 4\,H_2O(g)$$

— O: hay dos átomos a la izquierda y diez a la derecha. Escribimos un 5 delante del oxígeno molecular, O_2. Así, hay diez átomos de O en cada miembro:

$$C_3H_8(g) + 5\,O_2(g) \rightarrow 3\,CO_2(g) + 4\,H_2O(g)$$

COMPROBACIÓN. Contamos nuevamente el número de átomos de cada elemento para asegurarnos de que la ecuación está correctamente ajustada.

EJEMPLO 5

Observa la interpretación cuantitativa de la ecuación ajustada: $C_3H_8(g) + 5\,O_2(g) \rightarrow 3\,CO_2(g) + 4\,H_2O(g)$

— **Relación molar:** un mol de propano reacciona con cinco moles de oxígeno y producen tres moles de dióxido de carbono y cuatro moles de agua.

— **Relación atómico-molecular:** una entidad molecular de propano reacciona con cinco de oxígeno y producen tres entidades moleculares de dióxido de carbono y cuatro de agua.

Actividades

1. La electrólisis del agua consiste en la descomposición de agua en hidrógeno y oxígeno moleculares.

a) Razona por qué la electrólisis del agua es un cambio químico.

b) Describe, según la teoría de las colisiones y por medio de un esquema, el mecanismo de la reacción.

c) Ajusta la ecuación química correspondiente.

2. LEYES FUNDAMENTALES DE LA QUÍMICA

En el siglo XVIII tuvieron lugar grandes avances en el campo de la química. Entre ellos está el descubrimiento de las relaciones entre sustancias que se cumplen en una reacción química.

2.1. LEY DE CONSERVACIÓN DE LA MASA

Lavoisier (1743-1794) estudió las reacciones de combustión, oxidación de metales y descomposición de materia orgánica en recipientes cerrados y midió la masa de las sustancias encerradas en el recipiente antes y después del proceso.

EXPERIMENTA

Deducimos la ley de conservación de la masa

En grupos, realizad el siguiente experimento en el laboratorio:

— Introducid diversas frutas peladas en un recipiente cerrado herméticamente y pesad el conjunto con una balanza electrónica.

— Dejad pasar varios días y observad el contenido del recipiente. ¿Qué aspecto tiene? ¿Ha cambiado?

— Pesadlo de nuevo y comprobad si ha aumentado o disminuido la masa total. ¿Qué ha pasado? ¿Qué conclusiones podéis extraer?

Lavoisier comprobó que la masa total de las sustancias que intervenían en cada proceso no experimentaba variación y que el oxígeno del aire encerrado en el recipiente era el causante de las transformaciones estudiadas. Como resultado de estas observaciones, en 1774 enunció la **ley de conservación de la masa:**

> En una **reacción química,** la **suma** de las **masas** de todas las sustancias que intervienen se mantiene **constante.** Es decir, la suma de las masas de los reactivos es igual a la suma de las masas de los productos.

2.2. LA HIPÓTESIS DE AVOGADRO

Avogadro (1776-1856) intuyó que debía existir una relación numérica simple entre la cantidad de partículas de gas y el volumen que ocupan y propuso en 1811 lo que conocemos como **hipótesis de Avogadro:**

> **Volúmenes iguales** de cualquier gas, medidos en las mismas condiciones de presión y temperatura, contienen el **mismo número de moléculas.**

EJEMPLO 6

Observa la relación entre los volúmenes de las sustancias gaseosas que intervienen en la formación de agua:

$$2\,H_2(g) + O_2(g) \rightarrow 2\,H_2O(g)$$

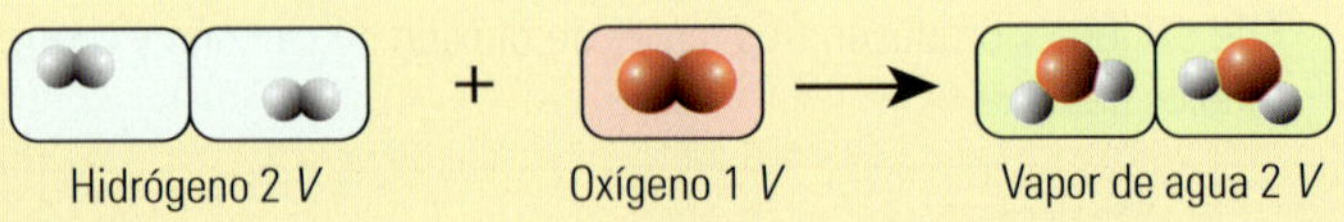

Actividades

2. En la reacción de combustión de 16 g de $CH_4(g)$ con $O_2(g)$ en exceso, se forman 44 g de $CO_2(g)$ y 36 g de $H_2O(g)$. Determina cuánto oxígeno ha reaccionado.

— Elabora un esquema de la reacción según la hipótesis de Avogadro.

3. TIPOS DE REACCIONES QUÍMICAS

Las reacciones químicas se pueden clasificar atendiendo a diversos criterios:

Tipos de reacciones químicas

Según el mecanismo de intercambio

De síntesis

Dos o más reactivos sencillos se combinan para formar un producto más complejo:

$$O_2(g) + 2\,H_2(g) \rightarrow 2\,H_2O(g)$$

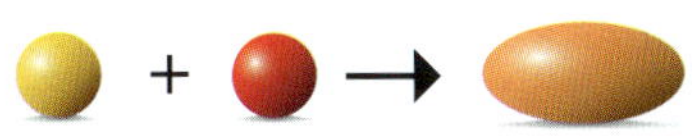

De descomposición

Una sustancia se descompone en otras más sencillas:

$$2\,H_2O(l) \rightarrow O_2(g)\uparrow + 2\,H_2(g)\uparrow$$

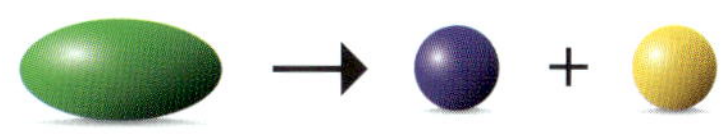

De desplazamiento o sustitución

Un elemento es sustituido por otro en un compuesto y da lugar a un compuesto diferente:

$$Mg(s) + 2\,HCl(aq) \rightarrow MgCl_2(aq) + H_2(g)\uparrow$$

De doble desplazamiento

Dos elementos intercambian sus posiciones y forman dos nuevos compuestos:

$$H_2SO_4(aq) + 2\,NaOH(aq) \rightarrow Na_2SO_4(aq) + 2\,H_2O(l)$$

Según las partículas intercambiadas

Ácido-base o de neutralización

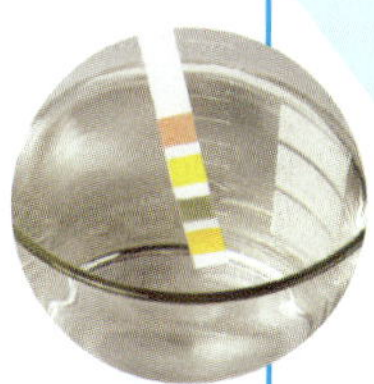

Transferencia de cationes de hidrógeno (H^+), denominados *hidrones,* de un ácido a una base. Se obtienen como productos una sal y agua:

Ácido + Base → Sal + Agua

$$HNO_3(aq) + NaOH(s) \rightarrow NaNO_3(aq) + H_2O(l)$$

De oxidación-reducción (redox)

Transferencia de electrones entre los reactivos. Tienen lugar un proceso de oxidación y otro de reducción. El elemento que se oxida cede uno o más electrones al que se reduce y así cambia su número de oxidación:

$$2\,Na\underbrace{I}_{-1}(aq) + \underbrace{Cl_2}_{0}(g) \rightarrow 2\,Na\underbrace{Cl}_{-1}(aq) + \underbrace{I_2}_{0}(s)$$

De precipitación

Transferencia de iones en disolución entre dos compuestos iónicos solubles para formar una sal insoluble llamada *precipitado:*

$$2\,KI(aq) + Pb(NO_3)_2(aq) \rightarrow 2\,KNO_3(aq) + PbI_2(s)\downarrow$$

De combustión

Caso particular de reacción redox en la que una sustancia (combustible) reacciona con oxígeno (comburente) y genera dióxido de carbono y vapor de agua:

$$2\,C_4H_{10}(g) + 13\,O_2(g) \rightarrow 8\,CO_2(g) + 10\,H_2O(g)$$

Actividades

3. Clasifica las siguientes reacciones químicas en función del mecanismo de intercambio y según las partículas intercambiadas:

a) $FeS(s) \rightarrow Fe(s) + S(s)$

b) $N_2(g) + 3\,H_2(g) \rightarrow 2\,NH_3(g)$

c) $HCl(aq) + NaOH(aq) \rightarrow NaCl(aq) + H_2O(l)$

d) $C_3H_8(g) + 5\,O_2(g) \rightarrow 3\,CO_2(g) + 4\,H_2O(l)$

¿Lo vemos?
Ácidos y bases

En este enlace puedes estudiar la evolución de las distintas teorías que explican el comportamiento de los ácidos y de las bases (teoría de Arrhenius y teoría de Brönsted-Lowry):

https://links.edebe.com/kb2ytn

3.1. REACCIONES ÁCIDO-BASE: NEUTRALIZACIÓN

A diario empleamos ácidos y bases en nuestra vida cotidiana.

EJEMPLO 7

Observa las siguientes sustancias cotidianas:

— El zumo de limón y el vinagre tienen un sabor ácido o agrio y reaccionan con algunos metales desprendiendo hidrógeno. Son ácidos.

— La lejía y el amoníaco disuelven las grasas y tienen un tacto jabonoso. Son bases.

En la siguiente tabla podemos ver las propiedades que distinguen un ácido de una base:

Propiedad	Ácidos	Bases
Sabor	Ácido o agrio	Amargo
Tacto	Punzante	Suave
Reactividad	— Reaccionan con las bases y producen sales. — Reaccionan con algunos metales, como el Zn o el Fe, y desprenden hidrógeno.	— Reaccionan con los ácidos y producen sales. — En general, no reaccionan con los metales.
Conductividad eléctrica	Conducen la electricidad en disolución acuosa.	Conducen la electricidad en disolución acuosa.

— Cuando un ácido cede un hidrón, se convierte en su **base conjugada,** puesto que podría volver a aceptarlo.

— Cuando una base acepta un hidrón, se convierte en su **ácido conjugado,** ya que podría volver a cederlo.

La **neutralización** es una reacción en disolución acuosa en la que una sustancia llamada **ácido** cede hidrones (H^+) a otra sustancia denominada **base.**

Los ácidos y las bases pueden ser fuertes o débiles:

— **Ácidos y bases fuertes.** Si tienen mucha tendencia a ceder o aceptar hidrones, respectivamente.

— **Ácidos y bases débiles.** Si tienen poca tendencia a ceder o aceptar hidrones, respectivamente.

Si en la reacción de neutralización participan un ácido y una base fuertes, dan lugar a una sal y agua:

$$\underbrace{HCl(aq)}_{\text{Ácido}} + \underbrace{KOH(s)}_{\text{Base}} \rightarrow \underbrace{KCl(s)}_{\text{Sal}} + \underbrace{H_2O(l)}_{\text{Agua}}$$

ESCALA DE PH

¿Cómo podemos saber si una sustancia tiene carácter ácido o básico? Podemos medir la concentración de hidrones en disolución acuosa. Para ello, se emplea el concepto de *pH:*

El **pH** es una medida de la acidez o basicidad (alcalinidad) de una disolución.

El pH de una disolución se define como el logaritmo negativo de la expresión numérica de la concentración, en mol/L, de hidrones:

$$pH = -\log [H^+]$$

La escala de pH va de 0 a 14, como vemos en esta figura:

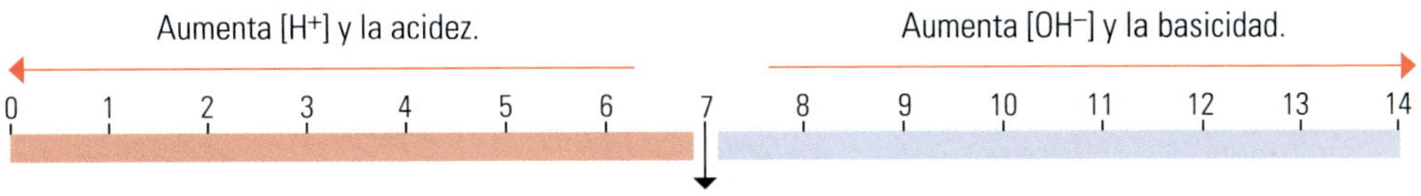

Disoluciones ácidas
$pH < 7$
$[H^+] > 10^{-7}$ mol/L

Disolución neutra
$pH = 7$
$[H^+] = [OH^-] = 10^{-7}$ mol/L

Disoluciones básicas
$pH > 7$
$[OH^-] > 10^{-7}$ mol/L

Observa en estos enlaces algunas reacciones ácido-base de interés biológico:

https://links.edebe.com/27by

https://links.edebe.com/6a6

INDICADORES

Algunas sustancias permiten medir el pH de forma aproximada. Son los *indicadores:*

Los **indicadores** son sustancias que cambian de color según sea el pH de la disolución a la que se añaden.

Veamos los indicadores que se utilizan con más frecuencia en el laboratorio:

Indicador	Color de la forma ácida (HA)	Color de la forma básica (A−)	Intervalo de viraje (pH inferior y pH superior)
Rojo congo	Azul	Rojo	3,0-5,0
Azul de bromofenol	Amarillo	Azul violeta	3,0-4,6
Naranja de metilo	Rojo	Amarillo	3,2-4,4
Verde de bromocresol	Amarillo	Azul	3,8-5,4
Rojo de metilo	Rojo	Amarillo	4,8-6,0
Azul de bromotimol	Amarillo	Azul	6,0-7,6
Rojo fenol	Amarillo	Rojo	6,6-8,0
Rojo cresol	Amarillo	Rojo	7,0-8,8
Azul de timol	Amarillo	Azul	8,0-9,6
Fenolftaleína	Incoloro	Rosa fucsia	8,2-10,0
Amarillo de alizarina	Amarillo	Rojo	10,1-12,0

El instrumento empleado para medir el pH de una disolución se denomina **pH-metro.**

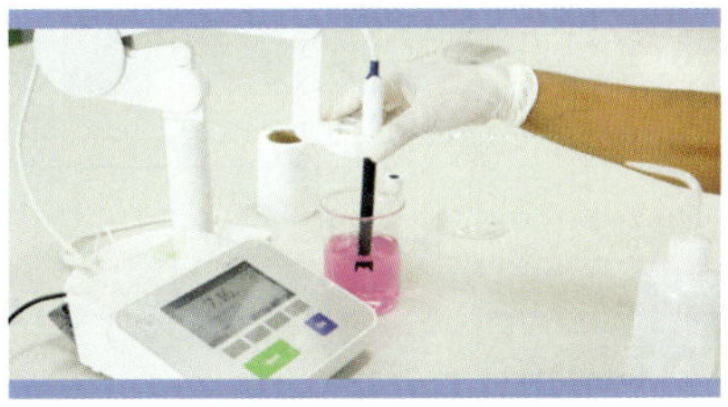

pH-metro digital.

Tiras indicadoras de pH.

Actividades

4. Investiga qué ácidos o bases están presentes en las siguientes sustancias: zumo de limón, vinagre, lejía y amoníaco. Escribe en tu cuaderno la fórmula y el nombre de cada uno.

5. Busca en Internet el pH de estas sustancias:

Jugo gástrico	Agua	Vinagre	Leche

3.2. REACCIONES DE COMBUSTIÓN

Como hemos visto en la clasificación de las reacciones químicas, las reacciones de combustión son reacciones de oxidación-reducción, también llamadas *redox*.

La **combustión** es una reacción redox en la que una sustancia llamada **combustible** reacciona con oxígeno, denominado **comburente,** y genera dióxido de carbono y vapor de agua.

EJEMPLO 8

El componente mayoritario de la gasolina es el octano. Observa la ecuación química ajustada que representa la combustión del octano:

$$\underbrace{2\,C_8H_{18}(g)}_{\text{Combustible}} + \underbrace{25\,O_2(g)}_{\text{Comburente}} \rightarrow 16\,CO_2(g) + 18\,H_2O(g)$$

Para que ocurra una reacción de combustión, son necesarios tres elementos, que forman el **triángulo del fuego:** combustible, comburente y energía de activación. La energía de activación de la reacción se proporciona por medio de una llama o de una chispa eléctrica. Una vez iniciada la combustión, continúa por sí misma.

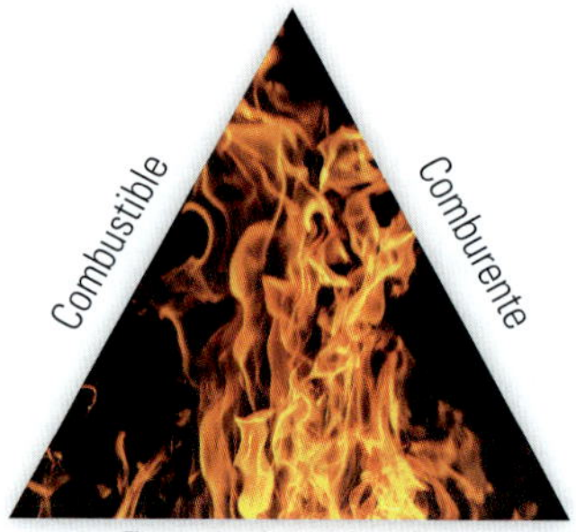

Como las reacciones de combustión constituyen una fuente de energía, cuentan con **numerosas aplicaciones,** entre las que destacan las siguientes:

- Generación de electricidad en centrales térmicas.
- Fuente de energía de los motores de los automóviles.
- Respiración celular para suministrar energía a las células del cuerpo.
- Fuente de energía doméstica: calefacciones, cocinas, estufas, etc.

EXPERIMENTA

En la combustión se produce CO_2

En grupos, llevad a cabo el siguiente experimento en el laboratorio:

- Recopilad este material: un plato hondo, un vaso, una vela, un mechero y agua u otro líquido.
- Llenad el plato con 2 cm de agua y colocad la vela dentro y encendedla.
- Tapad la vela encendida con el vaso. ¿Qué ocurre?

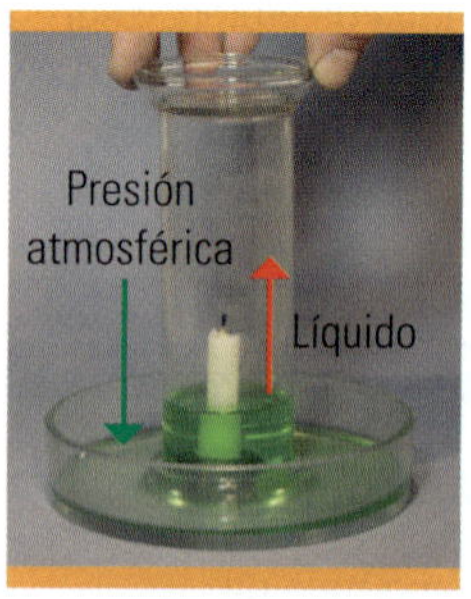

El volumen de $CO_2(g)$ producido es menor que el volumen de $O_2(g)$ que se consume. Esto hace que disminuya la presión en el interior del vaso y que suba el agua hasta que la presión interior sea igual a la exterior.

ODS

Los biocombustibles son combustibles de origen biológico obtenidos a partir de restos orgánicos de especies de uso agrícola (maíz, soja, etc.) o de especies forestales (eucalipto, pino, etc.).

Al utilizar biocombustibles, se reduce el dióxido de carbono neto que es emitido a la atmósfera, ya que las especies vegetales usadas como materia prima absorben CO_2 durante su crecimiento.

Gracias a ello, su utilización contribuye a los objetivos de desarrollo sostenible 7 (Energía asequible y no contaminante), 12 (Producción y consumo responsables) y 13 (Acción por el clima).

ELIZABETH FULHAME

En 1794 se publicó un ensayo sobre la combustión donde su autora, Elizabeth Fulhame, describió numerosos experimentos con los que elaboró una teoría sobre la combustión mucho antes que Berzelius y Büchner.

De ella solo conocemos su ensayo: «An essay on combustion with a view to a new art of dying and painting». Pero sus aportaciones se adelantaron a su tiempo.

En el siguiente enlace puedes encontrar más información:

https://links.edebe.com/xznEz

Actividades

6. En parejas, elaborad una lista con los combustibles que conozcáis. Clasificadlos en sólidos, líquidos y gaseosos.

7. Investiga qué es el índice de octanos de una gasolina. ¿Qué efectos tiene sobre la combustión del motor?

4. VELOCIDAD Y ENERGÍA DE LAS REACCIONES QUÍMICAS

Las reacciones de combustión que acabamos de estudiar son reacciones que podríamos calificar como rápidas, es decir, su *velocidad de reacción* es elevada:

La **velocidad de una reacción** es la rapidez con la que se combinan los reactivos o la rapidez con la que se forman los productos.

No todas las reacciones ocurren a la misma velocidad. Cuanto más fuertes sean los enlaces que deben romperse en los reactivos, más tiempo tardará la reacción en transcurrir.

4.1. FACTORES QUE MODIFICAN LA VELOCIDAD DE UNA REACCIÓN

Echa un vistazo a...
Factores que afectan a la velocidad de una reacción

Una reacción química, ¿transcurre siempre a la misma velocidad?

EXPERIMENTA

¿Qué modifica la velocidad de reacción?

— Acceded a este enlace y visionad en clase los cuatro experimentos:

https://links.edebe.com/ppu7

¿Qué conclusiones podéis extraer?

— Después, dividid la clase en cuatro grupos y reproducid los experimentos anteriores en el laboratorio. Cada grupo debe encargarse de uno. ¿Habéis llegado a los mismos resultados que en el vídeo?

Inhibidores o catalizadores negativos

Sustancias que cuando se añaden a una reacción reaccionan con uno de los reactivos y disminuyen la velocidad de reacción.

Vamos a analizar el efecto de los distintos factores capaces de cambiar la velocidad de una reacción química:

Factor	Relación con la teoría de colisiones	Efecto sobre la velocidad de reacción
Temperatura de la reacción	Al **aumentar la temperatura** de la reacción, se incrementa la velocidad de las partículas y como consecuencia se producen más choques entre las partículas.	**Aumenta.**
Concentración de los reactivos	Al **aumentar la concentración de los reactivos,** hay más partículas en el mismo espacio, con lo que habrá más colisiones.	**Aumenta.**
Grado de división de los reactivos sólidos	Al **aumentar el grado de división** de los reactivos sólidos, se facilita el contacto entre los reactivos y, por tanto, el número de choques eficaces.	**Aumenta.**
Presencia de **catalizadores**	Los catalizadores son sustancias que modifican el mecanismo de reacción, **cambiando** la **energía de activación** y con ello la velocidad de la reacción. (Se mantienen inalteradas al finalizar la reacción.)	**Aumenta.**

Actividades

8. Completa las actividades interactivas:

https://links.edebe.com/zxe9p

Para ver más...
Reacciones endotérmicas y exotérmicas

4.2. TRANSFERENCIA DE ENERGÍA EN LAS REACCIONES QUÍMICAS

En una reacción química siempre tiene lugar un intercambio de energía entre las sustancias que intervienen y el medio en el que se encuentran. Generalmente, se intercambia energía en forma de calor.

Según sea el sentido del intercambio de energía, distinguimos dos tipos de reacciones:

En las reacciones **endotérmicas** se **absorbe** energía en forma de **calor.**

En las reacciones **exotérmicas** se **desprende** energía en forma de **calor.**

Las combustiones son reacciones exotérmicas. Por ejemplo:

$$CH_4(g) + 2\,O_2(g) \rightarrow CO_2(g) + 2\,H_2O(l)$$

$$Q = 890 \text{ kJ}$$

El calor intercambiado durante una reacción química recibe el nombre de **calor de reacción, *Q*.** Su unidad en el SI es el julio (J), aunque suele expresarse en kilojulios (kJ), y se refleja en la ecuación química correspondiente, que pasa a denominarse **ecuación termoquímica.**

Por convenio, seguimos el siguiente criterio:

— Si $\boldsymbol{Q > 0}$, la reacción es **endotérmica.**

— Si $\boldsymbol{Q < 0}$, la reacción es **exotérmica.**

Entalpía, ΔH

Es el calor de reacción cuando esta transcurre a presión constante.

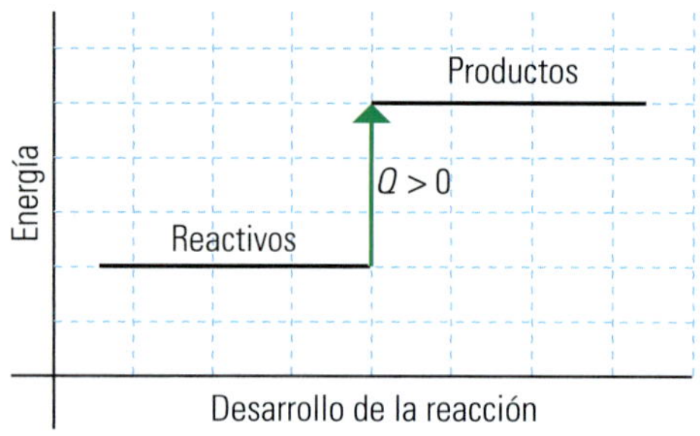

Diagrama de energía, reacción endotérmica.

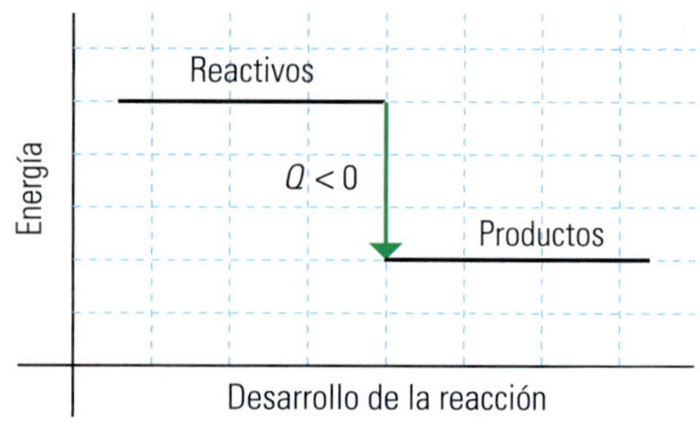

Diagrama de energía, reacción exotérmica.

Para comprender por qué unas reacciones consumen energía mientras que otras la liberan, debemos prestar atención a la reorganización atómica que tiene lugar. Así, la ruptura de los enlaces de los reactivos siempre transcurre con consumo de energía, mientras que la formación de los enlaces de los productos acontece con liberación de energía.

EJEMPLO 9

Observa las ecuaciones termoquímicas de formación y descomposición del agua y explica su carácter energético:

$$2\,H_2(g) + O_2(g) \rightarrow 2\,H_2O(g) \qquad Q = -483 \text{ kJ}$$

$$2\,H_2O(l) \rightarrow 2\,H_2(g) + O_2(g) \qquad Q = 571 \text{ kJ}$$

— La reacción de formación del agua es exotérmica, puesto que su calor de reacción es negativo.

— La reacción de descomposición del agua es endotérmica, ya que su calor de reacción es positivo.

Actividades

9. Razona si la siguiente reacción es endotérmica o exotérmica:

$$N_2(g) + O_2(g) \rightarrow 2\,NO(g) \qquad Q = 180{,}6 \text{ kJ}$$

10. Infórmate sobre el carácter energético de la reacción de fotosíntesis. Escribe la ecuación termoquímica correspondiente.

5. CÁLCULOS ESTEQUIOMÉTRICOS

Si conocemos la masa o el volumen de alguno de los reactivos o productos que intervienen en una reacción, podemos calcular la masa o el volumen de las demás sustancias. Para obtener esta información cuantitativa, efectuamos **cálculos estequiométricos,** que resolvemos aplicando **factores de conversión.**

Procedimiento para efectuar cálculos estequiométricos
1. Escribimos y ajustamos la ecuación química correspondiente.
2. Convertimos a moles el dato de partida.
3. Aplicamos la **relación molar** entre la sustancia conocida y la que queremos conocer, según los coeficientes de la ecuación química ajustada.
4. Calculamos la masa o el volumen de la sustancia requerida.

El **mol** es la unidad del SI de cantidad de sustancia. Un mol contiene exactamente $6{,}022\,140\,76 \cdot 10^{23}$ entidades elementales. Esta cifra es el valor numérico fijo de la **constante de Avogadro,** $\boldsymbol{N_A}$**,** expresada en la unidad mol^{-1}, y se denomina **número de Avogadro.** Por lo tanto:

— Un mol de átomos equivale a $6{,}022 \cdot 10^{23}$ átomos.

— Un mol de moléculas equivale a $6{,}022 \cdot 10^{23}$ moléculas.

5.1. CÁLCULOS CON MASAS

Para determinar la masa de un reactivo o producto, conocida la masa de otro, debemos tener en cuenta la **masa molar,** que relaciona la **cantidad de sustancia,** cuya unidad es el **mol,** con la **masa:**

> La **masa molar,** $\boldsymbol{M}$**,** es la masa de un mol de sustancia.

Se mide en $\mathbf{g \cdot mol^{-1}}$ y su valor numérico coincide con el de la **masa molecular relativa (**$\boldsymbol{M_r}$**),** en el caso de compuestos, o con el de la **masa atómica relativa (**$\boldsymbol{A_r}$**),** si se trata de elementos. Por ejemplo:

$$M_r(H_2O): 2 \cdot A_r(H) + 1 \cdot A_r(O)$$

$$M_r(H_2O): 2 \cdot 1{,}01 + 1 \cdot 16{,}00 = 18{,}02 \;\rightarrow\; M(H_2O): 18{,}02\ g \cdot mol^{-1}$$

EJEMPLO 10

El óxido de cromo(III) en estado sólido reacciona con el silicio, también en estado sólido, y da lugar a cromo y dióxido de silicio, ambos en estado sólido. Calcula la cantidad de cromo formada al reaccionar 45,8 g de óxido de cromo(III) con cantidad suficiente de silicio.

COMPRENSIÓN. Tenemos como dato de partida la masa de uno de los reactivos (Cr_2O_3) y queremos hallar la masa formada de uno de los productos (Cr).

DATOS. $m(Cr_2O_3) = 45{,}8$ g; $A_r(Cr) = 52{,}00$; $A_r(O) = 16{,}00$

RESOLUCIÓN

— Escribimos y ajustamos la ecuación química:

$$2\ Cr_2O_3 + 3\ Si(s) \rightarrow 4\ Cr(s) + 3\ SiO_2(s)$$

— Hallamos la masa molar del Cr_2O_3 y del Cr:

$$M_r(Cr_2O_3): 2 \cdot 52{,}00 + 3 \cdot 16{,}00 = 152{,}00$$

$$M(Cr_2O_3): 152{,}00\ g \cdot mol^{-1}$$

$$A_r(Cr): 52{,}00;\ M(Cr): 52{,}00\ g \cdot mol^{-1}$$

— Calculamos la cantidad de la sustancia conocida:

$$45{,}8\ \cancel{g\ Cr_2O_3} \cdot \frac{1\ mol\ Cr_2O_3}{152{,}00\ \cancel{g\ Cr_2O_3}} = 0{,}301\ mol\ Cr_2O_3$$

— Determinamos la cantidad de Cr que se obtiene a partir de la **relación molar** entre el Cr_2O_3 y el Cr:

$$0{,}301\ \cancel{mol\ Cr_2O_3} \cdot \frac{4\ mol\ Cr}{2\ \cancel{mol\ Cr_2O_3}} = 0{,}602\ mol\ Cr$$

— Transformamos la cantidad de Cr a masa:

$$0{,}602\ \cancel{mol\ Cr} \cdot \frac{52{,}00\ g\ Cr}{1\ \cancel{mol\ Cr}} = 31{,}3\ g\ Cr$$

Observa que podemos colocar los factores de conversión de forma consecutiva:

$$45{,}8\ \cancel{g\ Cr_2O_3} \cdot \frac{1\ \cancel{mol\ Cr_2O_3}}{152{,}00\ \cancel{g\ Cr_2O_3}} \cdot \frac{4\ \cancel{mol\ Cr}}{2\ \cancel{mol\ Cr_2O_3}} \cdot \frac{52{,}00\ g\ Cr}{1\ \cancel{mol\ Cr}} =$$

$$= 31{,}3\ g\ Cr$$

COMPROBACIÓN. Verificamos que el resultado es correcto y obtenemos las unidades deseadas.

5.2. CÁLCULOS CON VOLÚMENES

Condiciones estándar

Son una presión de 10^5 Pa y una temperatura de 273 K.

En el caso de que tengamos un reactivo o producto en estado gaseoso y queramos averiguar su volumen, conociendo el volumen del otro, se procede de forma similar a la que hemos visto.

Sin embargo, es importante que recordemos el concepto de *volumen molar:*

> El **volumen molar, V_M,** de un gas es el volumen que ocupa un mol de gas. En condiciones estándar:
>
> $$V_M = 22{,}7 \text{ L} \cdot \text{mol}^{-1}$$

Es decir, en condiciones estándar 1 mol de gas ocupa 22,7 L.

EJEMPLO 11

Calcula el volumen de sulfuro de hidrógeno gaseoso necesario para que, al reaccionar con el oxígeno gaseoso en condiciones estándar, forme 12,5 L de dióxido de azufre gaseoso y vapor de agua.

COMPRENSIÓN

Partimos del volumen de uno de los productos y queremos hallar el volumen de uno de los reactivos.

DATOS. $V(SO_2) = 12{,}5$ L

RESOLUCIÓN

— Escribimos y ajustamos la ecuación química:

$$2\,H_2S(g) + 3\,O_2(g) \rightarrow 2\,SO_2(g) + 2\,H_2O(g)$$

— Partiendo del volumen de SO_2, hallamos el volumen de H_2S que reacciona. Para ello, tenemos en cuenta la **relación molar** y el **volumen molar:**

$$12{,}5 \text{ L } \cancel{SO_2} \cdot \frac{1 \cancel{\text{ mol } SO_2}}{22{,}7 \cancel{\text{ L } SO_2}} \cdot \frac{2 \cancel{\text{ mol } H_2S}}{2 \cancel{\text{ mol } SO_2}} \cdot \frac{22{,}7 \text{ L } H_2S}{1 \cancel{\text{ mol } H_2S}} =$$

$$= 125 \text{ L } H_2S$$

COMPROBACIÓN. Verificamos que el resultado es correcto y obtenemos las unidades deseadas.

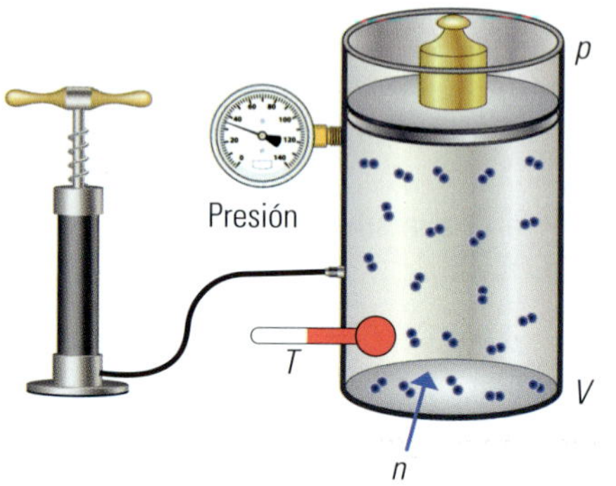

LEY DE LOS GASES IDEALES

Cuando las condiciones no son estándar, empleamos la ley de los gases ideales, que relaciona la cantidad de sustancia y el volumen del gas en unas condiciones dadas de presión y temperatura:

$$pV = nRT$$

p = presión (Pa)

V = volumen (m^3)

n = cantidad de sustancia (mol)

R = constante de los gases ideales en el SI = 8,31 $\text{Pa} \cdot \text{m}^3 \cdot \text{K}^{-1} \cdot \text{mol}^{-1}$

T = temperatura (K)

Actividades

11. Una pieza de hierro de 2,540 g se oxida a la intemperie al reaccionar con el oxígeno atmosférico. Halla la masa de óxido de hierro(III) que se habrá formado.

12. Se queman 25 L de butano en presencia de oxígeno y en condiciones estándar. Calcula el volumen de dióxido de carbono gaseoso y de vapor de agua que se recogerán.

13. En parejas, calculad el volumen de sulfuro de hidrógeno gaseoso necesario para que, al reaccionar con el oxígeno gaseoso, a una presión de 10^5 Pa y a 293 K de temperatura, forme 12,5 L de dióxido de azufre gaseoso y vapor de agua.

— Comparad vuestro resultado con el de otros compañeros y compañeras. Tened en cuenta la hipótesis de Avogadro para extraer conclusiones.

14. Determina la masa de $2{,}5 \cdot 10^{24}$ moléculas de agua.

— ¿Cuántos átomos hay de oxígeno?

5.3. CÁLCULOS CON REACTIVOS EN DISOLUCIÓN

En algunas reacciones químicas se emplean reactivos en disolución acuosa. En este caso, para poder determinar la cantidad de reactivo, debemos conocer la concentración de la disolución.

Una disolución está formada por dos componentes:

— **Soluto:** sustancia que se disuelve y se encuentra en menor cantidad.

— **Disolvente:** sustancia que está en mayor cantidad y disuelve al soluto.

La concentración de la disolución nos indica la relación entre sus dos componentes. Existen diversas formas para expresarla:

Concentración	Fórmula
Concentración de cantidad de sustancia o molaridad	$c = \dfrac{n_{\text{soluto}}}{V_{\text{disolución}}\ (\text{L})}$
Porcentaje en masa	$\%\ \text{en masa} = \dfrac{m_{\text{soluto}}}{m_{\text{disolución}}} \cdot 100$
Porcentaje en volumen	$\%\ \text{en volumen} = \dfrac{V_{\text{soluto}}}{V_{\text{disolución}}} \cdot 100$
Fracción molar	$\chi = \dfrac{n_{\text{soluto}}}{n_{\text{totales}}}$

El procedimiento para efectuar cálculos estequiométricos es el mismo que hemos visto antes, con la salvedad de que para convertir a moles el dato de partida debemos aplicar previamente la expresión de la concentración de la disolución dada.

En la práctica no todos los reactivos se transforman en productos y, por tanto, el **rendimiento** de las reacciones siempre es inferior al 100 %.

EJEMPLO 12

Hacemos reaccionar 12,5 mL de una disolución de ácido clorhídrico de concentración de 2,5 mol/L con hidróxido de sodio sólido para producir cloruro de sodio en disolución acuosa y agua líquida. Calcula la masa de cloruro de sodio que obtendremos.

COMPRENSIÓN. Partimos del volumen de uno de los reactivos, que se encuentra en disolución, y queremos hallar la masa de producto formada.

DATOS. $V(\text{HCl}) = 12{,}5\ \text{mL} = 1{,}25 \cdot 10^{-2}\ \text{L}$;
$c(\text{HCl}) = 2{,}5\ \text{mol/L}$; $A_r(\text{Cl}) = 35{,}45$; $A_r(\text{Na}) = 22{,}99$

RESOLUCIÓN

— Escribimos y ajustamos la ecuación química:

$$\text{HCl(aq)} + \text{NaOH(s)} \rightarrow \text{NaCl(aq)} + \text{H}_2\text{O(l)}$$

— Hallamos la masa molar del NaCl:

$$M_r\ (\text{NaCl}){:}\ 1 \cdot 22{,}99 + 1 \cdot 35{,}45 = 58{,}44$$

$$M\ (\text{NaCl}){:}\ 58{,}44\ \text{g} \cdot \text{mol}^{-1}$$

— Calculamos la cantidad de HCl que hay en la disolución, teniendo en cuenta la expresión de la concentración en cantidad de sustancia:

$$c = \frac{n_{\text{soluto}}}{V_{\text{disolución}}\ (\text{L})}; \quad n_{\text{soluto}} = c \cdot V_{\text{disolución}}\ (\text{L})$$

$$n_{\text{soluto}} = 2{,}5 \frac{\text{mol}}{\cancel{\text{L}}} \cdot 1{,}25 \cdot 10^{-2}\ \cancel{\text{L}} = 3{,}1 \cdot 10^{-2}\ \text{mol HCl}$$

— Aplicamos los factores de conversión adecuados:

$$3{,}1 \cdot 10^{-2}\ \cancel{\text{mol HCl}} \cdot \frac{1\ \cancel{\text{mol NaCl}}}{1\ \cancel{\text{mol HCl}}} \cdot \frac{58{,}44\ \text{g NaCl}}{1\ \cancel{\text{mol NaCl}}} = 1{,}8\ \text{g NaCl}$$

COMPROBACIÓN. Verificamos que el resultado es correcto y obtenemos las unidades deseadas.

Actividades

15. ¿Qué volumen de disolución de H_2SO_4, cuya concentración es de 1,3 mol/L, se requiere para reaccionar con calcio en estado sólido y originar 25 g de $CaSO_4$?

6. LA INDUSTRIA QUÍMICA EN LA SOCIEDAD

La industria química desempeña un papel fundamental en nuestra sociedad actual. Gracias a la investigación y el desarrollo, cada día se fabrican productos nuevos que mejoran nuestra calidad de vida.

Procesos industriales

En la industria química se procesan las materias primas y se transforman en otras sustancias mediante reacciones químicas. Veamos dos de los procesos industriales más importantes, dadas sus numerosas aplicaciones:

Síntesis del amoníaco

El amoníaco es un gas incoloro con un olor agudo muy penetrante. Se obtiene a partir de sus elementos, hidrógeno y nitrógeno, por el método descubierto por Fritz Haber, denominado **síntesis de Haber.**

La **reacción** de producción industrial del amoníaco es la siguiente:

$$N_2(g) + 3\,H_2(g) \rightleftarrows 2\,NH_3(g)$$

El amoníaco se utiliza en la elaboración de productos de limpieza, tintes textiles, refrigerantes, explosivos o fertilizantes. Es la principal fuente de nitrógeno para las plantas, pero su uso indiscriminado puede dañar los ecosistemas acuáticos ya que produce la eutrofización de las aguas.

Controla una planta de producción de amoníaco por el proceso de síntesis de Haber en:
https://links.edebe.com/ieymu3

Síntesis del ácido sulfúrico

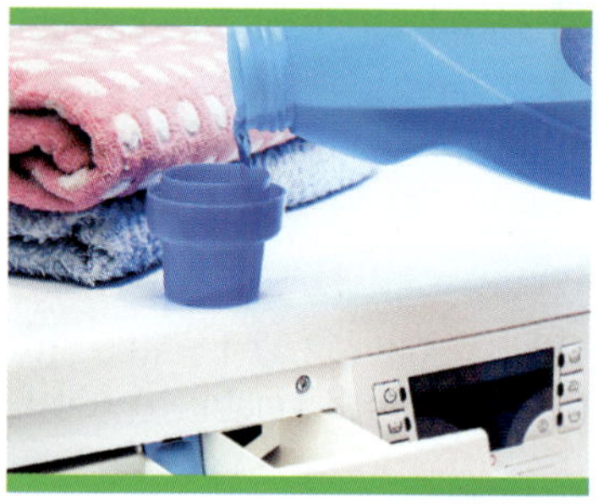

El ácido sulfúrico se produce mediante el denominado **proceso de contacto,** que se basa en el uso de un catalizador para convertir el SO_2 en SO_3, del que se obtiene ácido sulfúrico por hidratación.

Las **reacciones** del proceso son las siguientes:

$$2\,SO_2(g) + O_2(g) \rightarrow 2\,SO_3(g)$$

$$SO_3(g) + H_2O(l) \rightarrow H_2SO_4(aq)$$

El ácido sulfúrico se emplea como **producto intermedio** en la fabricación de otros productos finales. Entre sus aplicaciones como producto final, destacan las baterías y los detergentes.

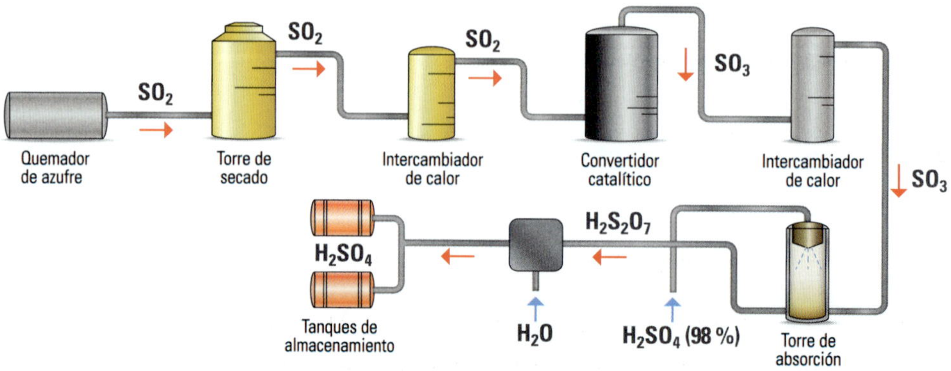

Industria química y medioambiente

La industria química ha supuesto grandes avances para nuestra sociedad. Sin embargo, también tiene efectos negativos sobre el medioambiente que deben ser minimizados.

Los gases que se producen en las **reacciones de combustión** contribuyen al agravamiento de problemas medioambientales como el **efecto invernadero** y la **lluvia ácida.**

Debemos tender hacia un modelo de **desarrollo sostenible** que satisfaga las necesidades de las generaciones presentes sin comprometer las de las generaciones futuras.

Gracias a la investigación, la industria química está desarrollando nuevos productos y procesos más respetuosos con el medioambiente.

Biocombustibles

Derivados de la biomasa (residuos orgánicos, agrícolas y forestales) que se emplean como fuente de energía respetuosa con el medioambiente.

Turbinas de viento y paneles solares

Producen energía renovable. Están fabricadas de poliéster reforzado con fibra de vidrio para resistir las inclemencias meteorológicas.

Bioplásticos

Materiales plásticos biodegradables fabricados a partir de recursos naturales como las plantas.

Nuevas tecnologías de alumbrado

Como los diodos LED, que producen más luz con menos electricidad.

Aislamiento

El desarrollo de nuevos y mejorados materiales aislantes está dando lugar a viviendas y edificios más eficientes energéticamente.

Polímeros de baja densidad

Contribuyen a reducir el consumo de combustible de los coches y los aviones.

Pilas de combustible

Empleadas en vehículos, las pilas de combustible de hidrógeno producen vapor de agua en lugar de dióxido de carbono.

Actividades

16. Investiga mediante qué reacción química se obtiene el ácido acetilsalicílico:

a) Escribe en tu cuaderno la ecuación química correspondiente.

b) Describe sus aplicaciones.

17. En grupos, entrad en el siguiente enlace:

https://links.edebe.com/ps8b9

a) Buscad noticias relacionadas con el impacto ambiental de la industria química.

b) Aplicad la **destreza** *Lluvia de ideas* para proponer medidas que contribuyan a un desarrollo sostenible.

Ciencia a tu alcance

En práctica: Volumetría ácido-base

Una **volumetría** es una técnica analítica que consiste en medir el volumen necesario de una sustancia de concentración conocida *(disolución patrón)* que reacciona completamente con otra sustancia, de la que queremos saber su concentración.

En el caso de una **volumetría ácido-base o de neutralización,** el objetivo es saber la concentración de una disolución de un ácido que puede ser neutralizado por medio de una base de concentración conocida, o viceversa, saber la concentración de una base que puede ser neutralizada por una disolución de ácido de concentración conocida.

Cuando la estequiometría de la reacción de neutralización es 1:1 se cumple la siguiente expresión: $V_{\text{ácido}} \cdot c_{\text{ácido}} = V_{\text{base}} \cdot c_{\text{base}}$

En caso contrario, debemos tener en cuenta los coeficientes estequiométricos de la ecuación ajustada.

En grupos, vamos a llevar a cabo el siguiente trabajo de investigación:

1 Planteamiento del problema

Nos preguntamos cómo calcular la concentración de una disolución de salfumán (ácido clorhídrico) que se encuentra en el laboratorio y de la que desconocemos su composición.

2 Formulación de hipótesis

Entre todos los miembros del grupo redactamos una hipótesis:

«Podemos determinar la concentración de la disolución de ácido clorhídrico mediante una volumetría, valorándolo con una base».

3 Comprobación de la hipótesis

Para poder comprobar la hipótesis, debemos **planificar el experimento** que vamos a realizar:

Objetivos

— Averiguar la concentración desconocida de una disolución de ácido clorhídrico.

Material

— Bureta de 25 mL.

— Erlenmeyer de 500 mL.

— Vaso de precipitados de 100 mL.

— Pipeta aforada de 10 mL.

— Probeta de 100 mL.

— Soporte, pinza y nuez.

— Disolución de NaOH 0,1 mol/L.

— Disolución de salfumán de concentración desconocida.

— Agua destilada.

— Azul de bromotimol.

— Papel indicador.

— Varilla de vidrio.

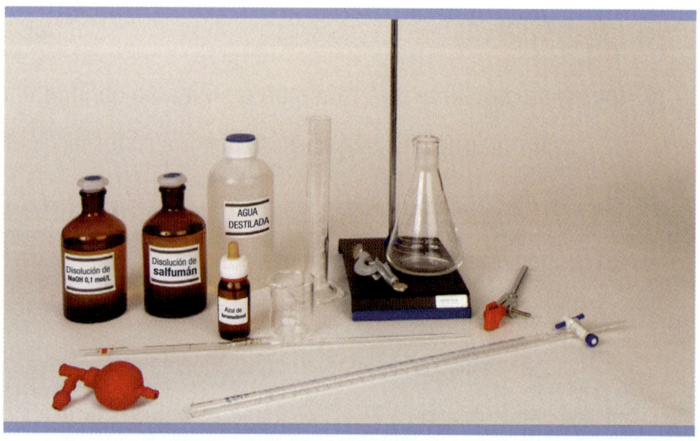

Experimentación

Seguid estos pasos:

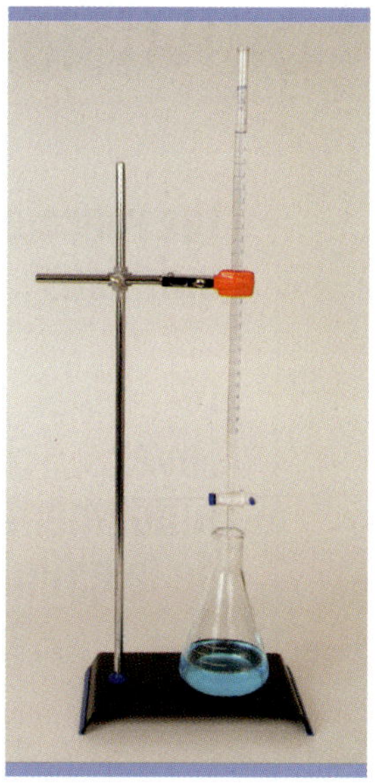

- Poned en el vaso de precipitados unos 50 mL de la solución 0,1 mol/L de NaOH. Con una varilla de vidrio coged una gota de la solución y ponedla en el papel indicador para comprobar su carácter básico.
- Con cuidado, verted esta disolución en la bureta y enrasadla a cero.
- Introducid 10 mL de la disolución de salfumán, medidos con la pipeta, en el Erlenmeyer. Añadid 100 mL de agua destilada, medidos con la probeta, y dos gotas de azul de bromotimol. Comprobad con el papel indicador su carácter ácido.
- Dejad caer gota a gota, y agitando constantemente, la disolución de NaOH sobre la disolución de salfumán y agua, hasta que una gota haga aparecer una coloración débilmente azulada. (Para ver mejor el viraje del indicador, podéis colocar bajo el Erlenmeyer una hoja de papel blanco.)
- Leed en la bureta el volumen de NaOH añadidos (en mL).

Obtención de datos

Completad la siguiente tabla en vuestro cuaderno:

Volumen de NaOH (mL)	*c* (disolución de NaOH) (mol/L)	Volumen de HCl (mL)

Análisis de datos

Escribid en el cuaderno la ecuación química de la reacción que ha tenido lugar:

Aplicad la equivalencia que se cumple en la volumetría para calcular la concentración en cantidad de sustancia de la disolución de salfumán y expresad correctamente el resultado obtenido:

$$V_{\text{NaOH}} \cdot c_{\text{NaOH}} = V_{\text{HCl}} \cdot c_{\text{HCl}}$$

Comprobad si la **hipótesis** que habíamos enunciado **es cierta.** En caso negativo, formulad una nueva hipótesis y repetid el proceso.

4 Extracción de conclusiones

¿Qué tipo de reacción se ha producido? ¿Qué cambio de color habéis observado en la disolución? ¿Cuál ha sido el indicador que habéis empleado? Explicad las conclusiones a las que habéis llegado.

5 Comunicación de resultados

Por último, redactad un **informe** de la práctica que responda a las distintas etapas del método científico y que un miembro de cada grupo lo exponga en clase.

Síntesis

- **Las reacciones químicas**
  - **Las reacciones químicas**
    - Mecanismo de una reacción química
      - Teoría de las colisiones
        - Energía suficiente
        - Orientación adecuada
    - Ecuaciones químicas
      - Ajuste
        - Interpretación
          - Cualitativa
          - Cuantitativa
  - **Leyes fundamentales de la química**
    - Ley de conservación de la masa de Lavoisier
    - Hipótesis de Avogadro
  - **Tipos de reacciones químicas**
    - Según el mecanismo de intercambio
      - De síntesis
      - De descomposición
      - De desplazamiento o sustitución
      - De doble desplazamiento
    - Según las partículas intercambiadas
      - Ácido-base o de neutralización
        - Escala de pH
          - Indicadores
      - De oxidación-reducción (redox)
        - Un caso particular son las
          - Combustiones
      - De precipitación
  - **Velocidad y energía de las reacciones químicas**
    - Factores de los que depende la velocidad de una reacción química
      - Temperatura
      - Concentración de los reactivos
      - Grado de división de los reactivos sólidos
      - Presencia de catalizadores
  - **Cálculos estequiométricos**
    - Transferencia de energía en las reacciones químicas
      - Calor de reacción
        - Si $Q > 0$
          - Reacción endotérmica
        - Si $Q < 0$
          - Reacción exotérmica
    - Cálculos con masas
    - Cálculos con volúmenes
      - Ley de los gases ideales
    - Cálculos con reactivos en disolución
  - **La industria química en la sociedad**
    - Procesos industriales
      - Síntesis del amoníaco
      - Síntesis del ácido sulfúrico
    - Industria química y medioambiente
      - Modelo de desarrollo sostenible

PREPARA

18. ●○○ **Indica, razonando tu respuesta, si los siguientes cambios son físicos o químicos:**

a) Trituración de hielo.

b) Fusión del hielo.

c) Acción de un ácido sobre el mármol.

d) Combustión de butano en una cocina.

19. ●○○ **Observa la figura:**

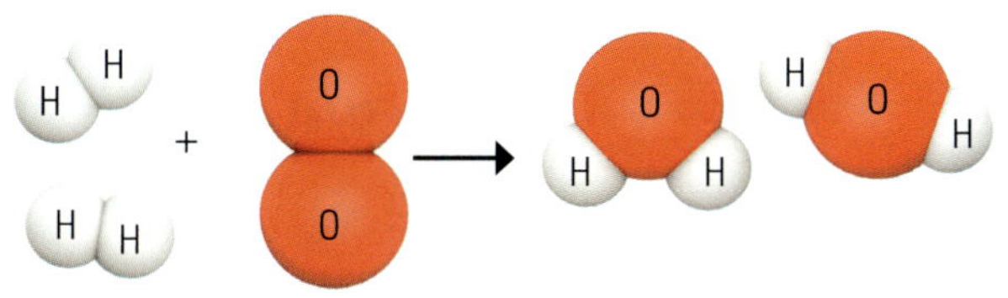

¿Cuál es el mecanismo que representa?

a) El mecanismo para formular compuestos.

b) El mecanismo de una reacción química.

c) El mecanismo de combustión.

d) El mecanismo estequiométrico.

20. ●○○ **Observa la ecuación química de la combustión de la glucosa:**

$$C_6H_{12}O_6(s) + 6\ O_2(g) \rightarrow 6\ CO_2(g) + 6\ H_2O(l)$$

¿Qué enunciados son correctos?

a) La glucosa y el oxígeno son los reactivos y el dióxido de carbono y el agua, los productos.

b) Todas las sustancias que participan en la reacción están en estado sólido.

c) Se necesitan seis moléculas de oxígeno para quemar una molécula de glucosa.

d) Cuando se quema una molécula de glucosa, aparecen una molécula de dióxido de carbono y una de agua.

21. ●○○ **Completa en tu cuaderno las siguientes oraciones:**

a) En una reacción química, la .... de las masas de los .... es igual a la .... de las masas de los ....

b) .... iguales de cualquier ...., en las mismas condiciones de .... y ...., contienen el mismo número de ....

22. ●○○ **Clasifica las siguientes sustancias en ácidas, básicas o neutras:**

Sustancia	pH	Sustancia	pH
Zumo de tomate	4,0	Leche	6,5
Disolución de agua y sal	7,0	Lejía	13,0

23. ●○○ **Señala razonadamente si la siguiente afirmación es verdadera o falsa:**

«Al aumentar la concentración de los reactivos, aumenta la velocidad de la reacción».

24. ●○○ **Las combustiones son reacciones redox que se producen con gran desprendimiento de energía. Son reacciones:**

a) Endotérmicas
b) Exotérmicas

25. ●○○ **La combustión del azufre produce dióxido de azufre, un gas irritante que acidifica el agua:**

$$S_8(s) + 8\ O_2(g) \rightarrow 8\ SO_2(g)$$

¿Qué volumen de dióxido de azufre obtendremos en condiciones estándar si quemamos 1 mol de azufre?

a) 179 L
b) 22,7 L
c) 22,4 L
d) 182 L

26. ●○○ **Relaciona en tu cuaderno cada una de las siguientes sustancias con su proceso de obtención industrial:**

A. H_2SO_4
B. NH_3

1. Síntesis de Haber
2. Proceso de contacto

ENTRENA

1. Las reacciones químicas

27. ●○○ **¿Verdadero o falso? Justifica tu respuesta.**

a) Una ecuación química solo proporciona información cuantitativa sobre la reacción química correspondiente.

b) Para que una reacción química tenga lugar, solo es necesario que las partículas que forman los reactivos choquen con orientación adecuada para romper los enlaces.

c) Una ecuación química se puede interpretar en moles y en entidades moleculares.

d) En una ecuación química siempre se especifica el estado físico de los reactivos.

28. ●●○ **Propón un mecanismo según la teoría de las colisiones para la formación de amoníaco (NH_3) a partir de nitrógeno (N_2) e hidrógeno (H_2).**

29. ●●○ **Identifica los reactivos y los productos de las siguientes reacciones y escribe la ecuación química correspondiente:**

a) El monóxido de nitrógeno gaseoso se obtiene mediante la combinación de nitrógeno y oxígeno diatómicos, ambos en estado gaseoso.

b) El carbonato de calcio se descompone y forma óxido de calcio y dióxido de carbono.

c) El cloro reacciona con hidróxido de sodio y forma cloruro de sodio e hipoclorito de sodio.

30. ●●○ Ajusta las siguientes ecuaciones químicas e interprétalas en términos molares y en términos atómico-moleculares:

a) $Al + HCl \rightarrow AlCl_3 + H_2$

b) $CH_3OH + O_2 \rightarrow CO_2 + H_2O$

c) $Zn(s) + HCl(aq) \rightarrow ZnCl_2(aq) + H_2(g)\uparrow$

d) $KClO_3(s) \rightarrow KCl(s) + O_2(g)$

e) $C(s) + O_2(g) \rightarrow CO(g)$

f) $Pb(NO_3)_2(aq) + KI(aq) \rightarrow KNO_3(aq) + PbI_2(s)\downarrow$

31. ●●● Practica el ajuste de ecuaciones químicas en el siguiente enlace:

https://links.edebe.com/pd9u

¡Sigue las instrucciones!

2. Leyes fundamentales de la química

32. ●○○ Dejamos un clavo de hierro de 20,0 g a la intemperie y observamos que su masa aumenta hasta 28,6 g.

a) ¿A qué se debe el aumento de masa?

b) Calcula la masa de oxígeno que ha reaccionado con el clavo de hierro.

33. ●○○ El monóxido de carbono reacciona con el oxígeno y forma dióxido de carbono según la siguiente ecuación química:

$$2\,CO(g) + O_2(g) \rightarrow 2\,CO_2(g)$$

— Aplica la ley de Lavoisier y la hipótesis de Avogadro a este caso concreto.

34. ●●○ **Determina el volumen de nitrógeno, $N_2(g)$, y de hidrógeno, $H_2(g)$, medidos en condiciones estándar, que se necesitan para obtener 250 L de amoníaco, $NH_3(g)$, medido en las mismas condiciones.**

COMPRENSIÓN. Como todos los gases están en las mismas condiciones de presión y temperatura, podemos aplicar la hipótesis de Avogadro para calcular los volúmenes de N_2 y H_2 necesarios para obtener 250 L de NH_3.

DATOS. $V(NH_3) = 250$ L

RESOLUCIÓN. Escribimos y ajustamos la ecuación química:

$$N_2(g) + 3\,H_2(g) \rightarrow 2\,NH_3(g)$$

De acuerdo con la hipótesis de Avogadro, los coeficientes de la ecuación química nos dan la relación entre los volúmenes de las sustancias gaseosas que intervienen en la reacción:

$$V(H_2) = 250\ \text{L}\,\cancel{NH_3} \cdot \frac{3\ \text{L}\ H_2}{2\ \text{L}\,\cancel{NH_3}} = 375\ \text{L}\ H_2$$

$$V(N_2) = 250\ \text{L}\,\cancel{NH_3} \cdot \frac{1\ \text{L}\ N_2}{2\ \text{L}\,\cancel{NH_3}} = 125\ \text{L}\ N_2$$

COMPROBACIÓN. Verificamos que el resultado es correcto y que obtenemos las unidades deseadas.

35. ●●○ Ajusta la siguiente ecuación química y completa la tabla en tu cuaderno:

$$H_2(g) + Cl_2(g) \rightarrow HCl(g)$$

	$H_2(g)$	$Cl_2(g)$	$HCl(g)$
***m* (g)**	2 g		73 g
***V* (L)**		150 L	

36. ●●● En grupos, diseñad un experimento que os permita comprobar la ley de conservación de la masa. Debéis redactar un procedimiento que recoja el material necesario y los pasos que deben seguirse en la experimentación.

— Después, poned en común vuestros experimentos en clase.

37. ●●● Busca en Internet la biografía de Amadeo Avogadro y enumera sus principales contribuciones a la ciencia.

— Estructura la información en un breve informe en formato digital.

3. Tipos de reacciones químicas

38. ●○○ Clasifica las siguientes reacciones químicas atendiendo al mecanismo de intercambio y a las partículas intercambiadas:

a) $Al + HCl \rightarrow AlCl_3 + H_2$

b) $CH_3OH + O_2 \rightarrow CO_2 + H_2O$

c) $Zn(s) + HCl(aq) \rightarrow ZnCl_2(aq) + H_2(g)\uparrow$

d) $KClO_3(s) \rightarrow KCl(s) + O_2(g)$

e) $C(s) + O_2(g) \rightarrow CO(g)$

f) $Pb(NO_3)_2(aq) + KI(aq) \rightarrow KNO_3(aq) + PbI_2(s)\downarrow$

39. ●○○ Señala si las siguientes sustancias son ácidas o básicas:

a) Vinagre, pH = 3

b) Café, pH = 5

c) Agua pura, pH = 7

d) Agua de mar, pH = 8

e) Jabón de lavavajillas, pH = 10

f) Zumo de naranja, pH = 3

40. ●○○ ¿Cuáles de los siguientes elementos forman parte del triángulo del fuego? a) ácido; b) comburente; c) agua; d) energía de activación; e) triángulo; f) caldera; g) electrones; h) combustible.

41. ●●○ **Completa y ajusta en tu cuaderno la reacción entre el ácido sulfúrico y el hidróxido de potasio.**

$H_2SO_4(aq) + KOH(aq) \rightarrow$ .... + ...

— ¿Cómo se denominan las reacciones entre un ácido y una base?

42. ●●○ **Completa en tu cuaderno las siguientes ecuaciones químicas, correspondientes a reacciones de neutralización:**

a) $HNO_3(aq) + KOH(aq) \rightarrow$ ....(aq) + ...(l)

b) ....(aq) + $Ca(OH)_2(aq) \rightarrow CaCl_2(aq) +$ ....(l)

— ¿Qué diferencia el comportamiento de un ácido del de una base? Razona tu respuesta basándote en alguna de las teorías estudiadas.

43. ●●○ **Busca la ecuación química que representa cada uno de los siguientes procesos:**

a) Respiración celular.

b) Combustión de gasóleo en una caldera de calefacción doméstica.

c) Combustión de carbón en una central térmica para generar energía eléctrica.

44. ●●● **En las plantas de tratamiento de aguas residuales, una de las etapas corresponde a la neutralización del agua.**

— Infórmate sobre cuáles son las sustancias que se agregan al agua y cuál es su función.

45. ●●● **El dióxido de carbono se puede capturar en una disolución gracias a que reacciona con el hidróxido de calcio. Busca información sobre esta reacción y utilízala para diseñar una experiencia en el laboratorio que permita comprobar el desprendimiento de dióxido de carbono en la respiración.**

4. Velocidad y energía de las reacciones químicas

46. ●○○ **Pon ejemplos de reacciones rápidas y lentas que se dan en nuestra vida cotidiana.**

47. ●○○ **Explica, mediante un ejemplo cotidiano, la diferencia entre una reacción endotérmica y una reacción exotérmica.**

— Representa el diagrama de energía que acompaña a cada una.

48. ●●○ **Describe y justifica el efecto que tendrán sobre la velocidad de una reacción química las siguientes acciones:**

a) Calentar los reactivos con un mechero de Bunsen.

b) Triturar los reactivos.

c) Diluir los reactivos.

d) Añadir un catalizador.

e) Añadir un inhibidor.

49. ●●○ **Observa la siguiente ecuación termoquímica:**

$S(s) + O_2(g) \rightarrow SO_2(g) \quad Q = -296{,}4\ kJ$

a) La reacción que representa, ¿es endotérmica o exotérmica? ¿Por qué?

b) Indica la cantidad de energía que se intercambia en forma de calor.

c) Razona por qué absorbe o desprende energía, según sea el caso.

50. ●●○ **Escribe y ajusta la ecuación termoquímica correspondiente a la formación del óxido de nitrógeno(I) sabiendo que:**

a) Tiene lugar al combinarse nitrógeno y oxígeno diatómicos en estado gaseoso.

b) Durante el proceso se absorben 163,2 kJ.

51. ●●● **Las reacciones de neutralización son generalmente exotérmicas.**

— Busca en Internet el valor del calor de reacción asociado a alguna reacción de neutralización y escribe su ecuación termoquímica.

52. ●●● **Investiga cuáles son los productos de una combustión incompleta y si se libera más o menos energía en forma de calor que en una combustión completa.**

5. Cálculos estequiométricos

53. ●○○ **Indica las unidades de las siguientes magnitudes:**

a) Masa molar.

b) Masa molecular relativa.

c) Volumen molar.

d) Concentración de una disolución en cantidad de sustancia o molaridad.

54. ●●○ **El óxido de hierro(II) es un sólido que, al reaccionar con el monóxido de carbono gaseoso, origina hierro en estado sólido y dióxido de carbono gaseoso.**

a) Escribe y ajusta la ecuación química correspondiente.

b) Si han reaccionado 647,8 g de óxido de hierro(II) con cantidad suficiente de monóxido de carbono, calcula la masa de hierro que se habrá formado.

55. ●●○ **El carbonato de calcio, a alta temperatura, se descompone según la reacción:**

$CaCO_3(s) \rightarrow CaO(s) + CO_2(g)$

En un horno de cal se calientan 200 kg de piedra caliza formada exclusivamente por carbonato de calcio. Calcula el volumen de dióxido de carbono que se produce en condiciones estándar.

56. ●●○ Calcula el volumen de aire necesario para producir la combustión completa de 400 L de propano. Ten presente que el aire contiene un 21 % de oxígeno.

57. ●●○ El cloro en presencia de hidróxido de sodio produce hipoclorito de sodio, cloruro de sodio y agua. A la disolución de hipoclorito de sodio se la conoce habitualmente como *lejía.*

Calcula el volumen de gas cloro, medido a $1,0 \cdot 10^5$ Pa y 350 K, necesario para preparar 100 L de lejía si esta tiene una concentración en hipoclorito de sodio de 0,50 mol/L.

COMPRENSIÓN. Partimos del volumen de uno de los productos, que se encuentra en disolución, y queremos hallar el volumen necesario de uno de los reactivos, que se trata de un gas en determinadas condiciones de presión y temperatura.

DATOS. V (NaClO) = 100 L; c (NaClO) = 0,50 mol/L; $p = 1,0 \cdot 10^5$ Pa; $T = 350$ K

RESOLUCIÓN. Escribimos y ajustamos la reacción que tiene lugar:

$$Cl_2(g) + 2\,NaOH(aq) \leftrightarrows NaClO(aq) + NaCl(aq) + H_2O(l)$$

A continuación, calculamos el número de moles de NaClO que hay en 100 L de disolución 0,50 mol/L y con este valor hallamos el número de moles de Cl_2:

$$100\ \cancel{\text{L NaClO}} \cdot \frac{0,50\ \cancel{\text{mol NaClO}}}{1\ \cancel{\text{L NaClO}}} \cdot \frac{1\ \text{mol}\ Cl_2}{1\ \cancel{\text{mol NaClO}}} = 50\ \text{mol}\ Cl_2$$

Finalmente, aplicamos la ecuación de los gases ideales para calcular el volumen de Cl_2:

$$p \cdot V = n \cdot R \cdot T \rightarrow V = \frac{n \cdot R \cdot T}{p}$$

$$V = \frac{50\ \cancel{\text{mol}} \cdot 8,31\ \cancel{\text{Pa}} \cdot \text{m}^3 \cdot \cancel{\text{mol}^{-1}} \cdot \cancel{\text{K}^{-1}} \cdot 350\ \cancel{\text{K}}}{1,0 \cdot 10^5\ \cancel{\text{Pa}}} =$$

$$= 1,5\ \text{m}^3 = 1,5 \cdot 10^3\ \text{L}$$

Se han necesitado $1,5 \cdot 10^3$ L de gas cloro medidos a $1,0 \cdot 10^5$ Pa y 350 K para preparar 100 L de lejía.

COMPROBACIÓN. Verificamos que el resultado es correcto y que obtenemos las unidades deseadas.

58. ●●○ Calcula la masa de magnesio sólido que reaccionará con 500 mL de una disolución con una concentración de 3,5 mol/L de ácido nítrico para producir nitrato de magnesio en disolución. Ten en cuenta que en la reacción también se desprende hidrógeno diatómico gaseoso.

59. ●●○ Un técnico de laboratorio prepara 500 mL de una disolución de hidróxido de bario, $Ba(OH)_2$, de concentración 0,10 mol/L.

a) ¿Qué masa de hidróxido de bario necesita?

b) ¿Qué volumen de ácido sulfúrico, H_2SO_4, 0,20 mol/L necesita para neutralizar la disolución que ha preparado?

60. ●●● Por parejas, visualizad el siguiente vídeo que explica cómo se prepara una disolución de molaridad conocida:

https://links.edebe.com/yjf

Aplicad el procedimiento a la preparación de 250 mL de una disolución de sulfato de cobre pentahidratado ($CuSO_4 \cdot 5\,H_2O$) de concentración molar 0,10 mol/L. ¿Qué masa de reactivo será necesaria?

61. ●●● En grupos, investigad el procedimiento que debéis seguir para resolver este problema e intentad solucionarlo:

«La composición centesimal de cierto óxido de nitrógeno es de 36,84 % de N y 63,16 % de O. Determina su fórmula empírica».

— Poned en común vuestro resultado en clase y entre todos consensuad cuál es la respuesta correcta.

6. La industria química en la sociedad

62. ●○○ Describe el proceso de obtención industrial de cada una de las siguientes sustancias y sus usos: a) H_2SO_4; b) NH_3.

63. ●○○ Define los siguientes términos: a) desarrollo sostenible; b) impacto ambiental.

64. ●●○ Elige uno de los siguientes biocombustibles y busca su proceso de producción industrial:

Bioetanol	Biodiésel	Biogás

— Elabora un esquema en tu cuaderno.

65. ●●○ **Cita ejemplos de productos y procesos innovadores que se están desarrollando en la actualidad y son respetuosos con el medioambiente.**

66. ●●○ **Investiga qué gases contaminantes se producen en los procesos de combustión y elabora una lista.**

— ¿Cuáles son los más perjudiciales para el medioambiente?

67. ●●○ **Infórmate sobre la lluvia ácida:**

a) Explica en qué consiste.

b) Escribe en tu cuaderno las ecuaciones químicas que representan las reacciones relacionadas con este fenómeno.

c) ¿Cuáles son sus causas?

d) Describe las consecuencias que tiene sobre el medioambiente. ¿Qué medidas se pueden tomar para prevenir estas consecuencias?

e) Elabora una presentación para exponerla en clase.

68. ●●● **Entra en el siguiente enlace y lee con atención el artículo «Las causas del cambio climático»:**

https://links.edebe.com/DyChdp

a) Además del dióxido de carbono, ¿qué otros gases generan efecto invernadero?

b) ¿Cuál es el origen del metano que se emite a la atmósfera?

c) ¿Qué papel ha tenido la actividad humana en este problema?

d) El cambio climático a causa del efecto invernadero constituye una auténtica emergencia que involucra a todos los países. ¿Qué papel crees que deben desempeñar los acuerdos internacionales?

APLICA

69. ●●○ **El agua residual que se genera en una industria relacionada con el cromado de materiales tiene un pH ácido debido a la presencia de ácido clorhídrico. Antes de su vertido ha de ser neutralizada, para lo que se usa hidróxido de sodio. Neutralizamos 250 mL de una muestra de agua residual de concentración 2,5 mol/L con una disolución de hidróxido de sodio 1,5 mol/L. ¿Qué volumen de disolución básica es necesario?**

— Recuerda que la reacción de neutralización de un ácido con una base siempre tiene como productos la sal correspondiente y agua.

70. ●●● **Aproximadamente un 40 % de la energía eléctrica que se produce en España proviene de centrales termoeléctricas en las que se utilizan diversos combustibles fósiles para obtenerla.**

Uno de los combustibles que se utiliza, aunque de forma minoritaria, es el gasoil (diésel). Se trata de una mezcla de hidrocarburos de alto peso molecular. Podemos considerar que su fórmula química es $C_{12}H_{26}$.

a) Escribe y ajusta la reacción de combustión del gasoil.

b) Si una nevera consume de media al mes una energía eléctrica de $9{,}1 \cdot 10^8$ J y la combustión de 1,0 kg de combustible diésel genera una energía eléctrica de $4{,}0 \cdot 10^7$ J, calcula la masa de gasoil necesaria para hacer funcionar la nevera durante todo un mes.

c) Calcula el volumen en condiciones estándar de dióxido de carbono que generará la combustión del gasoil necesario para el funcionamiento de la nevera.

d) ¿Consideras un problema que se continúe dependiendo de los combustibles fósiles para la obtención de electricidad?

e) Busca argumentos a favor de la sustitución de las centrales termoeléctricas por centrales de energías renovables. Puedes consultar la siguiente página de web:

https://links.edebe.com/pij

Piensa sobre...

71. **En unos autos de choque para moléculas, bajo ciertas condiciones, obtendríamos una reacción química. ¿Estás de acuerdo con esta afirmación?**

72. **¿Por qué el bicarbonato (hidrogenocarbonato de sodio) alivia la acidez de estómago?**

a) Porque se debe tomar fresquito.

b) Porque se comporta como una base que neutraliza el ácido de nuestro estómago.

c) Porque su pH es menor que 7.

73. **¿Verdadero o falso? El fuego es una reacción química.**

74. **Con lo que conoces sobre las reacciones químicas, ¿podrías explicar por qué los catalizadores aumentan la velocidad de las reacciones? a) Sí; b) No.**

75. **¿Te ha resultado complicado comprender cómo llevar a cabo los cálculos estequiométricos?**

A B C

76. **¿Comprendes por qué una industria menos contaminante debe ser posible? a) Sí; b) No.**

Pon a prueba tus competencias

Las reacciones químicas desempeñan un papel muy importante en nuestras vidas. Utilizamos algunas para obtener energía o fabricar nuevas sustancias. Otras son fundamentales para el funcionamiento de nuestro organismo. Analicemos algunos casos concretos.

77. El gas natural es una mezcla de hidrocarburos gaseosos que se forma por la descomposición, a lo largo de miles de años, de materia orgánica que se encuentra a grandes profundidades. Constituye una fuente de energía de origen fósil con numerosas aplicaciones en los sectores industrial y doméstico.

El principal componente del gas natural comercial es el metano, que habitualmente supera el 90 % de su composición.

a) Sabiendo que el calor de combustión del metano tiene un valor de −890 kJ por cada mol de metano que se quema, escribe y ajusta la ecuación termoquímica de combustión del metano.

b) Indica los reactivos y los productos de la reacción química.

c) Dibuja en tu cuaderno un diagrama que represente el mecanismo por el que transcurre la reacción según la teoría de colisiones.

d) Razona si se trata de una reacción endotérmica o exotérmica. Dibuja un diagrama energético de la reacción.

e) ¿Qué efecto tendría sobre la velocidad de esta reacción que disminuyésemos la temperatura? Justifica tu respuesta.

f) Comenta brevemente las repercusiones medioambientales que tiene esta reacción química.

78. Una de las aplicaciones del gas natural son las calderas de calefacción domésticas. Partiendo de la ecuación química ajustada de la combustión del metano, efectúa los cálculos estequiométricos necesarios para determinar los siguientes datos:

a) El volumen de dióxido de carbono que se genera por cada 10 L de metano quemados.

b) El volumen de oxígeno necesario para reaccionar con esos 10 L de metano.

c) La masa a la que equivalen los dos volúmenes anteriores.

d) El número de moléculas de metano que reaccionan.

e) La masa de agua líquida que obtendríamos al condensar el vapor de agua formado en la reacción.

f) El volumen de gas natural que quema la caldera, sabiendo que el gas natural que utiliza tiene un 95 % en volumen de metano.

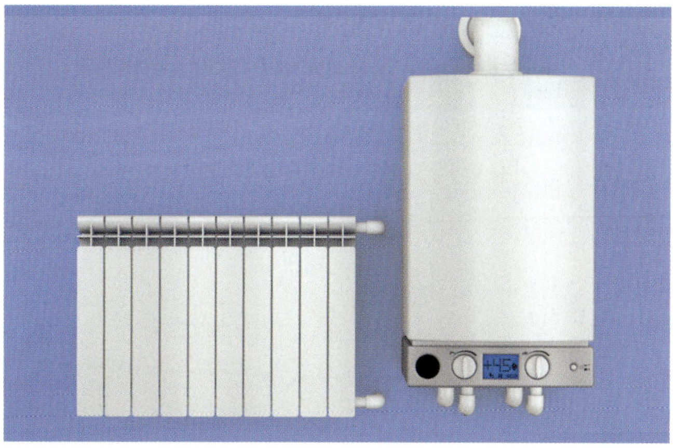

79. Nuestro cuero cabelludo tiene un pH que oscila entre 4,5 y 5,5.

a) Razona si tiene un carácter ácido o básico.

b) Un champú que tiene un pH de 8, ¿resulta adecuado para el cabello?

c) ¿Qué podríamos hacer para disminuir el pH de este champú?

80. La acidez de estómago se debe a un exceso en la producción de HCl por parte de nuestro organismo. Para tratarla se toman productos antiácido, como el hidrogenocarbonato de sodio (comúnmente conocido como *bicarbonato de sodio*), que reacciona con el ácido dando lugar a cloruro de sodio y agua, que son eliminados por medio del sudor y la orina, y dióxido de carbono, que puede ser eliminado a través de las vías respiratorias superiores.

a) Escribe la ecuación química de la reacción que tiene lugar.

b) Indica qué tipo de reacción es según el mecanismo de intercambio y según las partículas intercambiadas.

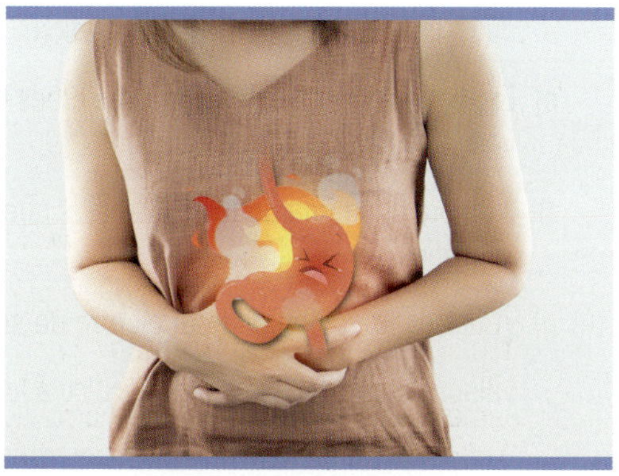

Evaluación de competencias de química

1. Durante una determinada investigación científica, un grupo de I+D+i de un centro tecnológico ha obtenido los siguientes resultados:

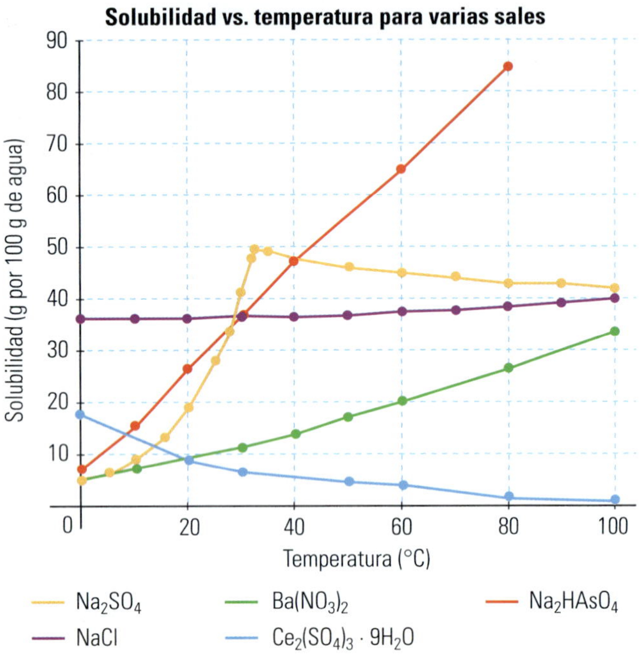

a) ¿Qué representa esta gráfica?

b) Indica las magnitudes que intervienen, así como sus unidades de medida. Si no están expresadas en el SI, señala a qué unidades deberíamos transformarlas.

c) Copia en tu cuaderno la siguiente tabla y clasifica cada una de las magnitudes anteriores como fundamental o derivada, y como escalar o vectorial:

Magnitud	Fundamental/ derivada	Escalar/ vectorial

d) ¿En qué etapa del método científico se encontraba el grupo de I+D+i cuando obtuvo esta gráfica?

e) Extrae las conclusiones a las que crees que llegaron los diversos componentes del grupo.

f) Nombra cada una de las sustancias que se representan en la gráfica.

g) ¿Cuál es la solubilidad del cloruro de sodio a 40 °C? Si el valor real es de 0,39 $\frac{\text{kg NaCl}}{\text{kg } H_2O}$, calcula los errores absolutos y relativos cometidos en esta medida.

2. Observa las fórmulas químicas de las siguientes sustancias:

C_4H_{10} $CaBr_2$ Ag

a) Clasifícalas como inorgánicas u orgánicas y nombra cada una.

b) Indica el tipo de enlace que contiene cada una y explica cómo se forma. Para ello, consulta los datos que necesites en la tabla periódica.

c) Completa de forma cualitativa en tu cuaderno esta tabla:

Propiedad	C_4H_{10}	$CaBr_2$	Ag
Estado físico a $T_{ambiente}$			
Dureza			
Puntos de fusión y ebullición			
Solubilidad			
Conductividad eléctrica			

d) Razona si entre dos moléculas de metano se establecerán o no uniones intermoleculares.

e) Dibuja en tu cuaderno la estructura interna de un átomo de calcio según todos los modelos atómicos que conozcas. Ordénalos de forma cronológica.

3. Completa en tu cuaderno estas dos tablas:

Hidrocarburos	Ejemplos Fórmula y nombre
Alcano	
Alqueno	
Alquino	
Cicloalcano	
Cicloalqueno	
Cicloalquino	
Aromático	

Compuestos orgánicos	Ejemplos Fórmula y nombre
Derivado halogenado	
Alcohol	
Éter	
Aldehído	
Cetona	
Ácido carboxílico	
Éster	
Amina	
Amida	
Nitrilo	

Respecto a la tabla de hidrocarburos, responde:

a) ¿Cuáles son saturados? ¿E insaturados?

b) Elige uno de los hidrocarburos y represéntalo según sus fórmulas molecular, desarrollada, semidesarrollada y espacial.

c) Cita algunas de las aplicaciones de los hidrocarburos que conozcas.

Respecto a la tabla de compuestos orgánicos, clasifica cada uno segun se trate de derivado halogenado, oxigenado o nitrogenado.

4. El etanol tiene diversas aplicaciones en la industria. Entre ellas se encuentra su uso como combustible:

a) Si se desprenden 1371 kJ por cada mol de etanol quemado, escribe y ajusta la ecuación termoquímica que representa la combustión del etanol.

b) Clasifica la reacción anterior como endotérmica o exotérmica. Justifica tu respuesta.

c) ¿Qué podríamos hacer para que se quemara más rápido?

d) Calcula el volumen de dióxido de carbono que se desprende por cada 100 kg de etanol quemado.

e) ¿Qué tendrías que hacer para saber si el etanol es una sustancia ácida o básica?

f) ¿Cómo se produce energía eléctrica a partir de un proceso de combustión?

g) ¿Qué efectos tiene sobre el medioambiente este tipo de reacciones?

Pon a punto la física

La física es la ciencia que estudia los fenómenos naturales y establece las leyes que los gobiernan. Explica las propiedades del espacio, del tiempo, de la materia y de la energía, y describe las interacciones que existen entre ellos.

1. Relaciona en tu cuaderno cada uno de los siguientes términos con su definición:

Velocidad	Peso	Fuerzas eléctricas
Central eléctrica	Energía	Potencia eléctrica
Newton	Fuerza de rozamiento	Calor
Fuerza	Intensidad eléctrica	Resistencia eléctrica
Electromagnetismo	Fuente de energía	Dinámica
Fuerzas magnéticas	Aceleración	Sistema de referencia

a) Elemento fijo o punto del espacio respecto al cual se describe el movimiento de un cuerpo.

b) Capacidad que tiene la materia de producir trabajo en forma de movimiento, luz, calor, etc.

c) Acción capaz de alterar el estado de reposo o de movimiento de los cuerpos o de producir en ellos alguna deformación.

d) Fuerza que debe aplicarse a un cuerpo de 1 kg de masa para que incremente su velocidad 1 m/s cada segundo.

e) Rama de la física que estudia la relación entre las fuerzas y el estado de movimiento de un objeto.

f) Energía suministrada por un generador eléctrico o consumida por un receptor eléctrico en la unidad de tiempo.

h) Rapidez con la que un móvil cambia de velocidad.

i) Fuerzas atractivas o repulsivas que aparecen entre los cuerpos con cargas eléctricas.

j) Parte de la electricidad que estudia la relación entre los fenómenos eléctricos y los fenómenos magnéticos.

k) Cantidad de cargas que atraviesan una sección del conductor en una unidad de tiempo.

f) Fuerza de atracción gravitatoria que la Tierra ejerce sobre un objeto.

l) Rapidez con la que un móvil cambia de posición.

m) Forma de transmisión de la energía que se produce cuando existe una diferencia de temperatura entre dos cuerpos.

n) Cualquier recurso natural o material del que se pueda extraer energía para ser usada directamente o para su transformación.

o) Fuerza que se opone al movimiento y que aparece en la superficie de contacto entre dos cuerpos.

p) Instalación en la que, a partir de alguna forma de energía y por transformación de esta, se obtiene energía eléctrica para su distribución y su consumo.

q) Magnitud física que indica la dificultad que se ofrece al paso de la corriente eléctrica.

r) Fuerzas que ejercen los imanes o las corrientes eléctricas.

2.

Observa con atención las siguientes imágenes e indica los términos de la actividad anterior que identificas en cada una:

A.

E.

B.

F.

C.

G.

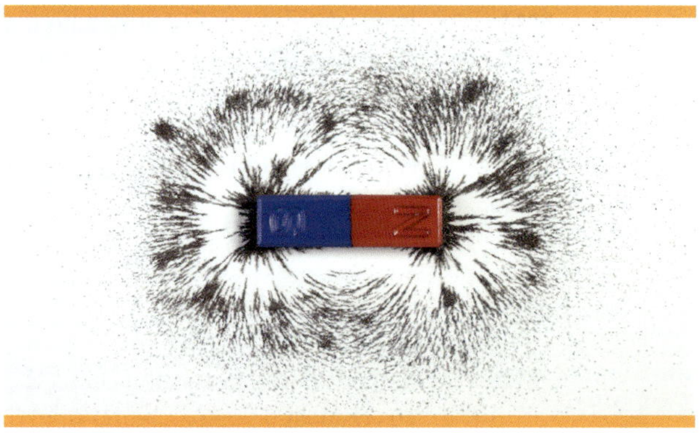

D.

H.

— Después, poned en común vuestras respuestas en clase y aplicad la **destreza** *Lluvia de ideas* para conseguir nuevos términos y conceptos relacionados con las imágenes anteriores. ¿Cuántos habéis logrado en total para cada imagen?

3. El Premio Nobel de Física es un importante galardón que la Academia Sueca entrega anualmente a «científicos que sobresalen por sus contribuciones en el campo de la física». A continuación, describimos a los ganadores del Premio Nobel de Física más recientes, junto a sus descubrimientos:

ÚLTIMOS PREMIOS NOBELES DE FÍSICA

Año	Ganador o ganadores	Descubrimiento
2020	Roger Penrose (Reino Unido), Reinhard Genzel (Alemania) y Andrea Ghez (Estados Unidos).	Confirmación empírica de la existencia de los agujeros negros siguiendo la teoría de la relatividad de Einstein, así como descubrimiento de un objeto supermasivo en el centro de la Vía Láctea.
2019	James Peebles (Canadá, Estados Unidos), Michel Mayor (Suiza) y Didier Queloz (Suiza).	Descubrimientos teóricos en la cosmología física y descubrimiento de un exoplaneta que orbita una estrella de tipo solar.
2018	Arthur Ashkin (Estados Unidos), Gérard Mourou (Francia) y Donna Strickland (Canadá).	Avances en el campo de la física láser.
2017	Rainer Weiss (Alemania, Estados Unidos), Kip Thorne (Estados Unidos) y Barry Barish (Estados Unidos).	Desarrollo del Observatorio de ondas Gravitatorias por Interferometría Láser (LIGO) y observación de las ondas gravitacionales.
2016	David J. Thouless (Reino Unido), F. Duncan M. Haldane (Reino Unido, Eslovenia) y John M. Kosterlitz (Reino Unido, Estados Unidos).	Métodos matemáticos avanzados para estudiar las fases o los estados inusuales de la materia.
2015	Takaaki Kajita (Japón) y Arthur B. McDonald (Canadá).	Oscilaciones de los neutrinos, que demuestran que estas enigmáticas partículas tienen masa.
2014	Isamu Akasaki e Hiroshi Amano (Japón) y Shuji Nakamura (Estados Unidos).	Invención de eficientes diodos de emisión de luz azul (LED), que han hecho posibles las fuentes de luz blanca brillantes y de bajo consumo.
2013	François Englert (Bélgica) y Peter Higgs (Reino Unido).	Descubrimiento teórico de un mecanismo que contribuye a nuestra comprensión del origen de la masa de las partículas subatómicas, que recientemente fue confirmado a través del descubrimiento de la partícula fundamental prevista por los experimentos ATLAS y CMS en el gran colisionador de hadrones del CERN.
2012	Serge Haroche (Francia) y David Wineland (Estados Unidos).	Investigaciones en óptica cuántica que permiten la creación de ordenadores superpotentes y relojes de una precisión extrema.
2011	Saul Perlmutter y Adam Riess (Estados Unidos) y Brian Schmidt (Australia, EE. UU.).	Descubrimientos sobre la expansión acelerada del universo gracias a la observación de supernovas distantes.
2010	Andre Geim (Holanda) y Konstantin Novoselov (Rusia, Reino Unido).	Trabajos pioneros en el desarrollo del grafeno, un material revolucionario llamado a transformar la electrónica, en particular la construcción de ordenadores y de transistores.

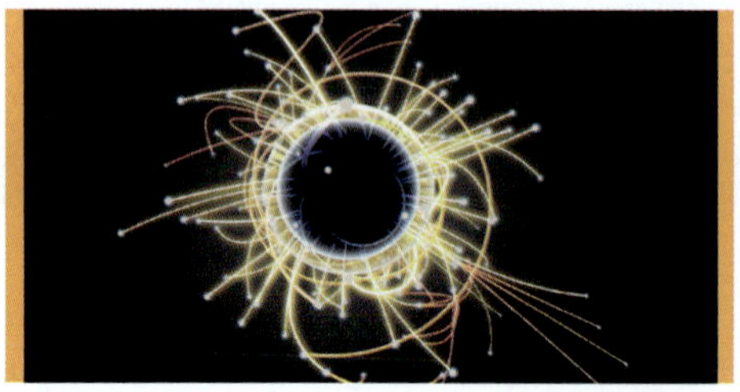

Después de observar la tabla anterior, dividid la clase en grupos. Cada uno llevará a cabo un trabajo de investigación sobre uno de los descubrimientos anteriores. ¿Cuál os ha correspondido?

A continuación, seguid estos pasos:

a) Informaos sobre el descubrimiento científico que ha sido merecedor de tal galardón. Para ello, introducid en un buscador de Internet las siguientes palabras clave: «Premio Nobel Física» y el año correspondiente. Por ejemplo, «Premio Nobel Física 2019».

Sugerimos también consultar este enlace:

https://links.edebe.com/5vw

b) Completad en vuestro cuaderno esta tabla:

Descripción del descubrimiento	Campo de la física	Aplicaciones prácticas

c) Elaborad un mural digital sobre el descubrimiento. Para ello, podéis emplear la siguiente herramienta *online:*

https://links.edebe.com/ehi

¡Incluid imágenes, vídeos, pósits digitales, etc.!

d) Cuando hayáis finalizado el mural, compartidlo con el resto de la clase y, una vez que todos y todas hayáis analizado los descubrimientos, responded en conjunto a las siguientes preguntas:

— ¿Qué campos de la física conocéis?

— ¿Cuáles creéis que se desarrollarán más en los próximos años? ¿Por qué?

— ¿Qué descubrimiento ha llamado más tu atención? ¿Por qué?

— ¿Piensas que en el futuro habrá más ganadores del Premio Nobel de Física que sean mujeres?

— ¿Quién o quiénes han ganado el Premio Nobel de Física este año? ¿Por qué descubrimiento?

8

Bloque 4. El movimiento y las fuerzas

El movimiento

Contenidos

- El movimiento y sus elementos
- La velocidad
- Los cambios en la velocidad

Y además...

- **Ciencia a tu alcance**
  Deslizamiento de una bola por un plano inclinado

¡Te sorprenderá!

- Moverse en bicicleta salva vidas
- ¿Vuelan los aviones en línea recta?
- La velocidad de Internet o la velocidad de proceso de una CPU, ¿son velocidades?
- ¡Acelera de 0 a 400 km/h en 20 s!
- Chalecos con GPS para los futbolistas

¿Lo vemos?
Movimiento y reposo

1. EL MOVIMIENTO Y SUS ELEMENTOS

El movimiento forma parte de nuestras vidas. Cada día percibimos y experimentamos el movimiento: caminamos, viajamos en coche, vemos objetos caer, etc. Para poder describir el fenómeno del movimiento con propiedad, debemos conocer sus elementos: *sistema de referencia, móvil, posición, trayectoria, desplazamiento* y *espacio recorrido.*

Móvil

Cuerpo que está en movimiento respecto a un determinado sistema de referencia.

1.1. SISTEMA DE REFERENCIA

En muchas situaciones nos parece obvia la presencia de movimiento. Sin embargo, en algunas no es tan evidente. Veamos el siguiente ejemplo:

EJEMPLO 1

Imagina que viajas en coche por una autovía. Las torres eléctricas que ves desde la ventanilla, ¿se mueven?

— Sin duda, desde el coche percibes que las torres eléctricas se mueven.

— Sin embargo, si estuvieras sentado o sentada en el suelo al lado de una de ellas, afirmarías que no se mueven.

El movimiento depende del lugar desde donde lo observamos, es decir, del *sistema de referencia.*

Comprende la relatividad del movimiento con esta animación:

https://links.edebe.com/umb

Denominamos **sistema de referencia** al punto o conjunto de puntos del espacio respecto a los cuales se describe el movimiento de un cuerpo.

Y podemos definir el movimiento de un cuerpo de la siguiente forma:

Un cuerpo está en **movimiento** si cambia de posición respecto al sistema de referencia. En caso contrario, decimos que está en **reposo.**

El hecho de que percibamos o no movimiento en función del sistema de referencia elegido nos permite afirmar que el **movimiento es relativo,** es decir, no existe un sistema de referencia universal.

Actividades

1. Laura viaja en un tren:

a) Si situamos el sistema de referencia en Laura, ¿se mueve el pasajero que está sentado delante de ella? Razona tu respuesta.

b) Si situamos el sistema de referencia en una persona que está sentada en un banco de una estación por la que el tren pasa sin detenerse, ¿se mueve Laura? Razona tu respuesta.

1.2. POSICIÓN Y TRAYECTORIA

Acabamos de definir el movimiento como el cambio de posición de un móvil respecto a un sistema de referencia. Aunque intuitivamente podemos entender el concepto de *posición,* veamos cómo definirlo de forma precisa:

La **posición** de un móvil es el punto que ocupa en el espacio respecto a un sistema de referencia en un instante determinado.

Si el movimiento es en **línea recta,** para determinar la posición del móvil solo necesitamos **un eje de coordenadas;** si es en el **plano,** necesitamos **dos ejes de coordenadas:**

SISTEMAS DE REFERENCIA

Movimiento en una dimensión

En un instante determinado, la posición, *P,* viene dada por el **vector posición, $\vec{r}$,** que une el origen *O* con el punto *P.*

Movimiento en dos dimensiones

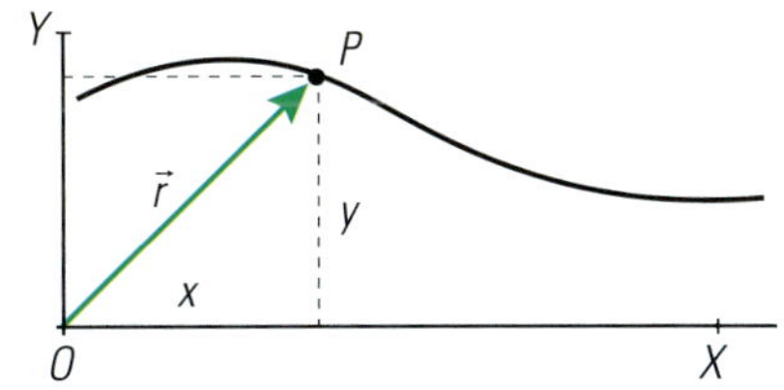

En un instante determinado, la posición, *P,* viene dada por el **vector posición, $\vec{r}$,** que une el origen *O* con el punto *P.*

A lo largo del tiempo de movimiento, un móvil ocupa distintas posiciones. Estas posiciones determinan su *trayectoria:*

La **trayectoria** es el camino seguido por el móvil para ir desde la posición inicial hasta la posición final.

Echa un vistazo a...
Posición y trayectoria

Este enlace te ayudará a establecer un sistema de referencia adecuado, según sea el movimiento en una, dos o tres dimensiones:

https://links.edebe.com/rf5

La posición es un **vector.** Cualquier **magnitud vectorial** se caracteriza por tres elementos:

— **Módulo.** Valor numérico absoluto de su longitud.

— **Dirección.** Recta que contiene el vector.

— **Sentido.** Indicado por la punta de la flecha del vector.

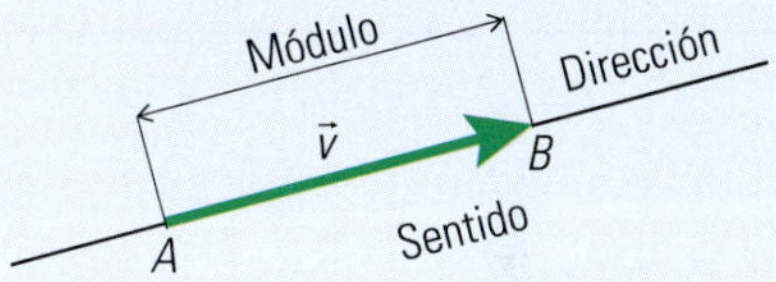

Actividades

2. Un móvil está en el punto (–2, 3) en un instante determinado. Dibuja su vector posición en un sistema de coordenadas.

3. Un jugador de fútbol tira a puerta. ¿Qué tipo de movimiento describe el balón?

4. Formad pequeños grupos y enunciad los tipos de movimiento que lleváis a cabo a lo largo del día. Una vez elaborada la lista, clasificadlos según la trayectoria.

Desplazamiento y espacio recorrido

Cuando un móvil cambia de una posición P_0 a otra posición P siguiendo una determinada trayectoria, podemos medir su cambio de posición entre estos dos instantes mediante dos magnitudes: el **desplazamiento** y el **espacio recorrido.**

El **vector desplazamiento** entre dos puntos de la trayectoria es el vector que une ambos puntos. Se representa por $\Delta\vec{r}$.

$$\Delta\vec{r} = \vec{r} - \vec{r}_0$$

Al módulo del vector desplazamiento se le suele denominar simplemente *desplazamiento* y se representa por Δr o $|\Delta\vec{r}|$.

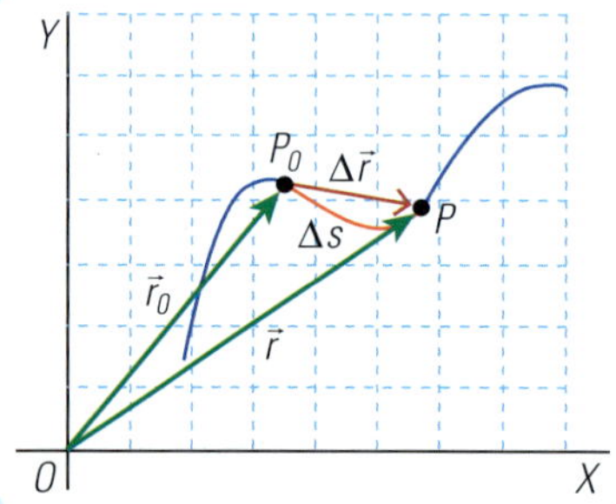

El **espacio recorrido** (o **distancia recorrida**) en un intervalo de tiempo es la longitud, medida sobre la trayectoria, que existe entre las posiciones inicial y final. Se representa por Δs.

En el SI, el espacio recorrido se expresa en **metros (m).**

! Cuando la trayectoria es una línea recta y no hay cambios de sentido, el desplazamiento coincide con el espacio recorrido. En cualquier otro caso, el espacio recorrido es siempre mayor que el desplazamiento.

EXPERIMENTA

— Accede a este enlace y desplázate por la web hasta el «Experimenta y aprende»:

https://links.edebe.com/fvv6tw

— Modifica la posición final y fíjate en los valores del desplazamiento y del espacio recorrido.

— Copia y completa la siguiente tabla en tu cuaderno:

$P_{final}(x, y)$	(3,00, 4,00)	(7,42, 6,47)	(12,55, 4,43)
Δr			
Δs			

Actividades

5. Un atleta da una vuelta completa a una pista circular de 20 m de radio. Calcula el valor del desplazamiento y del espacio recorrido.

6. Piensa en situaciones reales de movimiento en las que el desplazamiento no coincide con el espacio recorrido. A continuación, haced una puesta en común en clase aplicando la **técnica de aprendizaje cooperativo** *El número.*

2. LA VELOCIDAD

¿Qué es la velocidad?

La **velocidad** es la rapidez con la que un móvil **cambia de posición.**

La velocidad, al igual que la posición o el desplazamiento, es un vector. Su unidad en el SI es el **metro por segundo (m/s).**

EJEMPLO 2

Pensemos en una carrera de atletismo. ¿Qué atleta ha corrido a mayor velocidad?

La respuesta parece evidente: la que llega primera a la meta. Sin embargo, es posible que esta atleta no haya ido a una velocidad constante durante toda la carrera, sino que en algunos tramos se haya desplazado con mayor velocidad que en otros, por ejemplo, en el *sprint* final.

La atleta ganadora es la que logra una mayor velocidad media en el recorrido, aunque su velocidad instantánea pueda haber sido superada por otras atletas en algún momento.

2.1. VELOCIDAD MEDIA Y VELOCIDAD INSTANTÁNEA

Hemos visto que hay que distinguir entre **velocidad media** y **velocidad instantánea:**

Para ver más...
Velocidad media
y velocidad instantánea

La **velocidad media** es el promedio de todas las velocidades instantáneas, y se calcula como el cociente entre el espacio recorrido y el tiempo empleado en ello:

$$v_m = \frac{\Delta s}{\Delta t} = \frac{s - s_0}{t - t_0}$$

La **velocidad instantánea** es la velocidad que tiene el móvil en un instante determinado de tiempo.

EJEMPLO 3

Un taxista sale de su parada para hacer una carrera de 8450 m que dura 10,5 min. Detiene el taxi durante 1,5 min para que se baje el cliente en su destino y vuelve a la parada, recorrido en el que tarda ahora 12,0 min. Calcula: a) la velocidad media de la carrera; b) la velocidad instantánea en el minuto 11,0.

COMPRENSIÓN. Debemos obtener las velocidades media e instantánea a partir de los datos de espacio y tiempo.

DATOS.

***s* (m)**	0	8450	8450	16 900
***t* (s)**	0	630	720	1440

RESOLUCIÓN

a) Calculamos la velocidad media de la carrera mediante la expresión:

$$v_m = \frac{\Delta s}{\Delta t} = \frac{s_f - s_0}{t_f - t_0} = \frac{(16\,900 - 0)\ \text{m}}{(1440 - 0)\ \text{s}} = 11{,}74\ \frac{\text{m}}{\text{s}}$$

b) En la tabla podemos ver que entre los 630 s y los 720 s el taxi no ha cambiado de posición, es decir, permanece parado. Por tanto, en el minuto 11,0 (660 s), la velocidad instantánea es 0.

COMPROBACIÓN. Verificamos que el resultado es correcto y obtenemos las unidades deseadas. De lo contrario, revisamos los cálculos.

Actividades

7. En una hoja de cálculo, elabora una gráfica *s-t* que represente los datos de la tabla. ¿Cuántos tramos puedes identificar?

***s* (m)**	0	8450	8450	16 900
***t* (s)**	0	630	720	1440

8. Un coche arranca, avanza 300 m durante 12 s por una calle recta y se detiene 45 s en un semáforo. Arranca de nuevo, avanza 750 m y aparca al cabo de 82 s. a) Calcula la velocidad media del recorrido. b) ¿Cuál es su velocidad instantánea al minuto de emprender el movimiento?

Asómate
La aceleración

3. LOS CAMBIOS EN LA VELOCIDAD

Hemos visto que en muchos casos la velocidad del movimiento no es constante, sino que aumenta o disminuye con el tiempo.

La **aceleración** es la rapidez con la que un móvil cambia de velocidad.

La aceleración también es una magnitud vectorial. Su unidad en el SI es el **metro por segundo al cuadrado (m/s²).**

Los movimientos, en función de si presentan o no aceleración, se clasifican en:

— **Acelerados.** Su velocidad es variable.

— **No acelerados.** Transcurren a velocidad constante.

3.1. ACELERACIÓN MEDIA Y ACELERACIÓN INSTANTÁNEA

Como en el caso de la velocidad, debemos distinguir la aceleración media de la aceleración instantánea:

La **aceleración media** es la variación de velocidad por unidad de tiempo y se calcula mediante la siguiente expresión:

$$a = \frac{\Delta v}{\Delta t} = \frac{v - v_0}{t - t_0}$$

La **aceleración instantánea** es la aceleración que tiene el móvil en un instante determinado de tiempo.

La aceleración puede tener signo positivo o negativo:

— Si es positiva, el móvil aumenta la velocidad.

— Si es negativa, el móvil disminuye la velocidad.

EJEMPLO 4

La siguiente gráfica muestra el movimiento de un tren de mercancías en un intervalo de tiempo concreto:

Calcula:

a) La aceleración media de cada tramo.

b) La aceleración instantánea que lleva el tren a los 30 s de movimiento.

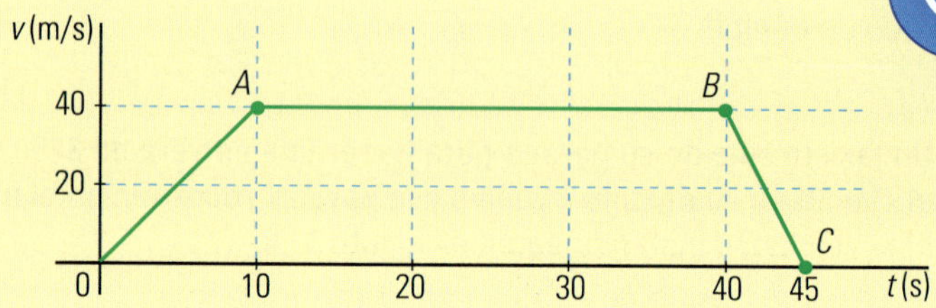

COMPRENSIÓN. Debemos determinar diferentes valores de aceleración media y aceleración instantánea a partir de los datos de la gráfica.

DATOS. En la gráfica podemos ver los datos de velocidad y de tiempo en unidades del SI.

RESOLUCIÓN

a) Calculamos la aceleración media de cada tramo:

$$a_{0\text{-}A} = \frac{\Delta v}{\Delta t} = \frac{v_A - v_0}{t_A - t_0} = \frac{(40 - 0)\ \text{m/s}}{(10 - 0)\ \text{s}} = 4{,}0\ \frac{\text{m}}{\text{s}^2}$$

$$a_{A\text{-}B} = \frac{\Delta v}{\Delta t} = \frac{v_B - v_A}{t_B - t_A} = \frac{(40 - 40)\ \text{m/s}}{(40 - 10)\ \text{s}} = 0{,}0\ \frac{\text{m}}{\text{s}^2}$$

$$a_{B\text{-}C} = \frac{\Delta v}{\Delta t} = \frac{v_C - v_B}{t_C - t_B} = \frac{(0 - 40)\ \text{m/s}}{(45 - 40)\ \text{s}} = -8{,}0\ \frac{\text{m}}{\text{s}^2}$$

b) Como podemos observar en la gráfica, en el tramo *A-B*, que va desde los 10 s hasta los 40 s, el tren circula a una velocidad constante de 40 m/s. Puesto que no hay cambio de velocidad, la aceleración en todo este tramo, que incluye los 30 s de movimiento, es 0.

Actividades

9. Un coche parte del reposo y alcanza los 120 km/h en 6,0 s. Calcula su aceleración media y exprésala en unidades del SI. A continuación, representa gráficamente este movimiento entre los segundos 0 y 6.

Componentes de la aceleración

Para que exista aceleración tiene que haber un cambio de velocidad. Pero, como la aceleración es una magnitud vectorial, este cambio puede darse en cualquiera de sus elementos: módulo, dirección o sentido.

Aceleración tangencial

La **aceleración tangencial** modifica el **módulo de la velocidad,** es decir, la rapidez del movimiento.

$$a_t = \frac{\Delta v}{\Delta t} = \frac{v - v_0}{t - t_0}$$

Aceleración normal o centrípeta

La **aceleración normal o centrípeta** modifica la **dirección** del movimiento.

$$a_n = \frac{v^2}{R}$$

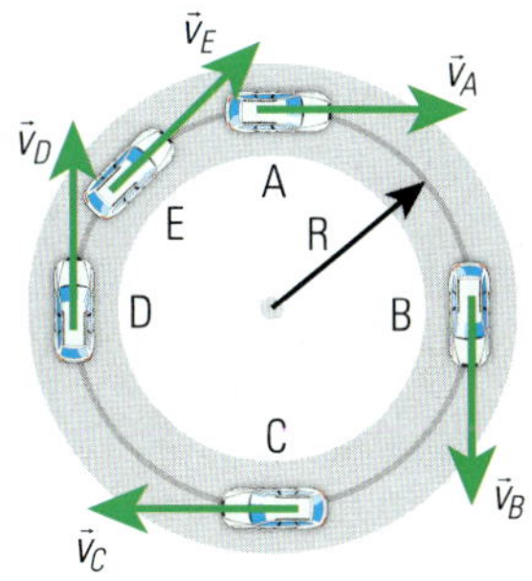

EJEMPLO 5

Un coche que circula a una velocidad constante de 25 km/h tarda 18 s en dar la vuelta a una glorieta de 20 m de radio.

— Calcula sus aceleraciones tangencial y normal.

COMPRENSIÓN. Debemos determinar las dos componentes de la aceleración: la aceleración tangencial y la aceleración normal.

DATOS. $R = 20$ m; $v = 25$ km/h; $t = 18$ s

Pasamos la velocidad a unidades del SI:

$$v = 25\,\frac{\cancel{\text{km}}}{\cancel{\text{h}}} \cdot \frac{1000\ \text{m}}{1\ \cancel{\text{km}}} \cdot \frac{1\ \cancel{\text{h}}}{3600\ \text{s}} = 6{,}9\,\frac{\text{m}}{\text{s}}$$

RESOLUCIÓN

— Como la velocidad no varía en módulo, la aceleración tangencial es 0:

$$a_t = \frac{\Delta v}{\Delta t} = \frac{0\ \text{m/s}}{18\ \text{s}} = 0\,\frac{\text{m}}{\text{s}^2}$$

— Calculamos la aceleración normal:

$$a_n = \frac{v^2}{R} = \frac{(6{,}9\ \text{m/s})^2}{20\ \text{m}} = 2{,}4\,\frac{\text{m}}{\text{s}^2}$$

COMPROBACIÓN. Verificamos que el resultado es correcto y obtenemos las unidades deseadas. De lo contrario, revisamos los cálculos.

Actividades

10. Los caballitos de un tiovivo se mueven a una velocidad constante de 3,2 m/s y describen una trayectoria circular de 5,5 m de radio. Determina, para cada uno de ellos, el valor de las componentes de la aceleración.

Ciencia a tu alcance

En práctica: Deslizamiento de una bola por un plano inclinado

¿Cómo es el movimiento que describe una bola al deslizarse por un plano inclinado? Vamos a investigarlo...

Acudimos al laboratorio de física y nos organizamos en grupos. Como en cualquier trabajo de investigación, seguiremos las etapas del método científico para hallar una solución a nuestro problema.

1 Planteamiento del problema

Nos preguntamos cómo es el movimiento que describe una bola al caer por un plano inclinado.

2 Formulación de hipótesis

Entre todos los miembros del grupo redactamos una hipótesis:

«Una bola que se desliza por un plano inclinado describe un movimiento rectilíneo y acelerado».

3 Comprobación de la hipótesis

Para poder comprobar la hipótesis, debemos **planificar el experimento** que vamos a realizar:

Objetivos

— Averiguar qué tipo de movimiento describe una bola al caer por un plano inclinado.

Material

— Bola de madera.

— Soporte de hierro provisto de pinza y nuez.

— Carril metálico de 2,0 m de longitud.

— Cinta métrica.

— Taco de madera.

— Cronómetro.

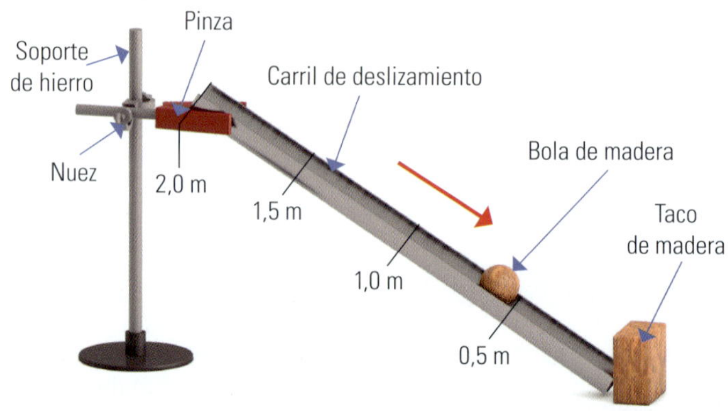

Experimentación

Seguid estos pasos:

— Marcad en el carril las distancias: 0,5 m, 1,0 m, 1,5 m y 2,0 m.

— Preparad el montaje que aparece en la imagen anterior. Para ello, fijad la pinza a unos 28 cm de altura respecto a la mesa.

— Soltad la bola (sin lanzarla) desde el punto del carril con la marca de 2,0 m. En el mismo instante en el que la soltéis, poned en marcha el cronómetro.

— Parad el cronómetro justamente cuando la bola golpee el taco de madera situado al final del carril. Anotad el tiempo transcurrido, indicando hasta las décimas de segundo.

— Repetid el experimento dos veces más y anotad los tiempos correspondientes.

— Seguid el mismo procedimiento y soltad la bola desde las marcas de 1,5 m, 1,0 m y 0,5 m. Anotad los tiempos de caída.

Obtención de datos

Copiad y completad la siguiente tabla en el cuaderno, efectuando los cálculos necesarios:

ESPACIO RECORRIDO s (m)	TIEMPO DE CAÍDA (s)			TIEMPO MEDIO t (s)	VELOCIDAD MEDIA v_m (m/s) $= \frac{\Delta s}{\Delta t} = \frac{s - s_0}{t - t_0}$
	t_1 (s)	t_2 (s)	t_3 (s)		
2,0					
1,5					
1,0					
0,5					
0,0					

Análisis de datos

Para analizar los datos obtenidos, representad en una gráfica el espacio recorrido, en metros, frente al tiempo medio, en segundos; y en otra gráfica, la velocidad media, en m/s, frente al tiempo medio, en s. Después, responded en vuestro cuaderno a estas preguntas:

¿Qué forma tiene cada una de las gráficas?

¿Se ha movido la bola a velocidad constante? Si no es así, ¿en qué tramo se ha desplazado a mayor velocidad?

Clasifica el movimiento que ha seguido la bola en función de su trayectoria.

Comprobad si la **hipótesis** que habíamos enunciado **es cierta.** En caso negativo, formulad una nueva hipótesis y repetid el proceso.

4 Extracción de conclusiones

— ¿Cómo es el movimiento que describe una bola al caer por un plano inclinado?

— ¿Es un movimiento acelerado o no acelerado? ¿Por qué? Explicad las conclusiones a las que habéis llegado.

5 Comunicación de resultados

Por último, redactad un **informe** de la práctica que responda a las distintas etapas del método científico y que un miembro de cada grupo lo exponga en clase.

Síntesis

- **El movimiento**
  - **El movimiento y sus elementos**
    - Sistema de referencia
      - Relatividad del movimiento
        - Movimiento
        - Reposo
    - Posición, P
      Vector posición, $\vec{r}$
    - Trayectoria — Según la trayectoria, los movimientos se clasifican en
      - Rectilíneos
      - Curvilíneos
        - Circular
        - Elíptico
        - Parabólico
    - Desplazamiento, Δr
      Vector desplazamiento, $\Delta \vec{r}$
    - Espacio recorrido, Δs

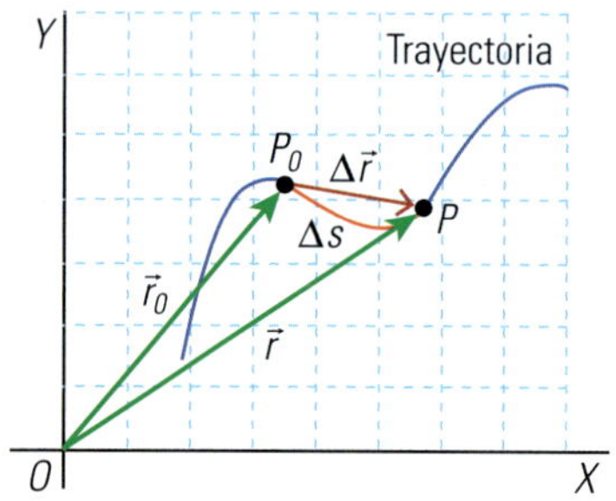

  - **La velocidad**
    - Velocidad media: $v_m = \dfrac{\Delta s}{\Delta t} = \dfrac{s - s_0}{t - t_0}$
    - Velocidad instantánea
  - **Los cambios en la velocidad**
    - Aceleración
      - Aceleración media: $a = \dfrac{\Delta v}{\Delta t} = \dfrac{v - v_0}{t - t_0}$
      - Aceleración instantánea
    - Componentes de la aceleración
      - Aceleración tangencial: $a = \dfrac{\Delta v}{\Delta t} = \dfrac{v - v_0}{t - t_0}$
      - Aceleración normal: $a_n = \dfrac{v^2}{R}$

PREPARA

11. ●○○ Relaciona en tu cuaderno los siguientes conceptos con su número en la gráfica:

A. Vector desplazamiento; B. Vector posición; C. Posición; D. Eje de coordenadas; E. Espacio recorrido; F. Trayectoria

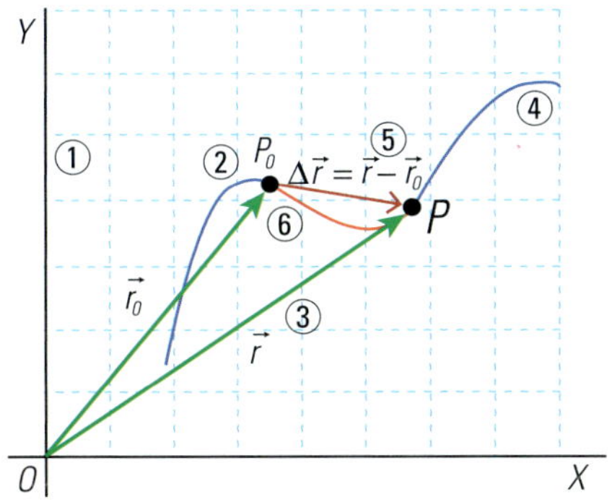

12. ●○○ Completa las siguientes oraciones en tu cuaderno:

a) Dado que ningún sistema de referencia es universal, decimos que el movimiento es ....

b) La posición, la velocidad y la aceleración son magnitudes ....

c) Un vector tiene ...., ... y ....

d) La unidad de velocidad en el SI es el .... por ....

e) La aceleración .... modifica el módulo de la velocidad.

f) La aceleración .... o .... modifica la dirección del movimiento.

13. ●○○ Indica razonadamente si las siguientes afirmaciones son verdaderas o falsas:

a) Cuando un cuerpo cambia de posición, lo hace en todos los sistemas de referencia.

b) El espacio recorrido es siempre mayor que el desplazamiento.

c) La velocidad media de un ciclista en un velódromo al completar una vuelta exacta es de 0 m/s.

d) Según el criterio de signos establecido en esta unidad, cuando la aceleración de un móvil es negativa, este frena.

14. ●○○ Observa la gráfica y resuelve en tu cuaderno:

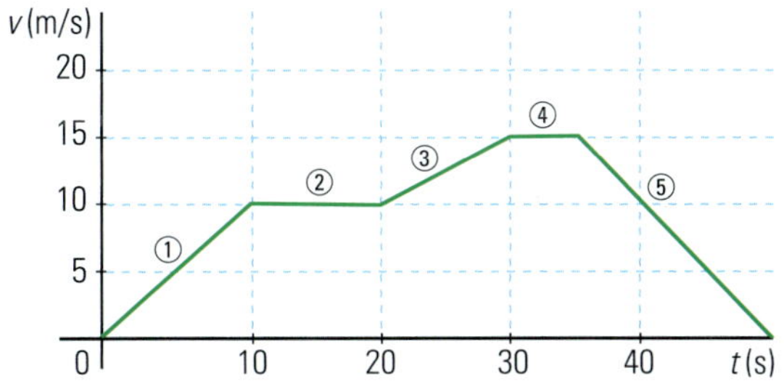

a) Relaciona cada intervalo de la gráfica (del 1 al 5) con el comportamiento de la velocidad.

A. La velocidad es constante; B. La velocidad crece; C. La velocidad disminuye.

b) Relaciona cada intervalo de tiempo con su aceleración media:

A. Entre 0 y 10 s	1. 0 m/s^2
B. Entre 10 y 35 s	2. 0,2 m/s^2
C. Entre 10 y 40 s	3. 1 m/s^2

c) Señala cuál de las siguientes aceleraciones no se corresponde con esta gráfica: –1 m/s^2; –0,5 m/s^2; 0 m/s^2; 0,5 m/s^2; 1 m/s^2.

ENTRENA

1. El movimiento y sus elementos

15. ●○○ Razona si en las siguientes situaciones existe movimiento o reposo respecto al observador:

a) Un padre va en bicicleta y su hijo, sentado detrás, lo mira.

b) Una señora que camina por la acera ve pasar al padre y al niño en bicicleta en dirección contraria por la carretera.

c) Una niña sentada en el autobús urbano observa a otra que está de pie junto a la ventanilla.

d) Un hombre que está sentado en una parada del autobús ve llegar el autobús.

16. ●○○ Define los siguientes términos: a) movimiento; b) móvil; c) sistema de referencia; d) trayectoria.

17. ●○○ Explica la diferencia entre los siguientes términos:

a) Movimiento y reposo.

b) Posición y trayectoria.

c) Desplazamiento y distancia recorrida.

18. ●○○ Copia este esquema en tu cuaderno y señala sobre él las etiquetas que se muestran a continuación:

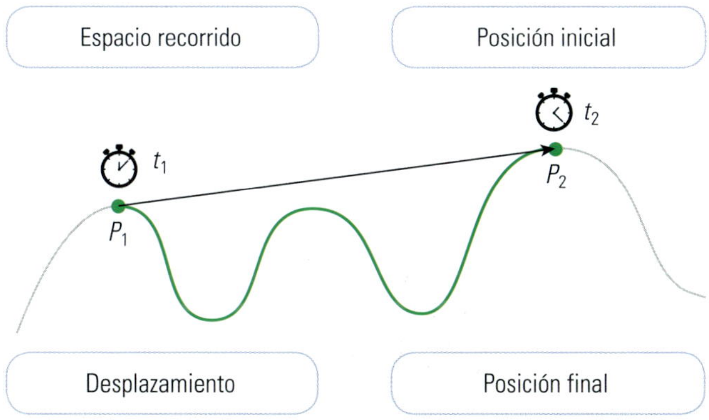

19. ●●○ Comenta la siguiente frase: «El movimiento no es absoluto».

20. ●●○ **Un móvil se encuentra en el punto (3 m, –4 m) en un determinado momento. Después de 5 s está en el punto (6 m, 0 m). Y tras otros 5 s se halla en el punto (12 m, 2 m).**

a) Representa en tu cuaderno estas tres posiciones y sus vectores posición correspondientes en un sistema de coordenadas.

b) ¿Podrías describir la trayectoria seguida por el móvil con estos datos?

21. **Pon un ejemplo de cada uno de los tipos de movimiento según su trayectoria.**

22. ●●○ **Clasifica los siguientes movimientos según la forma de su trayectoria:**

a) El movimiento de la Luna alrededor de la Tierra.

b) Una manzana que cae de un árbol.

c) El movimiento de un avión desde el despegue hasta que alcanza la altura deseada.

d) Un punto exterior de la rueda de una bicicleta mientras gira.

23. ●●○ **Una atleta salta una valla en la carrera de obstáculos.**

a) Elige un sistema de referencia para describir este movimiento.

b) Según el sistema de referencia elegido, dibuja en tu cuaderno la trayectoria y el desplazamiento de la atleta durante el salto.

c) Para representar la posición en cada instante, ¿necesitas uno o dos ejes de coordenadas? Razona tu respuesta.

24. ●●○ **Un móvil se mueve sobre una trayectoria circular de 2 m de radio centrada en el punto *O*. En el instante inicial está en la posición *P* que se indica en la gráfica y en un instante posterior está en la posición *Q*.**

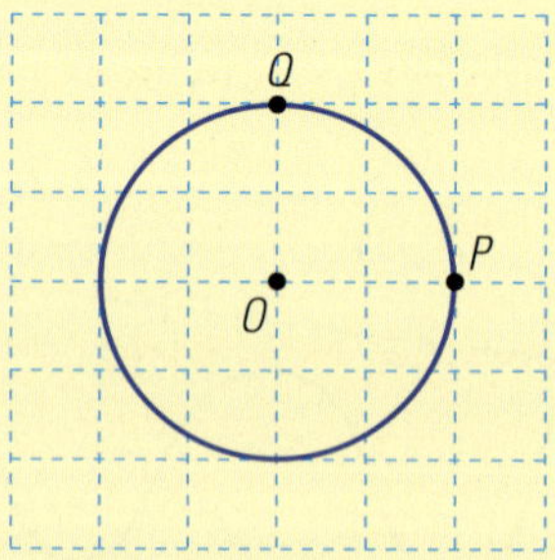

a) Escribe los vectores posición de *P* y *Q* respecto al origen de coordenadas *O*.

b) Halla el vector desplazamiento y calcula su módulo.

c) Calcula el espacio recorrido entre *P* y *Q* sobre la trayectoria.

COMPRENSIÓN. Debemos escoger el sistema de referencia más conveniente para aplicar las definiciones de *vector posición, vector desplazamiento* y *espacio recorrido.*

DATOS. Puntos *O, P* y *Q*; $r = 2$ m

RESOLUCIÓN. En primer lugar, escogemos como sistema de referencia un sistema de dos ejes de coordenadas con origen en el punto *O*, que es el centro de la circunferencia que describe el móvil. En este sistema: *P*(2, 0); *Q*(0, 2).

a) Las componentes de los vectores posición de *P*, $\vec{r}_0$ y de *Q*, $\vec{r}$ coinciden con las coordenadas de *P* y *Q*:

$$\vec{r}_0 = \overrightarrow{OP} = (2, 0);\ \vec{r} = \overrightarrow{OQ} = (0, 2)$$

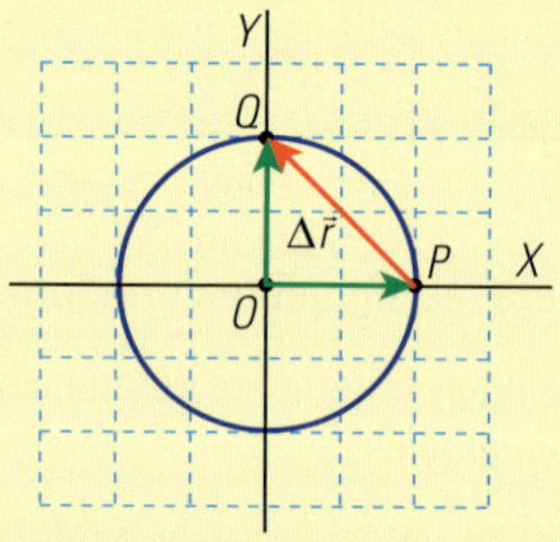

b) Determinamos el vector desplazamiento y su módulo:

$$\Delta\vec{r} = \overrightarrow{PQ} = (0 - 2,\ 2 - 0) = (-2, 2)$$

$$|\Delta\vec{r}| = \sqrt{(-2)^2 + 2^2} = \sqrt{8} = 2\sqrt{2} = 2{,}8\ \text{m}$$

c) El espacio recorrido sobre la trayectoria es igual a la cuarta parte de la longitud de la circunferencia:

$$\Delta s = \frac{2 \cdot \pi \cdot r}{4} = \frac{2 \cdot \pi \cdot 2\ \text{m}}{4} = \pi\ \text{m}$$

COMPROBACIÓN. Verificamos que los resultados calculados numéricamente coinciden con los determinados de forma gráfica.

25. ●●○ Un *skater* baja por una pendiente desde una altura de 5 m de manera que recorre una distancia horizontal de 10 m.

a) Halla las coordenadas de los puntos inicial y final del recorrido respecto a un sistema de referencia cuyo origen de coordenadas está en el punto más bajo de la pendiente.

b) Determina el vector desplazamiento.

c) Calcula el espacio recorrido por el *skater*.

26. ●●○ **Indica si en los siguientes movimientos el desplazamiento coincide con el espacio recorrido. En caso negativo, señala la relación que hay entre ellos. Justifica tu respuesta.**

a) Un coche va desde una ciudad A hasta otra ciudad B por una carretera recta.

b) Otro coche va hasta la ciudad B desde la ciudad A y regresa a la ciudad A.

27. ●●● Un sistema de posicionamiento global (GPS) permite determinar la posición de un objeto en cualquier lugar.

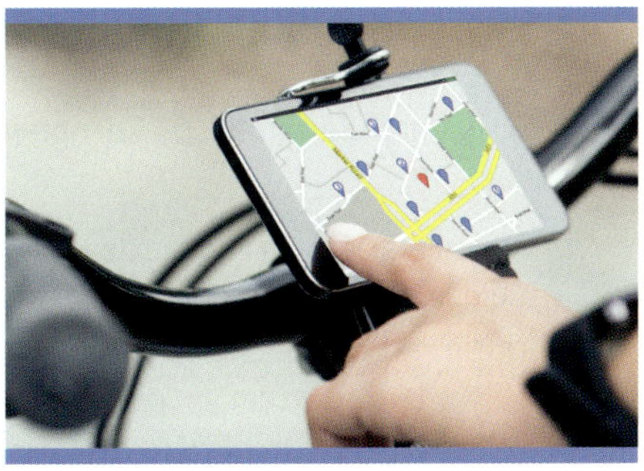

Por grupos, realizad el siguiente proyecto de investigación:

a) Investigad cómo funciona un GPS y haced un esquema en vuestro cuaderno.

b) Valorad de qué manera mejora nuestra calidad de vida.

c) Elaborad una presentación sobre el funcionamiento del GPS y las ventajas y los inconvenientes que supone su uso. Para ello, emplead la siguiente herramienta:

https://links.edebe.com/zxyb67

2. La velocidad

28. ●○○ Ordena de menor a mayor los siguientes valores de velocidad:

a) 0,2 m/s

b) 3 mm/h

c) 56 km/h

d) 3,45 m/min

e) 4500 cm/día

f) 86,7 Mm/año

29. ●○○ ¿Para qué se utiliza la velocidad instantánea? ¿Y la velocidad media?

30. ●○○ Para ir al colegio desde su casa, Pablo toma una calle recta. Su hermana, por el contrario, toma una calle curva. Ambos llegan a la vez.

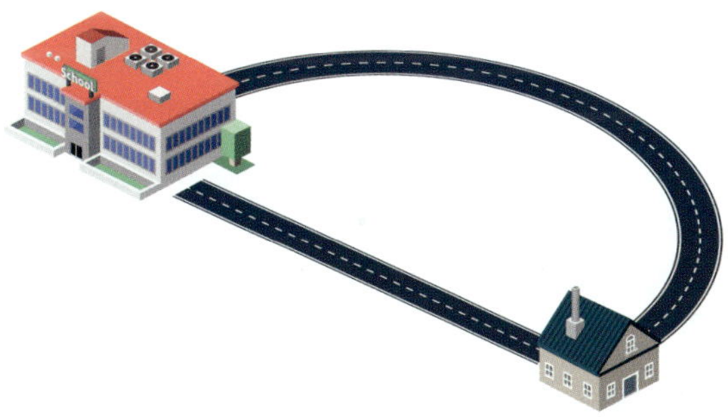

— ¿Quién ha ido a una velocidad media mayor? Razona tu respuesta.

31. ●●○ **Un motorista sale de la ciudad A a las 12:00 h y llega a la ciudad B a las 14:45 h. Aquí se detiene para comer. A las 16:00 h, el motorista continúa la marcha y llega a la ciudad C a las 17:15 h.**

Si A y B distan 230 km, y B y C, 105 km, responde:

a) Representa la gráfica del espacio recorrido en función del tiempo.

b) Calcula la velocidad media del viaje de A a B y exprésala en unidades del SI.

c) Halla la velocidad media de todo el recorrido y exprésala en unidades del SI.

d) ¿Podría conocer el motorista su velocidad instantánea en cualquier momento del recorrido? Razona tu respuesta.

COMPRENSIÓN. La velocidad media es el cociente entre el espacio recorrido y el tiempo empleado para ello.

DATOS. $t_0 = 12{:}00$ h; $t_1 = 14{:}45$ h; $t_2 = 16{:}00$ h; $t_3 = 17{:}15$ h; $d_{AB} = 230$ km; $d_{BC} = 105$ km

RESOLUCIÓN

a) Construimos una tabla de valores y representamos la gráfica *s-t* (el instante de tiempo inicial, $t = 0$, coincide con las 12:00 h):

s (km)	0	230	230	335
t (h)	0	2,75	4,00	5,25

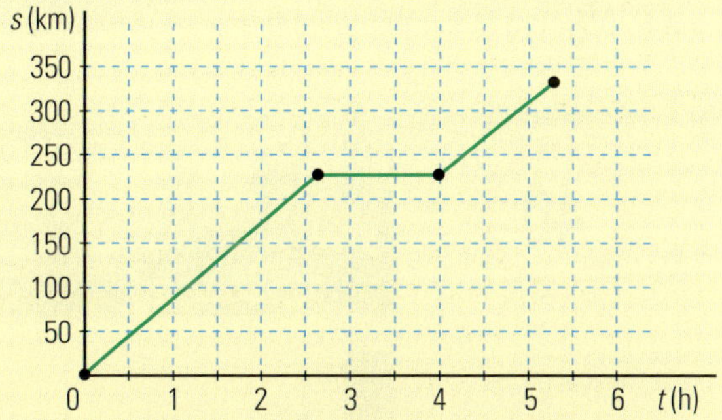

b) Calculamos la velocidad media del viaje de A a B:

$$v_{AB} = \frac{230\ \cancel{km}}{2{,}75\ \cancel{h}} \cdot \frac{1\ \cancel{h}}{3600\ s} \cdot \frac{1000\ m}{1\ \cancel{km}} = 23{,}2\ m/s$$

c) Hallamos la velocidad media de todo el recorrido:

$$v_{BC} = \frac{335\ \cancel{km}}{5{,}25\ \cancel{h}} \cdot \frac{1\ \cancel{h}}{3600\ s} \cdot \frac{1000\ m}{1\ \cancel{km}} = 17{,}7\ m/s$$

d) La velocidad instantánea es la velocidad que tiene el móvil en un instante determinado. Se puede calcular matemáticamente a partir de la expresión de la velocidad media para intervalos de tiempo muy pequeños. El velocímetro de la moto nos da una buena aproximación de su valor.

32. ●●○ Un grupo de amigos organiza una excursión en bicicleta. A las 8 de la mañana salen de la plaza de su pueblo. A las 10, cuando llevan recorridos 30 km, se detienen a reponer fuerzas. A las 11 emprenden el regreso y llegan al punto de partida a las 13:30 h, tras recorrer un total de 50 km.

a) ¿A qué velocidad media han completado la excursión?

b) Halla la velocidad media entre la salida y el punto donde se detienen a descansar, y entre el momento del regreso y la llegada. ¿En cuál de los dos intervalos van a un ritmo más rápido?

33. ●●● Infórmate sobre los límites de velocidad que hay en nuestro país para los diversos tipos de vía y completa en tu cuaderno la siguiente tabla:

Vehículo	Autopista o autovía	Carretera con arcén ≥ 1,5 m	Vías urbanas
Turismos			
Motocicletas			
Autobuses			
Camiones			
Ciclomotores			

— ¿Qué repercusiones puede tener circular a una velocidad mayor que la permitida? ¿Y circular a una velocidad menor que la recomendada?

34. ●●● Observa la siguiente imagen:

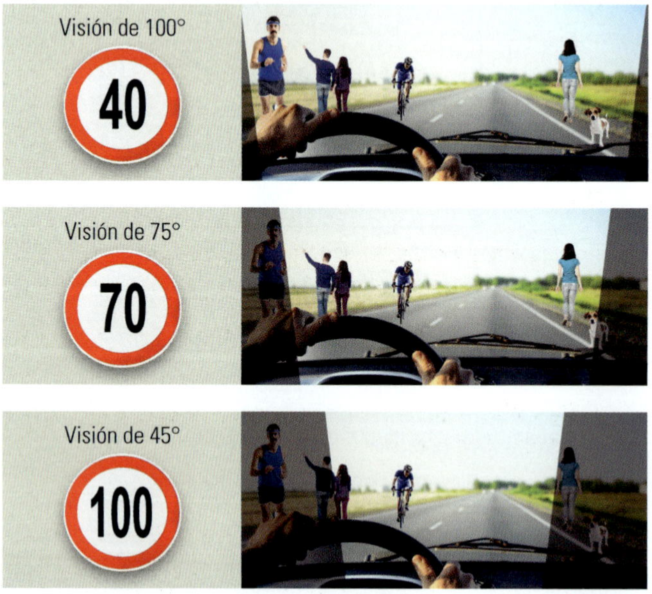

a) Aplica la **destreza de pensamiento** *Inferencia* para interpretar la imagen y su contenido. Haced una puesta en común en clase.

b) ¿A qué conclusiones habéis llegado?

3. Los cambios en la velocidad

35. ●○○ ¿Verdadero o falso? Corrige las afirmaciones que sean falsas.

a) La aceleración nos informa del cambio de posición por unidad de tiempo.

b) Una posible unidad de aceleración es cm/min^2.

36. ●○○ Clasifica los siguientes movimientos como acelerados o no acelerados:

a) El movimiento de la Luna alrededor de la Tierra.

b) Una manzana que cae de un árbol.

37. ●●○ Nuestro planeta atrae a cualquier objeto cercano a la superficie con una aceleración constante de 9,8 m/s^2. ¿De qué tipo de aceleración se trata? Escoge la respuesta o respuestas correctas:

a) Aceleración instantánea.

b) Aceleración media.

c) Ninguna de las anteriores.

38. ●●○ La siguiente gráfica representa el recorrido realizado por una furgoneta de reparto:

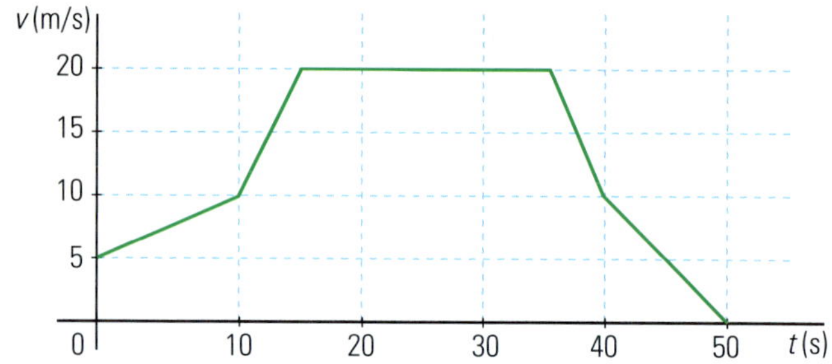

a) Divide la gráfica en cinco tramos.

b) Calcula la aceleración media de cada tramo.

c) ¿Cuál es la aceleración instantánea de la furgoneta a los 20 s de iniciar el recorrido?

d) Durante este recorrido, ¿se ha detenido en algún momento la furgoneta para hacer una entrega? Justifica tu respuesta.

39. ●●○ Un ascensor de un rascacielos sube a la última planta del edificio, de acuerdo con la siguiente gráfica:

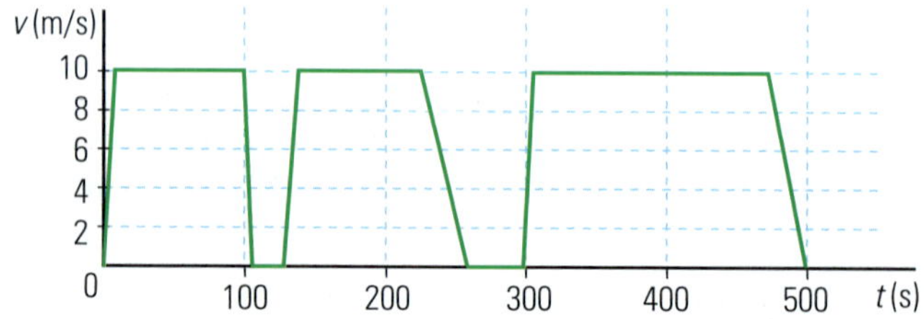

a) ¿Ha hecho paradas por el camino?

b) ¿La aceleración es la misma al arrancar que al frenar? Calcula la aceleración al arrancar si tarda 4 s en alcanzar la máxima velocidad.

c) ¿A qué velocidad se mueve en los intervalos sin aceleración?

40. ●●○ **Razona si es necesario un cambio en el módulo de la velocidad para que haya aceleración.**

41. ●●○ **Un patinador da vueltas en una pista circular de 10 m de radio.**

a) Razona si en su movimiento existe o no aceleración.

b) Si se trata de un movimiento acelerado, calcula, si es posible, el valor de las componentes de la aceleración.

42. ●●● **Entra en este enlace y ejecuta el *applet* en tu ordenador:**

https://links.edebe.com/f2iz

— Modifica la posición, la velocidad y la aceleración. En la pestaña «Gráficas» verás cómo se van generando las gráficas posición-tiempo, velocidad-tiempo y aceleración-tiempo. ¿Cuándo es negativa la velocidad?

APLICA

43. ●●● **La conductora de un coche lleva 10 min circulando a una velocidad de 90 km/h por una autovía. De repente, pisa el acelerador y se fija en el velocímetro durante 3,8 s, justamente hasta que marca 120 km/h. En ese momento, suelta el acelerador y circula a esa velocidad durante 5 min más.**

a) Calcula el valor de la aceleración y exprésalo en unidades del SI.

A continuación, se incorpora al carril de deceleración para abandonar la autovía. Comienza a frenar una vez que está incorporada en el carril, y pasa de 120 km/h a 60 km/h en 6,5 s.

b) Calcula el valor de la aceleración expresándola en unidades del SI. ¿Qué signo tiene la aceleración en este caso?

c) Con la ayuda de una hoja de cálculo, elabora una gráfica que represente el movimiento de la conductora de la actividad anterior. Para ello, representa la velocidad, en m/s, en el eje de ordenadas, y el tiempo, en s, en el eje de abscisas. ¿Qué forma tiene la gráfica?

44. ●●● **Jorge viaja todos los años por vacaciones con sus padres desde la ciudad donde reside, que está cerca del mar, hasta un pueblecito del interior, a 600 km de distancia, donde viven sus abuelos.**

a) El padre de Jorge suele hacer varias paradas, ya que siempre dice que no es recomendable conducir seguido muchas horas. Si salen a las 11 de la mañana y llegan a su destino a las 7 de la tarde, ¿a qué velocidad media ha conducido?

b) A mitad de camino, a 300 km, suelen hacer una parada larga, de 1 h, para comer y relajarse. ¿A qué hora se detienen si hasta ese momento han conducido a una velocidad media de 90 km/h? ¿A qué hora reemprenden la marcha?

c) Después de comer, retoman el camino. ¿Qué velocidad media han llevado desde ese instante hasta llegar a su destino?

d) ¿A qué hora llegarían si condujeran ininterrumpidamente a una velocidad media constante de 90 km/h durante todo el viaje?

e) Durante el trayecto, el vehículo ha trazado una curva de 100 m de radio con una velocidad de 70 km/h. ¿Qué aceleración ha experimentado?

Piensa sobre...

45. Moverse en bicicleta salva vidas. ¿Estás de acuerdo con esta afirmación?

A B C

46. ¿Verdadero o falso? Un avión vuela «en línea recta» de París a Madrid.

47. ¿Por qué hablamos de velocidad de Internet o de velocidad de proceso de una computadora si no se trata de un movimiento?

a) Porque la información se mueve por la pantalla con mayor o menor rapidez.

b) Se suele hablar de velocidad para referirnos al cociente entre una magnitud y el tiempo.

48. El coche más rápido del mundo acelera de 0 a 400 km/h en 20 s. ¿Cuál es el valor de la aceleración media? Selecciona la respuesta correcta y compara este valor con los valores que han aparecido en la unidad: a) 5,55 m/s²; b) 111 m/s²; c) 15,6 m/s².

49. Con lo que conoces sobre el movimiento, ¿podrías explicar qué utilidad tienen los chalecos con GPS que utilizan en sus entrenos algunos futbolistas? a) Sí; b) No.

Pon a prueba tus competencias

Sin lugar a dudas, el movimiento está presente en nuestro día a día. Para describirlo con propiedad, es fundamental que hayamos comprendido las distintas magnitudes y los elementos que lo caracterizan. Analicemos nuestro día a día en términos de movimiento.

50. Describe los movimientos que realizas desde que sales de casa hasta que llegas a tu centro educativo. Para ello, responde a estas cuestiones:

a) Elige un sistema de referencia.

b) Representa en tu cuaderno, mediante un esquema, la trayectoria que describes y dibuja el vector desplazamiento.

c) Razona si el espacio que recorres coincide con tu desplazamiento.

d) Clasifica tu movimiento como rectilíneo o curvilíneo.

e) Si el copiloto de un helicóptero que vuela haciendo círculos en el aire observara tu recorrido, ¿lo describiría del mismo modo que lo has hecho tú? Justifica tu respuesta.

51. De forma aproximada, completa en tu cuaderno la siguiente tabla sobre tu movimiento desde casa hasta el centro educativo:

Δs (m)	
Δt (s)	
v (m/s)	

a) La velocidad que acabas de calcular, ¿es media o instantánea? Razona tu respuesta.

b) Explica si tu movimiento es o no acelerado e indica las evidencias que te conducen a esa afirmación.

52. **Observa la siguiente gráfica relativa al movimiento de Carlota desde que se baja del autobús en la puerta de su centro educativo hasta que llega a su aula:**

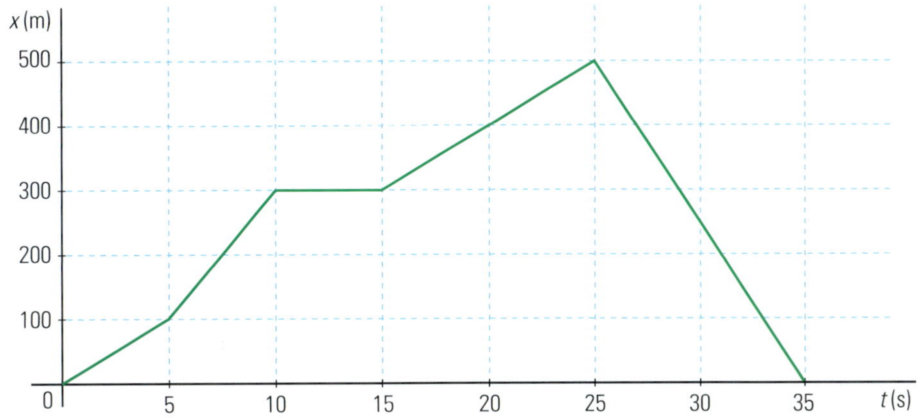

a) Señala la magnitud que representa cada eje junto a su unidad.

b) ¿Se detiene Carlota en algún momento? En caso afirmativo, indica en qué intervalo de tiempo.

c) Suponiendo un movimiento rectilíneo, halla la velocidad media que ha llevado Carlota en cada tramo. Para ello, completa en tu cuaderno la siguiente tabla:

Tramo	Δx (m)	Δs (m)	Δt (s)	v (m/s)

d) Con los datos de los que dispones, ¿podrías saber si la velocidad instantánea de Carlota fue mayor en el segundo 2 de movimiento que en el segundo 17? Razona tu respuesta.

e) Describe otro movimiento cotidiano distinto que se pueda ajustar a la gráfica anterior.

53. **La familia de Carlota se plantea comprar un coche nuevo. Uno de los parámetros en los que se fija es el tiempo que tarda el coche en alcanzar los 100 km/h desde el reposo.**

Observa en cuánto tiempo pasan de 0 a 100 km/h los siguientes modelos de coche:

a) Rapid Coupé: 5,2 s

b) Sportive T: 4,9 s

c) Rayo R5: 4,8 s

d) Hurakan: 4,7 s

— ¿Qué aceleraciones medias representan estos valores? Expresa los resultados en unidades del SI y compáralos con los de la aceleración de la gravedad.

9 Movimientos rectilíneo

Contenidos

- Movimiento rectilíneo uniforme (MRU)
- Movimiento rectilíneo uniformemente acelerado (MRUA)
- Movimiento circular uniforme (MCU)
- Seguridad vial: la distancia de seguridad

Y además...

Ciencia a tu alcance

Investigamos la tecnología de los coches de última generación

y circular

¿Lo sabías?

¡Los humanos no podemos caminar en línea recta!

Más aceleración igual a mayor consumo y contaminación

¡Viajamos alrededor del Sol a 30 km/s mientras nuestro ecuador gira a 1600 km/h!

El futuro de la seguridad vial está en los coches autónomos

Para ver más...
El MRU

1. MOVIMIENTO RECTILÍNEO UNIFORME (MRU)

Hemos visto que podemos clasificar los movimientos según su trayectoria en rectilíneos y curvilíneos. Entre los primeros está el **movimiento rectilíneo uniforme (MRU):**

Un móvil se desplaza con **movimiento rectilíneo uniforme (MRU)** si sigue una **trayectoria rectilínea** y su vector **velocidad** es **constante** en todo momento.

Trayectoria: recta.

Vector velocidad: constante, tanto en módulo como en dirección y sentido. En un **MRU no hay aceleración.**

Un móvil con este tipo de movimiento siempre tarda el mismo tiempo en recorrer una distancia determinada.

La velocidad media y la velocidad instantánea coinciden en todo momento.

EJEMPLO 1

Observa este coche que se mueve con MRU. ¿A qué velocidad circula?

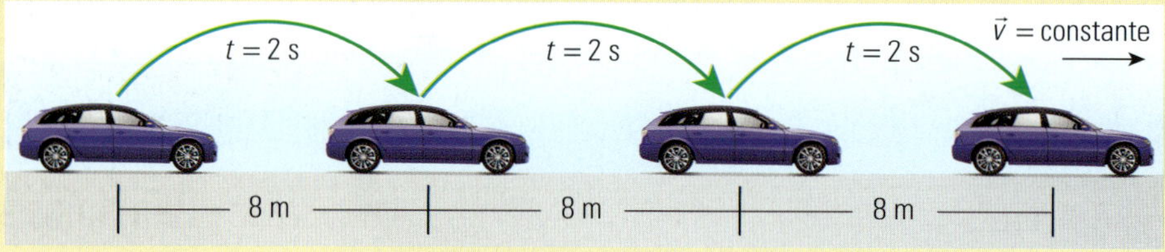

COMPRENSIÓN. De los datos de la imagen, deducimos que se trata de un MRU horizontal.

RESOLUCIÓN. Hallamos su velocidad a partir de los datos y de la siguiente expresión:

$$v = \frac{\Delta x}{\Delta t} = \frac{8\ \text{m}}{2\ \text{s}} = 4\ \text{m/s}$$

1.1. ECUACIÓN DEL MRU

En un MRU, dado que la velocidad es constante, la velocidad instantánea coincide en cada punto con la velocidad media. Si consideramos un móvil que se desplaza en línea recta según la dirección del eje X:

$$v = \frac{\Delta x}{\Delta t} = \frac{x - x_0}{t - t_0}$$

A partir de esta expresión, podemos despejar la x para deducir la ecuación que representa la **posición en función del tiempo:**

$$v = \frac{x - x_0}{t - t_0} \rightarrow x = x_0 + v \cdot (t - t_0)$$

Si empezamos a contar el tiempo en $t_0 = 0$, entonces la ecuación se simplifica:

$$\boxed{x = x_0 + v \cdot t}$$

Esta ecuación es la **ecuación del movimiento rectilíneo uniforme.**

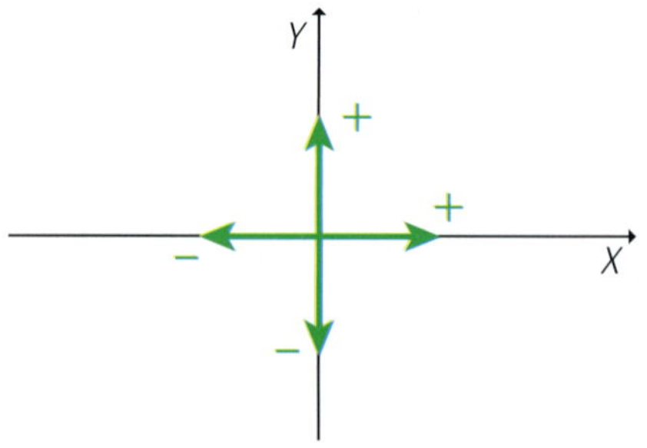

Criterio de signos para la posición y la velocidad.

Por convención, empleamos la x para los MRU horizontales y la y para los MRU verticales.

1.2. GRÁFICAS DEL MRU

Echa un vistazo a...
Gráficas del MRU

Con la ecuación del MRU podemos calcular la posición de un móvil en cualquier instante si conocemos su posición inicial y su velocidad. Además, esta ecuación nos permite representar gráficamente el MRU:

Gráfica posición-tiempo (x-t)	Gráfica velocidad-tiempo (v-t)
En el eje de abscisas representamos el tiempo y en el de ordenadas, la posición del móvil en cada instante:	En el eje de abscisas representamos el tiempo y en el de ordenadas, la velocidad del móvil:

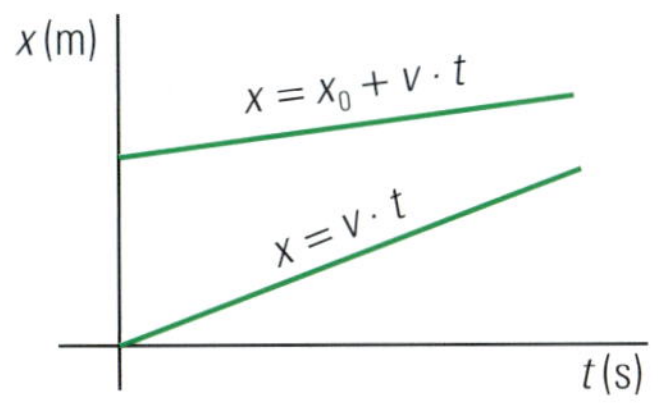

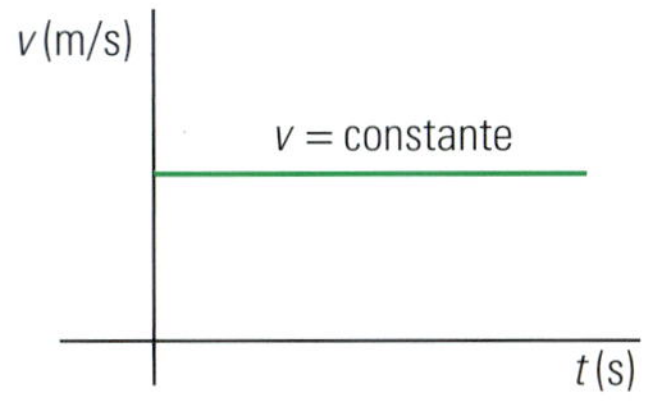

La gráfica posición-tiempo es una recta con pendiente. Cuanto mayor es la pendiente, mayor es la velocidad.	Observa que la gráfica velocidad-tiempo es una recta sin pendiente. La velocidad es la misma en cada instante.

EJEMPLO 2

Una motocicleta circula a una velocidad constante de 30,5 m/s por una carretera. Calcula:

a) La distancia que recorre en 10,5 s.

b) El tiempo que tarda en recorrer 40 km.

COMPRENSIÓN. Debemos calcular la posición y el tiempo de un MRU a partir de la ecuación del MRU.

DATOS. $v = 30{,}5$ m/s; $\Delta t = 10{,}5$ s; $\Delta x = 40$ km $= 4{,}0 \cdot 10^4$ m

RESOLUCIÓN

a) Hallamos la posición de la motocicleta a los 10,5 s de movimiento:

$$x = x_0 + v \cdot \Delta t = 0 + 30{,}5 \text{ m/s} \cdot 10{,}5 \text{ s} = 320 \text{ m}$$

b) Calculamos el tiempo que tarda en recorrer $4{,}0 \cdot 10^4$ m. Para ello, despejamos Δt de la ecuación del MRU:

$$x = x_0 + v \cdot \Delta t; \quad \Delta t = \frac{x - x_0}{v} = \frac{\Delta x}{v} = \frac{4{,}0 \cdot 10^4 \text{ m}}{30{,}5 \text{ m/s}} = 1{,}3 \cdot 10^3 \text{ m} = 1{,}3 \text{ km}$$

COMPROBACIÓN. Verificamos que el resultado es correcto y obtenemos las unidades deseadas. De lo contrario, revisamos los cálculos.

En el siguiente *applet* puedes ver cómo varía la pendiente de la gráfica posición-tiempo en un MRU según el valor de la velocidad:

https://links.edebe.com/fdezh

Actividades

1. Deduce la ecuación y las gráficas para el caso de un MRU vertical.

2. Mario va en bicicleta por una calle recta a una velocidad de 7,2 m/s.

a) Completa en tu cuaderno la siguiente tabla:

x (m)	0	50	100	200
t (s)	0			

b) Representa la gráfica posición-tiempo.

c) Razona cuántos puntos necesitas para representar la gráfica anterior.

d) Deduce la forma que tendrá la gráfica velocidad-tiempo.

e) ¿Cuánto tiempo tarda Mario en recorrer 5,7 km a esa velocidad?

¿Lo vemos?
El MRUA

Accede a esta simulación, fija un valor para la aceleración y dale al *play* para ver cómo se mueve el motorista:

https://links.edebe.com/mug

2. MOVIMIENTO RECTILÍNEO UNIFORMEMENTE ACELERADO (MRUA)

En la mayor parte de los movimientos que se dan en la naturaleza, la velocidad no es constante, es decir, existe aceleración. Cuando se trata de movimientos rectilíneos que presentan una aceleración constante, se denominan **movimientos rectilíneos uniformemente acelerados (MRUA),** y presentan las siguientes características:

Un móvil se desplaza con **movimiento rectilíneo uniformemente acelerado (MRUA)** si sigue una **trayectoria rectilínea** y su vector **aceleración** es **constante** y distinto de 0.

Trayectoria: recta.

Vector velocidad: variable en módulo. El módulo de la velocidad varía de un tramo a otro de forma regular.

Vector aceleración: constante, tanto en módulo como en dirección y sentido.

Cuando la aceleración tiene el mismo sentido que la velocidad, el móvil acelera. En cambio, cuando tiene sentido contrario, el móvil frena o decelera.

EJEMPLO 3

Fíjate en cómo cambia la velocidad del coche de la imagen. ¿Con qué aceleración circula?

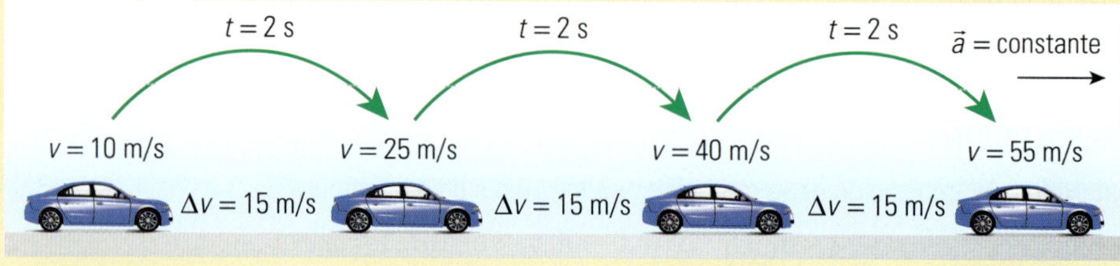

COMPRENSIÓN. De los datos de la imagen, podemos deducir que se trata de un MRUA horizontal.

RESOLUCIÓN. Podemos determinar su aceleración a partir de los datos y de la siguiente expresión:

$$a = \frac{\Delta v}{\Delta t} = \frac{15\ \text{m/s}}{2{,}0\ \text{s}} = 7{,}5\ \text{m/s}^2$$

Observa que en el MRUA el móvil efectúa incrementos de velocidad iguales en aumentos de tiempo iguales.

Conoce más sobre...
Galileo y el estudio del movimiento

Actividades

3. Pon dos ejemplos cotidianos de móviles que se desplacen con MRUA.

4. Un coche circula a 40 km/h por una calle y frena al ver un semáforo en rojo. Si tarda en detenerse 3,5 s, ¿cuál es el valor de la aceleración?

— Interpreta el significado del signo obtenido.

5. Un vehículo reanuda su marcha al ponerse el semáforo en verde y alcanza los 50 km/h en 5,0 s. Halla el valor de la aceleración.

6. Razona la siguiente afirmación:

«La aceleración, no la velocidad, hace que el guepardo gane todas las carreras».

2.1. ECUACIONES DEL MRUA

Como la aceleración de un MRUA es constante, la aceleración instantánea en cada punto coincide con la aceleración media. De su expresión matemática podemos despejar la v para deducir la ecuación que representa la **velocidad en función del tiempo:**

$$a = \frac{\Delta v}{\Delta t} = \frac{v - v_0}{t - t_0} \rightarrow v = v_0 + a \cdot (t - t_0)$$

Si comenzamos a contar el tiempo en $t_0 = 0$, tenemos: $\boxed{v = v_0 + a \cdot t}$

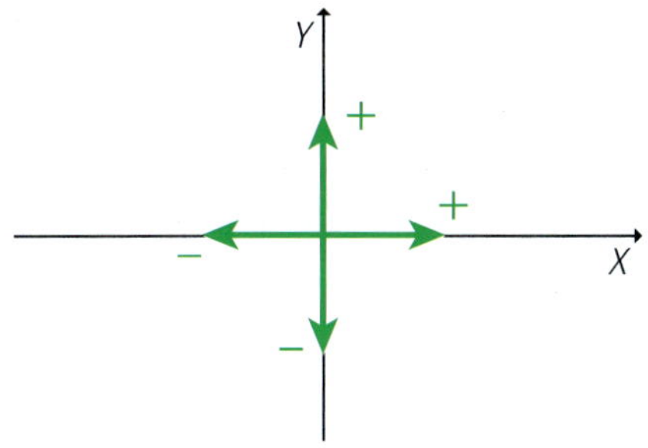

Criterio de signos para la aceleración.

Esta ecuación nos va a permitir deducir la **ecuación de la posición** del móvil en función del tiempo. Como la velocidad en un MRUA varía siempre de la misma forma, podemos expresar la velocidad media como la semisuma de la velocidad en los instantes t y t_0:

$$v_m = \frac{v + v_0}{2}$$

Si igualamos ahora esta expresión con la de la velocidad media de un móvil que se desplaza en línea recta según la dirección del eje X y en la ecuación resultante sustituimos la expresión de la velocidad en función del tiempo que acabamos de ver, llegamos a:

$$\left.\begin{aligned} v_m &= \frac{x - x_0}{t} \\ v_m &= \frac{v + v_0}{2} \end{aligned}\right\} \frac{x - x_0}{t} = \frac{v + v_0}{2} \Rightarrow \frac{x - x_0}{t} = \frac{v_0 + a \cdot t + v_0}{2}$$

Operando, obtenemos la ecuación de la **posición en función del tiempo:**

$$\boxed{x = x_0 + v_0 \cdot t + \frac{1}{2} \cdot a \cdot t^2}$$

EJEMPLO 4

Un tigre que corre por la selva pasa de una velocidad de 54 km/h a 72 km/h en 3,8 s. Determina: a) La distancia que recorre en este tiempo. b) La velocidad que llevará 2,5 s más tarde si mantiene constante su aceleración.

COMPRENSIÓN. Debemos calcular la posición y el tiempo de un MRUA aplicando las ecuaciones del MRUA.

DATOS. $v_0 = 54$ km/h; $v = 72$ km/h; $\Delta t = 3{,}8$ s

Expresamos las velocidades en unidades del SI:

$$v_0 = 54 \frac{\text{km}}{\text{h}} \cdot \frac{1000\ \text{m}}{1\ \text{km}} \cdot \frac{1\ \text{h}}{3600\ \text{s}} = 15 \frac{\text{m}}{\text{s}}$$

$$v = 72 \frac{\text{km}}{\text{h}} \cdot \frac{1000\ \text{m}}{1\ \text{km}} \cdot \frac{1\ \text{h}}{3600\ \text{s}} = 20 \frac{\text{m}}{\text{s}}$$

RESOLUCIÓN

a) Primero debemos calcular la aceleración, despejándola de la ecuación velocidad-tiempo:

$$v = v_0 + a \cdot t; \quad a = \frac{v - v_0}{t} = \frac{(20 - 15)\ \text{m/s}}{3{,}8\ \text{s}} = 1{,}3\ \text{m/s}^2$$

A continuación, hallamos la posición del tigre a los 3,8 s de movimiento:

$$x = x_0 + v_0 \cdot t + \frac{1}{2} \cdot a \cdot t^2$$

$$x = 0 + 15\ \text{m/s} \cdot 3{,}8\ \text{s} + \frac{1}{2} \cdot 1{,}3\ \text{m/s}^2 \cdot (3{,}8\ \text{s})^2 = 66\ \text{m}$$

b) Calculamos la velocidad que llevará a los 6,3 s (3,8 s + 2,5 s), teniendo en cuenta la velocidad inicial:

$$v = v_0 + a \cdot t = 15\ \text{m/s} + 1{,}3\ \text{m/s}^2 \cdot 6{,}3\ \text{s} = 23\ \text{m/s}$$

COMPROBACIÓN. Verificamos que el resultado es correcto y obtenemos las unidades deseadas. De lo contrario, revisamos los cálculos.

Actividades

7. **Un tren que circula a 70,2 km/h reduce la velocidad a razón de 3,0 m/s cada segundo. ¿Qué distancia recorre hasta detenerse?**

Para saber más...
Gráficas del MRUA

2.2. GRÁFICAS DEL MRUA

Como en el MRU, las ecuaciones del MRUA nos permiten representar gráficamente el movimiento. Veamos ahora las representaciones gráficas del movimiento MRUA:

Gráfica velocidad-tiempo (*v*-*t*)

En el eje de abscisas representamos el tiempo y en el de ordenadas, la velocidad del móvil:

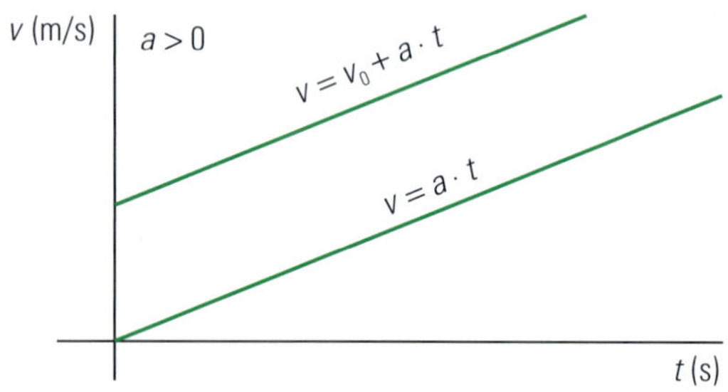

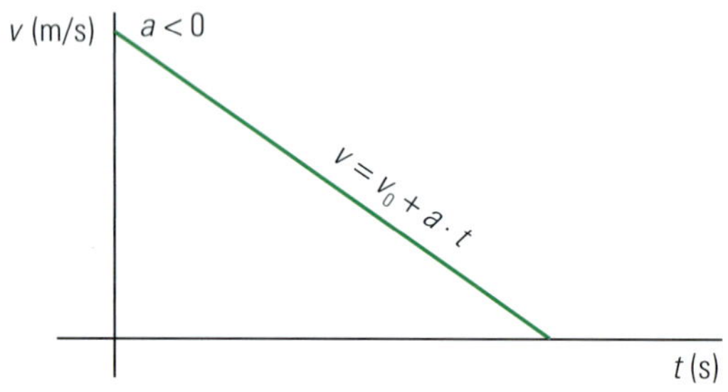

La gráfica velocidad-tiempo es una recta con pendiente. Cuanto mayor es la pendiente, mayor es la aceleración.

Gráfica posición-tiempo (*x*-*t*)

En el eje de abscisas representamos el tiempo y en el de ordenadas, la posición del móvil en cada instante:

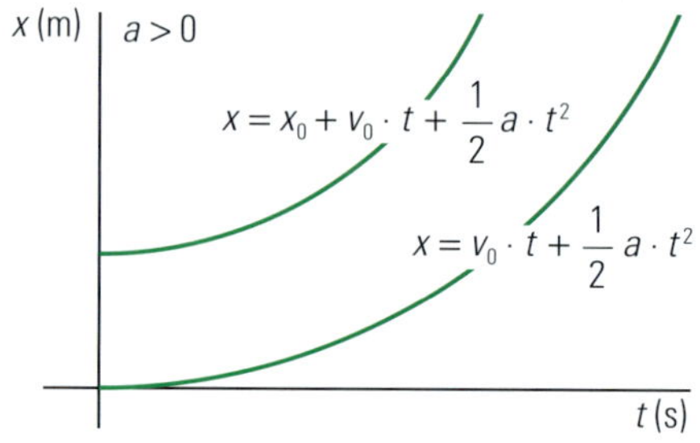

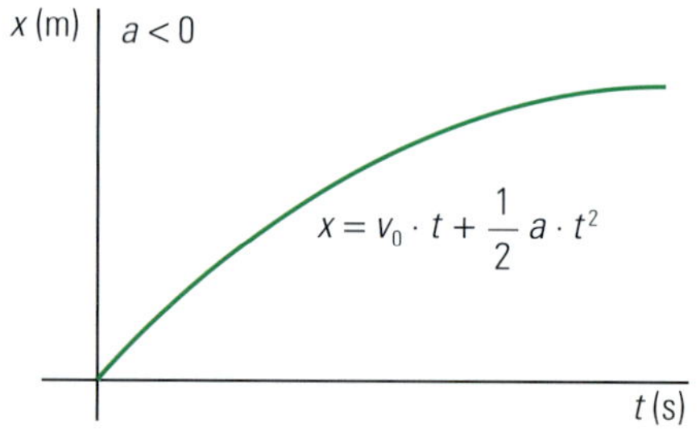

Observa que la gráfica posición-tiempo es una parábola.

Compara las gráficas del MRU y del MRUA con este *applet:*

https://links.edebe.com/tqby

¡Fíjate en la forma que tiene cada gráfica según sea el signo de la velocidad!

EJEMPLO 5

Observa la siguiente gráfica relativa a los primeros segundos del recorrido de un camión: a) Divide la gráfica en tres tramos según el tipo de movimiento del camión en cada uno y descríbelos. b) Sin efectuar cálculos, indica si la aceleración es positiva o negativa en cada tramo.

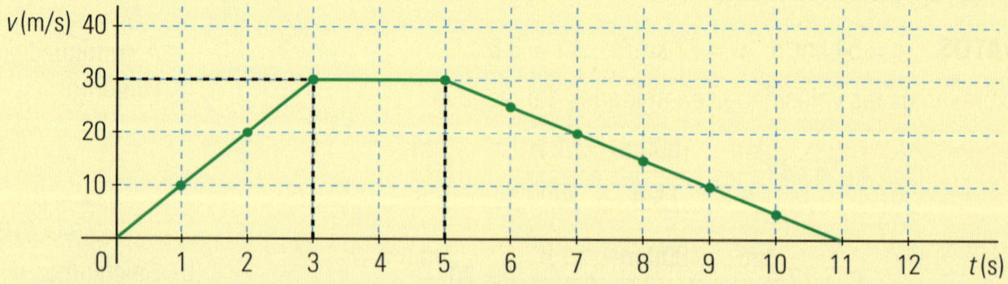

— Durante el primer tramo, que corresponde al intervalo 0-3 s, el camión circula con MRUA, ya que la gráfica *v*-*t* nos muestra una recta con pendiente. Como la recta es ascendente, $a > 0$.

— En el segundo tramo, que corresponde al intervalo 3-5 s, el camión circula con MRU, ya que la velocidad es constante: 30 m/s. Por tanto, $a = 0$.

— Durante el tercer tramo, que corresponde al intervalo 5-11 s, el camión circula con MRUA, ya que la gráfica *v*-*t* nos muestra una recta con pendiente. Como la recta es descendente, $a < 0$.

2.3. EL MOVIMIENTO VERTICAL DE LOS CUERPOS

Si dejamos caer un objeto desde cierta altura, este describe un movimiento rectilíneo uniformemente acelerado, con una aceleración que es la aceleración de la gravedad:

$$g = 9{,}8\ \text{m/s}^2$$

Dentro del movimiento vertical de los cuerpos, podemos distinguir tres casos:

Lanzamiento vertical hacia abajo	Caída libre	Lanzamiento vertical hacia arriba

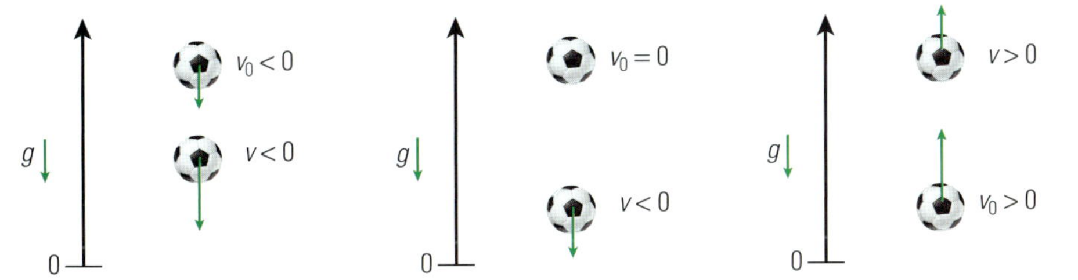

La **caída libre,** el **lanzamiento vertical hacia abajo** y el **lanzamiento vertical hacia arriba** son **MRUA,** con $a = -g = -9{,}8\ \text{m/s}^2$.

VALENTINA TERESHKOVA

Nacida en 1937 en Máslennikovo, en la Unión Soviética, actualmente Rusia. De origen humilde, esta ingeniera trabajaba en una fábrica textil y era aficionada a experimentar el MRUA, pues también era paracaidista no profesional. Cuando logró escapar de la tiranía de *g,* fue la primera mujer que viajó al espacio.

Teniendo en cuenta que la aceleración es la de la gravedad y que nos movemos en el eje *y,* las **ecuaciones** para estos casos quedan de la siguiente manera:

$$v = v_0 - g \cdot t$$

$$y = y_0 + v_0 \cdot t - \frac{1}{2} \cdot g \cdot t^2$$

EJEMPLO 6

Un niño subido en un peldaño de 32 cm de altura lanza hacia arriba una pelota con una velocidad inicial de 4,5 m/s. Indica la posición y la velocidad de la pelota 0,45 s después de ser lanzada.

COMPRENSIÓN. Debemos calcular la posición y el tiempo de un movimiento vertical aplicando las ecuaciones correspondientes.

DATOS. $y_0 = 32\ \text{cm} = 0{,}32\ \text{m}$; $v_0 = 4{,}5\ \text{m/s}$; $t = 0{,}45\ \text{s}$

RESOLUCIÓN

— Hallamos la posición de la pelota a los 0,45 s de su movimiento:

$$y = y_0 + v_0 \cdot t - \frac{1}{2} \cdot g \cdot t^2$$

$$y = 0{,}32\ \text{m} + 4{,}5\ \text{m/s} \cdot 0{,}45\ \text{s} - \frac{1}{2} \cdot 9{,}8\ \text{m/s}^2 \cdot (0{,}45\ \text{s})^2$$

$$y = 1{,}3\ \text{m}$$

— Calculamos la velocidad de la pelota a los 0,45 s de movimiento:

$$v = v_0 - g \cdot t = 4{,}5\ \text{m/s} - 9{,}8\ \text{m/s}^2 \cdot 0{,}45\ \text{s} = 0{,}1\ \text{m/s}$$

COMPROBACIÓN. Verificamos que el resultado es correcto y obtenemos las unidades deseadas. De lo contrario, revisamos los cálculos.

Actividades

8. Un patinador que se desplaza a una velocidad de 3,6 m/s frena hasta detenerse 2,0 s después.

a) Calcula la aceleración del movimiento.

b) Repesenta en tu cuaderno las gráficas *v-t* y *x-t.*

9. María deja caer un bolígrafo desde su ventana. Si tarda en llegar al suelo 2,3 s, ¿a qué altura está la ventana?

— Ten en cuenta que al dejar caer el bolígrafo, su velocidad inicial es nula.

3. MOVIMIENTO CIRCULAR UNIFORME (MCU)

Asómate
El MCU

En el SI los ángulos se miden en **radianes (rad).** La equivalencia entre los radianes y los grados sexagesimales es la siguiente:

$$360° = 2\pi \text{ rad}$$

Es decir:

$$1 \text{ vuelta} = 1 \text{ revolución} = 2\pi \text{ rad}$$

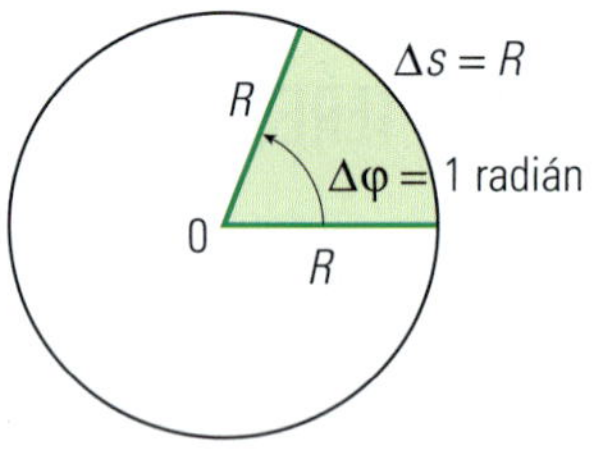

Observa las siguientes imágenes. ¿Qué tienen en común?

El movimiento de las personas en la atracción de feria, el de las cazoletas del anemómetro de una estación meteorológica o el de los tubos de ensayo en una centrifugadora son movimientos curvilíneos de **trayectoria circular.**

Para comprender el movimiento circular, necesitamos definir dos magnitudes: la **velocidad lineal** y la **velocidad angular:**

Velocidad lineal, v	Velocidad angular, ω
Es el cociente entre la distancia recorrida por el móvil sobre la circunferencia y el intervalo de tiempo empleado: $v = \dfrac{\Delta s}{\Delta t}$	Es el cociente entre el ángulo girado por el radio en el que se sitúa el móvil y el intervalo de tiempo empleado: $\omega = \dfrac{\Delta \varphi}{\Delta t}$
Su unidad en el SI es el m/s.	Su unidad en el SI es el rad/s.

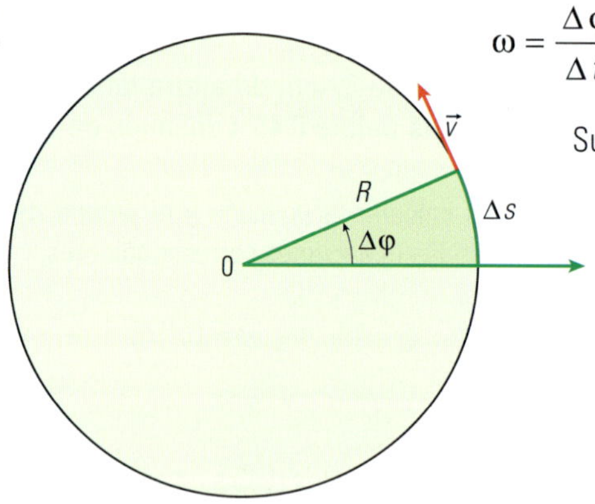

Dado que en el MCU hay un cambio de dirección, tiene que haber una **aceleración normal o centrípeta.** Como vimos en la unidad anterior, su valor se calcula mediante la siguiente expresión:

$$a_n = \frac{v^2}{R}$$

Ambas magnitudes se relacionan mediante la siguiente expresión:

$$v = \omega \cdot R$$

Período, *T*

Es el tiempo que emplea un móvil en dar una vuelta completa a la circunferencia:

$$T = \frac{2\pi}{\omega}$$

Un caso particular del movimiento circular se da cuando el ángulo girado aumenta de manera uniforme:

> Un móvil se desplaza con **movimiento circular uniforme (MCU)** si sigue una **trayectoria circular** y su **velocidad angular** es **constante.**

3.1. ECUACIÓN DEL MCU

A partir de la expresión de la velocidad angular, podemos deducir la ecuación del MCU de manera análoga a como hemos hecho para el MRU:

$$\omega = \frac{\Delta\varphi}{\Delta t} \rightarrow \Delta\varphi = \omega \cdot \Delta t \rightarrow \varphi = \varphi_0 + \omega \cdot (t - t_0)$$

Si empezamos a contar el tiempo en $t_0 = 0$, la ecuación se simplifica:

$$\boxed{\varphi = \varphi_0 + \omega \cdot t}$$

Esta expresión constituye la ecuación del MCU.

3.2. GRÁFICAS DEL MCU

¿Qué es esto?
Gráficas del MCU

De forma similar al MRU, podemos representar el MCU mediante las siguientes gráficas:

Gráfica posición angular-tiempo (φ-t)

En el eje de abscisas representamos el tiempo y en el de ordenadas, el ángulo:

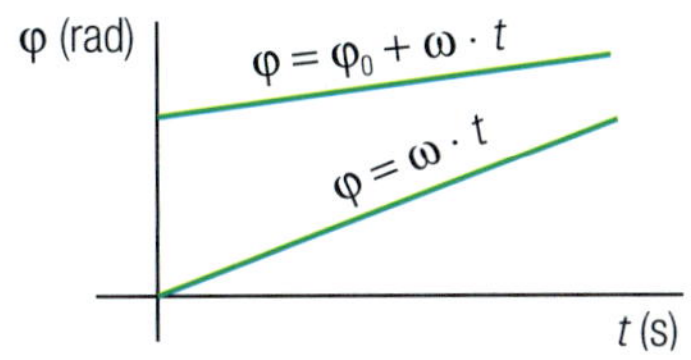

La gráfica φ-t *es* una recta con pendiente. Cuanto mayor es la pendiente, mayor es la velocidad angular.

Gráfica velocidad angular-tiempo (ω-t)

En el eje de abscisas representamos el tiempo y en el de ordenadas, la velocidad angular del móvil:

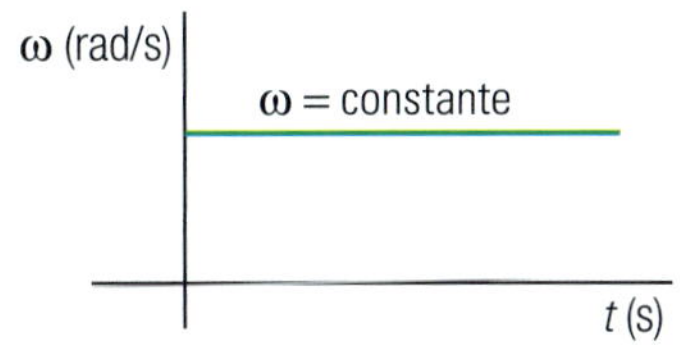

Observa que la gráfica ω-t es una recta sin pendiente. La velocidad angular es la misma en cada instante.

EJEMPLO 7

Una rueda de una bicicleta de 40 cm de radio gira a una velocidad de 15 vueltas/min. Calcula:

a) El número de vueltas que da en 1 h.

b) La velocidad lineal de la rueda.

COMPRENSIÓN. Debemos calcular el ángulo recorrido en 1 h y la velocidad lineal de la rueda.

DATOS. $R = 40$ cm $= 0{,}40$ m;
$t = 1$ h $= 60$ min $= 3600$ s;
$\omega = 15$ vueltas/min

Expresamos ω en unidades del SI:

$$\omega = 15\,\frac{\text{vueltas}}{\text{min}} \cdot \frac{2\pi\ \text{rad}}{1\ \text{vuelta}} \cdot \frac{1\ \text{min}}{60\ \text{s}} = 0{,}50\,\pi\ \text{rad/s}$$

RESOLUCIÓN

a) Aplicamos la ecuación del MCU:

$$\Delta\varphi = \omega \cdot \Delta t = 15\,\frac{\text{vueltas}}{\text{min}} \cdot 60\ \text{min} = 900\ \text{vueltas}$$

b) Hallamos la velocidad lineal:

$$v = \omega \cdot R = 0{,}50\,\pi\,\frac{\text{rad}}{\text{s}} \cdot 0{,}40\ \text{m} = 0{,}63\ \text{m/s}$$

COMPROBACIÓN. Verificamos que el resultado es correcto y obtenemos las unidades deseadas. De lo contrario, revisamos los cálculos.

Actividades

10. **Un satélite describe un MCU alrededor de la Tierra. Si su velocidad angular es de $8{,}5 \cdot 10^{-4}$ rad/s, calcula el número de vueltas que da en un día. ¿Cuál es su velocidad líneal en un punto de su órbita de $2{,}8 \cdot 10^4$ km de radio?**

— Compárala con la velocidad lineal de un punto sobre la superficie terrestre (el radio de la Tierra es de 6375 km).

4. SEGURIDAD VIAL: LA DISTANCIA DE SEGURIDAD

ODS

Todos podemos contribuir de una manera sencilla a la consecución de varios de los objetivos de desarrollo sostenible de la ONU desde el ámbito del transporte y la movilidad.

Para ello, tenemos que utilizar menos el vehículo particular y más el transporte público u otras modalidades de transporte sostenibles, tenemos que colaborar en la mejora de la seguridad vial y, por último, podemos reducir el consumo y la contaminación al conducir, evitando acelerones y frenazos bruscos.

Una aplicación cotidiana de los contenidos que se trabajan en esta unidad es la circulación por carretera, en especial, la seguridad vial.

Millones de coches circulan por las carreteras todos los días y es necesario que todos sigamos unas normas de seguridad para evitar que se produzcan accidentes.

Suelen ser habituales las hileras de coches que circulan a la misma velocidad uno tras otro. ¿A qué distancia debe ir el coche de detrás para que le dé tiempo a frenar en caso de que suceda cualquier imprevisto que obligue al coche de delante a frenar bruscamente?

La **distancia de seguridad** es aquella distancia que nos garantiza que podemos detener el coche sin colisionar con el de delante.

La distancia de seguridad tiene que ser mayor que la distancia que necesita el vehículo para detenerse (distancia de detención) y que, a su vez, consta de dos partes:

— La distancia recorrida por el vehículo desde que nuestro cerebro percibe el peligro hasta que reaccionamos pisando el pedal del freno (distancia de reacción).

— La distancia recorrida desde que los frenos empiezan a actuar hasta que detienen el vehículo (distancia de frenado).

A 120 km/h

Distancia de seguridad. Es la que nos garantiza que podemos detener el coche sin colisionar con el de delante. Tiene que ser mayor que la **distancia de detención.**

Distancia de reacción. Es la que se recorre en el tiempo que tardamos en percibir el peligro y reaccionar (tiempo de reacción). A mayor velocidad, más metros. En condiciones normales, se tarda 1 s en pisar el freno.

Distancia de frenado. Es la que se recorre desde que se pisa el freno hasta que el vehículo se detiene. Depende del estado del pavimento, del automóvil y de la velocidad a la que se circula.

DISTANCIA DE DETENCIÓN

¿CÓMO PUEDE CALCULARSE LA DISTANCIA DE SEGURIDAD?

Como hemos visto, depende de la velocidad del vehículo y tiene dos partes:

— La distancia de reacción suele darse en un intervalo de tiempo muy corto durante el cual, en general, el movimiento puede tratarse como un MRU.

— Por otra parte, durante el intervalo en el que el vehículo reduce velocidad hasta detenerse, la distancia de frenado, el vehículo sigue un MRUA con una aceleración negativa que le imprimen los frenos.

Puesto que durante la conducción el conductor no debe estar concentrado en cálculos, sino en la carretera, la Dirección General de Tráfico (DGT) propone un método para saber si se guarda la distancia de seguridad adecuada:

ASÍ SABRÁ SI GUARDA LA SEPARACIÓN ADECUADA

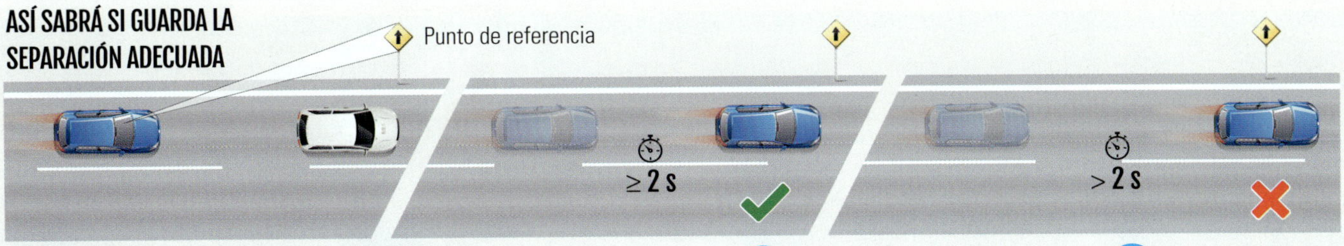

1. Busque una referencia, un punto inmóvil en la carretera (una señal, un pórtico, una farola, etc.).
2. Cuando el vehículo que circula delante alcance ese punto, cuente: «mil ciento uno, mil ciento dos». Equivale a 2 s.
3. Si le da tiempo a contar antes de llegar al punto de referencia, significa que va bien.
4. Si no le da tiempo a contar, ¡sepárese!

Actividades

11. Completa en tu cuaderno la siguiente tabla a partir de los datos que se han presentado sobre la distancia de seguridad:

Velocidad		50 km/h	90 km/h	120 km/h
Pavimento seco	**Distancia de seguridad**			
	Distancia de reacción			
	Distancia de frenado			
Pavimento mojado	**Distancia de seguridad**			
	Distancia de reacción			
	Distancia de frenado			

a) Calcula las distancias de reacción con ayuda de la ecuación del movimiento de un MRU. Considera el tiempo de reacción igual a 1,0 s. ¿Coinciden tus resultados con las cifras que has introducido en la tabla?

b) ¿Por qué crees que las distancias de frenado que se proporcionan para las distintas velocidades son diferentes en caso de pavimento seco o mojado?

c) ¿Por qué crees que, en cambio, las distancias de reacción son idénticas en caso de pavimento seco o mojado?

d) Calcula los tiempos de frenado para cada uno de los casos que se han incluido en la tabla con ayuda de las ecuaciones del movimiento de un MRUA.

e) ¿Qué implicaciones puede tener el hecho de mantener una distancia de seguridad inferior a la necesaria?

Ciencia a tu alcance

PBL: Investigamos la tecnología de los coches de última generación

Imaginad que trabajáis en el departamento de I+D de una empresa de automoción. Necesitáis llevar a cabo un estudio sobre las nuevas tecnologías y aplicaciones que incorporan los coches de la competencia para tenerlo en cuenta en el diseño de un nuevo modelo de coche que la empresa sacará al mercado próximamente.

Organizaos en grupos de cuatro o cinco componentes y seguid estas instrucciones:

— Recopilad información sobre el tema en Internet. A continuación sugerimos algunos enlaces que pueden resultar interesantes:

https://links.edebe.com/346p3q

https://links.edebe.com/psdds

https://links.edebe.com/Aabf

Para maximizar el rendimiento del grupo, dividíos las tareas y después desarrollad una puesta en común.

— Seguidamente, organizad la información recopilada en una tabla como esta:

Nuevo sistema o nueva aplicación	Objetivo	Funcionamiento	Utilidad (valoración de 1 a 5)

— Ahora copiad la siguiente tabla en el cuaderno y seleccionad los campos en los que tiene influencia directa cada uno de estos nuevos sistemas o aplicaciones:

Sistema o aplicación	Prevención de accidentes ✗/✓	Comodidad del conductor ✗/✓	Comodidad de los pasajeros ✗/✓	Consumo de combustible ✗/✓	Estética del vehículo ✗/✓	Otras ✗/✓

— Entre todos los componentes del grupo y partiendo de la información que habéis estructurado, debéis seleccionar los sistemas y las aplicaciones que queráis incluir en vuestro nuevo producto.

Puede facilitaros la tarea responder a las siguientes preguntas:

¿Qué ventajas e inconvenientes presenta cada sistema o aplicación? ¿Cuál es su característica más destacable?

¿Qué avances conseguirá la empresa si aplica este sistema o aplicación? ¿En qué parte del vehículo influirá?

¿Es alto su coste de producción?

— Por último, confeccionad una presentación para exponer vuestros resultados a los demás departamentos de la empresa implicados en el lanzamiento del nuevo modelo. Para ello, emplead la siguiente herramienta en línea:

https://links.edebe.com/jzgoyg

Una vez registrados, sed creativos. ¡Conseguiréis una divertida presentación que convencerá a vuestros compañeros y compañeras!

Sigue investigando

Sugerimos que desarrolléis un trabajo de investigación similar sobre otro medio de transporte: bicicleta, barco, tren, etc.

— ¿Qué nuevas tecnologías se están incorporando durante su diseño y su fabricación?

Síntesis

Movimientos rectilíneo y circular

Movimiento rectilíneo uniforme (MRU)

- Trayectoria recta
- $\vec{v}$ constante
  $\vec{a} = 0$; no hay aceleración.
  - $v_{media} = v_{instantánea}$
    $$v = \frac{\Delta x}{\Delta t}$$
- Ecuación del MRU
  - $x = x_0 + v \cdot t$
- Gráficas del MRU
  - Posición-tiempo
  - Velocidad-tiempo
- Una aplicación es

Seguridad vial

Distancia de seguridad

Movimiento rectilíneo uniformemente acelerado (MRUA)

- Trayectoria recta
- $\vec{v}$ variable en módulo
  $\vec{a}$ constante;
  hay aceleración.
  - $a_{media} = a_{instantánea}$
    $$a = \frac{\Delta v}{\Delta t}$$
- Ecuaciones del MRUA
  - $v = v_0 + a \cdot t$
  - $x = x_0 + v_0 \cdot t + \frac{1}{2} \cdot a \cdot t^2$
- Gráficas del MRUA
  - Posición-tiempo
  - Velocidad-tiempo
- Una aplicación es
- Un caso particular es

Movimiento vertical de los cuerpos

$$y = y_0 + v_0 \cdot t - \frac{1}{2} \cdot g \cdot t^2$$

- $v_0 < 0$: Lanzamiento hacia abajo
- $v_0 = 0$: Caída libre
- $v_0 > 0$: Lanzamiento hacia arriba

Movimiento circular uniforme (MCU)

- Trayectoria circular
- $\vec{v}$ variable en dirección
  Hay aceleración normal o centrípeta.
  - $v = \omega \cdot R$
- Velocidad angular, $\boldsymbol{\omega}$ (constante)
- Ecuación del MCU
  - $\varphi = \varphi_0 + \omega \cdot t$
- Gráficas del MCU
  - Posición angular-tiempo
  - Velocidad angular-tiempo

PREPARA

12. ●○○ Completa las siguientes oraciones:

a) Un móvil que sigue una trayectoria rectilínea y cuyo vector velocidad es constante en todo momento se desplaza con un movimiento ....

b) Un móvil que sigue una trayectoria rectilínea y cuyo vector aceleración es constante y distinto de 0 se desplaza con un movimiento ....

c) Un móvil que sigue una trayectoria circular y cuya velocidad angular es constante se desplaza con un movimiento ....

d) Cuando la aceleración tiene el mismo .... que la velocidad, el móvil acelera. En cambio, cuando tiene sentido ...., el móvil frena o decelera.

e) La caída libre, el lanzamiento vertical hacia abajo y el lanzamiento vertical hacia arriba son ejemplos de movimientos ....

f) La velocidad .... de un móvil que gira con un MCU es el cociente entre el ángulo girado por el radio en el que se sitúa el móvil y el intervalo de tiempo empleado.

13. ●○○ Relaciona en tu cuaderno cada tipo de movimiento con sus características.

1. MRU 2. MRUA 3. MCU

A. Velocidad variable / Aceleración constante / Trayectoria recta

B. Velocidad constante / No hay aceleración / Trayectoria recta

C. Velocidad angular constante / Hay aceleración / Trayectoria circular

14. ●○○ Relaciona en tu cuaderno cada magnitud con las unidades con las que se mide en el SI.

A. Desplazamiento angular	1. m
B. Aceleración centrípeta	2. m/s
C. Velocidad lineal	3. m/s^2
D. Velocidad angular	4. s
E. Período	5. rad
F. Posición	6. rad/s

15. ●○○ Relaciona en tu cuaderno los siguientes conceptos con su número en la figura:

A. Distancia de detención B. Distancia de reacción C. Distancia de frenado

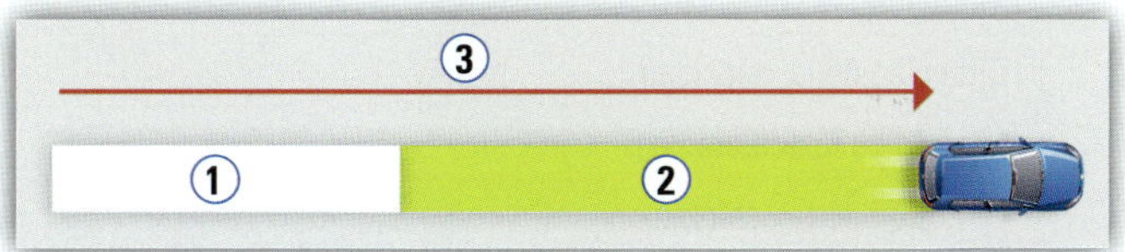

16. ●○○ Señala razonadamente si las siguientes afirmaciones son verdaderas o falsas:

a) La distancia de reacción es la distancia que se recorre cuando ya se ha detectado el peligro y se reacciona.

b) La distancia de reacción depende del estado del pavimento, de las características del automóvil y de la velocidad a la que se circula.

c) La distancia de detención puede calcularse con las ecuaciones del MRU y del MRUA.

d) La distancia de seguridad en carretera ha de ser mayor que la distancia de frenado.

ENTRENA

1. Movimiento rectilíneo uniforme (MRU)

17. ●○○ Pon ejemplos cotidianos en los que quede patente la existencia de un MRU.

18. ●○○ ¿Qué forma tiene la gráfica posición-tiempo en un MRU? ¿Y la gráfica velocidad-tiempo?

19. ●○○ Razona si las siguientes afirmaciones sobre el MRU son verdaderas o falsas:

a) La trayectoria es rectilínea.

b) El vector aceleración es constante, tanto en módulo como en dirección y sentido.

c) Para representarlo, se emplean las gráficas posición-tiempo y velocidad-tiempo.

d) Un móvil que se desplaza con MRU no tiene por qué recorrer la misma distancia en el mismo intervalo de tiempo.

20. ●●○ Rosa tiene una tía que vive 250 m más abajo en la misma calle, que es totalmente recta. Para ir a visitarla, recorre esa distancia en 3,6 min. Calcula la velocidad a la que se desplaza Rosa.

— Supón que se mueve con MRU.

21. ●●○ La Torre Willis de Chicago es uno de los rascacielos más altos del mundo. Su mirador se alza a 412 m del suelo. Los ascensores tardan 60 s en alcanzar el mirador. ¿A qué velocidad constante se mueve el ascensor? Señala la respuesta correcta.

a) 25 km/h b) 69 m/s c) 0,14 km/h

22. ●●○ Un avión vuela en línea recta a una velocidad constante de 848 km/h. Calcula la distancia que recorre en 3,5 h.

— ¿Cuánto tarda en llegar a su destino si este se halla a una distancia de 7589 km de la ciudad de origen?

COMPRENSIÓN. Si suponemos despreciables los intervalos acelerados del despegue y del aterrizaje, el avión sigue un MRU.

DATOS. $v = 848$ km/h; $\Delta t = 3{,}5$ h; $\Delta x = 7589$ km

RESOLUCIÓN. Tomamos la expresión de la velocidad y despejamos el espacio recorrido:

$$v = \frac{\Delta x}{\Delta t} \rightarrow \Delta x = v \cdot \Delta t = 848 \frac{\text{km}}{\not{\text{h}}} \cdot 3{,}5\,\not{\text{h}} = 3{,}0 \cdot 10^3 \text{ km}$$

En 3,5 h, el avión recorre $3{,}0 \cdot 10^3$ km.

— Tomamos de nuevo la expresión de la velocidad y despejamos el tiempo:

$$v = \frac{\Delta x}{\Delta t} \rightarrow \Delta t = \frac{\Delta x}{v} = \frac{7589\,\not{\text{km}}}{848\,\frac{\not{\text{km}}}{\text{h}}} = 8{,}95 \text{ h}$$

El avión tarda casi 9 h en llegar al destino.

COMPROBACIÓN. Verificamos que el resultado es correcto y obtenemos las unidades deseadas.

23. ●●○ El Ascensor Artillería de la ciudad chilena de Valparaíso es un funicular que recorre en línea recta 175 m en 80 s entre dos puntos de la ciudad a diferentes alturas.

a) Representa esquemáticamente la situación y las magnitudes implicadas.

b) ¿A qué velocidad viaja, si podemos despreciar los intervalos de aceleración y desaceleración por ser poco significativos?

c) ¿A qué distancia están de las estaciones respectivas el convoy de subida y el de bajada a los 20 s de arrancar?

24. ●●○ La luz láser es un tipo de luz cuyo haz se dispersa muy poco con la distancia. Desde la superficie de la Tierra disparamos un haz de luz láser sobre la Luna. Si la distancia de la Tierra a la Luna es de $3{,}8 \cdot 10^8$ m y la velocidad de la luz es $3{,}0 \cdot 10^8$ m/s, ¿cuánto tarda la luz láser en alcanzar la Luna? Señala la respuesta correcta.

a) 0,78 s　　b) 1,3 s　　c) 13 s

25. ●●○ La distancia media entre el Sol y la Tierra es de $1{,}5 \cdot 10^{11}$ m. Si el Sol se apagara de repente, ¿cuánto tardaríamos en darnos cuenta? Señala la respuesta correcta: a) 5 s; b) 50 s; c) 8,3 min.

26. ●●○ Observa la siguiente gráfica y responde a las preguntas propuestas:

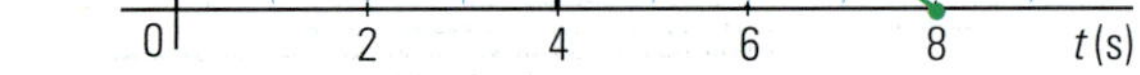

a) ¿Qué tipo de movimiento representa?

b) Identifica las magnitudes representadas en los ejes y escribe la ecuación que las relaciona.

c) Halla la velocidad a la que se desplaza este móvil.

d) Interpreta el significado del signo de la velocidad obtenido en el apartado anterior.

27. ●●○ Una motorista circula a una velocidad constante de 7,8 m/s.

a) Elabora una tabla que recoja las posiciones de la motorista cada 10 s durante 1 min.

b) Dibuja la gráfica posición-tiempo a partir de los valores registrados en la tabla.

28. ●●○ En un gran aeropuerto un tren lanzadera con conducción automática une en línea recta las terminales de vuelos nacionales y vuelos internacionales. Su movimiento está definido por la siguiente expresión, en unidades del SI:

$$x = x_0 + 11 \cdot \Delta t$$

a) ¿A qué velocidad transporta al pasaje? Exprésala en m/s y en km/h.

b) Representa la gráfica velocidad-tiempo correspondiente a este movimiento.

29. ●●● Dos ciclistas salen al mismo tiempo de dos ciudades, A y B, separadas por una distancia de 200 km. El primer ciclista sale de A hacia B a 40 km/h. El segundo sale de B hacia A a 20 km/h.

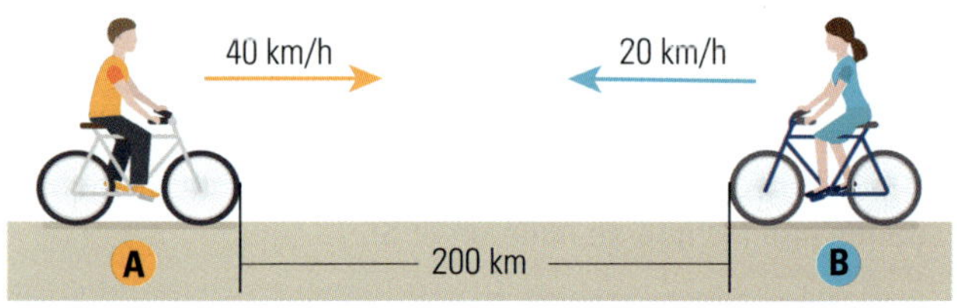

a) Calcula en qué punto y en qué instante se encuentran.

b) Representa en una gráfica posición-tiempo el movimiento de los dos ciclistas.

2. Movimiento rectilíneo uniformemente acelerado (MRUA)

30. ●○○ Copia y completa en tu cuaderno la siguiente tabla sobre las características del MRUA:

Magnitud	¿Constante o variable?
Módulo de la velocidad	
Dirección de la velocidad	
Módulo de la aceleración	
Dirección de la aceleración	

31. ●○○ **Razona el signo de la velocidad en los siguientes casos, teniendo en cuenta el criterio de signos que hemos adoptado en la unidad:**

a) Lanzamos una pelota verticalmente.

b) Lanzamos la misma pelota hacia abajo desde cierta altura.

c) Hacemos rodar la pelota por el suelo hacia nuestra derecha.

d) Dejamos caer la pelota desde lo alto de una mesa.

— Representa en tu cuaderno cada uno de los movimientos para apoyar tus respuestas.

32. ●○○ **Señala las diferencias entre el MRU y el MRUA.**

33. ●●○ **Describe cómo calcular la aceleración de un MRUA si dispones de la diferencia de posición, la velocidad inicial y el tiempo transcurrido entre ambas posiciones.**

34. ●●○ **Observa las siguientes gráficas:**

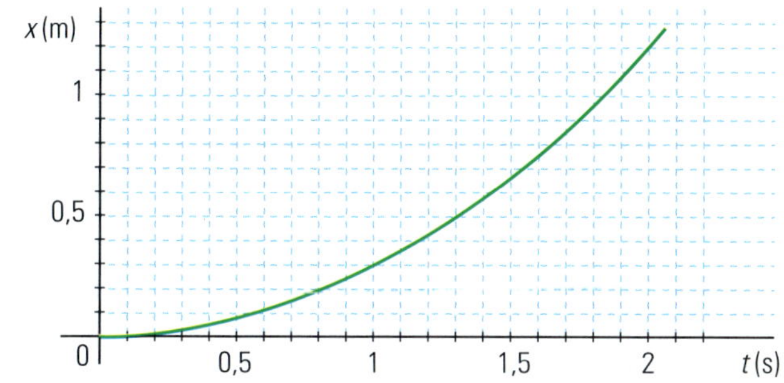

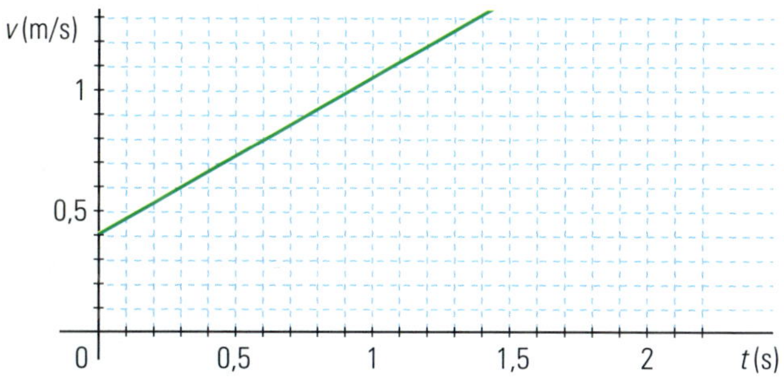

a) ¿Qué representan?

b) A partir de ellas, dibuja en tu cuaderno la gráfica aceleración-tiempo.

35. ●●○ **Un móvil parte del reposo y sigue una trayectoria recta. Esta tabla muestra las posiciones que ocupa a lo largo del tiempo:**

x (m)	0	80	1125	6125	10125
t (s)	0	8	30	70	90

a) Dibuja en tu cuaderno la gráfica posición-tiempo.

b) ¿Con qué tipo de movimiento se desplaza el móvil? Razona tu respuesta.

c) Escribe las ecuaciones que definen este movimiento.

d) Calcula la aceleración con la que se mueve.

e) Dibuja la gráfica velocidad-tiempo e indica la velocidad instantánea a los 15 s de comenzar el movimiento.

36. ●●○ **Responde a las siguientes actividades interactivas sobre el movimiento rectilíneo:**

https://links.edebe.com/u6y24j

37. ●●○ **Un alpinista que se encuentra en la cima de un risco de 1265 m de altitud lanza hacia abajo una piedra con una velocidad inicial de 2,6 m/s.**

a) Calcula la velocidad que tiene la piedra a los 4,5 s de haber sido lanzada.

b) ¿Cuánto tiempo tarda en llegar al suelo?

c) Representa en tu cuaderno la gráfica posición-tiempo.

DATOS. $y_0 = 1265$ m; $v_0 = -2{,}6$ m/s

COMPRENSIÓN. Se trata de un lanzamiento vertical hacia abajo, por lo que sigue un MRUA con velocidad inicial negativa y la aceleración de la gravedad.

RESOLUCIÓN

a) De la ecuación de la velocidad, obtenemos:

$$v = v_0 - g \cdot t$$

$$v = -2{,}6\,\frac{\text{m}}{\text{s}} - 9{,}8\,\frac{\text{m}}{\text{s}^2} \cdot 4{,}5\ \text{s} = -47\,\frac{\text{m}}{\text{s}}$$

b) En primer lugar, planteamos la ecuación de la posición en unidades del SI:

$$y = y_0 + v_0 \cdot t - \frac{1}{2} \cdot g \cdot t^2$$

$$y = 1265 - 2{,}6 \cdot t - \frac{1}{2} \cdot 9{,}8 \cdot t^2$$

Suponemos que, cuando la piedra llega al suelo, su posición es $y = 0$ y resolvemos. De los dos valores de t solución de la ecuación, el valor negativo no tiene sentido:

$$0 = 1265 - 2{,}6 \cdot t - 4{,}9 \cdot t^2 \rightarrow t = 16\ \text{s}$$

Por tanto, la piedra tarda 16 s en llegar al suelo.

c) Para elaborar la gráfica, partimos de la ecuación del movimiento y creamos una tabla de datos:

t (s)	y (m)
0	1265
3	1213
6	1073
9	845
12	528
15	124

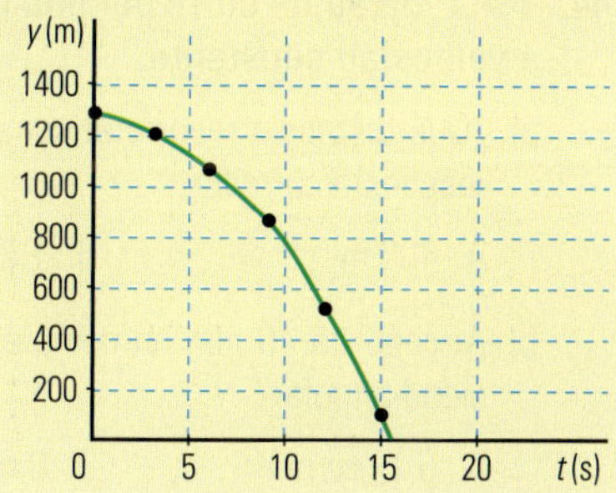

38. ●●○ Un satélite artificial en una órbita baja alrededor de la Luna a 80 km de altura (lo suficientemente baja para considerar la aceleración de la gravedad constante, $g_L = 1{,}62$ m/s^2) lanza una sonda hacia su superficie para recabar datos científicos. La sonda sale proyectada verticalmente hacia abajo con una velocidad inicial de 30 m/s.

a) ¿Cuánto tiempo tarda en llegar al suelo?

b) ¿Con qué velocidad llega a la superficie?

c) Representa la gráfica posición-tiempo.

39. ●●● **Experimenta.** Accede al siguiente laboratorio virtual:

https://links.edebe.com/cdc9tp

a) Fija valores positivos para x_0, v_0 y a e inicia la simulación. ¿Qué ocurre? ¿Qué forma tienen las gráficas?

b) Repite el proceso fijando valores negativos para x_0, v_0 y a. ¿Qué diferencias encuentras con la experiencia anterior?

c) Lleva a cabo otra experiencia estableciendo valores positivos para x_0 y v_0, y un valor negativo para a. Describe lo que sucede.

40. ●●● Busca información sobre la contribución de Galileo al estudio del movimiento y redacta un pequeño informe en el que valores su importancia en la construcción de la ciencia moderna.

41. ●●● Visionad en clase este divertido vídeo sobre la tirolina:

https://links.edebe.com/qac

a) ¿Qué relación encontrarías entre la tirolina y el MRUA?

b) ¿Qué ocurriría si no hubiese inclinación? ¿Y si la inclinación fuese de 90°?

3. Movimiento circular uniforme (MCU)

42. ●○○ Pon tres ejemplos cotidianos de móviles que describen un MCU.

43. ●○○ Indica si los siguientes valores corresponden a velocidad lineal o velocidad angular. Razona tu respuesta.

a) 48 rad/s

b) 6,8 m/s

c) 12 vueltas/h

d) 180 km/h

44. ●●○ Un atleta corre por una pista circular de 200 m de radio a velocidad constante.

a) ¿Qué distancia recorre al completar cada vuelta? Selecciona la respuesta correcta.

A. 400 m B. 1,26 km C. 800 m

b) Al cabo de 40 min ha completado 4 vueltas. ¿Cuál es su velocidad angular?

A. 0,1 rev/min B. 0,01 rad/s C. 0,1 rad/min

45. ●●○ La noria de un parque de atracciones gira uniformemente a razón de 3,5 vueltas/min.

a) Calcula el número de vueltas que da en 30 min.

b) Expresa el resultado anterior en rad/s.

46. ●●○ Una polea de 3,8 cm de radio gira a 180 rev/min. ¿Cuál es su velocidad lineal?

— Exprésala en unidades del SI.

47. ●●○ Dos niños montan en un tiovivo. Uno se sitúa a 3,2 m del centro y el otro, a 5,4 m. Ambos tardan 5,0 min en dar 12 vueltas.

a) ¿Se mueven a la misma velocidad lineal? ¿Y a la misma velocidad angular? Justifica tu respuesta.

b) Representa esquemáticamente la situación y las magnitudes implicadas.

c) Calcula la velocidad lineal y la velocidad angular de cada uno.

48. ●●○ Un todoterreno circula a una velocidad constante de 12 m/s. Si las ruedas del vehículo tienen un diámetro de 76 cm, calcula:

a) La velocidad angular de las ruedas.

b) El número de vueltas que dan las ruedas en 10 min.

c) Escribe las ecuaciones que expresan el movimiento de las ruedas del todoterreno.

49. ●●○ Un anemómetro de cazoletas de 10 cm de radio es un aparato constituido por un molinete con unas cazoletas en la punta que giran con el viento. Si las cazoletas giran con MCU a una velocidad de 10 vueltas/s, calcula:

a) La velocidad a la que sopla el viento.

b) La velocidad angular en radianes por segundo.

c) El ángulo girado por el anemómetro en 2,7 s.

— Representa la gráfica φ-t.

50. ●●● Ya conoces cuáles son las dos componentes de la aceleración.

a) Indica, de forma razonada, si en el MCU existe alguna de ellas. En caso afirmativo, explica cómo calcularla.

b) Ahora visiona el siguiente vídeo:

https://links.edebe.com/vef

— ¿Cómo se deduce la fórmula de la aceleración normal o centrípeta?

— ¿Qué dirección y sentido tiene?

4. Seguridad vial: la distancia de seguridad

51. ●○○ El alcohol, algunos medicamentos y las drogas afectan a nuestros reflejos y aumentan nuestro tiempo de reacción. Por ello, no debe conducirse bajo sus efectos. Señala cuál de estas afirmaciones es la correcta:

a) Al aumentar el tiempo de reacción, reaccionamos más rápido y la distancia de seguridad puede ser menor.

b) Al aumentar el tiempo de reacción, reaccionamos con mayor lentitud y la distancia de seguridad ha de ser mayor.

52. ●●○ Calcula las distancias de reacción y completa la tabla con ayuda de la ecuación del movimiento de un MRU. Considera un tiempo de reacción alterado por el consumo de alcohol e igual a 2,0 s.

Velocidad (km/h)	50	90	120
Distancia de reacción (m)			
Distancia de frenado (m)	10	32	57
Distancia de seguridad (m)			

— Compara los valores obtenidos con los que has visto en la unidad para pavimento seco.

APLICA

53. ●●● Dos automóviles se dirigen el uno hacia el otro por un tramo recto de carretera separados por una distancia de 400 m. El primero circula a una velocidad constante de 108 km/h. El segundo se acaba de incorporar a la carretera en un *stop* y su aceleración es de 2,0 m/s^2.

a) Representa esquemáticamente la situación y las magnitudes implicadas.

b) ¿En qué punto y en qué instante se cruzan?

c) Representa en una gráfica posición-tiempo el movimiento de los dos automóviles.

54. ●●● Un turismo circula por una autovía a una velocidad de 100 km/h. A 500 m por delante circula un camión de gran tonelaje a una velocidad de 80 km/h. Señala en cada caso la respuesta correcta.

a) ¿Cuánto tarda el turismo en alcanzar al camión?

A. 25 s B. 2,5 min C. 90 s

b) Las ruedas del camión miden 80 cm de radio. ¿A cuántas revoluciones giran?

A. 28 rad/s B. 263 rpm C. 27 rev/s

c) ¿Qué distancia de seguridad debe guardar el turismo con el camión si a esa velocidad y en esas condiciones del pavimento la distancia de frenado del turismo es de 28 m?

A. 28 m B. 56 m C. 0,028 km

d) El carril de deceleración sirve para reducir la velocidad cuando se sale de una vía rápida. ¿Qué longitud mínima debe tener el carril para que un vehículo cuyos frenos desarrollan una aceleración de frenado de 3,0 m/s^2 pueda pasar de 120 km/h a 40 km/h?

A. 62 m B. 120 m C. 162 s

Piensa sobre...

55. Los seres humanos caminan en círculos cuando se pierden o se desorientan. Sin referencias no somos capaces de caminar en línea recta. Esto es debido a pequeñas irregularidades de nuestro sistema vestibular, relacionado con el equilibrio y el control espacial.

— ¿Podrías decir qué dos tipos de movimiento se han citado?

56. ¿Verdadero o falso? Más aceleración requiere un mayor consumo de combustible y, por tanto, produce una mayor contaminación.

57. La Tierra gira alrededor del Sol con una velocidad media de 30 km/s. ¿Cuántas veces es mayor esta velocidad que el límite de velocidad en autopistas? Selecciona la respuesta correcta:

a) 4 b) 1000 c) 900 d) 30

58. Con tus conocimientos actuales, ¿te ves capaz de explicar cómo serán los vehículos del futuro y su incidencia en la seguridad vial? a) Sí; b) No.

59. ¿Te ha resultado complicado comprender el MRU, el MRUA y el MCU?

A B C

Pon a prueba tus competencias

En nuestro día a día podemos identificar numerosos movimientos rectilíneos y circulares. Te proponemos realizar las siguientes actividades que te permitirán afianzar tus conocimientos sobre el tema y aplicarlos a la vida cotidiana.

60. En una gran cadena de montaje de una fábrica de electrodomésticos puede observarse, entre otros robots y máquinas, el movimiento repetitivo de una grúa automatizada que se desplaza sobre rieles a gran velocidad, y que se puede describir con la siguiente gráfica:

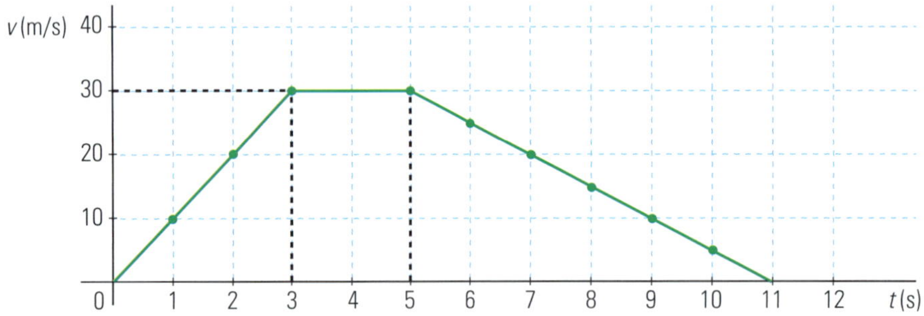

a) Divide la gráfica en tramos según el tipo de movimiento que lleva la grúa en cada uno y descríbelos.

b) Escribe, para cada uno de los tramos, las ecuaciones que representan el movimiento.

c) Determina el valor de la aceleración en cada tramo.

d) Utilizando las ecuaciones pertinentes, completa esta tabla en tu cuaderno:

x (m)												
t (s)	0	1	2	3	4	5	6	7	8	9	10	11

e) A partir de los datos de la tabla anterior, representa en tu cuaderno la gráfica posición-tiempo.

61. En la verbena de un pueblo se lanzan cohetes de fuegos artificiales desde una tarima elevada preparada para la ocasión. Los cohetes se disparan en vertical hacia el cielo y estallan en el aire. Pero uno falla y no estalla. Sigue su trayectoria hasta que se detiene y vuelve a caer al suelo.

a) Razona qué tipo de movimiento sigue el cohete que no ha estallado.

b) Si el cohete se ha lanzado con una velocidad inicial de 20 m/s, ¿cuánto tiempo tarda en alcanzar su altura máxima? (ten en cuenta que esta circunstancia se da cuando el cohete que no ha estallado se detiene).

c) Calcula la altura máxima que alcanza el cohete.

d) Explica el significado de los signos que has obtenido.

62. Alonso y sus amigos han paseado por la feria y han probado el tiro de martillo. Se trata de ver quién lanza más lejos un peso atado a una cuerda. Para ello, Alonso hace girar el peso a una velocidad constante de 1,5 vueltas/s, como se ve en la figura:

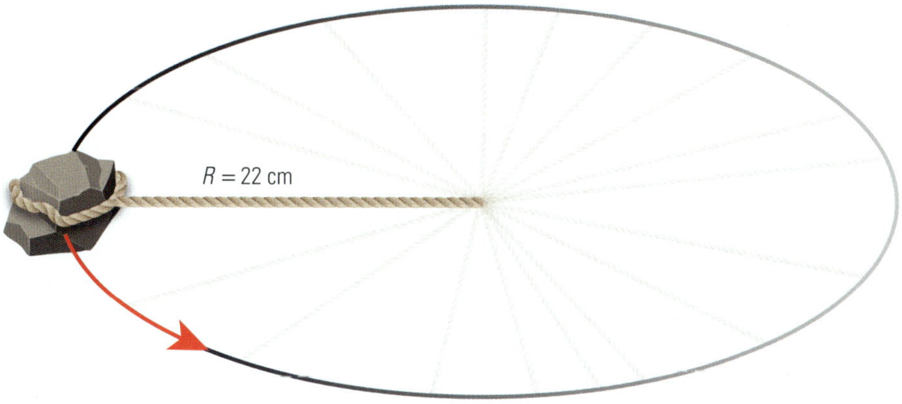

a) ¿Cuánto tiempo tarda en dar una vuelta completa?

b) Calcula la velocidad lineal del peso cuando se suelta.

c) Razona si en este movimiento existe aceleración y, en caso afirmativo, halla su valor.

63. En lo alto del cerro hay unos aerogeneradores con enormes aspas de 20 m. Las aspas empiezan a girar a partir de una velocidad del viento de unos 3,0 m/s y pueden tener velocidades de giro entre 13 y 20 rpm, según la velocidad con la que sople el viento. Un mecanismo interno multiplica esta rotación hasta las 1500 rpm del generador que produce la electricidad.

a) Expresa en unidades del SI las velocidades mínima y máxima de giro de las aspas.

b) ¿Qué velocidades lineales alcanzan los extremos de las aspas en ambos casos? Expresa el resultado en unidades del SI y en kilómetros por hora.

c) Transforma a unidades del SI la velocidad de giro que el multiplicador imprime al generador.

64. El estudio del movimiento tiene aplicación directa en la seguridad vial.

— Argumenta por qué es tan importante mantener una distancia de seguridad con el vehículo delantero cuando circulamos por una vía, sea urbana o interurbana.

10 Bloque 4. El movimiento y las fuerzas

Las fuerzas

Contenidos

- Naturaleza de las fuerzas
- Las leyes de Newton
- La ley de gravitación universal

Y además...

Ciencia a tu alcance

Factores de los que depende la fuerza de rozamiento

¿Sabes que...?

¿Qué fuerza tiene la mordedura de un *Tyrannosaurus rex*?

La fuerza de la gravedad, una razón de peso

China tendrá su propia luna artificial

Nanosatélites: la miniaturización también es cosa de satélites

Asómate
Las fuerzas

1. NATURALEZA DE LAS FUERZAS

En la naturaleza existen diversos tipos de fuerzas, que podemos reconocer por los efectos que producen en los cuerpos sobre los que actúan.

EJEMPLO 1

Observa las siguientes imágenes:

Algunas fuerzas cambian el estado de movimiento de los cuerpos y otras producen en ellos una deformación.

Por tanto, podemos definir una fuerza del siguiente modo:

Fuerza es toda acción capaz de **alterar** el **estado de reposo** o de **movimiento** de los cuerpos o de producir en ellos alguna **deformación.**

Dinamómetro

Es un instrumento utilizado para medir la intensidad de las fuerzas que se basa en la Ley de Hooke.

El alargamiento que el muelle experimenta al aplicar una fuerza en su extremo es proporcional a dicha fuerza.

1.1. CARÁCTER VECTORIAL DE LAS FUERZAS

Al igual que el desplazamiento, la velocidad o la aceleración, que estudiamos en unidades anteriores, la fuerza también es una magnitud **vectorial.** Como todo vector, se caracteriza por los siguientes elementos:

La unidad de fuerza en el SI es el *newton.*

Un **newton** es la fuerza que debe aplicarse a un cuerpo de 1 kg de masa para que incremente su velocidad 1 m/s cada segundo.

$$1\ \text{N} = 1\ \text{kg} \cdot 1\ \text{m/s}^2$$

En algunas ocasiones, se utiliza el **kilopondio (kp)** para expresar las fuerzas. Su equivalencia con el newton es la siguiente:

$$1\ \text{kp} = 9{,}8\ \text{N}$$

Actividades

1. Describe el efecto que produce la fuerza en cada una de estas situaciones:

a) Un niño empuja un coche de juguete sobre el suelo.

b) Una niña salta sobre una cama elástica.

2. Expresa las siguientes fuerzas en unidades del SI. Para ello, emplea factores de conversión: a) 789 kp; b) 0,67 kp.

3. Busca información en Internet para responder a estas preguntas:

a) ¿Cómo funciona un dinamómetro?

b) ¿En qué principio se basa?

— Contrasta con tus compañeros y compañeras el resultado de tu búsqueda.

1.2. COMPOSICIÓN DE FUERZAS

Imaginemos que un grupo de personas está empujando un coche. La fuerza total que actúa sobre el coche es equivalente a una única fuerza que denominamos *fuerza resultante.*

Echa un vistazo a...
Composición de fuerzas

> La **fuerza resultante o neta, F_{neta},** es aquella fuerza que produce sobre un cuerpo el mismo efecto que el sistema de todas las fuerzas que actúan en él.

Para determinar la fuerza resultante de un conjunto de fuerzas, empleamos un procedimiento llamado **composición de fuerzas:**

FUERZAS DE LA MISMA DIRECCIÓN

Mismo sentido

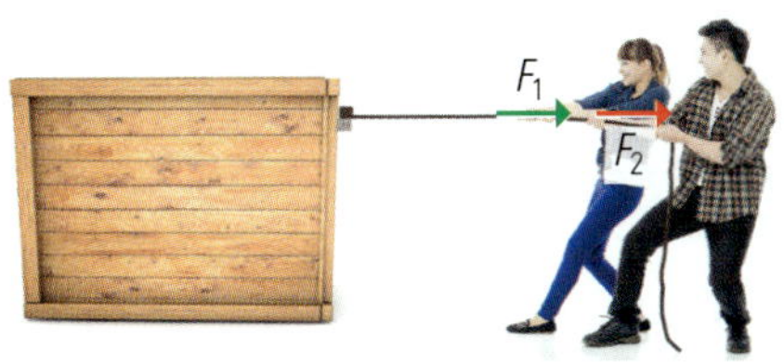

$$F_{neta} = F_1 + F_2$$

Sentido contrario

$$F_{neta} = |F_1 - F_2|$$

FUERZAS DE DISTINTA DIRECCIÓN

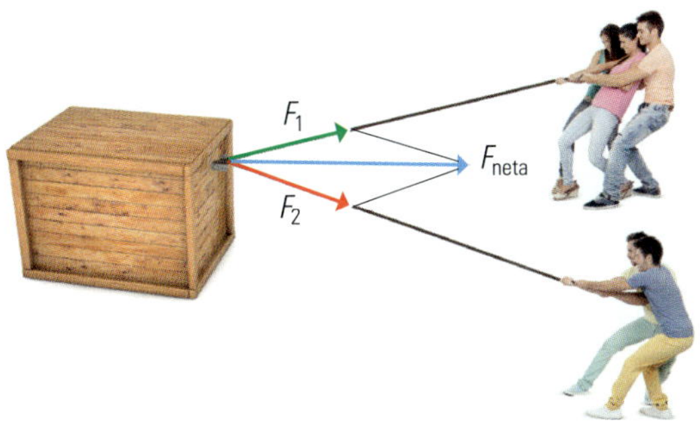

Se aplica la **regla del paralelogramo:**

— Por el extremo de cada vector fuerza trazamos una paralela al otro vector y señalamos su punto de intersección.

— El extremo de la fuerza neta (F_{neta}) es el punto de intersección, mientras que su punto de aplicación es el mismo que el de las fuerzas componentes.

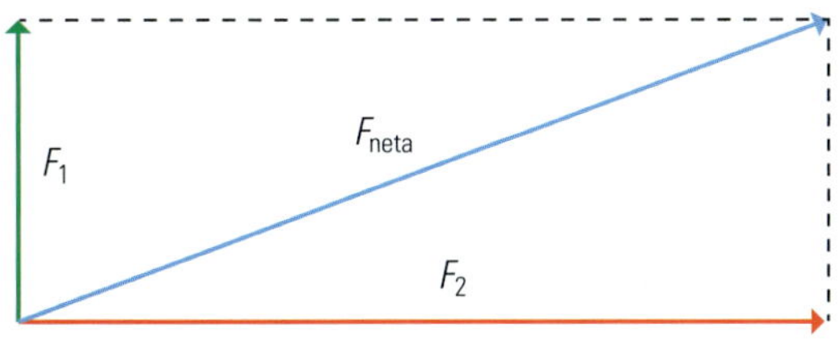

Si ambas fuerzas son perpendiculares, el valor de la fuerza resultante se determina mediante el **teorema de Pitágoras:**

$$F_{neta}{}^2 = F_1^2 + F_2^2 \rightarrow F_{neta} = \sqrt{F_1^2 + F_2^2}$$

Actividades

4. Calcula la fuerza resultante en cada uno de estos casos:

a) Dos niños juegan al tira y afloja con una cuerda: uno ejerce una fuerza de 52,5 N y el otro, de 47,8 N.

b) Los mismos niños tiran de un trineo de forma perpendicular: uno con 73 N de fuerza y el otro con 98 N.

1.3. DESCOMPOSICIÓN DE FUERZAS

A veces, resulta de utilidad descomponer una fuerza neta en sus dos componentes. Este procedimiento se denomina **descomposición de fuerzas.**

EJEMPLO 2

Fíjate en cómo se descomponen las fuerzas que actúan sobre la caja que se desliza por un plano inclinado sin rozamiento:

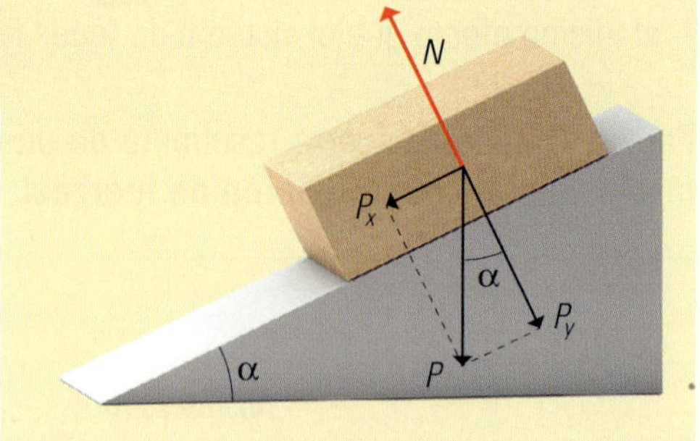

— El peso, $\vec{P}$, del cuerpo se descompone en las fuerzas $\vec{P}_x$ y $\vec{P}_y$.

— La componente $\vec{P}_y$ se compensa con la fuerza normal, $\vec{N}$, ejercida por el plano inclinado.

— Por tanto, la fuerza resultante que actúa sobre la caja es justamente la componente $\vec{P}_x$.

— Observa que se cumple el teorema de Pitágoras:

$$P^2 = P_x^2 + P_y^2 \rightarrow P_x = \sqrt{P^2 - P_y^2} = \sqrt{P^2 - N^2}$$

1.4. EQUILIBRIO DE FUERZAS

¿Qué sucede cuando las fuerzas se compensan entre sí? Observa esta imagen:

Centro de gravedad

Es el punto de aplicación de la resultante del peso que actúa sobre un cuerpo.

Un sistema está en **equilibrio** cuando la **resultante** de todas las fuerzas aplicadas sobre él es **nula.**

EJEMPLO 3

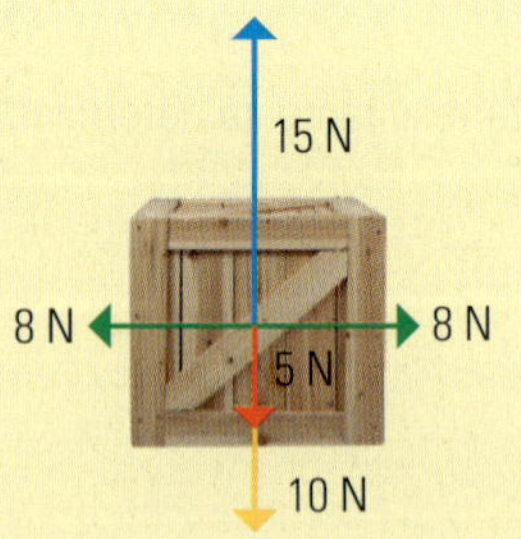

Indica si el siguiente sistema de fuerzas se encuentra o no en equilibrio:

— Primero, hallamos la fuerza resultante en el eje X:

$$F_{\text{neta } x} = |8\text{ N} - 8\text{ N}| = 0\text{ N}$$

— Luego, calculamos la fuerza resultante en el eje Y:

$$F_{\text{neta } y} = |15\text{ N} - (10\text{ N} + 5\text{ N})| = 0\text{ N}$$

— La fuerza resultante neta es 0:

$$F_{\text{neta}} = \sqrt{F^2_{\text{neta } x} + F^2_{\text{neta } y}} = 0\text{ N}$$

Por tanto, el sistema está en equilibrio.

Actividades

5. Sobre un barco se ejercen dos fuerzas, de 150 N y 98 N, en la misma dirección y en sentido contrario. Determina el módulo, la dirección y el sentido de la fuerza que debe aplicarse para que el barco esté en equilibrio.

2. LAS LEYES DE NEWTON

La **dinámica** es la parte de la física que estudia la relación entre las fuerzas y el estado de movimiento de los cuerpos. Se basa en tres leyes establecidas por el físico inglés Isaac Newton en 1687, conocidas como **leyes de Newton.**

Primera ley de Newton

Ley de la inercia

Un cuerpo permanece en su estado de **reposo** o de **movimiento rectilíneo uniforme (MRU)** si sobre él no actúa ninguna fuerza o si la **resultante** de las fuerzas que actúan es **nula.**

Segunda ley de Newton

Ley fundamental de la dinámica

Si sobre un cuerpo actúa una **fuerza resultante no nula,** adquiere una **aceleración directamente proporcional a la fuerza** aplicada e **inversamente proporcional a la masa** del cuerpo.

Su expresión matemática es:

$$F = m \cdot a$$

Donde:

— F es la fuerza resultante (N).

— m es la masa (kg).

— a es la aceleración (m/s^2).

Tercera ley de Newton

Ley de acción y reacción

Cuando un cuerpo ejerce una fuerza, que llamamos **acción,** sobre otro cuerpo, este ejerce a su vez una fuerza sobre el primero, que denominamos **reacción,** con el **mismo módulo** y la **misma dirección,** pero de **sentido contrario.**

Actividades

6. Imagina a un grupo de amigos que están hablando de pie en un vagón de metro cuando este acelera bruscamente. ¿Qué sucede? ¿Y si frena?

7. Un tenista lanza una pelota de 60 g de masa con una fuerza de 3,5 N.

a) Determina la aceleración que adquiere la pelota.

b) Dibuja en tu cuaderno un esquema con las fuerzas de acción y reacción que intervienen.

8. Razona, basándote en las leyes de Newton, por qué es indispensable llevar puesto el cinturón de seguridad cuando se viaja en un automóvil.

9. Deduce la primera ley de Newton a partir del enunciado de la segunda ley.

2.1. TIPOS DE FUERZAS

Para resolver los problemas de dinámica, aplicamos las leyes de Newton. Sin embargo, previamente debemos identificar qué fuerzas actúan sobre un cuerpo y dibujarlas en un esquema.

Tipos de fuerzas

Tensión

La **tensión** es la fuerza con la que una cuerda o un cable tenso tira de cualquier cuerpo unido a sus extremos.

Fuerza normal

Llamamos **fuerza normal** a la fuerza que ejerce la superficie de apoyo de un cuerpo sobre este. Aparece como reacción al peso de los cuerpos sobre las superficies.

Fuerza elástica

La **deformación** que experimenta un cuerpo elástico es directamente proporcional a la fuerza que se ejerce sobre este:

$$F_e = K \cdot \Delta l$$

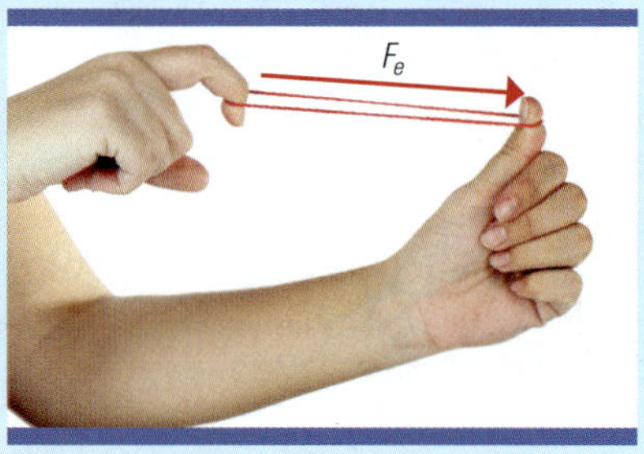

Fuerza centrípeta

La **fuerza centrípeta** es la fuerza que es preciso aplicar a un cuerpo para que siga una trayectoria circular:

$$F_c = m \cdot a_c = m \cdot \frac{v^2}{R}$$

Fuerza de rozamiento

La **fuerza de rozamiento** es aquella que aparece en la superficie de contacto entre dos cuerpos, oponiéndose al movimiento de estos:

$$F_r = \mu \cdot N$$

Peso

Se denomina **peso** de un cuerpo a la fuerza de atracción gravitatoria que la Tierra ejerce sobre él.

Actividades

10. **Representa en tu cuaderno un esquema de las fuerzas que actúan sobre los siguientes cuerpos:**

a) Una mesa apoyada en el suelo sobre la que se ejerce una fuerza vertical hacia abajo.

b) Un armario se arrastra por un suelo de madera ejerciendo una fuerza horizontal sobre él.

c) Un coche toma una curva plana en una carretera.

d) Una esfera de metal unida al extremo de una cuerda gira en el aire de modo que la cuerda forma un ángulo de 45° con la vertical.

EJEMPLO 4

Un bloque de 55,5 kg se deja caer por un plano inclinado. Si la fuerza normal que actúa sobre él es de 320 N, calcula la aceleración que adquiere en estos dos supuestos:

a) No hay rozamiento.

b) El coeficiente de rozamiento para el objeto en movimiento es de 0,322.

COMPRENSIÓN. Conocemos la masa del bloque y la fuerza normal. Hallaremos la aceleración del sistema mediante la ley fundamental de la dinámica.

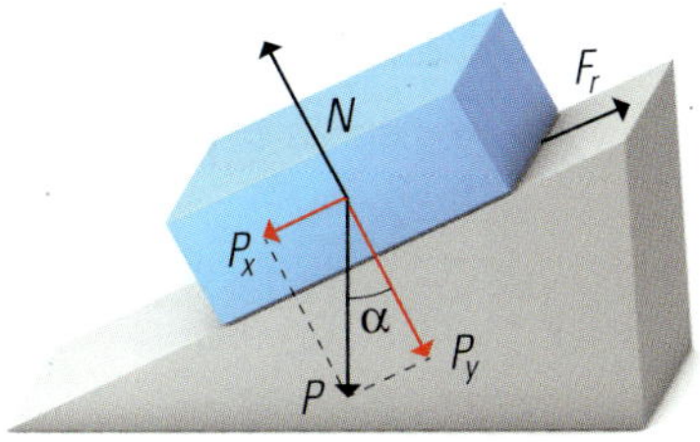

DATOS. $m = 55{,}5$ kg; $N = 320$ N; $\mu = 0{,}322$

RESOLUCIÓN

Descomponemos el peso y hallamos el valor de sus componentes teniendo en cuenta el diagrama de fuerzas:

$$P = m \cdot g = 55{,}5 \text{ kg} \cdot 9{,}8 \text{ m/s}^2 = 544 \text{ N}$$

$$P^2 = P_x^2 + P_y^2 \rightarrow P_x = \sqrt{P^2 - P_y^2}$$

$$N = P_y = 320 \text{ N} \quad \rightarrow \quad P_x = \sqrt{(544 \text{ N})^2 - (320 \text{ N})^2} = 440 \text{ N}$$

a) Aplicamos la segunda ley de Newton:

$$P_x = m \cdot a \qquad a = \frac{P_x}{m} = \frac{440 \text{ N}}{55{,}5 \text{ kg}} = 7{,}93 \text{ m/s}^2$$

b) Hallamos la fuerza de rozamiento:

$$F_r = \mu \cdot \text{N} = 0{,}322 \cdot 320 \text{ N} = 103 \text{ N}$$

— Calculamos la fuerza neta:

$$F_{neta} = P_x - F_r = 440 \text{ N} - 103 \text{ N} = 337 \text{ N}$$

— Aplicamos la segunda ley de Newton para determinar la aceleración:

$$F_{neta} = m \cdot a \qquad a = \frac{F_{neta}}{m} = \frac{337 \text{ N}}{55{,}5 \text{ kg}} = 6{,}07 \text{ m/s}^2$$

COMPROBACIÓN. Verificamos que los resultados son correctos y que hemos obtenido las unidades deseadas. De lo contrario, revisamos los cálculos.

EJEMPLO 5

Observa el sistema de fuerzas de la figura. Si $m_1 = 4{,}2$ kg y $m_2 = 2{,}3$ kg, determina el sentido del movimiento y calcula la aceleración.

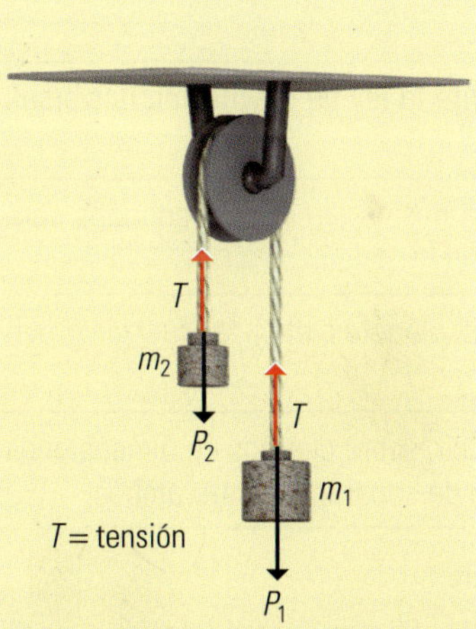

COMPRENSIÓN. Conocemos las fuerzas que intervienen. Hallaremos la aceleración del sistema mediante la ley fundamental de la dinámica.

DATOS. $m_1 = 4{,}2$ kg; $m_2 = 2{,}3$ kg

RESOLUCIÓN. La fuerza P_1 tiende a desplazar el sistema hacia la derecha, mientras que la fuerza P_2 tiende a desplazarlo hacia la izquierda. Como $P_1 > P_2$, el sistema se desplaza hacia la derecha.

Aplicamos la segunda ley de Newton a cada uno de los cuerpos:

$$\text{Cuerpo 1: } P_1 - T = m_1 \cdot a$$
$$\text{Cuerpo 2: } T - P_2 = m_2 \cdot a$$

$$\text{Suma: } P_1 - P_2 = (m_1 + m_2) \cdot a$$

$$a = \frac{P_1 - P_2}{m_1 + m_2} = \frac{m_1 \cdot g - m_2 \cdot g}{m_1 + m_2} = \frac{(m_1 - m_2) \cdot g}{m_1 + m_2}$$

$$a = \frac{(4{,}2 \text{ kg} - 2{,}3 \text{ kg}) \cdot 9{,}8 \text{ m/s}^2}{4{,}2 \text{ kg} + 2{,}3 \text{ kg}} = 2{,}9 \text{ m/s}^2$$

El sistema se mueve hacia la derecha con una aceleración de 2,9 m/s^2.

COMPROBACIÓN. Verificamos que el resultado es correcto y que hemos obtenido las unidades deseadas. De lo contrario, revisamos los cálculos.

Actividades

11. Una caja de 4,8 kg asciende por un plano inclinado por acción de una fuerza de 320 N paralela al plano y dirigida hacia arriba. Si la fuerza normal vale 102 N y el coeficiente de rozamiento es de 0,252, calcula su aceleración.

Conoces...
La expresión matemática de la ley de gravitación universal

ERIKA BÖHM-VITENSE

Astrofísica. Nacida en 1923 en Kurau, Alemania. Sus contribuciones a la astrofísica han sido fundamentales para comprender las estrellas binarias, las temperaturas estelares, la actividad cromosférica y la rotación y la convección solares. También contribuyó al establecimiento de los fundamentos de la teoría de la longitud de la mezcla. Fue el primer científico en advertir que el mejor modo de observar cromosferas estelares es con luz ultravioleta. Falleció el 21 de enero de 2017.

3. LA LEY DE GRAVITACIÓN UNIVERSAL

A partir de los trabajos de científicos como Copérnico, Kepler y Galileo, Newton postuló la existencia de una fuerza universal que actúa entre dos masas cualesquiera. Así, enunció en 1687 la **ley de gravitación universal:**

> Dos cuerpos cualesquiera se **atraen** mutuamente con una **fuerza directamente proporcional** al producto de sus **masas** e **inversamente proporcional** al cuadrado de la **distancia** que los separa.

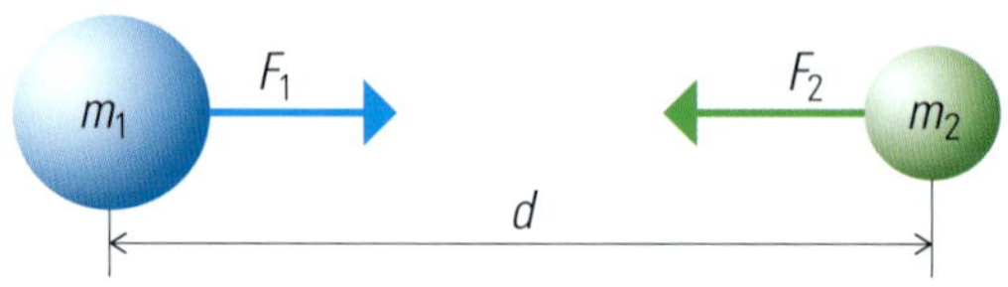

Su expresión matemática es la siguiente:

$$F = G \cdot \frac{m_1 \cdot m_2}{d^2}$$

Donde:

- F es la intensidad de la fuerza gravitatoria (N).
- G es la **constante de gravitación universal,** cuyo valor es de $6{,}67 \cdot 10^{-11}$ N · m² · kg⁻².
- m_1 y m_2 son las masas respectivas de los cuerpos (kg).
- d es la distancia que separa ambos cuerpos (m).

Características de las fuerzas gravitatorias	
— Son siempre **atractivas** y se presentan de dos en dos (a pares: acción-reacción).	— Su **intensidad** (módulo) se calcula mediante la ley de gravitación universal.
— Todos los cuerpos con masa están sometidos a ellas.	— Ambas fuerzas tienen el mismo módulo, la misma dirección y sentidos contrarios.
— Se aplican en el centro de gravedad de cada cuerpo.	— Excepto en cuerpos de gran masa (estrellas, planetas, etc.), las fuerzas gravitatorias son débiles.
— Su dirección está determinada por la recta que une los **centros de gravedad** de los dos cuerpos.	— Se aplican sobre **masas puntuales,** es decir, sobre cuerpos de dimensiones despreciables comparadas con la distancia de separación entre ambos.

EJEMPLO 6

Las masas de la Tierra y el Sol tienen unos valores de $5{,}98 \cdot 10^{24}$ kg y $1{,}98 \cdot 10^{30}$ kg, respectivamente. Si sus centros están a una distancia de $1{,}50 \cdot 10^{11}$ m, determina la fuerza de atracción existente entre ambos.

COMPRENSIÓN. Calculamos la fuerza gravitatoria entre la Tierra y el Sol aplicando la expresión de la ley de gravitación universal.

DATOS. $m_T = 5{,}98 \cdot 10^{24}$ kg; $m_S = 1{,}98 \cdot 10^{30}$ kg; $d = 1{,}50 \cdot 10^{11}$ m

RESOLUCIÓN. La fuerza de atracción será:

$$F = G \cdot \frac{m_T \cdot m_S}{d^2}$$

$$F = 6{,}67 \cdot 10^{-11} \frac{\text{N} \cdot \text{m}^2}{\text{kg}^2} \cdot \frac{5{,}98 \cdot 10^{24}\ \text{kg} \cdot 1{,}98 \cdot 10^{30}\ \text{kg}}{(1{,}50 \cdot 10^{11}\ \text{m})^2} =$$

$$= 3{,}51 \cdot 10^{22}\ \text{N}$$

COMPROBACIÓN. Revisamos los cálculos y verificamos que entre dos cuerpos de gran masa la fuerza gravitatoria es muy intensa.

3.1. MANIFESTACIONES DE LA LEY DE GRAVITACIÓN UNIVERSAL

¿Qué es esto?
Manifestaciones de la ley de gravitación universal

La ley de gravitación universal explica el movimiento de los cuerpos tanto en la Tierra como en el resto del universo, desde los movimientos de los astros hasta los movimientos de caída libre en la superficie de la Tierra o los ciclos de las mareas, entre muchos otros.

Sin embargo, antiguamente se creía que los objetos en las cercanías de la superficie terrestre seguían leyes naturales diferentes a las que seguían los astros. Newton logró aunar ambos mundos en un solo conjunto de leyes naturales al plantear un experimento mental, que hoy conocemos como *el cañón de Newton.*

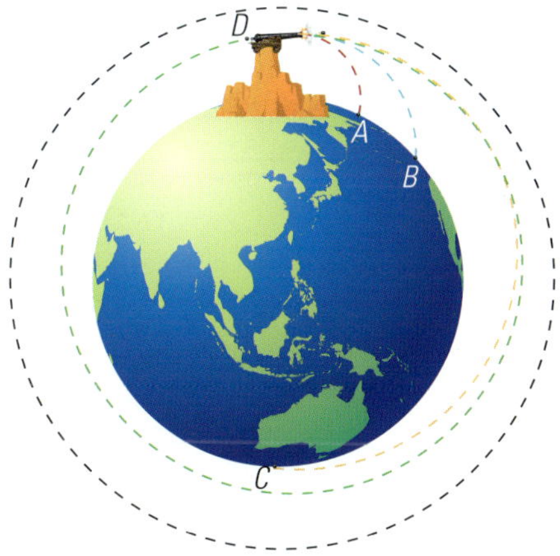

El cañón de Newton.

EL CAÑÓN DE NEWTON

Newton se imaginó un cañón en una montaña muy alta. En un primer disparo, la bala de cañón trazaría una trayectoria parabólica y caería (punto A). Si el disparo fuera más potente, caería más lejos (punto B). Con un cañón lo bastante potente, caería en algún punto del otro hemisferio (punto C). Si se diera aún más potencia al tiro, acabaría por volver al punto desde donde fue disparado, sin caer nunca a la superficie.

A partir de ahí, un disparo más potente alejaría la bala de la Tierra y la convertiría en un satélite o incluso la alejaría para siempre. De este modo, Newton aunaba en una misma ley natural los movimientos de caída libre y los movimientos orbitales de los astros, y superaba así la barrera aparente entre los movimientos terrestres y los celestes.

Experimenta un poco más con el cañón de Newton en este enlace:

https://links.edebe.com/BvizGm

EL MOVIMIENTO ORBITAL

La ley de gravitación universal permite explicar el movimiento orbital de los planetas, los satélites, los cometas y todos los astros, pero también el de los satélites artificiales que lanzamos al espacio.

EJEMPLO 7

Un satélite de masa *m* orbita alrededor de un planeta de masa *M* porque la fuerza de atracción gravitatoria le proporciona la aceleración centrípeta necesaria para mantener una trayectoria circular de radio *R*. Observa cómo calcular su velocidad orbital:

El planeta atrae el satélite según la ley de gravitación universal:

$$F_g = G \cdot \frac{m \cdot M}{R^2}$$

Por otro lado, según la segunda ley de Newton, la fuerza que actúa sobre el cuerpo es:

$$F_c = m \cdot a_c = m \cdot \frac{v^2}{R}$$

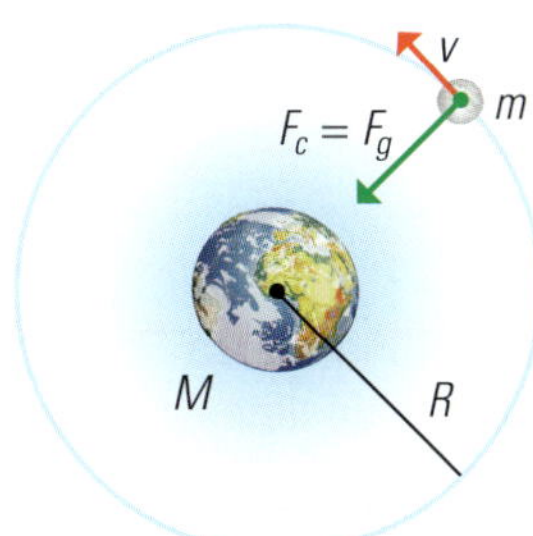

Si igualamos ambas expresiones y despejamos *v*, podemos calcular la velocidad orbital del satélite, que solo depende de la masa del planeta que lo atrae y del radio de la órbita:

$$F_g = F_c \rightarrow G \cdot \frac{\cancel{m} \cdot M}{R^{\cancel{2}}} = \cancel{m} \cdot \frac{v^2}{\cancel{R}} \rightarrow v = \sqrt{G \cdot \frac{M}{R}}$$

> **EXPERIMENTA**
>
> **La aceleración de la gravedad**
>
> Deja caer dos objetos de masas muy diferentes desde cierta altura y registra el tiempo que tardan en llegar al suelo. ¿Qué conclusiones extraes? ¿Es la aceleración de la gravedad independiente de la masa de los cuerpos?

LA CAÍDA LIBRE DE LOS CUERPOS

Otra manifestación de la ley de gravitación universal es la caída libre de los cuerpos.

Según esta ley, el peso de un cuerpo es la fuerza con la que la Tierra lo atrae y la responsable de la caída libre de los cuerpos. Por tanto, el peso y la fuerza gravitatoria son la misma fuerza.

EJEMPLO 8

Fíjate de qué modo podemos deducir el valor de la aceleración de la gravedad:

$$P = F \rightarrow \cancel{m} \cdot g = G \cdot \frac{\cancel{m} \cdot m_T}{R_T^2} \rightarrow g = G \cdot \frac{m_T}{R_T^2}$$

$$g = 6{,}67 \cdot 10^{-11} \frac{N \cdot \cancel{m^2}}{kg^{\cancel{2}}} \cdot \frac{5{,}98 \cdot 10^{24}\ \cancel{kg}}{(6{,}378 \cdot 10^6\ \cancel{m})^2} = 9{,}81 \frac{N}{kg} = 9{,}81 \frac{\cancel{kg} \cdot m \cdot s^{-2}}{\cancel{kg}}$$

Así, conociendo la masa y el radio de un planeta puede obtenerse el valor de la gravedad en su superficie.

Mira este vídeo para saber más sobre las mareas y la influencia del Sol:

https://links.edebe.com/sxCnot

LAS MAREAS

El fenómeno de las mareas también se explica gracias a la ley de gravitación universal.

Este fenómeno se debe al efecto combinado de la atracción gravitatoria de la Luna y el Sol sobre los océanos de la Tierra con el movimiento de rotación de nuestro planeta. Sin embargo, el efecto principal se debe a la atracción de la Luna, porque el Sol está mucho más lejos y la fuerza gravitatoria disminuye con el cuadrado de la distancia.

La Luna ejerce una mayor fuerza de atracción gravitatoria sobre las masas de agua que están en el hemisferio más cercano, y más débil sobre las que están en el hemisferio contrario, por lo que estas se deforman. A medida que la Tierra gira sobre su eje, la deformación de las masas de agua provoca las mareas.

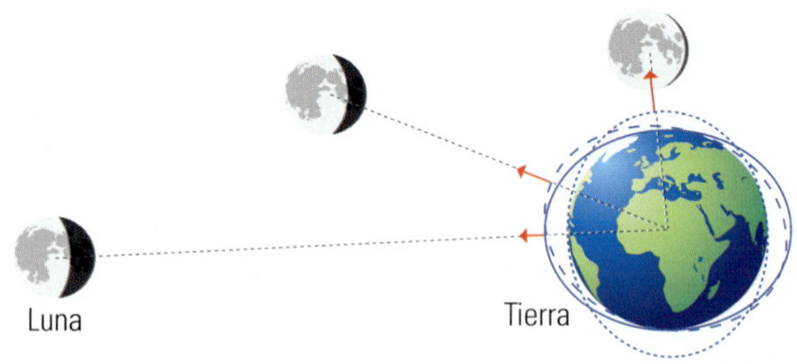

Actividades

12. Un meteorito de 85 kg de masa es atraído con una fuerza de 437 N cuando se halla a 4500 km del centro de un determinado planeta. Calcula la masa del planeta.

13. Halla la velocidad orbital de un satélite que orbita alrededor de la Tierra a una altura de 725 km de la superficie ($M_T = 5{,}98 \cdot 10^{24}$ kg).

14. Calcula el valor de la gravedad en la superficie de Marte ($M_M = 6{,}4 \cdot 10^{23}$ kg; $R_M = 3{,}4 \cdot 10^3$ km) y cuánto pesa allí un astronauta con traje espacial incluido cuya masa es de 95 kg.

15. La distancia de la Luna a la Tierra es de $4{,}06 \cdot 10^5$ km en su apogeo (cuando está más lejos) y de $3{,}63 \cdot 10^8$ m en su perigeo (cuando está más cerca).

Calcula el cociente entre la fuerza que provoca las mareas cuando la Luna está en el apogeo y cuando está en el perigeo, para compararlas.

Señala la respuesta correcta.

a) 1,25 b) 0,894 c) 0,799 d) 0,442

3.2. LOS SATÉLITES ARTIFICIALES

Multitud de satélites artificiales rodean el espacio exterior de nuestro planeta. La mayoría se encuentran a unos 700 km de distancia y el resto, en la órbita geoestacionaria, a unos 35 000 km. Una vez puestos a la altura deseada con una determinada velocidad, no hay que impulsarlos, ya que la fuerza gravitatoria los mantiene en órbita.

Para ver más...
Los satélites artificiales

¿Cuántos satélites artificiales orbitan alrededor de la Tierra?

El 4 de octubre de 1957 la antigua Unión Soviética lanzó el primer satélite artificial: el Sputnik 1. Desde entonces la tecnología de los satélites ha evolucionado mucho. Los satélites actuales son capaces de diferenciar un camión de un coche desde cientos de kilómetros de distancia o pueden localizar el foco de un incendio con precisión. Veamos los principales tipos:

Meteorológicos

Usados para registrar el tiempo atmosférico y el clima de la Tierra.

GOES-17

Astronómicos

Utilizados para la observación de planetas, galaxias, etc.

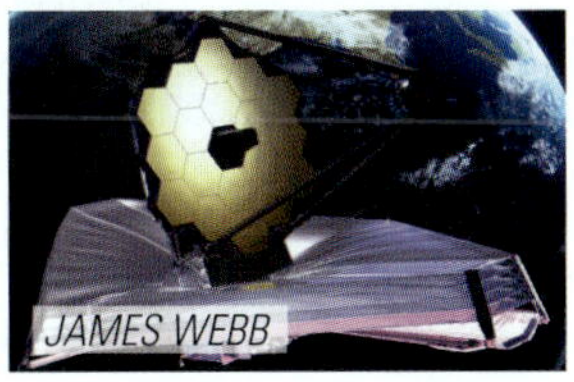

JAMES WEBB

De telecomunicaciones

Usan órbitas geosíncronas, órbitas de Mólniya y órbitas bajas terrestres.

Telstar 12V

Miniaturizados

De reducidas dimensiones, su peso puede llegar a 10 kg.

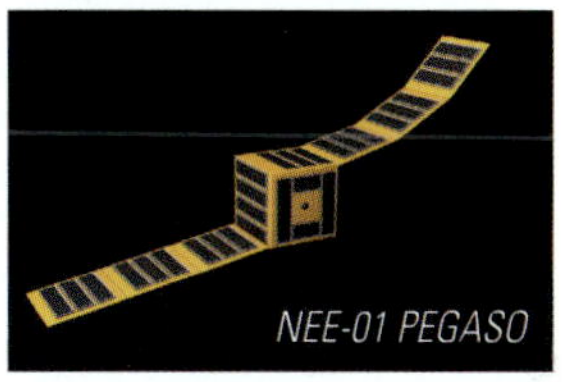

NEE-01 PEGASO

De navegación

Utilizan señales para conocer la posición exacta del receptor en Tierra.

QZS-4

De observación geográfica

Para la observación del medioambiente, la meteorología y la cartografía.

Landsat 8

Estaciones espaciales

Diseñadas para que los seres humanos vivan en el espacio.

ISS

Militares

Se diseñan para destruir satélites enemigos.

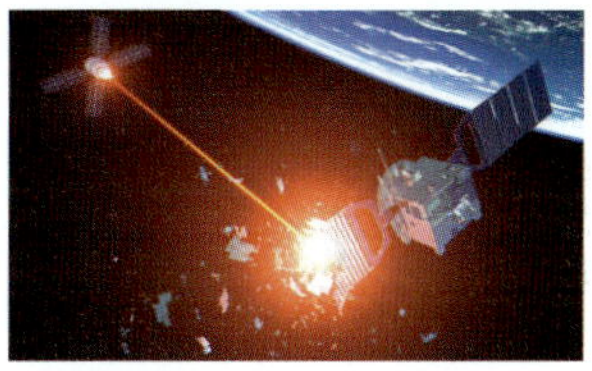

¿QUÉ CONSECUENCIAS TIENE EL USO DE SATÉLITES ARTIFICIALES?

La tecnología espacial aporta grandes beneficios a la humanidad. Sin embargo, solo en los últimos diez años se ha multiplicado por diez el número de satélites lanzados al espacio. Actualmente hay en activo 23 000 artefactos construidos por el ser humano, y la basura espacial representa una amenaza para el futuro de la actividad y la seguridad en el espacio.

Limpiar el espacio ya no es una opción, sino una necesidad, y ya están en desarrollo diversos métodos para llevar la limpieza a cabo.

Este vídeo nos presenta una web con todos los satélites artificiales en órbita... ¡en tiempo real!:

https://links.edebe.com/aFrkuz

Actividades

16. Responde a las siguientes cuestiones:

a) ¿Qué ventajas y desventajas presentan los satélites artificiales?

b) Razona el fundamento de la siguiente afirmación: «Una vez puestos a la altura deseada con una determinada velocidad, no hay que impulsarlos, ya que la fuerza gravitatoria los mantiene en órbita».

c) ¿Por qué crees que la basura espacial constituye una preocupación creciente?

Para saber más...
La estructura del universo

3.3. EL ORIGEN DEL UNIVERSO Y SU ESTRUCTURA

La teoría más aceptada para explicar el origen del universo es la **teoría del *big bang*.** Su fundamento se refleja en esta imagen:

1. Según esta teoría, al principio toda la materia y la energía estaban concentradas en un solo punto de densidad muy elevada. En un momento dado tuvo lugar una gran expansión, a partir de la cual la materia se dispersó.

2. Después de la expansión inicial, el universo se enfrió y se formaron las partículas subatómicas y los átomos.

3. Posteriormente, estos elementos se unieron, gracias a la gravedad, para originar las estrellas y las galaxias.

Descubre la edad del universo a partir de esta noticia:

https://links.edebe.com/cn3c

TEORÍA GEOCÉNTRICA Y TEORÍA HELIOCÉNTRICA

A continuación, estudiaremos cómo ha evolucionado la concepción de la **estructura del universo** a lo largo de los años.

Teoría geocéntrica	Teoría heliocéntrica
— Propuesta por **Aristóteles** (384-322 a. C.): En el universo había dos regiones: la *región sublunar,* formada por la Tierra, que era una esfera inmóvil, y la *región celeste,* formada por esferas concéntricas cristalinas.	— El filósofo griego **Aristarco de Samos** propuso este modelo hacia el año 280 a. C, pero fue olvidado por ser contrario a la percepción de la época: El Sol está fijo y es el centro del universo, mientras que a su alrededor giran la Tierra, los planetas y las estrellas.
— Perfeccionada por Claudio **Ptolomeo** en el siglo II d. C: La Tierra era el centro del universo, y la Luna, el Sol y los planetas giraban en órbitas circulares *(epiciclos).* El centro de cada epiciclo se iba desplazando a lo largo de una circunferencia, denominada *deferente,* centrada en la Tierra.	— Siglos después, el astrónomo polaco **Nicolás Copérnico** (1473-1543) propuso un modelo en el que la Tierra y los demás planetas giraban alrededor del Sol. — En el siglo XVII **Galileo Galilei** apuntó al cielo con un telescopio para observar los astros y pudo comprobar la veracidad de esta teoría.

Modelo de Aristóteles

Modelo de Ptolomeo

Modelo de Copérnico

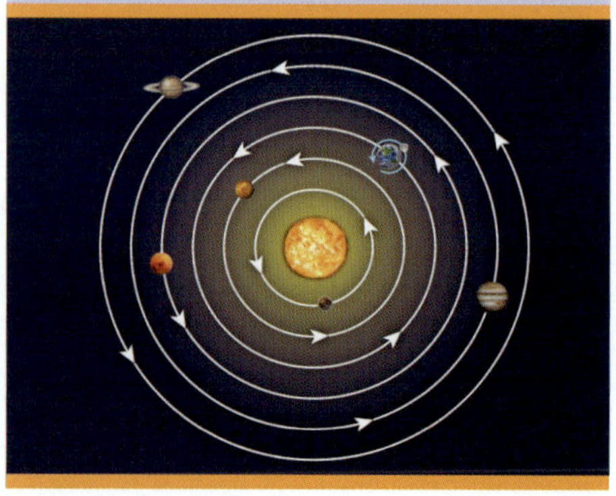

MODELO ACTUAL DEL UNIVERSO

Actualmente sabemos que todos los cuerpos del sistema solar, incluida la Tierra, se mueven alrededor del Sol. Sin embargo, el Sol no es el centro del universo, sino una estrella situada en la periferia de la Vía Láctea.

Ni la Tierra ni el Sol son el centro del universo, sino que están en un brazo exterior de nuestra galaxia, que es elíptica. Además, el universo está en expansión constante.

En los siguientes enlaces encontrarás más información sobre algunos hitos en astronomía:

https://links.edebe.com/pvi

https://links.edebe.com/winf4

Conoce más sobre...
Premio Nobel de Física 2020

Este conocimiento ha sido fruto de los avances en astronomía desde el siglo XVII hasta nuestros días. Veamos algunos:

Las leyes de Kepler

A partir de las observaciones astronómicas del danés Tycho Brahe (1546-1601), las más precisas hasta esa época, el astrónomo alemán Johannes Kepler (1571-1630) dedujo las leyes del movimiento planetario, hoy conocidas como *leyes de Kepler:*

1. Los planetas se mueven alrededor del Sol describiendo órbitas elípticas, con el Sol situado en uno de los focos.
2. El radio vector que une un planeta con el Sol barre áreas iguales en tiempos iguales.
3. Para cualquier planeta, el cuadrado del período del movimiento de un planeta alrededor del Sol es directamente proporcional al cubo de su distancia media al Sol:

$$T^2 = k \cdot r^3$$

k es una constante igual para todos los planetas.

Radiación cósmica de fondo

En 1965 los físicos A. Penzias (1933) y R. Wilson (1936) detectaron la radiación cósmica de fondo. Esta radiación de microondas llega en cualquier dirección en la que observemos el universo. Se interpreta como un residuo de la gran explosión y confirma la teoría del *big bang*. Además, las variaciones en la intensidad de la radiación de fondo indican la presencia de galaxias.

Los descubrimientos de Hubble

En 1929 el astrónomo E. P. Hubble (1889-1953), estudiando la radiación emitida por las estrellas, descubrió la existencia de más galaxias en el universo, además de la Vía Láctea. Además, comprobó que el universo estaba en expansión, lo que dio pie a la teoría del *big bang*.

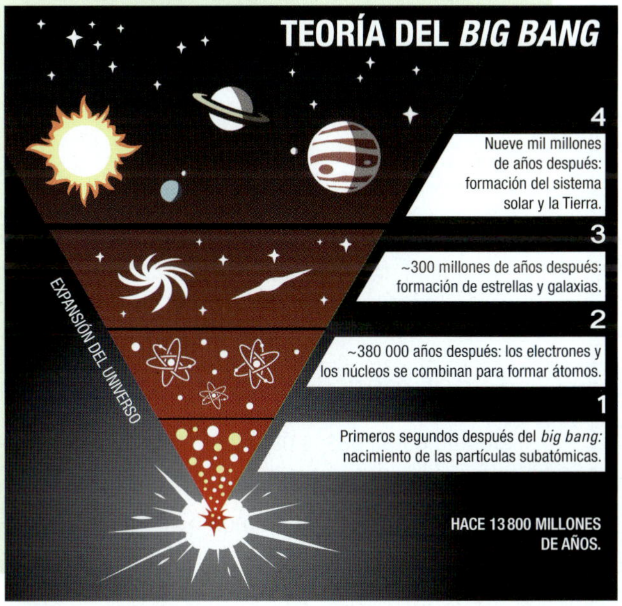

Actividades

17. Razona esta afirmación: «El modelo actual del universo es el de un universo en evolución y no inmutable».

18. Elabora una cronología desde I. Newton hasta la actualidad que destaque los descubrimientos clave y los avances científicos y técnicos que han permitido llegar al modelo actual del universo. Utiliza la siguiente herramienta TIC:

https://links.edebe.com/2f2un

Ciencia a tu alcance

En práctica: Factores de los que depende la fuerza de rozamiento

Sabemos que la fuerza de rozamiento se opone al movimiento, pero ¿de qué factores depende? ¡Investiguémoslo en el laboratorio!

En grupos, seguiremos las etapas del método científico.

1 Planteamiento del problema

Nos planteamos la siguiente cuestión: ¿de qué depende la fuerza de rozamiento?

2 Formulación de hipótesis

Para redactar nuestra hipótesis, tendremos en cuenta la expresión matemática de la fuerza de rozamiento: $F_r = \mu \cdot N$

Además, sabemos que sobre una superficie horizontal: $N = P$

Reflexionamos y entre todos los componentes del grupo redactamos una hipótesis conjunta:

> «La fuerza de rozamiento depende de la superficie de contacto y de la masa del objeto que se mueve».

3 Comprobación de la hipótesis

Para poder comprobar la hipótesis, debemos **planificar el experimento** que vamos a realizar:

Objetivos

— Determinar de qué factores depende la fuerza de rozamiento.

Material

— Dinamómetro.
— Panel de madera lisa.
— Panel de madera rugosa.
— Panel de plástico.
— Panel de metal pulido.
— Tres tacos de madera de distintos tamaños y formas.

Experimentación

Seguid estos pasos para cada tipo de panel:

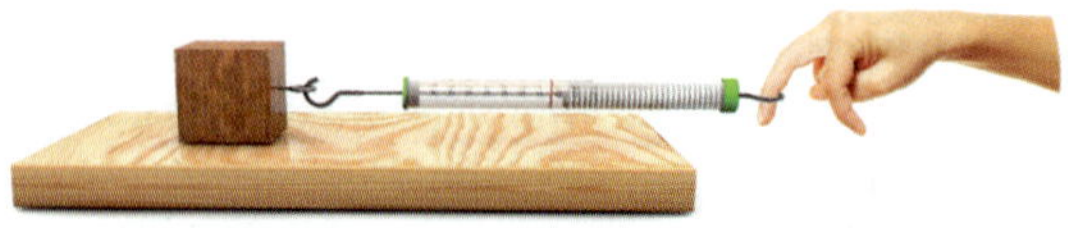

— Pesad en la balanza cada uno de los tacos de madera y anotad los valores en el cuaderno.
— Apoyad el taco de madera sobre la cara con mayor superficie.
— Unid el dinamómetro al taco y mantened el sistema en horizontal, tal y como se muestra en la figura.
— Tirad del dinamómetro (siempre horizontalmente). Una vez que el sistema se empieza a mover, seguid tirando, procurando que la velocidad del conjunto sea uniforme, y anotad lo que marca el dinamómetro.
— Efectuad tres medidas diferentes en cada caso y anotad los valores correspondientes.
— Repetid el último experimento apoyando el taco de madera en la cara de menor superficie de contacto.

Obtención de datos

Completad la siguiente tabla en vuestro cuaderno, efectuando los cálculos necesarios:

Experiencia	Material de la superficie	Superficie de contacto del taco	Medida de la fuerza (N)			Fuerza normal (N) $N = P$	Coeficiente de rozamiento $\mu = \frac{F_r}{N}$
			F_1	F_2	F_3		
1	Madera lisa	Mayor					
2	Madera lisa	Mayor					
3	Madera lisa	Mayor					
4	Madera rugosa	Mayor					
5	Madera rugosa	Mayor					
6	Madera rugosa	Mayor					
7	Plástico	Mayor					
8	Plástico	Mayor					
9	Plástico	Mayor					
10	Metal pulido	Mayor					
11	Metal pulido	Mayor					
12	Metal pulido	Mayor					
13	Metal pulido	Menor					

Análisis de datos

Teniendo en cuenta los datos de la tabla, responded a estas preguntas:

¿Sobre qué material es mayor el coeficiente de rozamiento? ¿Y menor?

....

¿Qué relación existe entre la masa del taco de madera y la fuerza de rozamiento?

....

¿Cómo afecta el área de la superficie de contacto a la fuerza de rozamiento?

....

Comprobad si la **hipótesis** que habíais enunciado **es cierta.** En caso contrario, formulad una nueva y repetid el proceso.

4 Extracción de conclusiones

¿De qué factores depende la fuerza de rozamiento? Enumerad las conclusiones a las que habéis llegado.

5 Comunicación de resultados

Por último, redactad un **informe** de la práctica estructurándolo según las etapas del método científico.

Síntesis

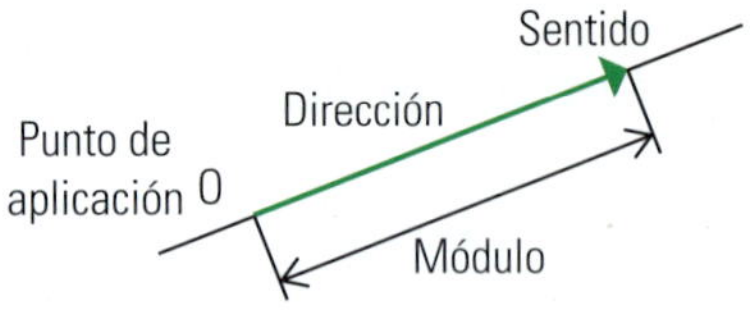

Las fuerzas

- **Naturaleza de las fuerzas**
  - Carácter vectorial
  - Efectos sobre los cuerpos
    - Alteración del estado de movimiento
    - Deformación
  - Unidad en el SI: el newton (N)
  - Composición de fuerzas
    - Cálculo de la fuerza resultante o fuerza neta
  - Descomposición de fuerzas
    - Componentes de una fuerza
  - Equilibrio de fuerzas
    - Fuerza resultante nula
- **Las leyes de Newton**
  - Primera ley de Newton o ley de la inercia
    - Un cuerpo permanece en su estado de reposo o de movimiento rectilíneo uniforme (MRU) si sobre él no actúa ninguna fuerza o si la resultante de las fuerzas que actúan es nula.
  - Segunda ley de Newton o ley fundamental de la dinámica
    - Si sobre un cuerpo actúa una fuerza resultante no nula, adquiere una aceleración directamente proporcional a la fuerza aplicada e inversamente proporcional a la masa del cuerpo.
      - $F = m \cdot a$
  - Tercera ley de Newton o ley de acción y reacción
    - Cuando un cuerpo ejerce una fuerza, que llamamos *acción*, sobre otro cuerpo, este ejerce a su vez una fuerza sobre el primero, que denominamos *reacción*, con el mismo módulo y la misma dirección, pero de sentido contrario.
  - Aplicaciones
    - Peso
    - Fuerza normal
    - Fuerza de rozamiento
    - Fuerza centrípeta
    - Tensión
    - Fuerza elástica
- **La ley de gravitación universal**
  - Dos cuerpos cualesquiera se atraen mutuamente con una fuerza directamente proporcional al producto de sus masas e inversamente proporcional al cuadrado de la distancia que los separa.
  - Manifestaciones
    - Experimento mental
      - Cañón de Newton
    - Movimiento orbital
    - Caída libre de los cuerpos
    - Mareas
  - Origen del universo y su estructura
    - Teoría geocéntrica → Teoría heliocéntrica → Modelo actual del universo
  - Satélites artificiales
    - Tipos y aplicaciones
    - Basura espacial

PREPARA

19. ●○○ **Completa en tu cuaderno las siguientes oraciones:**

a) Cualquier acción capaz de alterar el .... de reposo o de movimiento de los cuerpos o de producir en ellos alguna .... es una ....

b) La fuerza es una magnitud ....

c) El newton es la unidad de .... en el SI. Otra unidad de fuerza habitual es el ....

d) La suma de fuerzas se representa gráficamente mediante la regla del ....

e) El procedimiento por el que se descompone una fuerza en sus componentes recibe el nombre de .... de ....

f) El punto de aplicación de la resultante del peso de un cuerpo es el .... de ....

20. ●○○ **Señala razonadamente si las siguientes afirmaciones son verdaderas o falsas:**

a) La dinámica estudia las fuerzas.

b) La primera ley de Newton es la ley fundamental de la dinámica.

c) La ley de la inercia no se cumple en un cuerpo cuando sobre él actúa una fuerza.

21. ●○○ **Relaciona en tu cuaderno cada uno de los tipos de fuerza con los vectores que se representan en las imágenes:**

A. Peso

B. Fuerza normal

C. Tensión

D. Fuerza de rozamiento

E. Fuerza centrípeta

F. Fuerza elástica

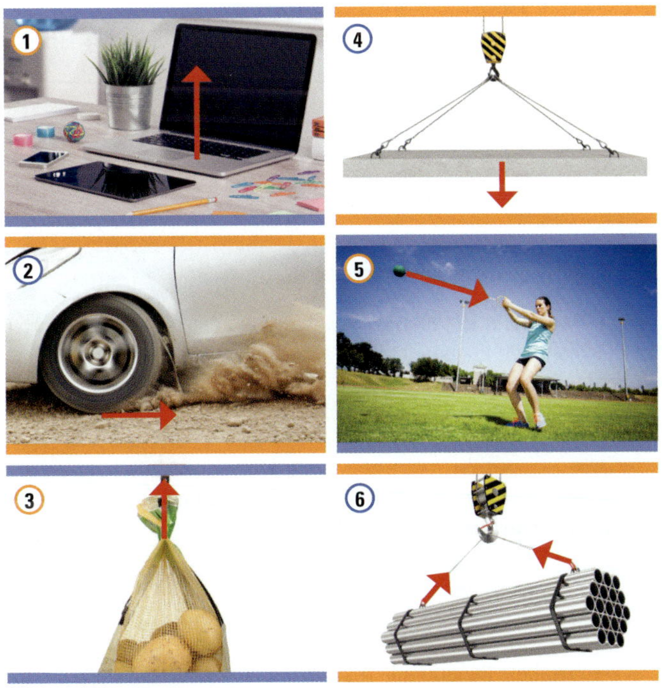

22. ●○○ **Selecciona razonadamente cuáles de las siguientes afirmaciones son ciertas:**

a) Las fuerzas gravitatorias son siempre atractivas y se presentan de dos en dos.

b) Las mareas se deben exclusivamente a la rotación de la Tierra.

c) El principal problema relacionado con los satélites artificiales es la basura espacial.

d) El universo está en expansión constante.

e) El modelo actual del universo sigue la teoría heliocéntrica.

f) La radiación de fondo de microondas es una confirmación de la teoría del *big bang*.

23. ●○○ **Relaciona en tu cuaderno cada una de estas expresiones matemáticas con la ley a la que se refiere:**

A. $T^2 = k \cdot r^3$

B. $F = m \cdot a$

C. $F = -G \cdot \dfrac{m_1 \cdot m_2}{d^2}$

D. $F_{1 \rightarrow 2} = -F_{2 \rightarrow 1}$

1. Ley fundamental de la dinámica
2. Ley de acción y reacción
3. Tercera ley de Kepler
4. Ley de gravitación universal

ENTRENA

1. Naturaleza de las fuerzas

24. ●○○ **Explica qué es una fuerza, los efectos que produce sobre un cuerpo y cómo se mide.**

25. ●○○ **Pon tres ejemplos de fuerzas y describe el efecto que produce cada una.**

26. ●○○ **Explica qué significa que las fuerzas tienen naturaleza vectorial.**

— Pon un ejemplo que ilustre tu respuesta.

27. ●○○ **Expresa en kilopondios estas fuerzas:**

a) 687 N

b) 24,5 N

c) $2{,}34 \cdot 10^{-3}$ N

28. ●○○ **Señala razonadamente si las siguientes afirmaciones son verdaderas o falsas:**

a) La fuerza resultante es la suma vectorial de todas las fuerzas que actúan sobre un mismo cuerpo.

b) El teorema de Pitágoras no es una herramienta útil en cálculos de composición de fuerzas.

c) La descomposición de fuerzas consiste en descomponer una fuerza en sus componentes según las direcciones horizontal y vertical.

d) En un sistema en equilibrio todas las fuerzas que actúan se compensan entre sí.

29. ●●○ Señala si las siguientes fuerzas producen una alteración del estado de movimiento o una deformación en los cuerpos sobre los que actúan:

a) Un golfista golpea la pelota de golf que estaba en reposo en el suelo.

b) Colgamos un peso en un muelle que pende del techo.

c) Una niña detiene una canica que rueda por el suelo.

d) Quitamos la goma que hay alrededor de una caja de zapatos.

30. ●●○ ¿A cuántos newtons equivale una fuerza que tiene un valor de $3{,}6\ \text{kg} \cdot 2{,}3\ \text{m/s}^2$?

— Expresa el resultado también en kilopondios.

31. ●●○ Determina la fuerza resultante de estos sistemas de fuerzas:

a)

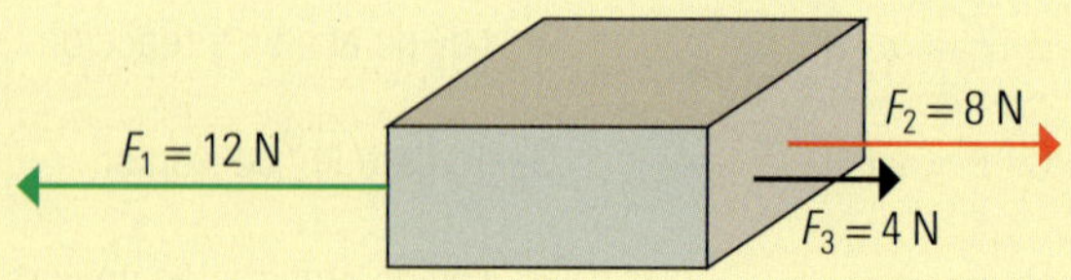

b)

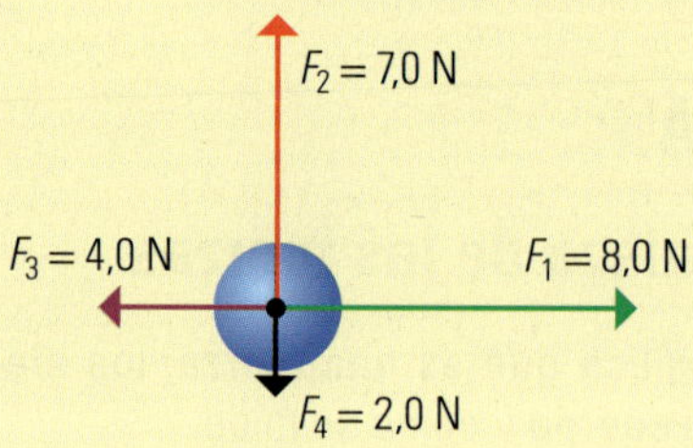

— Razona si alguno de los sistemas de la actividad anterior está en equilibrio.

COMPRENSIÓN. Debemos hallar la fuerza resultante a partir de la composición de fuerzas.

DATOS. a) $F_1 = 12\ \text{N}$; $F_2 = 8\ \text{N}$; $F_3 = 4\ \text{N}$;
b) $F_1 = 8{,}0\ \text{N}$; $F_2 = 7{,}0\ \text{N}$; $F_3 = 4{,}0\ \text{N}$; $F_4 = 2{,}0\ \text{N}$

RESOLUCIÓN

a) Se trata de fuerzas que tienen la misma dirección. Sumamos las que presentan el mismo sentido y restamos las que tienen sentidos contrarios:

$$F_{\text{neta}} = (8\ \text{N} + 4\ \text{N}) - 12\ \text{N} = 0$$

b) Primero hallamos la fuerza neta de las fuerzas que tienen la misma dirección:

$$\text{En el eje } X\text{: } F_{x,\text{neta}} = 8{,}0\ \text{N} - 4{,}0\ \text{N} = 4{,}0\ \text{N}$$

$$\text{En el eje } Y\text{: } F_{y,\text{neta}} = 7{,}0\ \text{N} - 2{,}0\ \text{N} = 5{,}0\ \text{N}$$

Como estas dos fuerzas son perpendiculares, para calcular su resultante utilizamos el teorema de Pitágoras:

$$F_{\text{neta}} = \sqrt{F_{x,\text{neta}}^2 + F_{y,\text{neta}}^2}$$

$$F_{\text{neta}} = \sqrt{(4{,}0\ \text{N})^2 + (5{,}0\ \text{N})^2} = \sqrt{41\ \text{N}^2} = 6{,}4\ \text{N}$$

— El sistema del apartado *a* está en equilibrio, puesto que la resultante de todas las fuerzas aplicadas sobre él es nula.

COMPROBACIÓN. Observamos que, si resolvemos el problema gráficamente, obtenemos el mismo resultado.

32. ●●○ Dos chicas empujan un mueble con fuerzas perpendiculares de 62 N y 26 N.

a) Dibuja un esquema de las fuerzas.

b) Determina la fuerza neta que actúa sobre el mueble.

c) ¿El mueble está en reposo o en movimiento? Justifica tu respuesta.

33. ●●○ Dibuja las fuerzas que actúan sobre cada una de estas bolas y descompón el peso en las componentes que correspondan. Supón que no hay rozamiento con el suelo.

34. ●●● ¿Qué fuerza hay que ejercer sobre el tablero de la figura para que esté en equilibrio?

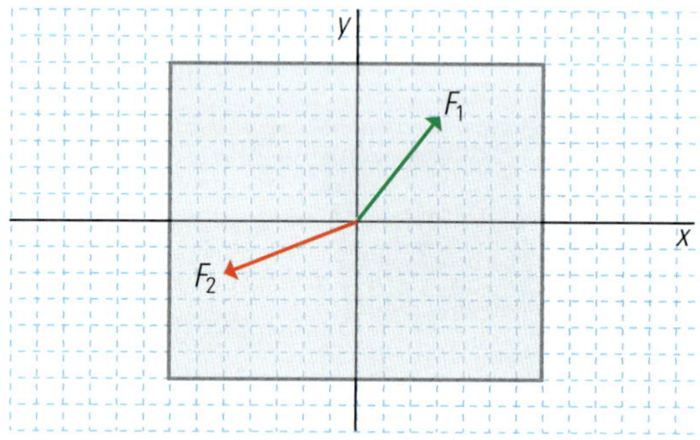

a) Representa gráficamente la fuerza.

b) Determina el valor de sus componentes suponiendo que cada marca de la cuadrícula se corresponde con 1 N.

c) Indica el nombre del procedimiento que has empleado para resolver el problema.

35. ●●● En parejas, acceded a las actividades interactivas propuestas en este enlace:

https://links.edebe.com/ksvbk

— Completad las cuatro actividades sobre suma de fuerzas.

— ¿Habéis llegado a la respuesta correcta en cada una?

2. Las leyes de Newton

36. ●○○ Enuncia las tres leyes de Newton.

37. ●○○ Razona si las siguientes afirmaciones son verdaderas o falsas:

a) La dinámica se encarga de estudiar las causas que provocan un cambio en el estado de movimiento de los cuerpos.

b) Según la ley de la inercia, un cuerpo siempre está en reposo hasta que se aplica una fuerza sobre él.

c) La segunda ley de Newton establece que la fuerza y la masa son directamente proporcionales.

d) La tercera ley de Newton también recibe el nombre de *ley de acción y reacción.*

38. ●○○ Enumera las clases de fuerzas que conoces.

39. ●○○ Escribe en tu cuaderno la expresión matemática correspondiente a cada una de las siguientes fuerzas:

a) Fuerza de rozamiento.

b) Peso.

c) Fuerza elástica.

d) Fuerza centrípeta.

40. ●●○ Interpreta las siguientes situaciones aplicando las leyes de Newton:

a)

b)

41. ●●○ **Sobre una esfera metálica de 12 kg de masa que está en reposo en un suelo horizontal se ejercen dos fuerzas: una de 340 N hacia la derecha y otra de 230 N hacia la izquierda. Suponiendo que no existe rozamiento con el suelo, calcula la aceleración que adquiere. Elabora en tu cuaderno un diagrama con las fuerzas que intervienen.**

COMPRENSIÓN. Se trata de aplicar la ley fundamental de la dinámica a la fuerza resultante para hallar la aceleración.

DATOS. $m = 12$ kg; $F_1 = 340$ N; $F_2 = 230$ N

RESOLUCIÓN. Elaboramos un diagrama del problema:

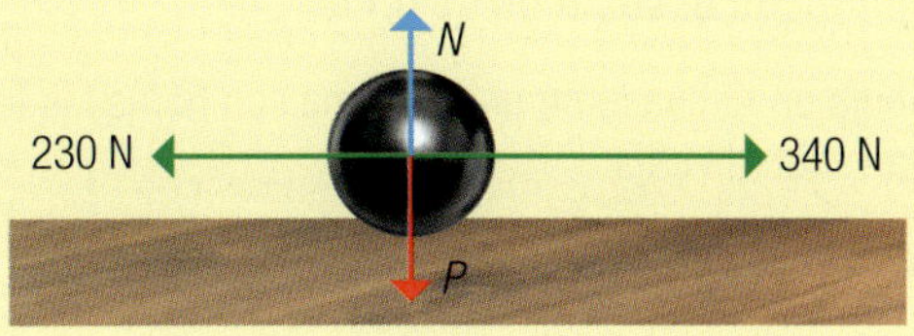

La fuerza resultante es horizontal y hacia la derecha, porque en la dirección vertical el peso y la normal son iguales pero de sentido contrario:

$$F_{neta} = F_1 - F_2 = 340 - 230 = 110 \text{ N}$$

Finalmente, calculamos la aceleración:

$$F = m \cdot a \rightarrow a = \frac{F}{m} = \frac{110 \text{ N}}{15 \text{ kg}} = 7{,}3 \text{ m/s}^2$$

COMPROBACIÓN. Verificamos que los resultados son correctos y que hemos obtenido las unidades deseadas.

42. ●●○ Calcula la aceleración que adquiere un carrito del supermercado de 15 kg de masa si ejercemos sobre él una fuerza de 39,5 N.

— ¿En qué ley de Newton basas tu respuesta?

43. ●●○ Ejercemos una fuerza de 79 N sobre el muelle de un dinamómetro y se estira 12,5 cm.

a) Calcula la constante elástica del muelle.

b) ¿Qué tipo de fuerza experimenta el muelle?

c) Después, completa la siguiente actividad interactiva:

https://links.edebe.com/tabkzj

44. ●●○ Un tren de juguete de 1,5 kg de masa gira en un plano horizontal sobre un circuito circular de radio 1,4 m a una velocidad de 1,5 m/s.

a) Representa en tu cuaderno las fuerzas que actúan sobre el tren.

b) Calcula la aceleración centrípeta.

c) Determina la fuerza centrípeta que actúa sobre el tren y dibújala en un esquema en tu cuaderno.

45. ●●○ De los extremos de la cuerda de una polea cuelgan dos cuerpos de 0,35 kg y 1,25 kg.

a) Representa las fuerzas que actúan sobre ambos cuerpos.

b) Determina el sentido del movimiento.

c) Calcula la aceleración del sistema.

46. ●●○ Se aplica una fuerza de 200 N sobre una caja de 36,7 kg y empieza a deslizarse por un plano inclinado. Si la fuerza normal tiene un valor de 280 N y el coeficiente de rozamiento con el suelo es de 0,115:

a) Dibuja en tu cuaderno un esquema con todas las fuerzas que actúan sobre la caja.

b) Halla la aceleración con la que se desliza la caja.

47. ●●● En grupos, acceded al siguiente enlace y completad las actividades interactivas propuestas sobre las leyes de Newton:

https://links.edebe.com/97m5js

48. ●●● Investiga sobre la biografía y los principales trabajos de Isaac Newton. Redacta un informe en formato digital en el que valores sus contribuciones al conocimiento científico.

49. ●●● Investiga en qué consisten los sistemas de referencia inerciales y no inerciales.

a) ¿Se cumplen en todos las leyes de Newton?

b) Pon un ejemplo de sistema de referencia no inercial y explica cómo se interpretan en él las fuerzas y el movimiento.

c) ¿Es la Tierra un sistema de referencia inercial? ¿Y un tiovivo?

3. La ley de gravitación universal

50. ●○○ Selecciona, entre las siguientes, las características que corresponden a las fuerzas gravitatorias:

a) Son atractivas.

b) Se aplican solo a cuerpos celestes.

c) Su intensidad se calcula mediante la expresión matemática de la ley de gravitación universal.

d) Su módulo es directamente proporcional a la distancia que separa dos cuerpos.

51. ●○○ Relaciona cada una de las siguientes descripciones de la estructura del universo con la teoría geocéntrica, la teoría heliocéntrica o el modelo actual del universo:

a) El Sol es el centro del universo.

b) Los planetas y el Sol giran alrededor de la Tierra en órbitas circulares.

c) El universo está en continua expansión, y ni la Tierra ni el Sol son su centro.

52. ●●○ Calcula la fuerza de atracción gravitatoria entre dos personas cuyas masas son de 55 kg y 76 kg y que están separadas 150 cm.

53. ●●○ Las masas de Mercurio y Venus tienen un valor de $3{,}285 \cdot 10^{23}$ kg y $4{,}867 \cdot 10^{24}$ kg, respectivamente. Si sus centros están separados una distancia de $5{,}005 \cdot 10^{7}$ km, halla la fuerza de atracción mutua entre ambos.

— Compara el orden de magnitud que has obtenido con el de la fuerza de atracción gravitatoria entre dos personas.

54. ●●○ Describe la caída libre de los cuerpos y el movimiento orbital como manifestaciones de la fuerza de atracción gravitatoria sobre un cuerpo.

— Si se trata de la misma fuerza, ¿por qué en unos casos el resultado es un movimiento de caída libre y en otros un movimiento orbital?

55. ●●○ Marte tiene una masa de $6{,}39 \cdot 10^{23}$ kg y un radio de 3390 km.

a) Determina el valor de la aceleración de la gravedad en la superficie de Marte.

b) Calcula la velocidad orbital de un satélite que orbita a una altura de 230 km de su superficie. ¿Depende la velocidad orbital del satélite de la masa del satélite? Justifica tu respuesta.

c) Determina la fuerza de atracción gravitatoria que Marte ejerce sobre su satélite mayor, Fobos, que orbita a 6000 km de su superficie y cuya masa es de $1{,}07 \cdot 10^{16}$ kg.

56. ●●○ Observa la figura y calcula cuántas veces mayor es la fuerza de atracción gravitatoria que la Luna ejerce sobre un cuerpo que está en el punto *A* de la superficie de la Tierra respecto a la ejercida sobre otro cuerpo en el punto *B*. Indica la respuesta correcta.

a) 0,94 b) 1,03 c) 1,07

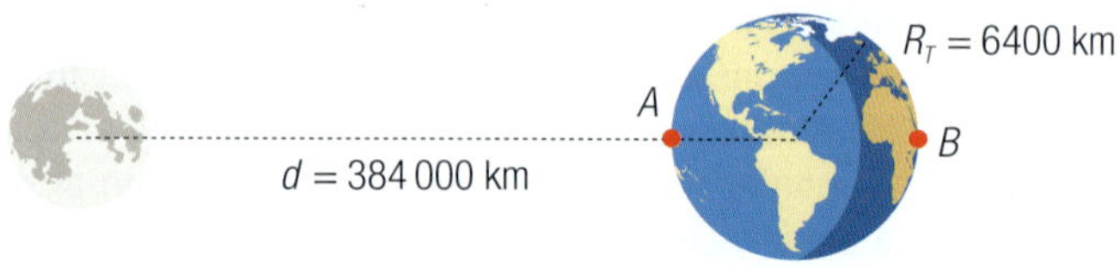

— ¿Te parece mucho o poco? Ten en cuenta que la diferencia de altura de las mareas entre la pleamar y la bajamar puede alcanzar varios metros.

57. ●●○ La Estación Espacial Internacional (ISS) es una estación espacial en órbita terrestre baja que sirve como laboratorio de investigación, ejemplo de colaboración internacional.

a) Calcula la altura de su órbita si sabes que la velocidad orbital es de 7,66 km/s ($M_T = 5{,}98 \cdot 10^{24}$ kg; $R_T = 6400$ km).

b) ¿Puede afectar la basura espacial a la ISS?

58. ●●● Aplicad la **técnica de aprendizaje cooperativo** *Estructura 1-2-4* para investigar los problemas generados por la ingravidez.

— ¿A qué respuesta conjunta habéis llegado?

59. ●●● Recopila la siguiente información relacionada con los satélites artificiales:

a) Definición de órbita geoestacionaria, órbita geosíncrona y satélite geoestacionario.

b) Características y funciones del Sputnik 1.

c) Objetivo y funcionamiento del proyecto ClearSpace-1.

60. ●●● Confecciona una línea del tiempo que muestre cómo ha evolucionado la concepción de la estructura del universo desde Aristóteles hasta nuestros días. ¡Incluye imágenes, vídeos, esquemas, etc.!

— Emplea la siguiente herramienta *online:*

https://links.edebe.com/2f2un

61. ●●● El Instituto de Astrofísica de Canarias (IAC) es un centro de investigación de excelencia en astrofísica que gestiona dos de los mejores observatorios internacionales.

— Redacta un pequeño informe sobre cuáles son sus objetivos, sedes, observatorios, fortalezas, logros, etc. y la importancia de la investigación que se realiza en él.

APLICA

62. ●●○ En 1845 John Couch Adams anunciaba con cálculos matemáticos la existencia predicha anteriormente por Urbain Le Verrier de un planeta hasta entonces desconocido al que se denominó Neptuno. El descubrimiento fue posible al observar que la trayectoria de Urano se desviaba de la prevista, fenómeno que se atribuyó a la existencia de otro planeta que afectaría a la órbita de Urano.

Datos: $M_{Sol} = 2{,}0 \cdot 10^{30}$ kg; $M_{Neptuno} = 1{,}0 \cdot 10^{26}$ kg;
$M_{Urano} = 8{,}7 \cdot 10^{25}$ kg; $d_{Sol\text{-}Neptuno} = 4{,}3 \cdot 10^{12}$ m;
$d_{Urano\text{-}Neptuno} = 1{,}7 \cdot 10^{12}$ m; $d_{Neptuno\text{-}Tritón} = 3{,}5 \cdot 10^{6}$ m;
$R_{Neptuno} = 2{,}5 \cdot 10^{7}$ m

Selecciona las respuestas correctas:

a) ¿Con qué fuerza el Sol atrae a Neptuno?

A. $2{,}0 \cdot 10^{20}$ N B. $1{,}1 \cdot 10^{4}$ N C. $7{,}2 \cdot 10^{20}$ N

b) ¿Con qué fuerza se atraen mutuamente Neptuno y Urano?

A. $2{,}0 \cdot 10^{17}$ N B. $1{,}1 \cdot 10^{4}$ N C. $7{,}4 \cdot 10^{20}$ N

c) ¿Cuánto vale la aceleración de la gravedad en Neptuno?

A. 11 m/s² B. 2,7 m/s² C. 7,4 m/s²

d) ¿Cuánto pesa en Neptuno una garrafa de agua de 5,0 L?

A. 14 N B. 37 N C. 55 N

e) ¿Cuál es la velocidad orbital de uno de sus satélites, Tritón, cuyo radio orbital es aproximadamente de $3{,}5 \cdot 10^{5}$ km?

A. $1{,}1 \cdot 10^{4}$ m/s B. 2,8 m/s C. 7,4 m/s

63. ●●● Visionad el siguiente documental:

https://links.edebe.com/surd

— Después, organizad un debate sobre las dificultades a las que debían enfrentarse estos genios en su época. ¿Cómo valoráis los esfuerzos que llevaron a cabo?

Piensa sobre...

64. Se estima que la mordedura de un *Tyrannosaurus rex* tiene una fuerza de 57 000 N. ¿Comprendes cuál es su magnitud en comparación con otras fuerzas que has calculado en la unidad? a) Sí; b) No.

65. ¿Verdadero o falso? La fuerza gravitatoria y el peso son fuerzas de distinta naturaleza.

66. Con lo que conoces sobre los satélites, ¿te parece posible que China planee tener su propia luna artificial? Infórmate de cuál sería su propósito.

67. Los nanosatélites son satélites entre 1 y 10 kg de masa, de bajo coste y aptos para múltiples actividades, lo cual facilita su producción y utilización masivas. ¿Comprendes las implicaciones de esto?

A B C

Pon a prueba tus competencias

Somos conscientes de la presencia de fuerzas en la naturaleza. Te sugerimos analizar las siguientes situaciones cotidianas en términos de fuerzas.

68. Observa estas imágenes:

a) Razona si intervienen fuerzas en cada uno de los casos.

b) ¿Qué efecto producen las fuerzas en cada uno?

c) Elabora en tu cuaderno un esquema de cada una de las situaciones y representa las distintas fuerzas que intervienen.

d) Si la masa del niño es de 22 kg, la fuerza normal tiene un valor de 175 N y el coeficiente de rozamiento con la superficie del tobogán es de 0,114, calcula la aceleración que adquiere el niño.

e) Sabiendo que la constante elástica de la goma que está utilizando la gimnasta tiene un valor de 760 N/m, determina el valor de la fuerza que ha aplicado la gimnasta para estirar la goma 32 cm.

69. Interpreta la siguiente situación aplicando las leyes de Newton:

a) El conductor de un coche frena de forma brusca y los objetos que están situados en la parte trasera se abalanzan hacia delante.

b) Al frenar, la velocidad del coche pasa de 30 km/h a 0 km/h en 3,0 s.

c) Uno de los objetos que estaba sobre el asiento trasero era una pelota. Después de impulsarse hacia delante con el frenazo, choca contra el cristal delantero y rebota.

¿Tienes datos suficientes para calcular la fuerza que ha ejercido el coche al frenar? En caso afirmativo, calcúlala, y en casi negativo, indica qué dato o datos te faltan.

70. Si alguna vez la humanidad se propone salir a colonizar el espacio, el primer paso es la colonización de la Luna. En esta tabla te proporcionamos algunos datos sobre nuestro satélite natural.

DATOS DE LA LUNA	
Masa (kg)	$7{,}35 \cdot 10^{22}$
Radio (km)	$1{,}74 \cdot 10^{6}$
Radio orbital medio (km)	$3{,}84 \cdot 10^{8}$

a) Halla el valor de la aceleración de la gravedad en la superficie de la Luna y compáralo con el de la Tierra.

b) Calcula la velocidad orbital de la Luna en torno a nuestro planeta (datos: $R_T = 6378$ km; $M_{\text{Tierra}} = 5{,}98 \cdot 10^{24}$ kg).

c) Razona por qué la Luna se mantiene en órbita girando alrededor de la Tierra y no se precipita en caída libre sobre nuestro planeta.

d) ¿Qué tipo de satélite artificial deberíamos emplear para conocer la cartografía de la Luna?

e) Calcula qué velocidad orbital debería tener un satélite artificial de observación geográfica ubicado en una órbita de 500 km por encima de su superficie.

f) La velocidad de escape de un astro es la velocidad mínima que un cuerpo en la superficie del astro necesita para escapar de su atracción gravitatoria. En la Tierra la velocidad de escape es un poco mayor de 11 km/s. Razona si el valor de la velocidad de escape para la Luna es mayor o menor e indica si esto puede ser una ventaja o un inconveniente en posibles misiones de colonización espacial.

71. ¿Qué cifra crees que se acerca más al número de satélites artificiales en activo que están en órbita alrededor de la Tierra? Señala la respuesta correcta.

a) 300 b) 6000 c) 23 000

72. Relaciona en tu cuaderno a los científicos con las teorías sobre la estructura del universo siguientes:

A. Aristarco de Samos

B. Ptolomeo

C. Aristóteles

D. Galileo

E. Copérnico

1. Teoría geocéntrica

2. Teoría heliocéntrica

11

Bloque 4. El movimiento y las fuerzas

Presión en los fluidos

Contenidos

- La presión
- Presión en los líquidos
- Presión en los gases

Y además...

Ciencia a tu alcance

Magnitudes de las que depende la presión en el interior de un líquido

¡Te sorprenderá!

¡El acero flota!
La densidad es la clave

Volar siendo más ligero que el aire

¿Cuánto pesa el aire?

El ojo del huracán, un lugar tranquilo

Asómate
La presión

1. LA PRESIÓN

Las fuerzas pueden producir deformaciones en los cuerpos sobre los que se aplican. Dichas deformaciones no dependen solo de la intensidad de la fuerza, sino también de la superficie sobre la que se aplica. De este modo, una misma fuerza puede producir diferentes efectos.

Si una fuerza la repartimos sobre una superficie muy grande, cada punto de la superficie recibe una porción de la fuerza menor.

Para andar cómodamente sobre la nieve, se utilizan las raquetas, ya que reparten el peso de nuestro cuerpo en una superficie mayor que la suela de una bota. Así evitamos el hundimiento del pie.

Si lo que queremos es obtener el efecto contrario, debemos disminuir la superficie sobre la que se aplica la fuerza.

El clavo transmite la fuerza que el martillo ejerce en la cabeza a la punta, cuya superficie es mucho menor. Con ello consigue que se introduzca en la madera.

El pascal es una unidad muy pequeña. Equivale aproximadamente a la presión que ejerce una masa de 100 g sobre una superficie de 1 m^2.

En la industria se utiliza otra unidad más práctica, la **atmósfera técnica** (vulgarmente llamada *kilo de presión*).

$$1\ \text{at} = \frac{1\ \text{kp}}{1\ \text{cm}^2} = \frac{9{,}8\ \text{N}}{10^{-4}\ \text{m}^2} = 98\,000\ \text{Pa}$$

La magnitud que mide la capacidad de penetración o el efecto deformador de una fuerza sobre un cuerpo se denomina *presión*.

La **presión** ejercida por una fuerza sobre una superficie se define como la razón entre estas dos magnitudes:

$$p = \frac{F}{S}$$

La unidad de presión en el SI es el pascal, **Pa,** que equivale a la presión que ejerce una fuerza de 1 N sobre una superficie de 1 m^2.

EJEMPLO 1

Un ladrillo macizo con una masa de 400 g y unas dimensiones de 30,0 cm × 10,0 cm × 5,0 cm se coloca sobre una mezcla de arena y cemento, apoyándolo sobre cada una de sus caras. Calcula la presión que ejerce en cada caso.

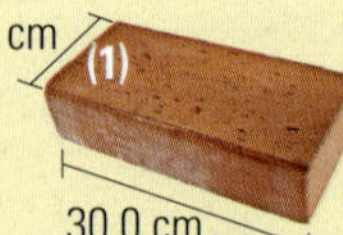

COMPRENSIÓN. La presión ejercida es diferente según sea la cara sobre la que descansa el ladrillo, puesto que la superficie es distinta.

DATOS. $m = 400\ \text{g} = 0{,}400\ \text{kg}$;
$30{,}0\ \text{cm} \times 10{,}0\ \text{cm} \times 5{,}0\ \text{cm} = 0{,}300\ \text{m} \times 0{,}100\ \text{m} \times 0{,}050\ \text{m}$

RESOLUCIÓN. En primer lugar, calculamos el valor de la fuerza que ejerce el ladrillo, que es igual a su peso:

$$F = P = mg = 0{,}400\ \text{kg} \cdot 9{,}8\ \text{m/s}^2 = 3{,}9\ \text{N}$$

Ahora determinamos la presión cuando el ladrillo se apoya sobre cada una de sus caras:

— Sobre la cara 1: $p_1 = \frac{F}{S_1} = \frac{3{,}9\ \text{N}}{0{,}300\ \text{m} \cdot 0{,}100\ \text{m}} = 130\ \text{Pa}$

— Sobre la cara 2: $p_2 = \frac{F}{S_2} = \frac{3{,}9\ \text{N}}{0{,}300\ \text{m} \cdot 0{,}050\ \text{m}} = 260\ \text{Pa}$

— Sobre la cara 3: $p_3 = \frac{F}{S_3} = \frac{3{,}9\ \text{N}}{0{,}100\ \text{m} \cdot 0{,}050\ \text{m}} = 780\ \text{Pa}$

1.1. LAS FUERZAS Y LOS FLUIDOS

Echa un vistazo a...
Las fuerzas y los fluidos

Los **fluidos** son las sustancias que permiten que sus partículas se puedan desplazar libremente unas sobre otras. Esto hace que no tengan forma definida y que se adapten a la del recipiente que los contiene. Los líquidos y los gases son fluidos.

Si se encierra un fluido en un recipiente hermético provisto de un émbolo móvil, al aplicar una fuerza sobre el émbolo, ¿se consigue una disminución del volumen del fluido? Esta propiedad, denominada **compresibilidad,** depende del estado físico del fluido.

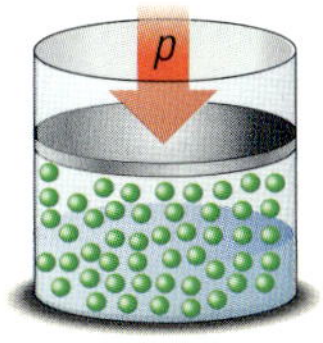

En el estado **líquido,** las partículas se encuentran muy juntas y no es posible aproximarlas más. Se dice que son **incompresibles.** Su volumen es constante.

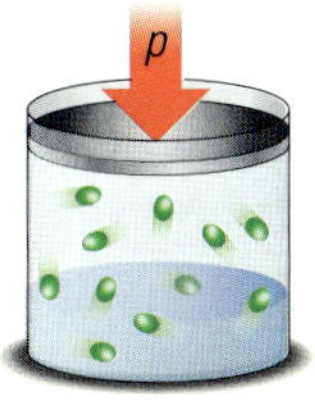

Las partículas en los **gases** dejan mucho espacio vacío entre ellas, de modo que se pueden comprimir disminuyendo de volumen. Son **compresibles.**

Los buceadores realizan la maniobra de Valsalva (el intento de exhalar aire con la boca y la nariz cerradas) para compensar la presión en el oído medio con aire procedente de la garganta. De esta forma, se consigue igualar la presión del oído con la presión externa.

Cuando los fluidos se ven sometidos a una presión, la fuerza se transmite por contacto a todas las partículas que los constituyen. Si en estas condiciones un cuerpo se sumerge en un fluido, experimentará en todas sus superficies una fuerza perpendicular, producida por la presión a la que se encuentran las partículas del fluido.

Los fluidos ejercen fuerzas perpendiculares sobre las paredes del recipiente que los contiene y la superficie de los objetos sumergidos, con independencia de la orientación que adopten sus caras.

EXPERIMENTA

FUERZAS EN EL INTERIOR DE LOS LÍQUIDOS

Para realizar este experimento casero, que pone de manifiesto las fuerzas que ejerce un fluido sobre los objetos sumergidos en él, necesitaremos un tubo de vidrio o plástico, un trozo de papel de aluminio y un recipiente grande (como una cazuela).

— Llena el recipiente grande con agua.

— Coloca la lámina de papel de aluminio en uno de los extremos del tubo.

— Sujetando la lámina con un dedo, introduce el tubo en el agua.

— Quita el dedo que sujeta la lámina.

— Podemos comprobar que ni moviendo ni cambiando la posición del tubo dentro del agua se desprende la lámina.

¿Qué sucede? ¿A qué se debe?

Actividades

1. Selecciona la presión que ejerce un martillo que golpea con una fuerza de 15 N un clavo cuya cabeza mide 0,25 cm^2. ¿Y si golpea la punta del clavo de 0,25 mm^2? a) $6{,}0 \cdot 10^3$ Pa y $6{,}0 \cdot 10^4$ Pa; b) $6{,}0 \cdot 10^5$ Pa y $6{,}0 \cdot 10^7$ Pa; c) 60 Pa y 6000 Pa.

2. En un taller escuchamos a un mecánico que dice: «Al neumático hay que ponerle tres kilos de presión». ¿A qué unidades de presión se está refiriendo? Calcula su valor en pascales.

3. Si agujereamos el lateral de una botella de plástico llena de agua, ¿en qué dirección saldrá el agua? ¿Tiene una explicación científica este hecho?

2. PRESIÓN EN LOS LÍQUIDOS

La presión ejercida sobre las paredes del recipiente que contiene un líquido también actúa sobre el propio líquido, ya que las partículas que se encuentran en capas superiores se apoyan sobre las que se hallan en capas más profundas. De este modo, en el interior de un líquido existe una presión originada por su propio peso denominada *presión hidrostática.*

¿Lo vemos?
Principio fundamental de la hidrostática

2.1. PRINCIPIO FUNDAMENTAL DE LA HIDROSTÁTICA

Consideremos un recipiente lleno de líquido como el que se muestra en la imagen. En su interior se ha dibujado un cilindro. Vamos a calcular la presión en la base de ese cilindro.

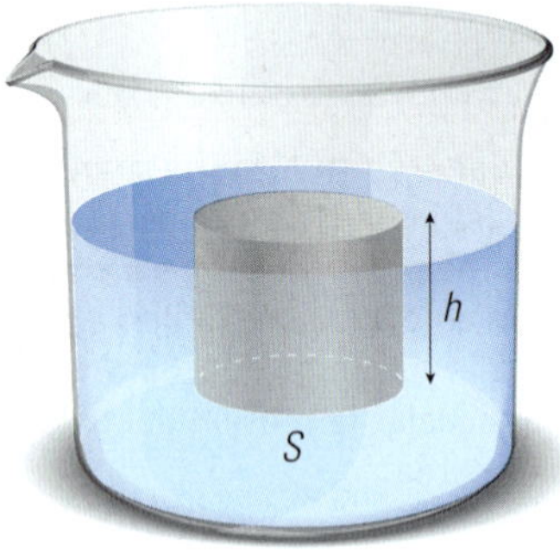

La presión en los puntos de la base será la debida al peso del líquido:

$$P = m\,g$$

Podemos expresar la masa en función de la densidad del líquido:

$$d = \frac{m}{V} \rightarrow m = d\,V$$

El volumen del cilindro es el área de la base *S* por la altura *h:*

$$V = S\,h \quad \rightarrow \quad m = d\,V = d\,S\,h$$

Por tanto, la expresión de la presión en la base del cilindro es:

$$p = \frac{F}{S} = \frac{P}{S} = \frac{m\,g}{S} = \frac{d\,\cancel{S}\,h\,g}{\cancel{S}} = h\,d\,g$$

Esta expresión no depende de la cantidad de materia del cilindro considerado y es válida para cualquier punto situado en el interior de un líquido a una profundidad *h.*

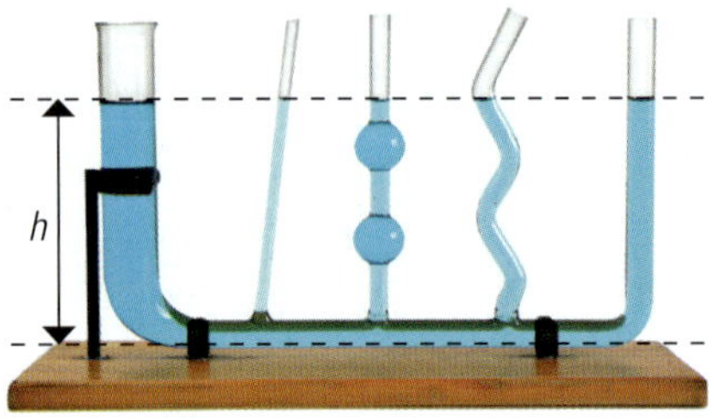

Vasos comunicantes.

> La **presión hidrostática** que ejerce un líquido en reposo sobre un punto en su interior depende de la profundidad y la densidad del líquido.
>
> $$p = h\,d\,g$$

La aplicación de este principio puede dar lugar a situaciones que, en ocasiones, incluso parecen paradójicas:

— Cuando varios recipientes están comunicados por su base se denominan **vasos comunicantes.** En ellos, con independencia de la cantidad de líquido que cada uno contenga, la presión es la misma en puntos que estén a la misma profundidad *h,* como se deduce de la expresión del principio fundamental de la hidrostática. Por ello la presión en la superficie del líquido debe ser la misma en todos los recipientes y estos siempre se llenan a la misma altura.

— Otro hecho curioso que deriva de la aplicación del principio fundamental de la hidrostática es el que protagonizó el físico Blaise Pascal.

Apostó que era capaz de romper un barril de madera con la presión del agua de una jarra. Para ello perforó el tonel en la parte superior con un pequeño orificio y lo llenó de agua. Luego colocó un tubo muy alto ajustado al orificio del tonel y lo fue llenando con agua.

El peso del agua en el tubo era muy pequeño, pero la gran altura a la que ascendía hizo que la presión aumentara considerablemente, lo que provocó la rotura del barril.

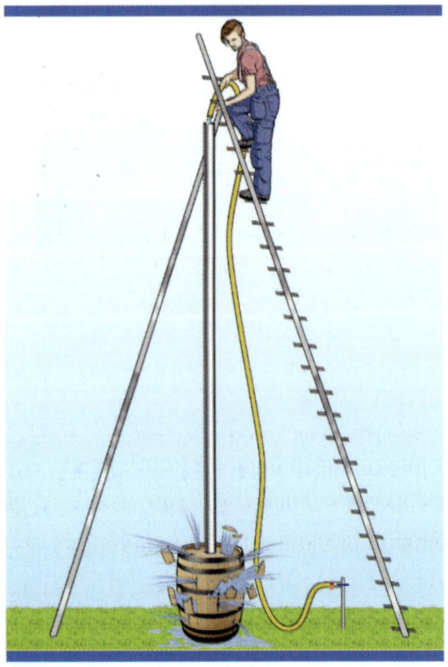
Experimento de Pascal.

2.2. PRINCIPIO DE PASCAL

En el siglo XVII Blaise Pascal realizó algunos experimentos basados en la incompresibilidad de los líquidos. Comprobó que cualquier fuerza ejercida en un punto del líquido se transmitía al resto del líquido. Este resultado se conoce como **principio de Pascal:**

La presión aplicada en un punto de un líquido se transmite inmediatamente, con la misma intensidad y en todas las direcciones, a todos los puntos del líquido.

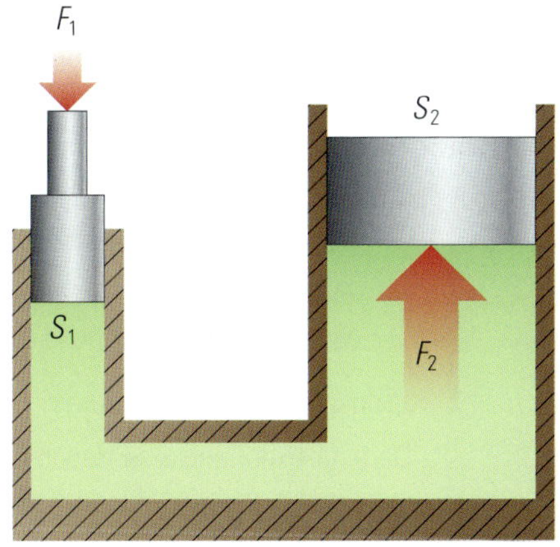

LA PRENSA HIDRÁULICA

La prensa hidráulica es un dispositivo lleno de un líquido y con dos émbolos en sus dos extremos que tienen diferente sección.

Cuando se ejerce una fuerza en la superficie de uno de los émbolos, la presión se transmite a todos los puntos del líquido, produciéndose un movimiento del otro émbolo. El aspecto interesante de este proceso es que permite multiplicar el valor de la fuerza ejercida.

En efecto, si aplicamos una fuerza F_1 en la superficie pequeña S_1, se produce una presión que se transmite por igual en todas las zonas del líquido, de modo que obtendremos en la superficie S_2 una fuerza F_2:

$$p = \frac{F}{S}; \qquad p_1 = \frac{F_1}{S_1} = \frac{F_2}{S_2} = p_2 \rightarrow F_2 = \frac{S_2}{S_1} \cdot F_1$$

Si construimos una prensa de tal forma que la superficie S_2 sea cien veces mayor que S_1, el valor de la fuerza obtenida F_2 será cien veces mayor que el de F_1.

La prensa hidráulica se usa para comprimir objetos colocados sobre el émbolo de mayor sección contra un tope, para reducir su tamaño, para darles forma, etc. Los elevadores y frenos hidráulicos siguen el mismo principio físico.

En el siguiente vídeo podrás encontrar otra aplicación del principio de Pascal, el freno hidráulico:

https://links.edebe.com/ahhnqz

EJEMPLO 2

Halla la fuerza que es necesario aplicar al elevador de un taller de reparación de automóviles que muestra la figura para levantar un coche de 1500 kg.

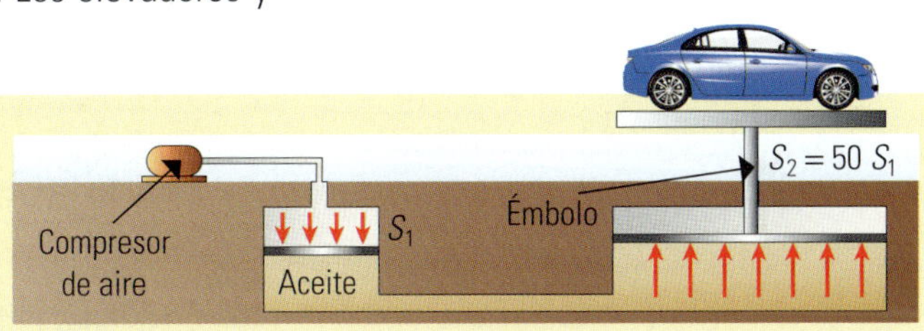

COMPRENSIÓN. El elevador de los talleres de reparación de vehículos es una aplicación de la prensa hidráulica.

DATOS. $m = 1500$ kg; $S_2 = 50\,S_1$

RESOLUCIÓN. En primer lugar, calculamos la fuerza que hay que vencer, que es el peso del coche:

$$P = mg = 1500\ \text{kg} \cdot 9{,}8\ \text{m/s}^2 = 14\,700\ \text{N}$$

Y, a continuación, determinamos la fuerza que es necesario aplicar:

$$\frac{F_1}{S_1} = \frac{F_2}{S_2} \rightarrow F_1 = \frac{S_1}{S_2} F_2 = \frac{1}{50} \cdot 14\,700\ \text{N} = 294\ \text{N}$$

COMPROBACIÓN. Como vemos, el resultado es una fuerza muy pequeña, pues 294 N es el peso equivalente a una masa de 30 kg.

Actividades

4. En el fondo de una piscina de 2,5 m de profundidad se encuentra una lata de conservas redonda cuya tapa tiene un diámetro de 8,0 cm. Calcula el valor de la presión y de la fuerza sobre la tapa de la lata.

5. Investiga en qué consisten el abastecimiento de agua en las ciudades, las presas y el sifón, y cómo se aplica en ellos el principio fundamental de la hidrostática.

6. Una prensa hidráulica está formada por dos émbolos de forma cilíndrica cuyos diámetros son 8,0 y 35,0 cm. Calcula qué masa podremos levantar en el émbolo grande si realizamos una fuerza de 200 N sobre el émbolo pequeño.

— Repite el cálculo si la fuerza la ejercemos sobre el émbolo grande.

2.3. PRINCIPIO DE ARQUÍMEDES

Quizá os hayáis preguntado por qué hay cuerpos que flotan en el agua y otros que no. O incluso cómo puede flotar un barco construido con acero si este material se hunde en el agua.

EXPERIMENTA

PESO DE UN CUERPO SUMERGIDO

Para realizar este experimento, necesitaremos un dinamómetro, una pieza metálica con gancho que utilizaremos como pesa y un vaso de precipitados.

— Colgamos la pieza del dinamómetro y lo sujetamos en el aire para poder leer el peso de la pieza. Realizamos la lectura.

— Llenamos el vaso de precipitados con suficiente agua para sumergir la pieza.

— Tomamos de nuevo el dinamómetro con la pieza enganchada y la sumergimos en el agua. Realizamos la lectura del peso de nuevo.

¿Son iguales las dos lecturas? ¿A qué crees que se debe esta diferencia?

De esta experiencia se deduce que los líquidos ejercen una fuerza hacia arriba sobre los cuerpos sumergidos en ellos. El valor de esta fuerza de **empuje** es la diferencia entre las dos lecturas del dinamómetro.

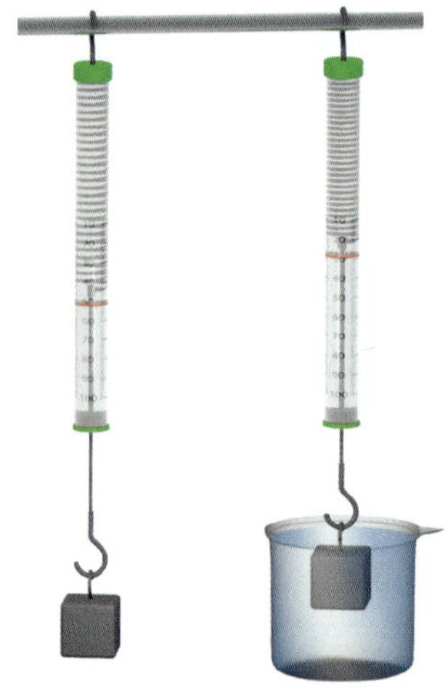

Sabemos que un cuerpo sumergido recibe fuerzas perpendiculares sobre todas sus superficies. Si observamos el cuerpo sumergido de la imagen, vemos que hay una serie de fuerzas aplicadas sobre él que tienen diferentes valores, pues dependen de la profundidad a la que se producen:

— En la cara superior sumergida a una profundidad h_1, la presión es:

$$p_1 = h_1\, d_L\, g$$

Así pues, la fuerza sobre ella es:

$$F_1 = p_1\, S = h_1\, d_L\, g\, S$$

dirigida hacia abajo por ser perpendicular a la superficie.

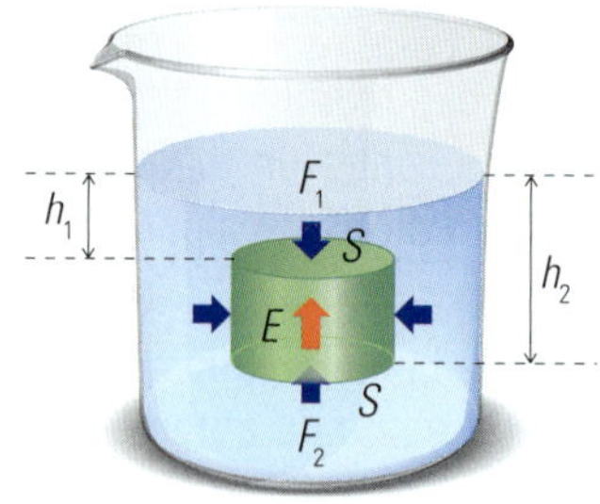

— En la cara inferior situada a una profundidad h_2, encontramos que la fuerza es:

$$p_2 = h_2\, d_L\, g \quad \rightarrow \quad F_2 = p_2\, S = h_2\, d_L\, g\, S$$

dirigida hacia arriba.

— Las fuerzas aplicadas sobre la cara lateral son iguales y de sentido contrario. Por tanto, se anulan entre sí.

Así pues, el empuje que sufre el cilindro será igual a:

$$E = F_2 - F_1 = (h_2 - h_1)\, S\, d_L\, g$$

$$E = V\, d_L\, g = m_L\, g$$

Principio de Arquímedes. Todo cuerpo sumergido en un fluido experimenta una fuerza de **empuje** vertical y hacia arriba igual al peso del líquido desalojado por el cuerpo.

$$E = V\, d_L\, g = m_L\, g$$

El **peso aparente** de un cuerpo sumergido es el resultado de su peso menos el empuje que recibe:

$$P_A = P - E$$

Los buceadores utilizan un cinturón con bloques de plomo como lastre para compensar el empuje en los descensos.

FLOTABILIDAD DE LOS CUERPOS

La aplicación del principio de Arquímedes nos permite explicar el comportamiento de los cuerpos sumergidos en líquidos. De la relación entre el peso y el empuje obtenemos los siguientes casos:

Flotabilidad

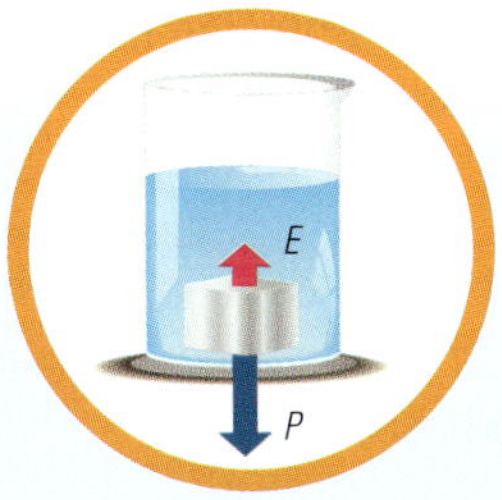

Cuando el peso del cuerpo es mayor que el empuje del líquido, el cuerpo se hunde.

$$P > E$$
$$V\, d_C\, g > V\, d_L\, g$$
$$d_C > d_L$$

Un cuerpo se **hunde** en un líquido cuando su densidad es mayor que la del líquido.

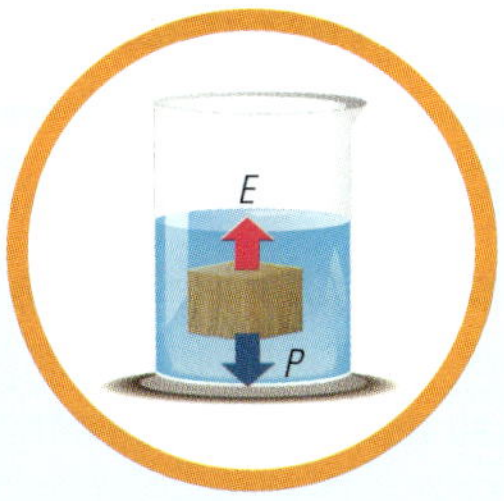

Si el peso y el empuje son iguales, el cuerpo está en equilibrio a cualquier profundidad.

$$P = E$$
$$V\, d_C\, g = V\, d_L\, g$$
$$d_C = d_L$$

Un cuerpo está en **equilibrio** en el interior de un líquido cuando su densidad es igual que la del líquido.

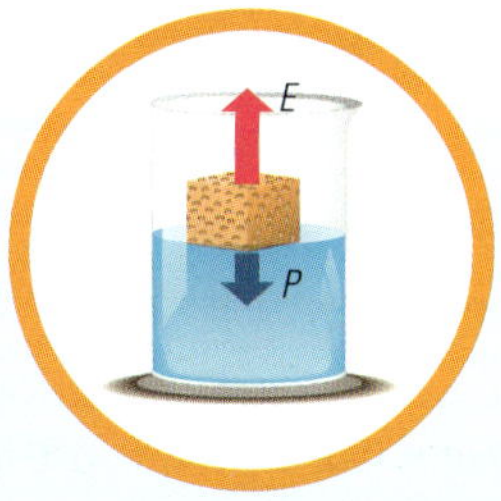

Cuando el peso es menor que el empuje, el cuerpo flota sobre su superficie.

$$P < E$$
$$V\, d_C\, g < V\, d_L\, g$$
$$d_C < d_L$$

Un cuerpo **flota** en un líquido cuando su densidad es menor que la del líquido.

El cuerpo sube hasta que P y E se igualan (a medida que el cuerpo emerge, el empuje disminuye). La parte del cuerpo que queda sumergida es aquella que desplaza una masa de agua igual al peso total del cuerpo.

EJEMPLO 3

Echamos al agua de densidad 1,0 g/cm³ una pieza cúbica de madera de densidad 0,85 g/cm³ y 10 cm de arista. Calcula la altura de la pieza cúbica que queda sumergida.

COMPRENSIÓN. Como la densidad de la pieza es menor que la del agua, el cuerpo flotará y se estabilizará cuando el empuje sea igual al peso.

DATOS. $d_L = 1{,}0\ \text{g/cm}^3 = 1{,}0 \cdot 10^3\ \text{kg/m}^3$;
$d_C = 0{,}85\ \text{g/cm}^3 = 8{,}5 \cdot 10^2\ \text{kg/m}^3$;
$a = 10\ \text{cm} = 0{,}10\ \text{m}$

RESOLUCIÓN. El peso del cuerpo debe igualarse al empuje que provoca la porción de pieza sumergida:

$$P = E \longrightarrow m\, g = V_{\text{sumergido}}\, d_L\, g$$
$$V_C\, d_C\, \cancel{g} = V_{\text{sumergido}}\, d_L\, \cancel{g}$$

$$V_{\text{sumergido}} = V_C\, \frac{d_C}{d_L} = \frac{(0{,}10\ \text{m})^3 \cdot 8{,}5 \cdot 10^2\ \cancel{\text{kg/m}^3}}{1{,}0 \cdot 10^3\ \cancel{\text{kg/m}^3}} = 8{,}5 \cdot 10^{-4}\ \text{m}^3$$

El volumen sumergido será el área de la base por la altura del bloque que se encuentra sumergida:

$$V_{\text{sumergido}} = a^2\, h \longrightarrow$$

$$\longrightarrow h = \frac{V_{\text{sumergido}}}{a^2} = \frac{8{,}5 \cdot 10^{-4}\ \text{m}^3}{(0{,}10\ \text{m})^2} = 8{,}5 \cdot 10^{-2}\ \text{m} = 8{,}5\ \text{cm}$$

La altura de la pieza que se encuentra sumergida es de 8,5 cm.

Actividades

7. Calcula el empuje que sufre en el agua un cuerpo de 100 cm³ de volumen cuando se sumerge: a) 10 m; b) 50 m.

8. Indica si flotará o no en el agua un cuerpo de 120 kg de masa que tiene un volumen de 0,15 m³.

a) Sí flotará, porque su densidad es menor que la del agua.

b) No flotará, porque el empuje que experimenta es menor que su peso.

9. Formad equipos de cuatro alumnos y aplicad la **técnica de aprendizaje cooperativo** *El juego de las palabras* para repasar los contenidos del apartado *Presión en los líquidos.*

Para ver más...
Presión en los gases: principios aplicables

3. PRESIÓN EN LOS GASES

Los gases están formados por partículas muy separadas entre sí que tienen mucha movilidad. El hecho de estar separadas hace que no se comporten como los líquidos, sino que se puedan comprimir. Por eso no todas las leyes obtenidas para los líquidos son aplicables a los gases:

— El **principio de Pascal,** que indica cómo se transmite la presión en el seno de un líquido, no se puede aplicar a los gases, ya que estos se comprimen y no transmiten totalmente la presión.

— El **principio fundamental de la hidrostática,** por medio del cual sabemos que la presión en el interior de un líquido es: $p = h\,d\,g$, tampoco se puede aplicar a los gases porque su densidad no es constante, sino que varía con la altura.

Este principio solo se puede utilizar para calcular la diferencia de presiones entre dos puntos muy próximos entre los que se pueda considerar la densidad constante:

$$p_2 - p_1 = (h_2 - h_1)\,d\,g$$

— El **principio de Arquímedes** es el único que se puede aplicar a los gases de igual forma que a los líquidos. Un cuerpo inmerso en un gas sufre un empuje igual al peso del gas desalojado.

$$E = V_C\,d_{gas}\,g$$

3.1. PRESIÓN ATMOSFÉRICA

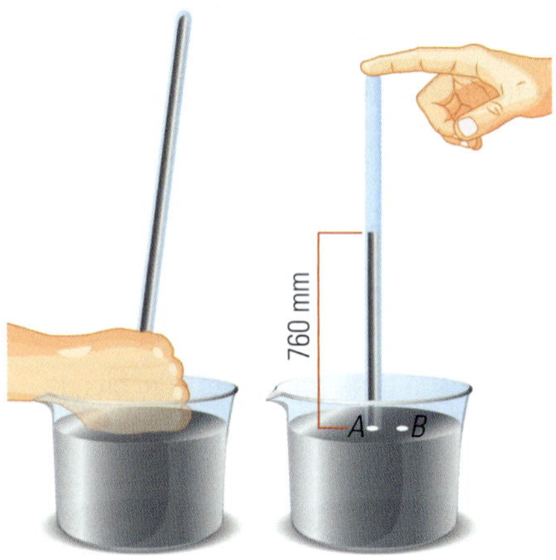

La atmósfera está formada por una mezcla de gases que ejercen presión sobre los cuerpos que se encuentran en su interior y sobre la superficie de la Tierra.

El valor de la presión sobre la superficie de la Tierra fue calculado en 1643 por el científico italiano Evangelista Torricelli. Para ello utilizó un tubo delgado y largo que llenó de mercurio.

Tapó el orificio del tubo con el dedo y lo introdujo en el interior de un recipiente que contenía también mercurio.

Después retiró el dedo y comprobó que el mercurio del tubo descendía hasta mantener cierta altura.

Repitió el experimento en varias ocasiones y pudo comprobar que la altura del mercurio siempre quedaba en torno a los 760 mm.

Razonó que los puntos situados en el líquido a la misma altura (marcados en el dibujo como *A* y *B*) tienen que estar a la misma presión, ya que, de no ser así, el líquido se desplazaría en uno u otro sentido.

La presión sobre *B* no la sabemos calcular, pero sobre *A* sí, ya que se trata de un punto en el interior de un líquido:

$$p_B = p_A = h_A\,d\,g = 0{,}760\ \text{m} \cdot 13\,600\ \text{kg/m}^3 \cdot 9{,}8\ \text{m/s}^2 = 101\,293\ \text{Pa}$$

La presión del punto *B* es la **presión atmosférica.** El valor de la presión atmosférica varía con la altura a la que nos encontramos respecto al nivel del mar.

Al valor de la presión atmosférica al nivel del mar se le llamó *atmósfera* (atm) y se acordó que su valor en pascales fuese:

$$1\ \text{atm} = 101\,300\ \text{Pa}$$

En Magdeburgo se produjo un hecho que revela la magnitud de la presión atmosférica. En el siguiente vídeo podrás comprobarlo:

https://links.edebe.com/x68ed

3.2. MEDIDA DE LA PRESIÓN EN GASES

Existen fundamentalmente dos tipos de aparatos destinados a la medida de la presión, los **barómetros** para la medida de la presión atmosférica y los **manómetros** para medir la presión de gases en recipientes cerrados:

Barómetros

De cubeta o sifón

El barómetro de cubeta es el del experimento de Torricelli con una escala graduada.

El barómetro de sifón consiste en un tubo en forma de U con una rama cerrada y la otra abierta. La abierta ejerce la función de la cubeta.

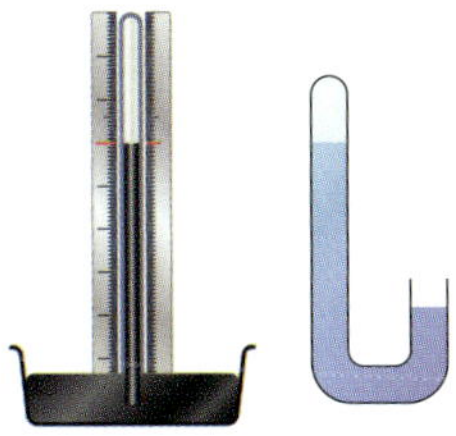

Aneroide

Está formado por una cavidad metálica con una pared elástica donde se ha hecho el vacío. La presión atmosférica deforma la pared, que, unida a un mecanismo, proporciona la lectura de la presión.

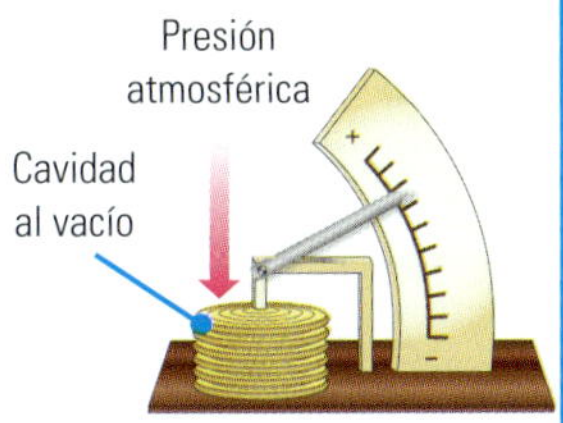

Manómetros

De ramas abiertas

Está basado en el experimento de Torricelli. Se conecta uno de los tubos o ramas al recipiente del gas. Este empuja la columna de mercurio hasta que alcanza el equilibrio. La presión del gas, que será la del punto *A*, es igual a la presión atmosférica más la presión de la columna de mercurio que está por encima de esa altura.

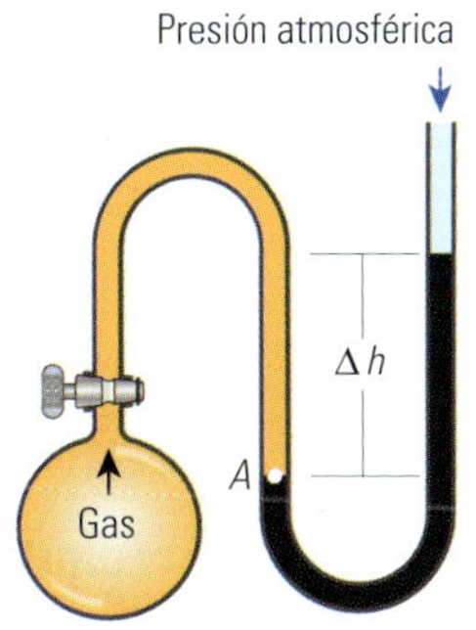

De Bourdon

Sirve para medidas muy grandes de presión. Su funcionamiento se basa en la deformación de un metal al contacto con el gas.

! Las unidades empleadas principalmente en las escalas de barómetros son los milímetros de mercurio (mmHg) y los milibares (mbar):

1 atm = 760 mmHg = 1013 mbar = 101300 Pa

1 mbar = 100 Pa; 1 mmHg = 133 Pa

Actividades

10. Una bala de paja tiene una densidad de 100 kg/m^3 y el hierro, de 7814 kg/m^3.

Aplicando el principio de Arquímedes a los gases, demuestra que en el aire 1 kg de paja no pesa lo mismo que 1 kg de hierro, si la densidad del aire es igual a 1,293 g/L.

11. Ana quiere reproducir el experimento de Torricelli con agua, ya que no dispone de mercurio. Para ello utiliza un tubo de 1 m de longitud y agua suficiente. Sin embargo, no observa que el agua descienda por el tubo.

— Razona cuál puede ser la causa por la que Ana no puede reproducir el experimento. Explica cómo lo resolverías.

12. Supón que quieres medir la presión de un gas encerrado en un recipiente con un manómetro de ramas abiertas. La presión del gas que se desea medir es del orden de media atmósfera.

— Razona, a partir del funcionamiento del manómetro de ramas abiertas, qué puede ocurrir. Aplica la **destreza de pensamiento** *Inferencia* para su resolución.

13. Completa en tu cuaderno la siguiente tabla con las unidades de presión indicadas en cada columna:

Pa	mbar	mmHg	atm
15000			
		920	
	1013		
			1,02

ODS

En los últimos cincuenta años se ha producido un avance importante en el conocimiento de la meteorología. Su divulgación por los distintos medios informativos al alcance de todos puede ayudar a mejorar las condiciones de vida, prevenir catástrofes o evitar perjuicios económicos.

	Hoy	Mañana	Jueves	Viernes
	↑ 14° ↓ 4°	↑ 17° ↓ 6°	↑ 19° ↓ 6°	↑ 20° ↓ 6°
08:00	5°	7°	7°	7°
14:00	14°	17°	19°	20°
20:00	11°	13°	14°	14°
Lluvias	0 mm	0 mm	0 mm	0 mm
Viento	↖ 13 km/h	↖ 9 km/h	↙ 8 km/h	← 10 km/h

La década 2010-2019 ha sido la más calurosa que se ha registrado jamás. Es necesario tomar medidas urgentes para abordar la emergencia climática con el fin de salvar vidas y medios de subsistencia.

3.3. FENÓMENOS METEOROLÓGICOS

En la vida de las personas y su desarrollo social ha influido notablemente el conocimiento de la meteorología. Actividades como la agricultura, el turismo o la sanidad pueden mejorar su rendimiento si se conoce cuándo va a llover, a nevar o a salir el sol.

Ahora bien, ¿de qué fenómenos estamos hablando? ¿Qué es lo que el ser humano pretende conocer para mejorar su calidad de vida?

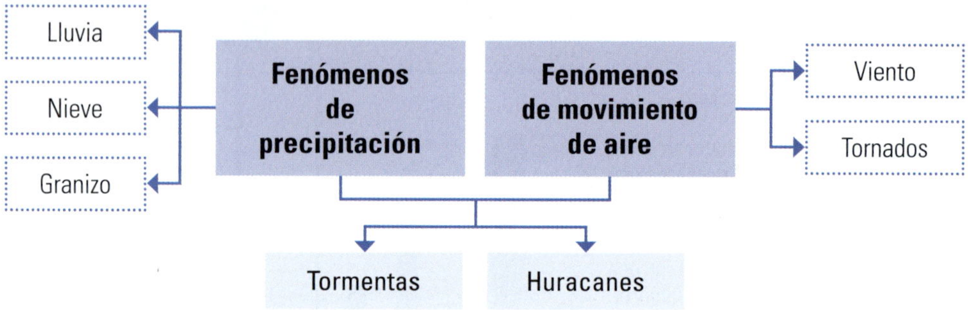

Las **precipitaciones** dependen de la temperatura y de la humedad:

— La **humedad absoluta** es la cantidad de agua que hay por m^3 de aire. La cantidad máxima de agua que admite cada m^3 de aire depende de la temperatura.

— La **humedad relativa** nos indica en forma de porcentaje la proximidad a la que estamos de la **saturación** de la mezcla de agua en aire, es decir, de la máxima cantidad de agua que admite ese aire. Si la mezcla está saturada, la humedad relativa es del 100 %.

Por encima de esta humedad relativa, el aire no admite más agua y se produce la precipitación, sea en forma de lluvia, granizo o nieve.

Los **movimientos de las grandes masas de aire** se producen por las diferencias de temperatura en la atmósfera:

— Cuando el aire se calienta, aumenta su volumen y disminuye su densidad, de modo que asciende formando una zona de baja presión o **borrasca.**

En las borrascas convergen masas de aire de diferente origen, lo cual produce inestabilidad. En el hemisferio norte, al ascender, el aire de las borrascas, por efecto de la rotación de la Tierra, gira en el sentido contrario a las agujas del reloj. Además, se enfría, produciéndose la condensación del agua y la formación de nubes.

— Por el contrario, el aire frío ocupa menos volumen y su aumento de densidad hace que descienda, formando zonas de altas presiones o **anticiclones.**

En el hemisferio norte, al descender, el aire en los anticiclones, por la rotación de la Tierra, gira en el sentido de las agujas del reloj. Las corrientes son divergentes, se alejan del anticiclón hacia la borrasca, dejando el cielo despejado y con el tiempo estable.

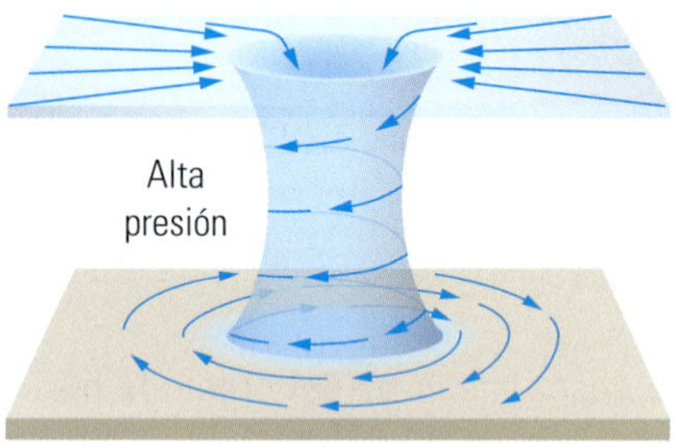

Anticiclón

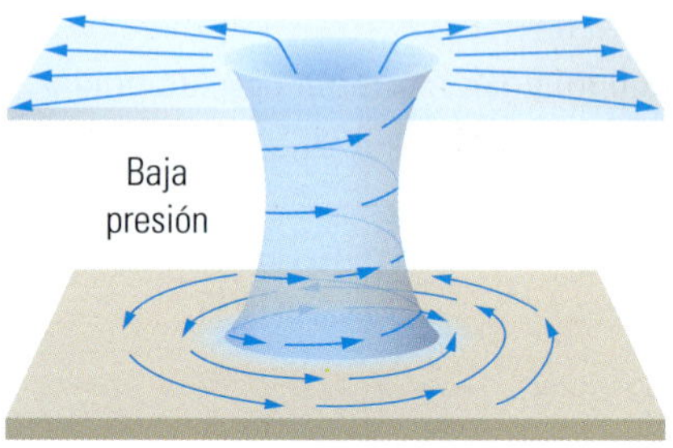

Borrasca

Estos movimientos de aire producen el **viento.** El tornado es un caso particular de viento, en el que una masa de aire gira con una gran velocidad angular en contacto con la superficie terrestre.

La combinación de precipitación y aire da lugar a tormentas y huracanes. Las tormentas se forman por el choque de masas de aire a diferente temperatura, mientras que los huracanes son vientos circulares originados en el océano, mucho mayores y veloces que los tornados.

INTERPRETACIÓN DE MAPAS METEOROLÓGICOS

Mediante la observación meteorológica se calcula el valor de algunas variables físicas, como la presión, la temperatura o la humedad; y, a partir de su análisis, se elabora la predicción meteorológica, es decir, la predicción del tiempo que hará en los próximos días y horas.

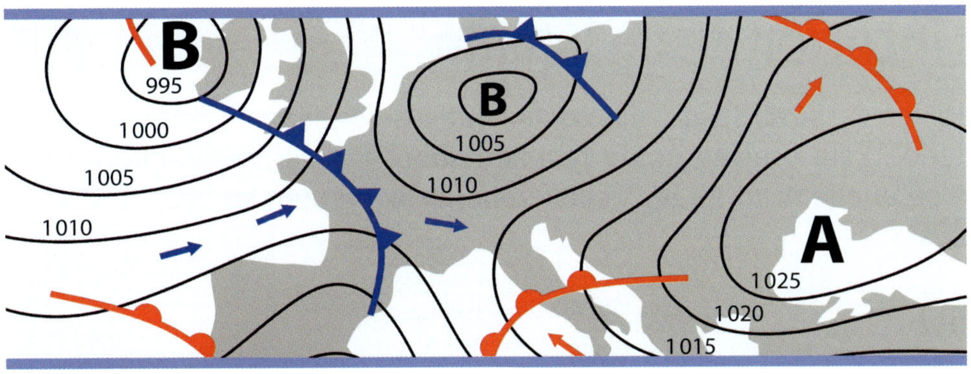

En un mapa meteorológico las líneas, llamadas **isobaras,** indican los puntos de la atmósfera que están a la misma presión al nivel de la superficie. Las unidades utilizadas en las isobaras son los milibares y se suele dibujar una cada cuatro milibares de diferencia.

Se considera que 1013 mbar es la presión normal. Por encima de este valor se generan las zonas de altas presiones o **anticiclones** y, por debajo, las zonas de bajas presiones o **borrascas,** como puedes comprobar en la imagen.

Desde la zona de altas presiones el aire se dirigirá a la zona de bajas presiones, circulando en sentido de las agujas del reloj (en el hemisferio norte). Cuando las isobaras aparecen muy juntas quiere decir que la variación de presión es grande en una zona muy pequeña, lo que equivale a la aparición de fuertes vientos. Por el contrario, en las zonas en las que las isobaras están separadas el viento será suave.

Cuando se encuentran dos grandes masas de aire a distinta temperatura se producen los **frentes.** Los hay de dos tipos: frío y cálido. En ambos el aire frío viaja por debajo del caliente debido a su mayor densidad.

Conoce más sobre...
Los mapas meteorológicos

Para interpretar con mayor facilidad la información, se suele utilizar, además del mapa meteorológico, el mapa de símbolos.

En la siguiente página web encontrarás la simbología más importante utilizada en los mapas meteorológicos:

https://links.edebe.com/w8a8

Frente frío

Se representa por una línea azul con triángulos. Una masa de aire frío baja a gran velocidad a zonas de menor latitud y empuja al aire caliente, que es más lento, hacia arriba, formando nubes de desarrollo vertical, que dan lugar a lluvias cortas e intensas. Provoca un descenso muy rápido de las temperaturas.

Frente cálido

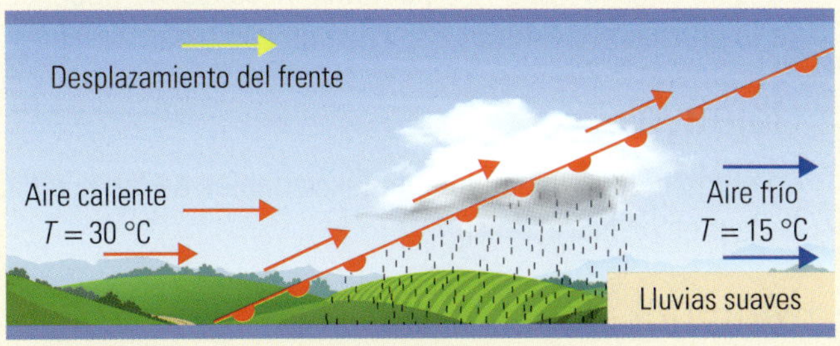

Se representa por una línea roja con semicírculos. El aire caliente sube hacia latitudes mayores y, al encontrarse con el frío, que viaja más lentamente, pasa por encima de él. Si la humedad es alta, se forman nubes de desarrollo horizontal, que dan lugar a lluvias continuas. Provoca aumentos en las temperaturas.

Actividades

14. Interpreta el mapa meteorológico de esta página, indicando el sentido del viento y en qué zonas tendrá más velocidad.

Ciencia a tu alcance

En práctica: Magnitudes de las que depende la presión en el interior de un líquido

Los líquidos ejercen presión sobre las paredes de los recipientes que los contienen y sobre los cuerpos que se sumergen en su interior. Esta presión actúa también sobre las partículas que forman el propio líquido, ya que las que se encuentran en las capas superiores ejercen su peso sobre las que están en capas más profundas.

1 Planteamiento del problema

La presión originada en el interior de un líquido se denomina *presión hidrostática*. Estudiaremos de qué variables depende.

2 Formulación de la hipótesis

Formulamos tres hipótesis sobre la dependencia de la presión hidrostática:

- La presión en el interior de los fluidos depende de la profundidad a la que nos encontremos.
- La presión en el interior de los fluidos depende de la cantidad de fluido en el recipiente.
- La presión en el interior de los fluidos depende del tipo de fluido.

3 Comprobación de la hipótesis

Para poder comprobar las tres hipótesis, prepararemos experimentos sencillos que nos permitan visualizar la dependencia de la presión hidrostática con cada una de estas variables.

Objetivo

Comprobar experimentalmente las variables de las que depende la presión hidrostática.

Material

- Manómetro de ramas abiertas.
- Tubo de goma o silicona de unos 40 cm (para conectar a una de las ramas).
- Cristalizador o recipiente grande.
- 2 vasos de precipitados de 250 cm^3.

- Probeta de 250 cm^3.
- Agua.
- Alcohol etílico.

Experimentación

Utilizaremos un manómetro de ramas abiertas, que consiste en un tubo en forma de U, con una de sus dos ramas conectada al recipiente cuya presión queremos medir y la otra abierta a la atmósfera. Para ello montaremos el tubo de goma en una de las ramas del manómetro y verteremos un poco de agua en su interior, hasta que llegue al cero de la escala. Trata el manómetro con cuidado para mantenerlo en buen estado.

Primera prueba. Dependencia con la profundidad

- Llenamos el vaso de precipitados y la probeta hasta los 250 cm^3.
- Metemos el extremo libre del tubo de goma hasta el fondo del vaso y vemos cómo se desplaza la columna de agua del manómetro.
- Anotamos la diferencia de altura entre las dos columnas de agua.
- Ahora introducimos el tubo de goma hasta el fondo de la probeta y anotamos igualmente la diferencia de alturas.

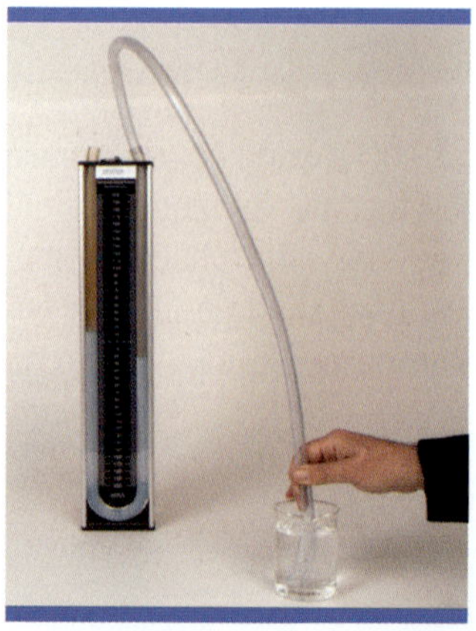

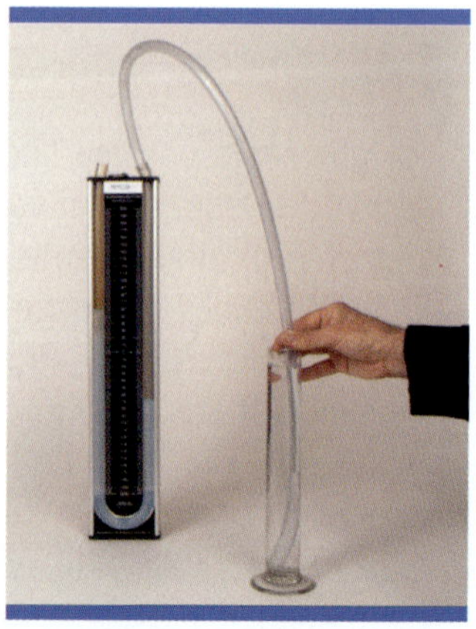

Segunda prueba. Dependencia con la cantidad de líquido

— Llenamos de agua el cristalizador o recipiente grande. Procuramos que el nivel del agua llegue hasta la misma altura que el agua del vaso de precipitados, a fin de tener la variable de profundidad controlada.

— Introducimos el extremo libre del tubo de goma en el cristalizador hasta el fondo y comparamos con la primera medida que obtuvimos del vaso de precipitados.

Tercera prueba. Dependencia con la densidad

— Tomamos el otro vaso de precipitados y lo llenamos con el alcohol etílico hasta el mismo nivel que el vaso que contiene el agua.

— De nuevo, introducimos el borde del tubo de goma en el vaso de precipitados con alcohol hasta el fondo del vaso. Comparamos la lectura con la primera que tomamos del vaso de precipitados con agua.

Obtención de datos

A partir de las notas tomadas durante la experimentación, completamos la siguiente tabla en el cuaderno:

PRIMERA PRUEBA		SEGUNDA PRUEBA		TERCERA PRUEBA	
h (cm)	p (Pa)	m (kg)	p (Pa)	d (g/cm^3)	p (Pa)

Análisis de los datos

A la vista de las lecturas observadas en el manómetro, responde:

— ¿Depende la presión de la profundidad a la que se mide? ¿Depende de la cantidad de agua que contiene el recipiente? ¿Depende del líquido en el que se mide la presión y, en consecuencia, de la densidad de la sustancia?

— Indica las hipótesis de partida que tienen validez después de contrastar los resultados obtenidos.

— Indica cómo es la dependencia con cada una de estas variables: lineal, inversa, cuadrática, etc.

— Compara los resultados obtenidos con el principio fundamental de la hidrostática.

4 Extracción de conclusiones

Tras analizar los datos y comprobar las hipótesis de partida, llegamos a las siguientes conclusiones:

— La presión en el interior de los fluidos es directamente proporcional a la profundidad.

— La presión en el interior de los fluidos no depende de la cantidad de fluido en el recipiente.

— La presión en el interior de los fluidos es directamente proporcional a la densidad del fluido.

5 Comunicación de resultados

Finalmente, redactamos un informe de la práctica. El informe ha de responder a las etapas del método científico y estar redactado de manera exacta y rigurosa. Incluye también una valoración del trabajo en equipo. Pondremos en común nuestro informe con el de los otros grupos de la clase.

Sigue investigando

Existen variables, factores o magnitudes que no han sido tenidos en cuenta en este experimento. Puedes diseñar fácilmente pruebas que te permitan determinar si la presión depende de los siguientes aspectos:

— La altura sobre el nivel del mar a la que realicemos el experimento.

— La forma del recipiente que contiene el líquido.

— La temperatura externa.

Ten siempre en cuenta que, cuando intentes controlar la dependencia de una variable, las demás deben permanecer constantes para no interferir en la medida.

Síntesis

Presión

- Definición — Relación entre una fuerza y la superficie sobre la que se ejerce $p = \frac{F}{S}$
- Los fluidos ejercen fuerzas perpendiculares sobre las paredes del recipiente que los contiene y la superficie de los objetos sumergidos.
- en **Líquidos** — son — Incompresibles
  - Principio fundamental de la hidrostática
    - $p = h\,d\,g$
    - Aplicación — Vasos comunicantes
  - Principio de Pascal
    - Aplicación — Prensas y sistemas hidráulicos
    - La presión aplicada en un punto de un líquido se transmite, con la misma intensidad y en todas las direcciones, a todos los puntos del líquido.
  - Principio de Arquímedes
    - $E = V\,d_L\,g = m_L\,g$
    - Aplicación — Flotabilidad de los cuerpos
    - Todo cuerpo sumergido en un fluido experimenta una fuerza de **empuje** vertical y hacia arriba igual al peso del líquido desalojado por el cuerpo.
- en **Gases**
  - son — Compresibles
    - Principio fundamental de la hidrostática: $p_2 - p_1 = (h_2 - h_1)\,d\,g$
    - Principio de Arquímedes: $E = V_C\,d_{gas}\,g$
  - Presión atmosférica — se determina mediante — Experimento de Torricelli
    - 1 atm = 101 300 Pa
  - se mide mediante
    - Barómetros
    - Manómetros
  - Fenómenos meteorológicos
    - Borrascas
    - Anticiclones
    - Frentes
    - Predicción meteorológica — que se representa mediante — Mapas meteorológicos

PREPARA

15. ●○○ **Relaciona en tu cuaderno los siguientes valores de la presión que ejerce una persona de 65 kg con la superficie de las zapatillas que usa:**

A. $1{,}8 \cdot 10^5$ Pa	1. 25 cm^2
B. $2{,}5 \cdot 10^5$ Pa	2. 20 cm^2
C. $3{,}2 \cdot 10^5$ Pa	3. 35 cm^2

16. ●○○ **¿En qué dirección ejerce la fuerza un fluido sobre las paredes del recipiente que lo contiene?**

a) En dirección perpendicular a la superficie.

b) En dirección paralela a la superficie.

c) En la misma dirección que el peso.

17. ●○○ **Indica de cuáles de los siguientes factores depende la presión hidrostática ejercida sobre un cuerpo sumergido en un líquido:**

a) La profundidad a la que se encuentra dentro del líquido.

b) El tipo de material y la densidad del cuerpo.

c) El tipo de líquido y su densidad.

d) La gravedad del planeta en el que se encuentre.

e) El tamaño del recipiente que contiene el líquido.

18. ●○○ **Indica en cuál de las siguientes situaciones actúa una fuerza mayor sobre la base del recipiente. Razona tu respuesta.**

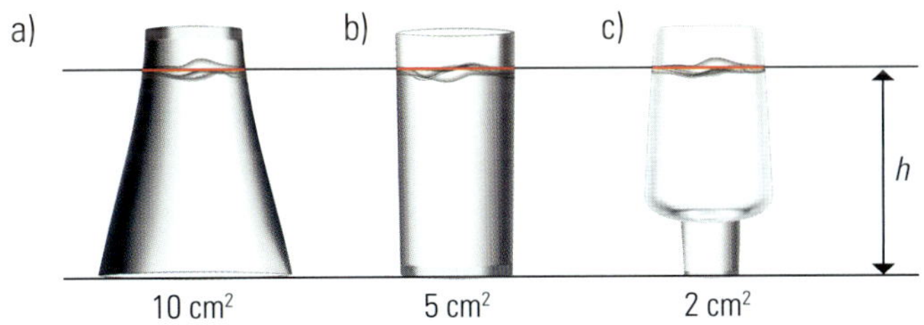

19. ●○○ **Completa en tu cuaderno las siguientes frases:**

a) La presión aplicada en un punto de un .... se transmite, con la misma intensidad y en todas las ...., a todos los puntos del líquido.

b) Para que un cuerpo flote, la fuerza de empuje debe ser .... a la de su peso.

c) La parte de un cuerpo que queda sumergida es aquella que desplaza una .... de agua igual al .... total del cuerpo.

20. ●○○ **Señala si las siguientes afirmaciones son verdaderas o falsas:**

a) Los gases no cumplen el principio de Pascal, ya que se comprimen y no transmiten totalmente la presión.

b) Un cuerpo inmerso en un gas sufre un empuje igual al peso del gas desalojado.

c) La presión atmosférica equivalente a 101 300 Pa es la presión que se encuentra en toda la atmósfera.

d) Los manómetros sirven para medir tanto la presión atmosférica como la presión de un gas en un recipiente cerrado.

21. ●○○ **Completa en tu cuaderno este texto sobre la estabilidad del tiempo atmosférico:**

En una borrasca, donde hay .... presiones, el aire .... porque está caliente y llega aire de otras zonas para ocupar el espacio que deja este aire caliente. Además, el aire caliente que .... se enfría y, consiguientemente, puede formar precipitaciones. Por lo tanto, el tiempo atmosférico suele ser más estable cuando hay ....

ENTRENA

1. La presión

22. ●○○ **Calcula:**

a) La superficie sobre la que actúa una fuerza de 750 N que produce una presión de 15 Pa.

b) La presión que ejerce una fuerza de 50 N en una superficie de 0,5 m^2.

c) La fuerza que se aplica sobre una superficie de 100 cm^2 que está recibiendo una presión de 3500 Pa.

23. ●○○ **Un esquimal cuya masa es de 80 kg camina sobre la nieve con unas raquetas de 900 cm^2 de superficie cada una. Calcula:**

a) La fuerza que ejerce sobre la nieve.

b) La presión que ejerce sobre la nieve.

24. ●○○ **Relaciona en tu cuaderno cada estado físico con la proximidad de sus partículas y su compresibilidad o incompresibilidad:**

Líquido	Partículas muy juntas	Compresible
Gas	Partículas separadas	Incompresible

25. ●●○ **Necesitamos cruzar un río que está helado, pero no sabemos la resistencia del hielo. Tenemos que intentar a toda costa evitar su rotura. Razona qué deberíamos hacer para cruzarlo con mayor seguridad.**

26. ●●○ Razona qué sucedería con nuestro cuerpo si nos encontrásemos en un planeta sin atmósfera, es decir, si no estuviésemos sumergidos en un fluido.

27. ●●○ Los elefantes más pesados tienen una masa de unos 5500 kg aproximadamente y la superficie de cada una de sus patas es de 0,15 m^2.

— Compara el valor de la presión que sentirías en tu pie si te pisa un elefante o si lo hace una persona de 70 kg de masa que camina apoyándose en dos muletas, cuya superficie es de 9,0 cm^2.

2. Presión en los líquidos

28. ●○○ Calcula la presión hidrostática en un punto situado a 12 cm de profundidad en glicerina ($d_{glic} = 1{,}262$ g/cm^3).

29. ●○○ En una prensa hidráulica queremos obtener una fuerza cinco veces mayor que la que ejercemos.

— Encuentra la relación que debe haber entre las secciones de los émbolos.

30. ●○○ Un cuerpo se encuentra sumergido en el agua a 1 m de profundidad y en equilibrio.

a) ¿Qué podemos decir de la densidad del cuerpo?

b) ¿Cuál sería la densidad de otro cuerpo que, en lugar de estar en equilibrio a 1 m de profundidad estuviese a 50 cm?

31. ●●○ En un tubo de ensayo de 1,5 cm de diámetro hay 4,0 cm de profundidad de agua y 2,0 cm de aceite. La densidad del agua es de 1,0 g/cm^3 y la del aceite es de 0,75 g/cm^3. Determina:

a) La sustancia que se encontrará por encima de la otra y por qué.

b) La presión en la superficie de separación de los dos medios.

c) El valor de la presión a 4,0 cm de profundidad.

32. ●●○ Para realizar unas labores de mantenimiento de un cable de telecomunicaciones submarino, un buzo debe descender hasta una profundidad de 150 m en el mar. Para ello se necesita construir un traje especial que soporte la presión a esa profundidad.

a) Calcula el valor de la presión, sabiendo que la densidad del agua del mar es de 1,025 g/mL.

b) Si la altura del buzo es de 1,80 m, indica la diferencia entre la presión a la altura de su cabeza y de sus pies.

33. ●●○ Un robot submarino se sumerge en el océano hasta una profundidad de 80 m. Si está dotado de una compuerta redonda de 50 cm de diámetro, calcula:

a) La presión que hay a esta profundidad ($d_{mar} = 1{,}025$ g/cm^3).

b) La fuerza que ejerce la columna de agua sobre la compuerta.

34. ●●○ Las piscinas no tienen tapón para su vaciado por razones de seguridad. Sin embargo, además, la fuerza que habría que ejercer para quitar dichos tapones sería muy grande respecto a la que puede realizar una persona.

Calcula el valor de la fuerza que habría que ejercer para quitar un tapón de 20 cm de radio de una piscina de 2,0 m de profundidad.

— Haz una valoración del resultado obtenido, teniendo en cuenta que 1 N es la fuerza necesaria para levantar unos 100 g.

35. ●●○ Visita la siguiente página web, donde encontrarás una aplicación que te permitirá analizar de qué factores depende la presión hidrostática:

https://links.edebe.com/v6qz

— Utiliza el simulador para deducir la relación entre presión hidrostática y profundidad.

36. ●●○ Llenamos una jeringuilla con agua y la inyectamos con una fuerza de 30 N dentro de un globo también lleno de agua. Si la superficie del émbolo es de 2,0 cm^2 y la de la punta de la jeringuilla se reduce a la mitad, ¿cuál será la presión ejercida por el agua sobre las paredes del globo?

37. ●●○ Tenemos que levantar un coche de 1200 kg de masa con un elevador hidráulico que tiene un émbolo de 50 cm^2 de sección y otro de 1,5 m^2 de sección.

a) Determina en qué émbolo debemos colocar el vehículo para ejercer menos fuerza que el peso de este.

b) Calcula el valor de la fuerza que debemos realizar para elevar el coche.

38. ●●○ Visita la siguiente página web, en la que encontrarás una animación interactiva que te permitirá entender el funcionamiento de los frenos hidráulicos que llevan los coches:

https://links.edebe.com/8bufnc

— Explica cómo se produce el proceso de frenado, en qué propiedad de la materia se basa y qué principio se aplica.

39. ●●○ Calcula el empuje que sufre una bola esférica de 2,0 cm de radio cuando se sumerge completamente en:

a) Alcohol de densidad $d = 0{,}70$ g/cm^3.

b) Agua, $d = 1{,}0$ g/cm^3.

c) Tetracloruro de carbono, $d = 1{,}7$ g/cm^3.

— ¿Qué conclusión puedes sacar?

40. ●●○ **De un cuerpo de forma cilíndrica de 15 cm de altura asoman 3 cm por encima de la superficie del agua. Si la densidad del agua es de 1,0 g/cm^3, calcula el valor de la densidad de dicho cuerpo.**

COMPRENSIÓN. Como el cuerpo está flotando en el agua, debemos aplicar la condición de flotabilidad $E = P$.

DATOS. $h_1 = 15\ \text{cm} = 0{,}15\ \text{m}$; $h_2 = 3\ \text{cm} = 0{,}03\ \text{m}$;
$d_{agua} = 1{,}0\ \text{g/cm}^3 = 1{,}0 \cdot 10^3\ \text{kg/m}^3$

RESOLUCIÓN. Igualamos el empuje al peso del cuerpo y hallamos su densidad:

$$E = V \cdot d_{agua} \cdot g = (h_1 - h_2) \cdot S \cdot d_{agua} \cdot g$$

$$P = m \cdot g = V \cdot d \cdot g = h_1 \cdot S \cdot d \cdot g$$

$$E = P$$

$$(h_1 - h_2) \cdot \cancel{S} \cdot d_{agua} \cdot \cancel{g} = h_1 \cdot \cancel{S} \cdot d \cdot \cancel{g}$$

$$d = \frac{(h_1 - h_2) \cdot d_{agua}}{h_1} = \frac{0{,}12\ \text{m} \cdot 1{,}0 \cdot 10^3\ \text{kg/m}^3}{0{,}15\ \text{m}} = 8{,}0 \cdot 10^2\ \text{kg/m}^3$$

La densidad del cuerpo es de $8{,}0 \cdot 10^2\ \text{kg/m}^3$.

41. ●●○ Un cilindro metálico con una base de 10 cm^2 flota sobre mercurio sobresaliendo 2,0 cm de los 8,0 cm que tiene en total. Si el cilindro sufre un empuje de 8,0 N, ¿cuál es la densidad del mercurio?

42. ●●○ Al colgar un cuerpo cuya densidad es de 1,8 g/cm^3 de un dinamómetro en el aire, la lectura es de 100 N.

A continuación, introducimos el cuerpo colgado en un líquido de densidad desconocida y comprobamos que el dinamómetro marca 70 N.

— Calcula el valor de la densidad del líquido.

43. ●●○ Tenemos dos cuerpos que tienen el mismo volumen $V = 0{,}40\ \text{m}^3$: uno de hierro, de densidad 7,89 g/cm^3, y otro de plástico, de densidad 0,75 g/cm^3. Si los introducimos en un recipiente con agua, determina:

a) Lo que hará cada uno de los cuerpos.

b) El peso aparente del objeto de hierro.

c) El volumen sumergido del cuerpo de plástico.

44. ●●● El siguiente problema se conoce como **paradoja hidrostática** por su resultado aparentemente contradictorio:

Disponemos de un recipiente lleno de agua con forma de cono, como el de la imagen, de 20,0 cm de altura y 5,0 cm de radio.

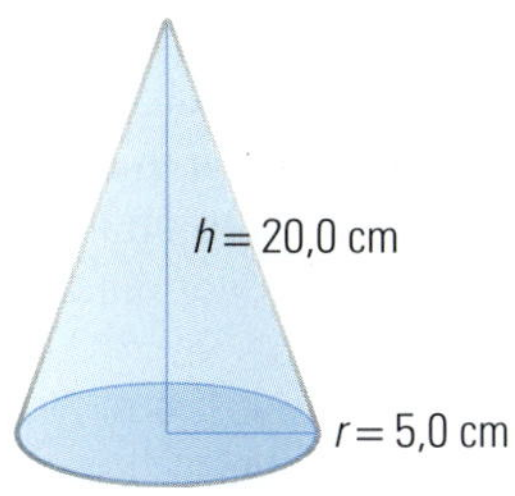

Calcula:

a) El valor de la presión que ejerce el peso del agua sobre la base del cono.

b) El valor de la presión en la base del cono, a partir del principio fundamental de la hidrostática.

— Aplica la **destreza de pensamiento** *Inferencia* para decidir cuál de los dos valores obtenidos es el correcto.

45. ●●● Se llena un tubo en forma de U con agua y aceite, de modo que el agua queda a 20,0 cm de altura sobre el cero y el aceite lo hace a 23,5 cm. Calcula la densidad del aceite, sabiendo que la densidad del agua es de 1000 kg/m^3.

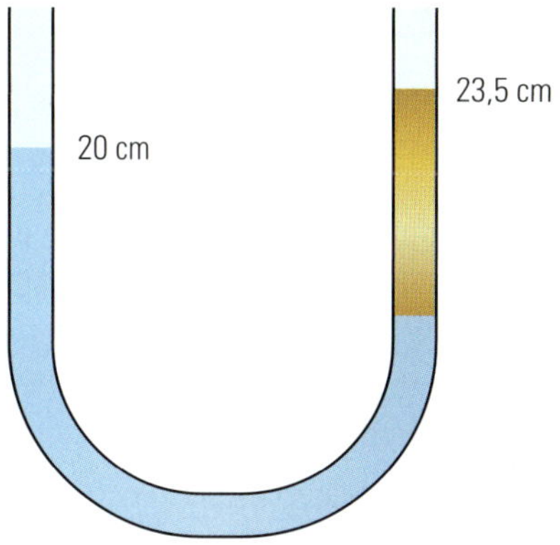

46. ●●● Contamos con una prensa hidráulica formada por dos cuerpos cilíndricos que se comunican entre sí. El cilindro de mayor sección es de 0,50 m^2 y el de sección menor es de 100 cm^2. Pretendemos subir un coche de 1500 kg en el cilindro grande hasta una altura de 0,50 m. Calcula:

a) El recorrido que debe realizar el cilindro pequeño, teniendo en cuenta que el líquido desplazado debe ser el mismo en ambos cilindros.

b) La fuerza mínima necesaria para poder elevar el coche.

c) La presión a la que está sometido el aceite de la prensa.

47. ●●● Un cuerpo suspendido de un dinamómetro pesa 30 N. Al sumergirlo en el agua su peso es de 20 N y, al hacerlo en un líquido desconocido, es de 12 N.

— Suponiendo que conocemos la densidad del agua, calcula el volumen del cuerpo utilizado y la densidad del líquido desconocido.

3. Presión en los gases

48. ●○○ Repetimos el experimento de Torricelli en el laboratorio y comprobamos que la columna de mercurio tiene una altura de 750 mm.

Calcula en atmósferas y pascales la presión que ejerce la atmósfera sobre nosotros.

49. ●○○ ¿Cuál es la diferencia principal entre los barómetros y los manómetros? Justifica su utilidad en diversas aplicaciones prácticas.

50. ●○○ Indica si las siguientes afirmaciones son verdaderas o falsas. Justifica tu respuesta.

a) En los anticiclones desciende aire frío de las capas altas de la atmósfera.

b) Las borrascas contienen aire caliente que asciende por su menor densidad.

c) En el hemisferio norte el aire de las borrascas gira en el sentido de las agujas del reloj.

d) En un frente de aire cálido el aire caliente no está en la superficie de la Tierra.

e) El tiempo inestable de las borrascas se debe a que les llega aire de distintas zonas.

51. ●●○ Un globo de helio tiene un volumen de 3,0 L. Considerando que la densidad del aire es de 1,30 kg/m^3 y la del helio a la presión de inflado es de 0,20 kg/m^3:

a) Determina la fuerza con la que asciende el globo si la masa del envoltorio y la cuerda es de 1,0 g.

b) ¿Cuál sería la masa que se debe colgar de la cuerda para que no ascienda?

52. ●●○ **Una excursionista ha subido una montaña y observa, en una estación meteorológica, que la presión es de 595 mmHg. Si al nivel del mar la presión es de 1 atm, calcula la altura de la montaña sobre el nivel del mar. Supón que la densidad del aire es constante e igual a 1,3 g/L.**

COMPRENSIÓN. Como suponemos que la densidad del aire es constante, podemos aplicar el principio fundamental de la hidrostática.

DATOS. $p_1 = 595$ mmHg; $p_0 = 1$ atm; $d = 1{,}3$ g/L

RESOLUCIÓN. Primero expresamos los datos en unidades del SI:

$$p_0 = 1 \text{ atm} = 101\,300 \text{ Pa}$$

$$p_1 = 595 \text{ mmHg} \cdot \frac{101\,300 \text{ Pa}}{760 \text{ mmHg}} = 79\,300 \text{ Pa}$$

$$d = 1{,}3 \text{ g/L} = 1{,}3 \text{ kg/m}^3$$

A continuación, aplicamos el principio fundamental de la hidrostática a la diferencia de presiones entre los dos puntos y hallamos la diferencia de alturas:

$$p_0 - p_1 = (h_0 - h_1) \cdot d \cdot g = h \cdot d \cdot g$$

$$h = \frac{p_0 - p_1}{d \cdot g} = \frac{(101\,300 - 79\,300) \text{ Pa}}{1{,}3 \text{ kg/m}^3 \cdot 9{,}8 \text{ m/s}^2} = 1{,}7 \cdot 10^3 \text{ m}$$

La altura de la montaña es de 1700 m respecto al nivel del mar.

53. ●●○ Una estación meteorológica se encuentra a 2400 m de altura. ¿Qué valor de la presión indicará si al nivel del mar su valor es de 1 atm? Argumenta qué suposición debes hacer y expresa el resultado en Pa y atm.

54. ●●○ Miguel desea realizar el experimento de Torricelli con etanol de densidad 789 kg/m^3.

— ¿Qué dimensiones mínimas (anchura y altura) debería tener el tubo invertido que contuviese el etanol?

55. ●●○ **Experimenta.** Reproduce el experimento propuesto en el vídeo:

https://links.edebe.com/jyxb

¿De qué forma se pone de manifiesto la existencia de la presión atmosférica?

— Redacta un informe con los siguientes apartados: objetivos, material, procedimiento y conclusiones.

56. ●●○ Un manómetro de ramas abiertas lleno de mercurio está conectado a un recipiente que contiene un gas encerrado en su interior. La diferencia de alturas entre el nivel de la rama abierta y la cerrada es de 12 cm.

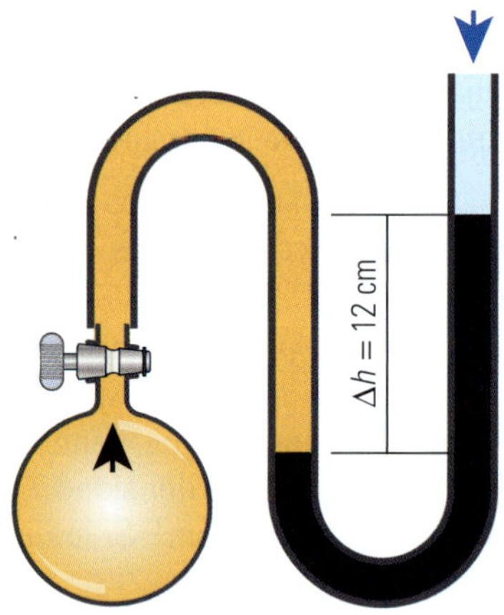

— Calcula la presión del gas en el interior del recipiente, si el valor de la presión atmosférica es de 760 mmHg.

Indica el resultado en atm, mmHg y Pa.

57. ●●○ Realiza una pequeña investigación, utilizando los medios TIC a tu alcance, para explicar por qué las borrascas se producen en invierno y suelen traer mal tiempo si están formadas por masas de aire caliente.

— Muestra el trabajo realizado mediante una presentación interactiva.

58. ●●○ **PBL.** El siguiente mapa meteorológico muestra únicamente las líneas isobaras. En grupos copiad el mapa y repartios las siguientes tareas:

a) Identificad los anticiclones y las borrascas.

b) Marcad sobre las isobaras el sentido de circulación del viento.

c) Indicad en qué zona del mapa la velocidad del viento será mayor.

d) Identificad una buena zona para ir de excursión de acuerdo con el tiempo atmosférico.

e) Realizad una previsión atmosférica coherente con el mapa y situad diferentes iconos que reflejen el tiempo atmosférico de cada lugar.

59. ●●● Busca en páginas de Internet dedicadas a la previsión meteorológica las condiciones que deben darse para que se produzca lluvia.

— Indica qué debe ocurrir para que la lluvia se transforme en granizo o en nieve.

APLICA

60. ●●○ Llenamos parcialmente un vaso de forma cilíndrica y masa despreciable con agua y lo ponemos a flotar en un recipiente también con agua. Sabemos que la masa del agua del vaso es de 98,0 g y el diámetro del vaso, 4,6 cm.

a) Calcula la altura de la parte sumergida.

b) Considerando que la presión en la superficie del agua del vaso es de 1 atm, halla la presión total y la fuerza ejercidas sobre la base del vaso.

c) Si añadimos más agua, el vaso se hunde más. Si la altura de la parte sumergida es ahora de 7,5 cm, ¿cuál será la masa del vaso con el agua contenida?

d) Halla, en esta nueva situación, la presión total y la fuerza ejercidas sobre la base del vaso. ¿Han cambiado mucho sus valores?

61. ●●○ Un globo aerostático lleno de aire caliente flota detenido en el aire.

a) Si la masa total del globo y su carga es de 220 kg, calcula el volumen que debe tener para flotar (densidad del aire caliente: 1,02 kg/m^3).

b) ¿Podríamos afirmar que la presión que se ejerce dentro del globo es la misma en todos los puntos del interior?

c) Enumera dos aspectos que permitirían ascender más al globo.

d) Si suponemos que el globo tiene forma esférica y que la densidad del aire se mantiene constante, calcula la diferencia de presión que hay entre la parte superior y la inferior. Expresa el resultado en Pa, mbar y mmHg.

62. ●●● La densidad del agua de mar es de 1025 kg/m^3 y la densidad del hielo es de 917 kg/m^3.

a) Determina la relación entre la fracción que flota y la parte sumergida de un iceberg.

b) Supondremos que el iceberg tiene forma de prisma rectangular, con base de 30 m^2. Si la presión atmosférica en la parte superior del iceberg es de 101 265 Pa, ¿cuál será la presión hidrostática en la punta inferior?

Expresa el resultado en Pa y atm (considera la densidad del aire constante, 1,3 kg/m^3, y la del mar como 1025 kg/m^3).

c) Dibuja las fuerzas que actúan sobre las distintas superficies y a distintas profundidades.

Piensa sobre...

63. ¿Comprendes bajo qué condiciones puede flotar un barco construido de acero? a) Sí; b) No.

64. ¿Verdadero o falso? Para poder volar es imprescindible que la nave sea «más ligera que el aire».

65. ¿Cuánto pesa el aire? Estima la masa de la columna de aire de la atmósfera que soporta tu cabeza y selecciona la opción más acertada: a) unos 300 kg; b) el aire no pesa; c) aproximadamente 1 kg; d) unos 50 kg.

66. Puede que en alguna ocasión hayas oído la expresión «estar en el ojo del huracán». Infórmate de cómo es el ojo de un huracán y del significado de la expresión. ¿Te parece acertada?

67. ¿Te ha resultado complicado comprender los fenómenos meteorológicos?

A B C

Pon a prueba tus competencias

Hoy toca excursión. Tu amigo Jaime te ha invitado a acompañarlo porque sus padres lo llevan a la montaña a practicar senderismo.

68. El padre de Jaime es un conductor muy prudente y, antes de salir, va hasta la gasolinera para medir la presión de los neumáticos del coche. Razona qué aparato utiliza para su medida.

a) Termómetro. b) Manómetro. c) Barómetro.

69. Por desgracia, al poco rato de comenzar el viaje, un testigo del salpicadero del coche indica que algo va mal y tenéis que deteneros. Tras llamar al mecánico del seguro, recibís una explicación de lo que ha ocurrido:

«Han perdido ustedes el tapón del circuito de frenos. Por esta causa, se les ha salido el líquido de frenos y el sistema hidráulico ha dejado de funcionar. Sin embargo, no se preocupen, porque tiene fácil solución: echamos de nuevo líquido de frenos y cerramos el circuito con un tapón nuevo para no perder líquido y que de esta forma se pueda mantener la presión dentro del circuito».

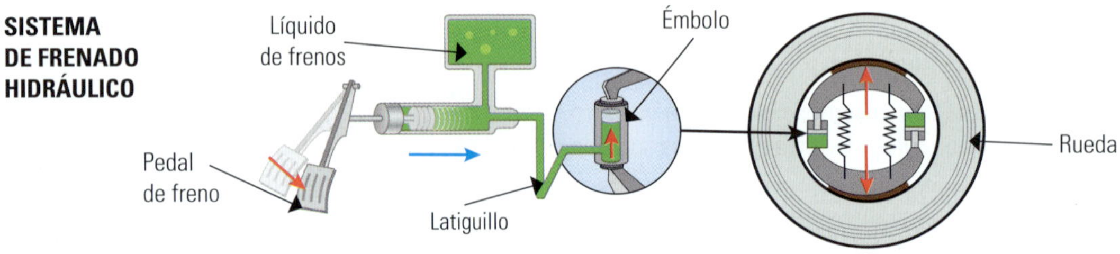

Razona en qué principio está basado el funcionamiento del circuito del que habla el mecánico.

a) Principio de Arquímedes. b) Principio de Pascal. c) Principio fundamental de la hidrostática.

70. **Llegáis por fin a la montaña y veis que ha nevado. Comenzáis a andar por la nieve, pero al cabo de un tiempo resulta cada vez más difícil avanzar y comprobáis que algunos senderistas os adelantan fácilmente porque andan con raquetas o esquís.**

La madre de Jaime pregunta: «¿Sabéis qué consiguen los senderistas poniéndose raquetas al andar?».

a) Que su peso disminuya y puedan avanzar más.

b) Que aumente su presión, de modo que pueden ejercer más fuerza al andar.

c) Que disminuya su presión sobre la nieve, evitando quedarse clavados en ella.

71. **Abandonáis la idea de seguir andando, ya que cada vez se hace más complicado. No obstante, antes de dar la vuelta veis cómo unos deportistas se están colocando unas botas con grandes pinchos llamados *crampones*.**

Les preguntáis por la utilidad de estas botas y os comentan que son ideales para andar por el hielo. Quedáis un poco contrariados, porque pensabais que lo mejor eran las raquetas.

Explica brevemente por qué el crampón es útil para andar por el hielo.

72. **Tras el intento fallido de hacer senderismo, bajáis hasta la playa para pasar el resto del día. Allí veis cómo algunos bañistas flotan en la superficie del agua «haciéndose el muerto». Razona qué principio explica que los bañistas floten sin hacer ningún movimiento.**

a) El principio de Arquímedes.

b) El principio fundamental de la hidrostática.

c) El principio de Pascal sobre la presión en líquidos.

73. **¿Podemos calcular de forma aproximada la densidad del cuerpo humano basándonos en el hecho observado de hacerse el muerto? Justifica tu respuesta.**

a) Este efecto no tiene nada que ver con la densidad.

b) Será un valor similar a la densidad del agua del mar.

c) La densidad del cuerpo depende de cada persona.

74. **Decidís ir a merendar a un bar de pescadores cercano a la playa y en la pared veis un barómetro que marca 735 mm de mercurio. Indica el valor de esa presión en atmósferas.**

a) 0,97 atm.

b) 1,034 atm.

c) Los milímetros de mercurio no tienen ninguna relación con la presión atmosférica.

75. **Se acaba la jornada y es el momento de volver a casa. Cuando os dirigís hacia el coche, comprobáis cómo el tiempo va cambiando poco a poco. La madre de Jaime dice: «Es normal, ya habéis visto lo que marcaba el barómetro y lo podríais haber deducido».**

¿Qué cambio meteorológico se produjo?

a) El barómetro marcaba bajas presiones, lo cual significa aire caliente. Así pues, subieron las temperaturas.

b) El barómetro marcaba altas presiones, lo que significa calor.

c) El barómetro marcaba baja presión. Por lo tanto, el tiempo se vuelve inestable, con viento y frío.

12

La energía

Contenidos

Y además...

¿Lo sabías?

¿Energía oscura? ¿Qué es la energía?

Protones con la energía
de una pelota de béisbol

Frenos: trabajo, calor y rozamiento

Citius, altius, fortius
(más rápido, más alto, más fuerte)

Veamos otras unidades de energía de uso habitual:

- **Caloría (cal):**

  1 cal = 4,18 J;

  kilocaloría (kcal),
  1 kcal = 1000 cal

- **Kilojulio (kJ):**

  1 kJ = 1000 J

- **Kilovatio hora (kWh):**

  1 kWh = $3{,}6 \cdot 10^6$ J

1. ¿QUÉ ES LA ENERGÍA?

Todas las acciones que llevas a cabo a lo largo del día, por ejemplo, coger un bolígrafo, correr para tomar el autobús, calentar una taza de leche, utilizar el móvil, etc., requieren la presencia de la *energía*.

La **energía** es una magnitud física por la que los cuerpos o sistemas materiales tienen capacidad para producir cambios en ellos o en otros cuerpos.

La causa de estos cambios radica en las interacciones entre distintos cuerpos o sistemas, y su consecuencia, en las **transformaciones de energía.**

La unidad de energía en el sistema internacional (SI) es el **julio (J).**

Energía cinética

Imagina un coche que circula por la carretera.

La **energía cinética** es la energía que tienen los cuerpos por el hecho de estar en **movimiento.**

Su valor depende de la masa del cuerpo, *m*, cuya unidad en el SI es el kilogramo (kg), y de la velocidad, *v*, cuya unidad en el SI es el metro por segundo (m/s).

$$Ec = \frac{1}{2} \cdot m \cdot v^2$$

La energía cinética, como todos los tipos de energía, se mide en julios (J) en el SI.

Por lo tanto,

1 J = 1 kg · 1 m²/s².

Energía potencial

La **energía potencial** mide la capacidad de un sistema para realizar un trabajo según su posición o configuración exclusivamente (puede ser gravitatoria, electrostática o elástica).

Supongamos un alpinista en la cima de una montaña o una grúa alzando un objeto.

La **energía potencial gravitatoria** es la energía que tiene un cuerpo por hallarse situado a una cierta **altura** sobre la superficie terrestre.

Su valor depende de la masa del cuerpo, *m*, expresada en kilogramos (kg), de la aceleración de la gravedad, *g*, en metros por segundo al cuadrado (m/s^2), y de la altura, *h*, en metros (m).

$$Ep = m \cdot g \cdot h$$

Se mide en julios;

$1\ J = 1\ kg \cdot 1\ m/s^2 \cdot 1\ m = 1\ kg \cdot 1\ m^2/s^2$.

EJEMPLO 1

Un coche de 1,2 t circula por la carretera a 95 km/h. a) Calcula la energía cinética. b) Si el coche presenta una energía de 38 kJ, ¿a qué velocidad se desplaza?

COMPRENSIÓN. Conocemos la masa y la velocidad. Hallaremos la energía cinética aplicando su expresión matemática.

DATOS. a) $m = 1{,}2$ t; $v = 95$ km/h. b) $Ec = 38$ kJ

RESOLUCIÓN

a) Primero expresamos todas las unidades en el SI:

$$m = 1{,}2\ \text{t} = 1200\ \text{kg}$$

$$v = \frac{95\ \text{km}}{\text{h}} \cdot \frac{1\ \text{h}}{3600\ \text{s}} \cdot \frac{1000\ \text{m}}{1\ \text{km}} = 26\ \text{m/s}$$

$$Ec = \frac{1}{2} \cdot m \cdot v^2 = \frac{1}{2} \cdot 1200\ \text{kg} \cdot (26\ \text{m/s})^2 = 8{,}1 \cdot 10^5\ \text{J} = 8{,}1 \cdot 10^2\ \text{kJ}$$

b) A partir de la expresión matemática de la energía cinética, determinamos la velocidad del coche:

$$Ec = \frac{1}{2} \cdot m \cdot v^2$$

$$v = \sqrt{\frac{2\,Ec}{m}} = \sqrt{\frac{2 \cdot 38\,000\ \text{J}}{1200\ \text{kg}}} = 8{,}0\ \text{m/s}$$

COMPROBACIÓN. Verificamos que el resultado es correcto y que hemos obtenido las unidades deseadas.

De lo contrario, revisamos los cálculos.

EJEMPLO 2

Calcula: a) la energía potencial de una saltadora de trampolín de 60 kg de masa que se encuentra sobre una plataforma a 10 m de altura; b) la altura a la que se halla la saltadora si su energía potencial es de 5000 J.

COMPRENSIÓN. Conocemos la masa, m, y la posición (altura, h) del cuerpo. Determinaremos la energía potencial aplicando su expresión matemática.

DATOS. a) $m = 60$ kg; $h = 10$ m. b) $Ep = 5000$ J

RESOLUCIÓN

a) En primer lugar, aplicamos la expresión de la energía potencial:

$$Ep = m \cdot g \cdot h$$

$$Ep = 60\ \text{kg} \cdot 9{,}8\ \text{m/s}^2 \cdot 10\ \text{m} = 5{,}9 \cdot 10^3\ \text{J} = 5{,}9\ \text{kJ}$$

b) A partir de la expresión de la energía potencial, podemos determinar la altura:

$$h = \frac{Ep}{m \cdot g}; \quad h = \frac{5000\ \text{J}}{60\ \text{kg} \cdot 9{,}8\ \text{m/s}^2} = 8{,}5\ \text{m}$$

COMPROBACIÓN. Verificamos que el resultado sea correcto y que hemos obtenido las unidades deseadas. De lo contrario, revisamos los cálculos.

Actividades

1. A partir de las definiciones de fuerza y energía explica con tus propias palabras qué distingue a ambas magnitudes.

2. ¿Qué tipo de energía presenta un cuerpo en movimiento? Selecciona la respuesta correcta:

a) Energía potencial elástica.

b) Energía potencial gravitatoria.

c) Energía cinética.

3. Calcula la energía cinética de una pelota de 250 g que tiene una velocidad de: a) 15 km/h; b) 70 km/h.

— Expresa el resultado en J, kJ, cal y kcal.

4. Halla la velocidad con la que circula un autobús de 15 t por la carretera si su energía cinética es de 720 kJ.

5. Se lanza una piedra de 150 g verticalmente hacia arriba desde el suelo con una velocidad inicial de 50 m/s. Determina:

a) La energía cinética inicial.

b) La velocidad y la energía cinética al cabo de 5 s.

c) La energía cinética cuando impacta con el suelo. Compárala con la inicial.

6. Calcula la energía potencial de un cuerpo de 3500 g situado a una altura de: a) 3 m; b) 10 m.

— Expresa el resultado en J, kJ, cal y kcal.

7. Si cada uno de los pisos de un edificio tiene 2,5 m de altura y la planta baja mide 3,5 m, determina la energía potencial de una maceta de 0,50 kg situada en el sexto piso.

Como sabes, la cantidad de energía total del universo se mantiene constante. O, dicho de otro modo, la energía no se crea ni se destruye; solo se transforma de unas formas en otras. Este es el enunciado del **principio de conservación de la energía,** uno de los principios básicos de la física y de la química, cuyo carácter es universal.

Así, en un coche en funcionamiento, la gasolina, al llegar al motor, se inflama y libera gases que empujan los pistones haciendo que el coche se mueva (transformación de la energía química en cinética), y se libera calor (energía calorífica). Gracias a ello, por ejemplo, el coche puede subir una montaña (transformación de la energía cinética en potencial).

2. LA ENERGÍA MECÁNICA

Imaginemos un ascensor que está subiendo. Este ascensor presenta una energía cinética debida al movimiento y una energía potencial debida a la altura sobre el suelo. La suma de ambas energías es lo que se conoce como **energía mecánica.**

La **energía mecánica** de un cuerpo es la suma de su energía cinética y de su energía potencial.

Su valor depende de la masa, *m,* del cuerpo indicada en kilogramos (kg), de la velocidad del movimiento, *v,* en metros por segundo (m/s), y de la altura, *h,* en metros (m). Las unidades en las que se expresa en el SI son los julios (J).

$$Em = Ec + Ep = \frac{1}{2} \cdot m \cdot v^2 + m \cdot g \cdot h$$

EJEMPLO 3

Un edificio consta de seis plantas. La distancia entre ellas es de 3,0 m y la altura de la planta baja es de 4,0 m.

Calcula la energía mecánica de un ascensor de 800 kg que se encuentra en la cuarta planta y sube con una velocidad de 5,0 m/s.

COMPRENSIÓN. Determinaremos la altura para poder hallar la energía potencial del ascensor y, con su energía cinética, calcularemos la energía mecánica.

DATOS. $h_P = 3{,}0$ m; $h_{PB} = 4{,}0$ m; $m = 800$ kg; $v = 5{,}0$ m/s

RESOLUCIÓN. En primer lugar, hallamos la altura en metros del ascensor cuando se encuentra en la cuarta planta:

$$h = h_{PB} + 3 \cdot h_P = 4{,}0 \text{ m} + 3 \cdot 3{,}0 \text{ m} = 13{,}0 \text{ m}$$

A continuación, aplicamos la fórmula de la energía mecánica:

$$Em = Ec + Ep = \frac{1}{2} \cdot m \cdot v^2 + m \cdot g \cdot h$$

$$\text{Em} = \frac{1}{2} \cdot 800 \text{ kg} \cdot (5{,}0 \text{ m/s})^2 + 800 \text{ kg} \cdot 9{,}8 \text{ m/s}^2 \cdot 13{,}0 \text{ m} = 1{,}1 \cdot 10^5 \text{ J} = 110 \text{ kJ}$$

COMPROBACIÓN. Verificamos que el resultado sea correcto y coherente, y que hemos obtenido las unidades adecuadas.

2.1. PRINCIPIO DE CONSERVACIÓN DE LA ENERGÍA MECÁNICA

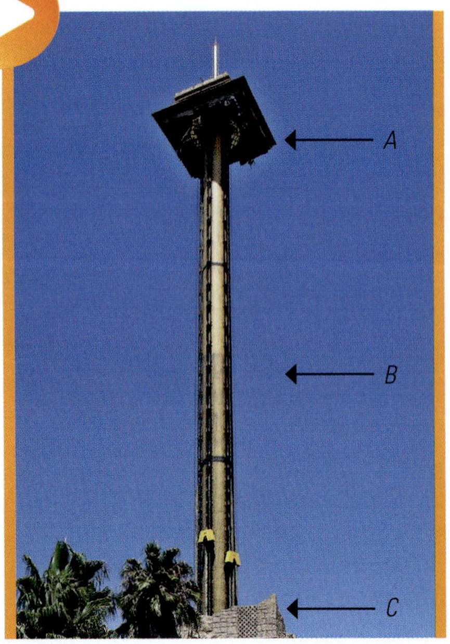

Supongamos que hemos subido en una atracción de caída libre, como la que se muestra en la figura.

En la situación inicial (*A*) toda la energía presente es energía potencial, ya que, en reposo, la energía cinética es nula. Además, la energía potencial es máxima, pues la altura es máxima.

$$Ep_A = m \cdot g \cdot h_A \qquad Ec_A = 0 \text{ J}$$

Conforme la atracción entra en funcionamiento y empieza la caída libre, la energía potencial va disminuyendo y aumenta la energía cinética.

$$Ep_B = m \cdot g \cdot h_B \qquad Ec_B = \frac{1}{2} \cdot m \cdot v_B^2$$

En el punto final (C), con $h = 0$, la energía potencial es nula y el sistema solo presenta energía cinética, que es máxima, puesto que su velocidad es máxima.

$$Ep_C = 0\ \text{J} \qquad Ec_C = \frac{1}{2} \cdot m \cdot v^2{}_C$$

Puede comprobarse que la energía mecánica de la atracción, suma de sus energías cinética y potencial, se ha mantenido constante. Este hecho está de acuerdo con un principio general que recibe el nombre de *principio de conservación de la energía mecánica*.

Si la única fuerza que actúa sobre un cuerpo es su peso, la **energía mecánica** (resultado de la suma de sus energías cinética y potencial) **se mantiene constante** a lo largo de todo el movimiento.

Dicho de otro modo, la energía mecánica inicial es igual a la final.

$$Em_0 = Em_f; \qquad Ec_0 + Ep_0 = Ec_f + Ep_f$$

EJEMPLO 4

Carmen es muy curiosa; tiene alma de científica algo traviesa. Para comprobar el efecto de la velocidad en un golpe contra el suelo, deja caer una garrafa de agua de 8 kg desde una altura de 10 m. El efecto es fácilmente imaginable, pero ¿podrías calcular la velocidad con la que la garrafa llega al suelo si despreciamos la fricción con el aire?

COMPRENSIÓN. Dado que no actúan fuerzas distintas del peso, ya que consideramos que no existe fricción con el aire, se conserva la energía mecánica.

DATOS. $m = 8$ kg; $h_0 = 10$ m; $v_0 = 0$ m/s; $h = 0$ m

RESOLUCIÓN. Aplicamos la fórmula de conservación de la energía mecánica.

$$Ec_0 + Ep_0 = Ec_f + Ep_f$$

$$0 + \cancel{m} \cdot g \cdot h_0 = \frac{1}{2} \cdot \cancel{m} \cdot v^2 + 0$$

$$v = \sqrt{2g \cdot h_0} = \sqrt{2 \cdot 9{,}8\ \text{m/s}^2 \cdot 10\ \text{m}} = 14\ \text{m/s}$$

COMPROBACIÓN. Verificamos que el resultado sea correcto y que hemos obtenido las unidades deseadas. De lo contrario, revisamos los cálculos.

EXPERIMENTA

CONSERVACIÓN DE LA ENERGÍA MECÁNICA

Por parejas, efectuad la siguiente experiencia:

— Pesad un bolígrafo.

— Dejadlo caer desde una altura de 1 m respecto al suelo y medid el tiempo de caída.

— Calculad la velocidad con la que llega al suelo.

— Determinad la energía cinética y la potencial inicial y final.

— ¿A qué conclusión llegáis?

Actividades

8. **Experimenta.** Por parejas, reproducid el experimento mostrado en el siguiente enlace:

https://links.edebe.com/955

— Redactad el informe de la experiencia, señalando los objetivos, el material utilizado, el procedimiento seguido y las conclusiones.

9. **En una atracción de feria se deja caer desde una altura de 50 m una vagoneta de 100 kg con dos personas, cada una de las cuales pesa 70 kg. Si el *loop* tiene un diámetro de 10 m y suponemos que no hay fricción, calcula:**

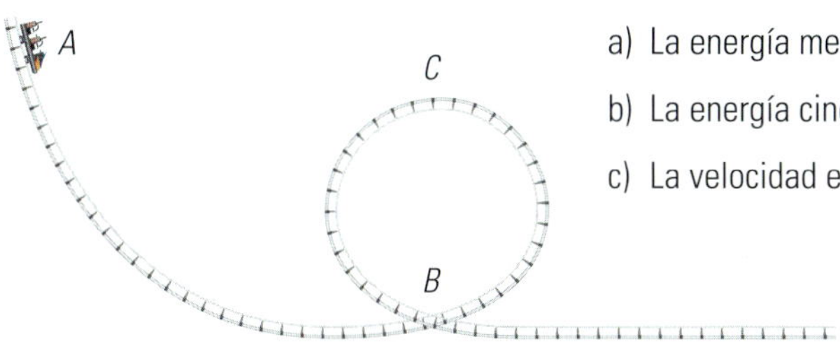

a) La energía mecánica en el punto A.

b) La energía cinética en el punto B.

c) La velocidad en el punto C.

ODS

Una de las metas del **ODS 7:** *Energía asequible y no contaminante* es, de aquí a 2030, aumentar considerablemente la proporción de energías renovables en el conjunto de las fuentes energéticas.

Entre estas fuentes renovables, tenemos la energía térmica, el calor, del interior de la Tierra (energía geotérmica):

https://links.edebe.com/t7zdua

3. FORMAS DE INTERCAMBIO DE ENERGÍA

¿Por qué cuando encendemos el ordenador se calienta? ¿Por qué decimos que «hemos trabajado duro» para conseguir una cosa?

Hay dos formas de intercambiar energía entre los sistemas que interaccionan entre sí:

— **Trabajo (*W*).** Es una manera de intercambio de energía entre sistemas en los que existen fuerzas que producen desplazamientos. Por ejemplo, decimos que el motor de un coche ha tenido que trabajar para subir una montaña.

— **Calor (*Q*).** Es un modo de intercambio de energía entre sistemas que presentan distintas temperaturas. Lo hallamos, por ejemplo, cuando queremos enfriar una bebida añadiendo cubitos de hielo.

La unidad que presentan estas dos formas de transferencia de energía en el sistema internacional es el julio (J), como corresponde a cualquier forma de energía.

3.1. EL TRABAJO

Trabajo.

Decimos que se realiza un trabajo cuando se ejerce una fuerza sobre un cuerpo y este se desplaza. En contra del uso coloquial que hacemos de este concepto, ambos factores, fuerza y desplazamiento, son esenciales para que haya un trabajo.

En el caso, por ejemplo, de un joven que lanza a otro una pelota con la mano, el chico está aplicando una fuerza y desplazando la pelota cierta distancia. Por lo tanto, mientras su mano acompaña la pelota, realiza un trabajo que se transforma en energía mecánica.

Si tenemos una fuerza constante aplicada a un cuerpo y un desplazamiento rectilíneo de este, el **trabajo** se define como el producto de la componente de la fuerza en la dirección del movimiento por el desplazamiento.

$$W = F \cdot d \cdot \cos \alpha$$

Donde F es la fuerza, d es el desplazamiento y α es el ángulo que forma la fuerza con el desplazamiento.

El trabajo se mide en julios (J). Un julio es el trabajo realizado por la fuerza de un newton (N) cuando provoca un desplazamiento de un metro (m).

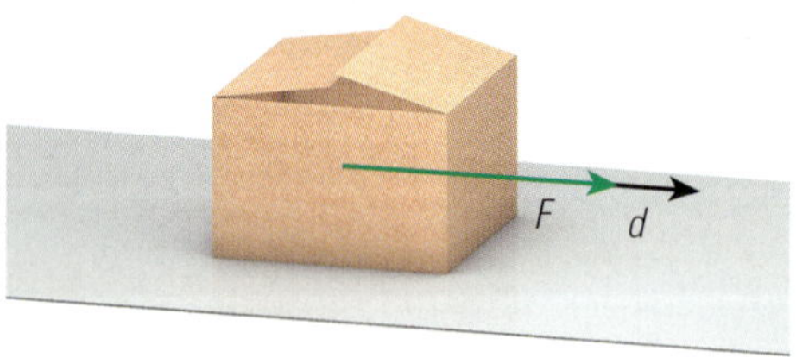

$\alpha = 0°$

$W = F \cdot d \cdot \cos 0° = F \cdot d$

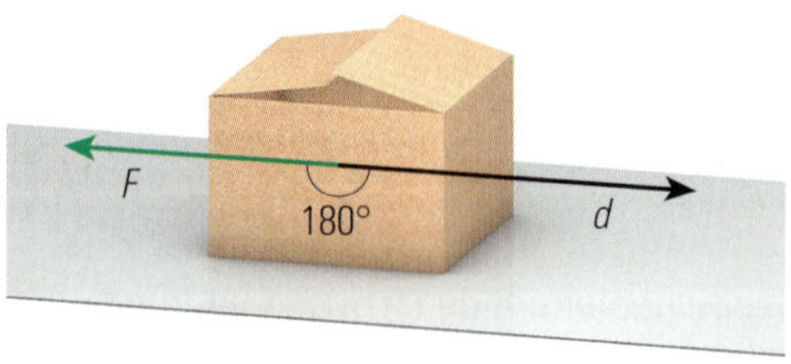

$\alpha = 180°$

$W = F \cdot d \cdot \cos 180° = -F \cdot d$

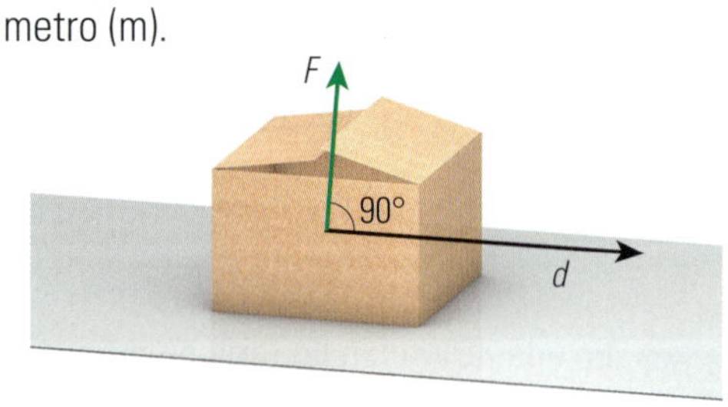

$\alpha = 90°$

$W = F \cdot d \cdot \cos 90° = 0$

— Cuando el trabajo es positivo, las fuerzas comunican energía mecánica al cuerpo. El trabajo recibe el nombre de **trabajo motor.**

— Cuando el trabajo es negativo, las fuerzas se oponen al movimiento y se degrada la energía mecánica. El trabajo recibe el nombre de **resistente.**

— Cuando la fuerza y el desplazamiento son perpendiculares ($\alpha = 90°$), no se produce trabajo. Este es **nulo.**

Hasta ahora hemos relacionado el trabajo con las fuerzas que producen un desplazamiento, pero ¿cómo lo podemos relacionar con las transferencias de energía?

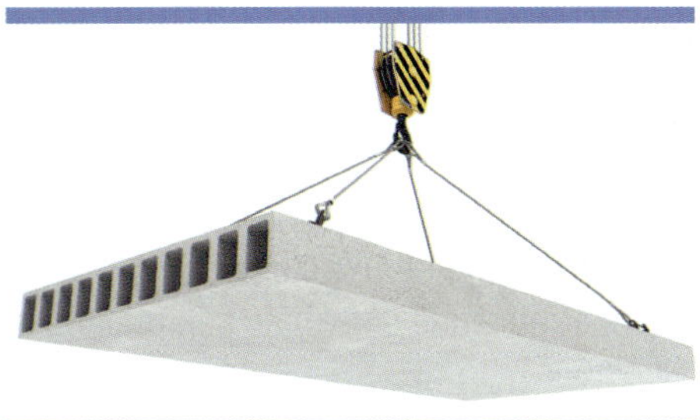

Imaginemos que un obrero levanta un bloque de hormigón mediante una grúa desde una altura h_0 hasta una altura h_f. Supongamos que el bloque sube a velocidad constante, de manera que su energía cinética no varía. El **trabajo efectuado contra la fuerza de gravedad** es igual al incremento de energía potencial gravitatoria del bloque.

$$W = \Delta Ep = Ep_f - Ep_0$$

En la recta final de una prueba de atletismo de medio fondo, los corredores aumentan su velocidad y, por lo tanto, aparece una aceleración, es decir, una fuerza neta que actúa en la dirección del movimiento.

El trabajo efectuado por la fuerza resultante, F, que actúa sobre un cuerpo es igual a la variación de la energía cinética. Esta ley recibe el nombre de **teorema de las fuerzas vivas.**

$$W = \Delta Ec = Ec_f - Ec_0$$

Un jugador de *hockey* despeja la bola al otro extremo de la pista de juego, de modo que esta acaba parándose por efecto de la fuerza de rozamiento.

El **trabajo de la fuerza de rozamiento** (negativo) es **igual a la variación** (en este caso, disminución) **de la energía mecánica.**

$$W_{F_r} = \Delta Em = Em_f - Em_0$$

3.2. EL CALOR

Imaginemos un vaso con hielo y un refresco. Observamos que, cuando vertemos el refresco en el vaso, aquel se enfría y el hielo se funde. Este fenómeno se debe a la transferencia de energía en forma de calor.

El **calor** es la transferencia de energía entre dos cuerpos (o entre diferentes partes de un mismo cuerpo) que poseen una temperatura diferente.

Por otra parte, en cualquier proceso de transformación energética, aunque la energía total se conserva, una parte se transforma en energía no utilizable en nuevas transformaciones; es decir, esta energía se degrada en forma de calor.

En el caso de la energía mecánica, las fuerzas de rozamiento son la causa de que la energía mecánica no se conserve, sino que parte de la energía se degrade y se transforme en calor.

$$W_{F_r} = F_r \cdot d \cdot \cos \alpha = \Delta Em = Em_f - Em_0$$
$$W_{F_r} = F_r \cdot d \cdot \cos \alpha = (Ec_f + Ep_f) - (Ec_0 + Ep_0)$$

Actividades

10. Un niño de 25 kg de peso desciende por un tobogán de 6 m de altura y 30° de inclinación. Calcula:

a) El trabajo realizado por todas las fuerzas.

b) La velocidad con la que el niño llegará al suelo si no hay fricción.

c) La velocidad con la que el niño llegará al suelo si el tobogán presenta un coeficiente de fricción de 0,3. Compárala con la del apartado b): ¿la energía se conserva? Si no es así, ¿en qué se transforma?

Echa un vistazo a...
Formas de intercambio de energía

Asómate
La potencia

4. POTENCIA

¿Os habéis fijado en que el trabajo realizado por una fuerza es independiente del tiempo? Por ejemplo, para subir 50 kg de azulejos a una altura de 5 m se tiene que efectuar un trabajo. Este trabajo es el mismo tanto si los subimos mediante una polea en 30 s como si los transportamos a pie y tardamos 5 min.

Sin embargo, a menudo nos interesará llevar a cabo el trabajo en el mínimo tiempo posible. Por ello, necesitamos definir una magnitud que nos relacione el trabajo con el tiempo. Esta magnitud será la potencia.

Potencia

La **potencia** es la energía transferida por unidad de tiempo, sea en forma de trabajo o de calor.

En el sistema internacional, la unidad de potencia es el **vatio (W)**:

$$1\ \mathrm{W} = \frac{1\ \mathrm{J}}{1\ \mathrm{s}}$$

Su valor depende de la energía transferida, en forma de calor (Q) o de trabajo (W), y del tiempo (t) que dure esta transferencia:

$$P = \frac{\Delta E}{t} = \frac{W}{t} \qquad P = \frac{\Delta E}{t} = \frac{Q}{t}$$

Otras unidades de potencia de uso habitual son:

— **El kilovatio (kW):** 1 kW = 1000 W

— **El caballo de vapor (CV):** 1 CV = 735 W

4.1. POTENCIA DE LAS MÁQUINAS EN FUNCIONAMIENTO

Consulta el siguiente enlace para conocer más sobre los conceptos técnicos involucrados en un motor de explosión y distinguir entre potencia y cilindrada:

https://links.edebe.com/f6n3

¿Alguna vez os habéis preguntado por qué las máquinas (los coches o las motocicletas, por ejemplo) son más caras según su potencia? En el caso del coche o de la moto, aquel que alcance una cierta velocidad en el menor tiempo posible será el que tenga mayor potencia y, normalmente, será el de precio más elevado.

EJEMPLO 5

En un concesionario disponen de dos motocicletas, una de 15 CV y la otra de 30 CV. ¿Cuál de las dos realizará un trabajo mayor en 20 s?

COMPRENSIÓN. Conocida la potencia, P, podemos determinar el trabajo que efectúa cada moto en un período de tiempo, t.

DATOS. $P_1 = 15$ CV; $P_2 = 30$ CV; $t = 20$ s

RESOLUCIÓN. Primero tenemos que pasar todas las unidades al sistema internacional:

$$P_1 = 15\ \mathrm{CV} \cdot \frac{735\ \mathrm{W}}{1\ \mathrm{CV}} = 1{,}1 \cdot 10^4\ \mathrm{W} \qquad P_2 = 30\ \mathrm{CV} \cdot \frac{735\ \mathrm{W}}{1\ \mathrm{CV}} = 2{,}2 \cdot 10^4\ \mathrm{W}$$

A continuación, calculamos el trabajo para cada una de las motos:

$$P = \frac{W}{t} \rightarrow W = P \cdot t$$

$$W_1 = 1{,}1 \cdot 10^4\ \mathrm{W} \cdot 20\ \mathrm{s} = 2{,}2 \cdot 10^5\ \mathrm{J} = 220\ \mathrm{kJ}$$

$$W_2 = 2{,}2 \cdot 10^4\ \mathrm{W} \cdot 20\ \mathrm{s} = 4{,}4 \cdot 10^5\ \mathrm{J} = 440\ \mathrm{kJ}$$

Observamos que el trabajo hecho por la segunda moto es mayor que el efectuado por la primera en el mismo tiempo. Es decir, que cuanta más potencia, más trabajo se realiza en el mismo tiempo.

COMPROBACIÓN. Verificamos que el resultado sea correcto y coherente, y que hemos obtenido las unidades adecuadas. De lo contrario, revisamos los cálculos.

4.2. POTENCIA EN LA ACTIVIDAD FÍSICA

Como ya hemos visto, la potencia es la energía transferida por unidad de tiempo. Pero ¿qué significado tiene en la actividad física?

En el contexto de la actividad física, se define la **potencia muscular** como el producto de la fuerza aplicada por la velocidad conseguida en el movimiento.

Esta definición es equivalente a la que hemos visto anteriormente e indica la capacidad del deportista para realizar un trabajo (actividad física) en un tiempo determinado.

$$P = \frac{W}{t} = \frac{F \cdot d}{t} = F \cdot v$$

Los deportistas entrenan los diferentes músculos según sea su especialidad. Por ejemplo, un corredor de 100 m lisos entrenará para aumentar la potencia de sus piernas, mientras que un lanzador de peso lo hará para incrementar la potencia de sus brazos. Así no es de extrañar que las piernas de un ciclista profesional puedan desarrollar una potencia de 550 W.

Ya en la antigua Grecia los atletas seguían una dieta específica. Esta dieta no ha variado demasiado y sigue siendo rica en proteínas y carbohidratos. Puedes verlo consultando el siguiente enlace:

https://links.edebe.com/ucfqwr

Actividades

11. Además del vatio (W), se utiliza frecuentemente otra unidad de potencia: el caballo de vapor (CV).

— Averigua de dónde sale la equivalencia entre vatios y caballos de vapor.

12. Organizados en grupos de tres o cuatro alumnos, efectuad la siguiente actividad:

— La mitad de los grupos escogerá 10 modelos de coche distintos y la otra mitad 10 modelos de motocicletas.

— Informaos de cuántos caballos de vapor ofrece cada motor, recogiendo en una tabla los principales datos: potencia, cilindrada y coste.

— Responded: ¿cómo se relacionan estas características con el precio? ¿Es necesario que coches y motos desarrollen una potencia tan elevada? ¿Verdaderamente tienen un precio justo?

— Exponed ante el grupo clase los resultados obtenidos.

— Debatidlos entre todos y extraed las conclusiones oportunas.

13. Halla durante cuánto tiempo debe estar funcionando una máquina de 500 W para efectuar el mismo trabajo que otra de 16,7 kW en tres cuartos de hora.

14. Una grúa *A* eleva un palé con sacos de cemento de 800 kg a 5 m de altura en 30 s. Otra grúa *B* levanta un palé con ladrillos de 500 kg a 10 m de altura durante 1 min. Tomando el valor de la gravedad como $g = 10$ m/s^2, calcula:

a) Cuál debe ejercer más fuerza.

b) Cuál realiza un mayor trabajo.

c) Cuál presenta una mayor potencia.

15. **Experimenta.** Dispuestos en pequeños grupos, llevad a cabo la experiencia propuesta en este enlace:

https://links.edebe.com/xbsxj5

— Si fuera necesario, podéis utilizar cualquier otro objeto distinto al propuesto y la distancia de la clase.

— Responded a las preguntas que encontraréis al final del procedimiento.

— Redactad un informe sobre el experimento en el que se incluyan los siguientes apartados: objetivos, material, procedimiento y conclusiones.

16. María presenta una masa de 56 kg y es capaz de subir 15 escalones en 7,0 s.

Si cada escalón tiene 20 cm de altura, determina:

a) El trabajo que ha realizado María al subir por la escalera.

b) La energía que ha necesitado para efectuar este trabajo.

c) La potencia que han desarrollado sus músculos.

17. Repasa los conceptos de *fuerza, trabajo* y *potencia* y pon un ejemplo de cada uno de ellos en un mismo contexto real para distinguirlos.

Ciencia a tu alcance

En práctica: Trabajo y transformaciones energéticas

En general, cuando un objeto se desplaza, parte de la energía se degrada en forma de calor a causa de la fricción con la superficie. Recordad que la fricción depende del tipo de superficie y de la rugosidad. Para llevar a cabo esta experiencia, nos organizaremos por parejas y seguiremos las etapas del método científico.

1 Planteamiento del problema

En esta práctica, vamos a calcular la variación de la energía mecánica que sufre un objeto durante su movimiento debido al trabajo de las fuerzas de fricción. Comprobaremos que el trabajo de tales fuerzas depende de la superficie sobre la que realicemos el recorrido.

Recordemos la fórmula general para calcular el trabajo de una fuerza:

$$W = F \cdot d \cdot \cos \alpha$$

2 Formulación de la hipótesis

Con la información anterior, redactamos nuestra hipótesis:

> «El trabajo de las fuerzas de rozamiento, que es igual a la variación de la energía mecánica, depende de la superficie y de la distancia recorrida».

3 Comprobación de la hipótesis

Para poder comprobar nuestra hipótesis, debemos **planificar el experimento** que vamos a desarrollar:

Objetivo

Comprobar experimentalmente que, en presencia de fuerzas de rozamiento, la energía mecánica no se conserva y el trabajo de estas fuerzas depende de la superficie y de la distancia recorrida.

Material

— Metro.

— Cronómetro.

— Dos soportes verticales, dos nueces y dos pinzas.

— Dos trozos de 1 m de distintos tipos de superficie que sirven de carril, como:

- Una superficie de bajo rozamiento. Puede ser metálica perfectamente pulida o de plástico indeformable.
- Una superficie más rugosa.
- Una superficie mucho más rugosa (por ejemplo, un tubo corrugado abierto por la mitad).

— Una canica lisa y de masa perfectamente conocida.

Experimentación

Seguimos este procedimiento:

— Preparamos el montaje que se indica en la imagen. Considerad cada una de las ramas de la V como un tramo. Por lo tanto, nuestro recorrido está formado por dos tramos.

— Anotad las alturas (recordad que han de ser la misma).

— Pesad la canica que vais a utilizar. Anotad el valor de su masa.

— Situad la canica en lo alto del carril y dejadla caer. Observad cómo desciende hasta llegar a la parte más baja y sube por el otro carril sin llegar a alcanzar la altura inicial (si dejáis que vaya oscilando libremente, observaréis que cada vez alcanza una altura menor).

— Anotad la altura a la que llega la primera vez en el segundo tramo (segundo carril).

— Repetid el procedimiento dos veces más para ver si los resultados obtenidos son coherentes.

— Volved a efectuar el experimento modificando la altura; de esta forma, variamos el grado de inclinación.

— Realizad de nuevo el experimento con las otras dos superficies. No os olvidéis de anotar la altura.

Obtención de los datos

A partir de las notas tomadas durante la experimentación, completad en vuestro cuaderno la siguiente tabla para cada tipo de superficie indicando y justificando los cálculos:

Superficie	Altura inicial (tramo I)	Altura final (tramo II)	ΔEp	ΔEm	W_{F_r}	d recorrida	F_r
S_1							
S_2							
S_3							

Análisis de los datos

— ¿Cómo varían la altura, las energías y el trabajo con los diferentes tipos de superficie?

— ¿Se conserva la energía mecánica? Si no es así, ¿en qué se transforma?

— ¿Cómo variará el trabajo con la rugosidad de la superficie? ¿Aumentará o disminuirá? ¿Y la fuerza de rozamiento?

— Elaborad distintas gráficas en las que se muestre la variación de la energía potencial y del trabajo de las fuerzas de fricción con cada tipo de superficie.

— Explicad qué tipo de transformaciones ha sufrido la energía de la canica en cada uno de los tramos y a lo largo de todo el recorrido.

4 Extracción de conclusiones

Después de analizar los datos y de comprobar las hipótesis, llegamos a las siguientes conclusiones:

— Al tener fricción con la superficie, no se conserva la energía mecánica.

— Al aumentar la rugosidad, el trabajo realizado por la fuerza de rozamiento es mayor porque la fuerza también lo es, pese a que la distancia recorrida es menor.

En definitiva, hemos demostrado que el trabajo de las fuerzas de rozamiento varía con la rugosidad de la superficie.

5 Comunicación de resultados

Por último, redactamos un **informe** de la práctica realizada. Este ha de responder a las distintas etapas del método científico y debe ser redactado de forma rigurosa. Lo pondremos en común con el resto de la clase, valorando la importancia del trabajo en equipo.

Sigue investigando

— ¿Qué ocurriría si cambiásemos los ángulos de inclinación de los carriles? ¿Por qué?

— Imaginaos que ahora cambiamos la canica y, por tanto, su peso. ¿Cómo variarían las diferentes magnitudes?

— Con los mismos materiales usados en este experimento, proponed otro distinto. Elaborad un guion de prácticas.

Síntesis

La energía

- **¿Qué es la energía?**
  - La **energía** es una magnitud física por la que los cuerpos o sistemas materiales tienen capacidad para producir cambios en ellos o en otros cuerpos.
  - Tipos
    - **Energía cinética:** energía que tienen los cuerpos por el hecho de estar en movimiento. — $Ec = \frac{1}{2} \cdot m \cdot v^2$
    - **Energía potencial gravitatoria:** energía que tiene un cuerpo por hallarse situado a una cierta altura sobre la superficie terrestre. — $Ep = m \cdot g \cdot h$
  - Unidades — julios (J), kilojulios (kJ), calorías (cal), kilocalorías (kcal)
- **La energía mecánica**
  - La **energía mecánica** de un cuerpo es la suma de su energía cinética y de su energía potencial. — $Em = Ec + Ep$
  - Principio de conservación de la energía mecánica — Si la única fuerza que actúa sobre un cuerpo es su peso, la energía mecánica se mantiene constante a lo largo de todo el movimiento. — $Em_0 = Em_f$
- **Formas de intercambio de energía**
  - **Trabajo (*W*).** Manera de intercambio de energía entre sistemas en los que existen fuerzas que producen desplazamientos.
    - Si tenemos una fuerza constante aplicada a un cuerpo y un desplazamiento rectilíneo de este, el trabajo se define como el producto de la componente de la fuerza en la dirección del movimiento por el desplazamiento: $W = F \cdot d \cdot \cos\alpha$
      - Trabajo efectuado contra la fuerza de gravedad: $W = \Delta Ep = Ep_f - Ep_0$
      - Teorema de las fuerzas vivas: $W = \Delta Ec = Ec_f - Ec_0$
      - Trabajo de la fuerza de rozamiento: $W_{Fr} = \Delta Em = Em_f - Em_0$
  - **Calor (*Q*).** Transferencia de energía entre dos cuerpos (o entre diferentes partes de un mismo cuerpo) que poseen una temperatura diferente.
    - Las fuerzas de rozamiento son la causa de que la energía mecánica no se conserve, sino que parte de la energía se degrade y se transforme en calor: $Q = W_{Fr} = \Delta Em$
- **Potencia**
  - La **potencia** es la energía transferida por unidad de tiempo, sea en forma de trabajo o de calor. — $P = \frac{\Delta E}{t} = \frac{W}{t} = \frac{Q}{t}$
  - Unidades — vatios (W)

PREPARA

18. ●○○ Indica si las siguientes afirmaciones son verdaderas o falsas, razonando en cada caso tu respuesta:

a) Si la masa de un objeto en movimiento se duplica, su energía cinética también se duplica.

b) Si la velocidad a la que se mueve un cuerpo se hace el doble, también se duplicará su energía cinética.

c) La energía potencial de un cuerpo depende de su masa y de su velocidad.

d) Un cuerpo puede tener energía potencial o cinética, pero no las dos a la vez.

19. ●○○ Completa en tu cuaderno la siguiente frase:

La energía .... de un cuerpo se mantiene constante a lo largo del movimiento si la única .... que actúa sobre él es su ....

20. ●○○ Completa en tu cuaderno la siguiente tabla con los valores que faltan y sus unidades correspondientes:

F	*d*	α	*W*
200 N		0°	$2{,}0 \cdot 10^3$ J
50 N	2,5 km	180°	
	20 m	45°	$6{,}4 \cdot 10^3$ J
150 N	0,5 km		0 J

21. ●○○ Indica razonadamente cuáles de las siguientes afirmaciones son correctas:

a) El trabajo es una forma de intercambio de energía entre sistemas en los que existen fuerzas que producen desplazamientos.

b) El calentamiento de un sistema físico es una prueba de que la energía no se conserva.

c) El calor es la única forma que tienen dos cuerpos para intercambiar energía.

22. ●○○ Relaciona en tu cuaderno los datos de la primera columna con el valor de la potencia correspondiente:

A. 297 kJ y 9,0 min	1. 25 CV
B. 50 N y 10 m/s	2. 8,8 kW
C. 12 CV	3. 550 W
D. 367,5 kJ y 20 s	4. 500 W

ENTRENA

1. ¿Qué es la energía?

23. ●○○ El concepto de *energía* ha ido variando a lo largo de la historia con la evolución de la tecnología. Selecciona la definición de energía más adecuada en el contexto actual:

La energía es una medida...

a) ...de la capacidad de un cuerpo o sistema para realizar un trabajo.

b) ...de la capacidad de los cuerpos para producir cambios en ellos o en otros cuerpos.

c) ...del trabajo realizado por una máquina.

24. ●○○ Indica qué debe cumplir un objeto situado sobre el suelo para que su energía cinética no sea nula.

a) Que alguien lo mantenga elevado en una posición fija.

b) La energía cinética no puede ser nula.

c) Que su velocidad sea distinta de cero.

25. ●○○ Argumenta si un camión parado en la carretera tiene o no energía potencial.

26. ●○○ Identifica, en las siguientes situaciones, si hay un aumento o una disminución de las energías cinética y potencial:

a) Una moto que acelera en un tramo recto.

b) Una maceta que cae desde un balcón.

c) Un carro que se empuja por una subida a velocidad constante.

d) Una persona sentada en un mirador.

27. ●○○ Una grúa levanta 20 m sobre el suelo una viga de 2,0 t. Calcula la energía potencial. Exprésala en julios y en calorías.

28. ●●○ Una motocicleta y un automóvil circulan a la misma velocidad. La masa del automóvil es 40 veces mayor que la de la motocicleta. ¿Cuántas veces es mayor la energía cinética de uno respecto al otro vehículo?

29. ●●○ Calcula la energía cinética de un autobús de 10000 kg que circula con una velocidad media de 85 km/h. ¿Cuánto debe variar la velocidad para que su energía cinética sea el doble?

30. ●●○ Una polea levanta 5,0 m sobre el suelo un cubo de 750 g.

a) Calcula su energía potencial.

b) Halla la altura a la que habría que elevar el cubo para que se doble el valor de su energía.

31. ●●○ Un coche con una masa de 1,4 t se mueve a una velocidad de 150 km/h. ¿A qué altura debería elevarse el coche para que su energía potencial fuera igual que su energía cinética?

32. ●●○ Un avión de masa igual a 3000 kg vuela a 5000 m de altura y viaja a una velocidad de 300 km/h. Calcula su energía cinética y su energía potencial.

33. ●●● Determina la cantidad de energía que transforma una persona de 70 kg al subir una montaña de 1500 m.

— ¿Qué cantidad de un alimento que contiene una energía de 300 kJ por cada 100 g habría de comer esta persona para obtener una energía equivalente a la que ha transformado?

34. ●●● Dispuestos en parejas, proponed un problema en el que se faciliten los valores de la masa y la energía potencial y se tenga que calcular la altura, y otro problema con los datos de la velocidad y la energía cinética y haya que determinar la masa. Contextualizad los enunciados de los problemas y solucionadlos.

2. La energía mecánica

35. ●○○ ¿De qué magnitudes depende la energía mecánica? Selecciona la respuesta correcta:

a) Masa y velocidad.

b) Masa, velocidad y altura.

c) Masa y altura.

d) Velocidad y altura.

36. ●○○ Describe las transformaciones energéticas que tienen lugar cuando: a) un alpinista escala una montaña; b) un atleta de salto de longitud efectúa un salto.

37. ●○○ Una vagoneta de una montaña rusa está descendiendo. En este caso, ¿gana o pierde energía potencial? ¿Y energía cinética?

38. ●●○ Un niño desciende por un tobogán desde su punto más alto, situado a 6,5 m del suelo. Calcula qué velocidad (expresada en metros por segundo y en kilómetros por hora) alcanzará cuando llegue al punto más bajo.

39. ●●○ Se lanza una pelota de 750 g de masa verticalmente hacia arriba a una velocidad de 20 m/s. Determina:

a) La energía cinética inicial.

b) La altura conseguida si no tenemos en cuenta la fricción con el aire.

40. ●●○ Un patinador se encuentra en el interior de un medio-tubo *(half-pipe)*, tal y como se muestra en esta figura:

Si se deja caer desde la posición inicial, situada a una altura de 5,0 m, halla la velocidad con la que llega al punto *B* y la altura en el punto *C*.

41. ●●○ Calcula la velocidad con la que llega al suelo la masa de 15,0 kg que aparece en la imagen:

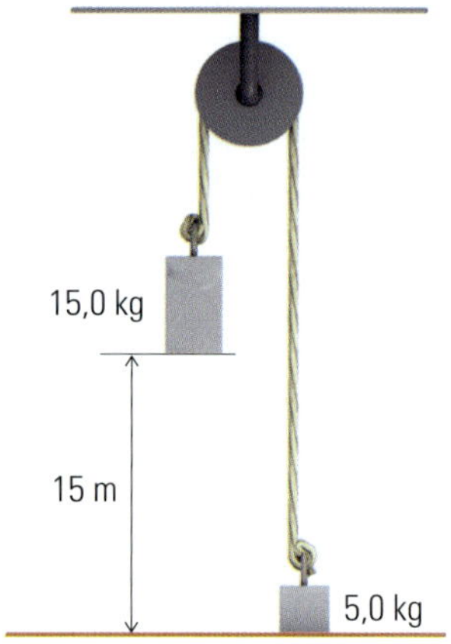

42. ●●● Un dron de 2,5 kg se avería y desciende en caída libre desde una altura de 25 m. Despreciando el rozamiento con el aire:

a) Calcula las energías potencial y cinética iniciales.

b) Determina la velocidad con la que llega al suelo y las energías potencial y cinética en ese momento.

c) Explica las transformaciones de energía que han tenido lugar. ¿Qué ha sucedido con la energía mecánica del dron?

43. ●●● Un arquero situado en una torre de 20 m de altura dispara por elevación, formando un ángulo de 35° con la horizontal, una flecha con una velocidad de 75 m/s.

a) Elabora un esquema del problema.

b) Determina la energía mecánica, respecto al suelo, que tiene la flecha en el momento de ser disparada.

c) Justifica qué transformaciones energéticas se producen durante el recorrido.

d) Halla la velocidad con la que llegará al suelo.

3. Formas de intercambio de energía

44. ●○○ Señala si las siguientes afirmaciones son verdaderas o falsas. Justifica tu respuesta.

a) Si sostenemos en el aire la bolsa de la compra mientras esperamos que el semáforo se ponga verde, ha habido un trabajo.

b) En el motor de un vehículo en funcionamiento, se produce una transferencia de energía en forma de trabajo y en forma de calor.

c) Si mezclamos una bebida caliente con otra fría, se producirá una transferencia de energía en forma de calor.

d) La unidad del trabajo y del calor en el SI es el vatio (W).

45. ●○○ Determina el trabajo que efectuamos al empujar una mesa paralelamente al suelo mediante una fuerza de 600 N si la desplazamos 20 m.

46. ●○○ Un bombero trepa por una cuerda de 10 m para realizar un rescate en la montaña. Calcula: a) el incremento de energía potencial que ha experimentado; b) su trabajo.

47. ●○○ Halla el valor del trabajo realizado por los frenos de un coche de 1500 kg que circula a 50 km/h para detenerlo ante un semáforo en rojo. ¿Qué calor desprenderán los frenos?

48. ●●○ Una vagoneta de 100 kg se halla sobre una vía horizontal. Determina el trabajo realizado en los siguientes casos:

a) Empujamos con una fuerza de 20 N sin que la vagoneta se mueva.

b) Ejercemos una fuerza de 200 N en dirección perpendicular al movimiento.

c) La empujamos mediante una fuerza de 300 N en la dirección del movimiento, y la vagoneta avanza 50 m.

d) Tiramos de la vagoneta con una fuerza de 300 N formando un ángulo de 60° con la horizontal, y la vagoneta recorre 50 m.

— ¿Cómo afecta el ángulo al valor del trabajo?

49. ●●○ Arrastramos 20 m un trineo de 15 kg mediante una fuerza de 500 N que forma un ángulo de 30° respecto a la horizontal. Calcula el trabajo efectuado.

— ¿Cómo variaría el trabajo si el ángulo fuera de 45°?

50. ●●○ Desplazamos el extremo de un péndulo de 1,0 m de longitud y 0,50 kg de masa desde su posición de reposo hasta colocarlo en posición horizontal.

a) Dibuja un esquema del problema.

b) Calcula el trabajo que efectuamos.

51. ●●○ Un autocar de 10 t circula a 75 km/h. Determina el trabajo que tiene que realizar para adelantar a un camión que circula a 95 km/h. Supón que el autocar alcanza una velocidad de 100 km/h.

52. ●●○ Un coche de 1,2 t circula a 80 km/h. Para trazar una curva muy cerrada, ha de reducir la velocidad a 25 km/h en un espacio de 50 m. Halla:

a) El trabajo realizado por las fuerzas de fricción en los frenos.

b) El calor que se genera.

c) El valor medio de la fuerza de frenada.

COMPRENSIÓN. El trabajo de la fuerza de rozamiento es igual a la variación de la energía mecánica, que en este caso es cinética.

DATOS. $m = 1{,}2\ \text{t} = 1200\ \text{kg}$; $d = 50\ \text{m}$; $v_0 = 80\ \text{km/h} = 22\ \text{m/s}$; $v = 25\ \text{km/h} = 6{,}9\ \text{m/s}$

RESOLUCIÓN

a) El trabajo realizado por las fuerzas de fricción (o rozamiento) será:

$$W_{Fr} = \Delta Ec = Ec_f - Ec_0$$

$$W_{Fr} = \frac{1}{2} \cdot 1200\ \text{kg} \cdot \left(6{,}9 \frac{\text{m}}{\text{s}}\right)^2 - \frac{1}{2} \cdot 1200\ \text{kg} \cdot \left(22 \frac{\text{m}}{\text{s}}\right)^2 = -2{,}6 \cdot 10^5\ \text{J}$$

b) La energía mecánica perdida se transforma en calor en los frenos. Por lo tanto, el calor generado es de $2{,}6 \cdot 10^5$ J.

c) Como hemos calculado el valor del trabajo, podemos despejar la fuerza:

$$W_{Fr} = F_r \cdot d$$

$$F_r = \frac{W_{Fr}}{d} = \frac{2{,}6 \cdot 10^5\ \text{J}}{50\ \text{m}} = 5{,}2 \cdot 10^3\ \text{N}$$

53. ●●○ Se lanza hacia arriba un objeto de 200 g de masa con una velocidad de 110 m/s, de modo que vuelve al punto inicial con una velocidad de 100 m/s. Calcula la fuerza de rozamiento con el aire y la energía disipada en forma de calor si alcanzó una altura de 0,50 km:

a) 0,21 N, 210 J b) 21 N, 0,21 J c) 210 N, 21 J

54. ●●○ Calcula la fuerza de fricción y el calor que desprenden los frenos de un tren AVE de 400 t que se desplaza a 300 km/h y necesita 500 m para detenerse al llegar a la estación.

55. ●●● Arrastramos por un río un barco de 2,0 t una distancia de 100 m mediante dos cables que forman entre sí un ángulo de 105° y que estiramos con sendas fuerzas de 1500 N. Determina el trabajo realizado

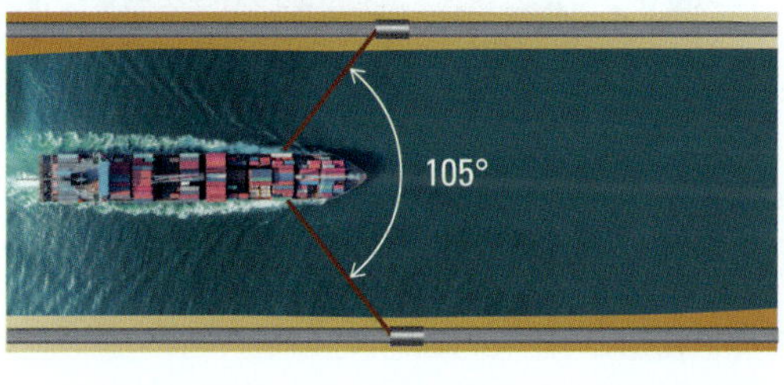

56. ●●● **PBL.** En grupos de tres alumnos:

a) Buscad e indicad un aparato, maquinaria, etc., que transforme la energía para realizar un trabajo y en cuyo proceso una parte de esta se convierta en calor no aprovechable durante la realización del trabajo.

b) Utilizad la **destreza de pensamiento** *Resolución de problemas* para proponer cómo podríamos minimizar esta pérdida de calor, o bien cómo la podríamos aprovechar.

c) Exponed vuestras ideas ante la clase y debatid entre todos. Para la presentación, podéis utilizar diferentes herramientas TIC.

4. Potencia

57. ●○○ Expresa la potencia de un automóvil de 140 CV en kilovatios.

58. ●○○ Calcula la potencia de una grúa que levanta una pieza de 500 kg desde el suelo hasta una altura de 6,0 m en 3,0 s.

59. ●○○ Un ascensor de 800 kg sube hasta 50 m de altura. Halla:

a) El trabajo realizado.

b) La potencia del motor si sabemos que tarda 30 s en completar el recorrido.

60. ●●○ Un albañil tarda media hora en subir una carga de ladrillos a una tercera planta de un edificio en construcción, mientras que con un montacargas se tarda 3 s. Compara sus potencias y selecciona la respuesta correcta:

a) $\frac{P_m}{P_a} = 600$

b) $\frac{P_m}{P_a} = 10$

c) $\frac{P_m}{P_a} = 30$

61. ●●○ En la publicidad de un determinado coche, se indica que es capaz de acelerar de 0 a 100 km/h en 8,0 s. Si tiene una masa de 750 kg, calcula:

a) La variación de la energía cinética del coche durante ese tiempo.

b) El trabajo realizado por el motor.

c) Su potencia, expresada en vatios y caballos de vapor.

62. ●●○ Un barco de vela se mueve gracias a la fuerza de 600 N que ejerce el viento. La fuerza forma un ángulo de 30° con la dirección del movimiento. Halla:

a) El trabajo ejercido por la fuerza para desplazar el barco 1,0 km.

b) La potencia si el barco tarda 10 min en completar el recorrido.

63. ●●○ Un atleta de halterofilia es capaz de levantar 150 kg hasta una altura de 2,0 m en 1,5 s. Calcula:

a) El trabajo que realizan los músculos del atleta.

b) La energía potencial de las pesas una vez izadas.

c) La potencia muscular del atleta.

64. ●●○ **Experimenta.** Organizados en pequeños grupos, determinad la potencia que deben desarrollar vuestros músculos para dar una vuelta corriendo al patio.

— Medid la distancia y calculad la velocidad final, el trabajo y el tiempo empleado en efectuar la vuelta.

— Redactad un informe de la experiencia que incluya los siguientes apartados: objetivos, material, procedimiento y conclusiones.

— Debatid en clase las conclusiones, respetando los turnos de palabra y las opiniones de los demás.

65. ●●● Una bomba hidráulica sube 3,0 m^3 de agua a 20 m de altura. Si la densidad del agua es de 1000 kg/m^3, calcula:

a) El trabajo realizado.

b) La potencia de la bomba si sube 500 L/min.

APLICA

66. ●●○ Consolida tus conocimientos sobre la energía practicando con las actividades del siguiente cuestionario en línea:

https://links.edebe.com/8q6a

67. ●●○ Con el objeto de habituarte a utilizar la terminología científica, aplica la **técnica de aprendizaje cooperativo** *El juego de las palabras* para definir con tus propias palabras los conceptos de *energía, trabajo, energía mecánica, principio de conservación de la energía* y *potencia.*

68. ●●○ **Una grúa de 75 kW de potencia es capaz de elevar un bloque de hormigón a una velocidad constante. Si la masa del bloque es de 1,5 t, determina:**

a) **La aceleración y la fuerza que le comunica la grúa.**

b) **La velocidad con la que se eleva el bloque de hormigón.**

c) **El trabajo realizado y el tiempo transcurrido para subir el bloque a 20 m de altura.**

COMPRENSIÓN. La grúa lleva a cabo un trabajo contra la fuerza de la gravedad que es igual al incremento de energía potencial gravitatoria del bloque de hormigón.

DATOS. $P = 75$ kW; $m = 1{,}5$ t $= 1500$ kg; $h = 20$ m

RESOLUCIÓN

a) Como la velocidad del bloque es constante, no hay aceleración. De este modo, la fuerza que la grúa ejerce sobre el bloque de hormigón es igual y opuesta a su peso:

$$F = m \cdot g = 1500\ \text{kg} \cdot 9{,}8\ \text{m/s}^2 = 1{,}5 \cdot 10^4\ \text{N}$$

b) A partir de la expresión de la potencia, hallamos la velocidad (la fuerza y el desplazamiento tienen la misma dirección y el mismo sentido):

$$P = \frac{W}{t} = \frac{F \cdot h}{t} = F \cdot v \rightarrow v = \frac{P}{F}$$

$$v = \frac{75\,000\ \text{W}}{1{,}5 \cdot 10^4\ \text{N}} = 5{,}0\ \frac{\text{m}}{\text{s}}$$

c) El trabajo corresponde a la variación de energía potencial:

$$W = \Delta E_p = m \cdot g \cdot h$$

$$W = 1500\ \text{kg} \cdot 9{,}8\ \text{m/s}^2 \cdot 20\ \text{m} = 2{,}9 \cdot 10^5\ \text{J}$$

Finalmente, hallamos el tiempo a partir de la ecuación del MRU:

$$h = v \cdot t \rightarrow t = \frac{h}{v} = \frac{20\ \text{m}}{5{,}0\ \frac{\text{m}}{\text{s}}} = 4{,}0\ \text{s}$$

COMPROBACIÓN. Calculamos ahora el tiempo a partir de la definición de *potencia* y vemos que los resultados coinciden.

69. ●●○ Se quiere arrastrar un cuerpo de masa 150 kg sobre una superficie horizontal y con una velocidad constante de 11 m/s. ¿Qué potencia se ha de desarrollar si la fuerza de rozamiento es de 400 N?

— Para un valor distinto de la masa, ¿se obtendría otro valor de la potencia?

70. ●●○ Queremos sacar agua de un pozo de 30 m de profundidad utilizando un cubo y una polea.

a) Si el cubo lleno de agua tiene una masa de 10 kg, calcula el trabajo y la fuerza realizados para subirlo.

b) ¿Tendrá alguna influencia el ángulo con el que se tira de la cuerda?

c) Una vez arriba, el cubo se cae. Halla la energía mecánica que tendrá a la mitad de la profundidad del pozo.

d) En ese punto, para evitar que caiga más, volvemos a coger la cuerda y, después de 0,50 s y 1,2 m de recorrido, conseguimos que se pare. Calcula el trabajo, la fuerza y la potencia ejercidos en este caso.

71. ●●● Un balón de baloncesto de 550 g es lanzado hacia arriba con una velocidad de 18 m/s y vuelve al punto de partida con una velocidad de 15 m/s.

a) Halla la altura a la que llega si la fuerza de rozamiento con el aire es de 0,25 N.

b) El balón se ha quedado rebotando sobre el suelo. En cada bote pierde un 20 % de la altura alcanzada al inicio. ¿Podemos afirmar que se cumple el principio de conservación de la energía mecánica?

c) Calcula la pérdida de energía mecánica entre rebotes. ¿Cuántos botes hará la pelota hasta quedarse parada?

d) Halla la potencia muscular de la persona que ha lanzado el balón; considera que parte del reposo y que recorre una distancia vertical con los brazos de 1,3 m antes de ser lanzado.

Piensa sobre...

72. Busca en qué consiste la energía oscura. ¿Puedes relacionarla con lo que has aprendido sobre la energía?

a) Sí. b) No.

73. Los rayos cósmicos están formados en su mayoría por protones que provienen del espacio. Ocasionalmente, llegan a la Tierra los llamados *rayos cósmicos ultraenergéticos,* que pueden llegar a tener una energía cinética comparable a la de una pelota de béisbol viajando a 90 km/h. ¿Cómo es posible?

74. ¿Verdadero o falso? En un sistema de frenos, el trabajo, el calor y el rozamiento no guardan relación entre sí.

75. Con tus conocimientos actuales, ¿te ves capaz de explicar la conexión entre la expresión *Citius, altius, fortius* y la potencia en la actividad física?

A B C

Pon a prueba tus competencias

Hoy un grupo de 4.° de ESO ha realizado una visita a un edificio en construcción. Al entrar lo ha recibido el jefe de obra y le ha informado de las medidas de seguridad que debe seguir durante la visita. Lo primero que los alumnos han observado ha sido la gran cantidad de maquinaria. Pero lo que más les ha llamado la atención es cómo una enorme grúa levantaba grandes vigas y bloques de cemento.

76. Mientras visitan las obras, los alumnos se fijan en cómo los operarios trasladan el material de unos puntos a otros con la ayuda de carretillas. Indica qué tipo de energía adquieren estos materiales por el hecho de estar en movimiento.

a) Energía potencial gravitatoria.

b) Energía calorífica.

c) Energía cinética.

d) Trabajo.

77. De igual forma, para elevar estos materiales a las distintas alturas del edificio en construcción, los operarios emplean una grúa. ¿Qué tipo de energía adquieren en este caso los materiales al depositarlos en las plantas superiores?

a) Energía potencial gravitatoria.

b) Energía calorífica.

c) Energía cinética.

d) Trabajo.

78. Los alumnos han preguntado cómo se conoce la masa de los objetos que puede levantar la grúa sin que se rompa el cable o ceda su estructura. El jefe de obra les ha mostrado la ficha técnica de la grúa, donde se indica la máxima capacidad de carga y la capacidad de carga para el máximo alcance.

a) ¿Qué diferencia hay entre la máxima capacidad de carga y la capacidad de carga para el máximo alcance? ¿Por qué esta última es menor?

b) Calcula el trabajo realizado por la grúa para levantar una viga de 900 kg hasta 50 m de altura.

c) Si la grúa tarda 2,0 min en levantar la viga, ¿cuál ha sido la potencia desarrollada por el motor?

d) Si ahora realizamos un desplazamiento lateral de 10 m aplicando una fuerza de 100 N, determina el trabajo asociado a este desplazamiento.

e) Halla el valor del trabajo total.

f) Explica las transformaciones de energía que han tenido lugar durante el recorrido.

71 EC-B 5

FR.tronic

Norma	**EN 14439**
Altura bajo gancho máx.	**45,4 m**
Máx. capacidad de carga	**5000 kg**
Radio máx.	**50,0 m**
Capacidad de carga para el alcance máx.	**1000 kg**

79. Un alumno, muy aficionado a la arquitectura y la historia, pregunta a los obreros si sería posible desarrollar la obra sin la necesidad de máquinas a motor, utilizando solo la potencia de los músculos y de las máquinas simples. Para ayudarle en su planteamiento, efectúa los siguientes cálculos:

a) Halla el trabajo necesario para subir mediante una polea un bloque de 900 kg hasta los 10 m de altura, donde podrá ser depositado sobre la plataforma del andamio. Se repetirá el mismo proceso hasta elevar el bloque a los 50 m.

b) Si cada obrero efectúa un trabajo de 5000 J de media, indica el número de obreros que serán necesarios para subir los bloques hasta los 50 m.

c) Se quiere comprobar si puede reducirse el número de obreros necesarios inclinando la cuerda de la polea. Para ello, vuelve a calcular el trabajo suponiendo que tiramos de la cuerda con unos ángulos de inclinación de 30° y de 60° respecto a la horizontal. ¿Cuántos obreros se necesitarán en los dos casos? ¿Influye el ángulo?

d) Imagina que la potencia desarrollada por los obreros es el cuádruple que la desarrollada por la grúa. ¿Cuánto tiempo necesitarán? ¿Es real el supuesto que se ha calculado?

80. Después de haber hecho los cálculos pertinentes:

a) ¿A qué conclusiones llegará el alumno anterior (el aficionado a la arquitectura y la historia)?

b) Razona qué le podrán contestar los obreros.

c) En la sociedad actual, ¿crees que podemos utilizar a las personas en lugar de las máquinas? ¿Es rentable económicamente? ¿Por qué?

d) Iniciad un debate en clase e intentad extraer conclusiones.

13 Bloque 5. La energía

Energía térmica

Contenidos

- Temperatura y calor
- Efectos del calor en los cuerpos
- Máquinas térmicas

Y además...

Ciencia a tu alcance

Cálculo del calor específico del aluminio y del hierro

¿Sabes que...?

¿Qué temperatura experimenta un astronauta en órbita alrededor de la Tierra?

Medir la temperatura de un objeto sin tocarlo.

¿Se pueden congelar las olas?

El sudor regula la temperatura corporal.

El frigorífico, ¿una máquina térmica?

Asómate
Calor, equilibrio térmico y temperatura

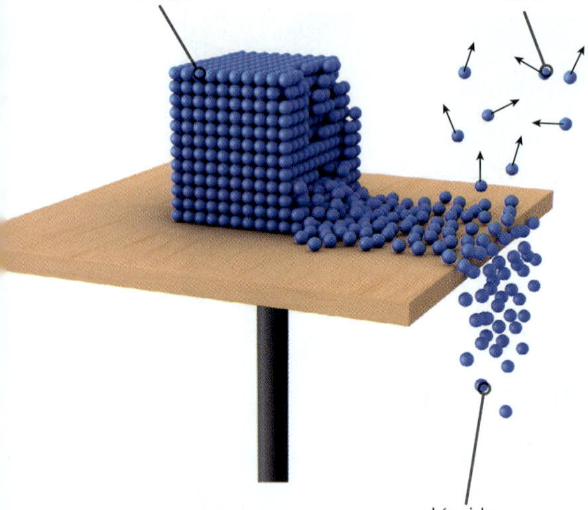

Modelo cinético-molecular y estados de la materia.

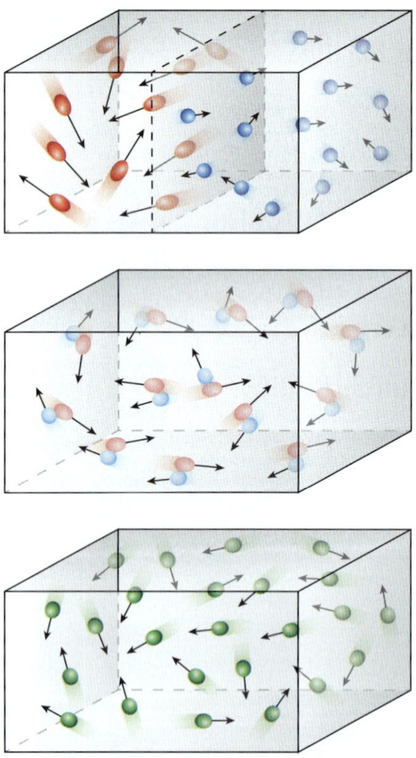

Choques entre las partículas de dos cuerpos en contacto. Estos choques explican el intercambio de energía.

1. TEMPERATURA Y CALOR

A menudo se confunden en el lenguaje cotidiano los conceptos de temperatura y calor, aunque en realidad son magnitudes muy distintas. Vamos a ver cómo se relacionan ambas.

1.1. EQUILIBRIO TÉRMICO Y TEMPERATURA

Ya sabemos que el modelo cinético-molecular considera que la materia es discontinua y está formada por pequeñas partículas como átomos, iones o moléculas.

Estas partículas están en continuo movimiento. En este movimiento influyen las fuerzas de atracción o repulsión que existen entre ellas y que determinan el estado de la materia.

> La **temperatura, *T*,** de un cuerpo, sea cual sea su estado, es una medida de la energía cinética media, $\bar{E}c$, de sus partículas.

La relación entre estas dos magnitudes para los gases fue establecida por un físico alemán llamado Ludwig Boltzmann:

$$\bar{E}c = \frac{1}{2} \cdot m \cdot \bar{v}^2 = \frac{3}{2} \cdot \mathrm{k} \cdot T$$

donde $\mathrm{k} = 1{,}38 \cdot 10^{-23}$ J/K es la constante de Boltzmann, m es la masa de una partícula y $\bar{v}^2$ es la velocidad media de las partículas.

Cuando dos cuerpos a diferentes temperaturas se ponen en contacto, sus partículas interaccionan entre ellas mediante choques. Las partículas más rápidas pierden parte de su velocidad y las más lentas ganan velocidad hasta que, transcurrido un tiempo, la velocidad media de todas las partículas es la misma.

En este proceso se ha transmitido energía en forma de calor desde el cuerpo cuyas partículas tenían más energía cinética (mayor T) hasta el de partículas con menos energía cinética (menor T). Se dice que ambos cuerpos han alcanzado el equilibrio térmico.

> Dos cuerpos que se encuentran en **equilibrio térmico** tienen en común su temperatura.

1.2. TRANSMISIÓN DEL CALOR

En el equilibrio térmico se produce un proceso de transferencia de energía del cuerpo que se encontraba a mayor temperatura al de menor.

Las transferencias de energía que se llevan a cabo sin trabajo y que están motivadas por una diferencia de temperatura entre los cuerpos se producen mediante calor.

Cuando dos cuerpos en contacto y aislados del entorno alcanzan el equilibrio térmico, la energía que cede (negativa) el que se encuentra a mayor temperatura la absorbe el otro (positiva). Este hecho es consecuencia del principio de conservación de la energía:

$$Q_{\text{cedido}} + Q_{\text{absorbido}} = 0$$

> El **calor** es el proceso de **intercambio de energía** entre cuerpos o sistemas como consecuencia de su diferencia de temperatura.

Transferencia de energía mediante calor

Conducción

Principal forma de transmisión del calor entre cuerpos sólidos. Se propaga energía sin propagación de materia: las partículas del sólido comienzan a vibrar con mayor velocidad en todas las direcciones alrededor de su posición de equilibrio (sin que exista desplazamiento neto).

Con respecto a la conducción, los materiales se clasifican en:

— **Conductores.** Transmiten rápidamente el calor, como los metales.

— **Aislantes.** Transmiten el calor muy lentamente, como la madera o los plásticos.

Por ejemplo, el metal de la sartén en contacto con el fuego se calienta y transmite el calor hasta el mango. Para cogerla, hay que recubrir dicho mango con un material aislante, como el plástico.

Radiación

Emisión de energía en forma de ondas electromagnéticas que escapa de todos los cuerpos por el hecho de estar a una determinada temperatura. Esta radiación no necesita un medio material para propagarse.

Por ejemplo, el calor que llega del Sol atraviesa 150 millones de kilómetros de espacio vacío mediante ondas electromagnéticas.

Debida a la diferencia de temperaturas. Puede producirse de tres formas distintas.

Convección

Principal forma en la que se transmite el calor en los fluidos (líquidos y gases). La propagación de la energía tiene lugar mediante el desplazamiento de las partículas que forman la materia. Es el caso, por ejemplo, de las brisas en zonas costeras:

Por el día la tierra se calienta más rápido que el mar, de modo que el aire caliente sobre la tierra asciende y, desde el mar, se desplaza aire a menor temperatura para ocupar ese espacio. Esta corriente de aire se denomina **brisa marina.**

Por la noche la tierra se enfría más rápido que el mar y es sobre el mar donde se produce la ascensión del aire caliente. El desplazamiento del aire desde la tierra hasta el mar, para ocupar este lugar, es la **brisa terrestre.**

Actividades

1. La temperatura nos da información sobre dos aspectos de los cuerpos: uno macroscópico y otro microscópico. Explica cuáles son.

2. Razona si es correcto decir que un cuerpo posee calor. ¿De qué forma suele emplearse incorrectamente este término científico en el día a día?

3. Explica qué diferencia hay entre calor y temperatura. ¿En qué unidades se miden estas dos magnitudes?

4. ¿En qué forma se transmite el calor en una habitación que calentamos mediante radiadores?

2. EFECTOS DEL CALOR EN LOS CUERPOS

¿Qué ocurre cuando un cuerpo recibe energía en forma de calor? La propia experiencia nos indica que varía su temperatura. Ahora bien, existen otros efectos, como los cambios de estado y la dilatación.

2.1. VARIACIÓN DE LA TEMPERATURA

¿Sabemos qué factores influyen en este cambio de temperatura?

EXPERIMENTA

VARIABLES QUE INFLUYEN EN EL AUMENTO DE TEMPERATURA

Lleva a cabo la siguiente experiencia para identificar de qué factores depende el cambio de temperatura (ΔT) de un cuerpo:

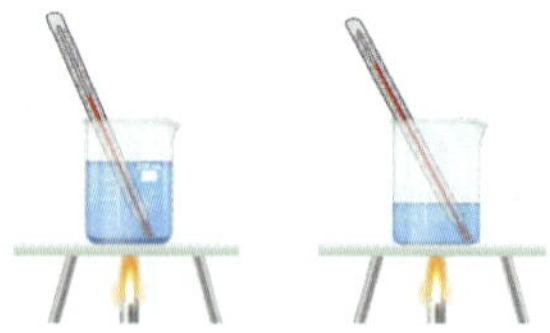

Calienta cantidades distintas de agua durante el mismo tiempo y con el mismo mechero (con igual llama).

Dependencia con la masa (m). Si ponemos dos cuerpos con diferente masa $m_1 > m_2$ en contacto con la misma fuente de calor, el cuerpo con menor masa adquiere más temperatura que el de mayor masa.

(ΔT) inversamente proporcional a m.

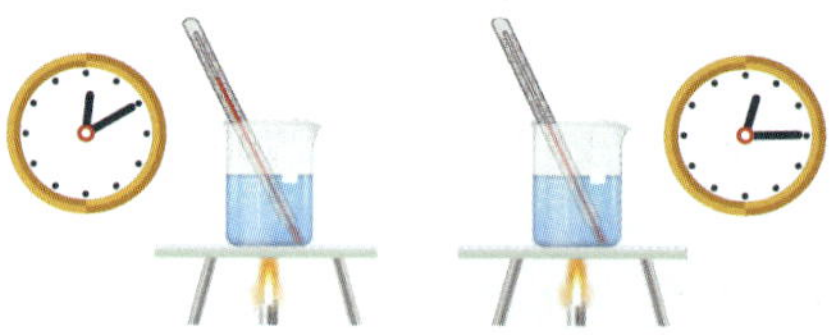

Calienta la misma cantidad de agua durante tiempos distintos y con el mismo mechero.

Dependencia con la energía comunicada (Q). Disponemos ahora de dos cuerpos iguales y con la misma masa. Si uno recibe más energía que otro, su aumento de temperatura será mayor.

(ΔT) directamente proporcional a Q.

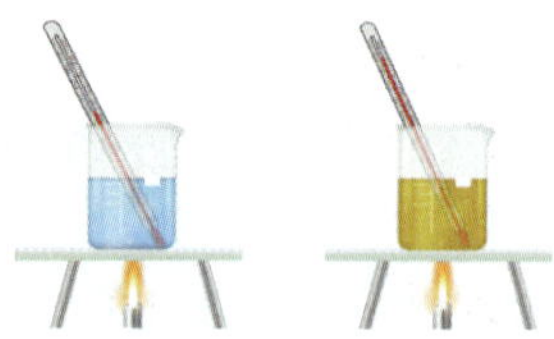

Calienta durante el mismo tiempo y con el mismo mechero la misma masa de agua y de aceite.

Dependencia del material. La misma energía comunicada a la misma masa de distintos materiales no produce el mismo aumento de temperatura en todos.

(ΔT) depende del material.

CALORES ESPECÍFICOS

Sustancia	$c_e \left(\frac{\text{J}}{\text{kg} \cdot \text{K}}\right)$
Agua	4180
Hielo	2132
Etanol	2450
Aluminio	896
Cobre	1100
Hierro	452
Mercurio	140

Si dividimos la energía comunicada Q por la masa m y por el incremento de temperatura ΔT, se obtiene un valor constante que depende de cada material. Este valor se llama **calor específico** del material y se define como la energía necesaria para que 1 kg de material aumente su temperatura en 1 K.

En consecuencia, el aumento de temperatura que se produce en un cuerpo por la transmisión de energía en forma de calor puede calcularse a partir de la expresión:

$$Q = m \cdot c_e \cdot \Delta T = m \cdot c_e \cdot (T_f - T_0)$$

donde Q es la energía en forma de calor, en J en el SI; m es la masa, en kg; c_e es el calor específico de la sustancia, en J/(kg · K), y ΔT es la variación de la temperatura, en K.

EJEMPLO 1

Mezclamos 12,0 L de agua (cuya densidad es de 1,0 kg/L) a una temperatura de 65 °C con 4,0 L de agua a 15 °C. Calcula la temperatura final de la mezcla.

COMPRENSIÓN

La suma de la energía cedida más la absorbida debe ser igual a 0 por el principio de conservación de la energía.

DATOS. $m_1 = 12{,}0\ \text{L} \cdot 1{,}0\ \text{kg/L} = 12\ \text{kg}$; $T_1 = 65\ °\text{C} = 338\ \text{K}$
$m_2 = 4{,}0\ \text{L} \cdot 1{,}0\ \text{kg/L} = 4{,}0\ \text{kg}$; $T_2 = 15°\ \text{C} = 288\ \text{K}$

RESOLUCIÓN. Calculamos la temperatura final de la mezcla:

$$Q_{\text{cedido}} + Q_{\text{absorbido}} = 0$$

$$m_1 \cdot c_e \cdot (T_f - T_1) + m_2 \cdot c_e \cdot (T_f - T_2) = 0$$

$$T_f (m_1 + m_2) - m_1 T_1 - m_2 T_2 = 0$$

$$T_f = \frac{m_1 T_1 + m_2 T_2}{m_1 + m_2} = \frac{12\ \text{kg} \cdot 338\ \text{K} + 4{,}0\ \ \text{kg} \cdot 288\ \text{K}}{12\ \text{kg} + 4{,}0\ \text{kg}} = 326\ \text{K}$$

2.2. CAMBIOS DE ESTADO

Echa un vistazo a...
Los cambios de estado

De acuerdo con el modelo cinético-molecular, la movilidad de las partículas que forman la materia en los diferentes estados viene delimitada por las fuerzas de interacción (atracción o repulsión) que existen entre ellas.

Cuando se comunica calor a un cuerpo en estado sólido o líquido, hay un momento a partir del cual no puede seguir aumentando la energía cinética de sus partículas y el calor se utiliza para debilitar las fuerzas de atracción entre ellas. Se produce así un **cambio de estado.**

Como en los cambios de estado no varía la energía cinética de las partículas, estos se originan a **temperatura constante.**

Esta gráfica representa la variación de la temperatura frente a la energía que experimenta cualquier **sustancia pura.**

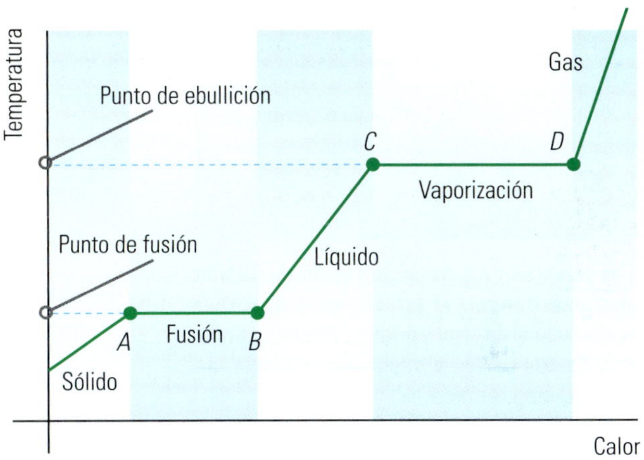

Se aprecian tres tramos en los que la variación de la energía (calor) supone una variación de la temperatura. Estos tramos se corresponden con cada uno de los estados.

Los dos tramos en los que no hay variación de temperatura corresponden a los cambios de estado.

El calor necesario para efectuar un cambio de estado no depende de la variación de temperatura, sino solo de la cantidad de materia y de la sustancia, de modo que puede expresarse como sigue:

$$Q = m \cdot L$$

donde L es una constante llamada **calor latente** de cambio de estado.

EJEMPLO 2

Calcula el calor necesario para fundir completamente 1,0 kg de hielo que se encuentra a –5 °C.

COMPRENSIÓN. Hay que calcular la energía para subir la temperatura del agua hasta los 0 °C y, después, la del cambio de estado.

DATOS. $m = 1{,}0$ kg; $c_e = 2132$ J/(kg · K); $L_f = 334$ kJ/kg; $T_0 = -5$ °C $= 268$ K; $T_f = 273$ K

RESOLUCIÓN. Calculamos el calor de cada proceso:

$$Q_1 = m \cdot c_e \cdot (T_f - T_0) = 1{,}0\ \cancel{\text{kg}} \cdot 2132\ \frac{\text{J}}{\cancel{\text{kg}} \cdot \cancel{\text{K}}} \cdot (273 - 268)\ \cancel{\text{K}} = 1{,}1 \cdot 10^4\ \text{J}$$

$$Q_2 = m \cdot L_f = 1{,}0\ \cancel{\text{kg}} \cdot 334\ \text{kJ}/\cancel{\text{kg}} = 3{,}3 \cdot 10^5\ \text{J}$$

La energía total es: $Q_1 + Q_2 = 3{,}4 \cdot 10^5$ J

COMPROBACIÓN. Recuerda ser riguroso en la resolución de los problemas y comprobar los resultados.

CALORES LATENTES DE FUSIÓN Y VAPORIZACIÓN

Sustancia	L_f (kJ/kg)	L_v (kJ/kg)
Agua	334	2257
Etanol	109	840
Aluminio	395	10 919
Cobre	134	4793
Hierro	275	6291

Actividades

5. Introducimos un trozo de hierro de 40 g a una temperatura de 200 °C en un recipiente que contiene medio litro de agua a 10 °C.

a) Calcula la temperatura final de la mezcla.

b) ¿Qué cantidad de energía en forma de calor cede el hierro al agua?

6. Contamos con 200 L de etanol a una temperatura de 20 °C. Calcula la cantidad de etanol a 60 °C que hay que añadir para que la temperatura final sea de 45 °C.

7. Determina cuántos kilogramos de hielo a 0 °C se pueden convertir en agua a 0 °C con 250 000 J.

8. Mezclamos en el mismo recipiente 250 g de hielo a –3 °C con 600 cm^3 de agua a 85 °C. Calcula:

a) La energía necesaria para que el hielo a –3 °C se convierta en hielo a 0 °C.

b) La energía necesaria para fundir todo el hielo y convertirlo en agua líquida a 0 °C.

c) La temperatura final de la mezcla.

¿Lo vemos?
La dilatación térmica

Los puentes presentan juntas de dilatación que interrumpen el tablero para absorber los movimientos horizontales relativos entre dos de sus partes a causa, por ejemplo, de la dilatación térmica.

COEFICIENTES DE DILATACIÓN LINEAL

Material	λ (K^{-1})
Plomo	$2{,}9 \cdot 10^{-5}$
Latón	$1{,}9 \cdot 10^{-5}$
Hierro	$1{,}2 \cdot 10^{-5}$
Platino	$0{,}9 \cdot 10^{-5}$
Aluminio	$2{,}5 \cdot 10^{-5}$
Cobre	$1{,}7 \cdot 10^{-5}$
Vidrio	$0{,}9 \cdot 10^{-5}$

2.3. DILATACIONES

Cuando un cuerpo recibe calor no solo experimenta aumentos en su temperatura, sino que también sufre cambios en sus dimensiones (dilataciones o contracciones) relacionados con el movimiento de sus partículas.

DILATACIÓN DE SÓLIDOS

En los sólidos, al subir la temperatura se incrementa la amplitud de la vibración de las partículas que los forman, lo que provoca un aumento de sus dimensiones. El caso contrario ocurre cuando baja la temperatura.

Si consideramos un material en forma de hilo fino, de modo que solo tengamos en cuenta su longitud como dimensión, la variación que experimenta al cambio de temperatura dependerá de:

- La **longitud** que tenía **inicialmente, L_0,** ya que sufrirá más dilatación cuanto mayor sea su longitud.
- El **incremento de temperatura, ΔT,** que sufra.
- El **material** del que se trate. Cada material responde de distinta forma frente a un incremento de temperatura.

$$\Delta L = \lambda \cdot L_0 \cdot \Delta T = \lambda \cdot L_0 \cdot (T_f - T_0)$$

donde λ es una característica de cada material denominada **coeficiente de dilatación lineal.**

El **coeficiente de dilatación lineal, λ,** es la variación de longitud que experimenta la unidad de longitud al aumentar la temperatura 1 K.

El aumento de volumen que experimenta un cuerpo con la temperatura se llama **dilatación cúbica** y es el resultado de la dilatación lineal en las tres dimensiones: largo, ancho y alto.

La expresión de la dilatación cúbica es semejante a la de la dilatación lineal, considerando que el **coeficiente de dilatación** cúbica es $\gamma = 3\lambda$.

$$\Delta V = \gamma \cdot V_0 \cdot (T_f - T_0)$$

DILATACIÓN DE LÍQUIDOS

Los líquidos, al igual que los sólidos, aumentan su volumen cuando se incrementa su temperatura. El aumento es unas 10 veces superior al de los sólidos.

Ahora bien, el **agua,** que es el líquido más común entre nosotros, no se comporta como el resto de los líquidos en el rango entre 0 °C y 4 °C. En este intervalo, un aumento de temperatura no supone un incremento de volumen, sino una disminución. A partir de los 4 °C, sí hay dilatación. Este fenómeno se llama **dilatación anómala.**

Esto significa que la densidad del agua aumenta de los 0 °C a los 4 °C. Es decir, el agua de un lago a 4 °C es la más densa que nos podemos encontrar y, por tanto, se va al fondo, dejando en la superficie la menos densa.

Una bajada de temperatura puede congelar la superficie del lago y, por su menor densidad, el hielo no se hunde, preservando el fondo del lago del frío exterior y manteniendo la vida, como se muestra en la imagen.

Por otra parte, la expansión del agua en la formación del hielo es la responsable de la rotura de las rocas en los procesos de modelado del paisaje.

DILATACIÓN DE GASES

Como sabemos, las partículas de un gas se mueven con total libertad y tienden a ocupar todo el volumen disponible. **Un aumento de la temperatura provoca en los gases** (que pueden caracterizarse mediante la presión, el volumen y la temperatura) una **mayor movilidad de sus partículas,** lo que puede traducirse en dos fenómenos diferentes:

— Aumento del volumen a presión constante **(dilatación).** El aumento de volumen es mayor que en sólidos y líquidos debido a que las fuerzas de cohesión son más débiles.

— Aumento de la presión a volumen constante. Este segundo caso no puede considerarse una dilatación, ya que el volumen no varía aunque se produzca un aumento de la presión por el incremento de la temperatura.

La ecuación que describe el incremento de volumen con la temperatura en los gases es similar a la de sólidos y líquidos:

$$\Delta V = \gamma \cdot V_0 \cdot (T_f - T_0)$$

Las distancias entre las partículas en el estado gaseoso son tan grandes que en la dilatación no influye el tipo de materia que forme el gas; es decir, todos los gases se comportan igual y, por tanto, tienen el mismo coeficiente de dilatación:

$$\gamma = \frac{1}{273}\ \text{K}^{-1}$$

EJEMPLO 3

Calcula el volumen final de 1,0 m³ de hierro en estado sólido cuando su temperatura sufre un incremento de 30 °C. Compara el resultado obtenido con el volumen que alcanzaría el mismo volumen de hierro, pero en estado gaseoso.

COMPRENSIÓN. En ambos casos, calcularemos el incremento de volumen y lo sumaremos al volumen inicial.

DATOS. $V_0 = 1{,}0\ \text{m}^3$; $\lambda = 1{,}2 \cdot 10^{-5}\ \text{K}^{-1}$; $\gamma_{gas} = \frac{1}{273}\ \text{K}^{-1}$; $\Delta T = 30\ °\text{C} = 30\ \text{K}$

RESOLUCIÓN. En primer lugar, calculamos el coeficiente de dilatación cúbica del hierro sólido, $\gamma_{sól}$:

$$\gamma_{sól} = 3\lambda = 3 \cdot 1{,}2 \cdot 10^{-5}\ \text{K}^{-1} = 3{,}6 \cdot 10^{-5}\ \text{K}^{-1}$$

$$\Delta V = \gamma_{sól} \cdot V_0 \cdot \Delta T = 3{,}6 \cdot 10^{-5}\ \cancel{\text{K}^{-1}} \cdot 1{,}0\ \text{m}^3 \cdot 30\ \cancel{\text{K}} = 1{,}1 \cdot 10^{-3}\ \text{m}^3$$

El volumen final del sólido será: $V = V_0 + \Delta V = 1{,}0011\ \text{m}^3$

Para el caso del hierro en estado gaseoso:

$$\Delta V = \gamma_{gas} \cdot V_0 \cdot \Delta T = \frac{1}{273}\ \cancel{\text{K}^{-1}} \cdot 1{,}0\ \text{m}^3 \cdot 30\ \cancel{\text{K}} = 0{,}11\ \text{m}^3$$

El volumen final del gas es: $V = V_0 + \Delta V = 1{,}11\ \text{m}^3$

El aumento de volumen que se ha producido en el gas es 100 veces mayor que el producido en el sólido.

COMPROBACIÓN. El resultado está de acuerdo con el hecho conocido de que la dilatación es mucho mayor en los gases que en los sólidos.

EXPERIMENTA

DILATACIÓN DE UN GAS

Para llevar a cabo la siguiente experiencia, necesitarás una botella de vidrio, un recipiente para poner a calentar y un globo.

— Llena hasta un poco menos de la mitad el recipiente que vas a poner a calentar.

— Echa un poco de agua en el interior de la botella para que se mantenga de pie dentro del recipiente con agua y colócala en su interior.

— Utiliza el globo como tapón de la botella de cristal y pon a calentar el conjunto al baño maría.

¿Qué sucede? En poco tiempo puedes comprobar cómo el aumento de volumen del gas llena el globo de aire.

Actividades

9. **La torre Eiffel, construida en hierro, tiene una altura de 300 m cuando la temperatura en invierno es de 0 °C.**
Teniendo en cuenta solo la dilatación lineal que puede sufrir en altura, calcula su longitud en verano cuando la temperatura es de 35 °C.

10. **Considera que la densidad media del aire a 0 °C es de 1,293 g/L.**
Calcula el valor de la densidad de esa misma masa de aire cuando la temperatura asciende hasta los 30 °C.

3. MÁQUINAS TÉRMICAS

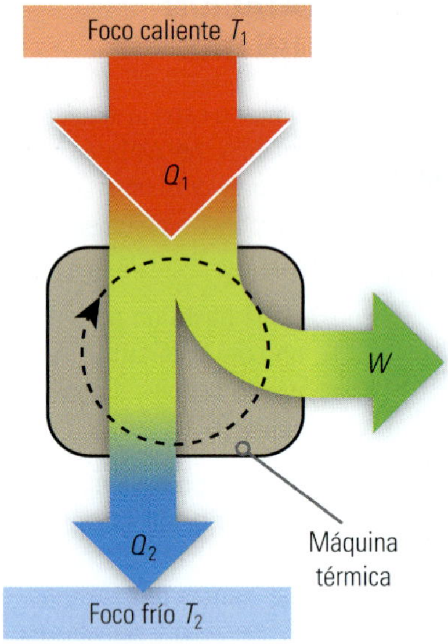

En cualquier proceso en el que se intercambia energía entre sistemas mediante trabajo siempre hay una parte de aquella que no se aprovecha y se degrada en forma de calor, transfiriéndose al entorno con un aumento de su temperatura.

Del mismo modo, pueden diseñarse dispositivos (máquinas o motores) que desarrollan el proceso inverso; es decir, obtienen trabajo a partir del calor. Son las **máquinas térmicas.**

Una máquina térmica consta básicamente de:

— Un foco caliente del que obtiene la energía en forma de calor, Q_1.

— Un mecanismo que transforma la energía en trabajo, W.

— Un foco frío que recibe, en forma de calor, la energía no aprovechada, Q_2.

El **trabajo** producido por la máquina térmica es:

$$W = Q_1 - Q_2\text{, donde } Q_1 > Q_2$$

Las máquinas térmicas utilizan un combustible para elevar la temperatura del foco caliente. Dependiendo del lugar donde se produzca la combustión, pueden clasificarse del siguiente modo:

— De **combustión externa.** La combustión tiene lugar fuera de la máquina (por ejemplo, en la máquina de vapor). En el interior de la máquina hay un gas que aprovecha este calor y se expande.

— De **combustión interna.** La combustión tiene lugar dentro de la propia máquina. Son de este tipo los motores de explosión de dos y cuatro tiempos y el motor diésel. Los gases producidos en la combustión realizan el trabajo.

En la siguiente web podrás visionar cómo el flujo de vapor hace funcionar las máquinas de combustión externa:

https://links.edebe.com/sfqiCf

Funcionamiento del motor de explosión de cuatro tiempos

El motor está formado por una serie de cilindros en cuyo interior unos pistones completan el ciclo de combustión en cuatro carreras o tiempos, comunicando dos vueltas completas a un cigüeñal, encargado de transmitir el movimiento.

1 Admisión

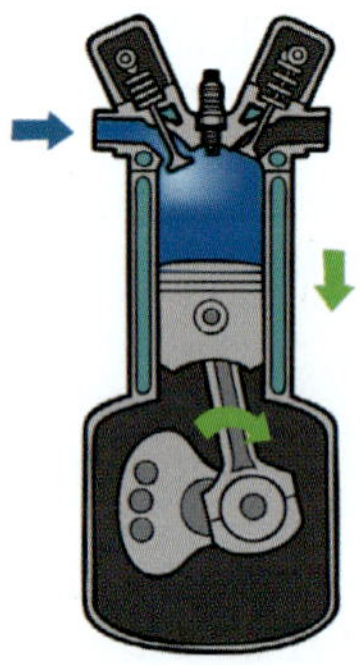

Se abre la válvula de admisión y el pistón, al bajar, aspira la mezcla de combustible. La válvula de escape está cerrada. El cigüeñal da media vuelta.

2 Compresión

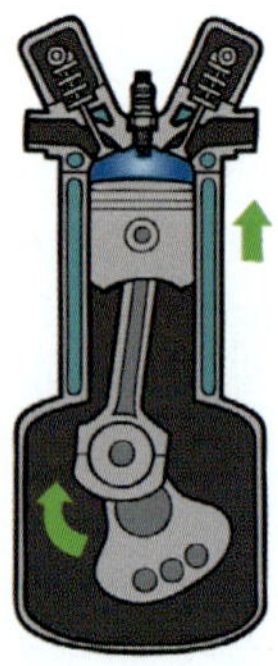

Con las dos válvulas cerradas, el pistón sube comprimiendo la mezcla del combustible. El cigüeñal da otra media vuelta.

3 Expansión

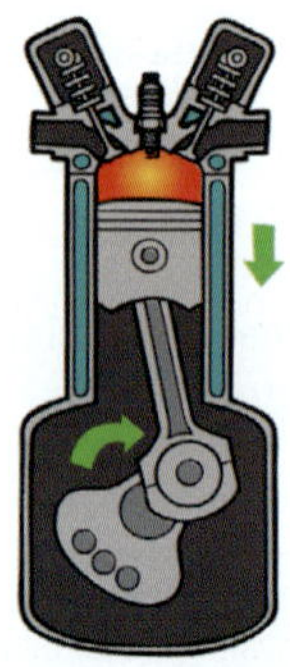

Se provoca la combustión de la mezcla en el cilindro, lo que produce gases en expansión. Las válvulas cerradas obligan al pistón a bajar. En esta media vuelta se obtiene trabajo.

4 Escape

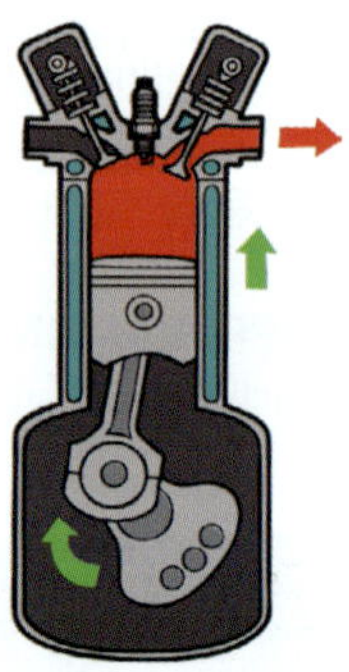

El pistón vuelve a ascender y se abre la válvula de escape. Los gases son expulsados fuera del cilindro. Se produce la última media vuelta del cigüeñal.

3.1. DEGRADACIÓN DE LA ENERGÍA TÉRMICA. RENDIMIENTO

Acabamos de ver que la obtención de trabajo a partir de procesos en los que interviene el calor requiere la presencia de dos focos, uno caliente y otro frío, entre los que trabajan las máquinas. La energía que llega al foco frío ya no es aprovechable en forma de trabajo.

El estudio de las transformaciones energéticas nos ha permitido comprobar que cualquier forma de energía puede transformarse íntegramente en calor, pero el calor no puede transformarse íntegramente en otras formas de energía.

La energía térmica no es aprovechable al 100 %; se dice que es una forma de energía **degradada.**

Esta energía se disipa durante el proceso y no es recuperable si el proceso se invierte; es decir, el proceso es irreversible.

Para conocer la cantidad de energía útil en un proceso, se calcula el **rendimiento.** Es la relación entre la energía que ha sido transformada en trabajo y la energía total consumida. Si consideramos la expresión que nos proporcionaba el trabajo que obteníamos de una máquina térmica, su rendimiento será:

$$\eta = \frac{W}{Q_1} = \frac{Q_1 - Q_2}{Q_1}; \ \eta\ (\text{en }\%) = \frac{Q_1 - Q_2}{Q_1} \cdot 100$$

Puede determinarse que el **rendimiento máximo** de una máquina térmica (el rendimiento de una máquina térmica ideal) se expresa como:

$$\eta_{\text{máx}} = \frac{T_1 - T_2}{T_1}; \ \eta_{\text{máx}}\ (\text{en }\%) = \frac{T_1 - T_2}{T_1} \cdot 100$$

donde T es la temperatura absoluta, que es mucho más fácil de medir que el calor.

ODS

La energía es el principal factor contribuyente al cambio climático y representa alrededor del 60 % de todas las emisiones mundiales de gases de efecto invernadero.

Por ello, entre las metas del **ODS 7:** *Energía asequible y no contaminante,* se incluye, de aquí a 2030, duplicar la tasa mundial de mejora de la eficiencia energética y aumentar la cooperación internacional en este campo.

EJEMPLO 4

Tenemos una vieja máquina de vapor a la que aportamos 250 000 J en forma de calor cada 20 s. Su rendimiento es del 12 %. Calcula el trabajo que realiza cada minuto, la energía que disipa y su potencia.

COMPRENSIÓN. Una máquina de vapor es una máquina térmica. Conocemos su rendimiento y la energía que aportamos por cada intervalo de tiempo de 20 s.

DATOS. $Q = 250\,000$ J; $\eta = 12\,\% = 0{,}12$; $t = 20$ s

RESOLUCIÓN. Como cada 20 s se aportan 250 000 J, en 1 min se aportarán $Q_1 = 750\,000$ J.

Calculamos el trabajo realizado en 1 min a partir del rendimiento:

$$\eta = \frac{W}{Q_1} \rightarrow W = \eta \cdot Q_1 = 0{,}12 \cdot 750\,000 \text{ J} = 90\,000 \text{ J}$$

A continuación, hallamos la energía disipada:

$$Q_2 = Q_1 - W$$

$$Q_2 = 750\,000 \text{ J} - 90\,000 \text{ J} = 660\,000 \text{ J}$$

Finalmente, su potencia es: $P = \frac{W}{t} = \frac{90\,000 \text{ J}}{60 \text{ s}} = 1500 \text{ W}$

COMPROBACIÓN. El trabajo obtenido es menor que el calor cedido al foco frío, que a su vez es menor que el calor absorbido del foco caliente, como es de esperar para una máquina térmica con un bajo rendimiento.

Actividades

11. Formad equipos de cuatro componentes para aplicar la **técnica de aprendizaje cooperativo** *Folio giratorio* en la explicación y la representación gráfica de las etapas del funcionamiento del motor de explosión de cuatro tiempos.

— A continuación, utilizando las TIC a vuestro alcance, investigad la importancia histórica de este motor y su contribución al desarrollo tecnológico y social.

12. Una máquina térmica que tiene el foco caliente a 1500 K y de él obtiene una energía de 4000 J es capaz de desarrollar un trabajo de 1200 J.

Calcula:

a) El rendimiento de la máquina.

b) La temperatura del foco frío.

Ciencia a tu alcance

Cálculo del calor específico del aluminio y del hierro

Cuando echamos hielo en un vaso con refresco, observamos que al cabo de un tiempo el refresco se ha enfriado y se encuentra casi a la misma temperatura que el hielo parcialmente fundido. Ambos han llegado al equilibrio térmico.

Apoyándonos en este hecho, comprobaremos que la materia se comporta de diferente forma en función de su naturaleza; es decir, en un recipiente con agua no produce el mismo aumento de temperatura introducir, por ejemplo, un hierro al rojo vivo que verter un vaso de agua hirviendo.

1 Planteamiento del problema

Nos preguntamos si la materia cede o absorbe calor de forma distinta dependiendo de la sustancia de la que se trate. Ello se traduce en que diferentes sustancias tienen distintos valores de calor específico o capacidad calorífica.

2 Formulación de hipótesis

Nuestra hipótesis es: «El calor específico del aluminio es distinto al del hierro».

3 Comprobación de la hipótesis

Para poder comprobar la hipótesis, debemos **planificar el experimento** que vamos a realizar:

Objetivo

— Comprobar que el calentamiento o el enfriamiento que se produce en una cantidad conocida de agua dependerá de la sustancia con la que la pongamos en contacto térmico, siempre que el resto de las variables (temperatura y masa) estén controladas.

Material

— Calorímetro con termómetro y agitador.

— Soporte y pinzas de bureta.

— Pinzas de madera.

— Mechero, aro y rejilla de amianto.

— Nueces dobles.

— Termómetro.

— Matraces aforados de 100 cm^3 y 250 cm^3.

— Pipeta.

— Vaso de precipitados o matraz Erlenmeyer.

— Balanza.

— Bloque de aluminio, bloque de hierro y agua.

Experimentación

1.º Cálculo del equivalente en agua del calorímetro

El calorímetro es la vasija aislada térmicamente en la que vamos a juntar las sustancias para que alcancen el equilibrio térmico. Además de la vasija, en el calorímetro suelen intervenir un agitador y un termómetro, que influyen en los resultados finales.

Para tener en cuenta esta influencia, se establece un equilibrio entre dos cantidades iguales de agua a diferentes temperaturas. El resultado final será la aportación en calor (cedido o absorbido) de cada sustancia y la del calorímetro, que se introduce en los cálculos como una tercera masa de agua desconocida. Conocemos c_e (agua) = 4180 J/(kg · K).

Lo que calculamos es, en resumen, a cuánta agua equivale la influencia del calorímetro.

— Con ayuda de la pipeta y el matraz aforado, mide 100 cm^3 de agua del grifo y ponlos en el interior del calorímetro. Espera unos minutos para que alcance el equilibrio con las paredes del calorímetro y mide su temperatura (T_0).

— Mide otros 100 cm^3 de agua, colócalos en un vaso de precipitados y ponlo a calentar. Cuando alcancen una temperatura de 60 °C (T_1) aproximadamente, vierte con cuidado el contenido del vaso de precipitados en el interior del calorímetro, donde se encuentran los otros 100 cm^3 de agua a temperatura ambiente (T_0).

— Cierra el calorímetro y anota la lectura del termómetro cada 30 s. Cuando la temperatura se mantenga constante y antes de que comience a descender, anota la temperatura de equilibrio (T_e).

— Calcula el equivalente en masa del calorímetro por conservación de la energía:

$$Q_{cedido} + Q_{absorbido} = 0$$

$$m_{agua} \cdot c_e(\text{agua}) \cdot (T_e - T_1) + m_{agua} \cdot c_e(\text{agua}) \cdot$$
$$\cdot (T_e - T_0) + m_{equiv} \cdot c_e(\text{agua}) \cdot (T_e - T_0) = 0$$

$$m_{equiv} = -\frac{m_{agua} \cdot (T_e - T_1) + m_{agua} \cdot (T_e - T_0)}{(T_e - T_0)} = ...$$

2.º Cálculo de los calores específicos del aluminio y el hierro

— Con ayuda de la pipeta, enrasa el matraz de 250 cm^3, vierte su contenido en el calorímetro y mide la temperatura del agua, T_0.

— Mide la masa de la pieza de aluminio.

— Colócala en el interior del vaso de precipitados y llénalo con una cantidad de agua suficiente para que la pieza de aluminio quede completamente cubierta.

— Pon el vaso a calentar hasta alcanzar la ebullición del agua. Deja que permanezca en este estado durante 3 min para que el aluminio alcance la temperatura de ebullición del agua. La temperatura del aluminio será de $T_{al} = 100$ °C.

— Apaga el mechero, saca el bloque de aluminio con las pinzas y colócalo en el interior del calorímetro.

— Cierra el calorímetro, agita y anota la lectura del termómetro cada 30 s hasta que se alcance la temperatura de equilibrio, T_e.

— Repite todo el procedimiento con el bloque de hierro.

Obtención de datos

— Una vez realizada la experimentación, representa los datos de temperatura obtenidos en una gráfica temperatura-tiempo. A la vista de la gráfica, ¿qué temperatura puede considerarse la del equilibrio térmico?

— Completa esta tabla:

Sustancia	m	T_0	T	T_e
Aluminio				
Hierro				

Análisis de datos

— Calcula el calor específico del aluminio y del hierro por conservación de la energía:

$$Q_{cedido} + Q_{absorbido} = 0$$

$$m \cdot c_e \cdot (T_e - T) +$$
$$+ (m_{agua} + m_{equiv}) \cdot c_e(\text{agua}) \cdot (T_e - T_0) = 0 \rightarrow$$

$$c_e = -\frac{(m_{agua} + m_{equiv}) \cdot c_e(\text{agua}) \cdot (T_e - T_0)}{m \cdot (T_e - T)} = ...$$

— ¿Tienen todos los materiales el mismo calor específico?

4 EXTRACCIÓN DE CONCLUSIONES

Después de analizar los datos y comprobar la hipótesis, llegamos a las siguientes conclusiones:

— El calor que absorbe o cede una sustancia depende de la naturaleza de la sustancia.

— Distintas sustancias tienen diferentes valores del calor específico.

5 COMUNICACIÓN DE RESULTADOS

Redacta un informe detallado de la práctica con datos y gráficas en el que expliques claramente los resultados obtenidos e indica si estos contrastan la hipótesis de partida. El informe tiene que responder a las distintas etapas del método científico y debe ser redactado con rigor y exactitud.

Sigue investigando

Diseña un experimento para determinar si el valor del calor específico de una sustancia depende de la temperatura a la que se calienta o del rango de temperaturas utilizadas y otro para medir calores latentes (por ejemplo, el calor latente del hielo). Preséntaselos a tu profesor o profesora para que te indique si es viable su realización o no.

Síntesis

Energía térmica

Temperatura

- La **temperatura,** *T*, de un cuerpo, sea cual sea su estado, es una medida de la energía cinética media, $\bar{E}c$, de sus partículas.
- Dos cuerpos que se encuentran en **equilibrio térmico** tienen en común su temperatura.

Calor

El **calor** es el proceso de **intercambio de energía** entre cuerpos o sistemas como consecuencia de su diferencia de temperatura.

Se transmite por

- **Conducción**: Por contacto, sin propagación de materia.
- **Convección**: Entre fluidos, con propagación de materia.
- **Radiación**: Mediante ondas electromagnéticas, sin contacto y sin propagación de materia.

Produce

- **Variaciones de temperatura**: Dependen de la masa, la energía comunicada y la naturaleza de las sustancias.

  $$Q = m \cdot c_e \cdot \Delta T$$

  c_e es el **calor específico** del material y se define como la energía necesaria para que 1 kg de material aumente su temperatura en 1 K.

- **Cambios de estado**: Se producen a temperatura constante. Dependen de la naturaleza de la materia:

  $$Q = m \cdot L$$

  L es una constante llamada **calor latente** de cambio de estado.

- **Dilataciones**:

  Lineal:

  $$\Delta L = \lambda \cdot L_0 \cdot \Delta T$$

  Cúbica:

  $$\Delta V = \gamma \cdot V_0 \cdot \Delta T$$

  En los sólidos, $\gamma = 3\lambda$ depende del material.

  En los gases: $\gamma = \frac{1}{273}\ K^{-1}$

Se aprovecha en

- **Máquinas térmicas**:
  - Convierten calor en trabajo.
  - Pueden ser de combustión externa o interna.
  - Su rendimiento es: $\eta = \frac{W}{Q_1} = \frac{Q_1 - Q_2}{Q_1}$

    La energía térmica no es aprovechable al 100 %. Es una forma de energía degradada.

PREPARA

13. ●○○ **Completa en tu cuaderno el siguiente texto con las palabras *aislados, calor, cede, energía, menor* y *térmico:***

Cuando dos cuerpos en contacto y .... del entorno alcanzan el equilibrio ...., la energía que .... el que se encuentra a mayor temperatura la absorbe el otro que está a .... temperatura. Este hecho es consecuencia del principio de conservación de la .... Este proceso de intercambio de energía es el ....

14. ●○○ **Identifica la forma o formas de transmisión de calor (conducción, convección y radiación) presentes en cada una de las siguientes situaciones:**

a) Carla se calienta las manos a la lumbre de la hoguera.

b) Jorge se quema al probar la comida con una cuchara de madera.

c) Carmen toma el sol y se quema la piel.

15. ●○○ **¿De qué factores depende la variación de temperatura que experimenta un líquido contenido en un matraz cuando se le comunica energía mediante un mechero?**

a) De la masa de líquido.

b) De la temperatura inicial del líquido.

c) Del líquido concreto que se calienta.

d) De la energía comunicada al líquido.

e) Del tamaño del matraz.

16. ●○○ **Explica razonadamente si las siguientes afirmaciones son verdaderas o falsas:**

a) Los cambios de estado se producen a temperatura constante porque durante el proceso deja de absorberse energía.

b) Las juntas de dilatación en las vías de tren se incorporan para prevenir el aumento de su longitud.

17. ●○○ **¿Cómo se denominan los dispositivos que son capaces de convertir calor en trabajo?**

a) Máquinas térmicas.

b) Frigoríficos.

c) Estufas.

18. ●○○ **¿Por qué se dice que el calor es una forma de energía degradada?**

a) Porque es difícil de manipular.

b) Porque degrada (quema) todo lo que toca.

c) Porque no puede transformarse íntegramente en otras formas de energía.

ENTRENA

1. Temperatura y calor

19. ●○○ **Justifica si las siguientes afirmaciones son verdaderas o falsas:**

a) Los intercambios de energía tienen lugar entre cuerpos con diferente cantidad de calor.

b) El equilibrio térmico se produce cuando se iguala la cantidad de calor en cada cuerpo.

c) La temperatura es lo que tienen en común los cuerpos que están en equilibrio térmico.

d) La temperatura es una magnitud que se puede medir directamente; el calor, no.

e) El calor que cede un cuerpo se considera negativo y el que absorbe, positivo.

20. ●●○ **Aplica la ecuación hallada por Boltzmann para calcular la velocidad media de las moléculas de agua ($m = 2{,}99 \cdot 10^{-26}$ kg) cuando su temperatura es de 200 °C.**

— ¿Podríamos aplicar la misma ecuación para calcular la velocidad de las moléculas de agua cuando esta se encuentra a 45 °C?

21. ●●○ **Razona si la siguiente afirmación es verdadera o falsa: «El calor no puede transmitirse por radiación cuando el medio por el que lo hace no es el vacío».**

22. ●●● **Explica las formas de transmisión del calor a partir de la interpretación microscópica de la temperatura y el calor en relación con el modelo cinético-molecular y la energía cinética de las partículas.**

2. Efectos del calor en los cuerpos

23. ●○○ **¿Cuál de estas magnitudes es característica de cada sustancia? a) temperatura; b) calor específico; c) masa; d) calor.**

24. ●○○ **Comunicamos 18 000 J de energía en forma de calor a dos sólidos, ambos de 200 g de masa, el primero de hierro, $c_e = 452$ J/(kg · K), y el segundo de cobre, $c_e = 1100$ J/(kg · K), que se encuentran a la misma temperatura inicial de 0 °C. Calcula la temperatura final en cada caso.**

25. ●○○ **Justifica si las siguientes afirmaciones son verdaderas o falsas:**

a) En los cambios de estado la temperatura permanece constante.

b) En el cambio de estado de sólido a gas no interviene la misma cantidad de calor que en el de gas a sólido.

c) La cantidad de calor necesaria para pasar una masa de sólido a líquido es diferente a la necesaria para pasar de líquido a gas.

d) En los cambios de estado, al ser constante la temperatura, no se conserva la energía.

26. ●○○ **Esta gráfica representa los cambios de estado de tres sustancias: A, B y C.**

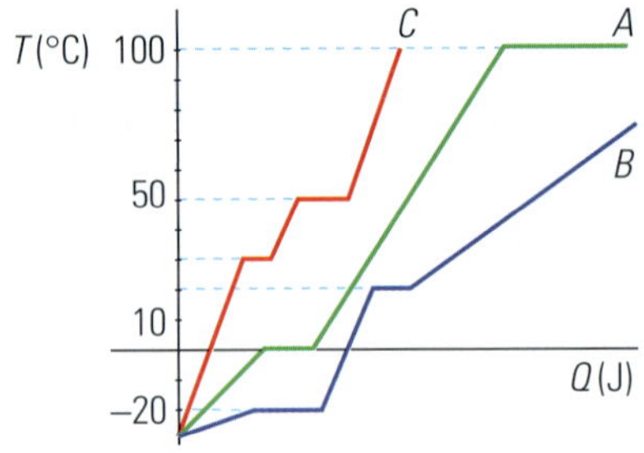

— Indica las temperaturas a las que se producen la fusión y la evaporación.

27. ●○○ **A partir de los datos de la tabla, calcula los valores de los coeficientes de dilatación cúbica de las distintas sustancias.**

Sustancia	λ (K^{-1})	Sustancia	λ (K^{-1})
Plomo	$2{,}9 \cdot 10^{-5}$	Aluminio	$2{,}5 \cdot 10^{-5}$
Latón	$1{,}9 \cdot 10^{-5}$	Cobre	$1{,}7 \cdot 10^{-5}$
Hierro	$1{,}2 \cdot 10^{-5}$	Vidrio	$0{,}9 \cdot 10^{-5}$
Platino	$0{,}9 \cdot 10^{-5}$		

28. ●○○ **Señala razonadamente si las siguientes afirmaciones son verdaderas o falsas:**

a) La dilatación anómala del agua consiste en que, en el rango de 0 a 4 °C, su volumen disminuye al aumentar la temperatura.

b) Todos los gases tienen el mismo coeficiente de dilatación cúbica porque siempre ocupan el mismo volumen.

29. ●●○ **La combustión de 15 g de carbón de hulla eleva la temperatura de 4,0 kg de agua desde los 20 °C hasta los 50 °C. A partir de estos datos, calcula el poder calorífico de la hulla en julios por gramo de combustible.**

30. ●●○ **Gracias al experimento de Joule, conocemos la relación entre el calor y el trabajo y podemos relacionar el julio con la unidad de calor conocida como caloría.**

Teniendo en cuenta que 1 cal = 4,18 J, expresa el valor del calor específico del agua líquida en cal/(g · K).

31. ●●○ **En un recipiente con 200 g de agua a 25 °C introducimos una pieza de cobre de 50 g que se encuentra a una temperatura de 150 °C. Calcula la temperatura final de la mezcla cuando se alcanza el equilibrio térmico.**

COMPRENSIÓN. El cobre, que está más caliente, cede calor al agua hasta que ambas sustancias alcanzan la misma temperatura (equilibrio térmico). Por el principio de conservación de la energía, el calor cedido por el cobre ha de ser igual al calor absorbido por el agua.

DATOS

Agua: $m_1 = 200\ \text{g} = 0{,}200\ \text{kg}$; $T_1 = 25\ °\text{C} = 298\ \text{K}$; $c_{e_1} = 4180\ \text{J/(kg} \cdot \text{K)}$

Cobre: $m_2 = 50\ \text{g} = 0{,}050\ \text{kg}$; $T_2 = 150\ °\text{C} = 423\ \text{K}$; $c_{e_2} = 1100\ \text{J/(kg} \cdot \text{K)}$

RESOLUCIÓN. En el equilibrio térmico:

$$Q_{\text{absorbido}} + Q_{\text{cedido}} = 0$$

$$m_1 \cdot c_{e_1} \cdot (T_f - T_1) + m_2 \cdot c_{e_2} \cdot (T_f - T_2) = 0$$

$$m_1 \cdot c_{e_1} \cdot T_f + m_2 \cdot c_{e_2} \cdot T_f = m_1 \cdot c_{e_1} \cdot T_1 + m_2 \cdot c_{e_2} \cdot T_2$$

Sacamos factor común y despejamos la T_f:

$$(m_1 \cdot c_{e_1} + m_2 \cdot c_{e_2}) \cdot T_f = m_1 \cdot c_{e_1} \cdot T_1 + m_2 \cdot c_{e_2} \cdot T_2$$

$$T_f = \frac{m_1 \cdot c_{e_1} \cdot T_1 + m_2 \cdot c_{e_2} \cdot T_2}{m_1 \cdot c_{e_1} + m_2 \cdot c_{e_2}}$$

Si se sustituyen los valores numéricos:

$$T_f = \frac{0{,}200\ \cancel{\text{kg}} \cdot 4180\ \dfrac{\text{J}}{\cancel{\text{kg}} \cdot \cancel{\text{K}}} \cdot 298\ \cancel{\text{K}}}{0{,}200\ \cancel{\text{kg}} \cdot 4180\ \dfrac{\text{J}}{\cancel{\text{kg}} \cdot \text{K}} + 0{,}050\ \cancel{\text{kg}} \cdot 1100\ \dfrac{\text{J}}{\cancel{\text{kg}} \cdot \text{K}}} +$$

$$+ \frac{0{,}050\ \cancel{\text{kg}} \cdot 1100\ \dfrac{\text{J}}{\cancel{\text{kg}} \cdot \cancel{\text{K}}} \cdot 423\ \cancel{\text{K}}}{0{,}200\ \cancel{\text{kg}} \cdot 4180\ \dfrac{\text{J}}{\cancel{\text{kg}} \cdot \text{K}} + 0{,}050\ \cancel{\text{kg}} \cdot 1100\ \dfrac{\text{J}}{\cancel{\text{kg}} \cdot \text{K}}} =$$

$$= 306\ \text{K} = 33\ °\text{C}$$

Por lo tanto, la temperatura final será de 33 °C.

COMPROBACIÓN. Como cabía esperar, la temperatura de equilibrio se encuentra entre las temperaturas iniciales de ambas sustancias.

32. ●●○ **En un recipiente con 300 g de agua a 85 °C echamos 600 g de agua a 25 °C. Calcula la temperatura final de la mezcla si en el proceso no se producen pérdidas.**

— Repite el cálculo si en lugar de agua utilizamos mercurio de $c_e = 140\ \text{J/(kg} \cdot \text{K)}$.

33. ●●○ **Un herrero maneja un bloque de hierro al rojo vivo que se encuentra a una temperatura de 900 °C. La masa del bloque es de 4,0 kg y se desea bajar su temperatura con agua hasta los 50 °C. Calcula la cantidad de agua necesaria si su temperatura es de 20 °C.**

— ¿Sería suficiente esa cantidad de agua si la pieza fuese de cobre en lugar de hierro?

34. ●●○ **Una científica realiza una prueba a un metal nuevo desconocido para calcular su calor específico. Para ello, echa el trozo de metal, que se encuentra en el laboratorio a una temperatura de 20 °C, dentro de un recipiente con 400 mL de agua a 50 °C.**

La temperatura a la que la mezcla alcanza el equilibrio es $T_e = 34\ °\text{C}$. Calcula el valor del calor específico del metal desconocido si la masa del trozo de metal es de 25 g.

35. ●●○ **Calcula la energía que se necesita para que se produzca únicamente el proceso de fusión de 4,0 kg de agua si el calor latente de fusión es $L_f = 334$ kJ/kg.**

Compara el resultado obtenido con el calor necesario para pasar al estado gaseoso esa misma cantidad de agua ($L_v = 2257$ kJ/kg).

— ¿En qué proceso se necesita más calor?

36. ●●○ **Juntamos en un recipiente 400 g de agua a una temperatura de 85 °C con un cubito de hielo de 27 g de masa a –10 °C. Calcula:**

a) La energía necesaria para elevar la temperatura del cubito hasta los 0 °C.

b) La energía necesaria para que el cubito se funda completamente.

— ¿Puede obtenerse esa energía de los 400 g de agua a 85 °C? En caso afirmativo, calcula la temperatura final de la mezcla.

37. ●●○ **Un experimento realizado con 50 g de mercurio que pasan del estado sólido al líquido nos proporciona la siguiente gráfica:**

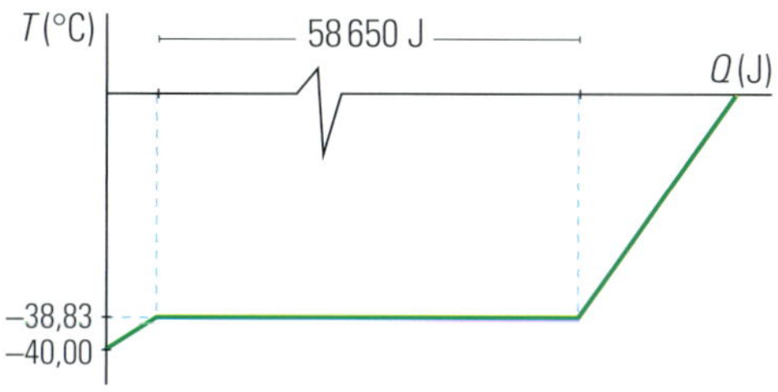

A la vista de los datos obtenidos, calcula el valor del calor latente de fusión del mercurio en unidades del SI.

38. ●●○ **Sacamos un cubito de hielo de 125 g del congelador a –18 °C y lo depositamos en una jarra con 500 g de agua a 25 °C. Calcula la temperatura final de la mezcla cuando haya alcanzado el equilibrio térmico.**

COMPRENSIÓN. El agua de la jarra, que está más caliente, se enfría y cede calor al cubito de hielo, que lo absorbe para elevar su temperatura hasta 0 °C, fundirse y elevar de nuevo su temperatura hasta que se alcanza el equilibrio térmico. El calor cedido ha de ser igual al calor absorbido.

DATOS. $L_f = 334$ kJ/kg $= 3{,}34 \cdot 10^5$ J/kg

Hielo: $m_1 = 125$ g $= 0{,}125$ kg; $T_1 = -18$ °C $= 255$ K; $c_{e_1} = 2132$ J/(kg · K)

Agua: $m_2 = 500$ g $= 0{,}500$ kg; $T_2 = 25$ °C $= 298$ K; $c_{e_2} = 4180$ J/(kg · K)

RESOLUCIÓN. Para el calor absorbido por el cubito, tenemos que:

$$Q_{\text{absorbido}} = Q_{\text{hielo}} + Q_{\text{fusión}} + Q_{\text{agua}}$$

$$Q_{\text{hielo}} = m_1 \cdot c_{e_1} \cdot (273 - T_1) =$$
$$= 0{,}125 \text{ kg} \cdot 2132 \text{ J/(kg} \cdot \text{K)} \cdot (273 - 255) \text{ K} = 4{,}80 \cdot 10^3 \text{ J}$$

$$Q_{\text{fusión}} = m_1 \cdot L_f = 0{,}125 \text{ kg} \cdot 3{,}34 \cdot 10^5 \text{ J/kg} = 4{,}18 \cdot 10^4 \text{ J}$$

$$Q_{\text{agua}} = m_1 \cdot c_{e_2} \cdot (T_f - 273) =$$
$$= 0{,}125 \text{ kg} \cdot 4180 \text{ J/(kg} \cdot \text{K)} \cdot (T_f - 273) \text{ K} = (523 \cdot T_f - 1{,}43 \cdot 10^5) \text{ J}$$

De manera que: $Q_{\text{absorbido}} = (523 \cdot T_f - 9{,}6 \cdot 10^4)$ J

Para el calor cedido por el agua de la jarra, tenemos:

$$Q_{\text{cedido}} = m_2 \cdot c_{e_2} \cdot (T_f - T_2) =$$
$$= 0{,}500 \text{ kg} \cdot 4180 \text{ J/(kg} \cdot \text{K)} \cdot (T_f - 298) \text{ K} = (2090 \cdot T_f - 6{,}23 \cdot 10^5) \text{ J}$$

En el equilibrio térmico:

$$Q_{\text{absorbido}} + Q_{\text{cedido}} = 0$$

$$523 \cdot T_f - 9{,}6 \cdot 10^4 + 2090 \cdot T_f - 6{,}23 \cdot 10^5 = 0$$

Sacamos factor común y despejamos la T_f:

$$T_f = \frac{6{,}23 \cdot 10^5 \text{ J} + 9{,}6 \cdot 10^4 \text{ J}}{523 \text{ J/K} + 2090 \text{ J/K}} = 275 \text{ K} = 2 \text{ °C}$$

Por lo tanto, la temperatura final será de 2 °C.

39. ●●○ **En un cubo que contiene 10 L de agua a 20 °C echamos un bloque de hierro de 0,50 kg que se encuentra a 600 °C.**

a) Calcula la temperatura final de la mezcla si en el proceso no se producen pérdidas.

A continuación, añadimos 20 g de hielo a 0 °C al cubo que contiene el agua y el hierro.

b) Calcula la cantidad de calor que necesita el hielo para fundirse.

c) Indica a qué temperatura se producirá el equilibrio térmico entre todas las sustancias.

40. ●●○ **Queremos diseñar una junta de dilatación para una vía de tren. Los raíles contiguos tienen una longitud de 18 m a 0 °C. ¿De qué anchura debe ser la junta de dilatación de los raíles para asegurar que no habrá deformaciones en la vía hasta los 50 °C? (Dato: $\lambda_{\text{acero}} = 1{,}2 \cdot 10^{-5}$ K^{-1}).**

41. ●●○ **Queremos colocar una barra protectora en un mirador que tiene una longitud de 6,0 m a 20 °C. Efectúa los cálculos necesarios para saber de qué anchura debe ser la junta de dilatación de la barra para asegurar que no se deformará hasta los 50 °C si la fabricamos en:**

a) Hierro con $\lambda = 1{,}2 \cdot 10^{-5}$ K^{-1}

b) Aluminio con $\lambda = 2{,}5 \cdot 10^{-5}$ K^{-1}

42. ●●○ **Una pieza maciza de aluminio tiene un volumen de 0,064 m^3 a una temperatura de 30 °C. Calcula el valor que tendrá el volumen si elevamos su temperatura hasta los 330 °C.**

43. ●●○ **Una pieza cúbica maciza fabricada en cobre tiene un volumen de 0,064 m^3 a una temperatura de 20 °C. Calcula sus nuevas dimensiones (volumen y arista) si elevamos su temperatura hasta los 300 °C.**

44. ●●○ **Calcula el incremento de altura que experimenta una columna de gas de 10 km de altura y 1,0 m^2 de sección (consideramos que es la altura de la atmósfera y que no puede expandirse hacia los lados) cuando su temperatura aumenta 10 °C.**

45. ●●● En un experimento de laboratorio se obtiene esta gráfica de temperatura-tiempo:

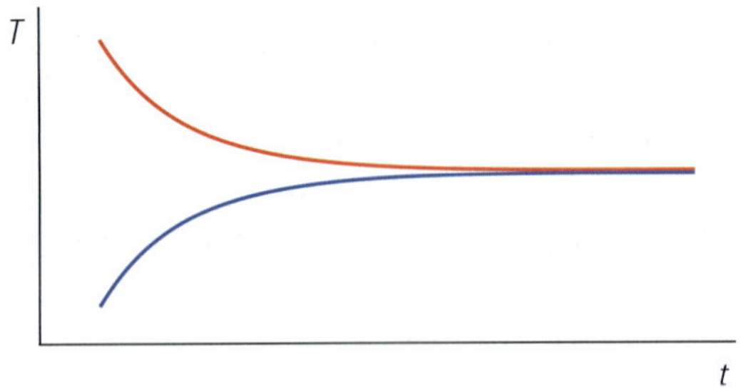

El trazo de color azul es la evolución de la temperatura de una sustancia y el trazo rojo, el de otra distinta. A la vista de la gráfica:

a) Indica de qué experimento crees que se trata.

b) ¿Qué características de ambas sustancias podrías deducir?

46. ●●● La temperatura de la Tierra puede estar por debajo de los 0 °C, lo que explicaría la formación del hielo, pero nunca supera los 100 °C. ¿Cómo se explica entonces la presencia de agua en estado gaseoso en la atmósfera?

— Busca en los medios TIC a tu alcance la respuesta a esta cuestión.

47. ●●● Investiga en los medios TIC a tu alcance qué es y en qué consiste el funcionamiento de una lámina bimetálica.

— Indica alguna aplicación que se haya dado a este descubrimiento.

3. Máquinas térmicas

48. ●○○ Una máquina térmica absorbe $5{,}82 \cdot 10^5$ J de un foco de calor y realiza un trabajo mecánico de $4{,}33 \cdot 10^5$ J. Calcula el calor que cede al foco frío.

49. ●○○ Una máquina térmica recibe 100 000 J y cede al medio 75 000 J. Calcula el trabajo que desarrolla y su rendimiento.

50. ●●○ Un frigorífico es una máquina térmica que absorbe calor de un foco frío y lo cede a un foco caliente gracias a la aportación de trabajo.

Si un frigorífico absorbe 14 000 J del foco frío y se le suministra un trabajo igual a 2500 J, determina el calor que cede al foco caliente.

51. ●●○ Lleva a cabo una pequeña investigación sobre la influencia en la evolución de diferentes campos de la industria que supuso durante la Revolución Industrial la mejora que introdujo James Watt en la máquina de vapor.

— Elabora una presentación para mostrar el resultado a tus compañeros y compañeras.

52. ●●○ Si el rendimiento máximo de una máquina que trabaja a 180 °C es del 35 %, calcula el valor de la temperatura de su foco frío.

53. ●●○ Un inventor nos ofrece una máquina térmica que funciona entre un foco a 270 °C y otro a 610 °C, con un rendimiento del 48 %. ¿Le comprarías la patente?

54. ●●○ Una persona afirma que ha construido una máquina térmica que produce un trabajo de 150 kJ cuando absorbe 500 kJ de un foco caliente a 227 °C y lo cede a un foco frío a 27 °C. Razona si es posible esta afirmación.

55. ●●○ **Una máquina térmica a su rendimiento máximo proporciona un trabajo de 18 000 J cuando absorbe calor de un foco caliente a 475 °C y lo cede a un foco frío a 25 °C. Calcula:**

a) El calor absorbido y el calor no aprovechado por la máquina.

b) La masa de combustible consumido por la máquina para producir ese trabajo, si tiene un poder calorífico de 45 600 kJ/kg (gasolina).

COMPRENSIÓN. La máquina trabaja con máximo rendimiento. Por lo tanto, podemos calcular los calores a partir de las temperaturas de los focos.

DATOS. $T_1 = 475\ °C = 748\ K$; $T_2 = 25\ °C = 298\ K$; $W = 18\,000\ J$; $PC = 45\,600\ kJ/kg = 4{,}56 \cdot 10^7\ J/kg$

RESOLUCIÓN

a) Comenzaremos por el cálculo del rendimiento:

$$\eta = \frac{T_1 - T_2}{T_1} = \frac{748\ K - 298\ K}{748\ K} = 0{,}602 = 60{,}2\ \%$$

Si aplicamos la definición de *rendimiento,* podremos calcular el calor absorbido Q_1:

$$\eta = \frac{W}{Q_1} \rightarrow Q_1 = \frac{W}{\eta} = \frac{18\,000\ J}{0{,}602} = 29\,900\ J$$

El balance energético nos permite calcular el calor que no se aprovecha:

$$Q_2 = Q_1 - W = 29\,900\ J - 18\,000\ J = 11\,900\ J$$

b) Calculamos la masa de combustible consumido por la máquina para generar el calor necesario Q_1 para producir el trabajo:

$$29\,900\ \cancel{J} \cdot \frac{1\ kg\ gasolina}{4{,}56 \cdot 10^7\ \cancel{J}} = 6{,}56 \cdot 10^{-4}\ kg = 0{,}656\ g$$

COMPROBACIÓN. Verificamos que, puesto que el poder calorífico de la gasolina es elevado, la máquina consume una cantidad muy pequeña de gasolina para producir el trabajo.

56. ●●○ Una máquina térmica trabaja con máximo rendimiento entre dos focos que están a temperaturas de 140 °C y 30 °C, y su consumo cada hora es de 150 000 J. Calcula:

a) El rendimiento de la máquina.

b) El trabajo realizado y la cantidad de energía que no se aprovecha.

c) El combustible consumido cada hora si su poder calorífico es de 30 MJ/kg (carbón).

57. ●●○ La degradación de la energía supone una limitación a la obtención de trabajo (energía útil) en las máquinas térmicas.

Valora este hecho en relación con el consumo de energía, los efectos sobre el medio ambiente, la conveniencia del ahorro energético, la diversificación de las fuentes de energía, así como los costes y los beneficios del uso de energías renovables en tu comunidad autónoma.

58. ●●○ Busca alguna simulación virtual interactiva que te permita comprobar la degradación de la energía en máquinas térmicas. Publica, en un blog creado al efecto por tu profesor o profesora, el enlace al simulador y las conclusiones a las que llegues.

59. ●●● La expresión que permite calcular el rendimiento máximo de una máquina térmica en función de las temperaturas de trabajo de los focos caliente y frío es:

$$\eta_{\text{máx}} = \frac{T_c - T_f}{T_c}$$

Indica dónde debería tener mayor rendimiento un motor, en un ambiente frío o en uno caliente.

60. ●●● Si en una máquina térmica todo el calor recibido Q_1 se convirtiese en trabajo, el valor del calor perdido Q_2 debería ser 0 y su rendimiento sería del 100 %.

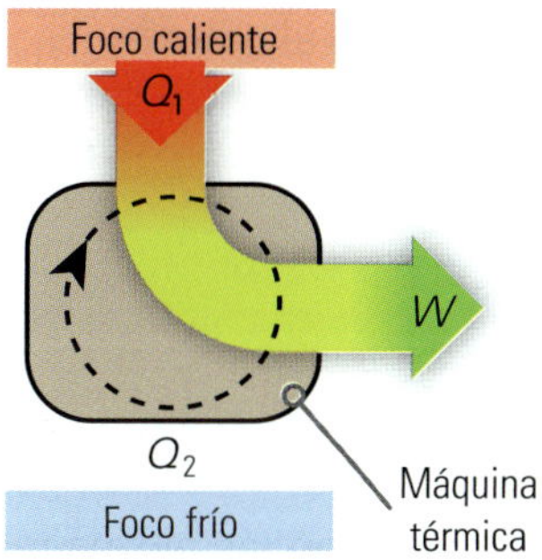

Sabemos que esta situación no se produce. Comprueba que, de ser cierta, nos llevaría a una consecuencia absurda, calculando el valor de la temperatura que debería tener el foco frío.

61. ●●● Con la finalidad de valorar la eficiencia energética de un refrigerador, se define el coeficiente de operación frigorífica, ε, como el cociente entre el calor extraído del foco frío, Q_2, y el trabajo empleado para obtenerlo, W. Su valor máximo se calcula mediante la fórmula:

$$\varepsilon = \frac{Q_2}{W}; \quad \varepsilon_{\text{máx}} = \frac{T_2}{T_1 - T_2}$$

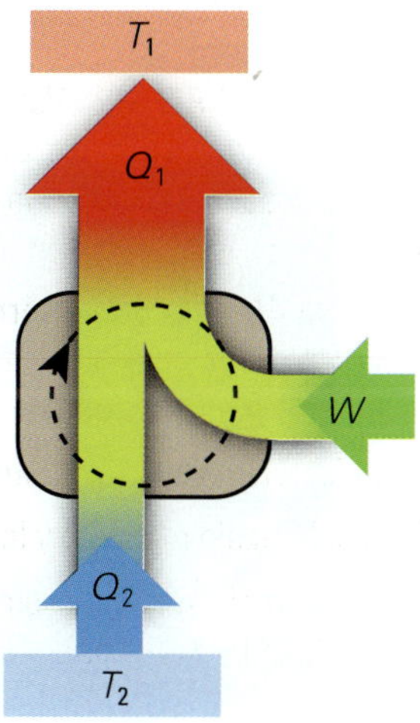

a) Razona si existe la posibilidad de que este parámetro tenga un valor superior a 1.

b) Un frigorífico extrae calor de su interior a razón de 1,0 MJ por hora para mantenerlo a 3 °C. La temperatura exterior es de 30 °C. Calcula el coeficiente $\varepsilon_{\text{máx}}$ y la potencia necesaria para el motor del frigorífico.

APLICA

62. ●●○ Se dispone de una bola de hierro (densidad 7870 kg/m^3) de 6,0 cm de diámetro a una temperatura de 200 °C que se introduce en un recipiente con 1,0 L de agua a 23 °C.

a) ¿Qué temperatura tendrán la bola de hierro y el agua del recipiente una vez que se haya alcanzado el equilibrio térmico?

b) ¿Cuál es el cambio de volumen y de diámetro que experimenta la bola en este proceso?

63. ●●● Un frigorífico de elevada eficiencia energética consume 40 W. La temperatura en su interior se mantiene a 5 °C, mientras que la temperatura ambiente es de 25 °C. Se introduce en el frigorífico una botella de vidrio que estaba en el exterior y que contiene 1,0 L de agua. El peso de la botella vacía es de 400 g.

a) Calcula el calor necesario para enfriar la botella con el agua desde los 25 °C hasta los 5 °C. Dato: c_e (vidrio) = 840 J/(kg · K).

b) Calcula el trabajo y el tiempo necesarios para conseguirlo con la ayuda del coeficiente de operación frigorífica, ε.

Piensa sobre...

64. Con lo que conoces sobre la temperatura y el calor, ¿podrías explicar cualitativamente qué temperatura experimenta un astronauta en órbita alrededor de la Tierra? a) Sí; b) No.

65. ¿Qué forma de transmisión del calor permite que podamos medir la temperatura de un objeto sin tocarlo?

a) La radiación que emiten todos los cuerpos por el hecho de encontrarse a una determinada temperatura.

b) Las corrientes convectivas de aire que nos llegan del objeto.

c) La conducción, de manera indirecta, pues el objeto está en contacto con el aire, y el aire, en contacto con el aparato de medida.

66. Cuando el frío es suficientemente intenso, el agua de grandes lagos y del mar se congela progresivamente mientras el oleaje se ralentiza, hasta que finalmente pueden observarse olas totalmente congeladas. ¿Te parece posible?

67. Selecciona la opción correcta.

El sudor ayuda a regular la temperatura corporal porque...

a) ...está muy fresquito.

b) ...las pequeñas gotas de sudor absorben calor de nuestro organismo al evaporarse.

c) ...las gotas de sudor ceden calor a nuestro organismo y se enfrían.

68. ¿Te ha resultado complicado comprender el funcionamiento de las máquinas térmicas?

A B C

Pon a prueba tus competencias

Tu amiga Clara te ha invitado a pasar un fin de semana en su pueblo. El sábado nada más levantaros visitáis una herrería, una de las pocas que todavía mantienen viva la tradición del trabajo artesano del metal modelado con ayuda del calor.

69. Evidentemente, nada más entrar notáis que la temperatura en el interior es elevadísima debido a que existe una gran hoguera que se utiliza para calentar piezas metálicas. ¿Cómo os llega el calor?

a) Por conducción en el aire y convección.

b) Al no haber contacto, solo se transmite por radiación y convección.

c) La transmisión del calor es por radiación.

d) Se pueden observar las tres formas de transmisión del calor: conducción, radiación y convección.

70. Observáis que el herrero, Agustín, lleva unos guantes para trabajar con las piezas que saca de la fragua. ¿Qué función tienen estos guantes?

a) Son guantes de trabajo, obligatorios en todas las actividades para protegerse de golpes o heridas.

b) Son guantes aislantes para evitar el calor por conducción.

c) Se utilizan para evitar la aspereza del acero. Antiguamente no se usaban porque no existían.

d) Los guantes evitan el calentamiento de la mano cuando se acerca a la hoguera.

71. Agustín saca una pieza de hierro al rojo y os comenta que puede estar a unos 700 °C aproximadamente. Las piezas entran a unos 35 °C y son de 2,0 kg. Calcula la cantidad de calor que comunica la hoguera a estas piezas si el calor específico del hierro es de 452 J/(kg · K).

a) 664 440 J

b) 601 160 J

c) 632 800 J

d) Depende de la temperatura de la fragua.

72. **Después de trabajar la pieza y darle forma, Agustín la introduce en un cubo de agua que tiene al lado del yunque y en pocos segundos se enfría. Sorprendidas, le preguntáis si podéis tocar el agua y os contesta que sí, que no está muy caliente.**

Sabiendo que el calor específico del agua es de 4180 J/(kg · K), indica a qué temperatura llega el agua del cubo si tiene 15 L de agua a 20 °C:

a) El agua se evapora completamente.

b) El agua se queda a la misma temperatura.

c) Cerca de 30 °C.

d) Aproximadamente, 90 °C.

73. **¿A qué temperatura sale la pieza de hierro del cubo de agua?**

a) Sale a unos 100 °C, porque el agua se evapora.

b) Por equilibrio térmico, sale a la media de las temperaturas de ambos cuerpos, unos 360 °C.

c) Por equilibrio térmico, el agua y el hierro quedarán a la misma temperatura.

d) No se puede saber con exactitud, pero estará algo más caliente que el agua.

74. **Clara, de repente, se acuerda de que en clase había estudiado que los cuerpos pueden cambiar sus dimensiones por efecto del calor. Pero desconoce el valor de la constante de dilatación cúbica. ¿Recuerdas cómo se calculaba el valor de esa constante?**

a) Es el valor de la constante de dilatación lineal al cubo: $\gamma = \lambda^3$.

b) Es el valor de la constante de dilatación lineal multiplicada por 3: $\gamma = 3\,\lambda$.

c) Es igual para todos los metales y de valor $\gamma = \dfrac{1}{273} K^{-1}$.

75. **A pesar de que la mañana es calurosa, el aire en el interior de la herrería está mucho más caliente que en el exterior por estar en contacto con la hoguera de la fragua. Si el aire está más caliente, ¿aumentarán también sus dimensiones?**

a) No, el aire es un gas y no tiene dimensiones.

b) Sí, aumentarán. Todos los gases lo hacen de la misma forma ante un incremento de temperatura.

c) Un aumento de volumen supondría que en la herrería habría más presión que en el exterior.

d) Sí, aumenta de volumen, pero no incrementa la presión, ya que disminuye su densidad y las partículas que lo forman tienden a moverse más despacio.

76. **Cuando os marcháis, le comentas a tu amiga: «No sé por qué el profesor de Física decía que el calor era una forma degradada de la energía. Agustín le saca todo el rendimiento posible». Clara me comenta que estoy equivocada, que es verdad que desaprovecha mucha energía. ¿Dónde está la energía que desaprovecha el herrero?**

a) La energía se pierde porque esta actividad no está industrializada y correctamente controlada.

b) La energía se pierde porque se calienta el aire de la habitación donde se encuentra la fragua.

c) La energía se pierde porque, después de calentar los metales, Agustín los vuelve a enfriar sin aprovechamiento de ese calor.

d) Clara está equivocada ya que, al no haber un foco frío, no hay pérdidas por calor.

14

Bloque 5. La energía

Ondas: el sonido y la luz

Contenidos

- Las ondas
- El sonido
- La luz

Y además...

Ciencia a tu alcance
Reflexión, refracción y polarización

¿Te has fijado?

- ¿Qué tienen en común el sonido y la luz?
- ¿Los sonidos del universo?
- La ecolocalización, un superpoder
- Vivimos inmersos en un mar de radiación
- Un telescopio para cada una de las regiones del espectro electromagnético

1. LAS ONDAS

La música, los ruidos, la radio, las microondas, la luz del Sol o la de las bombillas, etc., son ondas.

Si pensamos en un trozo de corcho que flota en un estanque mientras es alcanzado por las ondas circulares que ha producido una piedra lanzada al agua, observaremos que es desplazado arriba y abajo, pero no en la dirección de avance de las ondas.

Esto nos indica que en la propagación de las ondas se produce un transporte de energía (el corcho sube y baja), pero no de materia (las ondas no arrastran el corcho).

Una **onda** es la propagación de una perturbación mediante la que se transmite energía sin que haya transporte de materia.

1.1. CLASES DE ONDAS

No todas las ondas tienen las mismas características. Podemos clasificarlas según diferentes criterios, como la dirección y el medio de propagación.

Según la dirección de propagación

Ondas longitudinales

La perturbación produce una oscilación en la misma dirección en la que se propaga la onda. Ejemplo: el sonido.

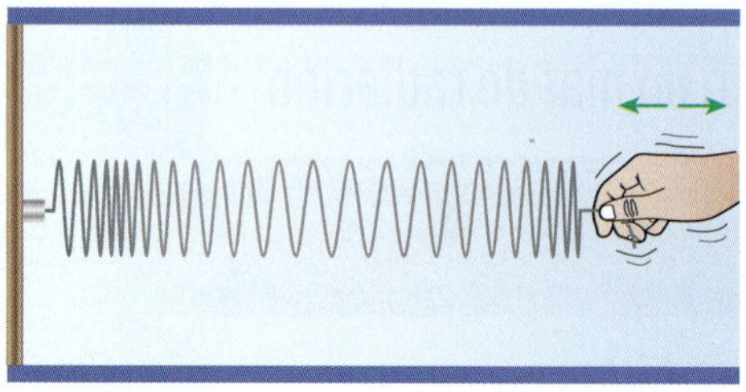

Ondas transversales

La perturbación produce una oscilación en una dirección perpendicular a la de propagación de la onda. Ejemplo: la perturbación que produce una piedra al caer a un estanque.

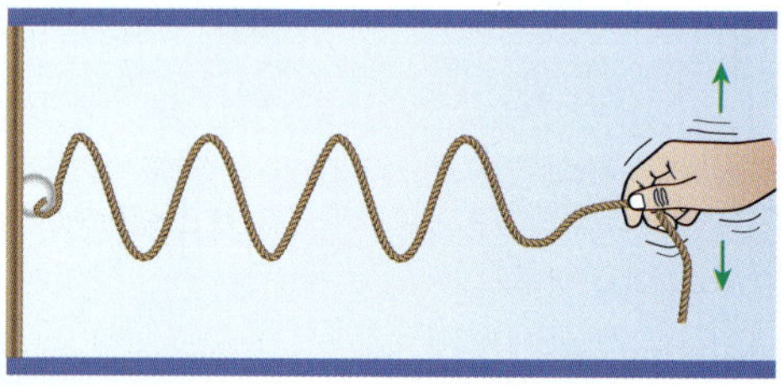

Según el medio de propagación

Ondas mecánicas

Necesitan un medio para poder propagarse. Ejemplos: las ondas sonoras, las ondas que se propagan en un estanque o la onda que se propaga por una cuerda.

Ondas electromagnéticas

No necesitan ningún medio material para propagarse. Pueden propagarse en el vacío. Ejemplos: la luz, las transmisiones de televisión y de radio, los rayos X, etc.

1.2. CARACTERÍSTICAS DE LAS ONDAS

Echa un vistazo a...
Características de las ondas

Para poder describir las ondas, utilizamos sus magnitudes físicas características, que se pueden medir:

— **Elongación.** Distancia que hay entre un punto de la onda y la posición de equilibrio. Se mide en metros en el SI.

— **Amplitud (*A*).** Elongación máxima, es decir, el desplazamiento máximo que produce la perturbación u oscilación respecto a la posición de equilibrio. Se mide en metros en el SI.

— **Longitud de onda (λ).** Distancia entre dos puntos que se encuentran en el mismo estado de oscilación. Se mide en metros en el SI.

— **Período (*T*).** Tiempo que tarda en producirse una oscilación completa. Se mide en segundos en el SI.

— **Frecuencia (*f*).** Número de oscilaciones completas que se producen en 1 s. Se mide en hercios (Hz) o s^{-1} en el SI.

$$f = \frac{1}{T}$$

— **Velocidad de propagación (*v*).** Velocidad con la que se propaga la onda (la perturbación). Se mide en m/s en el SI.

$$v = \frac{\lambda}{T} = \lambda \cdot f$$

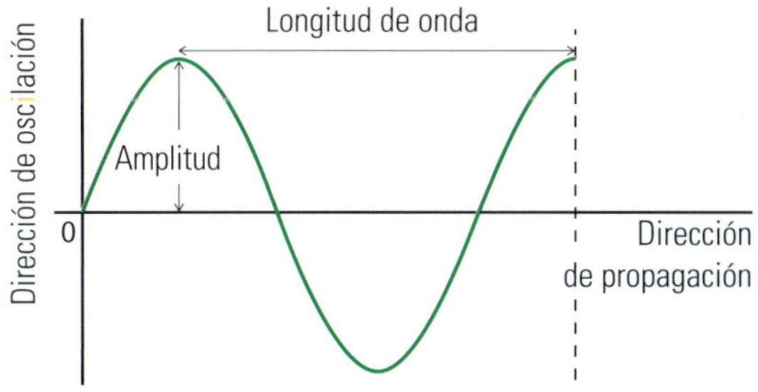

Magnitudes características de una onda.

EJEMPLO 1

Calcula los valores de la amplitud, la longitud de onda, el período, la frecuencia y la velocidad de propagación de la onda que se muestra a continuación:

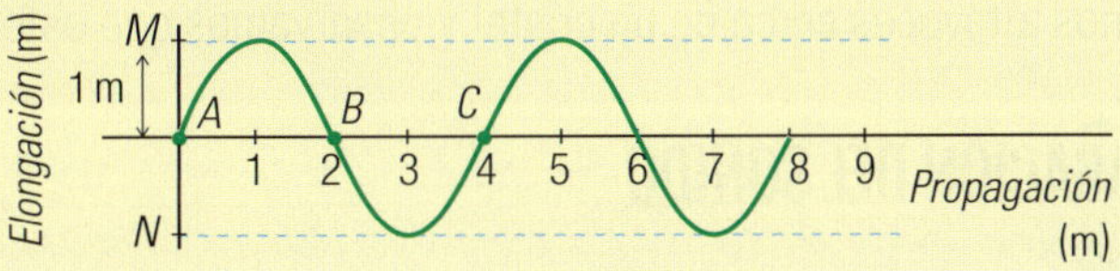

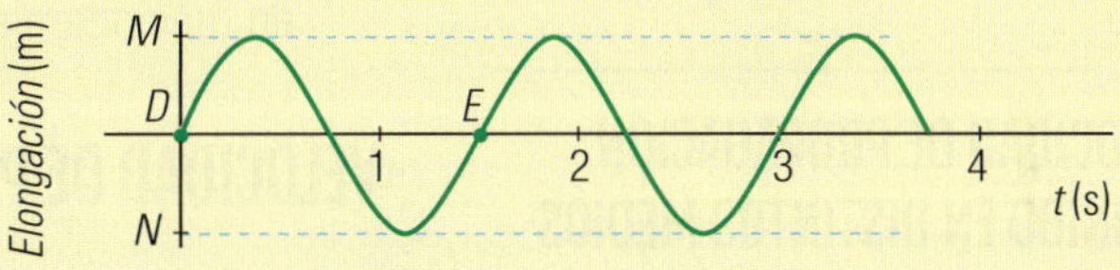

COMPRENSIÓN. Conocemos la gráfica de la onda y diferentes distancias, y el tiempo entre dos puntos que tienen la misma elongación (que están en fase).

RESOLUCIÓN. Calculamos la amplitud *A* directamente a partir de la figura:

$$A = d_{AM} = 1 \text{ m}$$

Y también la longitud de onda:

$$\lambda = 2\, d_{AB} = 2 \cdot 2 \text{ m} = 4 \text{ m} = d_{AC}$$

Hallamos el período a partir de la definición (es el tiempo que tarda en producirse una oscilación completa):

$$T = t_{DE} = 1{,}5 \text{ s}$$

Calculamos la frecuencia:

$$f = \frac{1}{T} = \frac{1}{1{,}5 \text{ s}} = 0{,}67 \text{ Hz}$$

Y, finalmente, la velocidad de propagación:

$$v = \frac{\lambda}{T} = \frac{4 \text{ m}}{1{,}5 \text{ s}} = 2{,}7 \text{ m/s}$$

COMPROBACIÓN. Verificamos que los resultados son correctos con las unidades adecuadas. En caso contrario, revisamos los cálculos.

Actividades

1. En el siguiente enlace encontrarás un simulador que genera ondas longitudinales y transversales:

https://links.edebe.com/bzxcw

Varía los distintos parámetros del simulador, observa su comportamiento y anota los cambios en las dos clases de ondas.

— Redacta un pequeño informe con tus conclusiones.

2. A una playa llegan 30 olas por minuto, que se propagan a una velocidad de 6,0 m/s. Calcula el período, la frecuencia y la longitud de onda.

3. Dibuja dos ondas que cumplan estos rasgos:

a) La segunda tiene triple longitud de onda que la primera.

b) La primera tiene doble período que la segunda.

c) La amplitud de la segunda es el triple que la de la primera.

EXPERIMENTA

Propagación del sonido

Coged un despertador de cuerda y hacedlo sonar en la clase. Después, sumergidlo en agua y repetid la operación. Por último, ponedlo dentro de un recipiente para guardar alimentos al vacío y extraed el aire de su interior.

— ¿Qué sucede?

— ¿Por qué creéis que ocurre esto?

— A partir de los resultados obtenidos, ¿creéis que podríamos escuchar sonidos en el espacio?

2. EL SONIDO

Al golpear un objeto, al hacer sonar el claxon del coche, al hablar, al tocar un instrumento, etc., se produce un sonido. ¿Qué tienen en común estas experiencias? En todas se producen vibraciones: de las moléculas que forman el objeto, del sistema del claxon, de las cuerdas vocales, etc.

Estas vibraciones empujan las partículas del aire o del medio que rodea los objetos, de forma que el medio se comprime y se expande. De este modo, la vibración se transmite en forma de onda y origina el sonido.

El **sonido** es la forma en la que nuestro cerebro percibe e interpreta la perturbación provocada por las vibraciones mecánicas de un objeto y que se propaga por un medio hasta ser captada por nuestros oídos.

2.1. NATURALEZA Y PROPAGACIÓN DEL SONIDO

Las ondas sonoras (el sonido) presentan las siguientes características:

— Son ondas mecánicas, ya que necesitan un medio material para propagarse. En el vacío no se propagan.

— Son ondas longitudinales. La dirección de propagación es paralela a la dirección de vibración.

— Transportan energía, puesto que se trata de ondas. Podemos comprobarlo si ponemos en funcionamiento unos altavoces cerca de un cristal y observamos que este vibra.

VELOCIDAD DE PROPAGACIÓN DEL SONIDO

La velocidad con la que el sonido se propaga depende del medio material por el que lo hace. En general, es mayor en los sólidos que en los líquidos, y en los líquidos que en los gases, como ocurre con todas las ondas mecánicas.

En los sólidos la velocidad se mantiene prácticamente constante con la temperatura. Sin embargo, en los líquidos, y sobre todo en los gases, la velocidad aumenta con la temperatura. Por ejemplo, la velocidad del sonido es de 331 m/s a 1 atm y 0 °C y aumenta hasta los 343 m/s a los 20 °C; por ello, tomamos el valor de la velocidad del sonido en el aire igual a 340 m/s.

VELOCIDAD DE PROPAGACIÓN DEL SONIDO EN DISTINTOS MEDIOS

Medio	Velocidad (m/s)
Aire	340
Plomo	1230
Agua	1500
Hierro	5130
Granito	6000

EJEMPLO 2

Unos alumnos tiran un timbre al agua de la piscina mientras suena. Si vibra con una frecuencia de 400 Hz y sabemos que la velocidad de propagación del sonido en el agua es de 1500 m/s, calcula el período y la longitud de onda del sonido que emite el timbre en el agua. Compara estos valores con los que se registran en el aire.

COMPRENSIÓN. Conocemos la frecuencia de la onda, así como la velocidad de propagación en el aire (340 m/s) y en el agua (1500 m/s).

DATOS. $f = 400$ Hz; $v_{agua} = 1500$ m/s; $v_{aire} = 340$ m/s

RESOLUCIÓN. En primer lugar, calculamos el período:

$$T = \frac{1}{f};\ T_{aire} = T_{agua} = \frac{1}{400\ \text{Hz}} = 2{,}50 \cdot 10^{-3}\ \text{s}$$

A continuación, calculamos la longitud de onda:

$$\lambda = \frac{v}{f}$$

$$\lambda_{agua} = \frac{1500\ \text{m/s}}{400\ \text{Hz}} = 3{,}75\ \text{m};\ \lambda_{aire} = \frac{340\ \text{m/s}}{400\ \text{Hz}} = 0{,}850\ \text{m}$$

COMPROBACIÓN. Verificamos que los resultados son correctos y con las unidades adecuadas. Si no, revisamos los cálculos.

2.2. CUALIDADES DEL SONIDO

La voz de los cantantes profesionales puede variar entre 85-90 Hz, los de voz más grave, y 10 000 Hz, los de voz más aguda.

¿Todos los sonidos son iguales? ¿El claxon de un camión y un violín suenan igual? ¿Tienen la misma duración? Podemos responder a estas preguntas mediante el estudio de las cualidades del sonido. Identificamos cuatro cualidades: intensidad, tono, timbre y duración.

Intensidad o volumen

Es la cantidad de energía acústica que contiene un sonido. Viene determinada por la potencia, que está determinada a su vez por la amplitud (A), y permite distinguir si un sonido es fuerte o débil. Cuanto mayor es la amplitud, más fuerte es el sonido. Cuanto menor es la amplitud, más suave es el sonido.

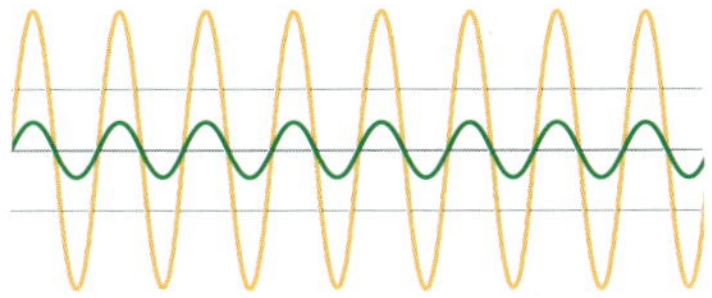

Sonidos de distinta intensidad.

La unidad con la que se mide el nivel de intensidad sonora es el decibelio (dB). Una intensidad de 0 dB marca el umbral auditivo, por debajo del cual no percibimos el sonido. El umbral de dolor se sitúa en una intensidad de 120 dB. En la escala decibélica, un aumento de 10 dB supone un sonido 10 veces más intenso; un aumento de 20 dB supone un sonido 100 veces más intenso.

Tono

También es conocido como *altura* y depende de la frecuencia. Nos permite distinguir entre sonidos graves, de baja frecuencia, y agudos, de alta frecuencia.

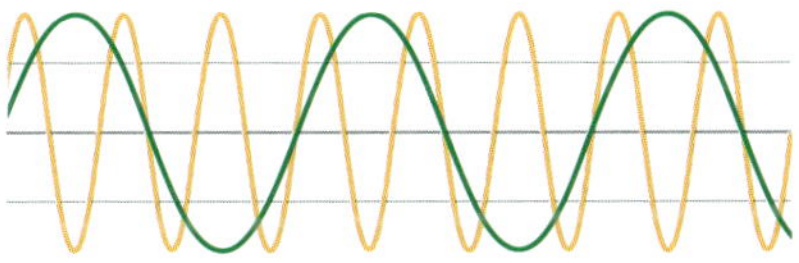

Sonidos de distinto tono.

Los seres humanos podemos percibir los sonidos comprendidos en el rango de audición, de 20 a 20 000 Hz (frecuencia audible). Por debajo de este rango están los infrasonidos y por encima los ultrasonidos. Los ultrasonidos pueden ser detectados por algunos animales.

Timbre

Nos permite distinguir entre dos sonidos que tienen la misma frecuencia e intensidad y viene determinado por la forma de la onda. Gracias al timbre podemos apreciar que las diferentes voces de nuestros amigos son ásperas, dulces, roncas, etc. También nos permite distinguir entre un violín o una flauta cuando estos dos instrumentos tocan la misma nota.

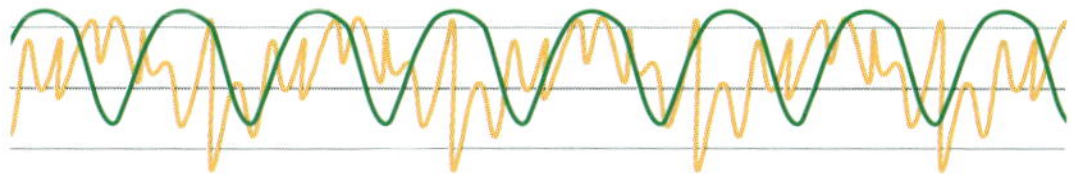

Sonidos de distinto timbre.

El timbre de los distintos instrumentos se compone de una onda de una determinada frecuencia, denominada frecuencia **fundamental,** y otras ondas que se le superponen: los **armónicos.** Por lo tanto, el timbre de un sonido depende de las intensidades, del número y de las frecuencias de los armónicos que acompañan a la frecuencia fundamental.

Duración

Es el tiempo durante el que la vibración o sonido se mantiene. Está determinada por la distancia entre el principio y el final de una onda completa. Según esta cualidad, los sonidos pueden ser largos o cortos.

Actividades

4. Una persona a quien le aterrorizan las tormentas cuenta 10 s desde que ve un relámpago hasta que oye el trueno y quiere saber si está a salvo. ¿A qué distancia caen los relámpagos?

5. En parejas, buscad información TIC sobre por qué las ondas sonoras se propagan con mayor rapidez en los sólidos que en los líquidos, y en los líquidos que en los gases. Exponed las conclusiones y debatidlas en clase.

6. Un violín emite la nota musical la con una frecuencia de 440 Hz, y un piano la nota do con una frecuencia de 264 Hz. ¿Cuál de las dos es más aguda? ¿Qué podemos decir acerca de sus timbres?

Para ver más...
La reflexión del sonido

Ondas reflejadas. En algunas autovías y autopistas es común el uso de barreras sonoras, que reflejan el ruido para evitar a los vecinos las molestias del ruido del tráfico.

La **resonancia acústica** es un fenómeno físico que se produce cuando una onda sonora incide en un cuerpo que es capaz de vibrar. Si el cuerpo vibra con una frecuencia que coincide con la de la onda sonora incidente, o es cercana a esta, la onda sonora transmite energía mecánica al cuerpo, el cual incrementa notablemente la amplitud de su oscilación.

Este fenómeno se observa, por ejemplo, en los instrumentos musicales de cuerda, en los que la vibración en forma de ondas estacionarias en la cuerda transmite energía mecánica a la caja del instrumento, que es una cavidad resonante que amplifica el sonido.

VALORES ÓPTIMOS DE REVERBERACIÓN

Sala	*t* (s)
Teatro	0,4 - 1,0
Música	1,5
Ópera	1,6 - 1,8

2.3. REFLEXIÓN DEL SONIDO

Cuando una onda sonora llega a un obstáculo:

— Si el obstáculo es pequeño en relación con la longitud de onda, la onda sonora lo rodea.

— Si el obstáculo es mayor que la longitud de onda, la onda sonora se refleja (rebota). La reflexión del sonido da lugar a algunos fenómenos que estudiaremos a continuación.

ONDAS ESTACIONARIAS

Se producen por la superposición en un medio de dos ondas iguales que se propagan en sentidos contrarios (comúnmente, una onda y su onda reflejada).

De la interferencia de estas dos ondas resulta una onda que no avanza, en la que los puntos del medio vibran con la misma frecuencia que las ondas y con amplitudes diferentes según su posición (en unos puntos la interferencia es destructiva y la onda se anula, y en otros es constructiva y la amplitud se dobla).

ECO

¿Has oído cómo en determinadas circunstancias, cuando hablas o gritas en un túnel, o frente a una montaña, vuelves a oír tu voz? Este fenómeno se conoce como *eco.*

El **eco** es un fenómeno que consiste en la repetición de un sonido que se produce cuando la onda sonora se refleja contra un obstáculo y regresa hacia su emisor.

Para que el eco sea perceptible, el sonido original y el reflejado deben escucharse con una diferencia temporal mínima de 0,10 s, de forma que el oído los pueda distinguir.

En ese tiempo, la onda sonora viaja durante 0,05 s hasta el obstáculo y regresa al emisor en otros 0,05 s. Como la velocidad del sonido en el aire es de 340 m/s, el obstáculo ha de estar situado a una distancia mínima de 17 m del emisor ($340\ m/s \cdot 0{,}05\ s = 17\ m$).

REVERBERACIÓN

Se produce cuando las ondas reflejadas llegan al oyente antes de que la sensación generada por la onda original se haya extinguido (con una diferencia inferior a 0,10 s). El resultado es que no podemos distinguir el sonido original del reflejado, sino que lo percibimos como una ligera prolongación del sonido original.

Para poder diseñar una sala de conciertos, de ópera, de conferencias, etc., se ha de tener en cuenta este fenómeno, de forma que el sonido se reciba en condiciones óptimas.

EXPERIMENTA

El eco y las distancias

Una de las aplicaciones del eco es que permite conocer a qué distancia se encuentran determinados objetos. Llevad a cabo el siguiente experimento en parejas:

— Situaos en un extremo de una sala lo bastante grande o del salón de actos vacíos.

— Uno de vosotros da una palmada, y el otro mide el tiempo que transcurre hasta que se oye el eco de la palmada.

— Teniendo en cuenta que la velocidad de propagación es constante, calculad cuánto mide la sala.

— Repetid la experiencia tres veces y calculad el valor medio.

— Comparad este valor con el que se obtiene al medir con una cinta métrica.

Aplicaciones de la reflexión del sonido

En la medicina

La **ecografía** es una técnica médica de diagnóstico no invasiva. El ecógrafo envía los ultrasonidos a la parte del cuerpo que quiere estudiar y transforma en imagen el eco que recibe de estos. Se utiliza mucho, por ejemplo, en el seguimiento de los embarazos.

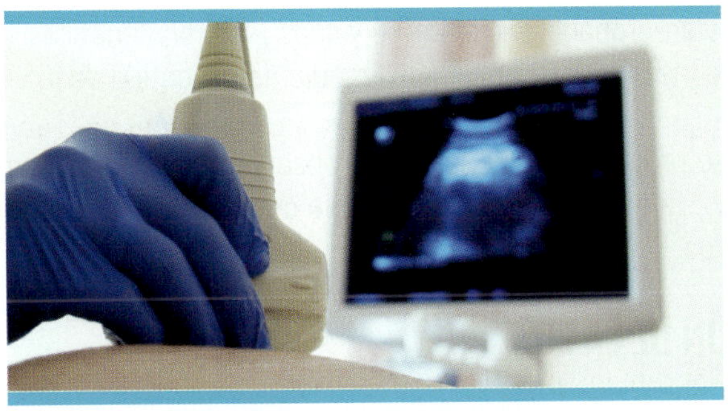

En el mundo animal

Los murciélagos, los delfines y las ballenas emiten sonidos y ultrasonidos para orientarse, detectar obstáculos o localizar presas mediante la detección del eco producido. Este sistema les proporciona información sobre la velocidad y la dirección de los elementos detectados.

En la arquitectura

En muchos edificios es necesario garantizar unas condiciones óptimas de acústica o una insonorización adecuada. Debe tenerse en cuenta la reflexión del sonido en el diseño de salas de conferencias o conciertos, auditorios, teatros, estudios de grabación, bares musicales, etc.

En la industria o la navegación

Se usan ultrasonidos para medir distancias en procesos industriales en los que se precisa una baja tolerancia a las irregularidades.

Los barcos usan el **sónar** para detectar obstáculos bajo el agua durante la navegación o encontrar bancos de pesca. Las ondas sonoras emitidas por el sónar se reflejan en el obstáculo y regresan al barco. A partir del tiempo empleado y de la velocidad del sonido en el agua, es fácil calcular a qué distancia se encuentra el obstáculo.

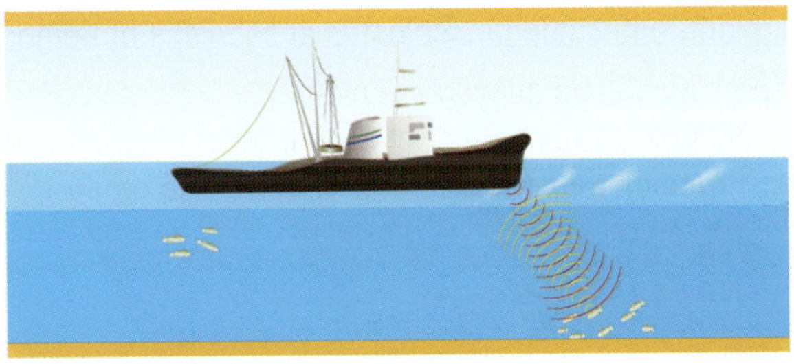

En nuestra vida cotidiana

Muchos vehículos disponen de sensores ultrasónicos integrados en los parachoques para averiguar la distancia a la que se encuentran posibles obstáculos y así facilitar las maniobras de estacionamiento.

Se usan ultrasonidos en los sistemas activos de autoenfoque de algunas cámaras fotográficas para que la imagen salga enfocada.

Actividades

7. Carmen se encuentra en una gran sala vacía a una distancia de 25 m de la pared. Calcula cuánto tarda en escuchar el eco de su propia voz.

8. Razona si el eco y la reverberación son fenómenos distintos. ¿Qué tienen en común y en qué se distinguen?

9. El sónar de un submarino emite pulsos sonoros a intervalos regulares. El eco procedente del fondo se recibe 0,50 s más tarde. Si la velocidad del sonido en el agua es de 1500 m/s, ¿a qué profundidad se encuentra el fondo del mar?

10. En grupos de cuatro componentes, el profesor repartirá a cada grupo un instrumento musical distinto (de cuerda, de viento o de percusión).

    Utilizad la **técnica de aprendizaje cooperativo** *Estructura 1-2-4* para responder a la pregunta «¿cómo y por qué se produce el sonido en este instrumento?» empleando correctamente la terminología científica. El contenido de este vídeo puede ayudaros:

    https://links.edebe.com/mx6yy

3. LA LUZ

En el siguiente enlace se recogen las diferentes teorías sobre la naturaleza de la luz que han surgido a lo largo de los siglos:

https://links.edebe.com/33735y

Cuesta imaginar una vida sin luz. En cualquiera de nuestras actividades diarias, la luz es necesaria. Veamos cuál es su naturaleza y los fenómenos que experimenta.

3.1. NATURALEZA Y PROPAGACIÓN DE LA LUZ

El conocimiento de la naturaleza de la luz y la manera en la que se propaga son dos temas a los que muchos científicos han dedicado su atención a lo largo de la historia.

La **luz** es energía radiante que se propaga en forma de ondas electromagnéticas y en línea recta (si no hay cambio de medio) y que percibimos mediante el sentido de la vista.

Podemos comprobar que la luz se propaga en línea recta si observamos el modo como se forman las sombras. Por ejemplo, la silueta de nuestro propio cuerpo en el suelo cuando la luz del Sol incide sobre nosotros.

La velocidad de la luz en el vacío es una de las siete constantes fundamentales definitorias del Sistema Internacional de Unidades (SI). Su valor numérico fijo en el SI es:

$$c = 299\,792\,458 \text{ m/s}$$

VELOCIDAD DE PROPAGACIÓN DE LA LUZ

La luz puede propagarse en el vacío o en diferentes medios materiales. La velocidad de propagación de la luz más alta se da en el vacío, *c*. Aproximadamente:

$$c = 300\,000 \text{ km/s} = 3 \cdot 10^8 \text{ m/s}$$

En cualquier otro medio, la velocidad de propagación de la luz es menor, de modo que, en lo que respecta a los fenómenos luminosos, podemos caracterizar los medios materiales mediante una propiedad física característica de cada medio denominada **índice de refracción (*n*)**, que es la relación que existe entre la velocidad de la luz en el vacío (c) y en el medio material (v). No tiene unidades y siempre es mayor que 1.

$$n = \frac{c}{v}$$

Conocido el valor de la velocidad de la luz en el vacío, podemos calcular la distancia a la que se encuentran de la Tierra los diferentes cuerpos celestes si sabemos el tiempo que tarda en llegar su luz hasta nosotros.

ÍNDICES DE REFRACCIÓN

Medio	*n*
Vacío	1
Aire	1,0003
Agua	1,333
Glicerina	1,473
Metanol	1,329
Vidrio	1,520
Cloruro de sodio	1,544
Diamante	2,417

EJEMPLO 3

Un rayo de luz incide sobre un prisma de plástico que presenta un índice de refracción de 1,4. Calcula la velocidad de propagación de la luz en ese medio.

COMPRENSIÓN. Como conocemos el índice de refracción del medio, podemos determinar la velocidad de propagación de la luz en él.

DATOS. $n = 1{,}4$; $c = 3 \cdot 10^8$ m/s

RESOLUCIÓN. A partir de la definición de índice de refracción:

$$n = \frac{c}{v} \rightarrow v = \frac{c}{n} = \frac{3 \cdot 10^8 \text{ m/s}}{1{,}4} = 2{,}1 \cdot 10^8 \text{ m/s}$$

COMPROBACIÓN. Verificamos que los resultados son correctos y con las unidades adecuadas. Si no, revisamos los cálculos.

Actividades

11. Razona si un medio puede presentar un índice de refracción de 0,75.

12. Un rayo de luz penetra en el interior de un cristal.

Si la velocidad se reduce a 2/5 de la velocidad de propagación de la luz en el vacío, calcula el índice de refracción del cristal.

13. Completa la actividad del siguiente enlace y después comprueba el resultado pulsando en *Ver la solución:*

https://links.edebe.com/c6rbsh

14. Si la luz del Sol tarda en llegar a la Tierra 8,32 min, calcula a qué distancia se encuentra la Tierra del Sol.

3.2. CARACTERÍSTICAS DE LAS ONDAS ELECTROMAGNÉTICAS

Además de la luz existen otros tipos de ondas electromagnéticas que utilizamos en nuestra vida cotidiana: las ondas de radio y de televisión, la radiación wifi de los distintos aparatos electrónicos, las microondas para calentar y cocinar los alimentos, etc.

> Una **onda electromagnética** consiste en la propagación simultánea de un campo eléctrico y un campo magnético fluctuantes y perpendiculares entre sí, que no precisa la presencia de ningún medio material.

Las ondas electromagnéticas son transversales porque las fluctuaciones de los campos eléctricos y magnéticos son perpendiculares a la dirección de propagación. Además, ambos campos están **en fase:** los dos alcanzan su valor máximo (o mínimo) simultáneamente.

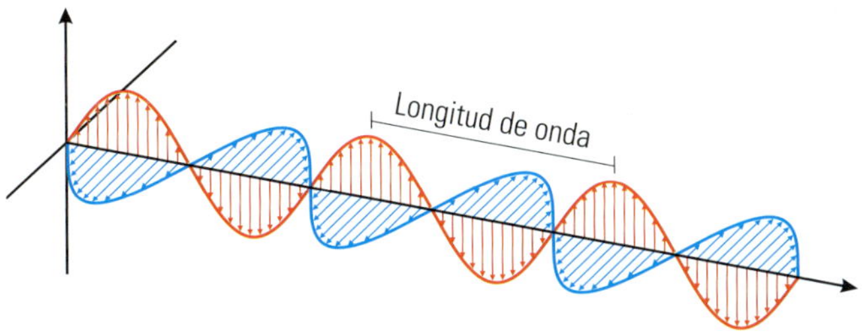

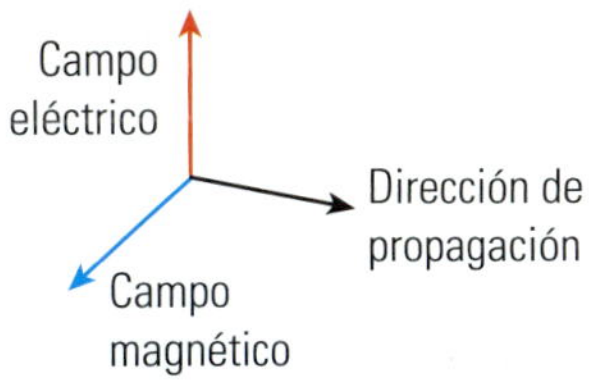

ODS

La luz es imprescindible para el quehacer diario de los seres humanos. Sin embargo, también puede representar una fuente de contaminación, que altera el crecimiento de las plantas y contribuye a la muerte de muchos seres vivos debido a que les produce desorientación. También altera el ciclo biológico de los seres humanos y provoca fatiga visual, dolor de cabeza, alteraciones del sueño o daño nervioso. Este mal uso es contrario a varios de los objetivos de desarrollo sostenible. Para luchar contra la contaminación lumínica, basta con algunas medidas individuales sencillas, como iluminar solo los lugares que lo necesitan o cambiar las luminarias que envían luz hacia arriba por luminarias totalmente apantalladas.

Las ondas electromagnéticas se caracterizan por su frecuencia y su longitud de onda, que se relacionan entre sí mediante la velocidad de propagación de la luz:

$$f = \frac{c}{\lambda}$$

Donde f es la frecuencia (medida en Hz, o s^{-1}, en unidades del SI), c es la velocidad de la luz en el vacío (en m/s) y λ, la longitud de onda (en m).

Cuanta mayor es la frecuencia que caracteriza una onda electromagnética, mayor es la cantidad de energía que transporta y menor es su longitud de onda.

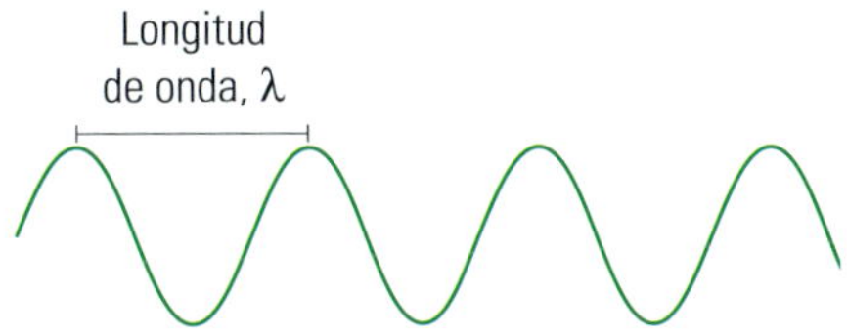

Longitud de onda larga
Menor frecuencia
Menor energía

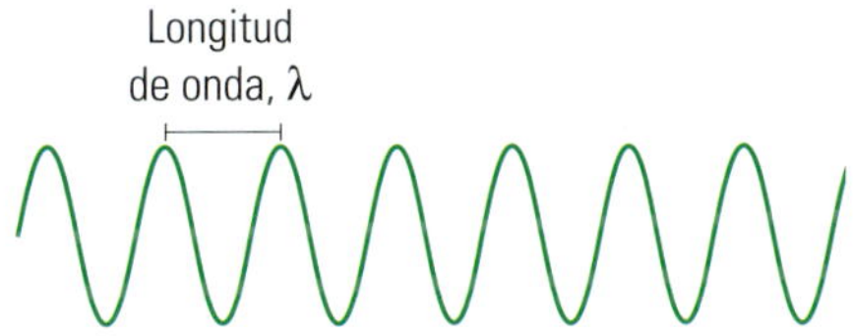

Longitud de onda corta
Mayor frecuencia
Mayor energía

ESPECTRO ELECTROMAGNÉTICO: ESPECTRO VISIBLE

El **espectro electromagnético** es el conjunto de ondas o radiaciones electromagnéticas ordenadas en función de su longitud de onda o su frecuencia. De menor a mayor longitud de onda (de mayor a menor frecuencia y energía), se tiene:

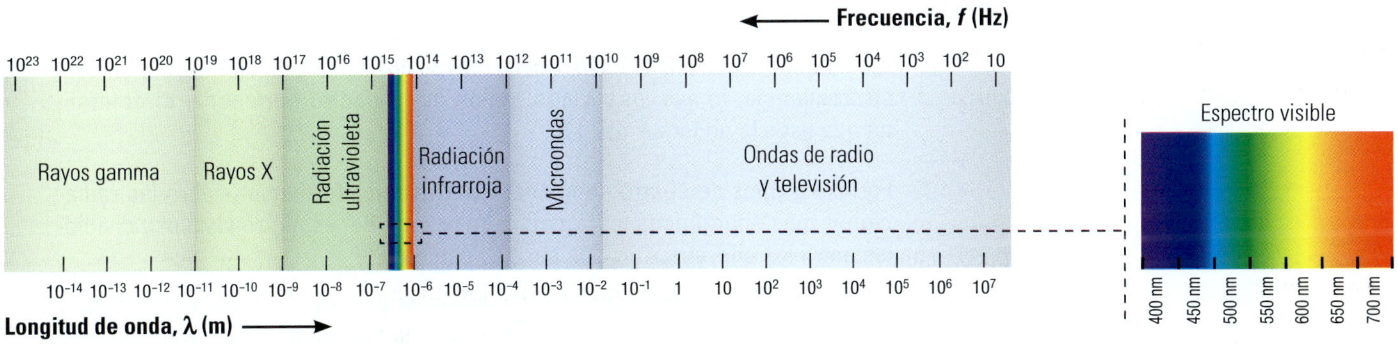

Los humanos percibimos la luz correspondiente a la zona del espectro electromagnético cuyas frecuencias están entre $4 \cdot 10^{14}$ Hz y $8 \cdot 10^{14}$ Hz (longitudes de onda entre 400 nm y 700 nm, aproximadamente). En esta zona del espectro, el **espectro visible,** distinguimos siete colores o luces monocromáticas: rojo, naranja, amarillo, verde, azul, añil y violeta.

Aplicaciones de las ondas electromagnéticas

Rayos gamma

Se emplean principalmente en medicina, para radioterapia y radiodiagnóstico.

Radiación ultravioleta

Sirve para esterilizar instrumentos quirúrgicos. Es la responsable de las quemaduras solares, el cáncer de piel y daños en la retina. La capa de ozono impide su paso.

Radiación infrarroja

La utilizamos al encender la televisión o cambiar de canal con el mando a distancia. También tiene aplicaciones en medicina, sistemas de seguridad, etc.

Ondas de radio y televisión

Se usan para la emisión/recepción de los canales de radio y televisión. También se utilizan en medicina para mejorar la circulación.

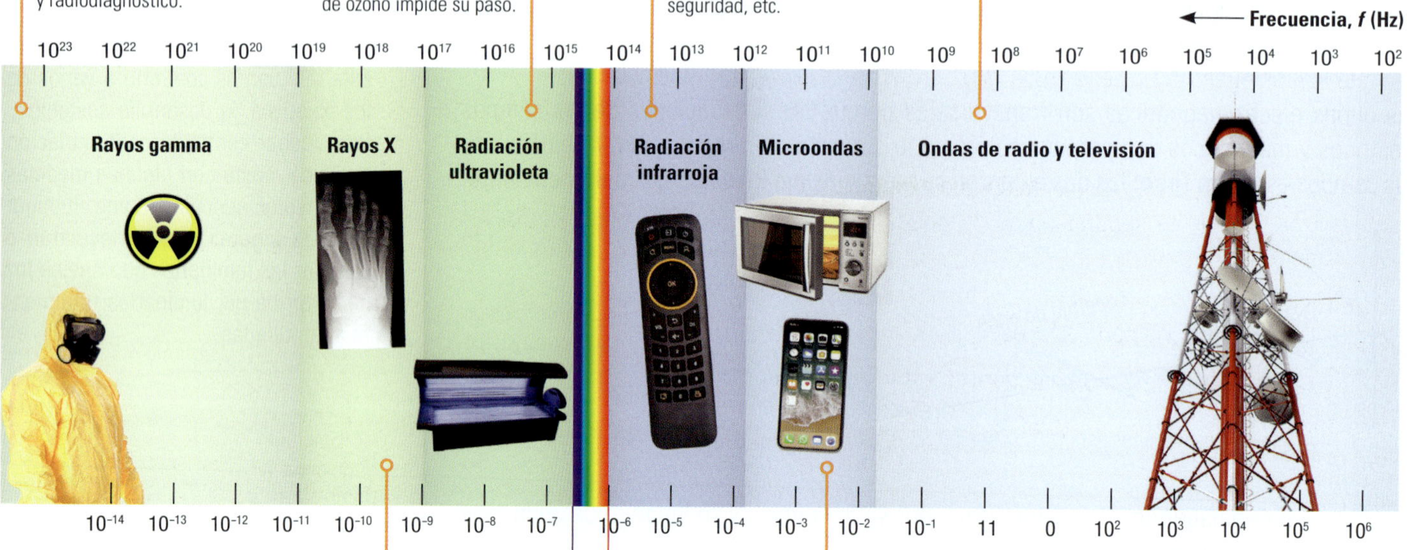

Se emplean en la industria para la revisión de soldaduras o del estado de desgaste de estructuras. También en la identificación de gemas falsas, el control de mercancías en aduanas, el control de equipajes y, en medicina, para la toma de radiografías, en tratamientos de radioterapia contra el cáncer, etc.

Rayos X

Radiación visible

Luz visible

Es la región del espectro que excita nuestro sentido de la vista y nos permite ver y distinguir los colores.

Una de sus aplicaciones más conocidas es la de los hornos microondas, en los que estas ondas transfieren mucha energía a los alimentos en poco tiempo y los calientan. Otras aplicaciones son las comunicaciones móviles y el radar.

Microondas

Actividades

15. Hacemos incidir radiación electromagnética de longitud de onda 750 nm ($750 \cdot 10^{-9}$ m) sobre un objeto. Calcula su frecuencia. ¿A qué región del espectro pertenece?

16. En el laboratorio, para cierto experimento se utiliza una radiación cuya longitud de onda es de $1{,}0 \cdot 10^{-2}$ m. Utiliza los medios TIC a tu alcance y: a) calcula su frecuencia; b) averigua a qué región del espectro pertenece; c) determina qué usos le podemos dar.

17. Formad grupos de cuatro componentes. Buscad información sobre las radiaciones más energéticas (por encima de la zona del espectro visible) y dividid-las entre los diferentes grupos para su estudio:

a) Indicad qué tipos de peligros pueden presentar para los seres vivos del planeta y para el ser humano en particular y qué medidas hay que tener en cuenta para evitarlas.

b) Llevad a cabo una presentación ante el resto de la clase.

c) Finalmente, debatid y redactad entre todos las conclusiones.

3.3. FENÓMENOS LUMINOSOS

Cuando la luz que se propaga en un medio llega a la superficie de separación con otro medio distinto, puede experimentar determinados fenómenos luminosos, como la reflexión, la refracción, la absorción, la dispersión y la polarización.

En la descripción de estos fenómenos utilizaremos diagramas de **rayos luminosos,** que son líneas rectas que representan la dirección de propagación de las ondas luminosas.

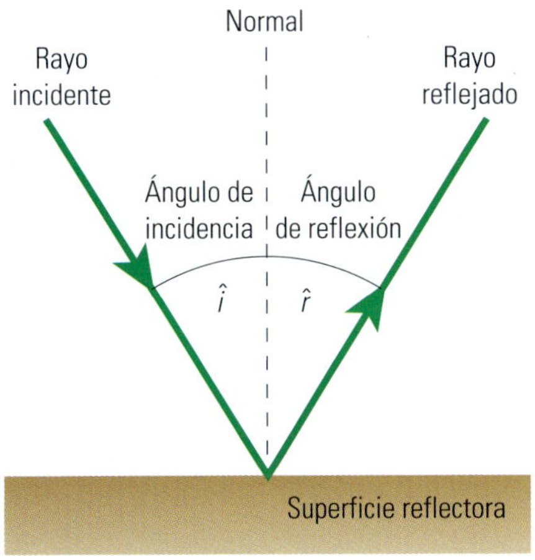

REFLEXIÓN DE LA LUZ

¿Por qué vemos nuestra imagen reflejada en un espejo o en un estanque? Esto se debe a la reflexión.

> La **reflexión** es el cambio de dirección que experimenta un rayo de luz después de incidir en la superficie de separación de dos medios distintos y continuar propagándose por el medio inicial.

¿Qué es esto?
Reflexión de la luz

La reflexión cumple las siguientes leyes:

— El rayo incidente, el reflejado y la normal están en el mismo plano.

— Los ángulos de incidencia y de reflexión son iguales:

$$\hat{i} = \hat{r}$$

Hay dos tipos de reflexión:

— **Nítida** o **especular.** Se da cuando la superficie es totalmente lisa, como la de los espejos. Los rayos que llegan paralelos producen rayos reflejados paralelos.

— **Difusa.** Se da cuando la superficie es rugosa. Los rayos que llegan paralelos salen reflejados en todas las direcciones.

Podemos ver los objetos gracias a la reflexión de la luz. Los haces de luz provenientes de fuentes primarias (es decir, que emiten luz propia, como el Sol o una bombilla) se reflejan en los objetos y alcanzan nuestros ojos, donde se convierten en impulsos nerviosos que nuestro cerebro interpreta como imágenes.

Para poder entender mejor el fenómeno de la reflexión, utiliza el simulador que encontrarás en el siguiente enlace:

https://links.edebe.com/uti5yy

EJEMPLO 4

Determina gráficamente la imagen en un espejo plano del gato encima de una roca que se muestra a continuación.

COMPRENSIÓN. Tenemos que dibujar el diagrama de rayos aplicando las leyes de la reflexión de forma gráfica.

RESOLUCIÓN. Para obtener la imagen que tiene el gato de sí mismo en el espejo, dibujamos los rayos que parten de los extremos del gato y la roca y que se reflejan en el espejo hacia los ojos del gato.

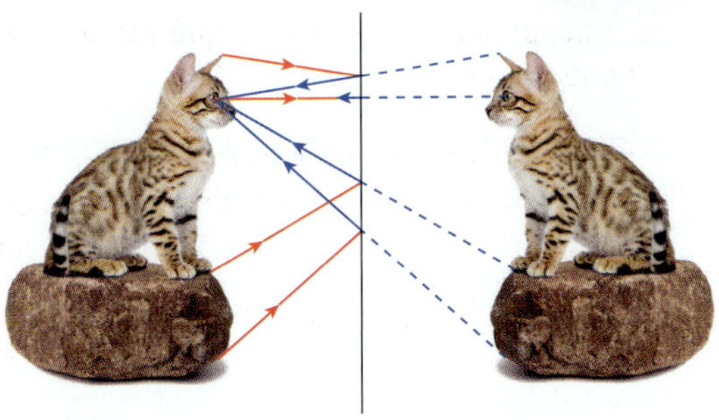

COMPROBACIÓN. La imagen de un objeto en un espejo plano es del mismo tamaño que el objeto, simétrica respecto al espejo y virtual (se forma detrás de este).

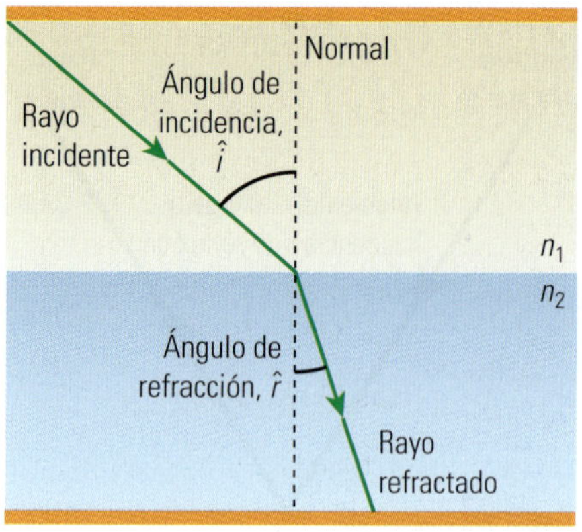

Para entender mejor la refracción, podéis utilizar la siguiente aplicación:

https://links.edebe.com/kfgk

Podéis ver cómo varía el rayo al modificar el índice de refracción de los medios, jugar con prismas, etc.

El **ojo humano** es un sistema óptico formado por dos lentes convergentes (córnea y cristalino) y varios medios líquidos (humor vítreo y humor acuoso), que hacen converger los rayos de luz que entran por la pupila en la retina, desde donde se envía la información al cerebro.

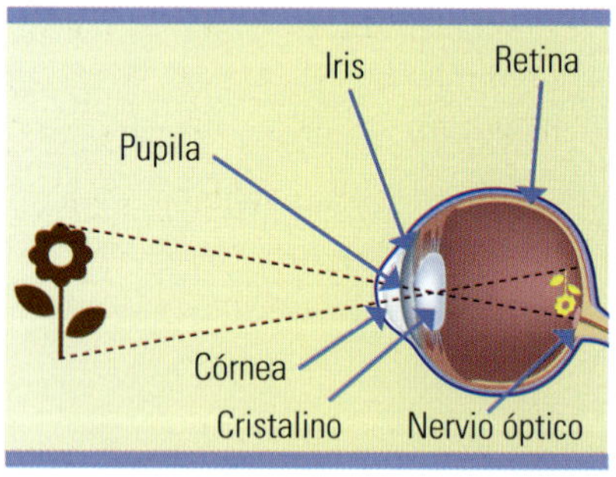

REFRACCIÓN DE LA LUZ

¿Por qué se ve torcida la pajita dentro de un vaso de refresco? ¿Por qué el fondo de la piscina se ve más cerca de lo que está en realidad? Estos fenómenos se deben a la refracción.

La **refracción** es el fenómeno que se produce cuando un rayo de luz pasa de un medio (n_1) a otro (n_2), lo que le hace cambiar su dirección y su velocidad de propagación.

El fenómeno de la refracción cumple las siguientes leyes:

— El rayo incidente, el refractado y la normal están en el mismo plano.

— Las direcciones de propagación del rayo incidente y del refractado están relacionadas mediante la **ley de Snell:**

$$n_1 \cdot \text{sen}\ \hat{i} = n_2 \cdot \text{sen}\ \hat{r}$$

Donde n_1 y n_2 son los índices de refracción de los medios y sen $\hat{i}$ y sen $\hat{r}$ son los senos de los ángulos que los rayos incidente y refractado forman con la normal.

Cuando la luz pasa de un medio a otro que tiene un índice de refracción mayor, el rayo refractado se acerca a la normal, mientras que cuando pasa a un medio con índice de refracción menor, se aleja.

Aplicaciones de la reflexión y la refracción

Una de las principales aplicaciones de la **reflexión** es la de los **espejos,** tanto los planos, que son los que encontramos en casa, como los curvos, que nos permiten obtener imágenes ampliadas o reducidas, así como deformadas o incluso invertidas.

Una de las principales aplicaciones de la **refracción** es la de las **lentes,** que son sistemas ópticos curvados y transparentes:

— Las lentes **convergentes** concentran los rayos de luz.

— Las lentes **divergentes** separan los rayos de luz.

Con ellas se construyen instrumentos ópticos como gafas para corregir los defectos de la visión, microscopios, telescopios, etc.

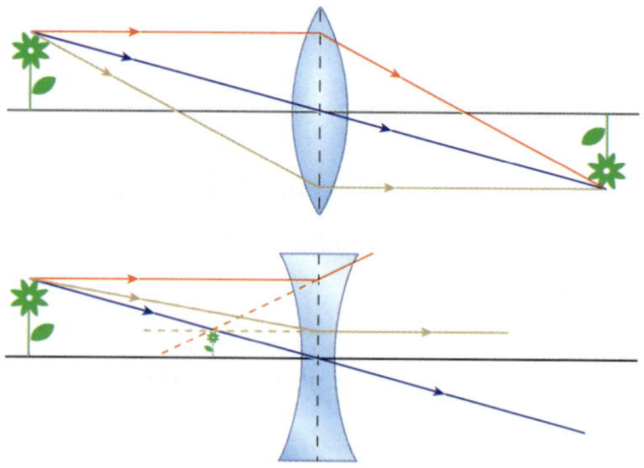

EJEMPLO 5

Un rayo de luz se propaga por un vidrio de índice de refracción 1,52 y llega a la superficie de separación vidrio-agua (índice de refracción: 1,33) con un ángulo de 30°. Calcula el valor del ángulo de refracción.

COMPRENSIÓN. El rayo de luz cambia de medio de propagación, por lo que es refractado.

DATOS. $n_{vidrio} = 1{,}52$; $n_{agua} = 1{,}33$, $\hat{i} = 30°$

RESOLUCIÓN. Calculamos el ángulo de refracción aplicando la fórmula de la ley de Snell:

$$n_{vidrio} \cdot \text{sen}\ \hat{i} = n_{agua} \cdot \text{sen}\ \hat{r} \rightarrow \text{sen}\ \hat{r} = \frac{n_{vidrio}}{n_{agua}}\ \text{sen}\ \hat{i}$$

$$\text{sen}\ \hat{r} = \frac{1{,}52}{1{,}33}\ \text{sen}\ 30° = 0{,}571 \rightarrow \hat{r} = 35°$$

COMPROBACIÓN. Verificamos que los resultados son correctos y con las unidades adecuadas. Si no, revisamos los cálculos.

LA ABSORCIÓN DE LA LUZ Y EL COLOR DE LOS OBJETOS

La luz blanca está formada por la suma de todos los colores (frecuencias o longitudes de onda de la luz) del espectro visible. Cuando llega a un objeto, este absorbe algunas frecuencias y refleja otras, que son las que llegan a nuestros ojos y dan color al objeto. Los objetos que reflejan todas las frecuencias se ven blancos y los que no reflejan ninguna, negros.

DISPERSIÓN CROMÁTICA DE LA LUZ

¿Por qué vemos el arcoíris cuando llueve y sale el Sol? Este fenómeno está causado por la dispersión cromática de la luz blanca.

La **dispersión cromática** de la luz consiste en la separación de la luz blanca en los colores que la componen debido a que el índice de refracción varía con la longitud de onda.

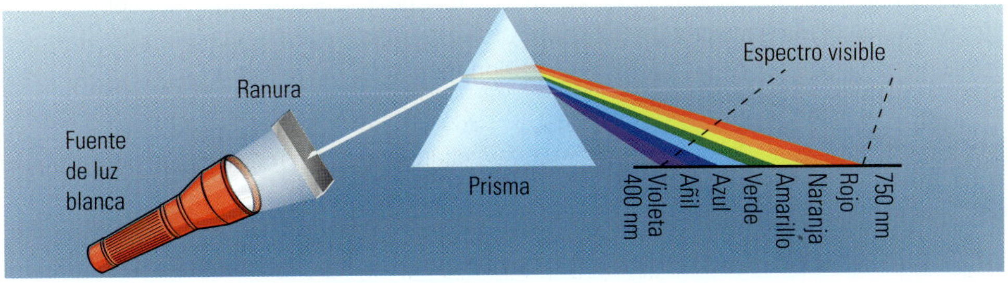

POLARIZACIÓN

¿Qué significa que tus gafas de sol están polarizadas? La **polarización** es un fenómeno que confirma la naturaleza ondulatoria y electromagnética de la luz.

Decimos que una onda luminosa está **polarizada linealmente** cuando las oscilaciones del campo eléctrico se producen siempre en una dirección fija.

Es posible obtener luz polarizada a partir de la luz no polarizada del Sol, de una bombilla, etc.:

— Los filtros polarizados permiten únicamente el paso de las componentes de la luz que oscilan en un mismo plano y bloquean las otras, lo que reduce la intensidad de la luz. Se usan en las cámaras fotográficas.

— Cuando la luz incide sobre la superficie de un medio transparente, los rayos reflejado y refractado se polarizan parcialmente. Si el rayo reflejado forma 90° con el refractado, la polarización es total. Este fenómeno es aprovechado por las gafas de sol polarizadas para minimizar el deslumbramiento.

EXPERIMENTA

Dispersión cromática

Este enlace contiene una simulación que muestra cómo varía el índice de refracción de la luz de un medio y, por lo tanto, el ángulo de refracción, con la longitud de onda:

https://links.edebe.com/yf5

— Modifica el ángulo de incidencia y el medio material para observar cómo cambia la refracción del haz de luz. Describe los efectos observados.

— ¿Qué luz se desvía más? ¿Cuál menos?

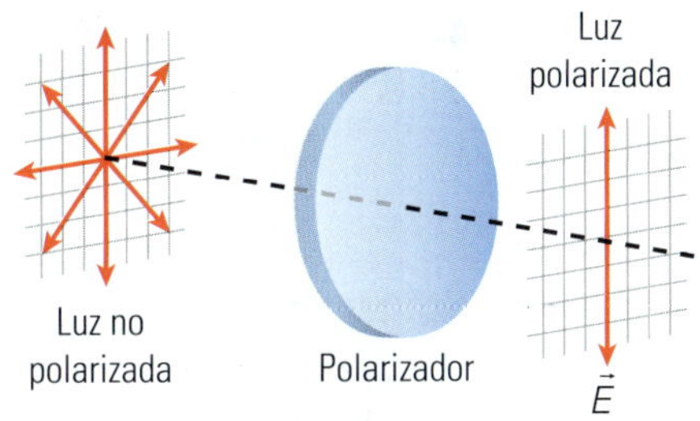

La **interferencia** y la **difracción** son los dos fenómenos que demuestran la naturaleza ondulatoria de la luz:

https://links.edebe.com/tFe

Actividades

18. Un haz de luz incide sobre la superficie del agua del mar con un ángulo de 20°. Si pasa del aire, $n = 1$, al agua, $n = 1{,}33$, calcula el ángulo de refracción.

19. En parejas, buscad información sobre las aplicaciones de la reflexión y la refracción de la luz (espejos, fibra óptica, el ojo humano, defectos de la visión y cómo se corrigen, la cámara oscura y la cámara fotográfica, telescopios, microscopios, etc.). Cread una presentación, con el uso de herramientas TIC, en la que expliquéis el funcionamiento, el uso, los avances, etc.

20. El color de un cuerpo es el de la luz que no absorbe. ¿Qué pasa cuando vemos un cuerpo amarillo, blanco o negro?

21. **Experimenta.** Lleva a cabo la siguiente experiencia virtual de polarización de la luz:

https://links.edebe.com/wgtt

a) Varía el ángulo del analizador y observa qué ocurre con los valores de la intensidad recibida.

b) Redacta un informe con estos apartados: objetivos, procedimiento, experimentación y conclusiones.

Ciencia a tu alcance

PBL: Reflexión, refracción y polarización

La empresa ABC, S. L. se dedica a la fabricación de microscopios y otros aparatos ópticos. Su propietario, el Sr. García, se enfrenta en estos momentos a distintas decisiones para las que necesita vuestra ayuda.

— Formad grupos de cinco componentes y distribuid los roles y las tareas. Estableced una metodología de trabajo: búsqueda y selección de información, análisis de los datos y obtención de resultados.

— El Sr. García quiere tener una conexión de datos lo más rápida posible para poder trabajar. Expone su problema al Departamento de Informática y el ingeniero de telecomunicaciones le recomienda que instale fibra óptica porque es la única que minimiza la pérdida de datos. Aunque el Sr. García ha oído hablar de la fibra, no conoce en qué se basa su funcionamiento ni sus ventajas y sus inconvenientes.

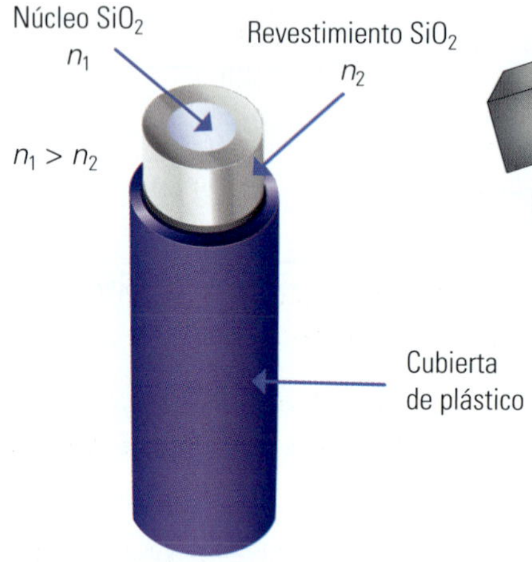

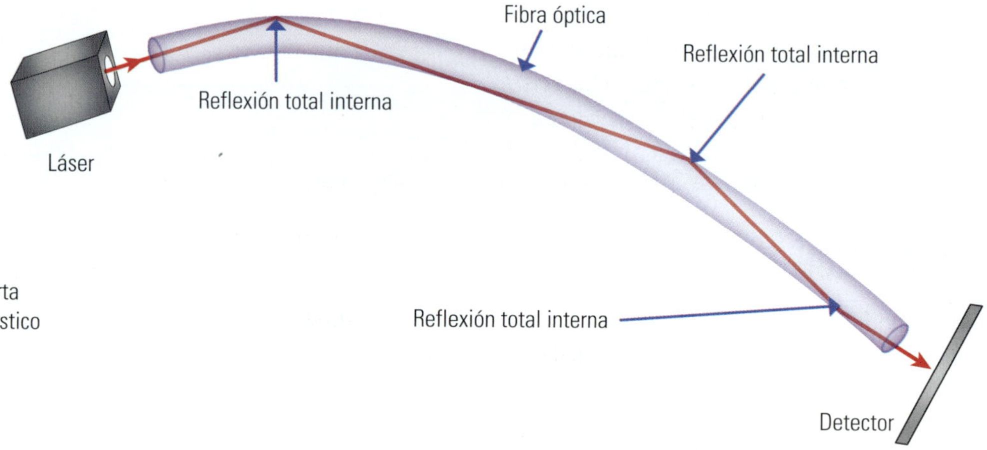

Ayúdale a resolver sus dudas, respondiendo a las siguientes cuestiones:

a) ¿Qué elementos forman la fibra óptica: cómo están dispuestos, cuáles son sus características y cuáles son sus funciones?

b) ¿Qué fenómenos se producen en su interior: en qué consisten y qué originan?

c) ¿Cómo ha evolucionado la transmisión de datos desde su aparición? Comparadlo con los otros dispositivos existentes.

Obtened la información en libros especializados de la biblioteca; en Internet, siempre que las fuentes sean fiables; visionad vídeos de YouTube; buscad imágenes, etc.

Debéis presentar un informe al Sr. García, en el que se dé respuestas a sus cuestiones y llevar a cabo una presentación con ayuda de herramientas TIC.

— El Departamento de I+D se pregunta cómo puede ampliar el mercado y busca información sobre la óptica y la resolución de los microscopios electrónicos, que pueden clasificarse en dos grandes grupos: los de barrido y los de transmisión.

Para optar por una buena elección, puede ser de gran ayuda conocer:

a) La resolución que cada tipo de microscopio puede alcanzar.

b) Las lentes que los forman para poder aumentar la resolución, qué fenómenos luminosos tienen lugar y cuál es su diagrama de rayos.

c) Cuál es la función de cada uno.

d) Cuál es el más utilizado por las universidades y los departamentos de I+D.

Buscad información en libros especializados, Internet, vídeos de YouTube, webs de empresas y universidades, etc., sobre los distintos tipos de microscopios y que óptica utilizan.

Debéis presentar una tabla con una comparativa de los dos tipos de microscopios: resolución, óptica (lentes y diagrama de rayos), precio, utilización y demanda. Con la comparativa, confeccionad un póster. Emplead alguna de las herramientas gratuitas *online* existentes.

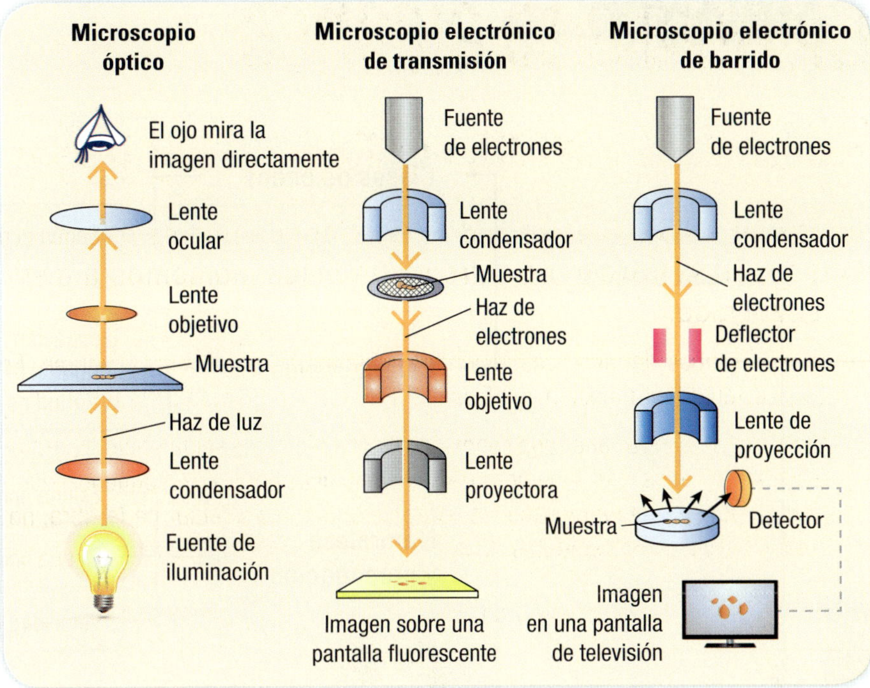

— El Sr. García ha perdido sus gafas de sol. Cuando va a la óptica para comprarse otras, la dependienta le pregunta si quiere los cristales polarizados. El Sr. García no conoce este tipo de cristales y decide primero investigar para saber qué propiedades y funciones tienen y si le conviene más este cristal que el convencional. Ayudadle en su investigación.

a) Buscad información sobre el fenómeno de la polarización y cómo se aplica en la industria de la fabricación de las lentes solares. ¿Cuáles son sus beneficios y sus utilidades? Consultad libros especializados, Internet, etc.

b) Elaborad un cuestionario y presentadlo en distintas ópticas. Podéis preguntar por las características de las lentes polarizadas, sus beneficios, la diferencia de precio con las convencionales, etc. Dad un tratamiento estadístico a los datos obtenidos utilizando hojas de cálculo y gráficos.

c) Redactad un informe con un procesador de textos y elaborad una presentación interactiva con los datos recogidos y con la decisión que el Sr. García tendría que tomar.

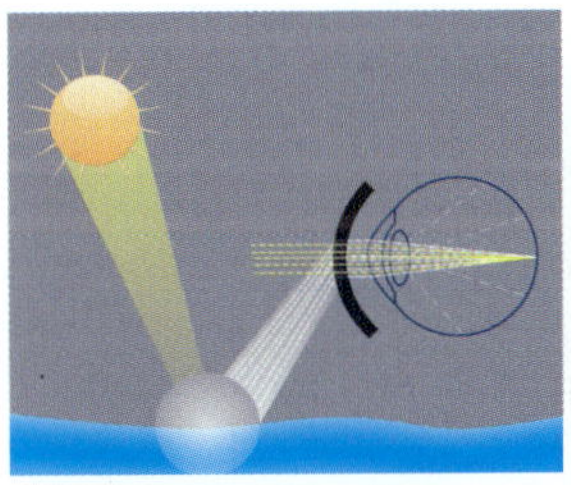
Sin lentes polarizadas

Resplandor

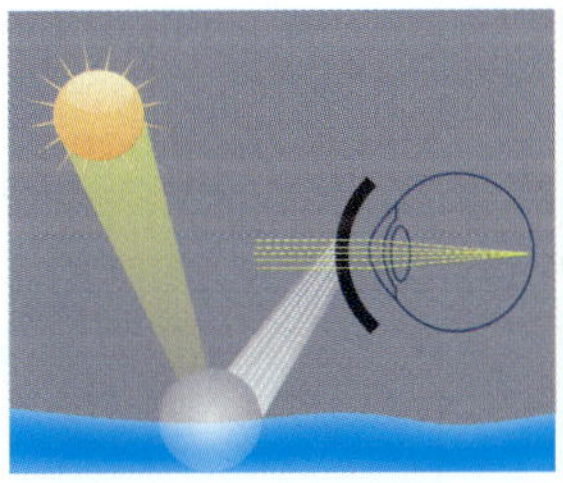
Con lentes polarizadas

Resplandor reducido

— Finalmente, valorad cómo ha resultado el trabajo en equipo.

Sigue investigando

— Seguro que todos conocéis la existencia de diferentes ofertas de conexión de fibra óptica que hay en el mercado. ¿Qué significa que tengan una velocidad de 100 Gb? ¿Nosotros podremos navegar a esta velocidad? ¿Por qué? Propón alguna manera de poder navegar a la velocidad mencionada.

— Busca información sobre la importancia de las infraestructuras de banda ancha para favorecer la innovación en universidades, centros de investigación y empresas. ¿Cómo contribuyen a la calidad de vida y al desarrollo tecnológico y social?

— Averigua el significado del término *brecha digital* y valora qué consecuencias tiene para aquellos que sufren su existencia.

Síntesis

- **Ondas: el sonido y la luz**
  - **Las ondas**
    - Clases de ondas
      - Según el tipo de propagación
        - Longitudinales
        - Transversales
      - Según el medio de propagación
        - Mecánicas
        - Electromagnéticas
    - Características
      - Elongación
      - Amplitud (A)
      - Longitud de onda (λ)
      - Período (T)
      - Frecuencia (f)
      - Velocidad de propagación (v)
  - **El sonido**
    - Naturaleza y propagación
      - Es una onda longitudinal
      - Es una onda mecánica
      - Velocidad en el aire: 340 m/s
    - Cualidades
      - Intensidad
      - Tono
      - Timbre
      - Duración
    - Reflexión
      - Ondas estacionarias
      - Eco
      - Reverberación
    - Aplicaciones de la reflexión
  - **La luz**
    - Naturaleza y propagación de la luz
      - Velocidad de la luz $c = 3 \cdot 10^8$ m/s
    - Características de las ondas electromagnéticas
      - Espectro electromagnético
      - Aplicaciones
    - Fenómenos luminosos
      - Reflexión
      - Refracción
      - Aplicaciones de la reflexión y la refracción
      - Absorción
      - Dispersión cromática
      - Polarización

PREPARA

22. ●○○ **Señala con una M o con una E en tu cuaderno cada uno de los siguientes tipos de fenómenos ondulatorios, según se trate de ondas mecánicas u ondas electromagnéticas:**

a) Radiación de microondas.

b) Rayos UV.

c) Olas en un estanque.

d) Vibración de una cuerda de guitarra.

e) Señales de radio FM.

f) Ondas de presión en un metal.

23. ●○○ **Relaciona en tu cuaderno las siguientes características de las ondas con su número en la ilustración:**

A. Elongación; B. Longitud de onda; C. Amplitud

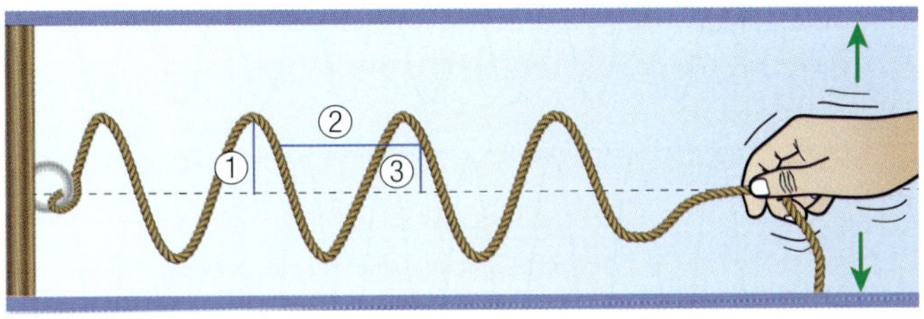

24. ●○○ **Si el período de una onda es de 1,0 min, calcula su frecuencia. Señala la respuesta correcta.**

a) 60 Hz b) $1,8 \cdot 10^{10}$ Hz c) 0,017 s^{-1}

25. ●○○ **Observa la figura e indica razonadamente si las afirmaciones son verdaderas o falsas:**

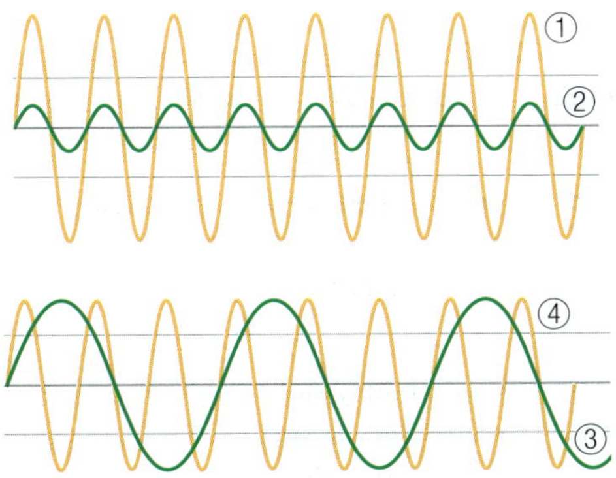

a) El sonido de la onda 1 es más agudo que el sonido de la onda 2.

b) El sonido de la onda 1 es más grave que el sonido de la onda 3.

c) El sonido de la onda 3 es más intenso que el sonido de la onda 1.

d) El sonido de la onda 3 es más intenso que el sonido de la onda 4.

26. ●○○ **Completa las siguientes oraciones en tu cuaderno:**

a) Cuando dos ondas iguales se propagan en sentidos contrarios y se superponen en un mismo medio, se originan ....

b) Cuando un emisor oye la misma señal sonora que acaba de emitir, esta señal sonora recibida se denomina ....

c) Cuando un emisor emite una señal sonora y esta se oye con una ligera prolongación del sonido original, esta señal sonora recibe el nombre de ....

27. ●○○ **Señala las afirmaciones verdaderas y corrige las falsas:**

a) El índice de refracción es una propiedad física del medio.

b) La luz es una onda electromagnética que solo se propaga en el vacío.

c) El espectro electromagnético es una parte del espectro visible.

28. ●○○ **Señala en tu cuaderno qué esquema se corresponde con cada uno de los siguientes fenómenos luminosos:**

A. Reflexión; B. Refracción; C. Dispersión cromática; D. Polarización

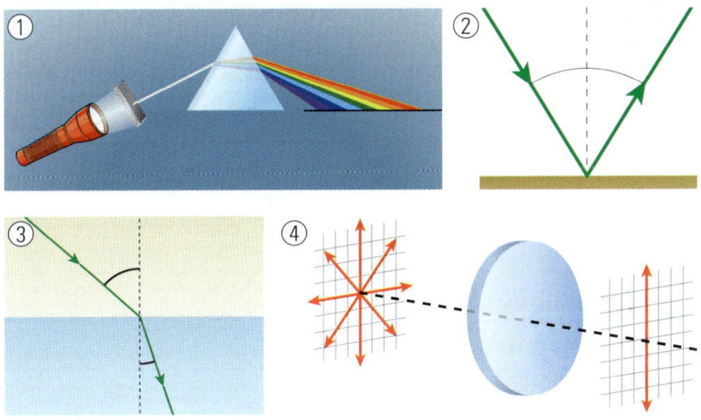

ENTRENA

1. Las ondas

29. ●○○ **Explica la diferencia que encontramos entre una onda mecánica y una onda electromagnética. ¿Y entre una onda longitudinal y una onda transversal?**

30. ●○○ **Indica los valores de la longitud de onda y el período de la siguiente onda:**

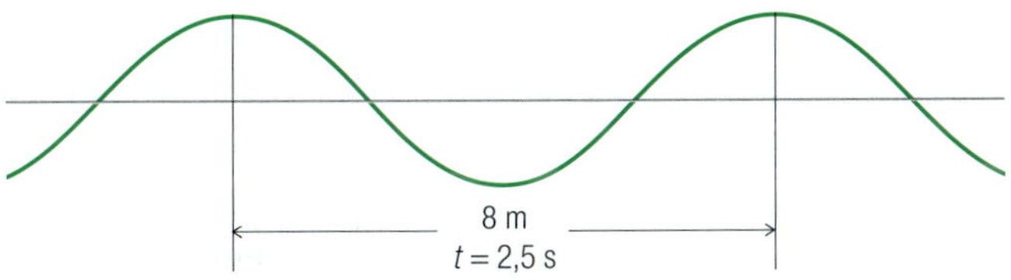

31. ●●○ **Clasifica las siguientes ondas según el medio en el que se propagan: a) microondas; b) sonido; c) ola de mar; d) rayos X.**

32. ●●○ Un movimiento ondulatorio de período $T = 0{,}050$ s y longitud de onda $\lambda = 1{,}6$ m, ¿a qué velocidad de propaga?

33. ●●○ Por un muelle tenso se propaga una onda longitudinal de 48 Hz a 6,0 m/s. Calcula la longitud de onda y su período.

34. ●●○ Señala y calcula las características de la onda que se muestra en la figura, sabiendo que la separación entre dos máximos consecutivos es de 12 m:

a) Período

b) Frecuencia

c) Amplitud

d) Longitud de onda

e) Velocidad

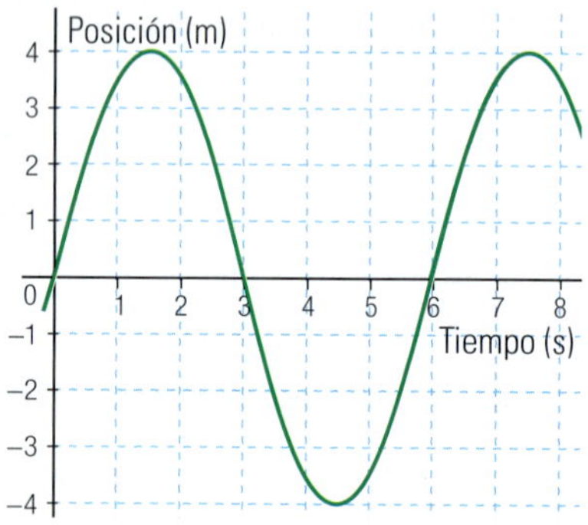

35. ●●○ Distintas ondas se propagan con una velocidad de 8,0 m/s. A partir de este dato, completa la siguiente tabla:

Onda	Período (s)	Frecuencia (Hz)	Longitud de onda (m)
Onda 1			0,32
Onda 2		10	
Onda 3	0,20		
Onda 4			8,0
Onda 5		40	

36. ●●● Un diapasón vibra 2000 veces en 40 s. Calcula la frecuencia y el período de la vibración.

2. El sonido

37. ●○○ La velocidad del sonido en el aire es de 340 m/s. Calcula:

a) La distancia que recorre en 35 s.

b) El tiempo que tarda en recorrer 15 km.

38. ●○○ ¿En qué se diferencia la nota do tocada por un violín o por una viola?

39. ●○○ La distancia mínima a la que debe situarse un objeto para que se produzca eco es de 17 m. Si la velocidad del sonido es de 340 m/s, calcula el tiempo que el sonido tarda:

a) En llegar al obstáculo.

b) En hacer el recorrido completo.

40. ●○○ Explica de qué forma los murciélagos detectan a sus presas.

41. ●●○ Golpeamos con un martillo una viga de hierro de 150 m de longitud. Calcula el tiempo que el sonido tarda en recorrerla si la velocidad del sonido en el hierro es de 5000 m/s.

42. ●●○ Durante una tormenta oímos el trueno 6,0 s después de ver el rayo. Determina a qué distancia está la tormenta.

43. ●●○ Los aviones supersónicos pueden alcanzar velocidades superiores a la velocidad de propagación del sonido. En aviación, la velocidad del sonido recibe el nombre de *mach* (1 mach = 340 m/s). Expresa en metros por segundo y en kilómetros por hora la velocidad de un avión que vuela a 1,8 mach.

44. ●●○ Indica qué diferencias hay entre estas ondas sonoras. Compara las cualidades del sonido (tono, timbre e intensidad) entre ellas:

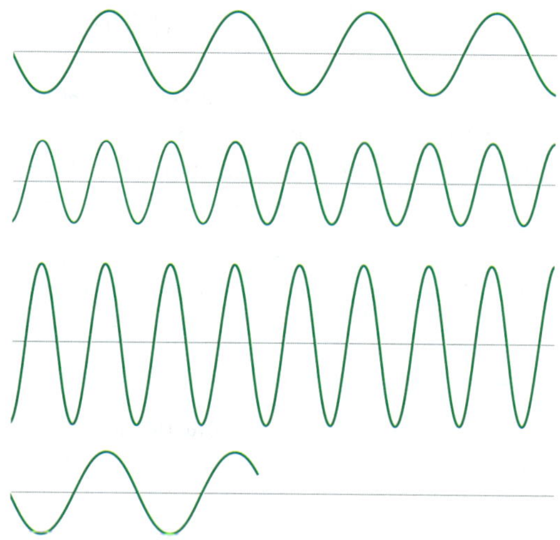

45. ●●○ Cierta onda que se propaga por una cuerda tensa se refleja en la pared a la que está fijada. ¿A qué fenómeno da lugar este hecho?

46. ●●○ Un alpinista grita en la cima de una montaña y escucha su eco al cabo de 5,0 s. Calcula la distancia que hay entre el alpinista y la montaña que produce el eco.

COMPRENSIÓN. El grito del alpinista hace un recorrido de ida y vuelta al reflejarse en la montaña.

DATOS. $v = 340$ m/s; $\Delta t = 5{,}0$ s

RESOLUCIÓN. Para calcular la distancia, aplicamos la ecuación del MRU:

$$\Delta s = v \cdot \Delta t = 340 \text{ m/s} \cdot 5{,}0 \text{ s} = 1700 \text{ m}$$

Dado que se trata de un recorrido de ida y vuelta, la distancia entre el alpinista y la montaña es:

$$d = \Delta s / 2 = 850 \text{ m}$$

COMPROBACIÓN. Verificamos que los resultados son correctos y con las unidades adecuadas.

47. ●●○ Halla la distancia a la que debe estar colocado un obstáculo para que se produzca eco, si sabes que el oído humano es capaz de diferenciar dos sonidos separados 0,10 s.

48. ●●○ Razona por qué en algunos recintos de gran tamaño, por ejemplo, en auditorios, las paredes interiores se recubren de materiales absorbentes del sonido.

49. ●●○ Contesta razonadamente por qué nos cuesta reconocer nuestra voz cuando nos grabamos.

50. ●●○ El sónar de un barco de pesca emite pulsos a intervalos regulares para detectar bancos de peces. ¿Cuánto tiempo tarda en llegar el eco de un banco de atunes que está a 2,0 millas náuticas desde que el aparato emite la señal? (1 milla náutica = 1852 m).

a) 2,5 s   b) 4,3 s   c) 5,0 s   d) 3,7 s

51. ●●○ Un barco equipado con un sónar de 50 kHz emite pulsaciones en intervalos regulares. El eco procedente de una montaña que hay en el fondo del mar se recibe 5,0 s después. Si la velocidad del sonido en el agua es de 1500 m/s, calcula:

a) La distancia a la que se encuentra la montaña submarina respecto al punto en el que se encuentra el barco.

b) El período de las ondas y la longitud de onda en el agua.

52. ●●● Decimos que la frecuencia de un sonido está separada una octava de la frecuencia de otro sonido cuando esta es el doble o la mitad de aquella. Cuatro instrumentos tocan cuatro notas diferentes, que se muestran en esta tabla:

Instrumento	Piano	Guitarra	Saxofón	Flauta
Frecuencia (Hz)	200	150	400	600

a) ¿Cuál es la nota más aguda? ¿Y la más grave?

b) Una trompeta toca una nota dos octavas más alta que la guitarra. ¿Cuál es la frecuencia de la nota?

c) Explica por qué la trompeta no suena igual que la guitarra, aunque toquen la misma nota.

53. ●●● Las ondas sonoras que emite un altavoz en un punto A pueden llegar al micrófono situado en el punto B de forma directa o reflejándose en la pared.

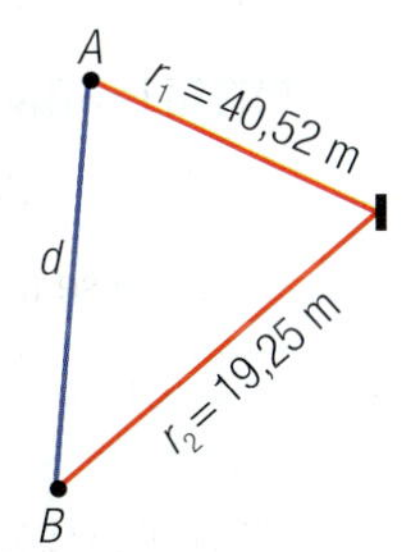

¿Qué condición debe cumplir la distancia entre el altavoz y el micrófono para que se distingan los dos sonidos? Selecciona la respuesta correcta.

a) $d < 25,77$ m   b) $d < 19,25$ m   c) $d < 21,27$ m

54. ●●● El funcionamiento de un instrumento de cuerda puede explicarse a partir de los fenómenos ondulatorios que se producen en él. Prepara una pequeña presentación sobre los principios físicos de este tipo de instrumentos.

55. ●●● El tiempo de reverberación asociado a las múltiples reflexiones del sonido en una sala es el tiempo necesario para que su intensidad sea prácticamente nula (se reduzca en un factor 10^6 o 60 dB). En una sala de volumen V y superficie total A recubierta por un material con absorción α, el tiempo de reverberación se calcula a partir de la fórmula de Sabine:

$$T_r = \frac{0,161 \cdot V}{\alpha \cdot A}$$

Considera una habitación cúbica de 3,0 m de arista. Calcula el tiempo de reverberación en los siguientes casos:

a) Que esté recubierta con azulejos ($\alpha = 0,020$).

b) Que esté recubierta con corcho ($\alpha = 0,070$).

c) ¿Qué le sucede al tiempo de reverberación si se duplica la arista del cubo?

56. ●●● Entra en el siguiente enlace:

https://links.edebe.com/bnxcg

En el apartado *Ejercicios* del menú, accede a *El sonido: una onda longitudinal 1* y contesta el test de verdadero y falso.

Cuando lo termines, pasa a la página siguiente con el botón inferior, elige un dato, soluciona el problema propuesto y comprueba la solución. Repite el procedimiento para todos los datos.

3. La luz

57. ●○○ El planeta Marte recibe la luz del Sol en 689 s. Halla la distancia que lo separa del Sol.

58. ●○○ El índice de refracción del hielo es de 1,31. ¿A qué velocidad se propaga la luz en él?

59. ●○○ Un vidrio tiene un índice de refracción de 1,45. Calcula la velocidad de propagación de la luz en su interior.

60. ●○○ Explica qué caracteriza a las ondas electromagnéticas.

61. ●○○ Si vemos un cuerpo de color blanco, ¿qué parte del espectro visible refleja? ¿Y si lo vemos de color negro? ¿Y rojo?

62. ●●○ La nebulosa de Andrómeda está a unos 2500 millones de años luz de nuestra galaxia y ambas forman parte del mismo grupo galáctico. Calcula cuánto tiempo tarda en llegarnos su luz (un año luz es la distancia que la luz recorre en un año).

63. ●●○ La nebulosa de Magallanes tiene un diámetro de 14000 años luz. ¿Qué tiempo tarda la luz en recorrerla siguiendo la dirección del diámetro?

64. ●●○ En la siguiente tabla se muestran los índices de refracción de algunas sustancias:

Sustancia	Índice de refracción
Glicerina	1,47
Metanol	1,36
Zafiro	1,77

a) Calcula la velocidad de la luz en el interior de estas sustancias.

b) Determina cuántas veces es mayor la velocidad de la luz en el metanol que en el zafiro.

65. ●●○ Una onda de frecuencia $4{,}0 \cdot 10^{14}$ Hz se propaga por un medio material desconocido. Su longitud de onda es de $3{,}9 \cdot 10^{-7}$ m. Calcula su velocidad de propagación y el índice de refracción del material.

— Accede al siguiente enlace e identifica de qué material se trata:

https://links.edebe.com/krjFr

66. ●●○ Calcula la velocidad de una onda de longitud de onda $6{,}0 \cdot 10^{-8}$ m y frecuencia $3{,}0 \cdot 10^{15}$ Hz.

— Consulta la representación del espectro electromagnético y averigua de qué se trata.

67. ●●○ Consulta el espectro electromagnético y responde: ¿qué parte del espectro electromagnético...

a) ...broncea la piel?

b) ...puede utilizarse para calentar?

c) ...puede provocar cáncer?

d) ...puede ser detectado por el ojo?

— Justifica tus respuestas.

68. ●●○ Un rayo de luz se refracta al pasar del vacío a un cristal. Si la velocidad se reduce a 3/4 de la velocidad de la luz en el vacío, calcula el índice de refracción de este cristal.

69. ●●○ Si el índice de refracción del agua es de 1,33, calcula el ángulo de refracción resultante para un rayo de luz que incide sobre una piscina con un ángulo de incidencia de 40°.

70. ●●○ Completa los esquemas de rayos de la siguiente figura, sabiendo que $n_{aire} = 1$, $n_{agua} = 1{,}33$ y $n_{vidrio} = 1{,}5$.

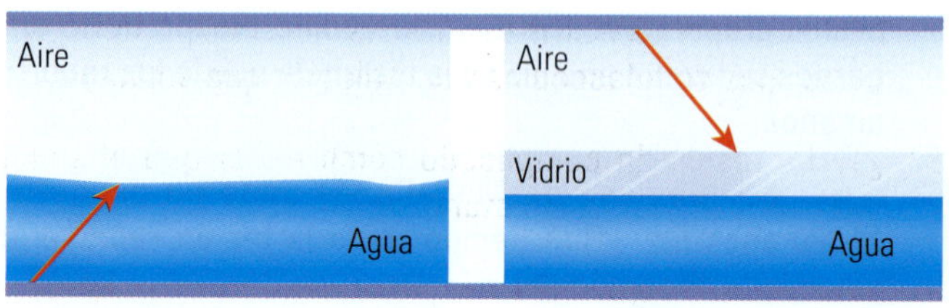

71. ●●○ En la figura se representa el viaje de un rayo de luz que en parte se refleja en el agua y en parte se refracta. Calcula los ángulos de reflexión y refracción si el ángulo de incidencia es de 30° y los índices de refracción son de 1,33 para el agua y de 1 para el aire.

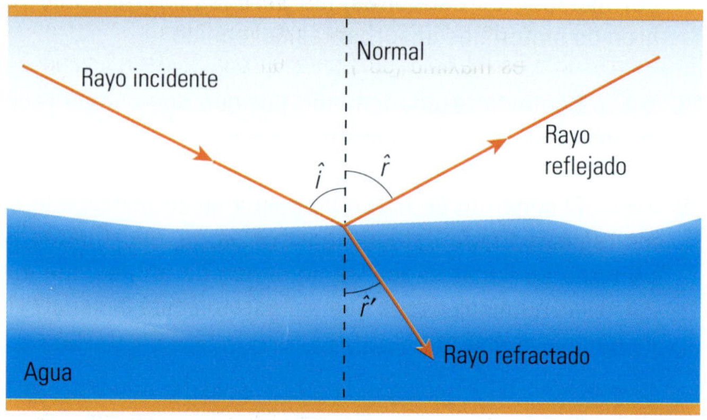

72. ●●○ Ahora que ya sabéis en qué consiste la dispersión cromática, ¿qué aplicaciones puede tener? Utilizad la **destreza de pensamiento** *Lluvia de ideas* para dar respuesta a esta cuestión.

73. ●●○ Un haz de luz está formado por dos rayos de colores distintos. Uno es de color rojo y el otro, azul. Este haz incide desde el aire hacia otro medio con un ángulo de 35°.

a) Explica qué fenómeno es el responsable de que la luz azul y la roja se refracten con ángulo distinto ($n_{azul} = 1{,}67$; $n_{rojo} = 1{,}61$).

b) Dibuja un esquema de la situación y calcula el ángulo que forman entre sí estos dos rayos en el interior del material.

74. ●●○ Razona las ventajas y los inconvenientes que puede tener la utilización de vidrios polarizados en los automóviles. Averigua si están regulados por ley.

75. ●●● Una luz verde tiene una frecuencia de $5{,}7 \cdot 10^{14}$ Hz. Determina:

a) Su longitud de onda en el aire.

b) Su longitud de onda en el agua si la velocidad en el agua es de 225 000 km/s.

c) El índice de refracción del agua para este color.

d) ¿De qué color se vería debajo del agua?

76. ●●● Un rayo de luz pasa del agua al aire. El ángulo de incidencia es de 25° y los índices de refracción del agua y del aire son 1,33 y 1,00, respectivamente. Calcula:

a) El valor del ángulo de refracción.

b) El ángulo de incidencia para el que el ángulo de refracción es de 90°, que se denomina *ángulo crítico* (decimos entonces que se produce un fenómeno de reflexión total interna).

COMPRENSIÓN. Cuando la luz pasa de un medio a otro con menor índice de refracción, el rayo se aleja de la normal. Este alejamiento es máximo (90°) para un ángulo denominado *ángulo crítico*, θ_c.

DATOS. $\hat{i} = 25°$; $n_{agua} = 1{,}33$; $n_{aire} = 1{,}00$

RESOLUCIÓN

a) Aplicamos la ley de Snell para hallar el ángulo de refracción:

$$n_{agua} \cdot \text{sen}\,\theta_c = n_{aire} \cdot \text{sen}\,\hat{r}$$

$$\text{sen}\,\hat{r} = \frac{n_{agua}}{n_{aire}} \cdot \text{sen}\,\hat{i} = \frac{1{,}33}{1{,}00} \cdot \text{sen}\,25° = 0{,}56 \rightarrow \hat{r} = 34°$$

b) En esta situación aplicamos la ley de Snell con $\hat{r} = 90°$ para hallar el ángulo de incidencia crítico (θ_c):

$$n_{agua} \cdot \text{sen}\,\theta_c = n_{aire} \cdot \text{sen}\,\hat{r}$$

$$\text{sen}\,\theta_c = \frac{n_{aire}}{n_{agua}} \cdot \text{sen}\,\hat{r} = \frac{1{,}00}{1{,}33} \cdot \text{sen}\,90° = 0{,}75 \rightarrow \theta_c = 49°$$

Si la luz incide con un ángulo superior a este, no hay refracción y solo se produce reflexión. Es lo que se denomina reflexión total interna.

77. ●●● **Un rayo de luz pasa de un medio desconocido al aire. Variando el ángulo de incidencia, se observa que se produce una reflexión total interna para un ángulo de 55,7°. Calcula el valor del índice de refracción del material desconocido y selecciona la respuesta correcta: a) 1,33; b) 1,16; c) 0,95; d) 1,21.**

78. ●●● **Podemos considerar una fibra óptica como una estructura cilíndrica consistente en un núcleo por el que se propaga la luz y un revestimiento que garantiza que los rayos de luz se confinan dentro del núcleo por reflexión total interna.**

Si el índice de refracción del núcleo es $n_n = 1{,}5$ y el del revestimiento es $n_r = 1{,}4$, calcula:

a) El ángulo θ_c a partir del que se produce reflexión total interna cuando la luz incide en la separación entre el núcleo y el revestimiento.

b) El ángulo $\hat{i}$ con el que la luz incide del aire al interior de la fibra óptica.

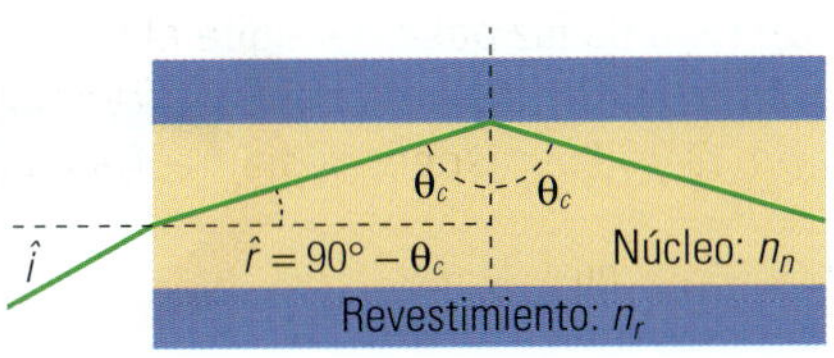

79. ●●● **Averigua de qué forma se combinan espejos y lentes para obtener instrumentos ópticos más complejos. Explícalo mediante un instrumento concreto.**

APLICA

80. ●●○ **En una población turística de la costa, un buzo observa desde debajo de la superficie del agua la presencia de un globo aerostático suspendido en el aire a una cierta distancia.**

a) ¿El globo está más cerca o más lejos de lo que le parece al buzo? Dibuja un esquema de la situación y razona tu respuesta.

b) Una avioneta sobrevuela el lugar generando un sonido de 100 Hz de frecuencia. El buzo lo oye dentro del agua.

Si la velocidad del sonido en el agua es de 1500 m/s, razona si el sonido suena igual dentro del agua o si experimenta algún cambio, y en qué sentido.

81. ●●● **Investiga en qué consisten la contaminación acústica y la lumínica y sus efectos sobre la salud y el medioambiente. Propón medidas para su solución.**

82. ●●● Visita este enlace y completa el test:

https://links.edebe.com/9ug

— ¿Cuál es tu puntuación? ¿Qué preguntas has fallado?

— Escribe en tu cuaderno las respuestas correctas de las cuestiones que has fallado.

Piensa sobre...

83. **¿Verdadero o falso? En la superficie de la Luna suena igual un piano afinado que uno desafinado.**

84. **Con lo que conoces sobre las ondas, ¿podrías explicar en qué fenómeno físico se fundamenta la ecolocalización? a) Sí; b) No.**

85. **Vivimos inmersos en un mar de radiación. ¿Estás de acuerdo con esta afirmación?**

86. **Un estudio completo de nuestro universo requiere analizar no solo la luz que captamos mediante los telescopios ópticos. ¿Conoces otros tipos de telescopios y la radiación que estudian?**

87. **¿Te ha resultado complicado comprender que el sonido y la luz comparten una misma naturaleza?**

A B C

Pon a prueba tus competencias

Los alumnos de 4.º de la ESO han asistido al estreno de una ópera. Recientemente han estudiado en clase las ondas (luz y sonido), por lo que esperan poder comprobar algunos de los fenómenos trabajados.

88. Mientras se dirigen hacia el teatro de la ópera, empieza a llover. Comienzan a ver relámpagos y a oír los truenos, y diversos alumnos se asustan. Un estudiante, recordando lo que han aprendido en clase de Física, decide calcular a qué distancia está la tormenta para saber si se tienen que preocupar o no. Observa el relámpago y, 8,0 s más tarde, escucha el trueno.

a) ¿A qué distancia está la tormenta?

b) ¿Se tienen que preocupar los alumnos por tener la tormenta muy cerca?

c) ¿Qué propiedad del sonido se ha utilizado para efectuar el cálculo?

89. Después de 10 min de intensa tormenta, las nubes se desvanecen, sale el sol y aparece el arcoíris.

a) Explica qué es el arcoíris y debido a qué fenómeno tiene lugar. Busca información con las herramientas TIC a tu alcance.

b) ¿Por qué el cielo es de color azul? Busca esta información y ponla en común con el resto de la clase. Organizad un debate con vuestras conclusiones.

90. De camino a la ópera, pasan por un hospital y un alumno se fija en la señal de tráfico de la derecha.

a) ¿Cuál es su significado?

b) ¿Qué precauciones hemos de tomar en estas zonas al ver esta señal?

c) ¿En qué zonas de las grandes ciudades se puede encontrar esta señal?

d) Razona si este hecho guarda relación con la contaminación acústica.

91. **Mientras llegan a la ópera, los alumnos empiezan a hablar de los defectos visuales que tienen algunos. Para corregirlos, los oftalmólogos les han dicho que tienen que usar gafas o lentillas.**

a) Mayoritariamente, sufren hipermetropía, miopía o astigmatismo. Busca información de cada uno.

b) Dibuja un diagrama de rayos de cómo y dónde se forma la imagen en el ojo en estos casos antes y después de la corrección con gafas. ¿Qué tipo de lentes corrige cada uno de los defectos?

92. **Llegan a la ópera. Al entrar, les cuentan la historia del teatro y suben al escenario. Allí, un alumno interesado en la música le pregunta al guía por la acústica del edificio.**

a) Explica cómo se evitan la reverberación y el eco de los sonidos.

b) Enumera qué materiales se utilizan para ello.

93. **La orquesta empieza a tocar. Una de las notas ha sonado con gran intensidad.**

a) ¿Este sonido es fuerte o débil?

b) ¿Dónde suena con mayor intensidad: en la sala de conciertos o en el vestíbulo?

c) ¿Oímos los sonidos de manera distinta según en qué lugar estamos? ¿Influye en el precio de las entradas?

d) ¿Por qué, aunque los instrumentos toquen la misma nota, somos capaces de diferenciarlos?

94. **En la sala hay diversos espejos y lámparas de cristal. Los alumnos no pueden evitar mirar sus reflejos en los espejos:**

a) Identifica qué tipo de fenómeno luminoso hace posible verse reflejado. Explica, con la ayuda de un diagrama, cómo se forma una imagen en un espejo plano.

b) ¿Habría alguna diferencia si el espejo fuera curvo? Explica, con la ayuda de un diagrama, cómo se forma una imagen en un espejo curvo.

c) ¿Por qué crees que las lámparas son de cristal? ¿Qué fenómeno luminoso producen?

Evaluación de competencias de física

1. Observa la siguiente gráfica:

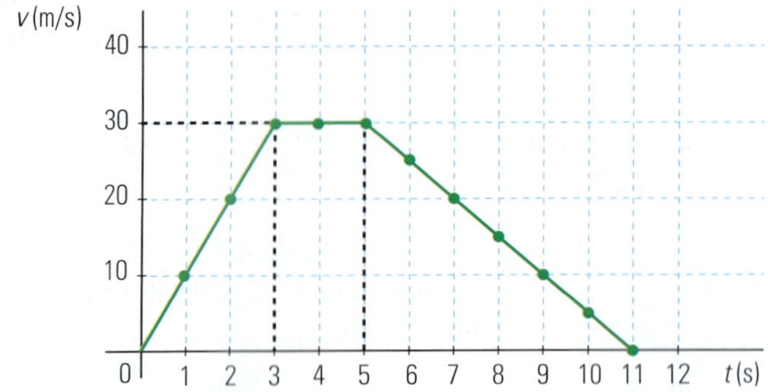

a) ¿Qué tipo de movimiento se describe en cada tramo? Escribe sus ecuaciones.

b) ¿Cuál es la velocidad instantánea del móvil a los 2 s de comenzar el movimiento? ¿Y a los 8 s?

c) Calcula la velocidad media del móvil entre los instantes 6 s y 10 s.

d) Halla la aceleración adquirida por el móvil entre los 6 s y los 10 s.

e) Describe la trayectoria y el desplazamiento de un móvil cuyo movimiento pueda representarse con esta gráfica.

f) ¿Por qué decimos que el movimiento es relativo? Argumenta tu respuesta.

2. La rueda de una bicicleta de 30 cm de radio gira, de forma uniforme, a razón de 125 vueltas/min.

a) Razona si en este movimiento existe o no aceleración. En caso afirmativo, haz un esquema de la rueda y sitúa el vector correspondiente. Después, calcula el valor de la aceleración.

b) Elabora una gráfica φ (rad) - t (s) de este movimiento durante un tiempo de 20 s. ¿Qué forma tiene la gráfica obtenida?

c) De repente surge un obstáculo en el camino, el ciclista frena y la bicicleta recorre 5 m antes de detenerse por completo. ¿Cuánto tiempo tarda en frenar si los frenos imprimen a la rueda una aceleración constante de 0,5 m/s^2?

3. Un joven de 60 kg de masa sostiene un patinete de 4,5 kg de masa en la parte superior de una rampa que forma un ángulo de 30° con la horizontal. La fuerza normal que actúa sobre el patinete es de 31,2 N.

a) Si de repente el joven suelta el patinete, calcula la aceleración que adquiere rampa abajo suponiendo que no hay rozamiento con el suelo. Para ello, elabora primero un esquema del sistema de fuerzas que intervienen.

b) ¿En qué ley de Newton has basado tus cálculos de la pregunta anterior?

c) Enumera todos los tipos de fuerzas que conozcas que se dan en la naturaleza.

d) Si el joven chuta un balón contra una pared que impacta con una fuerza de 16 N, ¿qué fuerza ejerce la pared sobre el balón? ¿En qué basas tu respuesta?

e) Si el joven tiene una masa de 60 kg, calcula la fuerza de atracción gravitatoria que se establece entre él y el patinete cuando ambos están separados una distancia de 1,5 m. ¿Qué orden de magnitud has obtenido? Razona si es coherente este resultado.

f) Una de las aplicaciones de la ley de gravitación universal consiste en los satélites artificiales. ¿Por qué no caen hacia el centro de la Tierra sino que se mantienen en órbita? Cita los tipos de satélites que conozcas.

4. Una nadadora de 52 kg de masa está entrenando en una piscina que tiene 3,5 m de profundidad cuando se da cuenta de que ha perdido el reloj en el agua.

a) Calcula a qué presión estará sometido el reloj cuando esté en el fondo de la piscina.

b) Si el reloj tiene un volumen de 5,5 cm^3, halla la fuerza de empuje que actúa sobre él. ¿En qué principio se basa este cálculo?

c) ¿Qué presión ejerce la nadadora sobre el suelo de un trampolín de 1,5 m^2 de superficie situado en el borde de la piscina?

d) Si la superficie del trampolín se redujese a la mitad, ¿la nadadora ejercería más o menos presión sobre él? Razona tu respuesta.

e) Explica el funcionamiento de la prensa hidráulica. ¿En qué principio se basa?

f) Explica qué relación tiene la presión con los siguientes dispositivos o fenómenos: barómetro, manómetro, frente frío e isobaras.

5. Dejamos caer una pelota de 250 g de masa desde una ventana situada a 7,5 m de altura.

a) ¿Qué tipo de transformaciones energéticas tienen lugar?

b) Calcula la velocidad con la que llega al suelo. Desprecia el rozamiento con el aire.

c) ¿Se ejerce trabajo si esta misma pelota rueda una distancia de 26 m por el suelo durante 3,5 s? Razona tu respuesta y, en caso afirmativo, calcula la potencia. Exprésala en unidades del SI.

d) Explica si habrá degradación de la energía en forma de calor en la situación del apartado anterior.

6. Mediante un panel solar térmico, podemos derretir la nieve y calentar el agua.

a) ¿Cuánta energía se necesita para derretir totalmente 7,5 kg de nieve que está a –10 °C? (Datos: calor latente de fusión del agua a 1 atm: 5333,5 kJ · kg^{-1}; calor específico del hielo: 2090 J · kg^{-1} · K^{-1}.)

b) Representa en una gráfica el cambio de estado que tiene lugar.

c) Ponemos en contacto 1,5 kg de nieve fundida a 2 °C con 3,4 kg de agua líquida a 12 °C. Calcula la temperatura a la que se establecerá el equilibrio.

d) ¿Con qué dispositivo experimental se miden los calores específicos y latentes de las diversas sustancias?

e) Una barra de cobre a 35 °C tiene una longitud de 17,0 cm. Sabiendo que el coeficiente de dilatación lineal del cobre es de $1,7 \cdot 10^{-5}$ K^{-1}, calcula qué longitud tendrá si se calienta hasta 95 °C.

f) Dibuja un esquema de un motor de explosión y explica su funcionamiento.

7. Si dejamos una cuchara dentro de un vaso con agua, la cuchara parece deformarse.

a) ¿A qué se debe este fenómeno?

b) Explica por qué vemos cada objeto de un determinado color.

c) ¿Qué cualidad del sonido nos permite distinguir entre las distintas notas de un mismo instrumento?

d) Calcula la longitud de onda de un sonido que se propaga por el aire a 340 m/s si su frecuencia es de 25 Hz.